新法科·法律实务和案例教学系列教材

华东政法大学
教材建设和管理委员会

主　　任	郭为禄　叶　青
副 主 任	韩　强
部门委员	虞潇浩　杨忠孝　洪冬英
	屈文生　陆宇峰
专家委员	王　迁　孙万怀　钱玉林
	任　勇　佘素青　杜素娟

本书受上海市高水平地方高校（学科）建设项目资助

An Exploration into
the Mystery of Certain Criminal Cases
(3rd Edition)

刑事疑案探究
（第三版）

李 翔 主编

图书在版编目(CIP)数据

刑事疑案探究/李翔主编. —3版. —北京:北京大学出版社,2023.9
ISBN 978-7-301-34326-5

Ⅰ. ①刑… Ⅱ. ①李… Ⅲ. ①刑事犯罪—案例—中国 Ⅳ. ①D924.05

中国国家版本馆CIP数据核字(2023)第153268号

书　　　名	刑事疑案探究（第三版） XINGSHI YIAN TANJIU(DI-SAN BAN)
著作责任者	李　翔　主编
责 任 编 辑	徐　音
标 准 书 号	ISBN 978-7-301-34326-5
出 版 发 行	北京大学出版社
地　　　址	北京市海淀区成府路205号　100871
网　　　址	http://www.pup.cn　　新浪微博:@北京大学出版社
电 子 邮 箱	zpup@pup.cn
电　　　话	邮购部 010-62752015　发行部 010-62750672　编辑部 021-62071998
印 刷 者	天津中印联印务有限公司
经 销 者	新华书店
	730毫米×980毫米　16开本　38.5印张　722千字
	2023年9月第1版　2023年9月第1次印刷
定　　　价	118.00元

未经许可，不得以任何方式复制或抄袭本书之部分或全部内容。
版权所有，侵权必究
举报电话：010-62752024　电子邮箱：fd@pup.cn
图书如有印装质量问题，请与出版部联系，电话：010-62756370

主 编 简 介

李 翔 华东政法大学教授、博士生导师。毕业于中国人民大学法学院,刑法学博士、博士后出站。曾任上海市杨浦区人民检察院副检察长、中共上海市杨浦区委工作特别助理。现任华东政法大学发展规划处处长、学科建设办公室主任;兼任上海市法学会国家安全法律研究会副会长、互联网企业反腐败与合规研究院院长、最高人民检察院检察公益诉讼研究基地(上海公益诉讼研究中心)主任。在全国各类法学核心期刊上独立发表专业论文150余篇,其中多篇被人大复印报刊资料全文转载。独著《情节犯研究》等9部,主编《刑法:案例与图表》等教材以及合著、参著等20余部。主持"我国刑法立法中的价值取向与方法选择研究""刑事立法科学化"等教育部、司法部、上海市哲学社会科学等省部级课题及其他课题近30项,参与主持国家社科基金重大项目"新时代国家安全法治的体系建设与实施措施研究"。参与多部法律、司法解释的起草、制定、修改工作。荣获上海市"曙光学者"、华东政法大学"教学名师""我心目中的最佳教师"等称号,并获上海市育才奖、华东政法大学首届中金缘法奖、首届优秀教学贡献奖等。

明德崇法　华章正铸

——华东政法大学"十四五"规划教材系列总序

教材不同于一般的书籍,它是传播知识的主要载体,体现着一个国家、一个民族的价值体系,是教师教学、学生学习的重要工具,更是教师立德树人的重要途径。一本优秀的教材,不仅是教师教学实践经验和学科研究成果的完美结合,更是教师展开思想教育和价值引领的重要平台。一本优秀的教材,也不只是给学生打下专业知识的厚实基础,更是通过自身的思想和语言的表达,引导学生全方位地成长。

习近平总书记深刻指出:"当代中国的伟大社会变革,不是简单延续我国历史文化的母版,不是简单套用马克思主义经典作家设想的模板,不是其他国家社会主义实践的再版,也不是国外现代化发展的翻版,不可能找到现成的教科书。"新时代教材建设应当把体现党和国家的意志放在首位,要立足中华民族的价值观念,时刻把培养能够承担民族发展使命的时代新人作为高校教师编写教材的根本使命。为此,编写出一批能够体现中国立场、中国理论、中国实践、中国话语的有中国特色的高质量原创性教材,为培养德智体美劳全面发展的社会主义接班人和建设者提供保障,是高校教师的责任。

华东政法大学建校70年以来,一直十分注重教材的建设。特别是1979年第二次复校以来,与北京大学出版社、法律出版社、上海人民出版社等合作,先后推出了"高等学校法学系列教材""法学通用系列教材""法学案例与图表系列教材""英语报刊选读系列教材""研究生教学系列用书""海商法系列教材""新世纪法学教材"等,其中曹建明教授主编的《国际经济法学概论》、苏惠渔教授主编的《刑法学》等教材荣获了司法部普通高校法学优秀教材一等奖;史焕章研究员主编的《犯罪学概论》、丁伟教授主编的《冲突法论》、何勤华教授与魏琼教授编著的《西方商法史》及我本人主编的《诉讼证据法学》等教材荣获了司法部全国法学教材与科研成果二等奖;苏惠渔教授主编的《刑法学》、何勤华教授主编的《外国法制史》获得了上海市高校优秀教材一等奖;孙潮教授主编的《立法学》获得"九五"

普通高等教育国家级重点教材立项;杜志淳教授主编的《司法鉴定实验教程》、何勤华教授主编的《西方法律思想史(第二版)》和《外国法制史(第五版)》、高富平教授与黄武双教授主编的《房地产法学(第二版)》、高富平教授主编的《物权法讲义》、余素青教授主编的《大学英语教程:读写译(1—4)》、苗伟明副教授主编的《警察技能实训教程》等分别入选第一批、第二批"十二五"普通高等教育本科国家级规划教材;王立民教授副主编的《中国法制史(第二版)》荣获首届全国优秀教材二等奖。1996年以来,我校教师主编的教材先后获得上海市级优秀教材一等奖、二等奖、三等奖共计72项。2021年,由何勤华教授主编的《外国法制史(第六版)》、王迁教授主编的《知识产权法教程(第六版)》、顾功耘教授主编的《经济法教程(第三版)》、王莲峰教授主编的《商标法学(第三版)》以及我本人主编的《刑事诉讼法学(第四版)》等5部教材获评首批上海高等教育精品教材,受到了广大师生的好评,取得了较好的社会效果和育人效果。

进入新时代,我校以习近平新时代中国特色社会主义思想铸魂育人为主线,在党中央"新工科、新医科、新农科、新文科"建设精神指引下,配合新时代背景下新法科、新文科建设的需求,根据学校"十四五"人才培养规划,制定了学校"十四五"教材建设规划。这次的教材规划一方面力求巩固学校优势学科专业,做好经典课程和核心课程教材建设的传承工作,另一方面适应新时代的人才培养需求和教育教学新形态的发展,推动教材建设的特色探索和创新发展,促进教学理念和内容的推陈出新,探索教学方式和方法的改革。

基于以上理念,围绕新文科建设,配合新法科人才培养体系改革和一流学科专业建设,在原有教材建设的基础上,我校展开系统化设计和规划,针对法学专业打造"新法科"教材共3个套系,针对非法学专业打造"新文科"教材共2个套系。"新法科"教材的3个套系分别是:"新法科·法学核心课程系列教材""新法科·法律实务和案例教学系列教材""新法科·涉外法治人才培养系列教材"。"新文科"教材的2个套系分别是:"新文科·经典传承系列教材"和"新文科·特色创新课程系列教材"。

"新法科"建设的目标,就是要解决传统法学教育存在的"顽疾",培养与时代相适应的"人工智能+法律"的复合型人才。这些也正是"新法科"3套系列教材的设计初心和规划依据。

"新法科·法学核心课程系列教材"以推进传统的基础课程和核心课程的更新换代为目标,促进法学传统的基础和核心课程体系的改革。"新法科"理念下的核心课程教材系列,体现了新时代对法学传统的基础和核心课程建设的新要求,通过对我国司法实践中发生的大量新类型的法律案件的梳理、总结,开阔学生的法律思维,提升学生适用法律的能力。

"新法科·法律实务和案例教学系列教材"响应国家对于应用型、实践型人才的培养需要,以法律实务和案例教学的课程建设为基础,推进法学实践教学体系创新。此系列教材注重理论与实践的融合,旨在培养真正能够解决社会需求的应用型人才;以"新现象""新类型""新问题"为挑选案例的标准和基本原则,以培养学生学习兴趣、提升学生实践能力为导向。通过概念与案例的结合、法条与案例的结合,从具体案件到抽象理论,让学生明白如何在实践中解决疑难复杂问题,体会情、理与法的统一。

"新法科·涉外法治人才培养系列教材"针对培养具有国际视野和家国情怀、通晓国际规则、能够参与国际法律事务、善于维护国家利益、勇于推动全球治理体系变革的高素质涉外法治人才的培养目标,以涉外法治人才培养相关课程为基础,打造具有华政特色的涉外法治人才培养系列教材。

"新文科·经典传承系列教材"以政治学与行政学、公共事业管理、经济学、金融学、新闻学、汉语言文学、文化产业管理等专业的基础和主干课程为基础,在教材建设上,一方面体现学科专业特色,另一方面力求传统学科专业知识体系的现代创新和转型,注重把学科理论与新的社会文化问题、新的时代变局相联结,引导学生学习经典知识体系,以用于分析和思考新问题、解决新问题。

"新文科·特色创新课程系列教材"以各类创新、实践、融合等课程为基础,体现了"新文科"建设提出的融合创新、打破学科壁垒,实现跨学科、多学科交叉融合发展的理念,在教材建设上突破"小文科"思维,构建"大文科"格局,打造具有华政特色的各类特色课程系列教材。

华东政法大学 2022 年推出的这 5 个系列教材,在我看来,都有如下鲜明的特点:

第一,理论创新。系列教材改变了陈旧的理论范式,建构具有创新价值的知识体系,反映了学科专业理论研究最新成果,体现了经济社会和科技发展对人才培养提出的新要求。

第二,实践应用。系列教材的编写紧密围绕社会和文化建设中亟须解决的新问题,紧扣法治国家、法治政府、法治社会建设新需求,探索理论与实践的结合点,让教学实践服务于国家和社会的建设。

第三,中国特色。系列教材编写的案例和素材均来自于中国的法治建设和改革开放实践,传承并诠释了中国优秀传统文化,较好地体现了中国立场、中国理论、中国实践、中国话语。

第四,精品意识。为保证系列教材的高质量出版,我校遴选了各学科专业领域教学经验丰富、理论造诣深厚的学科带头人担任教材主编,选派优秀的中青年科研骨干参与教材的编写,组成教材编写团队,形成合力,为打造出高质量的精品教材提供保障。

当然,由于我校"新文科""新法科"的建设实践积累还不够丰厚,加之编写时间和编写水平有限,系列教材难免存在诸多不足之处。希望各位方家不吝赐教,我们将虚心听取,日后逐步完善。我希望,本系列教材的出版,可以为我国"新文科""新法科"建设贡献华政人的智慧。

是为序。

华东政法大学校长、教授 叶青
2022 年 8 月 22 日于华政园

前　言

刑法学是一门理论性和实践性都很强的学科,刑法学理论艰深晦涩,词语深奥难解,往往使学人望而却步,不利于刑法知识的广泛传布。刑法案例形象直观,表达通俗易懂,通过具体的案例分析,展现刑法魅力,也是刑法知识传布的绝佳路径。一个案例胜过一沓文件。社会民众透过具体案例更容易感受到公平正义,进而强化对法治的信仰。在刑法学的学习和研究中,需要通过分析一定数量的疑难案例,解释一般本科生教材中的难点问题以及对司法实践具有重要意义而一般教材没有展开说明或者没有说明的理论问题,并借此拓宽学生的视野,激发学生的学习兴趣。本书可供法学本科生和刑法学硕士研究生使用,也可作为公司、企业的法律顾问以及公安、检察、法院、律师事务所等实务部门专业人士的参考用书。

编著者在案例的选择上遵循真实性、新颖性和典型性原则,写作体例上分为案情介绍、理论争议、法理分析三个部分。对于他人的研究成果在书中都已予以注明并在此表示感谢。华东政法大学重点课程"刑法案例研习"的全体任课教师参与了编写,他们是:孙万怀(华东政法大学刑事法学院院长、教授、博士生导师)、张勇(华东政法大学教授、博士生导师)、何萍(华东政法大学教授、博士生导师)、赵能文(华东政法大学刑法教师)、徐宏(华东政法大学副教授、硕士生导师)、马寅翔(华东政法大学教授、硕士生导师)。此外,参加本书编写的还有来自理论和实务界的一些同志,他们分别是:朱攀峰(华东政法大学刑事法学院)、梁燕宏(浙江京衡律师事务所)、李舸积(上海市松江区人民检察院)、韩玉(北京市房山区人民法院)、朱燕佳(上海市嘉定区人民法院)、张新亚(江苏省太仓市人民检察院)、余家恺[北京金诚同达(上海)律师事务所]、程阳强(上海市第二中级人民法院)、王喆(新疆拉夏贝尔服饰股份有限公司)、李颖(上海市闵行区人民检察院)、谢婷(华东政法大学教务处)、王文梁(上海中联律师事务所)、曹圆圆(杭州市上城区人民法院)、肖杨(军事检察院)、陈帅(上海市闵行区人民法院)、杨慧(上海市人民检察院第一分院)、徐佳蓉(浙江省宁波市北仑区人民检察院)。

本书的出版得到了北京大学出版社的大力支持,在此表示感谢。

由于编著者水平有限,再加上时间仓促,错误之处在所难免,恳请广大同仁批评指正。

华东政法大学教授、博士生导师　李翔

2023年8月20日于华东政法大学明镜楼

目　　录

第一章　刑法序说 ··· 1
　　案例 1. 郝甲盗窃案
　　　　　——刑法的伦理观念在刑事司法活动中的应用 ·················· 1

第二章　刑法的解释 ··· 9
　　案例 2. 张某危险驾驶案
　　　　　——刑法的形式解释与实质解释 ··· 9

第三章　刑法的原则 ··· 14
　　案例 3. 颜某虐童案
　　　　　——罪刑法定原则的适用 ·· 14
　　案例 4. 方某传播淫秽物品牟利案
　　　　　——罪刑法定原则在司法实践中的应用 ·································· 18

第四章　刑法的效力 ··· 23
　　案例 5. 徐某巨额财产来源不明案
　　　　　——刑法的溯及力问题 ·· 23
　　案例 6. 陈某组织他人偷越国境案
　　　　　——刑法空间效力的实际运用 ·· 27

第五章　犯罪与犯罪论体系 ··· 31
　　案例 7. 向某甲等故意伤害案
　　　　　——情节显著轻微、危害不大的理解 ····································· 31

第六章　犯罪构成及要件 ··· 36
　　案例 8. 王某故意伤害案
　　　　　——三阶层理论在定罪量刑中的应用 ····································· 36

第七章　行为与行为理论 …… 42

案例9. 赵某等故意伤害案
　　——作为与不作为的区分 …… 42

案例10. 刘某故意杀人案
　　——不作为故意杀人罪的认定 …… 47

第八章　构成要件符合性 …… 54

案例11. 周某合同诈骗案
　　——一人公司作为单位犯罪主体的认定 …… 54

案例12. 甲公司合同诈骗案
　　——单位实施纯正自然人犯罪的行为如何定性 …… 59

案例13. 韩某故意伤害案
　　——被害人的特异体质对犯罪构成的影响 …… 63

第九章　违法性 …… 69

案例14. 邓某某故意杀人案
　　——得到被害人承诺的侵害行为能否阻却违法性 …… 69

第十章　有责性 …… 74

案例15. 裴某等抢劫案
　　——有责性中刑事责任年龄问题 …… 74

案例16. 刘某故意杀人案
　　——原因自由行为的认定标准 …… 78

案例17. 孙某以危险方法危害公共安全案
　　——间接故意与过于自信过失的区分 …… 84

案例18. 天价葡萄案
　　——对盗窃物价值存在认识错误时应当如何认定犯罪 …… 89

第十一章　犯罪阻却事由 …… 93

案例19. 莫某故意伤害案
　　——防卫行为与互殴行为的界限以及对防卫限度的理解 …… 93

案例20. 夏某紧急避险案
　　——紧急避险的正确定性 …… 97

案例21. 李某非法经营案
　　——违法性认识的认定 …… 100

第十二章　故意犯罪停止形态 ·········· 105

案例 22. 白某、肖某绑架案
　　——犯罪"着手"的判断 ·········· 105

案例 23. 李某抢劫案
　　——抢劫罪犯罪未遂和犯罪中止的区分 ·········· 110

案例 24. 詹某等诈骗案
　　——诈骗罪既遂、中止、未遂的区分 ·········· 114

第十三章　共同犯罪 ·········· 119

案例 25. 燕某等非法拘禁案
　　——共同犯罪中共同故意范畴的认定 ·········· 119

案例 26. 余某、赵某职务侵占案
　　——共同犯罪中身份犯与主犯的竞合认定 ·········· 123

案例 27. 郭某等故意杀人案
　　——教唆犯撤回教唆的定性与量刑 ·········· 127

案例 28. 央视新台址大火案
　　——危险物品肇事的共同过失犯罪认定及处罚原则 ·········· 130

案例 29. 张某、王某抢劫案
　　——共同犯罪中止形态的认定 ·········· 134

案例 30. 刘某等金融凭证诈骗案
　　——共同犯罪是否以同一罪为必要 ·········· 141

第十四章　刑法竞合 ·········· 147

案例 31. 冯某破坏电力设备、盗窃案
　　——破坏电力设备罪与盗窃罪的竞合 ·········· 147

案例 32. 黄某等抢劫案
　　——结果加重犯的既、未遂判定问题 ·········· 150

案例 33. 周某妨害公务案
　　——牵连犯的前提构成条件 ·········· 153

第十五章　刑罚的理论 ·········· 157

案例 34. 郝甲盗窃案
　　——刑法第三十七条能否成为独立的免刑事由 ·········· 157

第十六章　刑罚的种类 161
　　案例35. 买某盗窃案
　　　　——累犯、数罪并罚中"刑罚执行完毕"的刑罚是指主刑
　　　　还是包括附加刑 161

第十七章　刑罚的裁量 166
　　案例36. 白某盗窃案
　　　　——不满18周岁不能构成累犯的理解 166
　　案例37. 胡某交通肇事案
　　　　——肇事后及时报警并在现场等候能否认定为自首 170
　　案例38. 沈某某受贿案
　　　　——"阻止他人犯罪活动"构成立功是否包括阻止
　　　　未成年人犯罪 173
　　案例39. 张某某故意杀人案
　　　　——故意杀人案中被害人过错和被害方谅解对
　　　　量刑的影响 177

第十八章　刑罚的执行 183
　　案例40. 丁某强奸、抢劫、盗窃案
　　　　——在假释考验期间直至期满后连续实施犯罪
　　　　是否应撤销假释并构成累犯 183
　　案例41. 张某减刑案
　　　　——多次减刑对法院判决和刑罚执行力的影响 187

第十九章　刑罚的消灭 191
　　案例42. 刘某故意伤害案
　　　　——刑法的追诉时效与溯及力问题 191

第二十章　危害国家安全罪 195
　　案例43. 李某叛逃案
　　　　——叛逃罪司法认定的相关问题 195
　　案例44. 付某为境外窃取、非法提供国家秘密、情报案
　　　　——为境外窃取、刺探、收买、非法提供国家秘密、
　　　　情报罪的几个相关问题 200

第二十一章　危害公共安全罪 … 204

案例45. 张某爆炸案
　　——爆炸罪的正确定性 … 204

案例46. 陈某投放危险物质案
　　——"公共安全"的界定 … 209

案例47. 王某投放危险物质案
　　——危险犯中止的认定 … 212

案例48. 叶某投放危险物质案
　　——投毒行为的定性及量刑问题 … 216

案例49. 陆某等以危险方法危害公共安全案
　　——危害公共安全罪与他罪的区分 … 220

案例50. 莫某贤等破坏交通工具案
　　——以爆炸手段破坏交通工具的行为如何定性 … 225

案例51. 杨某交通肇事案
　　——交通肇事罪的正确定性 … 229

案例52. 高某醉酒驾驶案
　　——醉驾行为入刑及量刑问题 … 233

第二十二章　破坏社会主义市场经济秩序罪 … 236

案例53. 王某等生产、销售伪劣产品案
　　——生产、销售伪劣产品罪与其他罪名的区别 … 236

案例54. 李某生产、销售伪劣产品案
　　——共同犯罪的界定 … 240

案例55. 朱某走私白垩纪古脊椎鸟类化石案
　　——认定走私国家禁止进出口的货物、物品罪应当注意
　　　的问题 … 245

案例56. 张某抽逃出资案
　　——抽逃出资罪的认定 … 248

案例57. 陈某拒不交出会计账簿案
　　——隐匿会计凭证、会计账簿罪的认定 … 252

案例58. 乙骗取贷款案
　　——骗取贷款、票据承兑、金融票证罪的司法认定 … 255

案例59. 夏某、林某妨害信用卡管理案
　　——妨害信用卡管理罪与信用卡诈骗罪的区分 … 262

案例60. 林某、史某集资诈骗案
　　——集资诈骗罪和非法吸收公众存款罪的区分问题 ……… 266

案例61. 陈某贷款诈骗案
　　——单位贷款诈骗案的处理 ……………………………… 270

案例62. 李某金融凭证诈骗案
　　——金融凭证诈骗罪与盗窃罪的区别 …………………… 274

案例63. 王某保险诈骗案
　　——保险诈骗罪的未遂 …………………………………… 278

案例64. 王某持有伪造的发票案
　　——持有伪造的发票罪的相关问题 ……………………… 282

案例65. 项某、孙某侵犯商业秘密案
　　——侵犯商业秘密罪的认定 ……………………………… 286

案例66. 陈某"合同诈骗"案
　　——合同诈骗罪的认定 …………………………………… 291

案例67. 张某、刘某组织、领导传销活动案
　　——组织、领导传销活动罪的法律适用 ………………… 295

案例68. 任某某非法经营案
　　——买卖一氧化二氮行为的刑法定性 …………………… 299

案例69. 沈某"非法经营"案
　　——非法经营罪和诈骗罪的区别 ………………………… 305

案例70. 孙某强迫交易案
　　——强迫交易罪客观方面诸特征分析 …………………… 309

案例71. 张某强迫交易案
　　——强迫交易罪与抢劫罪的区别 ………………………… 313

第二十三章　侵犯公民人身权利、民主权利罪 ……………………… 317

案例72. 李某故意杀人案
　　——相约自杀行为的定性 ………………………………… 317

案例73. 吴某故意杀人案
　　——帮助他人自杀行为的定罪量刑问题 ………………… 320

案例74. 王某过失致人死亡案
　　——在未领取医疗机构执业许可证的乡村卫生室
　　　　工作的乡村医生行医致人死亡的行为如何定性 …… 323

案例 75. 李某故意伤害案
　　——故意伤害罪与过失致人死亡的界限问题 ············ 328

案例 76. 邓某等组织出卖人体器官案
　　——组织出卖人体器官罪相关问题 ················ 331

案例 77. "百密一疏"等强奸案
　　——关于奸淫幼女的行为是否要求以明知作为构成
　　　要件 ································· 336

案例 78. 王某强奸案
　　——丈夫强奸妻子的行为能否构成强奸罪 ············ 343

案例 79. 黄某等非法拘禁案
　　——为索取债务劫持他人的行为如何定性 ············ 346

案例 80. 黄某诬告陷害案
　　——诬告陷害罪认定中应注意的问题 ··············· 349

案例 81. 黄某雇用童工从事危重劳动案
　　——雇用童工从事危重劳动罪的认定 ··············· 352

案例 82. 张某、杨某诽谤他人案
　　——诽谤罪与诬告陷害罪、侮辱罪的界限 ············ 355

案例 83. 周某刑讯逼供致人死亡案
　　——刑讯逼供致人死亡的认定 ···················· 359

案例 84. 周某暴力取证案
　　——暴力取证罪与非罪的界限 ···················· 362

案例 85. 钟某破坏选举案
　　——认定破坏选举罪中应当注意的问题 ·············· 364

案例 86. 李某暴力干涉婚姻自由案
　　——暴力干涉婚姻自由罪和寻衅滋事罪的界限 ········· 367

案例 87. 李某重婚案
　　——法院错误判决能否阻却重婚罪的构成 ············ 369

案例 88. 王某等遗弃案
　　——对无法定扶养义务人能否定遗弃罪 ·············· 371

第二十四章　侵犯财产罪 ·································· 375
　案例 89. 李某某盗窃案
　　——偷换收款二维码取财的行为定性 ··············· 375

案例 90. 郭某抢回自己汽车案
　　——抢劫罪客体的认定 ………………………………………… 380

案例 91. 杨某等绑架案
　　——绑架过程中劫取被害人随身财物的定性 ………………… 384

案例 92. 侯某、匡某抢劫何某事中参与案
　　——承继共犯的罪责承担 ……………………………………… 390

案例 93. 李某抢劫案
　　——转化型抢劫罪的认定 ……………………………………… 394

案例 94. 许某盗窃案
　　——利用 ATM 机故障恶意取款的行为如何认定 …………… 399

案例 95. 杜某等内外勾结盗窃案
　　——盗窃罪和贪污罪的区别 …………………………………… 403

案例 96. 黄某等诈骗案
　　——设置圈套诱人参赌,骗取钱财的行为如何认定 ………… 408

案例 97. 李某侵占案
　　——擅自将合法持有的他人信用卡内余额取走的行为
　　　　如何定性 ……………………………………………………… 412

案例 98. 顾某侵占案
　　——侵占罪的构成要件 ………………………………………… 416

案例 99. 胡某某职务侵占案
　　——职务侵占罪的认定及其与相关罪名的关系 ……………… 420

案例 100. 张某等职务侵占案
　　——国有储运公司门卫伙同他人监守自盗的行为
　　　　如何认定 ……………………………………………………… 427

案例 101. 耿某设圈套敲诈勒索案
　　——帮助他人实施犯罪后再指使别人敲诈犯罪人的
　　　　行为定性 ……………………………………………………… 430

案例 102. 熊某等敲诈勒索案
　　——敲诈勒索罪与抢劫罪、绑架罪的界限 …………………… 434

案例 103. 张某敲诈勒索案
　　——敲诈勒索罪与绑架罪的区别 ……………………………… 437

案例 104. 李某专利敲诈勒索案
　　——敲诈勒索罪的司法认定 …………………………………… 441

案例 105. 李某故意毁坏财物罪
　　——盗窃罪与毁坏财物罪的区别 ………………………… 445

第二十五章　妨害社会管理秩序罪 …………………………… 450

案例 106. 窦甲等"聚众斗殴"案
　　——聚众斗殴罪的转化问题 ……………………………… 450

案例 107. 瞿某传授犯罪方法案
　　——传授犯罪方法罪和教唆犯罪的区别 ………………… 455

案例 108. 赖某某医疗事故案
　　——医疗事故罪的正确定性 ……………………………… 460

案例 109. 孟某医疗事故案
　　——具有执业资格的医生根据民间验方、偏方制成药物
　　　　诊疗,造成就诊人死亡的行为如何定性 ……………… 465

案例 110. 黄某非法行医案
　　——非法行医罪的认定 …………………………………… 468

案例 111. 周某等侮辱尸体案
　　——非法买卖尸体行为如何定性 ………………………… 472

案例 112. 周某、羊某帮助毁灭、伪造证据案
　　——包庇罪与帮助毁灭、伪造证据罪的区别 …………… 476

案例 113. 周某等脱逃案
　　——脱逃罪的认定 ………………………………………… 479

案例 114. 张某骗取出境证件案
　　——行为人本案中的身份以及指使"他人"控告之犯罪
　　　　事实的认定 ……………………………………………… 483

案例 115. 王某非法收购、出售鹦鹉案
　　——非法收购、出售珍贵、濒危野生动物罪的刑事
　　　　违法性判断 ……………………………………………… 487

案例 116. 李某贩卖、运输毒品案
　　——因毒品犯罪被判处的刑罚尚未执行完毕又犯贩卖、
　　　　运输毒品罪的,是否适用刑法第三百五十六条的
　　　　规定从重处罚 …………………………………………… 492

案例 117. 唐某非法持有毒品案
　　——居间介绍毒品买卖行为如何定性 …………………… 496

案例118. 李某组织卖淫案
　　——从组织同性卖淫案谈刑法扩张解释的适用 …………… 499
案例119. 张某协助组织卖淫案
　　——不作为形式的协助行为如何认定 …………………… 503

第二十六章　危害国防利益罪 ………………………………… 508
案例120. 范某聚众冲击军事禁区案
　　——聚众冲击军事禁区罪的认定 ………………………… 508
案例121. 杨某冒充军人招摇撞骗案
　　——冒充军人招摇撞骗罪的司法认定 …………………… 512

第二十七章　贪污贿赂罪 ………………………………………… 516
案例122. 徐某贪污案
　　——侵吞国有单位未认可的外欠货款可否构成贪污罪 …… 516
案例123. 良某等挪用公款案
　　——对跨法挪用公款行为如何适用法律 ………………… 522
案例124. 窦某、冼某等贪污案
　　——将期货交易风险转嫁给单位的行为如何定性 ……… 526
案例125. 王某挪用公款案
　　——如何认定挪用公款"归个人使用" …………………… 529
案例126. 王某某挪用公款案
　　——以使用变价款为目的的挪用公物行为是否构成
　　　　挪用公款罪 ……………………………………………… 533
案例127. 白某等挪用公款案
　　——挪用公款罪中的共同犯罪问题 ……………………… 538
案例128. 蒋某收受贿赂案
　　——国有企业改制后,被委派的国家工作人员的身份
　　　　是否改变 ………………………………………………… 544
案例129. 陆某受贿案
　　——如何理解斡旋受贿罪中"利用本人职权或者地位
　　　　形成的便利条件" ……………………………………… 550
案例130. 周某利用影响力受贿案
　　——"关系密切人"与"利用影响力"范围界定问题 ……… 555

案例 131. 刘某行贿案
　　——采取违规手段谋取不确定利益是否构成行贿罪 ………… 559
案例 132. 樊某介绍贿赂案
　　——替他人"行贿"的行为如何定性 …………………………… 563
案例 133. 吴某巨额财产来源不明案
　　——财产来源不明,定罪后又查清来源该如何处理 ………… 567
案例 134. 张某等私分国有资产案
　　——单位派出机构以自己的名义私分公司财产能否
　　　 构成私分国有资产罪 ………………………………………… 570
案例 135. 周某私分国有资产案
　　——国有资产应当如何界定 …………………………………… 575
案例 136. 王某等私分国有资产案
　　——非单位人员私分国有资产的行为如何认定 …………… 578

第二十八章　渎职罪 ………………………………………………………… 583
案例 137. 刘某滥用职权案
　　——玩忽职守和滥用职权的区别 …………………………… 583
案例 138. 江某玩忽职守案
　　——警察目睹他人行凶而不制止的行为定性 ……………… 587

第二十九章　军人违反职责罪 …………………………………………… 592
案例 139. 胡某逃离部队案
　　——现役军人携带枪支、弹药逃离部队偷越国(边)境的
　　　 行为如何定性 ………………………………………………… 592
案例 140. 凌某为境外机构、组织、人员窃取、刺探、收买、非法提供
　　军事秘密案
　　——为境外机构、组织、人员窃取、刺探、收买、非法提供
　　　 军事秘密罪的认定 …………………………………………… 594

第一章 刑法序说

案例1. 郝甲盗窃案*

——刑法的伦理观念在刑事司法活动中的应用

案情介绍

郝甲,18周岁,系郝乙的亲侄孙。2008年4月28日上午11时许,郝甲到府谷镇阴塔村郝乙家院内,见院中无人,想到债主逼债,便产生盗窃还债之念。郝甲随后到院内找了一根钢筋棍,将窗户玻璃打碎进入室内,又在室内找了把菜刀,将郝乙家写字台的抽屉撬坏,盗走该抽屉内的现金53000元,然后将其中49000元存入银行,剩下4000元还债。当日下午,郝甲被公安人员抓获。破案后,存入银行的赃款49000元被全部追回退还失主,剩余4000元由郝甲父亲代其赔偿给失主。

一审中,某县法院认为,本案虽然盗窃数额巨大,按照刑法规定应当判处十年以上有期徒刑,但考虑到本案发生在亲友之间,被告人郝甲刚满18周岁,且被害人强烈要求免除被告人处罚,于是判处郝甲有期徒刑5年,并处罚金20000元。因系法定刑以下判刑案件,遂逐级报送至最高人民法院核准。最高人民法院经复核,裁定不予核准并撤销判决,发回原法院重新审判。

某县法院经重新审理认为,被告人郝甲以非法占有为目的,秘密窃取他人财物,且数额特别巨大,其行为已经构成盗窃罪。依据最高人民法院《关于审理盗窃案件具体应用法律若干问题的解释》第1条第4项的规定,偷拿自己家的财物或者其近亲属的财物,一般可不按照犯罪处理,对确有追究刑事责任必要的,处罚时也应与一般盗窃案件有所区别。本案中,被告人与被害人虽不是法定的近

---

* 案例来源:《中华人民共和国最高人民法院公报(2011年卷)》,人民法院出版社2012年版,第461页。

亲属,但被告人系被害人的亲侄孙,属五代以内旁系血亲,且被告人从小就和被害人一起生活,二人亲情深厚,在被告人犯罪后,被害人多次向法庭要求对被告人从宽处理,被告人归案后认罪态度好,悔罪表现明显,且所盗款项大部分被及时追回,不足的部分也由其亲属退赔给了失主。综合考虑本案被告人的犯罪情节、危害后果及其悔罪表现,被告人的犯罪行为应属《中华人民共和国刑法》(以下简称《刑法》)第37条规定的"犯罪情节轻微不需要判处刑罚"的情形,判处被告人犯盗窃罪,免予刑事处罚。

理论争议

在审理本案时,关于是否对被告人郝甲免予刑事处罚存在争议。第一种意见认为,郝甲盗窃数额为5万余元,已构成盗窃罪,且数额巨大,不能对其免予刑事处罚。第二种意见认为,本案属亲属间的盗窃案件,综合犯罪情节、危害后果和被告人悔罪表现,应当对其免予刑事处罚。

法理分析

我们认为,本案中,被告人郝甲与被害人郝乙属亲属关系,出于对其伦理关系的维护与对社会秩序的恢复,应当对郝甲免予刑事处罚。经最高法复核后对被告人郝甲免予刑事处罚的判决,也向我们传达了这样的信号——在刑事司法过程中,在坚持罪刑法定原则的基础上,出于对社会中伦常和亲缘关系的维护,对个别行为人从轻处断,从而实现良好的司法效果。

伦理是最为抽象、最为稳定和持久的道德。[①] 与其他部门法相比,刑法与伦理在调整范围上最具重合性,在价值指向上最具同向性。刑法是调整国家和个人、社会与个人之间关系的法律,这一关系背后是伦理与个人好恶之间的对抗。这种对抗性质决定了刑法是最具伦理性的法律。[②] 在司法活动中,包容基于人性而生的伦理关系,重视刑法的伦理根基具有正当性基础。

(一)刑法伦理观念的正当性基础

1. 历史溯源

中国古代是家族本位的社会,在这种以身份为基础的社会中,形成了以维护宗法伦理秩序为宗旨的家族本位法,因此,我们将中国古代社会称为伦理社会。

[①] 参见张武举:《刑法的伦理基础》,法律出版社2008年版,第142页。
[②] 同上。

"亲亲相为隐"原则是古代法律维护伦理关系的重要体现。亲属容隐制度可以上溯到春秋时期,一直到民国末期都以各种形式被规定在律法当中,所容隐的亲属的范围也不断加大,从只允许"子为父隐"的单向隐匿演化到"父为子隐"的双向隐匿。对于亲属间的人身伤害,往往采取亲属有别、尊卑有别的处理方法。在"亲属相盗"的问题上,中国古代法的原则是:本着"同居共财""亲属不分财"的伦理,规定亲属间财产侵害之罪责轻于常人间的财产侵犯,通常是减免刑罚的。① 另外,受儒家文化的影响,中国古代通过立法极力维护孝道,在法典中,可以找到许多惩治不孝行为的罪名,如"与仇人私和""干名犯义""供养有阙""别籍异财"。②

2. 法律依据

从现有司法解释可以看到,在对一些犯罪的定罪量刑上,已经体现出了立法者对伦理观念的遵从。最高人民法院《关于审理未成年人刑事案件具体应用法律若干问题的解释》中规定,已满16周岁不满18周岁的人盗窃自己家庭或者近亲属财物,或者盗窃其他亲属财物但其他亲属不予追究的,可不按犯罪处理。最高人民法院《全国法院维护农村稳定刑事审判工作座谈会纪要》中提到:"对于因婚姻家庭、邻里纠纷等民间矛盾激化引发的故意杀人犯罪,适用死刑一定要十分慎重,应当与发生在社会上的严重危害社会治安的其他故意杀人犯罪案件有所区别。"这些规定均主张亲属间的犯罪行为应当区别于一般犯罪行为,这正体现了对亲属之间伦理关系的维护。

3. 理论支撑

(1) 刑法的谦抑精神

近年来,日本刑法中的谦抑原则被引入,吸引了我国众多学者的研究和讨论,也为刑事司法实践提供了可借鉴的指导思路。刑法的谦抑原则认为:刑法是法益保护的最后手段,只有在其他比较轻缓的手段不能充分保证效果的情况下,才允许使用刑法。③ 从谦抑精神的内涵之一——刑法的经济性出发,要以最小的成本取得最大的刑法效益,这种成本节约既包含着对司法成本的减少使用,还包含着要求刑法最少地对现有社会秩序和人际关系进行干预,这也就要求刑法

---

① 参见范忠信等:《中西法文化的暗合与差异》,中国政法大学出版社2001年版,第132页。
② 参见范忠信等:《情理法与中国人》,中国人民大学出版社1992年版,第110—115页。与"仇人私和"是指私自与杀害祖父母、父母的仇人达成和解协议而不告官者;"干名犯义"是指子孙告发父祖、妻妾告夫的犯罪行为;"供养有阙"是指成年子孙对老疾父母不供给其饮食,不给予生活料理;"别籍异财"是指祖父母、父母尚在,子孙擅自分家析产者。
③ 参见王世洲:《现代刑法学(总论)》,北京大学出版社2011年版,第15页。

尽量减少对社区和家庭中人与人之间长期稳定的社会关系的破坏。因此,刑法只能作为法益保护的最后手段,对于一些可以由轻缓手段调整的人伦亲缘关系,刑法完全可以退居其后,由其他法律进行调整或者由当事人之间自行协商解决,通过和解的手段,实现利益的平衡与社会关系的平稳运行。

(2) 恢复性司法的理念

恢复性司法是近些年来在西方兴起的新的刑事司法理念以及具体模式。关于恢复性司法的定义,目前国际社会尚未统一,"根据联合国经社理事会2002年第十一届会议题为《恢复性司法》的秘书长报告中的意见,'恢复性司法是承认犯罪不仅经常影响受害者和社区的未来,而且还影响涉案罪犯的未来的一种概念。它寻求尽可能利用受害者和社区的积极和自愿参与的方式,恢复被犯罪影响的所有当事方的一切权益'"①。恢复性司法改变了过去只重视惩罚被告人和维护国家法的权威地位,转而强调补偿原则,即关注被害人的地位和利益,努力恢复被犯罪行为破坏的社会关系。在具体实践过程中,往往采用会商的模式,由法官、被告人与被害人及其家属一起面对和解决由犯罪行为引发的社会矛盾。恢复性司法对传统刑事司法进行了全面的改造:改传统的刑事司法模式的"惩罚"为"恢复",改传统的"国家(司法机关)—犯罪人"模式为"犯罪人—被害人"模式。② 因此,在这样一种理念的指导下,对于亲属之间的侵害,由于犯罪人与被害人关系紧密,相对于陌生人之间的犯罪,更应当将犯罪行为视为一种人际关系的冲突,通过努力补偿被害人的利益,谋求被害人的谅解,从而恢复冲突前的人际关系。

再者,由于犯罪人与被害人的特殊关系,往往从被害人的角度出发,被害人更希望法律给予犯罪人相对轻缓的判决。"恢复性司法的核心是寻求'需要的满足,这里的需要是所有受到伤害的那些人的需要'"③,而被害人这种维护原有人际关系的需要,是刑事司法过程中必须考量的问题。

(3) 人格责任论

人格责任论是行为人主义的体现,其主张"行为是作为行为者人格主体的现实化的身体的动静""责任非难不能仅论行为,而必须论及在行为背后的人格环

---

① 王平主编:《恢复性司法论坛(2007年卷)》,中国检察出版社2007年版,第21页。
② 参见于改之、吴玉萍:《多元视角下恢复性司法的理论基础》,载《山东大学学报(哲学社会科学版)》2007年第4期。
③ 〔英〕格里·约翰斯通、〔美〕丹尼尔·W.范内斯主编:《恢复性司法手册》,王平等译,中国人民公安大学出版社2012年版,第77页。

境"①。在人格责任论的指引下,对行为人的有责性的评价就占据了重要地位,通过对行为人人格的分析,考察其人身危险性和再犯可能性,而不仅仅依行为人的犯罪行为进行定罪量刑,对于不具备完全犯罪人格的行为人,可以对其减轻或免除刑事处罚。在亲属之间的犯罪中,行为人多基于家庭琐事,因一时激愤而实施了犯罪行为,其人身危险性显然低于实施指向陌生人的有预谋的故意犯罪的行为人。而对于一些出于人伦亲情所迫而实施的犯罪,如对实施犯罪行为的近亲属进行窝藏包庇,为了为家庭成员治病而实施的财产犯罪,行为人如果非陷入此情境当中,就不会实施犯罪,这样的行为人显然不具备完全的犯罪人格,从而应当从轻处遇。

4. 现实考量

从司法实践的现实层面考量,遵从伦理观念有利于贯彻宽严相济的刑事政策,也有利于节约司法成本。宽严相济的刑事政策要求,通过对刑事司法裁量权的应用,以常情、常理、常识为衡量标准,以罪刑法定原则为衡量基础,对应当从宽处罚的要从宽处罚,应当从重处罚的加以从重。在这样的刑事政策下,对于涉及伦理关系的犯罪,应当结合情理加以考量,有条件地从宽处理。这样的处理方式,有利于维护社会的人伦秩序,避免刑法对私人领域的妄加干预,更有利于节约司法成本,从而实现司法效益的最大化,从根本上化解社会矛盾。刑罚是用一种恶惩罚另一种恶,是对被告人的恶行的惩罚,通常可以平息被害人及其家属的情绪,但对被告人的家庭也无疑造成了一种伤害。如何将这两种伤害降到最低,实现平衡,正是我们要考虑的问题。

(二) 考量因素

那么在刑事司法过程中,具体应当从哪些方面去考察犯罪行为中包含的伦常关系,从而正确地定罪量刑?我们认为应当从以下几个方面入手:

1. 行为人与被害人的亲缘因素

现有的司法解释通过考量伦常关系而给予从轻处断的,一般要求被告人与被害人是家庭成员关系或是近亲属。关于刑法上的近亲属的范围,刑法典中未加以明确规定。一般认为,根据刑事诉讼法的规定,近亲属包括配偶、父、母、子、女、同胞兄弟姊妹。我们认为,可以对近亲属进行实质解释,而不限于刑事诉讼法所列举的这些。只要是行为人与被害人之间在日常生活中来往密切、关系紧密的,都可以作为亲属关系而在定罪量刑过程中加以考虑。例如,本案中,被告

---

① 马克昌主编:《近代西方刑法学说史》,中国人民公安大学出版社 2008 年版,第 470 页。

人郝甲与被害人郝乙属五代以内旁系血亲,从法理上来讲,并不属于近亲属的范围,但是被告人从小就和被害人一起生活,二人亲情深厚,这样的关系应当视为近亲属关系。

2. 行为人的人格因素

从犯罪人格角度来看,可依伦理观念给予从轻考虑的被告人应当属于"亚犯罪人"或"落法者"。① 亚犯罪人,又称"非典型犯罪危险性人格"或"亚犯罪危险性人格",是指在人格整体上不完全具备犯罪危险性人格而犯了罪的人,通常多数偶犯、机会犯(境遇犯)、激情犯等属此类犯罪人。落法者,是指不具备犯罪危险性人格而实施了现行刑法规定的犯罪行为,陷入刑法成为受刑罚处罚之人。一般来说,过失犯、防卫过当者、胁从犯等多数都属于落法者。

另外值得注意的是,还应当对行为人所负担的家庭义务给以考量。例如刑事诉讼法规定,被判处有期徒刑或者拘役的罪犯,由于患有严重疾病需要保外就医,或者妇女怀孕或正在哺乳自己的婴儿,不适宜在监狱或其他劳动改造场所执行刑罚的,可暂由罪犯原居住地的公安派出所执行。这一规定显然是出于对人性的包容和对亲伦秩序的维护所作出的。另外,在量刑过程中,对于独自一人抚养幼子、病人或无生活自理能力的老人,在其符合缓刑的适用条件时,应当对其判处缓刑,以维护其所在家庭正常的生活秩序。

3. 被害人的态度因素

被害人的态度在这一类案件的定罪量刑中起到了重要作用,如果被害人获得了被告人及其家属的赔偿,考虑到亲属关系的存在,被害人往往不愿意追究被告人的刑事责任。尤其在我国这样一个熟人社会的环境里,被亲属侵害了利益而使其受到刑事处罚,往往让被害人背负了较大心理负担。正如本案中,被害人郝乙多次向法庭要求对被告人郝甲从轻处理,并到多处上访,请求对其轻判,以防止自己在熟人圈中形成得理不饶人的形象。因此,在考察被害人的态度时,如果被害人强烈要求不追究或请求从轻处罚,法庭应当对其请求进行考虑。

4. 案件发生的环境因素

由于过去农业文明的兴盛,中国形成了一个家族本位的熟人社会。随着工商业的发展,一些大中城市正逐步实现由熟人社会向陌生人社会的转变。但是在广大的农村和小城镇,由于成员生活圈子的狭窄,亲缘意识较强,所形成的社会运转机制仍是以熟人社会为主导。在这样的熟人社会中,人与人之间已经形成了自己的利益诉求机制和纠纷解决机制,在行为社会危害性不大的情况下,刑

---

① 参见张文、刘艳红、甘怡群:《人格刑法导论》,法律出版社2005年版,第109—110页。

法不应当打破其正常机制的和谐运转。就如在电影《秋菊打官司》中表现的那样,正式的法律干预,尽管似乎更符合那种被认为是普适且客观的权利观和权利保护,似乎是"与国际接轨",但它不仅没有令当事人满意,而且带来了更为严重的后果:损害了社区中原来存在的尽管有纠纷但仍能互助的社会关系,以及在社区中曾长期有效,且在可预见的未来村民们仍将依赖的、看不见的社会关系网络。①

(三) 刑法的伦理观念的实现路径

如上所述,刑法的伦理观念在现代社会中仍有其存在的正当性基础,应当通过对被害人与被告人亲缘关系、被告人的人格、被害人的态度、案件发生的环境进行考量,实现对被犯罪行为破坏的社会关系的恢复。那么,如何在司法实践中实现刑法的伦理观念?我们认为应当注意如下几个方面:

1. 以罪刑法定原则为基础

刑法的伦理观念的实现具有充分的正当性依据,但无法由一个可量化的具体标准对其进行衡量,在案件中实现刑法的伦理观念,是法官行使自由裁量权的产物。这样一个缺乏明确标准的理念,一旦适用不当,无疑是相当危险的。因此,必须坚持以罪刑法定原则为基础,在罪刑法定的原则之下,方可考虑案件中隐含的伦常因素。

2. 限于出罪

从保护被告人的理念出发,我们认为,对伦常关系的考量只能用于对行为人出罪或减免刑罚。这样的理念与行为无价值论中伦理违反规范说是相区别的。持伦理规范说的论者认为,刑法是对伦理规范的践行,刑法规定中包含对伦理关系的调整与规制,强调刑法维持社会伦理的机能,认为"确保法的心情的作用价值所具有的现实效力(遵守)的任务是比保护法益更为本质的任务,对法益的保护包含在对社会伦理的心情价值的保护之中"②。这样的观点,在一定程度上扩大了刑法的适用范围,是对罪刑法定原则的违背。我们主张,对被告人与被害人伦理关系的考量应限定在出罪以及减轻和免除刑罚方面,而不能以捍卫伦理规范为借口,降低刑法的定罪门槛,提高对被告人的刑罚力度。

3. 具体适用途径

《刑法》第 13 条规定,情节显著轻微危害不大的,不认定为犯罪;第 37 条规定,对于犯罪情节轻微不需要判处刑罚的,可以免予刑事处罚。其充分考虑了案

---

① 参见苏力:《法治及其本土资源(修订版)》,中国政法大学出版社 2004 年版,第 30 页。
② 张明楷:《行为无价值论与结果无价值论》,北京大学出版社 2012 年版,第 25 页。

件中隐含的伦常关系,并在坚持罪刑法定原则的基础之上,可以通过适用《刑法》第 13 条但书条款和第 37 条免除刑罚条款,将行为人评价为不构成犯罪或已构成犯罪但免予刑事处罚。另外在量刑过程中,如上所述,从人道主义出发,对家庭负担较重,需独立抚养幼子或老人的被告人,如犯罪情节轻微,可以判处管制或缓刑。

"亲亲尊尊"是人类天性和天然情感中的客观存在,只要人类还有家庭、亲属关系存在,只要人类还把血缘、姻缘作为人际关系中的一种特殊因素加以考虑。在当今司法实践中,"唯数额论""唯结果论"的思维始终影响着审判人员,一切从结果出发,不考虑行为背后的社会关系的司法无疑是粗糙的。司法的目的在于解决社会冲突与矛盾,而非以新的矛盾冲突代替旧的矛盾冲突,应当在罪刑法定的基础上,协调好伦理与规范条文的关系,以求得社会矛盾的最终化解。

本案中,郝甲实施了盗窃罪,并既遂,盗窃数额达到 5 万余元,符合了盗窃罪的犯罪构成要件,在对其进行违法性的评价中,也因其行为具有社会危害性,且不具备违法阻却事由,在对有责性的评价中,郝甲已具备完全的行为能力,也应认定郝甲构成犯罪。但在刑罚的裁量过程中,考虑到郝甲刚满 18 周岁,又属初犯,人身危险性不大,且与被害人郝乙是亲属关系,并且郝乙强烈要求法庭对郝甲进行轻判,在这样的情节下,对郝甲判处 5 年有期徒刑,实无任何意义。从刑法的谦抑精神出发,为实现刑法的伦理观念,免除对郝甲的处罚,恢复被告人郝甲及其家庭与被害人郝乙的社会关系,才能从根本上实现对矛盾冲突的化解。

(作者:陈帅)

第二章 刑法的解释

案例 2. 张某危险驾驶案*
——刑法的形式解释与实质解释

案情介绍

2012年1月25日20时许,张某饮酒后驾驶无牌电动自行车沿杭州市萧山区市心路由南向北行驶至道源路路口右转弯过程中,与熊某驾驶的小型轿车沿市心路由北向南行驶至道源路路口左转弯时发生碰撞,后熊某报警。民警在处理事故过程中,发现张某有酒后驾驶嫌疑,对其进行呼气测试,但张某拒不配合。后经血液鉴定,张某血液中乙醇含量为154.4 mg/100 ml。经某省出入境检验检疫鉴定所鉴定,张某驾驶的电动自行车实测时速为30千米/小时,空载重量为73千克,属于电驱动两轮轻便摩托车类型,即属于机动车范畴。经事故认定,张某负事故的全部责任。案发后,张某如实供述了自己醉酒驾驶电动自行车的行为。

某区人民法院经审理认为,被告人张某醉酒驾驶机动车在道路上行驶,其行为已构成危险驾驶罪。被告人张某案发后如实供述其犯罪事实,依法可从轻处罚。被告人张某在庭审中当庭自愿认罪,有悔罪表现,可酌定从轻处罚。被告人张某醉酒驾驶机动车发生交通事故且在事发后拒不配合民警检查,应酌情从重处罚。综合上述量刑情节,决定对被告人张某予以从轻处罚。据此,依法以危险驾驶罪判处被告人张某拘役2个月15日,并处罚金2500元。

---

* 案例来源:《人民司法(案例)》2012年第12期,第13页。

> **理论争议**

在审理本案时,对被告人驾驶的超标电动自行车是否属于机动车存在争议。一种观点认为,应当认定超标电动自行车属于机动车,醉驾超标电动车的危险性达到了危险驾驶所规范的危险程度,构成危险驾驶罪。另一种观点认为,超标电动自行车不属于机动车,不构成危险驾驶罪。

> **法理分析**

对于超标电动自行车是否属于机动车,刑法并未作出明确规定,需要对这一问题进行解释。法律本身存在滞后性,立法者在立法时不能考虑到法律适用过程中的全部情形,而随着时代的发展,一些与时代发展相伴而生的新型犯罪形式出现。为了解决这些问题,应当对刑法进行解释。那么在什么立场上进行解释,或者说刑法解释的限度到底在哪里,学界主要有形式解释论和实质解释论两种观点。

主张形式解释论的论者认为,对于刑法问题的解释应当从刑法条文本身出发。形式解释论主张对刑法文本进行解释要以制定法为唯一依据,以文义解释为主要的解释方法,遵循法律文本本身的含义,并采取体系解释的方法,以保持条文之间的协调,以期罪刑罚相适应。形式解释以实现刑法的稳定性为目标,以罪刑法定原则为要旨,"明确了国家刑罚权的界限,赋予了国民的预测可能性,有利于实现社会的有序、安稳和形式正义,这些远比纠正偶尔不公平的法律意义更大"[①]。形式解释论站在形式理性的立场上,认为与刑法的社会防卫机能相比,应当更加注重刑法的人权保障机能,保证刑法的稳定性和明确性。"对于认定犯罪来说,社会危害性的标准应当让位于刑事违法性的标准。只有在刑事违法性的范围之内,社会危害性对于认定犯罪才有意义。"[②]

主张实质解释论的论者认为,刑法的目的是保护法益,应当发挥法益对构成要件的指导机能。针对这些法律本身的漏洞,为了实现刑法的法益保护目的,需要对刑法条文进行实质解释,对漏洞进行填补,对新的犯罪形式加以规制,对需要解释的问题加以明确。针对形式解释论者对实质解释论扩大犯罪圈的质疑,实质解释论学者认为,"实质解释主要是就刑法规定的构成要件进行实质解释,

---

① 周洪波、彭文华:《形式的刑法解释之提倡及其方法论》,载《首都师范大学学报(社会科学版)》2009年第4期。

② 欧阳本祺:《走出刑法形式解释与实质解释的迷思》,载《环球法律评论》2010年第5期。

而不是单纯对案件事实进行实质判断;如果缺乏构成要件的规定,或者说,如果刑法没有对某种行为设置构成要件,当然不可能通过实质解释将其认定为犯罪。"①刑法的实质解释主张犯罪的本质为社会危害性,从行为的社会危害性着手,行为对社会危害性达到一定程度即具有刑罚当罚性,从而更注重刑法的妥当性。

综上所述,我们可以看到形式解释论与实质解释论的争论不仅仅是解释观上的选择,更是对刑法价值和刑法机能的选择。坚持形式解释论的学者强调刑法的人权保障机能和刑法的安定性,以构成要件的改变是否符合国民预测可能性为判断标准。坚持实质解释论的论者则强调解释刑法应当注重保护法益和合目的性,以构成要件的改变是否引起刑法目的的变化作为判断刑法解释是否正确的标准。

醉酒驾驶超标电动车的行为是否可以认定为危险驾驶罪,重点在于是否将超标电动自行车认定为机动车。

（一）制定法依据的查找

从我国现有法律法规来看,《中华人民共和国道路交通安全法》第119条第3项规定,机动车是指以动力装置驱动或者牵引,上道路行驶的供人员乘用或者用于运送物品以及进行工程专项作业的轮式车辆。该条第4项规定,非机动车是指以人力或者畜力驱动,上道路行驶的交通工具,以及虽有动力装置驱动但设计最高时速、空车质量、外形尺寸符合有关国家标准的残疾人机动轮椅车、电动自行车等交通工具。有观点认为,根据上述法律的规定,机动车与非机动车的分类在逻辑上是排斥关系,非此即彼,既然未超标机动车属于非机动车,那么运用反向解释的方法可知,超标电动自行车就应当属于机动车。② 这种说法,我们认为是有问题的,根据道路交通安全法对非机动车概念的规定,不能认为超标电动自行车即为机动车。对于超标电动自行车在什么情况下可以认为是机动车,道路交通安全法并未作出明确的规定,超标电动车超标多少可以认定为机动车,这一问题显然需要进一步的规定。

2018年1月1日开始施行的国家标准《机动车运行安全技术条件》(GB 7258—2017)是我国机动车安全技术管理的最基本的技术性法规,是公安机关交通管理部门新车注册登记和在用车定期检验、事故车检验等安全技术检验的主要技术依据,同时也是我国机动车新车定型强制性检验、新车出厂检验及进口机

---

① 张明楷:《实质解释论的再提倡》,载《中国法学》2010年第4期。
② 参见李文华、苏杰:《醉驾超标电动车可构成危险驾驶罪》,载《人民司法(案例)》2012年第12期。

动车检验的重要技术依据之一。国标上将部分长着摩托车样子、速度并不慢的代步"电动自行车"纳入了轻便摩托车的管理范畴。如排量大于 50 ml,或如使用电驱动,电动机最大输出功率总和大于 4 kW 的摩托车,均称为普通摩托车。值得注意的是,这种将超标电动自行车纳入摩托车管理范畴的表述,并不意味着肯定了超标电动车的机动车性质。国家标准的制定机关并非立法意义上的主体,刑法上犯罪行为的认定必须有刑法典和相关立法解释和司法解释的支撑,在缺乏有权解释的情况下,以这种尚不明确的国家标准作为衡量是否具备危险驾驶罪的犯罪构成要件,是对罪刑法定原则的违背。

由此可见,在现有的法律体系中,我们无法找到认定超标电动自行车为机动车的法律依据,需要通过刑法的解释加以明确。

(二)刑法解释立场的选择

如上所述,刑法解释的立场问题上,存在着实质解释论和形式解释论两种观点。我们认为,对于一般刑法问题,应当以罪刑法定为原则,坚持形式解释论的立场,在文义范围内对刑法文本进行解释。当对刑法文本的解释明显违背了罪刑相适应原则,违背了社会基本正义观,违背了民众的法感情时,可以通过实质解释对出罪进行限制解释。

"扩大解释是在法律预定的范围内对其意义作比通常的意义更广的理解"[①]。在刑法典和相关有权解释未作出规定的情况下,认定醉酒驾驶超标电动车的行为符合危险驾驶罪的犯罪构成要件,实际上是对法律预定范围的超越,不属于符合罪刑法定原则要旨的扩大解释。罪刑法定的坚守不力和刑法解释的过度扩张,造成了刑法解释的异化,很多解释已经超出了"榨干法条含义"的范围。"如果允许超出可能文义范围,根据事物本质进行实质解释,将使罪刑法定原则的形式理性丧失殆尽。"[②]

持实质解释论观点的学者认为,超标电动车由于载重量、驾驶速度等超出了标准的电动自行车,使得其性质已经与机动车无异,醉酒驾驶超标电动自行车行为的现实危险性也完全可以等同于驾驶一般机动车的行为,依据同等的社会危害性完全可以将其认定为犯罪行为。这种实质解释的方法显然存在问题,超标电动车虽然在设计上存在着违反国家标准的情况,但是对于一般超标的电动车来讲,其所超出国家标准的范围并不大,与一般摩托车的行驶速度和载重量存在一定的差别。例如,国家标准规定,电动自行车的驾驶速度不得超过 20 km/h,

---

① 〔日〕大塚仁:《刑法概说(总论·第三版)》,冯军译,中国人民大学出版社 2003 年版,第 77 页。
② 欧阳本祺:《走出刑法形式解释与实质解释的迷思》,载《环球法律评论》2010 年第 5 期。

在这样的驾驶速度的规定下,即使超标电动车存在一定超标行为,其社会危害性也是有限的。将凡是超过国家标准设计的电动自行车一概认定为机动车,这无疑扩大了刑法的犯罪圈,将所有醉酒驾驶超标电动自行车的行为都认定为危险驾驶罪,无疑是对司法资源的浪费,更是对人权利益的侵犯。

对行为的形式解释应当以国民预测可能性为标准,从一般民众的基本观念来看,普遍认为电动自行车与机动车是具有明显差异的,这种差异体现在电动自行车行驶在非机动车道,行驶速度低,电动自行车驾驶员的资格不需要通过考取驾驶资格证来获得,驾驶电动自行车的危险性低于驾驶机动车,其驾驶的门槛也远远低于一般的驾驶行为。"从该罪防范社会危险的罪质特征考虑,判断行为人是否认识到其驾驶的车辆属于法律意义上的机动车,需要根据一般人的生活经验、认识水平和理解能力进行评价。"[1]在未出台相关司法解释,且国家标准对超标电动自行车的性质也尚未明确的情况下,要求行为人具有违法认识的可能性,显然有些强人所难。

从危险驾驶罪的角度来看,危险驾驶罪由《中华人民共和国刑法修正案(八)》(以下简称《刑法修正案(八)》)加以规定,属于一个新的罪名,在司法实践过程中,尚有许多问题需要明确,在理论界,也有许多学者对危险驾驶罪存在的必要性和合理性进行质疑,甚至认为"危险驾驶行为虽然危害严重,但在尚处于前现代社会的当代中国,它所提出的只是一个虚幻的、变形的刑法需求"[2]。我们不能否认,危险驾驶罪的存在具有一定的现实意义,但也必须承认,在标准尚未明确、认定仍具争议的情况下,对危险驾驶罪的认定应当慎重。

(作者:陈帅)

---

[1] 曾琳:《醉驾超标电动自行车不构成危险驾驶罪——兼与李文华、苏杰同志商榷》,载《人民司法(案例)》2012年第20期。

[2] 王政勋:《危险驾驶罪的理论错位与现实危险》,载《法学论坛》2011年第3期。

第三章 刑法的原则

案例3. 颜某虐童案*
——罪刑法定原则的适用

案情介绍

网络上曝出照片,女教师颜某揪起男童的耳朵离地20厘米,图像中男童哇哇大哭,颜某却笑容满面,而颜某称拍照只是为了好玩取乐。另有网友晒出更多的照片,证明颜某还有对学生封嘴、蒙脸、倒着置于垃圾桶等多种虐待行为。颜某因寻衅滋事罪被警方刑事拘留,却未被批准逮捕。

理论争议

对于本案的认定,主要存在四种意见。第一种意见认为,颜某构成虐待罪,因为其行为具有虐待的特征。第二种意见认为,颜某构成故意伤害罪,因为颜某对班内的幼儿实施了伤害的行为,并且对其造成了一定的伤害,尤其在精神层面,伤害的程度是严重的。第三种意见认为,颜某构成寻衅滋事罪,这也是对颜某实施拘留时检察院的意见。第四种观点认为,颜某不构成犯罪,因为颜某的行为虽然具有一定的社会危害性,但根据罪刑法定原则,我国刑法并没有将此类行为规定为犯罪,因此不得定罪处罚。

---

* 案例来源:黄亮、朱洪园,《温岭虐童案幕后调查》,http://edu.sina.com.cn/zxx/2012-10-31/0945360360.shtml 2022年12月27日访问。

> 法理分析

（一）罪刑法定原则下的法律适用问题

罪刑法定原则的基本含义是"法无明文规定不为罪，法无明文规定不处罚"。在各国刑法典对罪刑法定原则的表述中，尽管存在着一些差别，但句式几乎如出一辙，都是在强调法律没有明文规定的情况下不能定罪处罚。我国《刑法》第3条对罪刑法定原则的表述为："法律明文规定为犯罪行为的，依据法律定罪处刑；法律没有明文规定为犯罪行为的，不得定罪处刑。"该条规定可以明显地分为前后两段，前一段被称为"积极的罪刑法定原则"，后一段则被称为"消极的罪刑法定原则"。[1] 积极的罪刑法定原则是从入罪的角度对刑罚权的扩张，积极地运用刑罚，惩罚犯罪；消极的罪刑法定原则是从出罪的角度对刑罚权的收缩，排除刑法对未明文规定的行为的适用。

罪刑法定原则在法典中的存在是静态的，其价值需要通过具体的司法活动来实现，这种独立的司法实践活动，可以把法典化的罪刑法定原则现实化。而这种从制度上的罪刑法定向司法运作中的罪刑法定的转化，是一个十分复杂的过程。若要使罪刑法定原则在复杂的适用过程中不变质，首要的任务就是防止类推的运用，因为类推与罪刑法定原则在逻辑上是存在矛盾的。罪刑法定原则不仅禁止类推，而且禁止类推解释。类推解释与类推具有相同的逻辑，把法无明文规定但与法律规定最相类似的情形解释为法律规定，由此扩大了法律规定的蕴含。类推解释对罪刑法定原则的破坏比类推更严重，如果说类推是建立在承认法无明文规定这一前提的基础上的，那么类推解释则通过解释的方法将无明文规定的情形转化成有明文规定的情形，进而公然适用。[2]

判断一个行为是否属于法律有明文规定，应该坚持客观解释论的立场，从法律文本中去寻找立法原意，并通过法律解释使法律文本适应社会生活的变化活动，使法律的适用不僵化。只有这样才能更好地保证罪刑法定原则在司法实践中不变质，从而达到准确地适用法律之目的。

（二）本案不构成虐待罪

我国《刑法》第260条第1款规定："虐待家庭成员，情节恶劣的，处二年以下有期徒刑、拘役或者管制。"由此可见，虐待罪是指对共同生活的家庭成员，经常

---

[1] 参见何秉松主编：《刑法教科书（上卷）》，中国法制出版社2000年版，第63页。
[2] 参见陈兴良：《罪刑法定主义》，中国法制出版社2010年版，第43页。

以打骂、冻饿、禁闭、有病不予治疗、强迫从事过度劳动、限制自由、凌辱人格等各种方法,从肉体上、精神上进行摧残折磨,情节恶劣的行为。①

本罪的主体为特殊主体,即与被害人具有一定的血亲关系、婚姻关系或者收养关系,并在一个家庭中共同生活的家庭成员,包括祖父母、外祖父母、父母、子女、兄弟姊妹等。本案中颜某与被害人之间属于师生关系,并非家庭成员关系,不符合构成虐待罪的主体资格,根据罪刑法定原则,不能认定为虐待罪。

有学者认为由于被害人是幼儿,属于无行为能力人,幼师对幼儿的教育和照顾具有一定的家庭关系属性,而中国自古以来就有"师者如父"的思想,因此可以将本案中的师生关系扩大解释为家庭成员间的关系。我们认为这是不妥的。因为,根据罪刑法定原则,我们只能对那些法律明确规定为犯罪的行为进行定罪处罚,而对于师生关系的属性,无论是刑法条文本身还是与之配套的司法解释都没有明确地进行规定,这种为了定罪而牵强找法的行为有违罪刑法定原则。将师生关系解释为家庭成员间的关系,已经超出了法律条文本身可能涵盖的含义,是一种类推解释而非扩大解释。

(三)本案不构成故意伤害罪

我国《刑法》第234条规定:"故意伤害他人身体的,处三年以下有期徒刑、拘役或者管制。犯前款罪,致人重伤的,处三年以上十年以下有期徒刑;致人死亡或者以特别残忍手段致人重伤造成严重残疾的,处十年以上有期徒刑、无期徒刑或者死刑。本法另有规定的,依照规定。"虽然理论界对于本罪侵害的法益是生理机能的健全性还是身体的完整性具有一定的争议,但是对于伤害程度的划分却是一致的,将伤害分为轻伤、重伤以及伤害致死,至于轻微伤则被划入民法和行政法调整的范畴,以保持刑法的谦抑性。本案中,颜某虽然多次对其所管理的儿童进行虐待伤害等情节非常恶劣的行为,但是由于均未达到轻伤以上的危害程度,所以根据罪刑法定原则,其行为并不构成故意伤害罪。

有学者指出,本案中颜某的行为严重地侵害了儿童的精神健康,在精神层面的伤害也可以作为故意伤害罪的客体。我们认为也是不妥的。虽然精神健康权是法律应当保护的公民权利,与生命健康权有着相同的地位,但是从我国《刑法》第234条的规定中可以看出,故意伤害他人"身体"的,才可能构成故意伤害罪,而"身体"与"精神"是并列的关系,显然伤害他人身体不可能包括伤害他人精神健康。由于我国设立刑法之时,正处于20世纪70年代,社会发展相对落后,并

---

① 参见赵秉志等:《刑法学》,北京师范大学出版社2010年版,第655页。

没有给予精神健康权足够的重视,没有将其纳入刑法所保护的对象。但法律原则不能因为个案的正义而被弃用,既然刑法中并没有保护精神健康权的规定,我们就不能将侵犯精神健康权的行为视为犯罪,否则就违背了罪刑法定原则。

(四)本案不构成寻衅滋事罪

所谓寻衅滋事,是指随意殴打、骚扰他人或任意损毁、占用公私财物,或者在公共场所起哄闹事,严重破坏社会秩序的行为。在我国1979年《刑法》中,寻衅滋事是作为流氓罪的一种表现形式而存在的,现行《刑法》将寻衅滋事罪作为独立的犯罪规定在妨害社会管理秩序罪中(第293条)。《刑法》第293条规定了寻衅滋事罪的四种行为类型,内容比较宽泛且使用了"随意""情节恶劣""情节严重""严重混乱"等需要价值判断的表述,导致司法机关对本罪的认定产生了许多困难,刑法理论也认为寻衅滋事罪成了一个新的"口袋罪"。

我国《刑法》第293条规定了寻衅滋事罪的四种表现形式,其中有一种就是"随意殴打他人,情节恶劣",本案中的司法机关也正是以此为由对颜某实施了强制措施,但我们认为其中有不妥之处。所谓殴打,是指对他人身体行使有形力,造成他人身体痛苦的行为。① 亦即殴打行为是直接对人的身体行使有形力。由于寻衅滋事罪是一种补充型的罪名,所以不要求殴打的结果达到轻伤以上的程度即可认定为犯罪,这也是司法机关使用该罪名的理由。但是根据我国《刑法》的规定,殴打行为构成寻衅滋事罪还要达到"情节严重"的程度,即情节轻微的殴打行为并不能构成犯罪。这里的"情节严重"要结合殴打时的手段、时间、地点等多种因素综合判断。

虐待是用残忍的手段对待,即一个人以胁迫的方式控制另一个人的一种行为模式。虐待是一种行为,这种行为造成身体上的伤害和心理上的恐惧,它使别人不能做其想做的事,或强迫其以不情愿的方式去做事。由此可见,殴打可以作为虐待的一种表现形式,但绝非虐待的全部内容。虐待除殴打行为之外,还存在许多精神上的强迫方式。本案中颜某的行为以殴打以及其他虐待行为等多种方式共同表现,其中殴打行为只占很小的一部分,大多还是精神上的虐待行为。因此,单就殴打行为本身而言,达不到情节严重的程度;其他精神虐待行为也不应该成为寻衅滋事最终所谓的"随意殴打他人,情节严重"的构成要素。所以根据罪刑法定原则,颜某的行为达不到情节严重的程度,不应认定为寻衅滋事罪。

综上所述,本案中颜某的行为虽然应该受到谴责,具有很大的社会危害性,

---

① 参见张明楷:《寻衅滋事罪探究》,载《政治与法律》2008年第1期。

但是由于法律并没有将此类行为规定为犯罪,所以我们不能为了个案的正义,而越过法律的界限。

(作者:肖杨)

案例4. 方某传播淫秽物品牟利案[*]
——罪刑法定原则在司法实践中的应用

案情介绍

方某于2006年下半年在网上注册了287557234和448562245两个QQ号,其中287557234的网名为"水水",448562245的网名为"晴一儿"。注册后,方某即将这两个QQ号挂于QQ聊天室大厅的"E网情深"聊天室下的"E夜激情"室内,聊天中以发信息的形式告知"好友"进行色情聊天,以招揽网友进行裸聊,从中牟利。之后,方某又在这两个QQ号的"个人资料""介绍说明"栏内加入了"加我请注明网银支付宝,试看5元(我裸体2分钟,同时证明我是真人)。满意后50元服务30分钟,特殊的加钱。绝对真人,有良好的信誉,欢迎付费男士"的个人说明。在裸聊时,方某根据对方的实际情况先将以其丈夫王某名义开户的银行账号或自己在支付宝网站申请的支付宝账号告知对方,待核实对方已将钱汇入后,即根据对方的要求以及汇入资金的数额通过视频提供不同的裸聊内容。自2006年11月1日至2007年5月14日,方某裸聊范围达20余个省份,裸聊的对象有300余人,其用于裸聊收费的银行账号以及支付宝账号共汇入裸聊资金1054次,计24973.03元。

某县人民法院认为,被告人方某以牟利为目的,利用互联网传播淫秽电子信息,其行为构成传播淫秽物品牟利罪,公诉机关指控的罪名成立。方某利用淫秽电子信息收取其他费用,违法所得在1万元以上,但未达到情节严重所规定标准5倍以上,不属于情节严重。方某归案后认罪态度较好并退还违法所得,可以酌情从轻处罚。依照《刑法》第363条、第64条和最高人民法院、最高人民检察院《关于办理利用互联网、移动通讯终端、声讯台制作、复制、出版、贩卖、传播淫秽

---

[*] 案例来源:http://vip.chinalawinfo.com/case/Display.asp?Gid=117818241&KeyWord=,2013年6月2日访问。

电子信息刑事案件具体应用法律若干问题的解释》第 1 条第 6 款之规定,认定被告人方某犯传播淫秽物品牟利罪,判处有期徒刑 6 个月,缓刑 1 年,并处罚金 5000 元。

理论争议

在审理本案时,对方某裸聊行为的定罪处罚存在着较大的争议。一种观点认为,方某的行为是淫秽表演的行为,应当按组织淫秽表演罪来认定。第二种观点认为,方某的行为应当按传播淫秽物品牟利罪来认定。第三种观点认为,依据罪刑法定原则,方某的行为不符合刑法上规定的犯罪构成,不构成犯罪。

法理分析

我们赞同第三种观点,依据罪刑法定原则,方某的行为不构成犯罪。

罪刑法定原则是刑法的基本原则,即"法无明文规定不为罪,法无明文规定不处罚"。罪刑法定原则就是指"犯罪和刑罚必须预先由法律加以明确规定"[①],罪刑法定原则包括形式侧面和实质侧面两方面内容。

罪刑法定的形式侧面体现了形式法治的要求,有如下基本内容:(1) 成文法主义,即规定犯罪及其后果的法律必须由立法机关制定的成文法规定,行政规章、习惯法不能成为刑法的渊源。(2) 禁止类推解释,类推是对成文法主义的否定。从一开始类推就是为了弥补成为法之不足而发明出来的,它的存在使成文法成为一种开放的规则体系。类推解释是指超出了通过解释才可查明的刑法规范规定的内容,为是制定新法律规范目的而类推。[②] 应当注意厘清类推解释与扩大解释的界限,不得以扩大解释的名义进行类推解释。(3) 禁止事后法,即法不溯及既往,但有利溯及除外。对行为人的行为是否构成犯罪、构成何种犯罪的评价应当依照行为当时的法律进行,刑法只能适用于其颁布以后的行为。但是如果审判时的法律有利于行为人,则可以溯及既往。(4) 禁止绝对不定期刑,如果刑法要对某种行为的法律后果加以规定,必须规定确定的刑种和刑度,具有刑罚适用的标准。

罪刑法定的实质侧面则体现的是实质法治的需求,具有如下三方面的内容:

---

① 高铭暄主编:《刑法专论(第二版)》,高等教育出版社 2006 年版,第 85 页。
② 参见[德]汉斯·海因希里·耶塞克、托马斯·魏根特编著:《德国刑法教科书》,徐久生译,中国法制出版社 2001 年版,第 166 页。

（1）明确性，是指对犯罪及其法律后果作出规定的条文必须明确，对案件的裁判必须符合国民预测可能性。（2）禁止处罚不当罚的行为，是指"刑法法规只能将具有处罚根据或者说值得科处刑罚的行为规定为犯罪"[①]。禁止处罚不当罚的行为要求对处罚范围加以明确，合理划定犯罪圈，不能任意扩大。（3）禁止不均衡、残虐的刑罚，要求刑罚应与犯罪均衡，既不能过于严苛，也不能过于轻缓，刑罚的设置必须科学合理。

我国《刑法》第3条规定："法律明文规定为犯罪行为的，依照法律定罪处刑；法律没有明文规定为犯罪行为的，不得定罪处刑。"同时，1997年《刑法》正式废除了类推制度，这意味着罪刑法定原则在我国刑法中正式确立。

在坚持罪刑法定原则的前提下，我们来分析裸聊行为是否具有构成要件符合性。

裸聊是"对网络上一些复杂淫秽现象的概称，特指聊天成员间出于营利或者其他动机单向或者双向作出某种淫秽动作的各种表现"[②]。裸聊行为的表现形式多样，这里主要讨论单一主体进行的"点对点"的裸聊行为，将之称为个人裸聊行为。根据其主观是否具有营利目的，将个人裸聊行为分为以营利为目的的裸聊和不以营利为目的的裸聊。对个人裸聊行为的定罪量刑，主要存在如下争议问题：

（一）是否构成组织淫秽表演罪

我国《刑法》第365条对组织淫秽表演罪作了如下规定："组织进行淫秽表演的，处三年以下有期徒刑、拘役或者管制，并处罚金；情节严重的，处三年以上十年以下有期徒刑，并处罚金。"组织淫秽表演罪要求行为人有组织行为，并且组织的对象为淫秽表演。从组织行为来看，要求行为人必须是淫秽表演行为的组织者，这也就要求这种表演行为有被组织者，进言之，要求淫秽表演的组织者和表演者为复数。以方某案为例，方某的组织者与表演者身份合二为一，不属于组织淫秽表演的行为。从淫秽表演的概念来看，有论者认为，淫秽表演"以体态当作表达色情意识的行为；组织淫秽表演则是指组织、策划、召集、聚合多人以体态表达色情意识"。因此，"淫秽表演的一个非常重要的特征就是表演的即时性、当场性，即一方面，表演者必须以实际存在的人与物的形式出现，具有'曲终人散'的特征；另一方面，观众需要在淫秽表演的现场，相比观看音像制品而言，是身临其

[①] 参见张明楷：《罪刑法定与刑法解释》，北京大学出版社2009年版，第51页。
[②] 王明辉、唐煜枫：《"裸聊行为"入罪之法理分析》，载《法学》2007年第7期。

境,现场感受"①。方某通过网络裸露身体是否属于淫秽表演还有待商榷。

(二) 是否构成传播淫秽物品牟利罪

该罪要重点对两个范畴加以明确——"淫秽物品"和"传播"。《刑法》第 367 条第 1 款规定:"本法所称淫秽物品,是指具体描述性行为或者露骨宣扬色情的海淫性书刊、影片、录像带、录音带、图片及其他淫秽物品。"关于"其他淫秽物品"的范围,根据最高人民法院、最高人民检察院《关于办理利用互联网、移动通讯终端、声讯台制作、复制、出版、贩卖、传播淫秽电子信息刑事案件具体应用法律若干问题的解释》之规定,"其他淫秽物品"包括具体描绘性行为或者露骨宣扬色情的海淫性的视频文件、音频文件、电子刊物、图片、文章、短信息等互联网、移动通讯终端电子信息和声讯台语言信息。有论者认为,"淫秽信息是指借助于载体所表现的具体描绘性行为或者露骨宣扬色情的淫秽性内容的信号"②。我们同意这种观点,淫秽信息必须具有一定的载体,可以借助载体进行传播。而与其他淫秽信息相比,裸聊是即时性的,这种即时性的传播并未将裸体表演行为固定到一个载体之上,裸体表演只是以数据流的形式存在,这也就让这种表演再传播的可能性大大降低,因此,裸聊的性质轻于传播淫秽物品。但是,并不意味着这种行为不具有社会危害性,而由于刑法条文并未将这种行为纳入犯罪行为,属于刑法真空状态。即使认为对这样的行为不依犯罪行为处理是一种法律漏洞,也不能通过解释的方法将漏洞加以弥补,不能因为裸聊行为与一般人的性道德相违背而将其定罪处罚。

司法机关也不能因为具有牟利性而认定其为犯罪,传播淫秽物品牟利罪的前提是具有传播淫秽物品的行为,如果行为不属于传播淫秽物品的行为,即使取得大量非法收益,也不能依刑法定罪处刑,可以依据治安管理处罚法对其加以处罚。北京发生过类似的案例,2005 年 9 月 15 日,36 岁的家庭主妇张某在家中利用计算机用视频与多人裸聊时,被北京警方截获。张某对违法事实供认不讳。很快,案件被移送到检察机关,并被以聚众淫乱罪诉至法院。然而在经过反复研究后,检察机关还是于 2007 年 2 月撤回了起诉。与本案相区别的是,张某不存在通过裸聊获利的行为,属于不以营利为目的的个人裸聊行为,张某案件最后的处理结果为检察院撤诉,也就是说,检察机关对张某行为的刑事违法性未予以认定。同样实施了个人裸聊行为,既然张某的行为不属于传播淫秽物品,那么,方

---

① 柳忠卫、马振华:《网络"裸聊"行为之刑法规制》,载《政法论丛》2010 年第 2 期。
② 李春华:《网络裸聊行为的定性》,载《人民法院报》2009 年 2 月 25 日。

某的行为也不应属于传播淫秽物品的行为,个人裸聊行为不能因其具有牟利性而被认定具有刑事违法性。

罪刑法定原则是刑法基本原则,是"'犯罪人的大宪章'也是'善良公民的大宪章'"①。践行罪刑法定原则才能限制国家权力、保障人权。"对于刑法中模糊性规定或概念,应当站在罪刑法定的高度,将其内涵限定在一般人可以理解或者接受的范围之内,而不能利用'历史''时代'等宏大叙事进行类推解释,进而滥用和扩张刑罚权,使个体的可预期性和安定感处于一种紧张或危险状态。"②

本案中,方某以营利为目的的裸聊行为,不符合聚众淫乱罪、传播淫秽物品牟利罪等的犯罪构成,不构成犯罪,应当依照治安管理处罚法给予行政处罚。

(作者:陈帅)

---

① 高铭暄主编:《刑法专论(第二版)》,高等教育出版社 2006 年版,第 118 页。
② 高巍:《论"网络裸聊"的司法认定——以罪刑法定原则为边界》,载《中国刑事法杂志》2007 年第 5 期。

第四章 刑法的效力

案例5. 徐某巨额财产来源不明案[*]
——刑法的溯及力问题

> **案情介绍**

徐某原系某市信息化委员会、某市经济和信息化委员会电子信息产业管理处处长。2005年8、9月至2008年年初,徐某或以借购房款为由或以顾问费、津贴费等名义,向A公司法定代表人钱某、B公司法定代表人曾某、C公司、D公司索取或者收受贿赂款共计人民币96.5万元。上述公司在徐某的帮助下,获得了某市信息化委员会的专项资金拨款。

2007年7月,徐某通过工商银行将存款人民币360565元兑换成港币37万元,汇至其结识的某银行港澳台投资部总经理罗某在香港的私人账户。同年10月,徐某又以妻子名义,通过某银行将存款人民币374520元兑换成港币38.5万元,汇至上述账户。按照徐某的要求,罗某将港币75.5万元以市价购进某股票。徐某系应申报本人在境外存款的国家机关领导干部,在历次财产申报时均未如实申报上述境外投资钱款。

1998年3月至2009年7月案发,徐某家庭银行存款、房产、股票等财产和支出总额为人民币1576.9万元,扣除徐某和妻子的合法收入以及徐某能够说明来源的财产合计人民币635.7万元,徐某受贿所得人民币96.5万元,徐某仍有差额财产人民币844万余元不能说明合法来源。

一审某市某区人民法院经审理认为,徐某于2009年7月被依法查处,没有证据证明其来源不明的巨额财产全部或者有一部分形成于2009年2月《中华人

---

[*] 案例来源:(2010)静刑初字第200号、(2010)沪二中刑终字第587号。

民共和国刑法修正案(七)》(以下简称《刑法修正案(七)》)颁布之前,按照刑法谦抑原则和从旧兼从轻的溯及力原则,适用《刑法修正案(七)》之前的《刑法》第395条第1款之规定。

一审宣判后检察院提出抗诉,某市第二中级人民法院审理后认为,2009年7月,徐某因犯受贿罪案发,经检察机关查证,徐某财产、支出明显超过合法收入,差额特别巨大,且不能说明来源。徐某在2009年2月28日《刑法修正案(七)》颁布施行之后有巨额财产不能说明来源合法,故应以《刑法修正案(七)》第14条之规定予以处罚。

理论争议

本案争议焦点是徐某巨额财产来源不明罪是适用《刑法修正案(七)》之前的规定,还是适用《刑法修正案(七)》的规定。一种观点认为,巨额财产形成于《刑法修正案(七)》颁布之前,不能适用《刑法修正案(七)》。另一种观点认为,巨额财产来源不明罪的实质表现在于不能说明财产来源,应当适用《刑法修正案(七)》。

法理分析

刑法的溯及力是指,一部新刑法制定之后,对在其颁布之前发生的未经审判或判决未确定的行为是否适用。如果适用,这部刑法就具有溯及力,如果不适用,这部刑法就不具有溯及力。①

对刑法溯及既往的效力的选择,主要存在如下几种原则:(1)从新原则。认为新刑法具有溯及既往效力,即当行为时与裁判时的刑法有冲突时,选择裁判时的法律。(2)从旧原则。认为新刑法不具有溯及既往效力,当行为时的法律与裁判时的法律发生冲突时,适用行为时的法律。(3)从轻原则。从轻原则是站在刑法的人权保护的基础之上,认为行为时法律和裁判时法律发生冲突时,选择处罚较为轻缓的法律。如果行为时的法律处罚较轻,则刑法不具有溯及力;如果裁判时的法律处罚较轻,则承认刑法具有溯及力。(4)从新兼从轻原则。即以承认新法溯及力为基础,但是,如果行为时的旧法与裁判时的新法相比,处罚更轻的话,那么适用行为时的旧法。(5)从旧兼从轻原则。即以新法不溯及既往原则为基础,以有利溯及为例外。如果行为时法律与裁判时法律处罚相同,则适

---

① 参见王世洲:《现代刑法学(总论)》,北京大学出版社2011年版,第62页。

用行为时法律；如果裁判时法律与行为时法律处罚不同，则适用处罚较轻的法律。

任何法律均存在溯及力问题，由于刑法作为社会保护的最后一道屏障所具有的与生俱来的严厉性，对刑法的溯及力的选择更要格外慎重，要站在人权保障和对刑法稳定性保护的立场之上。刑法本身具有威慑作用，行为人在行为时对行为的选择一定程度上出于对行为时法律的认知。即行为人只能预见行为当时的刑法对该行为的处罚结果，却不能预见裁判时发生修订的刑法对该行为的处理。因此，刑法不能违背行为人在行为当时对犯罪结果的合理预见，从而才符合国民预测可能性的要求。所以，必须以不溯及既往原则作为基础。刑法不溯及既往原则是罪刑法定原则的派生原则，以求保障刑法的稳定性，实现刑法的人权保障机能。一般地承认刑罚法规溯及适用时，就存在损害法的稳定、不当地侵害个人自由的危险。① 同时，出于对被告人利益的保障，应当在不承认刑法溯及力的基础上，以有利溯及为例外，对于有利于被告人的法律，即处罚较轻的法律，应当加以适用。

我国刑法在溯及既往问题上，选择的是从旧兼从轻原则。《刑法》第 12 条第 1 款规定："中华人民共和国成立以后本法施行以前的行为，如果当时的法律不认为是犯罪的，适用当时的法律；如果当时的法律认为是犯罪的，依照本法总则第四章第八节的规定应当追诉的，按照当时的法律追究刑事责任，但是如果本法不认为是犯罪或者处刑较轻的，适用本法。"刑法修正案是刑法的渊源之一，其效力位阶与刑法典是等同的，因此刑法的溯及力原则也就完全适用于刑法修正案。

刑法的溯及力问题，实质上就是刑法的行为时法律和裁判时法律的选择问题。而对行为时间节点的判定，是判断刑法是否具有溯及力的关键。因此，对于本案，关键在于徐某所犯巨额财产来源不明罪的时间点的判定。

《刑法修正案（七）》将刑法第 395 条第 1 款修改为："国家工作人员的财产、支出明显超过合法收入，差额巨大的，可以责令该国家工作人员说明来源，不能说明来源的，差额部分以非法所得论，处五年以下有期徒刑或拘役；差额特别巨大的，处五年以上十年以下有期徒刑。财产的差额部分予以追缴。""巨额财产来源不明罪产生于功利性的要求，是一种现实的选择，两害之衡取其轻，没有本罪，将造成更大的不公。"②关于《刑法修正案（七）》对巨额财产来源不明罪的修改是

---

① 参见〔日〕大塚仁：《刑法概说（总论·第三版）》，冯军译，中国人民大学出版社 2003 年版，第 71 页。

② 赵秉志主编：《刑法修正案（七）专题研究》，北京师范大学出版社 2011 年版，第 281 页。

否具有溯及力,需要对行为人犯罪行为的时间点进行判定,前提就是确定行为人的犯罪行为的性质。

对于巨额财产来源不明罪的客观方面的性质这一问题,理论界一直存有争议,尚未得出统一的意见,主要存在着如下三种观点:(1)持有说。该说认为,刑法规定巨额财产来源不明罪的行为惩罚的是行为人非法持有与其合理合法收入严重不相符的巨额财产的行为,法条中规定的"不能说明"只是程序性条件和客观的处罚条件。(2)不作为说。该说认为该罪属于不作为的犯罪,所惩罚的是具有说明自己财产来源义务的国家机关工作人员,在被责令说明巨额财产来源时,拒不说明的行为。法条中规定的"不能说明"属于犯罪构成要件要素中的实行行为。(3)持有与不作为说。该说认为,该罪客观方面表现为国家工作人员的财产支出明显超过其合法收入,差额巨大,本人不能说明其来源合法的行为。

选择持有说还是不作为说对本罪的溯及力的判断影响巨大。如果认定巨额财产来源不明罪的客观表现形式是一种不作为的话,不作为犯罪的着手时间为"违反了上述作为义务的不作为之时"①。依不作为说的观点,在检察机关强令行为人对其巨额财产的来源进行说明时,行为人不能说明就是实行行为实施之时,而由于案发于《刑法修正案(七)》之时,则应当直接适用《刑法修正案(七)》的规定。选择持有说则意味着,如果巨额财产的形成时间在《刑法修正案(七)》颁布之前,案发于修正案颁布之后,其实行行为具有持续或者连续的状态,因此可以理解为刑法学意义上的"跨法犯"。

我们赞同持有说的观点。刑法之所以规定巨额财产来源不明罪的原因在于,行为人大多同时实施了贪污、受贿等犯罪行为,而当查明其持有与其收入来源严重不符的巨额财产时,由于贪污、受贿案件侦破的难度较大,使得行为人一旦拒绝说明财产来源,就无法对其定罪处刑。因此,可以看到,刑法规定此罪惩治的是国家机关工作人员违背国家廉洁要求,持有无法说明来源的巨额财产的行为。如果将此罪的实行行为认定为是不说明财产来源的不作为行为,在某种意义上似乎是对这种不具有合理来源的巨额财产的持有的合法性的承认。

跨法犯是指行为开始于新刑法生效之前,而结束于新刑法生效以后,跨越新旧刑法的一种犯罪形态。我们认为,行为开始于新的刑法修正案生效之前,而结束于新的刑法修正案生效以后的情况,也属于跨法犯。对于跨法犯的处理,最高人民检察院出台的《关于对跨越修订刑法施行日期的继续犯罪、连续犯罪以及其

---

① 〔日〕大塚仁:《刑法概说(总论·第三版)》,冯军译,中国人民大学出版社2003年版,第71页。

他同种数罪应当如何具体适用刑法问题的批复》规定:"一、对于开始于1997年9月30日以前,连续到1997年10月1日以后终了的继续犯罪,应当适用修订刑法一并进行追诉。二、对于开始于1997年9月30日以前,连续到1997年10月1日以后的连续犯罪,或者在1997年10月1日前后分别实施同种类数罪,其中罪名、构成要件、情节以及法定刑都没有变化的,应当适用修订刑法,一并进行追诉;罪名、构成要件、情节以及法定刑已经变化的,也应当适用修订刑法,一并进行追诉,但是修订刑法比原刑法所规定的构成要件和情节较为严格,或者法定刑较重的,在提起公诉时应当提出酌定从轻处理意见。"

可以看到,对于跨法犯应当适用新刑法,并可以酌定从轻处理。对于本案的处理,我们认为,巨额财产来源不明罪的客观方面的本质在于非法持有与其收入来源严重不符的巨额财产,是持有型犯罪,对于跨越新旧两部修正案的持有型犯罪,应当适用修订后的规定。同时,由于其部分财产形成于《刑法修正案(七)》颁布之前,应当对其进行从轻处理。

(作者:陈帅)

案例6. 陈某组织他人偷越国境案[*]

——刑法空间效力的实际运用

案情介绍

陈某系印度尼西亚籍,为非法牟利,伙同他人组织我国福建省人员陈某某、戴某偷渡。在两名偷渡人员入境印度尼西亚后,陈某为两人提供伪造的印度尼西亚护照等材料,还让两人练习伪造护照上的印度尼西亚文签名、教授两人学习印度尼西亚词汇应付检查等,并指使邵某带领两名偷渡人员从印度尼西亚雅加达出发,经由马来西亚吉隆坡、中国上海、卡塔尔多哈偷渡至巴西。2010年6月23日,邵某带领两名偷渡人员搭机由印度尼西亚雅加达经马来西亚吉隆坡前来上海,在吉隆坡至上海途中,邵某将假护照等交给两名偷渡人员,企图带领两人以虚假身份入境中国后再偷渡至巴西。2010年6月24日7时许,邵某及偷渡

---

[*] 案例来源:(2010)沪一中刑初字第215号、(2010)沪高刑终字第186号。

人员抵达上海浦东国际机场后被边检民警截获。6月28日,陈某在珠海拱北口岸被抓获。

某市第一中级人民法院审理认为,被告人陈某违反中华人民共和国出入境管理法规,非法组织他人偷越国境,其行为已构成组织他人偷越国境罪;被告人邵某违反中华人民共和国出入境管理法规,非法运送他人偷越国境,其行为已经构成非法运送他人偷越国境罪。对陈某犯组织他人偷越国境罪,判处有期徒刑2年6个月,并处罚金人民币3万元及驱逐出境;对被告人邵某犯运送他人偷越国境罪,判处有期徒刑9个月,并处罚金人民币1万元及驱逐出境。

理论争议

本案的争议焦点是,外籍人员在我国境外组织并指示帮工运送他人偷越我国国境,我国法院是否具有刑事管辖权。一种观点认为,陈某与邵某系共同犯罪,邵某行为地在国内,陈某也为境内犯罪,有属地管辖权。另一种观点认为,刑法规定对最低刑为3年以上有期徒刑的适用本法,因此对陈某无管辖权。

法理分析

刑法的空间效力是指刑法对地、对人的效力,也就是要解决刑事管辖权的范围问题。[①] 我国刑法在空间效力上采结合主义,以属地原则为主,以属人原则、普遍原则、保护原则为补充。我国刑法及相关法律法规对空间效力作了如下规定:

(一)属地管辖原则

我国《刑法》第6条第1、2款规定:"凡在中华人民共和国领域内犯罪的,除法律有特别规定的之外,均适用本法。凡在中华人民共和国船舶或者航空器内犯罪的,也适用本法。""法律有特别规定"主要体现在如下几种情况:(1)《刑法》第11条规定,享有外交特权和豁免权的外国人的刑事责任通过外交途径解决。(2)《刑法》第90条规定,民族自治地方不能全部适用本法规定的,可以由自治区或者省的人民代表大会根据当地民族的政治、经济、文化的特点和本法规定的基本原则,制定变通或补充规定,报请全国人民代表大会常务委员会批准施行。(3)我国香港特别行政区和澳门特别行政区基本法规定,港澳地区只有在战争状态和紧急状态下才适用中华人民共和国刑法。(4)刑法施行后国家立法机关

[①] 参见高铭暄、马克昌主编:《刑法学(第四版)》,北京大学出版社2010年版,第35页。

所制定的特别刑法的规定。

(二) 属人管辖原则

属人原则是针对中国公民在境外犯罪的情况,实行的是相对属人主义。《刑法》第 7 条第 1 款规定:"中华人民共和国公民在中华人民共和国领域外犯本法规定之罪的,适用本法,但是按本法规定的最高刑为三年以下有期徒刑的,可以不予追究。"第 2 款规定:"中华人民共和国国家工作人员和军人在中华人民共和国领域外犯本法规定之罪的,适用本法。""可以不予追究"意味着,对于犯最高刑为 3 年以下有期徒刑之罪的行为人,我国倾向于不加以追究,但同时保有追究的权力。但是,对于国家工作人员和军人,一律加以追究。

(三) 保护管辖原则

我国刑法采取了有限制的保护管辖原则。《刑法》第 8 条规定:"外国人在中华人民共和国领域外对中华人民共和国国家或者公民犯罪,而按本法规定的最低刑为三年以上有期徒刑的,可以适用本法,但是按照犯罪地的法律不受处罚的除外。"由此可见,保护管辖适用必须符合三个条件:(1) 所犯之罪必须侵犯了我国国家或公民的法益;(2) 所犯之罪限定在严重犯罪之内;(3) 所犯之罪按照犯罪地的法律也应受处罚。①

(四) 普遍管辖原则

普遍管辖原则的确立是为了预防国际犯罪。《刑法》第 9 条规定:"对于中华人民共和国缔结或参加的国际条约所规定的罪行,中华人民共和国在所承担条约义务的范围内行使刑事管辖权的,适用本法。"该原则只有在前三个管辖原则都不能适用的情形下才有适用的余地。②

在本案中,对于陈某具体适用哪一种管辖权存在争议。有观点认为,陈某的犯罪地发生在境外,应当适用保护管辖权,保护管辖原则的适用要求行为人所犯之罪在我国刑法的规定中为最低刑 3 年以上有期徒刑,而陈某所触犯的组织他人偷越国境罪的法定最高刑为 2 年有期徒刑,因此,对陈某不能适用我国刑法。

对于犯罪地的规定,我国刑法采取了行为地与结果地择一原则,即我国《刑法》第 6 条第 3 款规定:"犯罪的行为或者结果有一项发生在中华人民共和国领域内的,就认为是在中华人民共和国领域内犯罪。"那么,对这条规定中"犯罪的行为"应当如何理解呢?

---

① 参见张明楷:《刑法学(第四版)》,法律出版社 2011 年版,第 78 页。
② 参见李翔主编:《刑法:案例与图表》,法律出版社 2010 年版,第 13 页。

我们认为,这里的犯罪行为,不仅指犯罪的全部行为,也包括犯罪的"部分行为",既可以是预备行为,也可以是实行行为。同时,这种行为"不仅仅包括单独犯的'部分'行为,也包括共同犯罪的'部分'行为(如共犯中的教唆行为、帮助行为,事前的共谋行为和事后的隐匿赃物、消灭罪证等行为)"[①]。根据一人行为、集体负责的共同犯罪原理,如果共同犯罪人中有人的行为发生在中国境内,就意味着整个犯罪行为可以纳入我国刑法的调整范围之内,进言之,其他犯罪人的行为即使发生在中国境外,也可依属地原则适用中国刑法。

在本案中,陈某实施了组织他人偷越国境的行为,邵某协助陈某,实施了运送他人偷越国境的行为,陈某与邵某存在着共同故意,依据部分犯罪共同说,陈某与邵某构成共同犯罪,邵某的运送行为发生在中国境内,意味着共同犯罪发生在中国境内,邵某的犯罪行为地可以视为陈某的犯罪行为地,因此,对陈某可依属地原则适用中国刑法,对陈某和邵某分别依组织他人偷越国境罪和运送他人偷越国境罪定罪处罚。

(作者:陈帅)

[①] 陈忠林:《关于我国刑法属地原则的理解、适用及立法完善》,载《现代法学》1998年第5期。

第五章 犯罪与犯罪论体系

案例7. 向某甲等故意伤害案[*]

——情节显著轻微、危害不大的理解

案情介绍

向某甲、向某乙系同胞兄弟,均系张某的继子。2007年,三人因一块宅基地所有权发生纠纷,张某不允许向某二人在争议宅基地上修建房屋,为此,双方发生过多次冲突。2008年2月16日,张某来到争议宅基地,发现向某甲、向某乙已将房屋的砖墙砌了一米多高,便到脚手架上阻止砌墙。向某甲从后面抱着张某的上身、向某乙抱着张某的双脚,将张某从脚手架上抬下来放在一旁的沙堆上。当天下午,张某见向某甲欲接搅拌机的电线,便前去阻止,抢过电线绕在自己的手上不准向某甲接线,二人见状,便上前与张某争抢电线,致使张某倒地。傍晚,张某被送往人民医院住院治疗。

2008年2月21日,某县公安局物证鉴定室对张某的损伤出具法医鉴定,认为张某多处软组织挫伤,其损伤构成轻微伤;2011年5月26日,某市司法鉴定所认定张某颅脑损伤后遗症客观存在,其损伤属轻伤。在法院审理期间,被告人向某甲、向某乙要求对自诉人张某的损伤重新鉴定。2011年11月5日,经省人民医院司法鉴定中心文证审查,其审查结论认为张某的伤情为轻微伤。法院认为自诉人张某全身多处软组织挫伤,属轻微伤,二被告人的行为虽与法、理相悖,但二被告人的行为情节显著轻微危害不大,不构成犯罪。

---

[*] 案例来源:(2011)淑刑初字第107号。

理论争议

本案审查过程中,存在着两种不同意见。一种意见认为,被告人向某甲、向某乙使用暴力手段处理民事纠纷,致使自诉人张某身体多处挫伤,符合故意伤害罪的构成要件,应该认定为故意伤害罪。另一种观点认为,被告人向某甲、向某乙虽然有伤害自诉人张某的行为,但却属于情节显著轻微,危害不大,依据《刑法》第 13 条的规定不是犯罪。

法理分析

（一）严重的社会危害性是犯罪最本质的特征

我国《刑法》第 13 条规定:"一切危害国家主权、领土完整和安全,分裂国家、颠覆人民民主专政的政权和推翻社会主义制度,破坏社会秩序和经济秩序,侵犯国有财产或者劳动群众集体所有的财产,侵犯公民私人所有的财产,侵犯公民的人身权利、民主权利和其他权利,以及其他危害社会的行为,依照法律应当受到刑罚处罚的,都是犯罪,但是情节显著轻微危害不大的,不认为是犯罪。"

该法条的前部分是对犯罪本质特征的揭示,"依照法律应当受到刑罚处罚"是对犯罪法律特征的概括;而"但书"则表明,认定一行为是否构成犯罪,不仅要使其满足犯罪的社会危害性特征,还要在程度上达到严重危害社会的标准。刑事违法性和应受惩罚性则没有程度上的要求,当一个行为具有社会危害性时,并不一定会具备刑事违法性和应受处罚性的特征,此时该行为也就不能被认定为犯罪;反之,当一个行为具有刑事违法性和应受处罚性时,该行为必定具备社会危害性的特征,并且是具有严重的社会危害性,该行为也因此被认定为犯罪。由此可见,社会危害性是犯罪最本质的特征。

对于社会危害性的概念,在我国刑法学界可谓众说纷纭。归纳起来,主要有以下几种学说:

（1）事实说。主张此说的学者认为,社会危害性是指行为在客观上实际造成或者可能造成的危害,表明行为对我国社会主义社会关系所产生的有害影响。①

（2）法益说。主张此说的学者认为,社会危害性是指行为对刑法所保护的

---

① 参见高铭暄主编:《新中国刑法学研究综述(1949—1985)》,河南人民出版社 1986 年版,第 96—97 页。

法益的侵犯性。只有某种行为对法益造成了侵害或者有造成侵害的危险（威胁法益），该行为才具有社会危害性。① 并且还有学者提出了用义务违反说作为法益说的补充。②

（3）属性说。该说主张，社会危害性是行为人侵犯了刑事法律规范而给受法律保护的社会关系带来危害的行为属性。③

我们认为，以上三种学说对社会危害性的不同界定，是以侵害客体范围的大小为依据的。其中，事实说将犯罪行为侵害的客体指向所有的社会关系，范围是最大的；法益说将这种客体限定在刑法所保护的利益范围内，范围次之；而属性说则在法益说的基础上，将该说中的利益限定为一种社会关系，其范围最小。

我们赞同事实说的主张，认为社会危害性是一种对客观的社会关系的侵害。将社会危害性限定在一个相对宽泛的范畴内无疑是有利的。因为社会危害性虽然是犯罪的本质特征，却并非唯一特征，将社会危害性限定在纯粹的社会评价的范畴而非法律评价范畴内更有利于体现其本质特征的地位；在我国，对犯罪的法律特征的评价完全可以通过刑事违法性和应受惩罚性来表达，由此形成的多重评价机制也更具有合理性。大陆法系之所以将法益说视为通说，是因为该法系的国家并未规定我国刑法中的"刑事违法性"和"应受处罚性"这两个特征，无法对已经构成社会危害性的行为进行再评价。属性说虽然注意了社会危害性作为行为属性的一面，却忽略了这一行为属性必须首先建立在客观存在的行为事实的基础之上，社会危害性是质与量的统一。刑法规定了"情节显著轻微危害不大的，不认为是犯罪"，这意味着，并非具有社会危害性的行为都是犯罪，一个行为的社会危害性只有达到了严重的程度，才能被认定为犯罪。"但书"中的规定正体现了刑法的谦抑性特点，即当某一危害社会的行为可以被其他法律有效地处理时，就不适用刑法。

（二）对"情节显著轻微危害不大"的理解

一行为从侵权到构成犯罪，是一个从量变到质变的过程，找到这个变化过程中的临界点无疑对该行为的定性起着至关重要的作用，"但书"中规定的"情节显著轻微危害不大"就是这样一个入罪的临界点。判断一个行为是不是"显著轻微危害不大"不能仅仅考虑该行为实际造成的危害结果的大小，正如有学者指出，

---

① 参见张明楷：《刑法学教程》，北京大学出版社2011年版，第26页。
② 参见〔日〕大塚仁：《犯罪论的基本问题》，冯军译，中国政法大学出版社1993年版，第7页。
③ 参见高铭暄主编：《新中国刑法学研究综述（1949—1985）》，河南人民出版社1986年版，第96—97页。

"不能把危害结果等同于社会危害性,如果把二者等同,就容易形成一种误解,似乎只有已经造成危害结果的才有危害性,否则就没有危害性"①。在判断社会危害程度时还需考虑以下因素:(1)行为侵犯的客体。客体是行为所侵害的合法权益,行为对权益侵害的轻重,反映着该行为对社会危害的程度。我国刑法分则严格以犯罪客体的主次轻重为标准来安排各类犯罪客体的位置,并以此为依据规定了由重到轻的刑罚。由此可见,客体越重要,侵犯这种客体的行为的社会危害性就越严重。②(2)行为的性质、手段、后果以及危害行为实施的时间、地点等。犯罪的手段是否凶狠、残忍,是否采取了暴力的方式以及行为是否在法律所禁止的时间内实施等等,都往往对行为社会危害性的大小有着决定性的作用。③例如同样是捕鱼的行为,在禁渔期捕鱼的社会危害性显然要大于在非禁渔期捕鱼,因此,前一种行为可以被评价为犯罪,后一种行为则不能。(3)行为人的自身状况与犯罪时的主观因素。比如,我国《刑法》规定年满14周岁的人才初步具有刑事责任能力,并且规定了年满14周岁不满16周岁的人只能构成刑法特别规定的几种犯罪。这表明了行为人的刑事责任能力会对其行为危害社会的程度产生影响。再如,行为人的主观上是故意还是过失,也会影响行为社会危害性的大小等等。以上因素都在各个方面对行为的社会危害性的程度产生着影响,因此,在判断一个行为社会危害性程度的时候,必须结合多方面的因素综合地进行考量,才能得出准确的结论。

(三)刑法中的"但书"与刑事政策之融合

我国在继承与发扬惩办与宽大相结合刑事政策,以及对"严打"政策的警醒与反思的基础上,结合我国社会发展的基本形势,提出了"宽严相济"的刑事政策,其基本内涵就是当宽则宽、当严则严、宽严互补、合理调控。刑法中"但书"的规定与宽严相济的刑事政策在本质上具有相融性,并在合理调控入罪尺度,缩小刑法的打击面方面发挥着非常重要的作用。"宽严相济"的刑事政策是在党和国家全力构建社会主义和谐社会的大背景下提出的,减少犯罪与刑罚处罚无疑是构建和谐社会的重要内容之一,刑罚作为一种不得已的"恶",应当保持其谦抑性,④对于那些实施了"情节显著轻微危害不大"行为的行为人,用非刑法的手段

---

① 王作富:《中国刑法研究》,中国人民大学出版社1988年版,第59页。
② 参见赵秉志主编:《当代刑法学》,中国政法大学出版社2009年版,第179—180页。
③ 参见赵秉志主编:《中国刑法案例与学理研究(第一卷)》,法律出版社2004年版,第51页。
④ 参见杨忠民、陈志军:《刑法第13条"但书"的出罪功能及司法适用研究》,载《中国人民公安大学学报》2008年第5期。

来处理,无论在改造行为人、降低司法成本还是在缓解社会矛盾、促进社会和谐方面,都有着非常积极的意义。

　　本案中,被告人主观上具有伤害被害人身体的故意,客观上实施了伤害他人身体的行为,因而其行为具有一定的社会危害性,但是由于该行为属于情节显著轻微危害不大,故不认为是犯罪。这是因为:第一,根据我国刑法的规定和司法实践经验,将伤害程度分为轻微伤、轻伤、重伤,其中《刑法》第234条规定了轻伤和重伤两种情形,而将轻微伤归入行政法以及民事侵权法的调整范围。另外最高人民法院《关于常见犯罪的量刑指导意见》中也只规定了轻伤以上程度的伤害,并未对轻微伤的情形加以规定,这进一步说明了对轻微伤行为的处理不宜适用刑法的规定。第二,本案中并没有其他增加社会危害性程度的要素存在。被告人本是自诉人的继子,与自诉人具有一定的亲属关系,并且被告人只是在处理民事纠纷中运用的手段不当,主观恶性较小,纵观被告人的整个行为过程,也并没有其他增加其社会危害程度的情节,故二被告人的行为属于一般违法行为,并不构成犯罪。

(作者:肖杨)

第六章 犯罪构成及要件

案例8. 王某故意伤害案*
——三阶层理论在定罪量刑中的应用

案情介绍

王某于2003年4月22日23时许,在龙山街和朋友玩时,接到陆某打来的辱骂电话,双方在电话中发生争吵,后在本县龙山街陆某与王某相遇且又发生争吵,经在场人劝阻双方停止争吵。随后陆某就骑一辆摩托车去找黄某,并对黄某说要打王某。尔后两人在兴隆街建行转盘东面找到王某,黄某一下车就连打王某几巴掌,接着陆某上前朝王某头部打一拳,随即两人一起殴打王某。有人劝阻后双方停止打斗而互相争吵并往新车站方向走,黄某在王某和陆某往新车站方向走的同时,在街边的高压线铁塔处捡到一块烂水泥砖,从后面追上来举起砖头对着王某,此时陆某又再次挥拳殴打王某,王某见状拿出钥匙扣,打开挂在锁匙扣上的平南小刀乱捅,分别刺中了黄某和陆某,王某也被黄某砸过来的砖头击中头部。在旁边观看的陈某发现陆某和黄某两人受了伤,就上前拦住王某,夺下王某手上的小刀。王某随后到公安机关自首。当晚,陆某被送往县医院抢救无效死亡。经法医检验:陆某系脾门动脉被切断后,失血过多,导致循环衰竭休克死亡;王某所受损伤为轻微伤。王某以故意伤害(致人死亡)罪被检察机关移送起诉,但最终法院以正当防卫为由判定被告人王某无罪。

理论争议

对于本案中王某的行为该如何定罪,存在着三种观点。第一种观点认为王

---

* 案例来源:(2008)隆刑初字第26号。

某构成故意杀人罪,主观上具有间接的杀人故意。第二种观点认为王某构成故意伤害(致人死亡)罪,并且属于防卫过当,这也是检察院的起诉意见。第三种观点认为王某不构成犯罪,面对正在发生的不法侵害,王某的行为构成了正当防卫,这也是法院的最终判决意见。

法理分析

(一)不同犯罪构成体系下的违法性阻却事由

1. 我国传统犯罪构成体系下的违法性阻却事由

我国传统的刑法理论认为犯罪构成要件是认定犯罪的唯一依据,但又在犯罪构成要件之外规定了违法性阻却事由,如正当防卫、紧急避险等,认为其是在形式上符合犯罪构成,实质上却不具备社会危害性。[1] 对于这种四要件的犯罪论体系与排除社会危害性的行为的逻辑关系,我国学者认为,四要件的犯罪论体系只有形式特征,它只是犯罪存在的形式,只是犯罪在法律上的表现,它们只能"反映"行为的社会危害性,而不能最终"决定"行为的社会危害性。这种犯罪构成只是犯罪成立的必要条件,而不是充分条件,更不是充要条件。[2] 有学者认为,犯罪所具有的三个特征是犯罪构成的实质要件,也是消极要件,虽然不能依据犯罪的特征而定罪量刑,却可以此为依据排除犯罪。由此,犯罪的成立具备了积极要件——犯罪构成与消极要件——犯罪的本质特征,只有同时符合这两个要件的才成立犯罪。[3]

由此,传统理论中认定正当防卫时,并不从犯罪的构成要件着手,而是判定行为人符合了犯罪构成的全部要件,之后再从犯罪成立的消极要件入手,将正当防卫行为排除出犯罪成立的范围。但这种先入罪后出罪的做法其实构成了对犯罪构成要件权威性的一种挑战,使得犯罪构成与犯罪成立相分化,造成了刑法定罪体系的混乱。因此,在传统的四要件理论中,违法性阻却事由的位置略显尴尬。

2. 在三阶层体系中的违法性阻却事由

德日的三阶层理论从违法与责任的角度出发,使得犯罪构成体系与犯罪的本质特征相对应,层层递进。在三阶层理论当中,构成要件该当性、违法性和有

---

[1] 参见高铭暄、马克昌主编:《刑法学(第三版)》,北京大学出版社、高等教育出版社2007年版,第138页及以下;马克昌主编:《犯罪通论(第三版)》,武汉大学出版社1999年版,第709页及以下。

[2] 参见陈兴良:《正当防卫指导性案例及研析》,载《东方法学》2012年第2期。

[3] 参见王政勋:《正当行为论》,法律出版社2000年版,第40页。

责性三者是一种递进关系。在认定犯罪时,首先判断该行为是否符合分则所规定的犯罪成立条件,主要是客观条件;其次再判断行为是否具有违法性;在具备了违法性的基础上再判断其有责性。而违法性阻却事由就是判断违法性的重要依据之一。虽然三阶层理论也是一种形式上的先引进再排除的过程,但却与传统的四要件理论有着明显的不同。因为三阶层理论将行为划入犯罪范畴,仅是以构成要件该当性为标准对行为的初步筛选,并没有因此判定该行为已经构成犯罪,而之后进行的违法性、有责性判断都属于排除性判断,三者有机结合、层层递进才是一种完整的犯罪构成体系,即只有经过了三个层次的整体判断才能最终认定一行为是否构成犯罪;而传统的四要件理论是在定罪的基础上进行排除,使得有些行为既构成了犯罪,又被排除在犯罪之外,显得体系混乱。这种将违法性阻却事由融入犯罪构成体系中进行的判断,使得犯罪构成成了判定犯罪成立的唯一标准,保证了其权威地位,即符合犯罪构成体系的都必然被认为是犯罪,不符合犯罪构成体系的一律不是犯罪。

(二)王某行为的构成要件该当性判断

构成要件该当性是德日三阶层体系中的最初判断,但对于构成要件的范围问题,理论界却一直争论不休。第一种观点是符合说,持该说的学者认为刑法经过长期的发展,人们发现对于有些犯罪来说,其指向的行为还存在着一个内在的、主观性的要素,比如盗窃罪中,行为人必须有一个永久剥夺他人财产所有权的故意,即在盗窃行为的定义中,包含着一种主观性的要素。① 如果脱离这种主观要素,则无法正确理解刑法的禁止。这就意味着,在犯罪构成要件中,不仅应当包含着行为、结果和因果关系等客观要素,而且还应当包括故意等主观要素。这种观点认为,行为是刑事责任的起点和核心,其不仅是外部世界的一种自然的因果关系,而且还受制于行为人的主观意识,一般又被该意识所滋生的目的所决定。"意志是行为的脊梁",缺少了意志的支撑,行为便失去了评价的意义。② 第二种观点是有责说,是在19世纪末20世纪初德国古典学派所提出的。他们认为犯罪构成要件符合性属于客观的判断,应当排除主观性的内容;犯罪的所有客观要素都应当放在不法中进行评价,而所有的主观内容都应当放到责任中去评价;行为只要符合犯罪的定义(即犯罪构成要件),就存在着进行主观上的非难可

---

① 参见〔德〕克劳斯·罗克辛:《德国刑法学·总论(第1卷)》,王世洲译,法律出版社2005年版,第121页;〔日〕小野清一郎:《犯罪构成要件理论(第二版)》,王泰译,中国人民公安大学出版社2004年版,第49页以下。

② Hans Welzel, Das Deutsche Strafrecht, 11. Aufl., Berlin:De Gruyter Recht, 1969, S33.

能性。第三种观点是双重符合说,认为构成要件该当性中包含很少的一部分主观判断,如故意和过失,而在有责性当中也包含着一部分主观形态,应该进行双重判断。

我们赞成有责说的观点。首先,符合说的观点存在逻辑上的矛盾。我们将刑事责任能力作为有责性的考量标准之一,而有责性的判断是建立在构成要件该当性的基础之上的,即只有先进行构成要件该当性的判断之后才可以考量有责性的问题,但是故意与过失又是建立在刑事责任能力的基础上的,没有刑事责任能力的人,无所谓故意或者过失。由此看来,符合说会产生一种逻辑上的矛盾。[①] 其次,双重符合说会导致认定标准不清。双重符合说将故意和过失等主观因素分别部分置于构成要件该当性与有责性之中,置于构成要件该当性中的故意和过失的那部分仍然无法摆脱符合说中存在逻辑矛盾的命运;并且对主观方面进行二次判断,每次判断的内容范围又很难规定,会发生重复判断、标准不清的问题。对于认为责任说将构成要件该当性的判断标准规定得过于客观,会导致无法选定罪名或者无法区分此罪与彼罪的说法,我们认为实属多虑。诚然,有些犯罪如果不借助主观方面去考量,的确很难区分。例如将人杀死的行为,如果完全不考虑行为人的主观因素,可能构成故意杀人罪、故意伤害(致人死亡)罪、过失致人死亡罪等等,但是即便如此,在进行构成要件该当性判断时的可选罪名也是相当有限的,即使我们将这些可能的罪名都划入构成要件该当性的范畴,然后再逐一地通过有责性去判断其主观方面,也可以得出准确的结论。这种判断只是一瞬间的事,并不会使案件复杂化,并且这种判断并不违背逻辑顺序。例如杀人的行为,我们可以考虑其行为构成的几个罪名都符合构成要件该当性;而后,一旦发现具有违法性阻却事由,则可以排除其犯罪,既然无罪就不需考虑无的是什么罪,也不需要进行有责性的判断;如果具有违法性,则可以在有责性判断过程中进一步区分此罪与彼罪,从而得到准确的结论。

本案中王某持刀将陆某杀死的行为,同时符合故意杀人罪、故意伤害(致人死亡)罪以及过失致人死亡罪的构成要件该当性,至于对王某的定罪问题,则需要进一步分析。

(三)王某的行为不具有违法性

《刑法》第 20 条第 1 款规定:"为了使国家、公共利益、本人或者他人的人身、财产和其他权利免受正在进行的不法侵害,而采取的制止不法侵害的行为,对不

---

① 参见马克昌:《简评三阶层犯罪论体系》,载《刑法论丛》2009 年第 3 期。

法侵害人造成损害的,属于正当防卫,不负刑事责任。"刑法之所以规定正当防卫,目的即在于鼓励公民与违法犯罪行为做斗争,及时制止正在进行的不法侵害,保护合法权益。

正当防卫作为一项重要的违法性阻却事由,在德日三阶层理论中,不仅不被法律所排斥,而且是法律所鼓励的。在三阶层体系中,正当防卫被完全地放在了违法性这一层次来考量,而紧急避险则是跨越违法性和有责性两个层次,例如在德国的刑法中就规定了作为违法性的紧急避险和作为有责性的紧急避险。在违法性环节中被排除,表明行为根本不违法,不为法律所禁止,反而被法律所提倡;在有责性环节中被排除,则说明仅仅是法律不排斥,并不具有积极的社会意义和法律意义。

根据我国刑法学的通说,构成正当防卫需要同时具备五个条件:防卫意图、防卫起因、防卫客体、防卫时间、防卫限度。本案死者陆某在案发前因与被告人王某发生争吵,后召集黄某前往街上寻找王某,扬言要打王某,找到王某后就对其进行殴打,陆某和黄某主观上、行为上明显地实施了不法侵害,而王某明显处于防卫的地位。在不法侵害持续过程中,黄某举起水泥砖对着王某,陆某挥拳殴打王某,黄某和陆某的行为明显危及王某的人身安全。而王某由于激愤、惧怕的心理作用,对于陆某和黄某的不法侵害的意图和危害程度一时难以分辨,在没有办法选择一种恰当的防卫行为的情形下,只是执刀乱舞,虽然造成陆某死亡的损害事实,但相对陆某和黄某不法侵害行为的后果而言未明显超过必要的限度。为了本人的人身不受正在进行的不法行为侵害,而针对实施不法侵害行为的人进行防卫,且未明显超过必要限度,被告人的行为具备了正当防卫的客观要件,其行为属正当防卫,不应负刑事责任。

(四)不具违法性的行为无须进行有责性判断

德日三阶层体系是一个层层递进的犯罪构成体系,在这一体系之中,只有被前一环节筛选成功的行为才会进入下一个判断的阶段,即三个阶层的范围逐渐缩小,直至最终犯罪被确定。此外,三阶层理论还是一个立体式的犯罪构成体系,它与刑法的本质特征相对应,立体的结构避免了平面结构逻辑混乱的弊端,可以使案件的处理思路更加清晰。一旦一个行为在上一个环节被排除出犯罪,则无须进入下一个环节,这样一来可以避免很多烦琐的判断。例如在本案中,王某杀死了陆某,其行为可能构成故意杀人罪、故意伤害(致人死亡)罪以及过失致人死亡罪,本案的检察院与法院,甚至学界都对王某行为之定性存在很大争议。按照传统的四要件理论来分析本案,我们需要先比照犯罪构成的四个要件,一一讨论王某的罪名,之后再通过正当防卫理论去认定王某无罪。这样不仅存在先入罪后出罪,破坏犯罪构成权威性的弊端,而且显得过于僵硬,使得案情复杂化。而根据德日三阶层理论,一旦认定王某的行为不具有违法性,则不需要再讨论王某是在什么罪的前提下构成正当防卫,无罪本身就是无罪,而不是先有罪后无罪。

(作者:肖杨)

第七章 行为与行为理论

案例9. 赵某等故意伤害案*
——作为与不作为的区分

案情介绍

赵某与马某曾经有矛盾,案发前赵某听说马某扬言要杀他,决定先下手为强。2003年8月14日晚7时许,赵某得知马某在某街出现后,邀约李某及韩某、韩某甲、韩某乙、汪某、谢某(均另案处理)前往帮忙,并在租住处拿了一尺多长的砍刀七把。一行人乘"面的"到某街,在车上赵某发给每人一把砍刀。车行至某街看见马某正在街上同人闲聊后,赵某等人下车持刀向马某逼近,距离马某四五米时被发现,马某见势不妙立即朝街西头向河堤奔跑,赵某持刀带头追赶,李某及韩某、韩某甲、韩某乙、汪某跟随追赶。当赵某一行人追赶40余米后,马某从河堤上跳到堤下的水泥台阶上,摔倒在地后又爬起来扑到河里,并且往河心里游。赵某等人看马某游了几下,因为怕警察来,就一起跑到附近棉花田里躲藏,等了半小时未见警察来,遂逃离现场。8月16日马某的尸体在河内被发现。经法医鉴定,马某系溺水死亡。

某市人民法院认为,被告人赵某、李某等为报复被害人,主观上有故意伤害他人身体的故意,客观上实施了持刀追赶他人的行为,并致被害人死亡后果的发生,其行为均已构成故意伤害(致人死亡)罪,被害人被逼跳水的行为是被告人拿刀追赶所致,被害人跳水后死亡与被告人的行为有法律上的因果关系,即使被告人对被害人的死亡结果是出于过失,但鉴于事先被告人已有伤害故意和行为,根

---

* 案例来源:中华人民共和国最高人民法院刑事审判第一庭、第二庭编:《刑事审判参考(总第55集)》,法律出版社2007年版,第21页。

据主客观相一致原则,亦应认定构成故意伤害(致人死亡)罪。法院最终判处被告人赵某有期徒刑15年,剥夺政治权利3年。判处被告人李某有期徒刑10年。

> 理论争议

本案在处理过程中存在两种不同的意见。第一种意见认为,赵某等人的行为构成不作为的故意杀人罪。马某是因为赵某等人的追打而入水的,因此,赵某等人有救助被害人的义务,应当预料到被害人在摔倒后入水,可能溺水死亡,却没有履行救助义务,放任了被害人死亡结果的发生,其主观存在间接故意。第二种意见认为,赵某等为报复被害人,主观上有故意伤害他人身体的故意,客观上实施了持刀追赶他人的行为,并致被害人死亡后果的发生,其行为构成故意伤害(致人死亡)罪。

> 法理分析

本案的分歧主要在于如何认定被告人的行为表现形式,即如何区分作为与不作为。作为与不作为是刑法中行为的两种基本形式。一般来说,作为是指行为人以积极的身体活动实施刑法所禁止的行为。从表现形式上看,作为是通过积极的身体动作对外界发生影响,进而造成危害社会的后果;从违反法律规范的性质看,作为违反的是禁止性规范。不作为是指行为人负有实施某种积极行为的特定法律义务,能够履行而不履行,导致结果发生的行为。[1] 从表现形式上看,不作为是消极的身体动作;从违反法律规范的性质看,不作为违反的是特定的命令规范。概括来说,前者是指法律规定以不作为为犯罪内容的犯罪行为,即"不应为而为";后者是指以不作为形式而犯通常以作为形式实施的犯罪的情形,即"应为而不作为"。[2] 作为犯罪与不作为犯罪的成立条件是不相同的,如果混淆了两种不同形式的犯罪,将会给认定犯罪带来困难,所以,正确区分作为与不作为两种行为形式具有重要意义。

刑法学界中关于区分作为与不作为,提出了许多不同的标准,概括起来,主要有以下几种:[3](1)身体动静说。该说以身体的运动或者静止状态为标准来区分作为与不作为,认为作为就是身体的运动,不作为就是身体的静止。显然,以作为的行为方式构成犯罪的是作为犯,以不作为的行为方式构成犯罪的是不作

---

[1] 参见周光权:《刑法总论(第二版)》,中国人民大学出版社2011年版,第85页。
[2] 参见陈兴良:《刑法哲学(修订二版)》,中国政法大学出版社2000年版,第300—301页。
[3] 参见李金明:《不真正不作为犯研究》,中国政法大学2005年博士学位论文。

为犯。(2) 态度积极消极说。该说以行为人的态度为标准来区别作为与不作为,认为作为是以积极的态度实施的行为,不作为是以消极的态度实施的行为。(3) 因果关系说。该说以行为对于结果的发生是否有因果关系为标准来区别作为与不作为,认为作为是与结果有因果关系的行为,不作为是与结果没有因果关系的行为。另外,也有的将结果作为法益,认为使法益恶化的是作为,使法益位置不改变的是不作为。(4) 法规范说。该说以行为违反的法律规范的性质为标准来区别作为与不作为,认为违反禁止性规范并且构成犯罪的是作为犯,违反命令性规范并且构成犯罪的是不作为犯。(5) 法益状态说。该说认为通过法益状态可以清楚区别不同危害行为与其危害结果之间不同的因果关系结构——直接的因果关系和相对的、间接的因果关系。[①] 据此,可将行为区分为作为与不作为。该论者认为:"作为是行为人实施的能够直接引起一定危害结果发生的行为;不作为是在法益危险状态时、能够实施阻止危害结果发生的行为的情况下,行为人实施的对危害结果的发生没有原因力但对客观因素持续支配法益具有原因力并由支配法益的客观因素直接引起危害结果的行为。"[②]

以上学说中,如果采用身体动静说,将很难找到不作为的犯罪。因为几乎所有的犯罪都有一定身体动静,运动是绝对的,静止是相对的。正如有学者所言:"在理论上,有的把作为和不作为说成'动'与'静'的两种不同形态,这是不确切的。因为,这并不是二者的实质区别。例如,偷税行为在本质上是不履行纳税义务的行为,即不作为,但是,并非为此而什么也没有做。相反的,行为人往往要进行伪造账目等活动,但是,有的著作中说,偷税人伪造账目,弄虚作假是作为,应纳税而不纳税是不作为。我们认为,这在概念的运用上是不正确的。刑法上的作为与不作为的特有含义,是指犯罪行为的基本形式。不能把任何一种消极的动作叫作作为。否则,就找不出纯粹的不作为的犯罪了。"[③] 态度积极消极说是一个主观性过强的标准,很难辨别行为人的主观态度,因而难以区分作为与不作为。因果关系说则完全否认不作为与危害结果之间存在因果关系,根据刑法理论,危害行为与危害结果之间有因果关系,不作为是危害行为的一种表示形式,其与危害结果之间一定也存在因果关系,否则,便是从实际上否定了不作为犯罪的存在,不符合刑法的规定与理论的通说。如果依照法规范说,作为犯与不

[①] 参见聂立泽、肖鹏:《法益状态说——作为犯与不作为犯的区别标准新探》,载《学术研究》2003年第10期。
[②] 同上。
[③] 王作富:《中国刑法研究》,中国人民大学出版社1988年版,第113页。

作为犯的区别实际就沦为命令性规范与禁止性规范的区别,但是命令性规范与禁止性规范的观点也是不确定的。① 法益状态说有一定的合理性,但是与因果关系说存在一样的弊端。

我们认为,区分作为和不作为,可以从两个方面考虑:第一,从因果关系的角度出发,如果一开始的行为直接导致危害结果的发生,应当认定为作为犯罪;如果一开始的行为只是直接引起了危险状态的存在,而并非直接导致危害结果发生,宜认定为先行行为。能构成不作为犯罪的,以不作为犯罪论处。第二,看行为人实际实施犯罪的行为形态,如果实行行为的形式是作为的,则是作为犯罪,如果实行行为是不作为的,则是不作为犯罪。② 我国刑法不仅处罚既遂和未遂,而且预备行为也具有可罚性,但是,在不作为犯的场合则很难有处罚预备行为的情形存在。因为只有在行为人的不作为已经造成法益侵害的后果或者至少具备了法益侵害的现实、紧迫危险时,才有论罪处刑的必要。当然,一定的情况下,预备行为可以构成不作为犯中的先行行为,而单纯的先行行为一般是不具有刑事可罚性的。

本案中,我们认为法院的判决是不正确的,原因在于其混淆了实行行为与先行行为,本案中的实行行为实际上是"不救助"而非"持刀追砍",行为人实施犯罪的行为形态是不作为。那么,如何认定不作为的实行行为呢?我们认为,不作为犯的实行行为的成立须具备以下三个条件:第一,行为人负有法律要求的作为义务,具体包括法律明文规定的义务、职务或业务上的义务、法律行为引起的义务和先行行为引起的义务。第二,行为人的不作为具有法益侵害的现实的危险。实行行为是实施刑法分则规定的具有法益侵害的现实、紧迫危险的行为,只有在行为人的不作为具有侵害法益的现实性时,才是不真正不作为犯的实行行为;反之,如果行为人的不作为并不会造成法益侵害的现实危险,就不能称之为不作为的实行行为。第三,行为人具有作为的可能性,法律不能强人所难。

我们认为,在具体认定不作为的实行行为时,关键是正确把握不作为犯罪的着手。着手是实行行为的起点,是区分实行犯和预备犯的基本标志,其不仅要求行为在形式上符合构成要件行为的一部分,同时还要求具有侵害法益的现实和具体危险。值得注意的是,预备行为也是侵害法益的行为,预备行为与实行行为

---

① 参见聂立泽、肖鹏:《法益状态说——作为犯与不作为犯的区别标准新探》,载《学术研究》2003年10月。
② 参见高铭暄主编:《刑法专论(第二版)》,高等教育出版社2006年版,第163页。

的实质区别在于侵害法益的危险程度不同,而不是危险的有无不同。[1] 认定不作为犯的着手,既要考虑行为人是否违反了作为义务而不作为,同时还要考虑这一不作为是否具有法益侵害的现实和紧迫的危险性。[2] 假设母亲为饿死婴儿怠于喂奶,比如前一两次没有喂奶,虽然此时已经违反了作为义务,但是并不能认为其已经着手,只有当严重怠于喂奶而使婴儿生命处于危险的迫切状态时才能认定其已经着手。

本案中,法院将持刀追砍的行为认定为伤害行为是不妥当的,因为行为人并未直接实施伤害行为,追赶一直处于预备状态,行为并没有着手。被告人赵某一行人追赶 40 余米后,被害人从河堤上跳到堤下的水泥台阶上,摔倒在地后又爬起来扑到河里,并且往河心里游。从这个过程中可以看出,追砍并没有使被害人的生命安全处于迫切的危险当中,被害人摔倒后又爬起,且被告人赶到时已经游了一段距离,这充分说明行为人拿刀追赶仅仅是预备阶段的行为。但是,我们不能否认,行为人的持刀追砍已经使被害人的生命安全置于一种危险状态之中,行为人持刀追砍的行为是引起作为义务之一的先行行为。所谓先行行为,是相对于危险状态出现后行为人的不作为行为而言的,即指行为人造成损害结果发生的不作为行为实施之前,已经实施了使某种合法权益产生危险的行为。[3] 先行行为必须具有特定危险状态的存在。所谓特定危险状态,是行为自身所蕴含的足以使刑法所保护的合法权益遭受实际损害的一种现实可能性。[4] 这种危险状态必须使刑法保护的合法权益处于遭受严重损害的威胁,并且具有紧迫性。此外,先行行为与危险状态之间必须具有直接的因果关系。这里的因果关系是先行行为与危险状态之间的因果关系,而不是先行行为与危害结果之间的因果关系。如果行为与危害结果有直接因果关系,应当认定为作为犯罪。结合本案,被害人马某泅水逃避的行为,是一种在当时特定条件下正常的自救行为。面对 7 名持刀暴徒近距离的追砍,必然导致被害人逃避,被害人快速奔跑是其自救的本能反应。由于现场紧邻河道,被害人的主观选择受到较大限制,其根据自身会水的特点选择泅水逃生既是被迫无奈的行为又是在当时特定条件下正常的行为。这充分肯定了持刀追砍行为与跳河造成的危险状态有直接的因果关系,此时,被告人负有先行行为引起的救助义务,有能力救助而不予救助,导致发生了被害人

---

[1] 参见张明楷:《刑法学(第四版)》,法律出版社 2011 年版,第 147 页。
[2] 参见钱叶六:《不作为犯的实行行为及其着手之认定》,载《法学评论》2009 年第 1 期。
[3] 参见齐文远、李晓龙:《论不作为犯中的先行行为》,载《法律科学》1999 年第 5 期。
[4] 同上。

死亡的结果,其行为应当构成不作为的故意杀人罪。

(作者:杨慧)

案例 10. 刘某故意杀人案*

——不作为故意杀人罪的认定

案情介绍

被告人刘某系被害人秦某之妻。秦某因患重病长年卧床,一直由刘某扶养和照料。秦某因不堪忍受病痛折磨,曾多次有轻生念头。2010 年 11 月 8 日 3 时许,刘某在其暂住地某出租房内,不满秦某病痛叫喊,影响他人休息,与秦某发生争吵。秦某赌气说想死,刘某一气之下将家中的农药"敌敌畏"倒入杯子,并放在秦某旁边的小桌子上,同时说:"你不是想死吗?这里边有毒药,有本事你就喝下去。"没想到秦某回了刘某一句"谢谢你"后拿起杯子便喝。刘某见状赶紧上前抢夺杯子,不料秦某早已喝下去一口。刘某赶紧拿起不锈钢水杯喂丈夫喝了两大口水,希望能让他吐出来,但适得其反。秦某服完毒药后开始吐白沫,并出现呼吸困难,在场的女儿秦某某问刘某怎么办,刘某回答不知道。秦某某建议刘某赶紧打"120"急救电话,刘某哭着说:"你爸不行了,不用打了。赶紧打电话给你姑她们,告诉他们你爸喝药自杀,不行了。"当日凌晨 4 时许秦某毒发身亡。考虑到刘某归案后如实供述犯罪事实,并能够认罪、悔罪,且得到被害人亲属的谅解,某市中级人民法院最终以故意杀人罪判处被告人刘某有期徒刑 7 年,剥夺政治权利 1 年。

理论争议

本案争议的焦点是刘某的行为是否构成不作为的故意杀人罪。一种意见认为,被害人秦某系自杀,刘某没有杀人故意。案发前秦某多次有过自杀想法,刘某只是为秦某的自杀创造条件,其提供农药的行为不必然导致秦某服毒死亡,该结果在刘某的意料之外,故刘某的行为不构成犯罪。另一种意见认为,刘某与患

---

* 案例来源:中华人民共和国最高人民法院刑事审判第一庭、第二庭编:《刑事审判参考(总第 84 集)》,法律出版社 2012 年版,第 11 页。

重病长年卧床的丈夫秦某因故发生争吵后,不能正确处理,明知敌敌畏系毒药,仍向秦某提供,秦某服毒后,刘某未采取任何救助措施导致秦某死亡,其行为构成故意杀人罪。

> **法理分析**

  近年来,随着我国社会形势和法治建设的发展,不作为犯的问题已经由纯理论性问题变成了司法实践中迫切需要解决的问题。刑法理论中的不作为犯,是相对于作为犯而言的,它是指行为人负有实施某种积极行为的特定义务并且能够履行而不履行该种义务,因而构成犯罪的情况。一般认为,不作为犯罪的成立需要具备以下条件:(1) 行为人负有特定的作为义务;(2) 行为人能够履行而不履行;(3) 不履行作为义务与危害结果之间具有因果关系。作为一种危害行为,一般认为不作为具有以下特征:首先,不作为具有消极性。不作为的行为人负有实施某种行为的积极义务,而违反刑法上的命令规范,具体表现为"应为而不为"。但这一消极性绝不是说不作为就是"静止"甚至"什么也没做"。其次,不作为具有隐蔽性。不作为不像作为那样容易为人们所认知,从表面上看,不作为往往表现为"什么也没干",但从实质上看,行为人不是怠于履行自己的职责,就是怠于履行其应尽的特定义务,其社会危害性是客观存在的。最后,不作为具有间接性。不作为本身一般不会直接引起刑法保护的社会关系的危害,往往需要借助或利用某种自然因素、他人的行为等,才会导致危害结果的发生。① 应当注意的是,这一间接性特点并不是说不作为与危害结果之间不存在因果关系。正如有学者指出的:"在不作为犯罪的因果关系系统中,必须存在某种中介条件,即行为人的不作为以外的引起危害社会结果的必要条件,它们是引起危害社会结果所必不可少的。缺少了它,行为人的特定作为义务就无从谈起,不作为犯罪中的因果关系就无从谈起。"②

  刑法理论上,不作为犯又分为真正不作为犯和不真正不作为犯。真正不作为犯又称为"纯正不作为犯",是指刑法规定了一定的作为义务,单纯违反此义务即构成犯罪的行为。刑法分则中的遗弃罪、拒绝提供间谍犯罪证据罪等都只能是不作为的方式,都是纯正不作为犯罪。从实质而言,纯正不作为犯是立法者要求行为人为一定的作为,其作为义务已由刑法明文规定。义务的来源与内容比较明确,义务的确定自然没有多大问题。不真正不作为犯又称为"不纯正不作

---

① 参见李学同:《论刑法上的不作为行为》,载《殷都学刊》1998年第1期。
② 李光灿等:《刑法因果关系论》,北京大学出版社1986年版,第206—207页。

犯",是指以不作为的手段实施通常以作为形式构成的犯罪,其特点是它们既可由作为形式构成又可由不作为形式构成;不纯正不作为犯不但必须有作为的义务,还要求引起一定的侵害法益的结果发生。① 例如,故意杀人罪的行为方式既可以以作为的方式实施,又可以以不作为的方式实施,但是当以不作为方式实施时,必须发生了侵害他人生命法益的后果,否则不构成不作为的故意杀人罪。由于不纯正不作为犯是刑法未明文类型化的犯罪,所以,其作为义务的来源就成为争议的焦点。

要分析刘某的不作为行为是否构成犯罪,我们首先需要确定在此案中刘某是否有作为义务。我国刑法理论界对于作为义务的来源主要有三来源说、四来源说和五来源说。三来源说认为不作为特定义务的来源有法律上明文规定的义务、职务或业务上要求履行的义务和行为人先行行为产生的义务。② 四来源说认为不作为特定义务的来源包括:法律上明文规定的义务、行为人职务或业务上要求其履行的义务、行为人实施了法律行为而要求其履行的义务、行为人的先行行为而产生的作为义务。③ 五来源说认为作为义务的来源有五种形式:法律上的明文规定、职务上和业务上的要求、行为人的先行行为、自愿承担的某种特定义务、在特殊场合下公共秩序和社会公德要求履行的特定义务。④ 四来源说是我国目前刑法理论的通说。结合本案例,针对不同观点,我们认为,需要探讨的问题主要集中在以下两个方面:

(一)如何理解"法律上明文规定的义务"

法律明文规定的义务,在大陆法系也称为"法令规定的义务"。这种义务指的是法律条文中明确规定行为人对特定法益危险状态及其结果有防止发生的义务。⑤ 理论界对于法律明文规定的义务是作为义务的来源不存在争议,但是在"法律"的范围理解上则众说纷纭、各执一词。第一种观点认为法律明文规定的义务只限于刑法规范明文规定的义务,不包括其他法律规定的义务。有学者指出:"由于刑法自身的独立性地位和罪刑法定原则的要求,我们应当把不纯正不作为犯的作为义务限定在刑法明文规定的义务上,在刑法尚未作出明文规定的情况下,不得以其他法律有明文规定为由而追究行为人的刑事责任。"⑥ 第二种

---

① 参见刘艳红:《论不真正不作为犯的构成要件类型及其适用》,载《法商研究》2002年第3期。
② 参见高铭暄主编:《中国刑法学》,中国人民大学出版社1989年版,第99页。
③ 参见赵秉志主编:《刑法争议问题研究(上卷)》,河南人民出版社1996年版,第390—391页。
④ 参见马克昌主编:《犯罪通论(第三版)》,武汉大学出版社1999年版,第69页。
⑤ 参见刘士心:《不纯正不作为犯研究》,人民出版社2008年版,第120页。
⑥ 李金明:《不真正不作为犯研究》,中国政法大学2005年博士学位论文。

观点认为这里的法律不仅包括刑法上规定的义务,也包括非刑法规定的义务,但非刑法规定的义务要经过刑法认可或要求履行才能视为作为义务的形式根据。如有学者指出:"法律明文规定的义务包括法律、法令和各种法规所规定的并且为刑法规范所认可及要求实施的作为义务。"①第三种观点明确指出法律上规定的义务不限于刑法上规定的义务,还包括其他如民法、行政法等法律、法规规定的义务。如有学者认为:"作为义务既包括刑法规定的义务,也包括民法、行政法等非刑事法律规定的义务,而且明确指出这些义务无须施加'刑法认可或要求'这个条件限制。"②我们认为,第一种观点过分限制了作为义务的范围,第三种观点则违背了罪刑法定的要求,第二种观点相对来说是可取的。例如,《中华人民共和国民法典》(以下简称《民法典》)第 1059 条规定:"夫妻有相互扶养的义务。需要扶养的一方,在另一方不履行扶养义务时,有要求其付给扶养费的权利。"我国《刑法》第 261 条规定:"对于年老、年幼、患病或者没有独立生活能力的人,负有扶养义务而拒绝扶养,情节恶劣的,构成遗弃罪。"夫妻之间相互扶养的义务便是民法规定但刑法予以认可的义务,违背该义务的不作为可以构成犯罪。

在本案中,认定被告刘某是否构成不作为的故意杀人罪的关键在于认定其是否具有作为义务,如果刘某有法律上明文规定的作为义务,则构成犯罪。本案是由家庭纠纷引发的案件,被告人与被害人是夫妻关系,如前所述,夫妻之间具有的义务是"扶养",那么如何解释"扶养义务"呢?夫妻扶养义务是否包括救助义务?对此刑法学界有两种对立的观点。否定的观点认为,夫妻之间的救助义务是纯粹的道德义务,不能作为法律义务。如有学者认为:根据婚姻法的规定,夫妻之间负有相互扶养的义务,如果不履行这种义务,就有可能构成遗弃罪。法律没有规定夫妻之间的救助义务,因而救助只是夫妻之间道德关系的内容,而非法律上的义务。扶养与救助两者相比较而言,扶养是基本的要求,因而作为法律义务予以明文规定。救助只是在个别情况下偶然发生的要求配偶一方实施的行为,法律未予规定。③ 肯定的观点认为,夫妻之间的救助义务是刑法义务。如有学者认为:我国婚姻法规定了夫妻之间具有相互扶养的义务,其中"扶养"既然包括一般生活上的相互照料,就更应包括在一方的生命处于危险状态时予以救助,并主张根据救助义务的强弱而将其区分为不作为的故意杀人罪的作为义务和遗

---

① 高铭暄、赵秉志主编:《犯罪总论比较研究》,北京大学出版社 2008 年版,第 66 页。
② 刘士心:《不纯正不作为犯研究》,人民出版社 2008 年版,第 123 页。
③ 参见陈兴良:《论不作为犯罪之作为义务》,载陈兴良主编:《刑事法评论(第三卷)》,中国政法大学出版社 1999 年版,第 218 页。

弃罪的作为义务。① 我们认为,夫妻扶养义务指的是经济上的相互供养义务,将夫妻扶养义务类推解释为包括救助义务,具有违背罪刑法定主义之嫌,但夫妻扶养义务和夫妻救助义务之间也存在一定的联系,因为它们都产生于夫妻关系这种密切的共同体。近年来,我国在借鉴外国刑法理论的同时在司法实践中形成了对作为义务的"实质"解释思路,即从维护社会共同体的内部秩序出发,从实质上解释不作为犯罪的义务来源,以此弥补"形式四分法"的局限。在家庭共同体中,成员之间存在高度的相互信赖关系,共同体中的成员,无论其行为是合法还是违法,在发现其他成员陷入危险时,都有救助义务。根据这一理念,夫妻之间应当有相互救助的义务。但是值得注意的是,这一救助义务不是任意扩大的,当夫妻双方均为智力健全之人时,对自己的行为及后果有清醒的认识和控制能力。如果是完全自愿地实施了自危行为,配偶另一方则没有阻止的义务。本案中,秦某因患重病长年卧床,没有独立生活能力,并且曾多次有轻生念头。刘某作为秦某之妻,不仅具有法律规定的扶养义务,而且具有刑法上的救助义务。当秦某自杀时,刘某放任危害结果的发生,未采取有效求助行为且阻止女儿寻求救助,违反了夫妻间互相救助的法律义务,符合不作为的故意杀人罪的特征。

(二)如何理解"因先行行为引起的义务"

在司法实践中,当我们要判定行为人是否具有先行行为所引起的义务时,就必须首先判断该行为人的行为是不是先行行为。只有具备了先行行为,才有可能承担先行行为所引起的义务。所谓先行行为,是相对于危险状态出现后行为人的不作为行为而言的,即指行为人造成损害结果发生的不作为行为实施之前,已经实施了使某种合法权益产生危险的行为。② 换言之,行为人如果因其先前实施的行为使合法权益处于遭受严重损害的危险状态,就由此产生阻止损害结果发生的作为义务。我们认为,行为人的行为要构成先行行为,必须具备以下几个条件。③第一,先行行为必须由行为人本人所实施,这是罪责自负的内在要求。如果是由他人所实施的行为导致刑法保护的合法权益处在危险状态之中,则行为人仅仅负有道德上的作为义务。第二,先行行为必须具有特定危险状态的存在。所谓特定危险状态,是行为自身所蕴含的足以使刑法所保护的合法权益遭受实际损害的一种现实可能性。这种危险状态必须是使刑法保护的合法权益处

---

① 参见张明楷:《论不作为的杀人罪——兼论遗弃罪的本质》,载陈兴良主编:《刑事法评论(第三卷)》,中国政法大学出版社1999年版,第264—265页。
② 参见齐文远、李晓龙:《论不作为犯中的先行行为》,载《法律科学》1999年第5期。
③ 同上。

于遭受严重损害的威胁,并且具有紧迫性。应当指出的是,该种危险状态虽然也能引起对某种合法权益的威胁,但这种危险状态并未经刑法所评价,只有当行为人不履行义务导致实际危害结果发生时,刑法才规定予以处罚。如果认为先行行为的危险状态具有已经为刑法所否定的价值评价,则违反了刑法禁止重复评价的原则。有学者指出,行为人实施某一行为造成某种已被刑法所否定的危险状态时,如果自动防止危险状态的发生,则是减免刑罚的理由,如果没有防止实际危害的发生,则负既遂犯的刑事责任,如果没有防止更严重的实害结果发生,则负结果加重犯的刑事责任,并不因此而引起先行行为的作为义务,也不发生不纯正不作为犯成立与否的问题。[①] 第三,先行行为与危险状态之间必须具有直接的因果关系。危害结果发生的确定性和急迫性必须是先行行为直接造成的。必须要注意的是,这里的因果关系是先行行为与危险状态之间的因果关系,而不是先行行为与危害结果之间的因果关系。如果行为与危害结果有直接因果关系,应当认定为作为犯罪。第四,行为人对其先行行为造成的危险状态有义务救助且有履行义务的可能性。一方面,由于危险状态是由行为人的先行行为所直接造成,故行为人对自己所直接造成的危险状态有义务救助;另一方面,行为人虽然具有作为义务,但如果没有作为的可能性,即使造成危害结果,也不能成立不真正不作为犯。

本案中,我们认为刘某提供农药并进行言语刺激的行为构成先行行为。首先,刘某在与其丈夫吵架过程中,用言语刺激本就多次有自杀念头的秦某,而其提供农药的行为则进一步强化秦某自杀的决意。当刘某提供农药时,秦某的生命权益因刘某的行为而陷入了危险状态,且这种危险状态是客观存在和紧迫的。其次,刘某提供农药的行为与秦某"自杀"的危险状态具有直接的因果关系,如果刘某未提供农药,其丈夫也不会在卧病在床的情况下喝药自杀。最后,刘某有能力救助而未实施救助。从秦某喝药到死亡长达一个多小时的时间内,刘某一直待在家里,没有采取任何有效的救助措施,且阻止女儿拨打急救电话将丈夫送去医院。属于有能力救助而不予救助,放任秦某中毒身亡的结果发生,符合不作为故意杀人罪的特征。

综上所述,我们认为,刘某构成故意杀人罪,刘某主观上明知秦某有强烈的自杀倾向,客观上仍向秦某提供农药,使被害人的生命权益处于危险状态,且不采取任何救助措施,不仅违反了夫妻之间的救助义务,而且违反了因先行行为引起的义务。又因被告人提供农药的行为并不直接导致被害人死亡结果的发生,

---

[①] 参见张明楷:《刑法学(上)》,法律出版社1997年版,第133页。

而是介入了被害人的自杀行为,具有间接性特征,所以,应当认为刘某是不作为犯罪。

此外,值得一提的是,根据最高人民法院《关于〈中华人民共和国刑法修正案(八)〉时间效力问题的解释》第4条的规定,本案属于2011年4月30日以前犯罪,应当适用修正后《刑法》第67条第3款的情形。修正后《刑法》第67条第3款规定:"犯罪嫌疑人虽不具有前两款规定的自首情节,但是如实供述自己罪行的,可以从轻处罚。"刘某因事后没有委托他人报警,不属于主动投案,不构成自首,但其在被公安机关传唤后如实交代犯罪事实,具有坦白情节,依法可以从轻处罚。

(作者:杨慧)

第八章 构成要件符合性

案例 11. 周某合同诈骗案[*]

——一人公司作为单位犯罪主体的认定

案情介绍

周某原系某市众超工艺品有限公司(以下简称"众超公司")、某市一丰镐工艺品有限公司(以下简称"一丰镐公司")法定代表人。

2008年2月至2009年4月,周某在担任一人有限责任公司众超公司、一丰镐公司法定代表人并直接负责生产经营期间,先后与岷琪针织品有限公司、仕高针纺织品有限公司等多家单位发生玩具原材料买卖和加工合同业务,上述单位按约为周某所在公司供货或完成加工合同业务,周某经自己公司再生产加工、通过瑞宝公司等单位予以销售并收取货款后,采用将上述自己公司账户内资金转入个人账户或以差旅费等名义提取现金等方式转移公司财产,却以尚未收取货款为由拒不支付各被害单位合计价值90万余元的原材料货款及加工费等。在被害单位多次催讨后,周某采用隐匿等手段逃避。案发后,周某支付部分货款后仍造成被害单位直接经济损失合计89万余元。法院审理期间,周某积极筹款89.4万元退赔被害单位的经济损失。

某区法院认为,被告人周某身为单位直接负责经营管理的人员,在本单位与被害单位发生货物买卖或加工合同业务并收取被害单位交付的数额巨大的货物后转移本单位财产并隐匿,其行为已经触犯刑律,构成合同诈骗罪。现有证据不足以证明周某在收取货款后系用于其个人开支,公诉机关指控周某个人犯罪的

---

[*] 案例来源:中华人民共和国最高人民法院刑事审判第一庭、第二庭编:《刑事审判参考(总第82集)》,法律出版社2012年版,第15页。

证据不足。某区法院认为被告人周某的行为符合单位犯罪的特征,属单位犯罪。为保护私人财产权利不受侵犯,依据《刑法》第 224 条第 4 项、第 231 条、第 72 条、第 73 条第 2 款和第 3 款、第 64 条之规定,并综合考虑周某的犯罪事实、情节、性质、危害后果、认罪悔罪态度、退赔经济损失情况,认定周某犯合同诈骗罪,判处有期徒刑 3 年,宣告缓刑 5 年,并处罚金 46 万元,被告人周某的犯罪所得予以追缴并发还被害单位。

理论争议

在审理本案时,对本案的犯罪主体的认定存在着理论争议。一种意见认为,周某设立的一人公司不能作为单位犯罪的主体。其设立的一人公司实质上与周某个人在人格、意志、利益上均无法有效区分,与我国刑法规定的单位犯罪主体特征不符。一人公司所实施的犯罪行为只能按自然人犯罪论处。另一种意见认为,众超公司和一丰镐公司系按照公司法关于一人公司的规定依法注册登记成立,具有独立的人格和法人治理结构,客观上也确实从事了一定的合法经营活动,周某作为两公司的法定代表人,其实施的行为的意志属于公司的意志,并为实现公司的利益,故其实施的犯罪应当按照单位犯罪论处。

法理分析

单位犯罪一般是指公司、企业、事业单位、机关、团体为本单位或者全体成员谋取非法利益并以单位名义实施的危害社会的行为。单位犯罪具有如下特征:第一,单位犯罪的主体是公司、企业、事业单位、机关、团体,本质上是一种组织犯罪,不是其成员犯罪的集合;第二,单位犯罪是以单位名义实施的,即由单位的决策机构按照单位的决策程序决定,由直接负责人员实施,体现单位整体意志,而不是单位内部成员的意志;第三,单位利益具有整体性特征,单位犯罪时为单位谋取非法利益或者以单位名义为本单位全体成员谋取非法利益;第四,单位犯罪具有法定性。只有法律明文规定单位可以作为犯罪主体的犯罪,才存在单位承担刑事责任的问题。[1]

首先我们需要回答的问题是:一人公司实施的犯罪行为应当作为单位犯罪还是作为自然人犯罪处理?

---

[1] 参见李翔主编:《刑法:案例与图表》,法律出版社 2010 年版,第 193—194 页。

否认一人公司的单位犯罪主体地位的观点认为,在一人公司单位犯罪主体资格的把握上应坚持单位犯罪认定的实质标准,从单位的整体意志、单位利益的归属及惩罚单位犯罪的目的等方面出发,准确做到对一人公司单位犯罪主体的否定,追究相关自然人的刑事责任。① 从单位犯罪的概念和特征来看,在一人公司的情况下,由于公司治理完全在一个股东控制之下,缺乏其他股东的监督和制约,公司的行为往往由股东个人实施,体现股东个人的意志。股东可以混淆个人财产与公司财产,以公司名义对外为法律行为,公司所获得的利益实质上也归属于股东个人,有违单位利益整体性的特征。"法律容忍一人公司的独立人格是建立在其合法经营的基础之上的,民商法承认一人公司的主体地位,并不意味着一人公司同时具有刑法上的适格地位。"② 同时,我国刑法对单位犯罪主体的惩罚力度远远轻于对自然人犯罪主体的惩罚,单位犯罪的定罪门槛高于自然人犯罪,其定罪数额起点一般是自然人数额起点的 2 到 5 倍。与股东作为独立犯罪主体时所承担的刑事责任相比,其作为"单位直接负责经营管理的人员"所被判处的法定刑通常低于作为自然人犯罪被判处的法定刑。因此,"站在国家的立场上,撕开蒙在个人脸上的单位面纱,还他一个自然人犯罪的本来面目,有利于惩治犯罪,维护正常的社会秩序和经济秩序"③。

我们认为,一概否认一人公司的单位犯罪主体资格有违《中华人民共和国公司法》(以下简称《公司法》)和刑法司法解释的相关规定,违背了单位犯罪的立法初衷,应当承认一人公司的单位犯罪主体资格。

一方面,从《公司法》规定来看,《公司法》第 57 条第 2 款规定:"本法所称一人有限责任公司,是指只有一个自然人股东或者一个法人股东的有限责任公司。"由此,一人公司是被法律所认可的。刑法是保障其他部门法实施的最后一道屏障,其规定应当与相关部门法的规定保持一致。当刑法调整商事领域的犯罪行为时,应当与商事法律的规定保持一致。《公司法》对个人公司的独立人格地位进行了肯定,刑法就不得与之作出相反的规定,不能否认个人公司成为单位犯罪主体的资格。

另一方面,在刑法的司法解释中也能找到肯定一人公司单位犯罪主体资格的依据。最高人民法院《关于审理单位犯罪案件具体应用法律有关问题的解释》中规定:《刑法》第 30 条规定的"公司、企业、事业单位",既包括国有、集体所有的

---

① 参见刘伟:《一人公司单位犯罪主体资格的否认》,载《环球法律评论》2007 年第 5 期。
② 同上。
③ 顾肖荣:《新〈公司法〉的人格否认制度与单位犯罪》,载《法学》2006 年第 10 期。

公司、企业、事业单位,也包括依法设立的合资经营、合作经营企业和具有法人资格的独资、私营等公司、企业、事业单位。这一解释颁布之时,虽然法律上尚无对一人公司的规定,但是,"从解释学的角度分析,法律文本一经颁布,即与制定法律文本的机关相对脱离而独立存在,即使立法者在立法时根本没有考虑到后来出现的某些情况,或者虽然考虑到了,但基于当时的实际情况排除对某一情形适用某一法条,但随着形势的变化,有必要对法律条文作扩大解释,只要法律条文没有明确的禁止性的规定,且这种对法律条文的解释又能被涵括在法律文本的文义范围之内,这种解释就是合法的"[①]。

同时,从单位犯罪设定之初衷可以看到,刑法中规定了单位犯罪与自然人犯罪处罚力度的差异,是因为单位在社会经济生活中发挥了重要作用,其规模往往较大,为社会吸收了大量的劳动力,提供了社会效益。对单位和单位直接负责的主管人员一旦采取了较严厉的处罚措施,从一定程度上来说,将会对社会生产经营秩序产生冲击。一人公司尽管规模较小、员工人数较少,产生的社会影响有限,但是,如果一概对一人公司的单位犯罪主体资格加以否定,将不利于对刑法谦抑精神的实现。另外,"投资者与经营者分离的模式,决定公司的股东身份在公司犯罪中不起绝对作用,从而决定公司股东的多少对单位犯罪的认定没有决定性作用"。因此,承认一人公司具有单位犯罪的主体资格具有一定的社会意义。

经过上述分析,承认一人公司的单位犯罪主体资格是法律的应有之义。司法实践应当做的是在具体的犯罪行为中,正确界定一人公司和股东的行为的界限,避免公司独立人格与股东人格混同,将股东个人的犯罪行为从一人公司的犯罪行为中剥离开来,分别承担各自的刑事责任。

那么在什么情况下需否定单位主体资格,还其自然人犯罪的本来面目呢?

根据《关于审理单位犯罪案件具体应用法律有关问题的解释》的规定,有下列行为之一的,均不得视为单位犯罪,须以自然人犯罪论处:其一,个人为进行违法犯罪活动而设立的公司、企业、事业单位实施犯罪的;其二,公司、企业、事业单位设立后,以实施犯罪为主要活动的;其三,盗用单位名义实施犯罪,违法所得由实施犯罪的人私分的。该规定可以认为是对单位犯罪主体人格否定的形式标准。根据一人公司的特殊情况,须结合《公司法》对一人公司人格否定制度的规

[①] 中华人民共和国最高人民法院刑事审判第一庭、第二庭编:《刑事审判参考(总第82集)》,法律出版社2012年版,第4页。

定,考察其是否符合单位犯罪的实质特征。

一人公司的设立必须符合法律规定,股东须依照法定程序办理手续,并实际出资,所设立的一人公司具有独立的财产,公司的财产与股东个人的财产和业务不得混同。一人公司一旦按照法律规定设立,就具有独立的人格。在独立的人格支配下,一人公司的行为一旦符合如下要求,即可认定是公司的行为,而非股东个人的行为:(1)以公司的名义;(2)经过合法的决策程序;(3)所得利益归属公司。对于规模较小的一人公司,缺乏相对的经营人员和决策机构,考察其犯罪行为是否经过合法的决策程序无法实现,因而对一人公司应当重点考察其行为的名义和所得利益的归属。由于一人公司股东利益与公司利益高度重合,对其犯罪所得归属的判断较为困难,因此可以通过审查公司财务报告加以判断;如果股东以公司名义,且所得已入公司账,则应认定为公司犯罪;如果犯罪所得划归股东名下,或直接被股东加以挥霍,就应当直接追究股东的刑事责任。①

在本案中,众超公司和一丰镐公司系按照我国公司法关于一人公司的规定依法注册登记成立,具有独立的人格和承担民事责任的能力,周某作为公司法定代表人为了公司利益而进行合同诈骗活动,客观上也从事了一定的合法经营活动,不属于司法解释中规定的"个人为进行违法犯罪活动而设立的公司、企业、事业单位实施犯罪","公司、企业、事业单位设立后,以实施犯罪为主要活动的"的情形,周某的行为应当视为公司的独立意志。同时,根据法院查明的情况,众超公司与一丰镐公司的财产与周某个人的财产和业务未发生混同,且现有证据不足以证明周某在收取货款后将货款用于其个人开支。因此公司具备独立的法人人格,具有独立承担刑事责任的能力,构成单位犯罪,应当依法追究周某作为单位直接负责经营管理的人员的刑事责任。

(作者:陈帅)

---

① 参见高铭暄、王剑波:《单位犯罪主体人格否认制度的构建——从单位犯罪相关司法解释谈起》,载《江汉论坛》2008年第1期。

案例 12. 甲公司合同诈骗案*

——单位实施纯正自然人犯罪的行为如何定性

案情介绍

甲公司法定代表人陆某某在明知甲公司已资不抵债的情况下,于 2004 年 6 月采用虚构贷款用途或谎称公司业绩佳、有业务开展、隐瞒公司已资不抵债的真实情况,诱使乙公司为其向银行贷款提供最高额 500 万元的担保,向农行海港分理处提供虚假的购货合同和财务报表,并以甲公司的名义,从农行海港分理处获取贷款 100 万元,用于归还该公司欠款。2004 年 9 月 16 日,陆某某以同样理由诱使丙公司为其向银行贷款提供最高额 340 万元的担保,同时利用之前乙公司 500 万元最高额担保,向农行海港分理处提供虚假的购货合同和财务报表,以甲公司的名义,从该分理处获取贷款 100 万元,用于归还公司欠款等。之后陆某某骗得乙公司和丙公司为其贷款提供担保,共计 695 万元,同时又向农行开发区支行等商业银行提供虚假的购货合同、购货发票以及虚假的财务报表获取贷款,共计 6901040 元。甲公司将所贷款用于归还该公司欠款。贷款到期后,甲公司无力还贷,致使乙公司等担保单位履行巨额担保债务,共计 4654867.53 元。

某人民法院根据上述事实和证据认为:被告人甲公司以非法占有为目的,采用虚构贷款用途、谎称公司业绩佳、有业务开展、隐瞒公司已资不抵债的真实情况,诱使担保单位为其贷款提供担保,致使担保单位履行巨额担保债务,数额巨大,被告人陆某某作为该公司直接负责的主管人员,其行为已构成合同诈骗罪,均应负刑事责任。另外,合议庭也注意到本案被告单位及个人所犯合同诈骗罪,有别于将骗得的钱款用于挥霍和违法活动的情形,在量刑时也将一并予以考虑。法院依照《刑法》第 224 条第 5 项、第 30 条、第 31 条、第 231 条以及第 64 条之规定,判决如下:甲公司犯合同诈骗罪,判处罚金 100 万元。法定代表人陆某某犯合同诈骗罪,判处有期徒刑 7 年,并处罚金 50 万元。追缴被告单位甲公司赃款 4654867.53 元,分别发还给被害单位。

---

* 案例来源:《中国刑事案例审判要览(2009 年刑事审判案例卷)》,人民法院出版社、中国人民大学出版社 2010 年版,第 223 页。

陆某某不服提出上诉。二审法院经审理认为，甲公司在公司连年亏损、无力偿还巨额债务的情况下，公司法定代表人陆某某采取欺骗手段，诱使担保人为该公司提供担保并最终代偿巨额债务，使担保人遭受巨额损失，甲公司构成合同诈骗罪。上诉人陆某某作为甲公司直接负责的主管人员也构成合同诈骗罪。裁定一审判决认定事实清楚、证据确实充分、定罪正确、量刑适当、审判程序合法，应当维持。上诉人的上诉理由均不成立。依照《中华人民共和国刑事诉讼法》（以下简称《刑事诉讼法》）第189条第1项的规定，裁定如下：驳回上诉，维持原判。

理论争议

对此案如何定性，存在三种不同的意见。第一种观点是以合同诈骗罪进行定罪处罚。该观点认为单位诈骗行为基本上都是单位利用签订、履行借款合同实施的，符合合同诈骗罪的构成特征。第二种观点主张既不应对单位实施的诈骗贷款行为以合同诈骗罪定罪处罚，也不应追究个人贷款诈骗罪的刑事责任，即应作无罪处理。第三种观点主张不追究单位的刑事责任，而应追究单位中自然人贷款诈骗罪的刑事责任。

法理分析

单位犯罪，是指由公司、企业、事业单位、机关、团体实施的依法应当承担刑事责任的危害社会的行为。[1] 我国刑法规定了单位可以成为犯罪主体，但并不意味着单位可以成为所有犯罪的主体。《刑法》第30条明确规定，只有当单位实施的危害社会的行为属于法律规定为单位犯罪的，才可以成为此罪的主体。对于单位实施了刑法没有规定为单位犯罪的，如单位实施由纯正自然人实施的犯罪该如何定性？本案中，对于甲公司实施了只能由纯正自然人实施的贷款诈骗罪的行为，对甲公司如何定罪量刑是存在争议的。有学者认为，应以合同诈骗罪定罪处罚，依据是最高人民法院《全国法院审理金融诈骗犯罪案件工作座谈会纪要》中的规定，即"对于单位实施的贷款诈骗行为，不能以贷款诈骗罪定罪处罚。也不能以贷款诈骗罪追究直接负责的主管人员和其他直接责任人员的刑事责任。但是，在司法实践中，对于单位十分明显地以非法占有为目的，利用签订、履行借款合同诈骗银行或其他金融机构贷款，符合刑法第二百二十四条规定的合

---

[1] 参见高铭暄主编：《刑法专论（第二版）》，高等教育出版社2006年版，第230页。

同诈骗罪构成要件的,应当以合同诈骗罪定罪处罚。"也有学者认为,根据罪刑法定原则,既然刑法中没有规定单位可构成纯正自然人犯罪,那么即使单位实施此类行为也不构成犯罪,也不必认定自然人构成犯罪。想要追究单位中自然人的刑事责任,前提是单位本身构成犯罪。① 还有论者主张对单位贷款诈骗行为中的自然人追究其贷款诈骗罪的刑事责任,理由是单位实施的贷款诈骗行为既是单位的行为也是有关个人的行为。《刑法》第193条并没有将为了单位利益诈骗银行贷款排除在犯罪之外,在不构成单位犯罪时,并不能说明单位贷款诈骗行为中自然人就不构成贷款诈骗罪。②

对于前述第一种观点,虽然最高人民法院对单位实施贷款诈骗行为作了规定,但这种做法过于片面,其只对单位实施的贷款诈骗行为作了规定,却没有针对其他单位实施的纯正自然人犯罪给出一个统一的处理意见,其适用范围过于狭窄。最高法这么规定的原因是单位实施贷款诈骗行为如果是利用签订、履行借款合同实施的,同时符合合同诈骗罪的构成特征,事实上此时是法条竞合,若犯罪主体是自然人则遵循特别法优于一般法的原则应定贷款诈骗罪。但因为单位不是贷款诈骗罪的主体却可以成为合同诈骗罪的主体,所以最高法将单位实施贷款诈骗的行为依合同诈骗罪处罚。但此种方式无法解决单位实施盗窃罪、诈骗罪的问题。而第二种观点则过于强调罪刑法定原则,但罪刑法定原则并不是刑法唯一的价值追求。在坚持罪刑法定原则的条件下,应当允许对实践中模糊的语言及条文的逻辑结构作合理解释。从社会危害性来说,单位贷款诈骗行为与自然人的贷款诈骗行为的社会危害性差不多,可能单位的社会危害性比自然人的危害性更大。法律之所以处罚单位是通过惩罚单位从而降低单位危害社会的能力。但这并不意味着不处罚自然人,否则不会规定对单位判处罚金的同时还要追究单位中主要负责人的刑事责任。我们认为任何单位犯罪,无论是实施法律规定构成单位犯罪的行为,还是实施纯正自然人的犯罪,实质上都是单位内部自然人在犯罪,之所以冠以单位犯罪,是因为除了处罚自然人之外还要处罚单位。当剥去单位的这层外衣时,单位内部的直接行为人也有独立承担刑事责任的能力。

我们赞同第三种观点。只不过单位犯罪的立法重心在于同时打击单位和主要负责人。只有处罚单位犯罪的主管人员和其他直接责任人员,限制单位的犯

---

① 参见张军等:《刑法纵横谈》,法律出版社2003年版,第306页。
② 参见熊艳萍:《浅谈单位贷款诈骗如何认定罪名》,载《知识经济》2012年第7期。

罪能力，才能够真正遏制单位犯罪，从而实现刑法规定单位犯罪的目的。① 理由如下：

第一，刑法的目的是制裁犯罪，降低再犯发生的概率，保护法益免受侵害。无论是单位集体实施的犯罪行为还是自然人实施的犯罪行为，都是因为侵害了国家保护的权益才受到法律的制裁。本案中陆某某以单位的名义并为了单位的利益而实施犯罪行为，但单位不是陆某某的护身符，以单位名义和为单位的利益也不是为其开脱罪责的理由，为单位实施犯罪并不能被赋予任何正当性，法律对于法益的保护是一视同仁的，无论单位还是自然人实施的犯罪行为，对法益的侵害应该是没有好坏区别的，不是说为了单位的利益就可以免除处罚。所以当自然人的行为应受刑法调整时，单位的行为也同样应受到刑法调整，尤其是其实施的都是纯正自然人的犯罪。

第二，从具体的法条规定来看，除了对单位判处罚金与自然人犯罪不同之外，单位的主管人员和其他直接责任人员承担刑事责任与普通自然人定罪量刑的标准在自由刑上基本是一致的，仅在财产刑有所区分。我们认为单位犯罪和自然人犯罪可以基本看成法条竞合，只不过单位意志是多个自然人的合意，单位是普通自然人的集合，所以在数额犯上单位和自然人定罪标准不同，但却是可以换算的。可以说单位是特殊法条，所以有规定依其规定，没有规定的时候依一般规定。另外，随着社会的发展变化，单位实施的行为也多种多样，单位能够实施的犯罪也越来越多，如果严格依罪刑法定原则不对单位犯罪予以处罚，许多人会借单位的保护伞来实施犯罪行为从而规避法律责任。

第三，从犯罪动机出发，自然人犯罪是在个人意志下的为自身利益而实施的个体行为。单位犯罪是指在单位意志支配下，以单位的名义、为了单位利益实施的犯罪行为。两者的区别在于一个是单位意志且为单位利益，另一个则是个人的意志且为自身的利益。但如前所说，单位可以视为个人的集合，是众多的个人意志达成合意而上升为集体意志。所以单位行为不能脱离其内部自然人的意志和行为而独立存在，单位行为需要靠个人行为来体现，为了单位的利益本质上也是为了自己的利益，若是仅为了单位利益而个人得不到任何好处，那么单位主管人员或直接负责人员也不会去做，至少也应该有名誉上的好处。而他们之所以选择实施单位犯罪，是因为方便利用单位中的各种资源来实现自己的犯罪目的。从这一角度而言，单位是众多个人集体的意志，是特殊的自然人犯罪，如果法律没有将某种行为规定为单位犯罪，我们可以按照自然人犯罪来追究其内部直接

---

① 参见高铭暄、马克昌主编：《中国刑法解释（上卷）》，中国社会科学出版社 2005 年版，第 569 页。

行为人的责任。

综上所述,在本案中我们赞同第三种意见,即追究单位中自然人贷款诈骗罪的刑事责任。单位内部自然人因自己的行为获罪,不仅与法益侵害说的精神相符,也体现了刑法的威慑作用,达到刑罚目的。有学者曾说过:"刑罚足以使每一个参与法人整体意志形成的自然人,甚至全部法人成员,充分认识到法人犯罪是要受刑罚惩罚的,它会给法人带来严重的不利后果,从而使他们今后在参与法人整体的形成过程中,进行思考和作出整体判断时,会把这种认识作为一个重要因素,这对避免法人犯罪会起到重要作用。可见,刑罚对法人自身的教育改造,是通过参与法人意志的自然人的意志的改造来完成的。"①综上所述,应认定甲公司犯贷款诈骗罪。

(作者:曹圆圆)

案例 13. 韩某故意伤害案*

——被害人的特异体质对犯罪构成的影响

案情介绍

2003 年 5 月 24 日晚 10 时许,被害人余某在外饮酒后,由朋友送其至楼下。下车后,余某因酒后行为失常,无故殴打其妻,随即又与路过的数人拉扯、追赶并寻找刀具。之后,余某闯进路边的发廊拿走一把理发剪,又与多人发生拉扯、抓打。韩某见状上前看热闹时,余某用理发剪朝韩某挥去,将其手指刺伤。韩某躲开后跑到一个水果摊旁拿起一个方木凳,余某见状即跑开,韩某随后追赶,并用木凳向余某肩、背部砸了二三下,余某被砸后继续往前跑,随后倒在公路中心线附近,韩某上前从余某手中夺过理发剪。后余某经医院抢救无效死亡。

2003 年 5 月 28 日,某法医学司法鉴定中心的鉴定结论为:死者余某比较符合在心脏肥大的基础上,身体因多处损伤、饮酒及纠纷中情绪激动等多因素作用下致急性心功能衰竭死亡。2005 年 7 月 12 日,该司法鉴定中心作了补充鉴定

---

① 何秉松主编:《法人犯罪与刑事责任》,中国法制出版社 1991 年版,第 505 页。
* 案例来源:中华人民共和国最高人民法院刑事审判第一庭、第二庭编:《刑事审判参考(总第 56 集)》,法律出版社 2007 年版,第 6 页。

结论:死者余某符合在心脏肥大的基础上,因身体多处遭受钝性损伤,特别是头部皮肤挫裂创,加上饮酒及纠纷中剧烈奔跑等多种因素作用下致急性心功能衰竭而死亡,其损伤在其死亡中的参与度为20%～30%。

某区人民检察院以韩某犯过失致人死亡罪向该区人民法院提起公诉,该区人民法院判决被告人韩某无罪。公诉机关抗诉,二审法院维持了一审判决。

理论争议

针对本案,理论上有四种观点。第一种观点认为应当定过失致人死亡罪,因为危害行为不是造成与主观伤害相对应的结果,而是造成了违背韩某意愿的死亡结果,这也是本案检察院的观点。第二种观点认为应该定故意伤害致人死亡罪,认为伤害行为与被害人死亡的结果之间存在因果关系。第三种观点认为应该定故意伤害(轻伤)罪,理由是韩某在实施伤害行为时只可能认识到轻伤的结果,并未认识到导致被害人死亡这一结果的可能性。第四种观点认本案只构成一般的殴打行为,韩某不构成犯罪。

法理分析

(一) 对故意伤害罪的界定

本案中检察院以过失致人死亡罪起诉,即认为韩某主观上应当预见自己的行为可能导致余某死亡的结果,因为疏忽大意而没有预见,我们认为此种观点不妥。我国《刑法》第234条规定的故意伤害罪,是指故意伤害他人身体健康的行为。该罪主观方面表现为故意,即明知自己的行为会造成他人身体伤害的结果,并希望或放任这种结果的发生,包括了直接故意和间接故意两种情形。《刑法》第233条规定的过失致人死亡罪,是指由于过失致他人死亡的行为。主观上表现为过失,即行为人应当预见自己的行为可能导致他人死亡的结果,却因疏忽大意没有预见以致危害结果发生,或者已经预见自己的行为可能导致他人死亡,但轻信能够避免,以致发生了他人死亡的结果。该罪包括疏忽大意过失和过于自信过失两种情况。这两个罪由于都有被害人死亡的结果,其对于死亡的结果也都是持排斥态度的,在实践中往往难以区分。我们认为区分此二罪的关键在于行为发生时行为人有无伤害他人身体健康的故意。故意犯罪中的认识因素应当从认识内容和认识程度两个层面来理解,根据我国刑法的规定,"明知"的内容至少应当包括对危害结果的明知,即明知自己的行为会发生危害社会的结果。既然刑法中规定的是危害社会的结果,那么这种结果就应该放到社会范畴中去理解,而行为的客体在一定程度上能够决定某一行为是否会发生危害社会的结果或者发生何种危害结果,所以对于特定的行为客体缺乏必要的认识,就不可能存在某种犯罪故意。① 在故意伤害罪中,法律要求的明知仅应当包括对伤害的一般结果的明知,而不应包括对死亡结果的明知,否则就直接构成故意杀人罪。在过失致人死亡罪中,行为人只需对自己行为的危害结果存在过失,即在认识因素上只需要应当预见死亡结果或者可能预见死亡结果,而对于伤害这一结果却是无须认识的。

本案中,韩某在与余某厮打过后,用木凳击打余某的肩、背部。作为一名成年人,以其认识能力,完全可以认识到自己的行为会导致余某受伤的结果。我们认为,行为人在其行为时已经认识到伤害的后果,所以应当认定为故意伤害罪,而非过失致人死亡罪。

另外,《中华人民共和国治安管理处罚法》中还规定了殴打他人的行为,这种行为的社会危害性显然要轻于故意伤害罪,但从其行为外观来看,却与故意伤害罪有很多相似之处。司法解释中以"轻伤"这一结果为界来区分故意伤害罪和一般殴打行为。但面对如此纷乱复杂的案件,我们不应该仅考虑危害结果这一因素,还应该结合行为的主观和客观事实加以区别。"既不能将发生重伤死亡后果的行为一律认定为故意伤害,也不能认为凡是没有造成严重后果的打人行为都是一般殴打。"② 通常在区分故意伤害罪和一般殴打行为时,还要结合手段、工具、打击部位以及力度等诸多因素来综合判断。本案中,韩某在余某逃跑后,仍然由于气愤穷追不舍,并不计后果地用木凳向余某砸去,无论从手段还是主观恶性都可以看出这并非一般的殴打行为,初步表明其为泄愤而希望伤害他人身体的心理态度,因此该行为应当认定为故意伤害(轻伤)行为。

(二)以因果关系为切入点,结合韩某的主观过错分析其刑事责任

现代刑法理论普遍认同罪责自负原则,即一个人只能对自己的危害行为承担刑事责任。针对一个已经存在的危害结果,若要行为人为此承担责任,就必须要确定该结果是由于其所实施的行为造成的,即危害行为与危害结果之间有引起和被引起的客观上的联系。由此可以看出,刑法上的因果关系是对行为人追究刑事责任的一个前提条件,它的成立虽然不能直接决定犯罪的构成,但它的不成立却可以直接否定行为人的刑事责任。刑法上通常所说的因果关系,是指危害行为与危害结果之间的客观联系,并不涉及行为人的主观内容,因此判断是否

---

① 参见陈兴良:《刑法哲学》,中国政法大学出版社1997年版,第163页。
② 赵秉志主编:《中国刑法典型案例研究》,北京大学出版社2008年版,第115页。

存在刑法因果关系,只能从客观存在的事实出发,而不能以社会一般人或者行为人的认识因素为标准,否则就有悖于因果关系的客观性原理。

对于因果关系,理论界普遍认可直接因果关系与间接因果关系的区分。所谓直接因果关系,是指危害行为作为唯一的原因引起危害结果的发生。在危害行为导致危害结果发生的过程中,没有其他因素的介入与危害行为共同对行为对象发生影响。所谓间接因果关系,则是指危害行为并非导致和引起危害结果发生的唯一原因,在行为时已经存在其他因素,或者在行为过程中突然有其他因素介入,从而与危害行为共同作用于行为对象,引起危害结果的发生。在多种因素共同作用导致危害结果发生的情况下,区分直接因果关系和间接因果关系有利于区分行为人刑事责任的大小。长期以来,人们认为应该把直接因果关系作为刑事责任的依据,而排斥间接因果关系在定罪中的适用,这种做法我们认为是不妥当的。不能因为某一行为与危害结果只具有间接因果关系就全盘地否定其对危害结果产生的作用力,恰恰有些时候间接因果关系对危害结果的作用力要大于直接因果关系。因此,机械地只评价直接因果关系,忽视间接因果关系作用的做法是不妥的。

但是,间接因果关系对危害结果的发生所起的作用力的大小却是难以确定的,我们既不能因为一个原因与结果存在间接因果关系就否定其构成犯罪,更不能因此而认定其犯罪成立。原因力的大小需要结合现代化的技术手段,结合各方面的因素来进行综合分析,才能得出准确可靠的答案。

在本案中,我们可以清楚地看到,韩某的伤害行为是距离余某的受伤结果最近的原因,但是并不能当然地认定这一行为是造成死亡结果的直接原因。经法医鉴定,余某头部的钝性伤在其死亡结果中的参与度仅为 20%～30%,如此低的参与度显然是将韩某的危害行为从造成余某死亡结果的直接原因中排除出去的重要依据。

另外,因为一切行为都是主体主观方面对客观世界的作用,我们还可以通过分析韩某行为时主观上是否有过错来确定韩某的刑事责任。韩某由于并不知道余某所具有的特殊体质,因而其在实施侵害行为时根本无法预料到其行为会导致余某死亡的结果,即韩某对余某死亡的结果不具有可以预见的期待可能性,因此他无须对该结果承担刑事责任。

(三) 本案中余某的行为是否构成被害人的过错

被害人过错是指诱使或促使犯罪人实施加害于自己的犯罪行为,并影响犯罪人量刑的被害人具有可谴责性的故意或过失。它是刑事审判中一个不可忽视的酌定量刑情节,甚至在有些案件中可以决定被告人的生死。作为一个法律术语,被害人过错在判决书中的引用已经越发地常态化,它以一种特定的方式影响着被告人的刑事责任。被害人的行为对其所受的危害结果产生间接的原因力,因此也应该与被告人一起分担刑事责任,只不过作为法益受损的一方,被害人只需要承担较小的一部分责任。①

被害人过错具备可责性、因果性和程度性三个特征。所谓可责性,是指被害人的过错应当受到法律的否定性评价。被害人实施的违反重大道德、民事行政法律规范乃至刑法规定的行为,都是被害人过错的具体体现;所谓因果性,是指被害人的过错与自身的被害结果,具有相当的因果关系;所谓程度性,是指只有达到了一定程度的过错行为才能成为刑法中影响犯罪人定罪量刑的被害人过错。因此,认定被害人过错也需要满足以上这三个条件。

在本案中,余某酒后失控,用理发剪割破韩某的手指,对韩某的身体造成了伤害,已经违反了一般的治安管理处罚法,是一种非法的行为。而韩某在自己受伤的情况下才产生愤恨,报复心理也油然而生,使愤怒超过了理性的控制,因而实施了犯罪。韩某的行为虽然违法,但余某也应因自己的过错分担一定的责任,其行为已经构成了刑法上的被害人过错。因此,在量刑中应考虑该因素,对韩某从轻或减轻处罚。

(四)从刑罚目的的角度对本案的思考

根据刑法学界的通说,犯罪具有社会危害性、刑事违法性和应受惩罚性三个特征,而社会危害性是犯罪的本质特征。这是在已然犯罪的基础上坚持了一元论的主张,但是随着理论的发展,其不足之处越发明显,因为它忽视了建立在未然犯罪基础上的人身危险性的地位与作用。由于我国刑法目前将犯罪限定于已然之罪,对刑罚则更多地考虑其预防的意义,使得罪刑之间发生脱节,即使引入刑事责任的概念加以弥补也无济于事。因此理论界渐渐地将人身危险性与社会危害性并列地看待,认为其共同构成了犯罪的本质,这就是二元论。② 正是这种二元论思想的扩张,使得刑罚的目的也产生了二元论理论,即报应与预防的统一。这种二元论是从不同的角度来切入的,对于已然犯而言刑罚表现为惩罚,而对于未然犯而言刑罚表现为教育。因此刑罚的功能也具有二元性,即惩罚之功能表现为报应,教育之功能表现为预防。随着社会与法律的不断发展,刑罚的功

---

① 参见齐文远、魏汉涛:《论被害人过错影响定罪量刑的依据》,载《西南政法大学学报》2008年第1期。

② 参见陈兴良:《走向哲学的刑法学(第二版)》,法律出版社2008年版,第69页。

能存在着一个从报应向预防逐渐转变的过程,人们越来越注重刑罚对犯罪分子的教育功能,从而在真正意义上减小其人身危险性,达到社会的和谐稳定。在司法实践中,我们应本着疑罪从无的原则,不能认为有了危害后果就一定要有犯罪,更不能让感情的因素左右了正义的天平,导致从有罪推定角度去分析犯罪分子的过错。而是应该将每一个犯了错了人当作一个病人对待,既要采取措施挽救其生命,又要防止社会上的其他人被其"传染"。因此,对于本案中的犯罪分子,我们认为要充分考虑到其人身危险性和再犯可能性都相对较小,对其实施的刑罚也应该以教育和改造为主,尽量地适用那些非限制自由刑。

(作者:肖杨)

第九章 违 法 性

案例 14. 邓某某故意杀人案[*]

——得到被害人承诺的侵害行为能否阻却违法性

案情介绍

李某某与邓某某是母子关系。李某某于 1991 年中风导致半身不遂,经治疗病情有所缓解,但在 1996 年病情再次复发,并伴有类风湿等疾病导致手脚疼痛、抽筋;李某某不堪忍受长期病痛折磨,曾产生轻生念头。在 2010 年 4 月,邓某某父亲身故后,邓某某因家庭经济拮据便外出打工,将患病且生活不能自理的李某某从老家带来一同生活照顾;其间李某某仍然有因病情拖累而轻生的念头。2011 年 5 月 16 日 9 时许,卧病在床的李某某在出租屋内请求邓某某为其购买农药以结束自己生命,后邓某某顺从李某某的请求,将农药买来勾兑后给李某某饮用,李某某喝下农药后即中毒身亡。

某区法院认为,被告人邓某某无视国家法律,明知农药具有毒性、对人体有相当大的危害性仍然给李某某饮用农药导致被害人死亡,其行为与被害人的死亡结果之间具有刑法意义上的因果关系,已触犯刑律构成故意杀人罪,依法应予惩处。考虑到上述犯罪行为发生于家庭直系亲属之间,且是被害人在年老患病情况下产生轻生念头并积极请求而造成的,念及被告人 20 年来赡养母亲的一贯孝顺表现,其犯罪动机确有值得宽宥之处,应与其他严重危害社会的故意杀人行为相区别。综上所述,被告人邓某某主观恶性相对较小,社会危害性亦相对较轻,可以认定为故意杀人罪情节较轻的情形,依法判处被告人邓某某故意杀人

---

[*] 案例来源:《他是"孝子",还是"逆子"——广州番禺"孝子"邓明建弑母案纪实》,http://www.chinacourt.org/article/detail/2012/07/id/535457.shtml,2013 年 6 月 28 日访问。

罪,判处有期徒刑 3 年,缓刑 4 年。

> 理论争议

本案中邓某某用农药帮助母亲实施"安乐死",这是一场关于法理与伦理道德的博弈。本案中争议焦点一是行为人获得被害人承诺实施的侵害行为能否阻却违法性,是否属于超法规的违法性阻却事由。二是李某某积极请求儿子帮她买农药结束生命是否属于刑法中的被害人承诺,被害人承诺的内容是否可以包括处分与生命和健康有关的法益。

> 法理分析

本案从法律层面分析,邓某某行为构成故意杀人罪,但从情理上分析,邓某某实施侵害行为是在母亲一再恳求之下的无奈之举,即邓某某的行为是得到了其母亲的承诺的,在本案中我们要讨论的也就是邓某某经其母亲承诺而实施侵害行为是否属于超法规违法阻却事由。

被害人承诺,是指被害人根据自己的意思表示,对于其可以处分的法益,允诺行为加以侵害的意思表示。[①] 对于被害人承诺,已基本被各国认同。意大利、韩国在刑法典中将其规定为法定正当化事由;德国、日本则没有明确规定,而是作为超法规违法阻却事由交由刑法学者和法官裁定。[②] 但关于被害人的承诺能够阻却犯罪成立的理由却众说纷纭,难以厘定。

(一)被害人承诺的正当性

围绕被害人承诺去罪化的法理依据有目的说、社会相当性说、法益衡量说、个人自由说等学说,[③] 这些观点从本质上来说都是以实质的违法性理论为基础进行探讨的。

从行为无价值的立场出发,即使得到了被害人的承诺,也要看承诺的内容是否被社会伦理许可,单单只要同意就可使行为正当化的情形比较少见。[④] 行为

[①] 参见周光权:《刑法总论(第二版)》,中国人民大学出版社 2011 年版,第 160 页。
[②] 参见高铭暄、马克昌主编:《刑法学(上)》,中国法制出版社 1999 年版,第 253 页。
[③] 目的说赞同若经被害人承诺的侵害行为是为了实现国家所承认的共同生活目的,则阻却其违法性;社会相当性说着眼于社会伦理秩序,认为被害人承诺的正当化根据在于得到被害人承诺的行为在社会上具有相当性;法益衡量说主张法益主体委托法律保护自己的利益,被害人承诺表明法益主体放弃了法律的保护;个人自由说认为个人自由优越于被行为引起的法益侵害。
[④] 参见李小涛:《被害人承诺的正当化根据再思考》,载《云南大学学报(法学版)》2009 年第 1 期。

无价值论认为并非将所有法益侵害行为作为违法并加以禁止,而是将违反国民行动准则规范的法益侵害行为作为判断标准。承认以国家所承认共同生活目的为正当性的目的说与基于社会相当性理论的社会相当性说皆是重视承诺行为的本身性质,认为若是行为人在不具有社会相当性目的或不符合社会伦理价值的场合下作出的承诺,不排除违法性。①

而若是从结果无价值立场出发,一旦被害人同意对方实施侵害,就意味着值得刑罚处罚的法益侵害不复存在,或者说法益主体依据自己的自由放弃了能够处分的生活权益,所以,被害人承诺的侵害行为原则上排除违法性。以法益概念为起点的法益衡量说和个人自由说则强调个人决定的主导作用,主张经被害人承诺的侵害行为尽管具有违法目的,但由于被害人放弃了自己可以处分的利益,所以阻却违法性。

我们认为,被害人承诺本质上体现为"双重放弃",一是被害人放弃了自己可以处分的权益,二是刑法放弃追究经被害人承诺的侵害行为。要认定被害人承诺的正当性就需要满足这两个"放弃",不论是从行为无价值的立场还是结果无价值的立场考虑都殊途同归,只不过是考虑的重心不同而已。其实质就是对公民私权利的行使和国家公权力保护的价值位阶进行排序取舍,权衡何种利益更为优越。②在重视国家公权力的古代社会,法律一般不承认被害人承诺的正当性。如《唐律疏议》规定:"其受雇请,为人伤残者,与同罪;以故致死者,减斗杀罪一等。"③而现代法治社会的刑法强调对私权利的尊重和对公权力的限制,侧重保护公民的法益而不是国家的道德伦理秩序。一般情况下,被害人行使放弃自己可以处分的权益的价值高于法律要保护该权益的价值,则被害人承诺可以阻却违法性。从这个角度出发,我们认为以法益的比较衡量为核心的法益衡量说和个人自由说更符合现代法治社会的要求。但同时,由于私权利的有限性和刑法本身的制约性,被害人承诺的正当性是有限度的,因为在某些时候存在比保护被害人承诺更加优越的其他利益。

(二) 被害人承诺的有限性

遵循刑法的谦抑性和保障人权要求,刑法应尽量保护公民的自由意志,但又不能完全尊重被害人的自由意志。被害人承诺对可处置的自由、财产等权益放

---

① 参见黎宏:《日本刑法精义(第二版)》,法律出版社 2008 年版,第 143 页。
② 参见齐国胜:《论被害人承诺作为排除犯罪性行为的正当性依据》,载《华北电力大学学报(社会科学版)》2006 年第 4 期。
③ 钱大群译注:《唐律译注》,江苏古籍出版社 1988 年版,第 313 页。

弃都是被害人自己自由决定的意志,一般情况下我们可以承认它的正当性。但是,"自由并非是无所顾忌,而是在法律约束许可的范围内,可以自由安排他的人身、行为以及财产,在此范围内他可以自由地遵循自己的意志"①。综合考虑,刑法虽然存在被害人承诺这种个人自由决定权的行使,但当有其他的权益更优于行使私权利的自由时,被害人承诺放弃不阻却违法。所以在被害人承诺正当性的基础上,被害人的承诺要受到一定限制,具体说来就是要适格的主体作出的真实承诺或同意自己可处分的权益的行为有效正当。

首先,适格的主体即为有权作出承诺的人。通常情况下,因为被害人承诺的行为一般是对自己不利的行为,就要求被害人作出承诺时要认识承诺行为的性质以及导致的后果,所以排除未成年人②和精神病人。

其次,承诺的须是被害人有权处分的利益,即被害人只能处分法律允许个人自由享有的权利。主要包括两个方面:一是被害人不能处分除自己之外的他人、集体或国家的权益,除非这种承诺基于竞技行为、职务行为等,如拳击、手术。二是被害人处置的自身权益仅限于自由、财产、名誉等权益,对于重大健康、生命等权益则无权处置。前者用秩序限制自由,只有对人们互相伤害的行为加以限制才会有整个社会的和谐自由;后者用整体约束个人,当个人作出某种行为时须考虑是否对社会整体产生影响。如果说被害人承诺是双重放弃,那么国家无论如何不会也不能放弃公民的生命和重大健康等权益,所以无论个人怎么放弃,国家对生命等权益的保护优于个人行使放弃生命等权益的自由。另外,人的本质是社会性,人的生命和健康等权益是刑法重点保护的对象,如果刑法允许个体承诺对其生命进行剥夺,则会造成社会的不安,会损害社会整体利益,所以阻却其正当效力。③尤其是生命权,被害人承诺并不排除杀人行为的社会危害性。因为"自己的生命不属于可以承诺的对象,生命权不在个人可以自由处分的法益范围之内,因为它毁灭的是自由与自由权主体本身"④。我们认为,不是对所有的生命和健康等权益都否认承诺的正当性。若属于被害人承诺的轻伤行为,则可以阻却违法性;若是属于被害人承诺的重伤和杀害行为,则应当认定为故意杀害罪。⑤

---

① [英]洛克:《政府论(下篇)》,叶启芳等译,商务印书馆 2008 年版,第 35—36 页。
② 此处的未成年人应以刑事责任年龄为判断标准,即对杀人、抢劫等八种犯罪行为以 14 周岁为准,对除生命权、健康权以外的其他人身权利和民主权利,以 16 周岁为准。
③ 参见潘庸鲁:《被害人承诺对生命权之例外研究》,载《法治论丛》2009 年第 5 期。
④ 李海东:《刑法原理入门》,法律出版社 1998 年版,第 91 页。
⑤ 参见[日]大谷实:《刑法总论》,黎宏译,法律出版社 2003 年版,第 195—196 页。

最后，被害人承诺应该是被害人真实的承诺，也即在没有受到欺骗或胁迫的情况下作出的。不过我们并不主张被害人因欺骗、胁迫所作出的承诺皆是无效承诺，而认为应适当区分。若属事实上的错误则被害人承诺无效，若属动机错误则认为被害人的承诺有效，可以阻却违法事由。[1]

（三）本案中邓某某助母安乐死不属于被害人承诺

综上所述，我们认为，本案中邓某某在其母亲的请求下将农药买来勾兑后给她饮用的行为不属于被害人承诺。因为生命权不属于李某某可以处分的权益，不符合被害人承诺的范围，另外在我国，立法上并没有规定安乐死合法化，所以邓某某的行为构成故意杀人罪，法院的判决是正确的。

（作者：曹圆圆）

---

[1] 参见郭理蓉：《被害人承诺与认识错误》，载《云南大学学报（法学版）》2003年第1期。

第十章 有 责 性

案例 15. 裴某等抢劫案*
——有责性中刑事责任年龄问题

案情介绍

2005年6月，裴某向吴某提出一起杀死曾某后劫取其钱财，吴某表示同意。2005年6月16日，裴某与吴某借来摩托车，购买了一把水果刀作为作案工具，在买刀时吴某趁店主不备还偷了一把水果刀。当天晚自习后，裴某在与吴某会面时再次商议作案，裴某对吴某说："我捅第一刀，后面的事交给你，我们杀死他后，拿了钱就走，钱一人一半。"吴某表示同意。当晚11时许，裴某与吴某各自携带水果刀以打游戏为由进入曾某的电子游戏室。至次日凌晨1时许，裴某对已睡在床上的曾某说："不玩了。"曾某便起床开卷闸门，裴某趁曾某开卷闸门，突然抽出水果刀刺进曾某的左背部，曾某大声呼救，并与裴某扭扯在一起。站在旁边的吴某见状，持刀朝曾某左前胸猛刺一刀。曾某被刺后跑出游戏室不断呼救，裴某、吴某来不及抢钱便逃离现场。被害人曾某因大出血死亡。

法院认为，被告人裴某、吴某以非法占有为目的，采取持刀刺杀被害人的暴力手段劫取财物，并在抢劫作案中致一人死亡，其行为均已构成抢劫罪，且后果严重。在共同抢劫犯罪中，裴某、吴某多次共同策划抢劫杀人，且一起购买作案工具，作案中先后持刀刺杀被害人身体要害部位，均起主要作用，均系主犯。裴某犯罪时不满18周岁，应当从轻处罚，吴某犯罪时不满18周岁，应当减轻处罚。法院判决如下：被告人裴某犯抢劫罪，判处有期徒刑11年，并处罚金5000元；被告人吴某犯抢劫罪，判处有期徒刑9年，并处罚金3000元。

---

* 案例来源：(2011)衡中法刑再初字第1号。

理论争议

刑事责任年龄作为有责性要件中的重要内容,影响着对符合构成要件的违法行为进行非难的可能性,特别是针对《刑法》第 17 条第 2 款中规定的八种情形,学者之间对相对负刑事责任年龄人的有责性问题产生了争议,有的认为该条款规定的是八种具体犯罪的罪名,也有的认为规定的是八种犯罪行为,由此出现了"罪名说"与"犯罪行为说"的争论。①

法理分析

(一)有责性及其相关理论

有责性,是指就符合构成要件的违法行为对行为人的非难。"没有犯罪就没有刑罚",即行为人的某种行为符合刑法条文规定的某一构成要件,给刑法所保护的法益造成了侵害或者制造了某种法所不能容许的风险,即便这样也不能对行为人科处刑罚,科处刑罚同时需要对行为人具有非难的可能性。

关于有责性的本质,主要有三种观点,即行为责任论、性格责任论和人格责任论。行为责任论认为,责任进行非难的对象是各个具体的犯罪行为,是指向各个犯罪行为的意思,因而又称为个别行为责任论与意思责任论;进行非难的对象是行为而不是行为人。性格责任论认为,责任进行非难的对象不是各个具体的犯罪行为,而是行为人所表现出来的对社会的危险人格;进行非难的对象是行为人而不是行为。人格责任论认为,人格分为由素质、环境宿命地形成的部分和由行为人有责地形成的部分,只能就后一部分对行为人人格进行非难;犯罪行为是行为人人格的主体性的实现,所以责任的第一次基础是犯罪行为,但人格一方面是受素质、环境制约的,同时也是行为人主体性中形成的,所以在责任的背后,存在着第二次的责任基础,即人格形成的责任。②

责任要件的具体内容就是责任要素,法定年龄或责任年龄是责任要素之一。不可否认,即使没有达到法定年龄的行为人,也是可能具有责任能力的。但是基于刑事政策的考量,不宜过早地对未成年人进行处罚。这个角度上看,对没有达到一定年龄的行为人的违法行为不予处罚,即使其明显具有责任能力,刑法也将

---

① 参见康诚:《论相对刑事责任年龄人的罪名适用——"犯罪构成说"解释论的提倡》,载《法学评论》2009 年第 5 期。

② 参见张明楷:《刑法学(第四版)》,法律出版社 2011 年版,第 224 页。

其拟制为没有责任能力的人，这是基于刑事政策的考虑。

（二）责任能力与法定年龄

法定年龄，又称责任年龄，是指刑法所规定的，行为人实施刑法禁止的犯罪行为时所必须达到的年龄。如果行为人在实施行为时没有达到法定年龄，则其行为不构成犯罪。人的责任能力不是与生俱来的，是随着人的身心发育、接受教育及参与社会生活逐渐增长的，这是一个长期的、缓慢的过程。刑法主要规定的是法定年龄的起点。当然对法定年龄的确定不是立法者随心所欲的，而应充分考虑本国公民的实际情况，结合各种社会因素、地理因素及气候因素等所确定的。

我国关于法定年龄的划分采用的是"三分法"。第一，绝对无刑事责任年龄时期。不满12周岁的行为人，不承担刑事责任。这是《刑法修正案（十一）》新规定的内容。一方面，不满12周岁的人，一般来说对自己实施的行为内容、社会意义即可能的危害结果缺乏足够的认识，同时也难以控制自己的行为；另一方面，这是刑事政策的要求，刑法具有明确性和严格性，司法机关必须遵守，不允许以行为人发育早熟、具有责任能力为由，将不满12周岁的行为人的行为以犯罪论处。第二，相对刑事责任年龄时期。《刑法》第17条第2款、第3款规定："已满十四周岁不满十六周岁的人，犯故意杀人、故意伤害致人重伤或者死亡、强奸、抢劫、贩卖毒品、放火、爆炸、投放危险物质罪的，应当负刑事责任。已满十二周岁不满十四周岁的人，犯故意杀人、故意伤害罪，致人死亡或者以特别残忍手段致人重伤造成严重残疾，情节恶劣，经最高人民检察院核准追诉的，应当负刑事责任。"其中第2款是《刑法修正案（十一）》新增的内容，适用时需要注意以下几个方面：(1) 罪行条件：故意杀人罪、故意伤害罪。这里的"罪"是指"罪行"（强调犯罪行为，即是否存在故意杀人行为或者故意伤害行为）。而不是"罪名"（是否构成故意杀人罪或者故意伤害罪）。(2) 结果条件：致人死亡或者以特别残忍手段致人重伤造成严重残疾。应该从两个方面把握结果条件：其一是结果与行为的对应关系，这里的"致人死亡"既可以是故意杀人"致人死亡"，也可以是故意伤害"致人死亡"，在结果与行为的对应关系上，"致人死亡"既可以对应"故意杀人罪"，也可以对应"故意伤害罪"。但对于"以特别残忍手段致人重伤造成严重残疾"而言，该结果显然可以对应故意伤害罪。其二是"以特别残忍手段造成严重残疾"的结果范围，从内涵上包括三个方面的内容，即"以特别残忍手段""致人重伤""造成严重残疾"。第三，完全刑事责任时期。《刑法》第17条第1款规定："已满十六周岁的人犯罪，应当负刑事责任。"已满16周岁的人对自己实施的行为具有完整的辨认能力和控制能力,理应对自己的行为产生的危害后果承担责任。

（三）相对负刑事责任年龄人的刑法适用

关于《刑法》第 17 条第 2 款、第 3 款规定的理解大致可以分为两种争议观点,即罪名说与犯罪行为说。罪名说的缺陷是明显的。首先,"故意伤害致人重伤或者死亡"是犯罪行为的描述而不是罪名,因此与其并列的其他七种情形,也应当是犯罪行为的描述而不是罪名。其次,刑法修改在前,罪名确定在后,立法时并没有确定具体罪名,因此,《刑法》第 17 条规定的"犯……罪"只能是犯罪行为的规定。最后,全国人大常委会法制工作委员会《关于已满 14 周岁不满 16 周岁的人承担刑事责任范围问题的答复意见》指出,"只要故意实施了杀人、伤害行为并且造成了致人重伤、死亡后果的,都应负刑事责任。……对司法实践中出现的已满 14 周岁不满 16 周岁的人绑架人质后杀害被绑架人……的行为,依据刑法是应当追究其刑事责任的。"可见罪名说是无法站住脚的。①

最高人民检察院《关于相对刑事责任年龄的人承担刑事责任范围有关问题的答复》指出:"相对刑事责任年龄的人实施了刑法第十七条第二款规定的行为,应当追究刑事责任的,其罪名应当根据所触犯的刑法分则具体条文认定。"这一解释的缺陷在于,依据其得出的"对于绑架后杀害被绑架人的,其罪名应定为绑架罪"的结论却出现了问题。② 我们认为,对于已满 14 周岁不满 16 周岁的人实施以上八种犯罪行为的,其确定罪名的一般规则是,在《刑法》第 17 条第 2 款列举的八种犯罪行为的范围之内,按照刑法分则的相关条文确定其罪名。也即,罪名并不是根据《刑法》第 17 条第 2 款的规定确定的,而是其评价范围不能超出《刑法》第 17 条第 2 款的具体规定。如故意杀人罪、故意伤害罪、强奸罪、贩卖毒品罪、放火罪、爆炸罪,都是根据相应的刑法分则条文进行确定的,而不是根据《刑法》第 17 条第 2 款确定的。因此,投毒行为不能再定投毒罪,而应定为投放危险物质罪;相对负刑事责任年龄的行为人实施抢劫行为的,应当根据刑法分则条文规定的不同行为对象确定不同的罪名,如抢劫枪支、弹药、爆炸物罪,而不是定为抢劫罪。同时在适用上述定罪规则时需注意两个方面:一是就适用刑法规范方面,应同时兼顾到《刑法》第 17 条第 2 款和刑法分则相关条文,定罪结果在于二者的相交之处。如,对于以放火、爆炸的方式破坏交通工具、交通设施等威

---

① 参见康诚:《论相对刑事责任年龄人的罪名适用——"犯罪构成说"解释论的提倡》,载《法学评论》2009 年第 5 期。

② 参见曲新久:《相对负刑事责任年龄规定的适用》,载《人民检察》2009 年第 1 期。

胁到公共安全的特定对象的案件来说,由于刑法评价的对象是放火、爆炸行为,而不是破坏交通工具、交通设施行为,所以,应当以放火罪、爆炸罪定罪;又如,奸淫幼女的,应以奸淫幼女罪论处,由于司法解释取消了奸淫幼女罪,故只能定强奸罪。二是从行为事实层面上来讲,已满14周岁不满16周岁的人实施《刑法》第17条第2款规定的行为,同时实施《刑法》第17条第2款规定以外的行为,不论事实上以哪一种行为为主,均应根据《刑法》第17条第2款和刑法分则的有关条文定罪量刑,超出《刑法》第17条第2款规定的危害行为不再予以刑法评价。据此,已满14周岁不满16周岁的人在绑架过程中故意杀死、重伤害人质的,以故意杀人罪、故意伤害罪论处,而不再定为绑架罪。根据《刑法》第239条的规定,绑架并杀害被害人的定绑架罪,是为了加重行为人的刑事责任,相对刑事责任年龄的人实施了绑架杀人的犯罪,以故意杀人罪追究其刑事责任,其所面临的是"处死刑、十年以上有期徒刑"相对确定的法定刑而不是绝对确定的法定刑(死刑)的威胁。①

综上所述,刑事责任年龄作为影响有责性构成要件的因素,各个国家根据不同国情进行了立法确认,我国刑法关于相对负刑事责任年龄的确定,由于立法上的模糊性,从而引发了罪名说与犯罪行为说之间的争论,同时在确定犯罪行为说为合理解释的基础上,如何正确确定行为人罪名的规则也是值得讨论的问题。

(作者:程阳强)

案例16. 刘某故意杀人案*

——原因自由行为的认定标准

案情介绍

刘某与王某系邻居。2010年2月6日6时许,刘某携带一把单刃折叠刀从其暂住处出来,走到王某家门口摁王某家门铃。王某开门后,刘某随即将王某推入房内,并上前用左手夹住王某的颈部,右手持刀朝王某右颈部刺戳一刀,左胸部刺戳二刀。后刘某驾车逃离。被害人家属随即报警。2010年2月11日,王

---

① 参见曲新久:《相对负刑事责任年龄规定的适用》,载《人民检察》2009年第1期。
* 案例来源:《人民司法(案例)》2012年第18期,第14页。

某经抢救无效死亡。经鉴定,被害人王某系生前被他人用锐器刺戳颈、胸部造成左颈总动脉、右颈内静脉、左肺破裂致失血性休克后多器官功能衰竭而死亡。2010年2月20日,刘某主动到某市公安局某派出所投案,并供述了自己杀害王某的事实。

根据刘某的供述和鉴定结论,刘某原患有精神活性物质所致精神障碍,曾因吸食毒品精神异常入住精神专科医院,治疗后症状消失。本次案发前仍在吸食毒品,因吸毒导致病情加重致精神障碍。

某市第二中级人民法院经审理后认为,被告人刘某持刀故意非法剥夺他人生命,致一人死亡,其行为已经构成故意杀人罪,公诉机关指控罪名成立。被告人刘某曾因故意犯罪被判处有期徒刑,刑罚执行完毕后5年内再犯应当判处有期徒刑以上刑罚之罪,系累犯,应从重处罚。被告人刘某虽有自首以及如实供述罪行等情节,但不足以对其从轻处罚,判处被告人刘某犯故意杀人罪,判处死刑,剥夺政治权利终身。

理论争议

在审理本案时,关于刘某吸食毒品这一自陷行为对刑事责任的影响存在争议。一种意见认为,刘某在吸食毒品后出现精神病症状,在精神病状态下作案,应当属于限制刑事责任能力人。

第二种意见认为,患有精神活性物质所致精神障碍的刘某吸食毒品的行为属可控制的原因行为,刘某在本案中具有完全刑事责任能力,应当以故意杀人罪论处。

法理分析

本案争议的焦点即为刘某的行为是否属于原因自由行为,应当如何承担刑事责任。

原因上的自由行为也称原因方面自由的行为,是指行为人因故意或过失而使自己陷入无责任能力或限制责任能力状态,在此无责任能力或限制责任能力状态下实施了符合犯罪构成的行为。行为人使自己陷入无行为能力或限制行为能力状态下的行为称为原因行为,无行为能力或限制行为能力状态下实施符合构成要件的行为称为结果行为。由于行为人对于设定原因自由行为原本有自由决定的能力,因此称为原因自由行为。①

大陆法系理论中,对原因自由行为是在三阶层犯罪论体系中的有责性中加以研究。刑法上存在着"实行行为与责任能力同在"的原则,而原因自由行为的情况下行为人在实行结果行为时并不存在责任能力,那么是否坚持"实行行为与责任能力同在"原则而对原因自由行为加以归责? 如果承认原因自由行为具有可归责性,那么其依据在哪里?

对于原因自由行为的可归责性问题,无论在理论研究、刑事政策还是司法实践中,人们一般认为应该对这种行为进行处罚,认为行为人自陷于无责任能力和限制责任能力的情况下,属于完全刑事责任能力人,应当承担全部刑事责任。那么,如何将处罚原因自由行为与坚持"实行行为与责任能力同在"原则进行调和? 对此,理论界存在着多种学说。

(1) 间接正犯说。即行为人在原因自由行为中,类似于间接正犯利用他人无责任能力和限制责任能力的情况下实施犯罪。持间接正犯说的学者主张,"在 alic 的场合,可以将其理论构成认为是利用自己的责任能力低下状态的间接正犯,原因行为就是实行行为。然而,只有当行为发展至结果行为之时,原因行为始具有实行行为性。"②

(2) 构成要件说。有论者认为,对原因自由行为加以归责并非对实行行为与责任能力之原则的颠覆,而是应当将原因行为作为实行行为。其主张:"归责不是与处在迷醉状态下的举止行为相联系的,而是与自己喝酒或者其他造成排除罪责的那种行为相联系的,这种先前的举止行为,就意味着故意地或者过失地并且由此还意味着可能应受刑事惩罚地造成了符合行为构成的结果。"③

(3) 例外说。有论者主张,原因自由行为属于"实行行为与责任能力同在"原则的一项例外。其认为:"即便是关于责任能力规定的条文解释,由于并没有明文规定要求责任能力必须在实行行为时存在,在什么时点要求存在责任能力要求诸专门的解释,所以认为在实行行为以前要求责任能力也是充分可能的,但是即便是能够这样将责任非难的时点溯及实行行为时以前,也应该要求在进行责任非难的时点现实地存在着全部的责任要素。"④

---

① 参见赵秉志:《论原因自由行为中实行行为的着手问题》,载《法学杂志》2008 年第 5 期。
② [日]西田典之:《日本刑法总论》,刘明祥、王昭武译,中国人民大学出版社 2007 年版,第 236 页。"alic"即原因自由行为。
③ [德]克劳斯·罗克辛:《德国刑法学·总论(第 1 卷)》,王世洲译,法律出版社 2005 年版,第 600 页。
④ [日]山口厚:《刑法总论》,付立庆译,中国人民大学出版社 2011 年版,第 260 页。

（4）因果关系说。"实行行为与责任能力同在"原则中的"实行行为"的概念可以扩大到"与结果有因果关系的行为"，即认为不需要行为人在实施实行行为时具有责任能力，而是在实施与结果有因果关系的行为时有辨认控制能力即可。①

我们基本赞同构成要件说的主张，对原因自由行为加以处罚并非对"实行行为与责任能力同在"原则的颠覆。在三阶层犯罪论体系下，原因设定行为本身并不具有构成要件该当性且缺乏违法性，由于其存在着一定的故意或过失，因此，仅符合有责性的判断标准。而从结果行为来看，行为人实施的行为符合构成要件的该当性且具有社会危害性，符合违法性的要求，仅在有责性的评价中，由于其陷入无责任能力或限制刑事责任能力而欠缺责任要素。对此，我们可以将原因自由行为中的原因行为和结果行为进行整体考虑，将原因设定行为有责性对结果行为有责性要件的欠缺进行补充，对行为的主观罪过从整体进行考量。

在普通犯罪中，结果行为具有意思决定的性质，其结果行为与责任能力同在，这是没有争议的。在原因自由行为中，行为的原因设定行为实际上存在着意思决定的性质，那么原因设定行为即与责任能力同在。行为人故意或过失使自己陷入无刑事责任能力或限制刑事责任能力中，而实施了符合犯罪构成要件的行为，这种行为仍是受自陷行为之前的意志支配，仍属于刑法上的行为。"在具有基于自由意思决定的原因行为，并具有该作为意思决定的现实的结果行为的时候，该结果行为无非就是责任能力状态下的意思决定的实现过程。"②

在承认原因自由行为具有可归责性的基础上，在什么情况下可以采用原因自由行为理论将行为入罪呢？

根据行为人对结果的主观心态来分类，可以将原因自由行为分为原因自由行为的故意犯和原因自由行为的过失犯。③ 在故意犯的场合，认定原因自由行为并对其归责应当符合如下两个要件：

（一）原因设定行为时具有双重故意

原因设定行为之时具有双重故意，即要求行为人为了实施犯罪行为有意使自己陷入无责任能力状态或限制责任能力状态。首先，行为人必须在原因行为之时就对犯罪结果的发生具有故意，"犯罪结果只有是在根据具有责任能力状态

---

① 参见张明楷：《刑法学（第四版）》，法律出版社2011年版，第287页。
② ［日］大谷实：《刑法总论》，黎宏译，法律出版社2003年版，第248页。
③ 参见徐文宗：《论刑法的原因自由行为》，北京大学出版社2006年版，第13页。

下的意思决定所引起的时候,才有可能受到谴责"①。其次,要求行为人明知自己在原因行为后会陷入无责任能力或限制责任能力的情况下,仍有意地使自己陷入无责任能力状态或限制责任能力状态,即希望或放任自己丧失或减弱辨认和控制能力。行为人之前具有实施某一犯罪行为的目的,但无意中使自己陷入无责任能力状态或限制责任能力状态的,并不是原因自由行为。

(二)原因行为与结果行为的主观罪过具有连续性

由前所述,在原因自由行为中,要对原因行为和结果行为的主观罪过形态进行整体考量。如果原因设定行为中的主观罪过与结果行为的主观罪过具有连续性,就可以对原因设定行为进行责任非难。在原因自由行为中,原因行为前后心理联系是一致的,至少是推定的一致的,这与原因行为之前后心理上联系断绝、精神上的统一结构也遭破坏的情况是大相径庭的。②

那么这种心理联系的一致性,是否要求行为人在实行结果行为中必须具有故意?有论者认为,不要求结果行为具有故意,主张"结果行为是否具有故意,并不影响故意犯形态原因自由行为的成立,它顶多只是考虑该行为是否存在因果关系错误,行为人是否应负既遂责任的因素"③。我们认为,应当分成两种情况进行讨论。如果行为人自陷无责任能力状态,完全丧失辨认和控制能力,认定行为人的主观罪过显然是困难的,此时,只要行为人实施了符合原因设定行为中意图实施犯罪的犯罪构成的行为,不要求具有故意,即认定其符合原因自由行为的要件,行为人应当承担刑事责任。如果行为人自陷于限制责任能力状态,可以对行为人的主观罪过进行考量,则应要求行为人对结果行为具有故意。

原因行为的过失犯是指行为人在具有责任能力时违反注意义务,自陷于无责任能力或限制责任能力状态,没有注意能力或者注意能力减弱,以致发生危害结果的犯罪形态。④ 过失犯的场合下,也要求原因行为与结果行为必须具有过失的连续性。首先,要求行为人在原因设定行为中,对实现某一特定的过失犯罪的构成要件能够预见。其次,在结果行为中,要求行为人对结果行为具有过失,即因丧失或减弱行为能力而疏忽大意或过于自信,最终导致结果发生。对原因自由行为的过失犯,按照一般过失犯处罚即可。

---

① [日]大谷实:《刑法总论》,黎宏译,法律出版社 2003 年版,第 248 页。
② 参见齐文远、刘代华:《论原因上自由行为》,载《法学家》1998 年第 4 期。
③ 黄旭巍:《故意犯罪形态的原因自由行为探究——以所谓"双重故意"为中心》,载《法学评论》2011 年第 4 期。
④ 参见徐文宗:《论刑法的原因自由行为》,北京大学出版社 2006 年版,第 137 页。

在国外判例和国内司法实践中,对原因自由行为理论的适用仍采取谨慎的态度。在德国的相关判例中,适用原因自由行为较为谨慎。① 在日本的判例中,也要求"原因行为之时具有故意,并且对自己在责任能力低下之时有可能实施暴行以及自己有此习性存在认识"②。而在我国的司法实践中,原因自由行为仅可能存在于两种情况:其一,行为人一开始就具有实施结果行为的意思,如利用醉酒壮胆或者基于其他目的的醉酒并在陷入无责任能力状态后实施了实现计划的犯罪行为;其二,行为人在实施原因行为时并没有实施结果行为的意思,在原因行为之后基于一贯的习性或者习癖产生了实施结果行为的意思并最终实施了结果行为。第一种情况属典型的原因自由行为的故意犯,而第二种情况在司法实践中往往按照过失犯处理。③

在本案中,刘某吸毒后实施的结果行为符合犯罪构成的该当性,符合故意杀人罪的犯罪构成要件,造成了一人死亡的危害后果。在违法性的评价中,刘某的行为不具备违法阻却事由,认定其具有违法性。接下来要在有责性中对刘某进行评价,考察其行为是否具有非难可能性,是否要承担刑事责任。

刘某明知自己患有精神活性物质所致精神障碍、曾因吸食毒品精神异常入住精神专科医院,仍有意吸食毒品,符合了原因自由行为的双重故意中的其中一重故意——行为人明知自己在原因行为后会陷入无责任能力或限制责任能力的情况下,仍有意地使自己陷入无责任能力状态或限制责任能力状态。但是,刘某在实施吸毒这一原因行为之时,对故意杀人这一结果行为是否具有故意,尚需要进一步的调查。如果刘某在吸食毒品之时即具有故意杀人的主观故意,并希望或放任自己的无责任能力状态实施杀人行为,且在吸毒后确实实施了故意杀人行为,那么刘某的行为就是原因自由行为的故意犯,对其应当以故意杀人罪论处。如果刘某在吸毒行为时并不存在杀害他人的故意,即使是其自陷于无责任能力的状态,也不符合原因自由行为的双重故意的限定,应当将其评价为限制行为能力人,认定其构成故意杀人罪,减轻或免除处罚。

(作者:陈帅)

---

① 参见陈兴良:《判例刑法学(上卷)》,中国人民大学出版社 2009 年版,第 227 页。
② [日]西田典之:《日本刑法总论》,刘明祥、王昭武译,中国人民大学出版社 2007 年版,第 236 页。
③ 参见李舸祺、曹小航:《论醉酒型犯罪的解释困境——以我国〈刑法〉第 18 条第 4 款之检讨为切入点》,载《政治与法律》2011 年第 11 期。

案例17. 孙某以危险方法危害公共安全案*
——间接故意与过于自信过失的区分

案情介绍

孙某于2008年5月购买一辆别克轿车后,长期无证驾驶该车,并多次违反交通法规。同年12月14日中午,孙某与其父母为亲属祝寿,大量饮酒。17时许,孙某驾驶别克轿车行至某市成龙路"蓝谷地"路口时,从后面撞向与其同向行驶的一辆比亚迪轿车尾部。肇事后,孙某继续驾车以超过限定的速度(60公里/小时)行驶。行至成龙路"卓锦城"路段时,越过中心黄色双实线,先后与对面车道正常行驶的四辆轿车相撞,造成其中一辆长安奔奔轿车上的张某、尹某夫妇和金某、张某某夫妇死亡,代某重伤,以及公私财产损失5万余元。经鉴定,孙某驾驶的车辆碰撞前瞬间的行驶速度为134—138公里/小时;孙某案发时血液中的乙醇含量为135.8毫克/100毫升。

某市中级人民法院一审认定被告人孙某犯以危险方法危害公共安全罪,判处死刑,剥夺政治权利终身。孙某不服,提出上诉。二审期间,孙某之父孙某某表示愿意代为赔偿被害人的经济损失。经法院主持调解,孙某某代表孙某与被害方达成民事赔偿协议,积极筹款赔偿被害方经济损失100万元(不含先前赔偿的11.4万元),取得被害方一定程度的谅解。某省高级人民法院经审理认为,被告人的行为构成以危险方法危害公共安全罪,其犯罪情节恶劣,后果严重。但鉴于孙某是间接故意犯罪,与直接故意驾车撞击车辆、行人的犯罪相比,主观恶性不是很深,人身危险性不是很大;其犯罪时处于严重醉酒状态,对自己行为的辨认和控制能力有所减弱;案发后真诚悔罪,并通过亲属积极筹款赔偿被害人的经济损失,依法可从轻处罚。原判认定的事实和定罪正确,审判程序合法,但量刑不当。最终改判无期徒刑,剥夺政治权利终身。

---

* 案例来源:中华人民共和国最高人民法院刑事审判第一庭、第二庭编:《刑事审判参考(总第71集)》,法律出版社2009年版,第1页。

理论争议

本案争议焦点在行为人主观方面的认识与定性上。第一种意见认为,对孙某的行为应以交通肇事罪论处,其主观方面是过于自信的过失。第二种意见认为,孙某的行为构成以危险方法危害公共安全罪,其主观方面是间接故意。由此,正确区分过于自信的过失与间接故意是本案审理的重中之重。

法理分析

间接故意与过于自信的过失,属于犯罪主观方面。前者属于犯罪故意,后者属于犯罪过失。由于两者之间的界限模糊,因此刑法理论上对间接故意与过于自信的过失的区分是十分困难的。德国刑法学者威尔采尔曾经指出,间接故意与轻信过失的分界是刑法理论中最困难和最有争议的问题之一,它主要难在"意欲"是一种原始的、终极的心理现象,它无法从其他感性或者理性的心理流程中探索出来,人们只能尽量去描述它,而无法准确对其进行定义。[①] 我们试图以本案为载体分析两者之间的差异。

所谓间接故意,是指行为人明知自己的行为可能发生危害社会的结果,并且放任这种危害结果发生的心理态度。[②] 它是一种"可能的故意",表现为行为人不追求也不希望结果发生,但结果的发生并不违背行为人的意志,行为人持主观放任的态度。可用公式"可能+放任"表示。任何犯罪主观方面都是由认识因素与意志因素两方面构成的。从认识因素上看,间接故意表现为行为人"明知"自己的行为"可能"发生危害社会的结果。即行为人根据自身情况和客观外在环境等因素,认识到行为可能导致危害结果的出现,但是这种结果的发生只是一种可能性和偶然性认识,而并非认识到结果发生的必然性。如果对危害结果是必然性认识,则应属于直接故意。从意志因素上看,间接故意表现为行为人"放任"危害结果的发生。如何理解"放任"呢?在汉语中,"放任"的意思是听其自然,不加约束和干涉的意思。我国刑法学者对"放任"的理解众说纷纭,归纳起来有以下几种:第一种是"不希望说",即行为人对特定危害结果的发生所持的不是希望、追求的心理,但是也不反对这种结果的发生,而是听之任之。[③] 第二种可称为"中立说"。以中立的立场表述放任,放任就是对结果的发生与否采取无所谓的

---

① 参见周光权:《刑法总论(第二版)》,中国人民大学出版社 2011 年版,第 127 页。
② 参见张明楷:《刑法学(第四版)》,法律出版社 2011 年版,第 243 页。
③ 参见高铭暄主编:《刑法专论(第二版)》,高等教育出版社 2006 年版,第 267 页。

态度。行为人既不是希望结果发生,也不是希望结果不发生,发生不违背他的本意,不发生他也不懊悔。① 第三种主张可称为"放任发生说"。认为放任态度并不是在结果的发生与不发生之间采取中立态度,刑法规定的是"放任这种结果发生",而不是放任其不发生。② 第四种是"容忍发生说",容忍,容之又忍之,表述了肯定但并非希望的心态。也就是说倾向于"接受结果发生",是一种有意的放纵。③ 我们认为,可以将放任理解为在一定的活动过程中从不希望到听之任之再到放任最后达到放纵的动态转化过程。它反映了行为人对法律规范的蔑视态度。而这种蔑视态度主要表现为,危害结果的发生是行为人自觉的选择行为导致的。行为人在明知自己的行为可能会发生特定的危害结果的情况下,仍然选择实施该行为,对引起危害结果发生的条件或障碍不予排除,也不想方设法阻止特定危害结果的发生,而且对放任而言,危害结果的发生是符合其主观愿望的。

过于自信的过失,是指行为人已经预见到自己的行为可能会发生危害社会的结果,但因轻信能够避免而导致结果发生的心理态度。它也是认识因素与意志因素的统一。过于自信的过失的认识因素是"已经预见"到危害结果发生的可能性。所谓"已经预见"是指行为人已经认识到危害结果发生的可能性,如果行为人对结果的发生完全没有预见或者完全不可能预见,则属于疏忽大意的过失或者意外事件。但是应当注意的是,这里的认识内容还包括对危害结果可能不发生的预见,即这种预见本身应当是模糊的、不充分的、不确定的,并不是明确地预见一定会发生危害结果。就行为人的心理状态来说,他仅仅是认识到了危害结果出现的可能性。至于这种可能性是否能转化为现实性,也处于一种不确定的模糊的状态。④ 如果行为人明确知道这种行为必然会导致结果的发生而决心实施,则是犯罪故意而非过于自信的过失。过于自信的过失的意志因素是行为人"轻信"危害结果能够避免。即行为人虽然已经认识到危害结果可能会发生,但是在没有任何可靠依据的情况下,自认为凭借自身技术或其他客观条件能够避免结果发生。在过于自信的过失中,行为人往往因为低估了促使危害结果发生的不利条件或者高估了可以避免危害结果的有利条件,而轻信危害结果能够避免。按照通说,"轻信能够避免"包含以下三层意思:一是行为人相信危害结果不会发生,即对危害结果的发生,行为人既不希望也不放任,而是持否定态度;二

---

① 参见张明楷:《刑法学(第四版)》,法律出版社 2011 年版,第 243—244 页。
② 参见王作富:《中国刑法研究》,中国人民大学出版社 1988 年版,第 163 页。
③ 参见陈兴良主编:《刑法适用总论》,法律出版社 1999 年版,第 160 页。
④ 参见王晶:《过于自信的过失与间接故意的区分》,西南政法大学 2011 年硕士学位论文。

是轻信可以避免危害结果的发生要有一定的实际根据;三是相信能够避免危害结果的发生的根据并不充分、可靠,结果发生是因为行为人过高地估计了能够避免危害结果发生的根据。我们认为,判断行为人主观上是否"轻信"可以从两方面考虑:一是考察行为人是否具有轻信能避免危害结果发生的主客观条件,二是看行为人是否为避免危害结果的发生付出一定程度的努力。在过于自信的过失中,既要存在行为人自以为能避免危害结果的主客观条件,又要求行为人借助这些有利条件为避免危害结果的发生采取努力措施。

刑法理论中,在区分间接故意与过于自信的过失时,一般同时从认识因素与意志因素两方面着手分析各自的不同。第一,认识因素不同。虽然两者都是预见到危害结果"可能"会发生,但对于这种可能性是否会转化为现实性的主观估计程度是不同的。间接故意中,行为人是"明知"自己的行为可能造成危害结果。过于自信的过失中,行为人是"预见到"自己的行为可能发生危害社会的结果。从主观上看,"明知"与"预见到"对客观事物发展的认识程度是不一样的。间接故意中预见到结果发生的可能性程度高于过于自信的过失的可能性。间接故意的认识上对可能性转化为事实并没有认识错误,主观与客观相一致。而在过于自信的认识上,行为人虽然也预见到危害结果可能发生,但主观上却认为危害结果不会发生或者实际发生的可能性很小,即对可能性转化为现实性具有认识错误,主观与客观不一致。第二,意志因素不同。两者对危害结果发生与否的态度有根本不同,尽管二者都是不希望危害结果的发生,但间接故意是放任结果的发生,过于自信的过失是排斥和反对结果的发生。前者虽不希望危害结果发生,但也并不反对、不排斥危害结果的发生,甚至进而转化成容忍、放纵危害结果的发生。而后者则不仅不希望危害结果的发生,而且反对结果的发生,努力避免结果的发生。在实践中,行为人轻信能够避免危害结果的态度,必须有具体的客观行为表明其试图避免结果的发生,即要为阻止危害结果发生付出一定的行为和努力。如果行为人在主观上认为结果不会发生是抱着纯粹侥幸心理,客观上毫无防范措施,放任危害结果的发生,那么此时应认定为间接故意,而非过于自信的过失。[①]

本案中,我们同意法院的定性,即认定孙某的主观方面为间接故意而非过于自信的过失。孙某在"蓝谷地"路口时,从后面撞向与其同向行驶的一辆比亚迪轿车尾部,这是第一次碰撞,此时应认为孙某主观上是过失,因为此时并没有造成构成交通肇事罪的法定结果,不能认定其已经构成交通肇事罪。但之后孙某为了逃逸,继续驾车行驶,以致发生四人死亡、一人重伤以及公私财产损失 5 万

---

① 参见高铭暄、马克昌主编:《刑法学》,中国法制出版社 1999 年版,第 214—216 页。

余元的严重后果。如何判断孙某发生第二次碰撞时的主观心态呢？首先从认识因素来看，根据上文的分析，间接故意是明知结果可能会发生，轻信过失是预见到结果可能会发生，间接故意对发生的可能性比较肯定，认识程度较深，过于自信的过失的认识程度则相对较浅。我们认为，作为一个有完全刑事责任能力的人，醉酒驾车发生第一次碰撞后，孙某应足以认识到其继续驾驶会对他人的生命财产安全造成损害或损害威胁，却漠然置之，弃他人的生命财产安危于不顾，继续高速驾车逃逸，横冲直撞，以致再次肇事，发生了更为严重的后果。其酒驾肇事行为明显超出了一般人对于风险的容忍限度，当然，我们也不能否认其醉酒状态削弱了认识能力。① 但即使这样，从意志因素上说，孙某究竟是"放任"还是"轻信"呢？有人认为，孙某的行为自始至终都是过失，他醉酒后驾车，是出于对自己驾驶技术的自信和不会出事撞人的自信，正是由于这种自信造成悲剧的发生。对于醉酒驾车，他是明知并放任的；对于撞死人，他显然出于"过于自信的过失"，认为自己不可能会撞人闯祸。② 我们不敢苟同。从刑法理论上说，过于自信的过失就是行为人已经预见自己的行为可能发生危害社会的结果而轻信能够避免。轻信能够避免结果发生主要表现为三种情况：一是过高地估计自己的自身条件和能力；二是不当地估计了现实存在的客观有利条件对避免危害结果的作用；三是误以为结果发生的可能性很小，因而可以避免结果的发生。③ 也就是说，这种"自信"必须建立在一定的基础之上，通常驾车人自信的基础主要表现在娴熟的技术、丰富的经验，以及应对突发事件的能力上，而孙某没有接受正规的驾驶培训，没有取得驾照，没有熟练的技术，而且醉酒驾车、超速行驶，加之事发路段车辆和人群密集，在这种情况下，行为人没有避免危害结果发生的能力，其自信结果不会发生是没有客观依据的。此时，行为人在主观上对危害结果持放任态度，属于间接故意，符合以危险方法危害公共安全罪的构成要件，应以危险方法危害公共安全罪定罪。

（作者：杨慧）

---

① 根据客观证据能够证明被告人对第一次追尾事故的发生应当是明知。别克轿车在碰撞前瞬间的行驶速度为134—138 km/h，这充分说明了孙某当时为逃跑提速时间短暂且驾驶速度惊人。在明知发生追尾事故后孙某为逃避可能面临的严厉处罚，反而高速驾车逃逸。

② 参见孟庆华、王法：《孙伟铭醉酒驾车案的定性问题探析》，载《南阳师范学院学报》2010年第8期。

③ 参见雷步云：《孙伟铭以危险方法危害公共安全案——醉酒驾驶引发交通事故应如何定性》，载《改革与开放》2011年第24期。

案例 18. 天价葡萄案*

——对盗窃物价值存在认识错误时应当如何认定犯罪

案情介绍

2003年8月7日凌晨,四名外地来京民工,翻墙进入北京农林科学院林业果树研究所葡萄研究园内偷食葡萄,在离开时偷摘大量葡萄并用一塑料袋带走,袋中葡萄共约47斤。他们所偷食和偷取的葡萄系北京农林科学院林业果树研究所投资40万元、历经10年培育研制的科研新品种。四人的偷食、偷摘行为导致研究所对该葡萄品种的研究数据断裂,当年的研究无法取得成果,由此给研究所造成了巨大的经济损失。经北京市物价局价格认证中心对被偷取的葡萄进行估价,评估金额为1.122万元。北京市海淀区警方于9月12日以涉嫌盗窃罪对李某等三名民工执行逮捕(其中一名属于"犯罪情节显著轻微",认定其行为尚不构成犯罪,警方遂作出决定对其处以15日的行政拘留)。本案审查起诉期间,由于存在较大争议,公诉机关将此案退回公安机关补充侦查。侦查机关听取专家等各方意见,决定对葡萄价格进行重新鉴定。鉴定机关按照"市场法"对葡萄价格的鉴定结论为376元。2005年2月21日,三名民工先后收到北京市海淀区人民检察院的决定不起诉书。自此,被传得沸沸扬扬的"天价葡萄案"终于尘埃落定。

理论争议

这一起看似普通的刑事案件引起了社会公众和法学界的极大关注,在对本案的认定上也出现了激烈的争论。第一种观点认为上述行为应当构成盗窃罪。理由是行为人主观上具有非法占有他人财物的目的,客观上实施了秘密窃取他人财物的行为,且所窃财物达到了"数额较大",因此应当认定构成盗窃罪。第二种观点认为,行为人不具备专业知识,主观上缺乏对物品真实价值的认识,不具

---

* 案例来源:《馋嘴民工偷吃"天价葡萄"行为如何定性引发司法讨论》,http://oldfyb.chinacourt. org/public/detail.php? id=61566,2003年9月1日访问。

备刑法上的犯罪故意,行为人的行为不构成犯罪。

法理分析

本案主要涉及刑法理论中的认识错误。所谓刑法中的认识错误,"是指行为人故意实施危害社会行为过程中的主观认识与客观实际情况不相符合。意识与意志是统一的,意识是意志的前提,意志是意识的心理决定。如果行为人主观上发生认识错误,就可能影响到意识与意志的统一,进而影响故意的成立"①。传统理论上将刑法的认识错误分为事实认识错误和法律认识错误。事实认识错误指行为人在着手犯罪时预见或设想的事实与实际发生的情况不一致,包括对象认识错误、对象打击错误、因果关系错误等;而法律认识错误指行为人对自己行为是否具有违法性或者说是否为法律所禁止在认识上有错误。毋庸置疑,本案中对盗窃数额的认识错误应当属于刑法中的事实认识错误。如何解决事实认识错误呢?理论上一般采用法定符合说。该说主张,在行为导致结果的场合,如果行为人所认识的结果与发生的事实在同一构成要件之内,就可以认定行为人对所有的犯罪事实都有故意。②例如,甲欲杀乙,误认为丙是乙,杀之。这是典型的对象认识错误。我们认为,此时甲有杀人的故意,客观上也有杀人的行为,故甲构成故意杀人罪。如果根据这一理论,对于盗窃数额认识错误问题,只要行为人主观上对盗窃对象价值的认识不超出盗窃罪犯罪构成对"数额"的要求,行为人的认识错误就不影响故意的成立,就可以认定行为人构成盗窃罪。也就是说,只要这种错误没有超出"数额较大""数额巨大""数额特别巨大"三个幅度范围,就可以认定这种错误不影响盗窃故意的成立。我们认为,这显然违背刑法中的主客观相一致原则,有客观归罪的嫌疑。解决盗窃数额认识错误的问题,如果按照法定符合说,显然国民的法律意识有显著差异,而且势必会出现不适当地扩大故意范围的结果。因此,法定符合说并不能完全解决盗窃数额认识错误问题,而需要坚持主客观相统一原则。

主客观相统一原则的基本含义是:"确定和追究行为人的刑事责任,必须具备主客观两个方面的条件,既要求行为人客观上实施了危害社会、违反刑法的行为,又要求行为人主观上对这种行为具有故意或者过失。"③也就是说,任何犯罪行为都必须是行为人在对自己行为的社会危害性有辨认能力,对是否实施这一

---

① 曲新久等:《刑法学》,中国政法大学出版社 2004 年版,第 45 页。
② 参见周光权:《刑法总论(第二版)》,中国人民大学出版社 2011 年版,第 130 页。
③ 赵秉志主编:《主客观相统一》,中国人民公安大学出版社 2004 年版,第 207 页。

行为有控制能力的情况下,故意或者过失地实施这一行为,以致危害社会时,才承担刑事责任;否则,即使行为人实施的行为在客观上造成了损害,但由于主观上缺乏故意或者过失,这种行为也不构成犯罪。[1] 在我国,犯罪构成要件是判断行为是否构成犯罪的依据,是成立犯罪的主观要件和客观要件的总和,主客观要件的统一从整体上揭示行为的社会危害性,如果缺少其中任何一个要件就不能准确地反映行为的社会危害性,也就丧失了定罪的意义。主客观相统一原则是我们认定犯罪的一个基本原则,解决事实认识错误问题更应当采用这一原则。当行为人主观认识的事实与现实的事实不一致时,判断行为人对实际发生的事实是否承担故意责任,关键要看该事实是否超出了行为人的主观认识范围,如果实际发生的事实没有超过行为人主观认识的范围,则说明主观与客观是相统一的,行为人需对该事实承担故意的责任;相反,如果实际发生的事实超出了行为人主观认识范围,则表明主观与客观不统一,行为人对实际发生的事实就不承担故意的责任。[2] 司法实践中,通常把盗窃罪的主观方面表述为"以非法占有为目的",对"数额较大"标准一般作为客观要件来把握,较少从主观要件方面去考虑。本案行为人的行为是否构成盗窃罪,焦点就在于如何理解盗窃罪的主观内容,是否包括对"数额较大"的认识。

关于盗窃罪的主观方面的认识内容,比较一致的看法是:行为人主观上必须有非法占有他人财物的目的。而对于盗窃数额这一盗窃罪客观方面要素是否属于主观方面的认识内容则存在不同的看法。否定说认为,"行为人明知自己的行为事实是秘密窃取他人之物,行为性质是非法的,而出于非法占有的目的决意实施;但在认识因素上又并非要求行为人达到对窃取对象的价值要有所认识的程度。"[3]行为人是否知道盗窃对象的经济价值并不影响其盗窃行为的性质,因此仍然成立盗窃罪。肯定说认为刑法中盗窃数额应当作为行为人主观认识的内容之一,若行为人对所窃取的财物价值缺乏认识,则应当按照刑法中的事实认识错误的理论处理。我们赞同肯定说。具有盗窃罪犯罪故意,不仅要求行为人认识到自己是在秘密窃取他人财物,而且必须认识到所窃财物"数额较大"。如果行为人只是意图盗窃数额较小的他人财物,不能认定行为人具有盗窃罪的犯罪故意。主观上想小偷小摸的行为,即使盗窃财物价值较大的,也不成立盗窃罪。虽然其表面上符合主客观相一致的原则,即主观上有非法占有他人财物的故意,客

---

[1] 参见聂立泽:《刑法中主客观相统一原则研究》,法律出版社2004年版,第53页。
[2] 参见刘明祥:《刑法中的错误论》,中国检察出版社2004年版,第92页。
[3] 王强、胡娜:《论主观罪过中的定量因素认识》,载《中国刑事法杂志》2007年第4期。

观上实施了盗窃的行为,但小偷小摸的故意并不是刑法上的盗窃罪的故意,而只是违反治安管理的一般违法故意。如果不要求行为人主观上对"数额较大"有认识,就意味着主观上违反治安管理的一般违法"故意"与客观上窃取了"数额较大"财物的行为相统一,会使违反治安管理的行为与刑法上的犯罪丧失明显界限。① 再如有学者所言,"盗窃罪中,在财物具有特殊性的场合,行为人如果对财物的特殊性无法认识,对财物的价值就无法认识,也就欠缺对行为对象的认识,对行为的社会危害性自然就无法认识,最终缺乏盗窃罪的犯罪故意。"② 当然,这并不意味着要求行为人实施盗窃行为时确切地认识到财物的具体数额,因为盗窃案件的客观情况非常复杂,如果要求行为人确切知道其所窃取财物的准确价值显然是不现实的,也是不必要的;只要行为人认识到盗窃对象不是价值微小之物,或者认识到盗窃对象的价值可能达到"数额较大",对财物是否有相当价值有概括的认识,便具备了盗窃故意。

  本案中,主张行为人构成盗窃罪的观点认为,构成盗窃罪主观上不要求行为人对被盗财物的价值有认识,行为人只要认识到自己的行为侵犯了他人的公私财产所有权,并且客观上占有了他人财物,行为人的行为就构成盗窃罪,行为人对被盗财物的价值认识错误不影响刑法对其行为的评价。按照我们前面的分析,显然这种观点是与主客观一致原则相违背的,有客观归罪之嫌,是不公正的。按照主客观相一致原理,如果要认定民工盗窃葡萄的行为构成盗窃罪,就必须证明行为人在主观上有盗窃罪的故意;认定盗窃罪主观故意,以一般人的认识程度为标准,同时考虑行为人自身的认识程度。本案行为人以其自身的认识能力根本不可能认识到其所盗窃的葡萄蕴涵了如此巨大的科研价值,该葡萄的价值显然超过了主客观一致的认识范围;而根据一般的认识能力这47斤葡萄按照市场价也不过是三四百元,远低于构成盗窃罪的"数额较大"标准。因此行为人应当不构成犯罪,不能以盗窃罪处罚。综上所述,处理盗窃数额认识错误问题必须坚持主客观相统一原则,结合具体案件情况作出具体分析,以期正确地定罪量刑。

(作者:杨慧)

---

① 参见张明楷:《论盗窃故意的认识内容》,载《法学》2004年第11期。
② 周光权:《偷窃"天价"科研试验品行为的定性》,载《法学》2004年第9期。

第十一章 犯罪阻却事由

案例 19. 莫某故意伤害案[*]
——防卫行为与互殴行为的界限以及对防卫限度的理解

案情介绍

2009年7月1日17时许,莫某(男,23岁)在工作时与同事邢某(男,17岁)发生冲突,后被其他同事劝开。18时许,莫某正与同宿舍的其他人在一起聊天,邢某与被害人马某(男,17岁)分别手持钢棍、甩棍闯入莫某宿舍与莫某理论,后邢某、马某分别手持钢管和甩棍殴打莫某的头部和背部,莫某随手拿起桌上的一把平时切西瓜用的弹簧刀将马某按倒在床上,连扎马某腹部数刀,致其"胃破裂、肝破裂",经鉴定认定为重伤。后莫某到公安机关投案。在一审审理期间,经依法调解,莫某之亲属代为赔偿被害人马某医疗费、误工费、交通费等经济损失共计4万元。

理论争议

对于本案中莫某的行为如何定性,存在三种处理意见。

第一种意见认为,莫某的行为不具有防卫的性质,与被害人属于相互斗殴的行为。莫某在事发当天曾与邢某发生冲突,后邢某与马某前来挑衅,莫某持刀与邢、马互殴时,其主观上也具有斗殴的故意。第二种意见认为,莫某的行为构成正当防卫。加害人邢某和被害人马某持械闯入莫某宿舍,并持械殴打莫某的头部和背部,属于正在进行的不法侵害,莫某的反击行为属于正当防卫,不应负刑事责任。第三种意见认为,莫某是防卫过当。虽然莫某可以对正在进行的不法

---

[*] 案例来源:北京市高级人民法院编:《审判前沿(总第40集)》,法律出版社2011年版,第84页。

侵害实施防卫,但是莫某朝马某的腹部连扎数刀,致马某重伤,此行为已经明显超过了正当防卫的必要限度,属于防卫过当,应当负刑事责任,但应依法减轻处罚。

法理分析

本案件的争议焦点主要有两点：一是莫某的行为是否具有防卫性质；二是莫某采取的防卫行为是否明显超过了必要限度。

我国《刑法》第20条规定:"为了使国家、公共利益、本人或者他人的人身、财产和其他权利免受正在进行的不法侵害,而采取的制止不法侵害的行为,对不法侵害人造成损害的,属于正当防卫,不负刑事责任。"一般认为,正当防卫需要具备五个条件。一是起因条件,即须存在着危害社会的不法侵害。不法侵害必须具备三个基本特征:行为的客观社会危害性、违法性、侵害紧迫性。[1] 二是时间条件,要求行为人必须面临着正在进行的不法侵害。所谓"不法侵害正在进行",是指不法侵害已经开始并且尚未结束。如何确定不法侵害已经开始,我国刑法学界有不同见解,有学者认为,不法侵害的开始与实行行为的"着手"是大致相同的概念。[2] 也有学者认为,不法侵害的开始指合法权益已经直接面临不法侵害的侵害危险。具体包括两种情况:不法侵害行为已经着手实行,合法权益正在遭受不法侵害;不法侵害的实行迫在眉睫,合法权益将要受到不法侵害。[3] 我们认同第二种观点,不法侵害行为的开始并不能局限于不法行为已经着手,这样不利于当事人保护自己的合法权益,会使其与正当防卫的目的背道而驰。三是主观条件,即防卫意图,要求防卫人意识到不法侵害正在进行,国家、公共利益、本人或者他人的人身、财产和其他权利需要保护。四是对象条件,必须对不法侵害人本人实施。五是限度条件,要求防卫行为不能超过必要限度,否则为防卫过当。

如何区分防卫行为与相互斗殴是解决本案的主要问题之一,防卫行为与相互斗殴从表面上看十分相似,区分两者的关键在于主观条件。我国刑法理论认为,正当防卫必须具有防卫意图。所谓防卫意图,是指行为人认识到合法权益正在遭受不法侵害,奋起保护合法权益,反击不法侵害的心理状态。防卫意图包括防卫认识和防卫目的两项内容。前者指行为人对不法侵害的诸多事实情况的主观反应;后者指行为人在认识因素的基础上决定实施防卫行为,并希望通过防卫

---

[1] 参见高铭暄主编:《刑法专论(第二版)》,高等教育出版社2006年版,第419页。
[2] 参见周光权:《刑法总论(第二版)》,中国人民大学出版社2011年版,第145页。
[3] 参见高铭暄主编:《刑法学原理(第二卷)》,中国人民大学出版社1993年版,第210页。

行为达到某种结果的心理愿望。其中,防卫目的是防卫意图的核心。[①] 防卫的根本目的是使国家、公共利益、本人或者他人的人身、财产和其他权利免受正在进行的不法侵害。正当防卫之所以成为排除犯罪性行为,主要是因为正当防卫在客观上保护了社会利益,而且行为人在主观上具有保护合法权益的意思。因此,在认定正当防卫的时候,必须将防卫的意图作为一个重要条件予以考虑。对于不符合正当防卫主观条件的行为,不能认定成立正当防卫。[②] 而在相互斗殴中,斗殴双方都具有攻击、伤害对方的故意。也就是说,双方都是以侵害对方为目的,实施积极的侵害行为,根本不符合正当防卫的主观条件,因此,斗殴的任何一方不得主张正当防卫的权利。[③] 轻微的相互斗殴是违法行为,情节严重的相互斗殴中双方都构成故意伤害罪。但是也不能认为相互斗殴中绝对不可能成立正当防卫。若在斗殴过程中,一方已经放弃斗殴并向另一方求饶或逃走,另一方仍然紧追不舍,则放弃斗殴的一方具有正当防卫的权利。[④]

本案中,莫某的行为究竟是相互斗殴还是防卫行为,关键要考虑以下两点:第一,莫某的防卫意图何时产生?在邢某和马某实施不法侵害行为之前,是否已经产生了加害意图?第二,莫某是否在加害行为开始之后才实施反击行为?围绕这两点,认定莫某的行为具有防卫性质的理由如下:首先,应当认为在邢某和马某分别手持钢棍、甩棍闯入莫某宿舍开始实施伤害行为前,莫某并没有伤害邢某和马某的意图。白天双方发生冲突后,经同事劝解双方已经退让,双方也没有约定互殴,从莫某的角度,并没有认识到邢某会因为白天的冲突而伙同马某到其宿舍对其实施伤害行为。换句话说,莫某在事发当天曾与邢某发生冲突并不必然引起莫某对邢某和马某伤害的故意,而邢某与马某前来挑衅,并持械伤害莫某的行为,是突如其来的不法侵害,莫某有权对其实施防卫。其次,被告人是被害人实施暴力行为之后才实施了反击行为。对持械而来的邢某和马某,莫某并没有主动伤害他们,而是在遭到邢、马二人持械殴打其头部和背部要害部位时,才随手从床边的桌子上拿了一把弹簧刀进行自卫。所以,从这些情节上可以看出,莫某的行为具有被动性和防卫性。

那么,莫某的防卫行为是否超过了必要限度呢?这是解决本案的第二个主要问题。我们认为莫某的行为属于防卫过当,超过了正当防卫必要的限度。

[①] 参见高铭暄主编:《刑法专论(第二版)》,高等教育出版社2006年版,第424页。
[②] 参见马克昌主编:《犯罪通论(第三版)》,武汉大学出版社1999年版,第774—775页。
[③] 同上书,第748页。
[④] 参见苏惠渔主编:《刑法学(修订本)》,中国政法大学出版社1999年版,第184页。

刑法理论和司法实践中对正当防卫必要限度的理解主要有三种主张,即基本适应说、客观需要说,以及基本适应和客观需要的统一说。① 基本适应说认为,所谓必要限度,就是防卫行为的性质、手段、强度和后果要与侵害行为的性质、手段、强度和后果基本相当。应当注意的是,基本适应不是要求完全等同,一般而言,对不法侵害者造成的损害无须比防卫者可能遭受的侵害要轻。但是防卫行为明显超过不法侵害,造成不应有的损害的,就是超过了正当防卫的必要限度。客观需要说着眼于强调防卫的需要,认为正当防卫的必要限度是正当防卫的客观需要,正当防卫必须具备足以有效地制止侵害行为的有效强度,只有正当防卫的限度超过了必需的强度才是防卫过当。② 换句话说,只要是制止不法侵害行为所必要的,不论造成的损害是轻是重,都成立正当防卫;如果不是非此不能制止不法侵害,造成不应有的危害的,就应认为是防卫过当。我们赞成基本适应和客观需要的统一说,因为基本适应说过于强调防卫的客观效果,一定程度上限制了行为人行使正当防卫的能动性,而且,基本适应说在实践中也没有统一的标准,缺乏可操作性。而客观需要说又忽视了对防卫权的必要限制,容易导致防卫权的滥用。将两者有效统一起来能够合理地解决正当防卫必要限度的问题。统一说认为,必要限度的理解和界定,应当以防卫行为是否能制止正在进行的不法侵害为标准,同时考察所防卫的利益的性质和可能遭受的损害的程度,同不法侵害人造成损失的性质、程度大体相适应。③

就本案而言,邢某和马某分别持钢管、甩棍殴打莫某的头部和背部,针对正在进行的不法侵害,莫某有权进行反击,但是莫某手持弹簧刀连扎马某数刀致其重伤的行为应当认为超过了正当防卫的限度。如前所述,防卫行为是否超过必要限度,应当以防卫行为是否能制止正在进行的不法侵害为标准,同时考虑所防卫的利益的性质、可能遭受的损害的程度、侵害时防卫人可运用的防卫措施等客观情况。虽然邢某、马某二人持械殴打莫某的行为可能造成莫某受伤甚至死亡的结果,对此莫某反击无可非议,但是莫某将马某按倒在床上,并在莫某要害部位连扎数刀的行为已经超过了制止不法侵害所必要的限度。莫某完全可以刺在非要害部位以削弱不法侵害者的侵害能力,但是莫某不仅刺在要害部位而且还连扎数刀,其行为已经明显超过了正当防卫的必要限度,属于防卫过当。

在具体罪名的认定上,我们认为莫某应当构成故意伤害罪。莫某在实施反

---

① 参见高铭暄主编:《刑法专论(第二版)》,高等教育出版社2006年版,第427页。
② 参见陈兴良:《正当防卫论》,中国人民大学出版社1987年版,第118页。
③ 参见高铭暄主编:《刑法专论(第二版)》,高等教育出版社2006年版,第427页。

击行为时,在明知持刀扎人可能造成他人伤亡结果的情况下,仍将马某按倒在床上并连扎数刀,放任了自己的伤害行为可能造成的严重后果,主观上是间接故意,应当承担故意伤害致人重伤的刑事责任,但是应当依法减轻或免除处罚。

(作者:杨慧)

案例20. 夏某紧急避险案
——紧急避险的正确定性

案情介绍

2008年10月14日,某地公安机关接到本地某区人民检察院工作人员夏某报案,称其被人劫持,在蒙着眼睛、脖套绳索的情况下,他被迫强奸了一名女子王某,还被迫用绳索勒该名女子。原来,当地有一个由八名刑满释放人员组成的犯罪团伙,专门劫持一男一女,然后胁迫男性强暴女性,并在现场拍照作为胁迫手段,对男性进行敲诈。绑匪向夏某勒索1000万元。王某因绳索过紧窒息死亡。

理论争议

对于此案存在争议。一种观点认为,夏某身为司法机关工作人员,这样的特殊身份是否适用法律规定的"职务上、业务上负有特定责任的人"?如果适用,则面对危险不能实行紧急避险。

另外一种观点认为,夏某为了保全自己的生命而强奸、故意伤害对方明显超过了紧急避险的限度条件。理由是紧急避险中衡量权益的大小,财产权是可以通过量化的标准进行对比,人身权、生命权绝对高于财产权,国家的利益又高于私人的利益,这是无可厚非的。夏某的生命权相较王某的生命权具有同等价值,我们无法说法律保护某人的生命权而舍弃另一个人的。夏某保全自身财产和生命权而强奸、杀死王某的行为超过了紧急避险的限度。

还有一种观点认为,夏某应当是以胁从犯的形式成立强奸罪和故意杀人罪,不成立紧急避险。理由在于,夏某所面临犯罪团伙的威胁是潜在的,不具有现实性,并不因夏某不履行行为而必然导致损害的发生。同时,紧急避险的对象应是不确定的。在胁从犯中,行为人的"避险"对象是胁迫人指定的,被胁迫人不能自由选择。夏某的行为符合胁从犯的构成条件。

> **法理分析**

我国《刑法》第 21 条规定："为了使国家、公共利益、本人或者他人的人身、财产和其他权利免受正在发生的危险,不得已采取的紧急避险行为,造成损害的,不负刑事责任。紧急避险超过必要限度造成不应有的损害的,应当负刑事责任,但是应当减轻或者免除处罚。第一款中关于避免本人危险的规定,不适用于职务上、业务上负有特定责任的人。"

刑法关于紧急避险的主体条件特别加以限制,源于社会运行中不断存在一些不可避免的危险,这些危险的发生必然会对社会成员的人身和财产造成损害,社会机制要求一部分具有特定身份的人必须面对和承担风险,即具有特定身份的人员面对风险是一种法定责任,如果不面对和承担风险,将受到法律的制裁。我国法律这样规定是为了实现社会利益的最大化。

何谓特殊身份的人,我国刑法中没有明确规定。可对比参看《日本刑法典》对特殊身份人员的规定:自卫队员、警察、消防员、防洪人员、船长、海员、医生、护士等。[①] 例如,消防队员面对大火就必须奋勇扑火,军人就必须服从命令参加战斗,面对战死沙场的危险。可见法律要求承担的义务范围取决于当事人职务、业务的差异。紧急避险有特殊的限制条件,即避免本人的危险,不适用于职务上、业务上负有特定责任的人。夏某是某区检察机关工作人员,根据检察官法的规定,检察官应当履行维护国家利益、公共利益,维护自然人、法人和其他组织的合法权益的义务。这就使得夏某不能成为紧急避险的主体。有人认为,夏某的行为应属于紧急避险,即为保护法益免遭正在发生的危险,不得已牺牲一个较小的法益来保护另一个较大的法益,这从法益平衡的角度来讲具有合理性。如果说夏某牺牲王某的贞操权以保护自己的生命权,还算符合紧急避险的一般成立条件的话,牺牲他人的生命来保全自己生命的紧急避险则完全不能成立。这不仅因为生命与生命之间具有等值性,更因为人的生命不能作为他人的避险手段。

紧急避险的必要限度是:紧急避险造成的损害必须小于所避免的损害。换言之,为了保护一个合法权益而损害的另一合法权益,不能等于更不能大于所保护的法益。此时就涉及法益大小的衡量。那么当生命权相冲突时,是否存在紧急避险或紧急避险过当呢?

---

① 参见《日本刑法典》第 37 条第 2 款。

关于能否以牺牲他人生命的方式来实行紧急避险,在刑法理论上,主要有三种观点。(1)否定说。这种观点认为,人的生命,只要其本身存在,就绝对受到法律的保护,是不可衡量比较的法益,不能成为紧急避险的对象。① (2)肯定说。这种观点认为,生命在法律面前的价值是平等的,用牺牲等价的生命来保全自己的生命,为排除违法性的事由;在紧急情况下,牺牲他人生命保全自己生命的行为是人的原始本性的一种复苏,是法律不能控制的;牺牲他人生命的紧急避险,有利于实现社会的最大利益。(3)折中说。这种观点主张将牺牲他人生命拯救自己生命的避险行为进行分类,分别予以考虑。如有的学者认为,在为了保全一个人的生命而牺牲另一个人的生命的场合,当然是不允许的,但在为了保护多数人的生命而牺牲一个人的生命的时候,则应当允许。

以牺牲他人生命的方式来实现紧急避险在我国法律范围内是不被允许的。在紧急状态下,牺牲他人拯救自己的避险行为并不违法。确实,以牺牲他人生命为代价的紧急避险,是人类生活中最残忍的场景之一,也是人性"恶"的最极端体现,应当受到道德的强烈谴责。但是,道德谴责和法律谴责并不是一回事,二者适用完全不同的标准和评价体系。在法律范围内想做到人命的法益权衡,并比出大小确实有违制定法律的初衷。人的生命是人身的最高权利,是人的一切权益的源泉。人命之间并不因个体的体征、地位、年龄而有所不同,我们不同意此处运用经济分析法学派的价值观作评断,将处在危险威胁下的多数人的生命看得比少数人更具有抢救价值。人命的价值恰恰不像简单的数量对比,每一个个体的损失都是不能挽回的。因此,在法律上夏某的行为不能认定为紧急避险,对造成的侵害结果应构成故意杀人或伤害罪。

本案中,夏某在自身生命受到威胁时,采取夺取王某生命权以换取自身生命权安全的手段,不仅为道德所谴责,在法律上也触犯了刑法的底线。同时需注意夏某并不是一般公民,他的特殊身份带来的义务是我们不能逃避评价的。鉴于此,夏某的紧急避险不能成立。夏某在意识自由身体受威胁的前提下,其行为也是受自己的意志支配的,只是畏于自身遭到危险。这种行为人主观上是有罪过的,应当认为构成故意杀人罪和强奸罪的胁从犯,数罪并罚。

(作者:王喆)

---

① 参见〔德〕汉斯·海因里希·耶塞克、托马斯·魏根特:《德国刑法教科书(总论)》,徐久生译,中国法制出版社 2001 年版,第 435 页。

案例21. 李某非法经营案*
——违法性认识的认定

案情介绍

2000年3月,李某与曹某(在逃)等人出资100万元,在某区注册设立了甲公司,李某担任法定代表人。2000年6月至2001年1月间,为维持甲公司的经营,李某与他人合谋,在甲公司的网站上推出了网上购物有奖竞猜活动,即只要到其加盟店购买一幅单价为680元的金箔画,就可以取得甲公司的网上竞猜成员资格和16次网上有奖竞猜机会,竞猜平均中奖率达95%以上。在此期间,李某等还推出了"特许加盟店"的奖励方法,规定特许加盟店每拓展一个加盟店,除可得到2000元的一次性奖金之外,还可享受下属加盟店销售金箔画每单15元的提成等。李某利用以上经营手法,销售金箔画共计84201单,经营额达5725万元,个人违法所得55万元。2001年2月,李某在取保候审期间,携款潜逃,直至2001年9月28日被抓获。在审理过程中,李某辩称自己无罪,理由是:其一,其所在甲公司的销售行为性质是有奖销售,不是变相传销,开展有奖销售之前其也曾向有关部门做过咨询,未受到禁止;其二,其所采用的销售方法是在没有充分了解法规的情况下实施的,缺乏违法性认识,没有犯罪的故意。某区人民法院认为:被告人李某采用高额回报为诱饵,使用后继加入者交付的钱款支付回报金额,进行变相传销,非法经营额达5725万元,个人违法所得55万元,其行为已构成非法经营罪,且系情节特别严重。判处李某有期徒刑10年6个月,剥夺政治权利2年,并处罚金200万元。

理论争议

如何认定行政犯中的违法性认识?

---

* 案例来源:中华人民共和国最高人民法院刑事审判第一庭、第二庭编:《刑事审判参考(总第31集)》,法律出版社2003年版,第50页。

法理分析

违法性认识,是指行为人认识到其行为具有违法性。这里的违法性应当区别于德日犯罪论体系中的"违法性",三阶层中的"违法性"是指行为符合构成要件,但不具备正当防卫、紧急避险等正当化事由,此处的"违法性"应当以构成要件符合性为前提,而违法性认识中的"违法性"主要表现为行为对社会的危害。两者是不同层面的问题。那么如何正确理解违法性认识中的"法"的范围呢?关于这个问题,国内外刑法理论还存在很多分歧。

(一)大陆法系刑法理论观点

(1)违反前法律规范说。该说认为如果行为人具有违反一般规范和条例的意识,就可以认定其具备违法性认识。在对违法性认识的具体内容的理解上,有学者认为,"所谓违法性意识,乃系行为在法秩序上不能容许之认识,及行为违反国民的道义之认识。"①这种学说的理论依据是,违法性认识的实质是认识到自己的行为违反禁止性规范与命令性规范。也有学者认为,违法性认识是意识到自己的行动不纯而感到心中有愧,或者说是"反人伦的意识"。违法性认识主要表现在对其行为的"不纯洁性""反人伦性""反国民道义性""反条理性"上具备一定程度的认识。

(2)法律不允许的认识说。此说是目前德日刑法理论的通说,该说认为违法性认识是指行为人认识到自己的行为不被法律所允许,或者是违反了法秩序。有学者认为,违法性认识是指有实质的违法性的意识;也有学者认为,违法性认识是指意识到自己的行为是法律所不允许的。根据该说的观点,仅仅认识到行为具有"反条理性"或"反人伦性"还不足以认定行为人具备违法性认识,违法性认识要求对行为"违反法律"或"违反实定法"有认识。但是,并不要求行为人具有可罚的违法性认识,只要具备一般的可罚性认识即可。

(3)可罚的违法性认识说。该说认为仅仅认识到行为违法是不够的,还要求行为人对其行为具有可罚性有认识。此说在德日刑法理论中已成为一种有力的主张,②其理论依据是刑法的一般预防机能。如果行为人没有认识到自己的行为具有可罚性便对之施以刑罚处罚,则达不到刑罚一般预防的目的。

---

① 洪福增:《刑事责任之理论》,刑事法杂志社1982年版,第99页。
② 参见〔日〕日高义博:《刑法中错误论的新展开》,成文堂1991年版,第180页。

(二)我国刑法理论关于违法性认识内涵的观点

(1)刑事违法性说。该说主张行为人应当认识到自己的行为违反了刑事法律。该说强调犯罪行为应当与一般违法行为相区别,不能对仅具有普通行政违法认识的行为追究刑事责任。从严格意义上的主客观一致原则的要求出发,刑事违法性认识是应有之义。正如有学者指出:"刑事违法性是犯罪的基本特征,在罪刑法定的构造中具有明确的界限,应当成为违法性认识的内容。"①

(2)违反一切规范说。该说认为只要行为人具有违反道德规范的意识,就应视为有违法性。大陆法系对违法性有实质违法性与形式违法性之分,如有学者指出:违反国家的规范,即法秩序的命令、禁止的行为是形式的违法,而具有社会危害性即反社会的或非社会的行为是实质的违法。② 违反一切规范说在本质上与我国刑法理论中"社会危害性认识"的通说是一致的。

(3)违反法律规范说。该说认为行为人应当认识到违反了一切法律规范,这里的法律规范,不仅包括刑事法规也包括其他法规,如民事法规、行政法规等,但不包括伦理道义规范。如有学者指出:"违法性认识,因系行为人在法上不能容许一事之认识,故必须与宗教、道德、社会等见地不予容许或视为有害之认识相区别。"③

在我们看来,违反法律规范说具有合理性与适当性。首先,违反一切规范说将道德与法律相混同,以抽象而宽泛的伦理规范为违法性认识的内容,将导致刑事责任过分扩大,对违法性认识的判断也变得虚幻和难以掌握。其次,刑事违法性说是不符合我国现实的,很难付诸实施。因为判断具体行为是否违反刑法是一个对专业知识要求很高的工作,而一般国民的法律知识并不能达到专业的程度,特别在行政犯罪中,因为与自然犯的性质不同,更不能苛求国民有具体的刑事违法性认识。我们认为,只要行为人认识到其行为违反了法律规范,不论是刑事法规范还是其他法规范,都是认识到其行为与国家法律不相容,法律上不允许,都应当视为存在违法性认识。因此,"违法性的内容就不应仅仅局限于刑事法律规范这一法秩序整体上极小的部分,而应从法秩序整体角度出发,考虑行为人是否存在冲突、对立的意识"④。在违法性认识的程度上,我们认为违法性认识应限定为现实和具体的认识。如果行为人对违法性只有抽象和可能性的认

---

① 陈兴良:《本体刑法学》,商务印书馆2001年版,第349页。
② 参见张明楷:《法益初论》,中国政法大学出版社2000年版,第4页。
③ 洪福增:《刑事责任之理论》,刑事法杂志1982年版,第99页。
④ 田宏杰:《违法性认识研究》,中国政法大学出版社1998年版,第16页。

识,一般无法成立故意犯罪,只能构成过失犯罪。不过,需要指出的是,此说中对违法性必须有现实的认识的要求,并不是指确定的认识,只要是行为人对违法性有直接的、现实的认识,即使只是一种不确定的认识,也不能否认行为人具有违法性认识。①

那么,司法实践中对于行政犯应当如何认定违法性认识呢?首先应当明确的是判断标准。我们认为,判断违法性认识应当以行为人自身的认识水平为标准,而不能以一般人的认识水平为标准。在具体认定上,一般而言,只要掌握了行为人对客观事实有认识的证据,除非提出能证明行为人缺乏违法性认识的证据,就可以通过其自身情况认定其具有违法性认识。违法性认识的判断在实践中比较典型的有以下几种情况:②第一,法律在公布的即日起就被施行的时候,如果行为人在法律公布实行之前就一直进行着违反该法律规范的行为,而在此之前这种行为并不违法,此时只要行为人据此提出自己不具备违法性认识,就应该认定行为人缺乏违法性认识。第二,由于自然灾害破坏了通信设施,导致刊登刑事法规的官方报纸、文件等未能发送到行为人的居住地,除非司法机关能证明行为人能通过其他的途径知道该法规的存在,就应认定行为人缺乏违法性认识。③ 第三,行为人长期生活居住地的法律与行为地的法律不同,行为人对此一无所知,按其所熟知的法律行事,结果触犯了行为地的法律。④ 这时也应认定行为人缺乏违法性认识。第四,由于国家有关机关及其公务人员的疏忽,没有对行为人进行必要的法制宣传教育,致使其不知某种法律的存在,从而实施了违法行为。⑤ 这种情况下,除非司法机关证明行为人能通过其他宣传途径知道法律的存在,否则也应认定行为人缺乏违法性认识。第五,如果行为人一直按法规要求而进行某种"合法"行为,而实际上该法规早已经失效或与上级法规相抵触。这种情况下,如果没有相反证据证明行为人"明知"该法规无效,则应认定行为人缺乏违法性认识。第六,行为人为了弄清自己行为的法律性质,善意地征询公务机关的意见,在公务机关明确答复某种行为合法的情况下,实施了该行为,但实际上公务机关的解释是错误的。⑥ 此时如果行为人不知公务机关意见是错误的,就应认定行为人缺乏违法性认识。

---

① 参见张阳:《论违法性认识》,郑州大学 2003 年硕士学位论文。
② 参见李威:《违法性认识与犯罪故意成立关系问题的研究》,吉林大学 2004 年硕士学位论文。
③ 参见刘明祥:《错误论》,中国法律出版社、日本成文堂 1996 年版,第 158 页。
④ 同上。
⑤ 同上。
⑥ 参见刘明祥:《刑法中错误论(第二版)》,中国检察出版社 1999 年版,第 220 页。

本案中，从查明的事实看，李某实施的变相传销行为，不是直接非法占有经营中所取得的他人财物，而是通过传销或变相传销的所谓"经营活动"来牟利。只要到其加盟店购买一幅单价为 680 元的金箔画，即可以取得甲公司的网上竞猜成员资格和 16 次网上有奖竞猜机会，竞猜平均中奖率达 95% 以上。李某非法传销金箔画共计 84201 单，经营额达 5725 万元，个人违法所得 55 万元，其行为符合传销型非法经营罪的特征。非法经营罪是一种行政犯，它以违反国家相关规定作为前提条件。一般来讲，在行政犯中，如果行为人缺乏违法性认识，不能认识到行为的社会危害性，就不能认定行为人有犯罪的主观故意。[①] 但李某作为一名以前曾经参与传销的人员，在国务院颁布一系列文件对各种传销明令禁止的情况下，对传销活动的特点以及其违法性应该明知。虽然其辩称开展有奖销售之前其也曾向有关部门做过咨询，未受到禁止，但其并未如实说出自己"购物有奖竞猜"活动和"特许加盟店"奖励方法的实质。"购物有奖竞猜"活动实质上是一种引诱参加者以认购商品的方式变相交纳入门费，从而取得成员资格或者发展其他成员参加的资格。"特许加盟店"奖励方法则明显就是让先参加者从发展的"下线"成员所交纳的费用中获取收益，具有传销或者变相传销的组织特征。而一般意义上的商品有奖促销法律并不禁止。因此，李某具有违法性认识，不能因此免除法律责任。

（作者：杨慧）

[①] 参见田宏杰、阮柏云：《非法经营罪内涵与外延扩张限制思考》，载《人民检察》2012 年第 23 期。

第十二章 故意犯罪停止形态

案例 22. 白某、肖某绑架案*
——犯罪"着手"的判断

案情介绍

白某于 2004 年 9 月间意图绑架陈某勒索财物,并于当月自制爆炸装置 3 枚。10 月间,白某与肖某进行绑架预谋,购买了伪造的牌号为京 OA××××的机动车号牌 1 副、警服 1 套、弹簧刀 1 把、仿真枪 1 把,窃取了牌号为京 CB××××的机动车号牌 1 副作为犯罪工具,伪造了姓名为"金某""王某"的身份证两张用于犯罪后潜逃。二人又用肖某的照片伪造了姓名为"赵某"的警官证 1 本。后根据白某制订的犯罪计划,二人于 12 月 1 日 8 时许,以租车为名从某市某社区门前将李某骗至某区附近,采用暴力手段强行劫走李某驾驶的黑色帕萨特牌轿车 1 辆(车牌号京 GW××××,价值 206800 元)。12 月 2 日早晨,二人用捡来的姓名为"李湘婷"的身份证办理了手机卡 1 张。9 时许,二人将帕萨特牌轿车的车牌号由京 GW××××更换为京 OA××××,并驾驶该车携带上述作案工具至某市某博物馆附近,冒充某市公安局领导与陈某电话联系,谎称其子涉嫌刑事案件需向其调查,欲将陈某骗上车后予以绑架勒索财物,后因误认为陈某已产生怀疑而于当日 11 时许逃离现场,并通知李某在指定地点将帕萨特轿车取回。二人于 12 月 10 日被查获归案。某市某区人民法院认定,被告人白某、肖某构成绑架罪,系犯罪预备,判处被告人白某有期徒刑 8 年,剥夺政治权利 1 年,罚金 1 万元;判处被告人肖某有期徒刑 7 年,剥夺政治权利 1 年,罚金 1 万元。

---

* 案例来源:北京市高级人民法院编:《审判前沿(总第 31 集)》,法律出版社 2010 年版,第 16 页。

> 理论争议

本案中,二被告人为了实施绑架犯罪,准备了犯罪工具,并且与被害人电话联系,试图骗出被害人,后因认识错误停止犯罪。其中,被告人未能完成犯罪是由于其意志以外的原因而造成,这一点基本不存在争议。争议的焦点在于对二被告人行为是否应当认定为"已经着手实行犯罪",如果实行行为尚未着手,成立犯罪预备,反之则为犯罪未遂。

> 法理分析

对于故意犯罪而言,存在一个动态的发展过程,犯罪过程作为一个整体,可分为犯罪的预备阶段和犯罪的实行阶段。[①] 犯罪的发展进程,可能由于主客观方面的原因,在某一阶段的某一点上被阻止或中止,从而导致犯罪的提前结束。在这种情况下就可能形成各种不同的犯罪未完成形态。如果犯罪是由于犯罪主体意志以外的原因而停止,就可能形成犯罪预备和犯罪未遂两种未完成形态。我国《刑法》第22条第1款规定:"为了犯罪,准备工具、制造条件的,是犯罪预备。"第23条第1款规定:"已经着手实行犯罪,由于犯罪分子意志以外的原因而未得逞的,是犯罪未遂。"由此可见,区分犯罪预备与犯罪未遂的关键点就在于是否已经着手实行犯罪。犯罪预备终结于预备阶段,即事实上未能着手实行犯罪;如果已经着手实行了犯罪,就不可能是犯罪预备。"着手"是犯罪实行行为的起点,着手后的行为才是实行行为。对着手的认定是判断实行行为的核心问题,也是区分犯罪未遂和犯罪预备的关键问题,然而实践中的犯罪行为千姿百态、形形色色,怎样才能正确理解并认定"着手"呢?

我国的着手理论是从大陆法系引进的,大陆法系刑法理论中,关于着手的认定,有许多不同的学说:[②]一是主观说,认为行为表现出行为者的犯罪意思达到没有二义的、不可能取消的确实性时,就是着手。二是客观说,认为是否属于实行行为的着手,应当以行为自身的客观性质为依据。其中形式的客观说认为实施了一部分符合构成要件的行为即可着手;实质的客观说又从行为无价值与结果无价值的角度分为实质的行为说和结果说,前者指开始实施具有实现犯罪的现实危险性的行为时就是着手,后者指当行为发生了作为未遂犯的结果的法益

[①] 参见赵秉志主编:《刑法新教程》,中国人民大学出版社2001年版,第210页。
[②] 参见张明楷:《刑法学(第四版)》,法律出版社2011年版,第318页。

侵害具体危险性,即法益侵害的危险达到紧迫性时,才是着手。① 三是折中说。该说从主观和客观两个方面考察,又分为主观的折中说和客观的折中说,前者是将客观行为作为犯罪意思的表征来考虑,后者则是把犯罪行为视为主客观的统一体。根据折中说,在判断行为侵害法益的危险性时,必须考虑行为人的犯罪计划。又有主客观统一说,主张以行为人是否按照其犯罪构想实施构成要件行为为着手的判断标准。可以看出无论折中说还是主客观说都关注了行为人的犯罪计划,而区别点在于是以行为达到侵害法益的危险性为准还是以实施构成要件行为内容为准。

  上述学说虽然都力求探寻出着手的认定标准,但是都有各自难以克服的缺陷。其中主观说一方面过于强调主观内容的作用,其本身因为缺乏实证可能而难以成为着手的认定标准,于是不得不从客观方面谋求着手的认定;另一方面又会导致着手的认定过于提前,比如犯意在准备工具阶段就可能已经表现,而根据主观说此时即可认定为着手。客观说忽视了主观方面的重要意义,主观上根本不具有犯罪的故意,只是为了日常生活或娱乐的行为根本谈不上犯罪行为,如将为切菜买刀视为犯罪无疑是荒唐的。形式客观说虽然以犯罪构成为标准,符合罪刑法定原则的要求,但是与法益保护的价值有所脱离,既可能导致着手的认定不当提前,也有可能不当延后,因为实施构成要件中规定的行为并不必然导致法益侵害的紧迫性。如非法入室行为,对非法侵入他人住宅罪来讲,一入室就是既遂,根本不存在预备与未遂问题;对于盗窃罪来讲,非法入室就是着手行为;如果入室是为了强奸、伤害、杀人、诈骗等,那么入室就是实施这些犯罪的预备行为。实质的客观说以法益侵害紧迫性为标准,但是它一方面弱化了构成要件的规范价值,将没有实施构成要件但具有法益侵害紧迫性的行为认定为着手,即将可能将超出构成要件的行为认定为着手,这无疑是违背罪刑法定原则的;另一方面离开了构成要件的规定,在对着手进行实质判断时,如何认定法益侵害紧迫性本身就没有明确的标准。折中说是客观说和主观说的混同调和,而不是主客观两个方面的有机统一,仍未能科学地解决着手实行犯罪的概念和标准。

  我国刑法理论界在借鉴外国刑法理论的同时对于认定"着手"也提出了几种不同主张。一是形式的客观说,认为实行着手的实质是行为人已经开始实施刑法分则所规定的某种犯罪的构成要件的客观行为。二是法益侵害说,认为应当以实质的观点即从法益侵害的立场界定实行行为和认定着手。一方面,犯罪的本质是侵犯法益,故没有侵犯法益的行为不可能构成犯罪,当然也不可能成立未

---

① 参见赵秉志:《论犯罪实行行为着手的含义》,载《东方法学》2008年第1期。

遂犯。不仅如此,即使某种行为具有侵犯法益的危险,但这种危险非常微小的,刑法也不可能给予处罚。另一方面,我国刑法处罚犯罪预备行为,而预备行为也具有侵害法益的危险。因此,犯罪未遂只能是具有侵害法益危险的紧迫的行为;故侵害法益的危险达到紧迫程度(发生危险结果)时,就是着手。① 三是主客观统一说,认为犯罪实行行为的着手是主客观相统一的概念,是指行为人已经开始实施刑法分则规范里具体犯罪构成要件中的犯罪行为。② 这里应当将"着手"理解为行为人通过着手所体现出的不同于之前预备行为的犯罪意志,以及在客观行为方面对刑法所保护的法益所造成的实际和迫切的危险的统一,而并非仅仅认为着手是客观行为与刑法分则的具体客观构成要件相符合,这与大陆法系的形式客观说存在本质上的不同。③

我们赞同我国刑法主客观统一说,"着手"应当同时具备主客观两个方面的基本特征。主观上,行为人实行犯罪的意志已经通过客观实行行为的开始充分表现出来,犯罪实行行为的着手体现了行为人主观方面的直接目的和希望并追求犯罪结果发生的意志因素。客观上,行为人已开始直接实施具体犯罪构成客观方面的行为,准备行为只是为了确保之后的实行行为能够顺利完成。而实行行为已不再属于为犯罪的实行创造便利条件的预备犯罪的性质,这种行为已使刑法所保护的具体法益受到了危害或面临实际存在的威胁。这两个主客观基本特征的结合,从犯罪构成的整体上反映了着手行为的社会危害性及其程度,也给认定"着手"行为提供了一般标准。其中客观特征是最明显的、可以直接把握的特征,主观特征也要通过客观特征来体现,因此,掌握其客观特征,对实践中正确认定犯罪实行行为的着手,具有特别重要的意义。④

考察犯罪实行行为的着手,除了认真分析刑法分则中具体犯罪的客观行为外,还要注意认真考察行为人的主观方面,坚持主观和客观相统一的原则。由于刑法分则规定的具体犯罪构成的客观行为不同,所以在认定犯罪着手时很难有一个确定的公式,必须具体情况具体分析。在认定过程中还需要坚持以下两点:⑤第一,判断着手要因罪而异,因为不同的犯罪,其实行行为是不同的,所以着手的特点也不一样。对故意杀人罪而言,开始能够剥夺他人生命的行为是杀人的着手;对抢劫罪而言,开始针对持有人施加暴力、胁迫的行为是抢劫的着手;

---

① 参见张明楷:《刑法学(第四版)》,法律出版社 2011 年版,第 319 页。
② 参见高铭暄、马克昌主编:《刑法学》,北京大学出版社、高等教育出版社 2000 年版,第 156 页。
③ 参见赵秉志:《论犯罪实行行为着手的含义》,载《东方法学》2008 年第 1 期。
④ 同上。
⑤ 参见周庆会、韩凤梅:《论犯罪的着手》,载《科技信息》2007 年第 9 期。

对敲诈勒索而言,为索要财物开始发出威胁行为是敲诈勒索的着手;对绑架罪而言,为扣押人质而开始暴力控制他人人身自由的行为是绑架的着手……而在着手之前,对被害人进行调查、了解犯罪的情况、练习犯罪的技能、排除犯罪的障碍、蹲点守候被害人、接近犯罪对象、勾结共犯、准备工具等均属于准备行为,判断着手与否客观上就看是否开始实施分则条文所规定的犯罪行为。第二,判断是否着手因案而异。犯罪的方式不同或犯罪的场合不同,着手点的把握也有所不同。具体到个案,比如故意杀人罪,用刀杀、枪杀还是毒杀,采用方式不同,着手的特点也就不同:在刀杀的场合,通常认为举刀要砍的时候是杀人的着手,因为这种行为能够直接剥夺他人生命;在枪杀的场合,通常认为举枪瞄准,正要扣动扳机的时候是杀人的着手;在毒杀的场合,开始向被害人食物里面投放毒药的时候为杀人着手。而之前的买刀、买枪、买毒药等行为只是犯罪的预备行为,它与实行行为有着本质不同。正如有学者所说,"犯罪预备行为的本质和作用,是为分则犯罪构成行为的实行和犯罪的完成创造便利条件,为其创造现实可能性,而分则具体犯罪构成中实行行为的本质和作用,则是要直接完成犯罪,要变预备阶段实行和完成犯罪的现实可能性为现实性"[1]。

具体到本案而言,本案被告人一直处于绑架被害人的意志支配当中,即在主观方面已经具备认定"着手"的条件,下面还必须考察绑架罪的客观行为。根据我国《刑法》第 238 条的规定,绑架罪是指行为人以勒索财物为目的绑架他人,或者绑架他人作为人质的行为。绑架罪的客观方面,"是使用暴力、胁迫或者其他手段劫持他人的行为"[2]。所以认定绑架罪的着手,实质上就是认定行为人是否开始实施劫持他人的行为。劫持的方式,一般认为是使用暴力、胁迫以及其他剥夺自由的手段。其他剥夺自由的手段,应当具有与暴力、胁迫相当的强制性,足以使被害人不能反抗、不知反抗或者不敢反抗,如麻醉、偷盗、拐骗婴幼儿等手段。[3] 本罪以勒索财物为目的,要达到此目的,需要控制被害人的人身自由,只有行为人实施了暴力、胁迫等剥夺被害人人身自由的行为,才可以认定为绑架的着手。本案二被告人的行为并未达到"直接"实行具体的劫持被害人的行为,而只是"伺机"来实施。即等被害人上车之后向第三人勒索财物,在性质上还应属于为犯罪实行创造条件的阶段。这种"伺机"行为状态,对于被害人来讲还

---

[1] 高铭暄、马克昌主编:《刑法学》,北京大学出版社、高等教育出版社 2000 年版,第 156 页。
[2] 同上。
[3] 参见阮其林:《论绑架罪的法定刑对绑架罪认定的制约》,载《法学研究》2002 年第 2 期。

没有形成直接的威胁,至少被害人还没有感觉到这种威胁的存在,无法说明行为人已经实施了刑法分则规定的具体犯罪构成客观方面的要件。因此本案中被告人的行为仍处于预备阶段,在预备阶段由于意志以外的原因而停止犯罪的,是犯罪预备。对于预备犯,可以比照既遂犯从轻、减轻处罚或者免除处罚。

(作者:杨慧)

案例23. 李某抢劫案[*]
——抢劫罪犯罪未遂和犯罪中止的区分

案情介绍

李某吸毒成瘾,为筹措毒资,便在某镇踩点伺机作案。2010年2月21日21时左右,李某步行至某商店时,发现该店只有刘某、李某某(年近七旬)两名妇女,便走进商店佯装要买东西,然后趁刘某走到商店后面拿东西之机,拿起商店电脑桌上一把仿真玩具手枪对准李某某并威胁道:"你要钱还是要命?"李某某被吓了一跳,然后说:"别用枪指着我问我要钱还是要命"。李某见其没有被吓倒,只好放弃了继续威胁要钱的做法,说:"阿婆,我跟你开玩笑的",然后丢下玩具手枪走出该商店。随后,李某走近商店门口一辆未锁的二轮摩托车,并迅速用手拔断该摩托车电源线,将该车推离现场约5米,然后骑上该摩托车准备逃离现场。此时刘某发现自己的摩托车被盗,便从商店跑出来抓住李某并大声喊"抓贼"。李某于是将该摩托车放倒在地,然后对着刘某的手臂连打几拳,迫使刘某松手后逃走。随后李某被周围群众追赶并抓获。经鉴定,涉案摩托车价值416元。人民法院判决被告人李某犯抢劫罪(中止),判处有期徒刑6个月,并处罚金1000元。

理论争议

本案的争议焦点在于如何区分犯罪中止和犯罪未遂。在认定过程中存在两种意见。一种意见认为,被告人以威胁方法胁迫被害人交出财物未果,其行为已

---

[*] 案例来源:最高人民法院中国应用法学研究所编著:《人民法院案例选(总第76辑)》,人民法院出版社2011年版,第40页。

构成抢劫罪,属抢劫未遂;被告人在抢劫未遂后又秘密窃取他人摩托车,在盗窃行为被发现后为抗拒抓捕当场对被害人使用暴力,其行为已转化为抢劫犯罪,因未劫取到财物也属抢劫未遂。第二种意见认为,被告人以威胁方法胁迫被害人交出财物构成抢劫罪,但其停止犯罪活动系自动放弃,属于犯罪中止,其后行为只是一般盗窃行为,不转化为抢劫罪。

法理分析

犯罪未遂与犯罪中止都是故意犯罪的未完成形态,从犯罪未遂的角度看,两者最根本的区别在于犯罪未完成是否由于犯罪分子意志以外的原因。所谓"意志以外的原因",是指违背行为人本身意愿的、在不情愿的情况下,客观上使得犯罪不可能既遂,或者行为人认为不可能实现犯罪既遂从而被迫停止犯罪。[①] 由于犯罪分子意志以外的原因而未得逞的是犯罪未遂,犯罪分子自动放弃犯罪或自动有效地防止犯罪结果发生的是犯罪中止。从犯罪中止的角度看,两者主要区分在于犯罪分子放弃犯罪是否具有"自动性"。犯罪中止是自动放弃,而犯罪未遂是被迫放弃。犯罪中止存在两种情形:一种是未实行终了的中止,即在预备阶段或犯罪实行阶段中自动停止犯罪;另一种是实行终了的中止,即在实行行为终了后自动有效地防止犯罪结果的发生。结合案情,我们主要讨论的是未实行终了的中止,并从犯罪中止的"自动性"和"彻底性"两方面进行论述。

第一,如何认定"自动性"?中止犯的成立必须具有自动性,即行为人必须是自动停止犯罪,这是犯罪中止的本质特征,也是区分于犯罪未遂的首要特征。所谓自动停止犯罪,是指犯罪分子出于自己的意志,放弃了自认为当时本可继续实施和完成的犯罪。[②] 也就是说,停止犯罪不是出于意志以外的原因。

关于认定自动性的标准,主要有主观说、限定主观说和客观说。[③] 主观说根据行为人的主观情况决定有无自动性。认为于外部有障碍的场合停止行为,不是自己意思的中止,而基于外部的障碍以外的行为人自由的意思决定的场合停止行为,是自己意思的中止。其判断基准是弗兰克公式:"能达目的而不欲"是犯罪中止,"欲达目的而不能"是犯罪未遂。限定主观说认为,基于行为人的规范意思或者广义的后悔的场合,是因自己意思的中止。即只有基于悔悟和同情等对自己的行为持否定评价的心理而主动放弃犯罪的才是自动中止。客观说主张,

---

① 参见李翔主编:《刑法:案例与图表》,法律出版社 2010 年版,第 134—135 页。
② 参见高铭暄主编:《刑法专论(第二版)》,高等教育出版社 2006 年版,第 298 页。
③ 参见马克昌:《比较刑法原理》,武汉大学出版社 2002 年版,第 559—602 页。

犯罪没有完成的原因以按照社会上一般的观念是否能认为构成通常障碍为标准,不应认为构成通常障碍的场合,是因自己意思的中止,反之则是未遂。换言之,一般人处于当时的情况下不会放弃犯罪而行为人放弃的成立中止,一般人处于当时的情况下会放弃犯罪而行为人放弃的,只能认定为犯罪未遂。这三种学说都有一定的缺陷,主观说的不足之处是没有论述外在的障碍与行为人自己的意思的关系,而行为人的意思的决定不可能不受外部情况的影响。[①] 限定性主观说则将任意性与伦理性混同,过分缩小了中止犯的成立范围,不符合我国中止犯立法的刑事政策鼓励的目的。日本有学者指出:"限定主观说在直视行为人的内心状态这一点上,虽然是正当的,但是,认为总是需要广义的后悔,这作为只不过把中止犯规定为刑罚的必要性减免事由的我国刑法的解释,失之严格。只要是行为人自己任意的中止,即使并非积极的后悔,不少情况下也可以承认刑罚减轻。"[②]客观说在考虑行为人的自动性时,抛开行为人的主观意思而以一般社会经验作为判断标准,在方法论上有值得非议之处,而且在客观判断的对象上也并不明确。如有学者指出:"客观说,不考虑成为中止动机的事实对行为人的决意如何起作用,而只考虑其在一般经验上,有没有心理强制力,如此的话,则有无任意性的判断,就完全不用考虑行为人自身的意思了,但这样的理解偏离了'基于自己意思'的法条规定的宗旨,因而不妥。"[③]

在自动性的认定上,我们认为应当坚持以主观说为主,以客观说为辅的原则,一般情况下以行为人的主观认识为标准进行判断,在采取主观说不能得出合理结论或不能确定行为人的主观认识时,应当考虑客观说,以社会一般经验作为补充。应当注意的是,在运用主观说时,"能达目的而不欲"的认定应当以行为人当时特定的环境和条件为依据,不能是没有任何根据的臆想。一方面,只要行为人自认为当时有条件可以继续实施犯罪,即使犯罪在客观上并不能实施或完成,也并不影响行为人停止犯罪自动性的成立。对于这种情况,有学者称之为"准中止"。另一方面,虽然犯罪在客观上能够继续实施与完成,但行为人却误认为犯罪已不可能进行,这种情况下不能认定其有自动性。也就是说,在实行阶段中犯罪分子停止犯罪的,认定犯罪中止与犯罪未遂主要看行为人的主观方面是否认为自己可能继续实施犯罪。此外,自动性不要求一定是真心悔过,害怕以后受到制裁、基于怜悯而放弃犯罪的不影响犯罪中止的认定。

[①] 参见马克昌:《比较刑法原理》,武汉大学出版社2002年版,第602—603页。
[②] 〔日〕大塚仁:《刑法概说(总论·第三版)》,冯军译,中国人民大学出版社2003年版,第221页。
[③] 〔日〕大谷实:《刑法总论》,黎宏译,法律出版社2003年版,第290页。

就本案而言,被告人以威胁方法胁迫被害人交出财物的行为显然构成抢劫罪,但区分犯罪未遂和犯罪中止则要结合当时的环境、条件,具体分析行为人的主观特征。被告人见被害人没有被吓倒,从而放弃继续实施犯罪行为,按照主观说的标准,此时被告人究竟是"能达目的而不欲"还是"欲达目的而不能"呢? 我们认为,绝不能将自动性限制在没有任何客观影响的场合,被害人未被吓倒当然是行为人未曾预料到的客观不利因素,但是这种不利因素根本不足以阻止行为人去实施和完成抢劫罪,行为人主观上也对此有着明确的认识。从当时的情况来看,被告人为年轻力壮的青年人,而被害人已经年近七旬,力量对比上被告人占有绝对优势,被告人胁迫被害人交出财物被拒后,被告人完全有能力继续实施犯罪,如采取暴力等手段,迫使被害人交出财物,从而达到既遂目的。但是被告人在能继续犯罪的情况下自动放弃了抢劫意图,停止了抢劫行为,应当认定其放弃行为具有自动性,成立抢劫中止。

第二,如何理解"彻底性"? 对于未实行终了的中止的认定,我国刑法理论还要求具备"彻底性"这一特征。它要求行为人在主观上彻底打消了原来的犯罪意图,在客观上彻底放弃了自认为本可能继续进行的犯罪行为,而且行为人也不打算以后再继续实施此项犯罪。[①] 在本案中,李某虽然停止了抢劫行为,但其后又有盗窃的故意和行为,能否以此认为李某放弃犯罪的行为不具备彻底性呢? 我们认为,虽然彻底性表明犯罪分子自动停止犯罪是完全而坚定的,不是由于准备不充分或时间不成熟而意图等待条件适宜时再继续犯该项犯罪的暂时性中断,但是,这里的彻底性应当是相对而言的。首先,彻底性应当指完全放弃正在进行的该项特定犯罪的犯罪意图,而不是完全放弃一切犯罪意图。具体来说,应当是指行为人主观上切断了前后犯罪意图的连续性,即主观上没有利用先前行为所创造的便利条件或者等待更有利的时机等策略性的考虑;客观上也切断了前后犯罪行为的连续性,即客观上也没有利用先前犯罪行为所创造的便利条件等行为。其次,彻底性是相对于行为人所实施的某一具体犯罪而言的,并非要求行为人在以后任何时候都不能对同一受害人犯同种犯罪。故意犯罪停止形态的本质特征在于故意犯罪行为的"停顿",犯罪形态存在于某个时间"停顿点"上,而并非存在于"一段时间或一个行为过程中"。考察一种犯罪的停止形态只能以一种行为"终结性停止"作为参照依据,而不能以行为的"暂时停顿"来确定犯罪预备、未遂或中止。[②] 在本案中,李某丢下玩具手枪走出商店时,意味着该抢劫行为的

---

① 参见高铭暄主编:《刑法专论(第二版)》,高等教育出版社 2006 年版,第 299 页。
② 参见刘宪权:《故意犯罪停止形态相关理论辨正》,载《中国法学》2010 年第 1 期。

"终局性停止",行为人自动中止了正在进行的抢劫,对这一特定的抢劫而言,可以认定行为人放弃犯罪具有彻底性,成立抢劫罪的中止。至于其后的盗窃行为则是另一个行为的开始,它是一种另起犯意的行为,如果满足犯罪构成,则成立相应的犯罪,与抢劫罪数罪并罚。如果该行为不构成犯罪,则只以抢劫罪论处。

我们认为,法院在本案的定性上是正确的,即抢劫行为成立犯罪中止,而对于其后的秘密窃取并不转化为抢劫罪。根据我国《刑法》第 269 条的规定,转化型抢劫罪是指行为人犯盗窃、诈骗、抢夺罪,为窝藏赃物、抗拒抓捕或者毁灭罪证而当场使用暴力或暴力相威胁的行为。本案中,被告人抢劫中止后又盗窃他人财物,并且在被发现后为抗拒抓捕当场对被害人使用暴力。根据 2005 年最高人民法院《关于审理抢劫、抢夺刑事案件具体适用法律若干问题的意见》的有关规定,本案被告人盗窃财物未达到数额较大,且其暴力行为未致被害人轻微伤以上后果,情节较轻、危害不大,不符合其中可以转化为抢劫的情形,应当认为只是一般盗窃行为,不能认定为抢劫罪。但是,我们认为法院的处罚是不符合法律的。我国《刑法》第 24 条第 2 款规定:"对于中止犯,没有造成损害的,应当免除处罚;造成损害的,应当减轻处罚。"在本案中,被告人并未对被害人造成损害,应当免除处罚。

(作者:杨慧)

案例 24. 詹某等诈骗案[*]

—— 诈骗罪既遂、中止、未遂的区分

案情介绍

2007 年 7 月 5 日,詹某在与女儿詹小某、詹小某的男友詹某某的共同居住处,指使詹小某和詹某某利用手机短信群发器群发短信,内容为"你好,原账号已更改,汇款请汇,户名薛某某,农业银行 95599×××××,建设银行 6227×××××,谢谢"。黄某收到上述短信后误以为是朋友向其借款所发,当日向户名薛某某、卡号 95599××××× 的中国农业银行账户内汇入 20 万元。詹某收到钱

---

[*] 案例来源:中华人民共和国最高人民法院刑事审判第一庭、第二庭编:《刑事审判参考(总第 76 集)》,法律出版社 2010 年版,第 43 页。

款已汇入账户的短信通知后,当即将其控制的户名薛某某、卡号95599××××的中国农业银行银行卡交给詹某某,指使其持该银行卡通过交通银行自动取款机取款2万元(银行扣除取现手续费20元);詹某、詹小某又持该银行卡至某市珠宝金行购买了61022元的黄金饰品。在营业员的要求下,詹某在签购单上留下了自己的姓名和身份证号。之后,詹某某按照詹某的指使,持该卡在某市多家商店购买了共计120691元的黄金饰品(最后一次持卡购买黄金饰品前现存1791元)。詹某某将购得的黄金饰品和仅剩58元的银行卡交给詹某。2007年7月10日,詹某因逃避侦查将诈骗所用的银行卡丢弃。(注:詹某在2007年6月至8月期间,利用手机群发短信诈骗钱财,使用了多张不同姓名的银行卡。)

2007年7月5日,某市棉纺织厂的徐某收到詹某、詹小某、詹某某利用手机短信群发器群发的上述诈骗短信,误以为是客户催要货款所发,因当日资金不足,徐某于7月10日向户名薛某某、卡号为95599××××的中国农业银行账户内汇款9万元,并随即电话通知客户。后徐某得知客户未收到钱款,自己受骗,于7月11日向某市公安分局报案。警方于7月13日从该银行卡的开户行中国农业银行某支行查询该银行卡余额为90058元,即通知银行冻结其中9万元。警方已将9万元发还徐某。

某区人民法院认为:被告人詹某、詹小某、詹某某利用手机群发短信先后诈骗黄某20万元、徐某9万元,数额特别巨大,其行为均已构成诈骗罪。但三名被告人诈骗徐某某9万元是犯罪未遂;被告人詹某在共同犯罪中起主要作用,是主犯,被告人詹某某、詹小某在共同犯罪中起次要作用,是从犯。法院最终以诈骗罪判处被告人詹某有期徒刑10年,剥夺政治权利1年,罚金1万元;判处被告人詹某某有期徒刑4年,罚金4000元;判处被告人詹小某有期徒刑3年6个月,罚金4000元。

理论争议

本案在审理过程中,对三名被告人的行为构成诈骗罪没有异议,被告人利用手机群发诈骗短信骗得被害人黄某20万元后,因逃避侦查丢弃银行卡而未实际取出被害人徐某所汇款项,对于其对被害人徐某实施了诈骗但未实际占有钱款的行为的犯罪形态的认定存在三种不同意见。第一种意见认为应当认定为犯罪既遂。因为被害人已经丧失了对财物的控制,遭受了财产的损失,至于行为人是否实际获得财物,并不影响其成立犯罪既遂。第二种意见认为应当认定为犯罪中止。因为行为人主动放弃了对财物的控制,且其放弃是出于自愿。第三种意见认为应当认定为犯罪未遂。因为在短信类诈骗犯罪中的既遂,不仅要求被害人基于错误认识交付财物,而且该财物应为行为人所占有。行为人为了逃避侦查丢弃银行卡后,并未实际取得卡内款项,故不能认定为既遂。

法理分析

伴随着金融、电信业的快速发展,行为人利用手机短信所特有的群发功能,设计短信陷阱诈骗手机用户的钱财,已经成为当前社会突出的问题。短信诈骗是一种新型的诈骗行为,这类犯罪不需要与被害人面对面,且受骗对象具有广泛性和不特定性。也正是因为其特殊性,在犯罪形态的认定上还存在很多分歧。在本案件的处理上,我们同意第三种意见,认为三名被告人对被害人徐某实施的诈骗行为应当认定为诈骗未遂。

刑法理论认为,只有直接故意犯罪中才存在犯罪未遂问题。关于犯罪既遂的标准有犯罪结果发生说、犯罪目的达到说和构成要件齐备说等观点,我们认为构成要件齐备说是可取的。该说认为,犯罪既遂是指已经着手实行的具体犯罪具备了具体犯罪构成的全部要件的情况。区别犯罪既遂与未遂的标志,就是犯罪实行行为是否已经具备了犯罪构成的全部要件。但对于犯罪构成要件是否完全具备的标志,在各类犯罪中可以有不同表现。[1] 具体而言,对于结果犯,以法定的犯罪结果的发生作为既遂的标志;对于行为犯,以法定的行为的完成作为既遂标志;对于危险犯,则以行为人实施的危害行为造成法律规定的危险状态作为既遂标准。

诈骗罪是一种财产犯罪,根据《刑法》第266条规定,"诈骗公私财物,数额较大的"是诈骗罪。也就是说"数额较大"是构成诈骗罪的必备要件,但是这数额较大的财物达到什么样的状态才是既遂呢?是被害人遭受损失,还是行为人实际骗取?在具体认定诈骗罪犯罪既遂和未遂的问题上又存在损失说、失控说、控制说、失控加控制说等主张。损失说认为应以财物所有人或者占有人是否交付财物而造成财产损失为标准。失控说以财物的所有人或占有人是否失去对其财物的控制为既遂与未遂的标准,即应以财物所有人、占有人是否实际失去支配权为界限。[2] 如果财物所有人或占有人因行为人的欺诈行为,实际丧失了对财物的控制,则成立诈骗罪的既遂;如果由于犯罪分子意志以外的原因,所欺诈的财物并未脱离所有人或占有人控制,则成立诈骗罪的未遂。控制说认为应以行为人

---

[1] 参见赵秉志:《犯罪未遂的理论与实践》,中国人民大学出版社1987年版,第95—98页。
[2] 参见王晨:《诈骗罪的定罪与量刑》,人民法院出版社1999年版,第73页。

是否取得对公私财物的实际控制和支配为界限。有学者指出:"犯罪既遂与否的标准是刑法分则对该种犯罪的构成要件是否齐备,齐备则为既遂,不齐备则为未遂。我国刑法中诈骗罪的构成要件是行为人以虚构的事实和隐瞒真相的方法造成了非法占有他人财物的犯罪结果。因此,非法占有财物的犯罪结果是否发生是诈骗罪既遂与未遂区分标准。'非法占有'是指行为人获得对他人财物的实际控制,而不能是其他含义。实际控制被骗财物,并非指财物一定就在行为人手中,而只要该行为人能够支配处理即可。这种实际控制被骗财物的长短以及行为人是否已经利用了该财物,均不影响诈骗犯罪的既遂。"① 失控加控制说认为应以被诈骗的财物是否脱离所有人或者占有人的控制并实际置于行为人的控制之下为标准。该说认为诈骗罪的既遂应符合两个条件:一是公私财物所有人或占有人对财物已经失去控制;二是行为人实现了自己对该物的控制。缺少任何一个条件均为诈骗罪的未遂。②

我们认同"控制说",即诈骗罪以行为人控制所骗财物为既遂标志。《全国法院审理经济犯罪案件工作座谈会纪要》规定,"贪污罪是一种以非法占有为目的的财产性职务犯罪,与盗窃、诈骗、抢夺等侵犯财产罪一样,应当以行为人是否实际控制财物作为区分贪污罪既遂与未遂的标准"。这一司法解释性文件也明确表明了在认定诈骗罪既遂标准上采取"控制说"。就本案而言,被害人将钱款打进银行卡时,能否认定被告人已经对该笔款项有了实际控制呢?针对这类案件,有学者认为,应当以被害人的钱款转入行为人的账户作为认定犯罪既遂的标准。③ 我们认为,只有当行为人从银行取出钱款时,才成立诈骗犯罪的既遂,否则只能是未遂,因为被害人的款项转入行为人的账户,并不意味着行为人已经取得了对该笔钱款的实际控制,只是为行为人实际控制该款项提供了前提和可能。虽然该款项已经在账户上,但是银行同样可以对其进行管理,一旦罪行暴露,法院可以要求银行冻结行为人的账户,该笔钱就可以完璧归赵。本案中,被告人因罪行暴露、逃避侦查将银行卡丢弃时,其已经对受害人的财物失去了控制。行为人只有通过银行卡才能实现对财物的占有,丢弃银行卡后,银行对财产的暂时保管为行为人实际占有财物设置了必要的障碍,行为人必须持合法、有效的身份证等凭证以及一系列程序才能实现对财物的非法占有。本案中,被告人在被害人徐某将 9 万元汇入该卡账户之前已经失去了对工具的控制,也就无法最终占有

---

① 赵秉志主编:《中国刑法案例与学理研究(第四卷)》,法律出版社 2004 年版,第 507 页。
② 参见钱叶六:《诈骗罪既遂与未遂认定标准刍议》,载《南京经济学院学报》2006 年第 6 期。
③ 参见王作富主编:《刑法分则实务研究(下)(第二版)》,中国方正出版社 2003 年版,第 1290 页。

该钱款；再者，因银行卡的户名不是被告人本人，其不能通过银行卡挂失等合法途径恢复对该银行卡的控制。事实上，警方之后也确实从银行追回了该笔款项。我们知道，群发短信时应当认定为该罪的着手，犯罪已着手，由于犯罪分子意志以外的原因而未得逞的，是犯罪未遂。

但是，有部分观点认为行为人主动放弃银行卡的行为应当成立犯罪中止，我们不能苟同，犯罪未遂与犯罪中止最根本的区别在于犯罪未完成是否由于犯罪分子意志以外的原因。所谓"意志以外的原因"，是指违背行为人本身意愿的、在不情愿的情况下，客观上使得犯罪不可能既遂，或者行为人认为不可能实现犯罪既遂从而被迫停止犯罪。[①] 而认定"意志以外原因"的标准应当是"足以阻止犯罪分子继续实行犯罪"。认定足以阻碍犯罪意志因素的标准应以行为人的主观感受为准。短信类诈骗犯罪的一个特点是对财物控制工具的即用即弃，行为人通过控制银行卡达到非法占有财物的目的，但银行卡同时具有易查易控的风险。本案中，行为人之所以丢弃银行卡，是为了逃避侦查，综合案件情况，被告人刷卡购物时留下了自己的姓名和身份证号，此时只要受害者发现被骗向公安机关报警便能查出犯罪嫌疑人。詹某害怕罪行暴露而丢弃银行卡是违背其本人意愿的，行为人主观认为，若不将卡丢弃将面临归案受审的危险，这一点已经足以阻止其继续实施犯罪。从詹某使用了多张不同姓名的银行卡的行为中也可以看出，其占有银行卡内骗得的钱款的犯罪意志始终存在。所以，被告人的弃卡行为实质上是被迫的，应当成立犯罪未遂。

此外，针对本案还有一点需要说明。我们知道，一个犯罪只可能存在一种犯罪形态，成立了犯罪既遂就不可能再成立犯罪中止、未遂。可能有人认为，本案应当从整体上把握，认定成立犯罪既遂，未实际占有的部分不能单独认定犯罪未遂，只能作为量刑情节考虑。我们认为，这种理解的错误在于将群发短信视为一个故意犯罪行为，实际上，群发短信给不特定的人的行为是多个故意行为，所以在诈骗罪中可能存在既有既遂又有未遂的情况，这点在司法解释上也得到了确认。最高人民法院、最高人民检察院《关于办理诈骗刑事案件具体应用法律若干问题的解释》第6条明确了诈骗既有既遂又有未遂的处罚原则，该条规定："诈骗既有既遂，又有未遂，分别达到不同量刑幅度的，依照处罚较重的规定处罚；达到同一量刑幅度的，以诈骗罪既遂处罚。"综上所述，我们认为法院的判决是合理的。

（作者：杨慧）

[①] 参见李翔主编：《刑法：案例与图表》，法律出版社2010年版，第134—135页。

第十三章 共同犯罪

案例 25. 燕某等非法拘禁案[*]

——共同犯罪中共同故意范畴的认定

案情介绍

2006年3月,李某、袁某、胡某、东某预谋绑架石某勒索钱财。袁某即以帮助他人讨债为由,纠集燕某、刘某、刘某某、刘某甲参与作案。3月9日2时许,李某、袁某、胡某、燕某、刘某、刘某某、刘某甲携带事先准备的作案工具,驾车到石某的住处,冒充公安人员强行将石某绑架至某山区的一处住房。按照事先的分工,东某留在石某住处监视石某的家属是否报案,燕某、刘某、刘某某、刘某甲负责看押石某。而后,李某、袁某、胡某向石某的家属勒索赎金80万元,购买黄金后私分挥霍。3月10日,燕某、刘某、刘某某、刘某甲得知石某与李某等人根本不存在债务关系,在石某答应给他们10万元的情况下,于次日下午将石某放走。后燕某、刘某、刘某某向石某索要6万元,私分挥霍。

理论争议

本案的争议焦点是:燕某、刘某、刘某某、刘某甲的行为应当如何定性?他们与李某、袁某、胡某、东某是形成绑架罪的共同犯罪,还是仅就看押行为成立非法拘禁罪?一种意见认为,对燕某、刘某、刘某某、刘某甲应定非法拘禁罪;另一种观点认为,对四人应定绑架罪。

---

[*] 案例来源:《最高人民法院、最高人民检察院司法解释与指导案例(刑事卷)》,中国法制出版社2010年版,第1—81页。

法理分析

共同犯罪故意是二人以上在对共同犯罪行为具有共同认识的基础上,对其行为所可能造成的危害社会的结果的希望或者放任的心理状态。共同犯罪故意是共同犯罪构成中的主观要件,是各共同犯罪人承担刑事责任的主观基础。共同犯罪故意具有双重的心理状态,体现在认识因素和意志因素中。行为人在认识因素中的双重性表现在:一方面,对自己行为可能产生社会危害性的认识;另一方面,对其他共犯人行为可能产生社会危害性的认识。同样,行为人在意志因素中的双重性表现在:一方面,对自己行为会造成社会危害结果的希望或者放任;另一方面,对其他共犯人行为会造成危害社会结果的希望或者放任。在此基础上,我们进一步阐述共同故意中的认识因素与意志因素。

(一)共同故意中的认识因素

共同故意的认识因素是指各共犯人对本人行为的社会危害性的认识以及对自己和他人共同实施犯罪的认识。共同故意中的认识因素不同于单独犯罪中的故意的认识因素。在单独犯罪的情况下,犯罪故意的认识因素只是对自己行为社会危害性的认识,即明知自己的行为可能发生危害社会的结果。但如果在共同犯罪的情况下,其犯罪故意需要包括对自己行为社会危害性的认识,同时也包括对其他共犯人行为社会危害性的认识。即"要认识到不是自己一个人单独实施犯罪,而是与他人共同实施犯罪",这是针对所有共同犯罪人而言的,它表明所有共同犯罪人都必须认识到是在利用或者利用了对方的行为,彼此协力实施犯罪。[1]

在共同故意中,行为人对其他共犯人行为性质的认识程度关系到共同犯罪的成立及构成何种意义上的共同犯罪。在刑法理论中,犯罪故意分为确定故意和不确定故意两种。确定故意是指行为人对于构成犯罪的诸事实,如犯罪客体、犯罪对象、犯罪行为等具有明确的认识。不确定故意则是指对构成犯罪诸事实并无具体确定的认识,不确定故意又可进一步分为未必故意、择一故意和概括故意。[2] 共同犯罪作为一种特殊而复杂的犯罪形态,各共犯人的地位、分工不同,决定了其主观认识程度的不同。

---

[1] 参见阴建峰、周加海主编:《共同犯罪适用中疑难问题研究》,吉林人民出版社2001年版,第103页。

[2] 参见韩忠谟:《刑法原理》,雨利美术印刷有限公司1981年版,第204页。

(二)共同故意的意志因素

共同故意的意志因素是指共同犯罪人对自己行为产生危害社会结果持希望或者放任心理态度,同时对于其他共犯人的行为产生危害社会结果持希望或者放任的态度。同样,共同故意中的意志因素有别于单独犯罪中的意志因素。在单独犯罪的情况下,行为人只是对本人行为可能造成危害社会结果持希望或者放任的心理态度。但在共同犯罪的情况下,行为人不仅对自己行为产生危害社会结果持希望或者放任心理态度,同时对于其他共犯人的行为产生危害社会结果也持希望或者放任心理态度。对于共同故意的意志一般可以区分为以下三种形态:

其一,共同的直接故意。各共犯人对于共同的犯罪行为会造成危害社会的结果持希望的心理态度。

其二,共同的间接故意。各共犯人对于共同犯罪行为会造成危害社会的结果持放任的心理态度。就共同故意是否包含共同间接故意,刑法学界存在肯定说与否定说两种观点。我们赞成肯定说,即共同故意是一种复杂的犯罪故意,各共同犯罪人主观心理之间的沟通与联络也是表现各异的。[①] 例如,两人行窃后为破坏现场而纵火,都看到有值班人员在休息,但都置之不顾而一人泼油一人点火,终于将值班人员烧死。他们显然都知道其行为合在一起可能将值班人员烧死,却心照不宣地对危害结果的发生持放任心态,[②]因而存在共同故意的主观意思联络。

其三,一方直接故意与他方间接故意。参与共同犯罪行为人中一部分人对于共同犯罪行为产生危害社会结果持希望的心理态度,而另一部分行为人则持放任的心理态度。对此,学界同样存在肯定说与否定说两种观点。我们赞成肯定说,即直接故意与间接故意虽然存在着区别,但两者在明知故犯这一点上是相同的,在这一共同的前提下,对犯罪的伴随结果持希望或者放任的心理态度是完全可能的。[③]

依据不同的共犯理论,行为人之间哪些方面所具有的共同才可能成立共同犯罪的标准是不同的。

犯罪共同说认为,共同犯罪必须是数人共同实行某一犯罪,或者说二人以上

---

① 参见陈兴良:《共同犯罪论(第二版)》,中国人民大学出版社 2006 年版,第 99 页。
② 参见阴建峰、周加海主编:《共同犯罪适用中疑难问题研究》,吉林人民出版社 2001 年版,第 104 页。
③ 参见陈兴良:《共同犯罪论(第二版)》,中国人民大学出版社 2006 年版,第 99 页。

只能就实施的完全相同犯罪行为成立共同犯罪。例如,A 以杀人的故意、B 以伤害的故意,共同对 C 实施暴力行为导致了 C 死亡。犯罪共同说主张者认为,由于 A 与 B 都是正犯,但各自触犯的罪名不同,因而不能成立共同正犯,只能分别以单独犯论处。

部分犯罪共同说认为,二人以上虽然共同实施了不同的犯罪行为,但当这些不同的犯罪行为之间具有重合的性质时,则在重合的范围内成立共同犯罪。例如,A 以杀人的故意、B 以伤害的故意共同加害于 C,只在故意伤害的范围内成立共同正犯。但由于 A 具有杀人的故意和行为,对 A 应当定故意杀人罪。

行为共同说也称"事实共同说",认为共同犯罪是数个人共同实施了某行为,而不是共同实施特定的犯罪。或者说各行为人以共同行为实施各自的犯罪时也成立共同正犯。换句话说,即在"行为"方面,不要求共同实施特定的犯罪,只要行为具有共同性就可以构成共同犯罪;同时在"意思联络"方面,也不要求各行为人必须具有共同实现犯罪的意思联络,只要就实施的犯罪行为具有意思联络就可以成立共同犯罪。[①]

我们赞同行为共同说,正如有学者所认为的,共同犯罪是违法形态,共同犯罪中的"犯罪"首先是指违法层面意义上的犯罪,而完全意义上的犯罪包含符合构成要件的违法与责任两个层面,所以,对共同犯罪应当采用行为共同说。[②]

综上所述,结合本案来看燕某等对于自己行为的认识仅局限在非法拘禁的范围内,对于其他共犯人行为的社会危害性认识的可能性也仅局限在非法拘禁内。即作为帮助犯的地位及其在共同犯罪中所发挥的功能,不能要求其对于其他共犯人可能实施的更为严重的犯罪行为有预见的义务并形成间接的共同故意,也即中断了燕某等其他共犯人形成绑架罪的共同故意。同时,依据行为共同说的观点,一方面,在认定共同正犯时,行为共同是指构成要件的重要部分共同,另一方面,即使承认成立共同犯罪,各共犯人也只能在自己故意、过失限度内承担责任。据此,我们认为燕某等仅在非法拘禁罪的范围内构成共同犯罪,因缺乏共同绑架故意的意思联络而不构成绑架罪共犯。

(作者:程阳强)

[①] 参见张明楷:《刑法学(第四版)》,法律出版社 2011 年版,第 358 页。
[②] 同上。

案例 26. 余某、赵某职务侵占案*
——共同犯罪中身份犯与主犯的竞合认定

案情介绍

2007年开始余某成为某热电有限公司(以下简称A公司)主管热网供应工作的员工。主要职责是供汽管道的检查、修理和供汽单位蒸汽流量表的安装、检查、修理、抄表以及收取蒸汽价款。2007年6月,A公司开始向赵某夫妇成立的B公司提供蒸汽。2007年7月开始,赵某为了少付蒸汽使用费,擅自拆开蒸汽流量表,采用回拨指针的方法将蒸汽流量表显示的数据人为减少。余某在抄表时怀疑B公司在蒸汽流量表上动手脚,但未将此事向A公司反映,仍按蒸汽流量表上显示的蒸汽用量数据抄录并报A公司。为了让余某不将B公司在蒸汽流量表上动手脚之事反映至A公司,赵某自2007年10月开始,每月送给余某现金或购物券2000元。2009年6月增加至每月3000元,还在传统节日送给余某现金1000元。余某收受赵某给予的财物后,一直未将B公司在蒸汽流量表上动手脚之事反映至A公司。2009年4月至12月,余某不再抄表,采取编造数据的方法报至A公司并据此结算蒸汽价款。

理论争议

本案中,就余某与赵某构成共同犯罪时间起点存在三种不同的意见。第一种意见认为,自2007年7月起余某与赵某就构成职务侵占罪的共同犯罪;第二种意见认为,2007年10月余某收受赵某财物时两人才构成职务侵占罪的共同犯罪;第三种意见认为,直到2009年4月余某采取编造数据时起两人才构成职务侵占罪的共同犯罪。

法理分析

《刑法》第25条第1款规定:"共同犯罪是指二人以上共同故意犯罪。"按照

---
* 案例来源:浙江省高级人民法院编:《案例指导(总第四卷)》,中国法制出版社2012年版,第21页。

条文字面意思,共同犯罪中,参与犯罪的人必须有二人以上,根据参与犯罪的人是否均实施了刑法分则规定的犯罪构成的行为,把共同犯罪分为实行人共同犯罪和参与人共同犯罪。

实行人共同犯罪是指全体参与犯罪人都实施了刑法分则所规定的具体犯罪行为的情况。① 在这些共同犯罪中,每个行为人都积极实施了作为行为,对于共同犯罪的结果均具有直接的原因力,因此每个人都应承担刑事责任。这种共同犯罪无非是将单个人的犯罪进行了简单的叠加,因此在实践中已无实质的意义。

参与人共同犯罪是指,在参与犯罪的两个以上的行为人中,至少有一名或者几名犯罪参与人是直接实施犯罪的实行人,其他人没有直接实施犯罪,而仅仅是参加了犯罪,提供了帮助性或者教唆性的支持。② 我国的刑法关于共同犯罪的规定正是基于参与人共同犯罪理论作出的。参与人共同犯罪中,没有直接实施刑法分则构成要件行为的行为人也须因构成共同犯罪而承担相应的刑事责任。

在参与人共同犯罪基础上,进一步分析各共同犯罪人承担刑事责任是否应区别对待的问题,形成了一元性理论和二元性理论。

一元性理论也称为"扩张性实行人理论",其认定犯罪参与人的刑事责任的标准是行为人对实现犯罪是否具有原因性贡献,而不考虑贡献的大小和种类。一元性理论认为从犯也须承担主犯的刑事责任的理论基础有两点:一是代理理论。即从犯同意接受主犯(代理人)的约束,因此作为被代理人应为代理人实施的行为承担责任。二是剥夺个人身份理论。即选择实施帮助犯罪的行为人就失去了一个意志自由人身份的资格。

二元性理论也称为"限制性实行人理论",其认定犯罪参与人的刑事责任的标准是,参与人应承担与实行人不一样的刑事责任。主要的理论基础是参与人从属性理论,即各共同犯罪参与人的刑事责任附属于实行犯罪行为人的刑事责任。

我国《刑法》第26条、第27条、第28条、第29条分别规定了主犯、从犯、胁从犯、教唆犯的刑事责任。因此我国刑法明显是采用了共同犯罪二元性理论。

最高人民法院《关于审理贪污、职务侵占案件如何认定共同犯罪几个问题的解释》第2条和第3条分别规定:"行为人与公司、企业或者其他单位的人员勾结,利用公司、企业或者其他单位人员的职务便利,共同将该单位财物非法占为己有,数额较大的,以职务侵占罪共犯论处。""公司、企业或者其他单位中,不具

---

① 参见王世洲:《现代刑法学(总论)》,北京大学出版社2011年版,第240页。
② 同上。

有国家工作人员身份的人与国家工作人员相勾结,分别利用各自的职务便利,共同将本单位的财物非法占为己有,按照主犯的犯罪性质定罪。"

关于该规定,有学者指出:国家工作人员与公司、企业或者其他单位中的非国家工作人员相勾结,利用各自职务上的便利占有单位财物的情形如何定罪,用传统的罪数理论分析,实际上是想象竞合犯,因为各共犯可能有不同的分工,但其行为已经结合为不可分割的统一体,即行为同时触犯贪污罪和职务侵占罪,换句话说,就是互为共犯,因而应当从一重处断。①

《刑法》第382条第3款规定:"与前两款所列人员相勾结,伙同贪污的,以共犯论处。"对这一规定,立法机关解释为:这里所说的"伙同贪污",是指伙同国家工作人员进行贪污,其犯罪性质是贪污罪,对伙同者,应以贪污罪的共犯论处。②但是这一解释并没有从共犯理论上对"伙同"作出确切的界定,即这里的"伙同"是指教唆、帮助还是包括共同正犯。

另外,《刑法》第382条第3款是关于纯正身份犯的规定还是关于非纯正身份犯的规定?应该说这是纯正身份犯的规定。《刑法》第243条第2款规定:"国家机关工作人员犯前款罪的,从重处罚。"这里国家机关工作人员犯诬告陷害罪就是不纯正的身份犯。那么,公司、企业或者其他单位的工作人员与他人共同进行职务侵占或者盗窃,这种情况下公司、企业或者其他单位的共同人员的身份是构成身份还是加减身份?对此有学者认为这时行为人的身份是加减身份而非构成身份。③故此,《刑法》第382条第3款规定的共犯,并不包含国家工作人员与非国家工作人员的共同正犯。这一观点同样适用于刑法关于职务侵占共同犯罪。

但是根据上述司法解释第3条的规定,《刑法》第382条第3款的"以共犯论处",包括共同正犯。显然这一规定违反了刑法对具有特定身份的人和不具备特定身份的人实施相同行为,分别定罪以体现对特定身份人犯相同罪行处以较重刑的法理。同时该解释强调利用特定职务便利才能以职务侵占罪共犯论处。因此,没有利用公司、企业或者其他单位工作人员职务上的便利的,仍应定盗窃罪的共同正犯,而非职务侵占罪。

那么只有纯正身份犯才能实施的行为,无身份者是否能实施呢?这里应区分两种情形:

---

① 参见王作富主编:《刑法分则实务研究(第三版)》,中国方正出版社2007年版,第1768页。
② 参见胡康生、郎盛主编:《中华人民共和国刑法释义(第三版)》,法律出版社2006年版,第573页。
③ 参见陈兴良:《判例刑法学(上卷)》,中国人民大学出版社2009年版,第440页。

第一种情形：只有具有特定身份的人才有可能实施，没有这种身份的人根本不能实施或者只能实施部分行为。① 如受贿行为只能由国家工作人员实施，其他人则不能实施。又如强奸罪的实行行为只能由男子实施。对此，最高人民法院、最高人民检察院、公安部《关于当前办理强奸案件中具体应用法律的若干问题的解答》指出："妇女教唆或者帮助男子实施强奸犯罪的，是共同犯罪，应按照她在强奸犯罪活动中所起作用，分别定为教唆犯或者从犯，依照刑法有关条款论处。"即妇女不能成为强奸罪的共同正犯。

第二种情形：某一行为无论是有身份者还是无身份者均可实施，但刑法规定为不同犯罪，予以不同法律评价。② 如非法开拆他人信件的，如果是普通公民实施的，构成侵犯通信自由罪，如果邮政工作人员实施的，则构成私自开拆邮件罪。在职务侵占罪和盗窃罪中，非公司、企业或者其他单位的工作人员不可能利用职务便利而构成职务侵占罪。

《刑法》第271条规定了职务侵占罪。所谓职务侵占罪是指公司、企业或者其他单位的人员，以非法占有为目的，利用职务上的便利，侵吞、骗取、窃取或者以其他手段非法占有本单位财物，数额较大的行为。公司、企业人员职务上的便利，是指行为人在公司、企业或者其他单位担任的职权，或者因为执行职务而产生的主管、经手、管理单位财物的便利条件。即使是单位成员，但窃取、骗取财物并没有利用职务上的便利的，不构成职务侵占罪，而可能构成盗窃罪或者诈骗罪。

综上所述，在身份犯、非身份犯、主犯、从犯并存的共同犯罪中，结合本案，我们认为：在第一个阶段，即2007年7月至2007年10月间，赵某以非法占有为目的，盗窃较大数额的公私财物构成盗窃罪。此时的余某明知赵某可能实施盗窃行为，依据职责应将此情况反映至公司，却采取消极的不作为行为，客观上为赵某的盗窃行为顺利进行提供了帮助，与此同时赵某并不知道余某为自己的盗窃行为提供了帮助，因此在这个阶段余某与赵某形成盗窃罪的片面共犯。在第二个阶段，即2007年10月至2009年4月间，赵某与余某就共同盗窃行为形成明确的共同故意，但此时余某是否构成职务侵占罪？我们认为不构成，依据之前的论述可知，此时赵某实施盗窃行为虽然在一定程度上利用了余某的职务便利，但是在本案中，赵某窃取他人财物的行为更直接表现为盗窃罪的构成要件行为。即赵某构成盗窃罪正犯，余某构成盗窃罪共犯（帮助犯）。在第三个阶段，即

---

① 参见陈兴良：《判例刑法学（上卷）》，中国人民大学出版社2009年版，第442页。
② 同上书，第443页。

2009年4月至12月间,余某利用职务便利,采取编造数据的方法窃取单位财物,已经具备了职务侵占罪的构成要件。此时的共同犯罪实行行为更直接地表现为职务侵占行为,而不是秘密窃取的行为。即余某构成职务侵占罪正犯,赵某构成盗窃罪共犯(帮助犯)。

(作者:程阳强)

案例27. 郭某等故意杀人案*
——教唆犯撤回教唆的定性与量刑

案情介绍

2009年4月间,郭某(女)在某市轮渡码头海滨公园附近经营烧烤摊,因琐事与王某等人发生矛盾。2009年5月14日凌晨4时许,郭某与郑某等人在吃烧烤喝酒时,发现之前与其有过节的王某、纪某及陈某某等人也在对面的烧烤摊吃烧烤,遂向郑某提议给对方一点教训。郑某先打电话纠集陈某前来报复对方,然后又打电话让林某携带砍刀到现场。郭某听到郑某打电话叫人带刀过来,即竭力进行劝阻,郑某遂让甘某拉住郭某。尔后陈某先赶到现场,随后林某携带砍刀来到现场。郑某、陈某各取一把砍刀欲往对面的烧烤摊冲过去时,郭某挣脱上前拉住郑某进行阻止,但郑某打了郭某脸部一下,并踹了一脚,与陈某各持一把砍刀继续冲上前去。王某、纪某和陈某某见状四散跑开。由于陈某某身体残疾,行动较为迟缓,陈某、郑某在大同路79号之三前的马路上追上陈某某,并持刀朝其腿上、肩部、背部等部位猛砍十多刀,其中郑某砍了数刀,陈某砍了十多刀,之后二人一起逃离现场。陈某某受伤后被送至医院抢救无效后死亡。经法医鉴定,陈某某系全身多处被锐器砍伤致创伤性失血性休克而死。

理论争议

本案中,一种观点认为郭某虽然实施了教唆行为,但教唆内容不明确,对于郑某等人拿砍刀进行伤害的行为极力反对和劝阻,因此郑某、陈某拿刀砍人的行

---

* 案例来源:《人民司法(案例)》2012年第12期,第65页。

为超出了郭某的教唆故意,属于实行过限。另一种观点认为虽然客观上郭某没有成功阻止郑某等人的犯罪行为,但主观上是积极进行阻止,客观上也有积极阻止的行为,应当认定为教唆犯罪中止。

法理分析

教唆犯是指引起他人犯罪意思,使他人产生犯罪决意的人。

(一)成立条件

1. 教唆故意

教唆故意,是指诱发他人犯罪的故意。其应当具有双重意义上的故意,即教唆者对自己的行为引起他人的犯罪故意具有明确认识;同时,认为自己教唆的犯罪能够达到既遂状态。

只是抽象地叫他人去犯罪并不构成教唆,教唆的故意当中应当包括教唆犯对于犯罪内容的具体认识,即教唆犯对于与正犯将要实施的犯罪有关的重要构成事实,应当具有相当程度的认识,知道自己是在教唆他人实施杀人、伤害、抢劫或者强奸等行为。当然,教唆犯需要认识所教唆犯罪的重要构成事实,并不要求其认识犯罪的所有细节。

我国刑法理论一般认为,教唆故意的内容是,教唆犯认识到自己的教唆行为会使被教唆者产生犯罪意图进而实施犯罪,以及被教唆人的犯罪行为可能发生危害社会的结果,仍希望或者放任被教唆人实施被教唆犯罪行为及其危害结果的发生。

2. 教唆行为

(1)教唆的方法。教唆行为的实质是引起他人的犯罪故意,被教唆行为与教唆行为之间具有因果关系的,教唆人与实行行为人才成立共同犯罪。

至于教唆的具体方法,刑法并无限制。在司法实践中,教唆方法主要有以下种类:一是劝说方法、二是请求方法、三是挑拨方法、四是刺激方法、五是利诱方法、六是怂恿方法、七是嘱托方法、八是胁迫方法、九是诱骗方法、十是授意方法。[1]

(2)被教唆人实行犯罪。行为人是成立教唆犯还是成立间接正犯,取决于利用他人的行为本身是否具有实行行为的实质性,或者说取决于对符合构成要件事实的实现是否具有支配力。

---

[1] 参见陈兴良主编:《刑法总论精释》,人民法院出版社2010年版,第521页。

（3）被教唆者的特殊性。一是被教唆者必须是原来没有犯罪意思的人；二是被教唆人必须是具有规范意识，可能形成反对动机的人；三是被教唆人必须是特定的人。

教唆行为必须是唆使他人实施较为特定犯罪的行为，让他人实施所谓不特定犯罪的，难以认定为教唆行为。另外，教唆行为的成立并不要求行为人就具体的犯罪时间、地点、方法等作出指示。

（二）教唆未遂

《刑法》第29条第2款规定："如果被教唆的人没有犯被教唆的罪，对于教唆犯，可以从轻或者减轻处罚。"

依据共犯从属性说中的限制从属性理论，正犯行为决定共犯的存在，共犯的成立以正犯行为的存在为必要。在正犯（被教唆者）着手犯罪的实行行为且具有违法性时，才可能成立教唆犯。换言之，至少在正犯着手实行时，才有成立教唆犯的余地。因此，被教唆人着手实施犯罪但没有得逞的，才能认定为教唆的未遂，失败的教唆与无效的教唆不应当成立教唆未遂，即正犯行为尚未着手的，不能对教唆犯加以处罚。

（三）教唆行为与共谋的区别

通说认为，对仅参加了共谋的人，或者虽然参加了全部共谋，但不曾做出过任何共同行为的人，参加共谋本身是预备，或是阴谋。[1] 也就是说共谋人在理论中被认为是共同正犯。

我们认为有些行为虽看似一种教唆行为，源于犯意的发起者，但犯意的发起者并不一定就应认定为教唆者。教唆是一种使他人产生犯意的行为，但教唆行为必须具有一定的特定性，即教唆者的意思须较为明确地传递给被教唆者，且被教唆者正确理解。至于犯意的发起者而言，其发起的犯意被其他共犯人所认可，形成一致的犯罪意思。这种主观上的意思联络、修正的过程是共谋的过程，各共犯人须为其他行为人的行为共同承担责任。这是共同意思主体说的内容。这一学说认为，二人以上在实现一定的犯罪目的的基础上，聚集成为一个整体作为超个人的整体，构成共同意思主体。在这种共同体下，任何一个单个主体的活动，均是共同意思主体的活动，因而，当共同体中的一人实行犯罪时，共同体的全部成员亦应视为实行了犯罪，并对此负责。[2]

---

[1] 参见张明楷：《未遂犯论》，中国法律出版社、日本成文堂1997年版，第440—448页。
[2] 参见叶良芳：《实行犯研究》，浙江大学出版社2008年版，第95页。

在本案中，虽然郭某提议给对方一点教训，但这并不是简单的教唆行为，而是一种犯意的提出，对于郑某打电话要求带刀的行为，郭某立即表示反对，这表明郭某对于给予王某的教训仅限于一般的拳脚相向，而不是使用刀械给予对方放任结果的打击。但郑某不顾郭某的反对，执意携带刀械实行杀害行为。这已经超出了与郭某形成的共同故意范围，属于实行过限。即郑某等人应对自己的犯罪行为负责，郭某在故意伤害的范围内与郑某等形成共同犯罪。之所以不认定郭某的行为为教唆行为，一是郭某提出的教训对方，并不具有较为明确的教唆内容，二是郭某明确表示反对使用刀械，这表明郭某所指的教训只是一般的教训，而不是持刀伤害，更不是要求杀害对方。因此郭某是犯意的提出者，但并不构成教唆者，无须就郑某等人的杀害行为负责。

（作者：程阳强）

案例28. 央视新台址大火案[*]

——危险物品肇事的共同过失犯罪认定及处罚原则

案情介绍

徐某在任央视新台址办主任兼央视国金公司董事长、总经理期间，擅自决定于2009年2月9日晚在央视新台址施工区内燃放烟花，并指派邓某某等人筹办燃放烟花的相关工作。2008年12月至2009年2月间，沙某在徐某的授意下，与刘某某、李某某、宋某某共同商定购买A级烟花。耿某带领刘某某、沙某、李某某、宋某某等人进入央视新台址工地确定燃放地点。胡某某则按照徐某的指示通知田某某、陈某某协助办理燃放前的工作。2009年2月初，刘某某委托物流公司使用汽车将A级烟花及燃放设备从甲省运至乙省某县，存放于刘某某的只具备C级仓储物资的供销社仓库内。陈某某协助并联系李某某安排烟花进入工地事宜。刘某某同宋某某、薛某某、张某某使用厢式货车将烟花及燃放设备运至央视新台址燃放地点。在刘某某的指挥下，曾某某分别通知李某某、陈某甲安排消防、保安工作。戴某某按照邓某某的指示，为燃放活动布置准备工

[*] 案例来源：北京市高级人民法院编：《审判前沿（总第32集）》，法律出版社2010年版，第105页。

作。2009年2月9日20时许,王某某在徐某授意下,点火启动了烟花燃放活动。该烟花燃放造成重大火灾,致1名消防员死亡,8人受伤,建筑物过火过烟面积21333平方米,直接经济损失达1.6亿多元。

> 理论争议

各被告人是否构成共同过失犯罪以及是否构成危险物品肇事罪成为本案控辩双方争议的焦点。公诉机关认为本案构成共同过失犯罪,应当以危险物品肇事罪对各被告人分别定罪处罚;辩护人则认为依据我国刑法的规定,各被告人的行为不构成共同犯罪,同时各被告人的行为亦不构成危险物品肇事罪。

> 法理分析

在大陆法系国家的刑法理论中,关于过失的共同正犯的成立与否的问题,存在着肯定说与否定说之争。

一、大陆法系国家的刑法理论

(一)肯定说

1. 行为共同说

依据传统的行为共同说的理论,共同正犯是指以行为的共同作用作为必要要件,所以只要具有共同实施某一犯罪行为的意思即可成立共同犯罪,因此,完全可以认定过失共同正犯的成立。

在行为共同说中产生了"不真正不作为犯说"的理论,提出该理论的日本学者山口厚认为,过失的共同正犯负有使其他的共同行为者遵守注意义务的作为义务,该义务是由不真正不作为犯的过失共同正犯而产生的"共同作为义务"。共同者对于所共同实施的全部行为,都产生了各自共同回避结果的作为义务状态。因此,由共同的先行行为、共同排他的支配等,发生共同正犯所固有的共同作为义务。根据该学说,如果能够肯定对结果的因果性以及预见可能性,对作为犯也可以肯定过失共同正犯。

2. 犯罪共同说

(1)共同义务共同违反说。共同义务共同违反说认为,在两个以上行为人共同实施了具有高度危险性行为的情形下,各行为人都负有共同防止结果发生的义务。

(2) 过失的共动理论。日本学者内田文昭认为,在过失犯中,应当区分有意识的部分与无意识的部分。"过失行为,可分为意识的部分与对所发生的结果无意识、因果的部分。否定过失共同正犯论者,或者认为,意识的部分在法上无意义,或者认为,无意识的部分不能说有共同。这种思考方法并非不当。过失共同正犯肯定论者,只重视意识的部分,认为这部分有意思的联络就成立过失共同正犯;或者只重视不过是原因力的竞合的无意识的部分,只要有行为共同就成立过失共同正犯。这样的肯定论本身就应当被否定。过失行为在刑法上的意义,不在于有意识的部分,也不在于无意识的部分,而在两者的连接点。迄今为止的肯定论与否定论,都没有明确这一点。"[①]

(二) 否定说

该学说认为共同正犯只能在共同故意的情况下才能构成,所谓的过失的共同正犯应当理解为过失犯的同时犯。在过失犯的情况下,意思联络并不是关于犯罪的意思联络,因此将它作为共同实行犯罪的意思是不够充分的,也不符合过失犯的本质属性。并且过失行为是事后的评价概念,所以在过失行为中不可能存在"共同"的法律问题。

(1) 犯罪共同说。犯罪共同说认为,共同正犯的意思的相互了解只存在于故意之中,因而否认过失的共同正犯。该说同时认为共同正犯所共同实行的犯罪行为必须是特定的某一犯罪,因此只有在故意与故意之间成立共同正犯,而故意和过失之间则不能成立正犯。

(2) 人格责任论。日本学者团藤重光认为,过失犯的本质的要素是注意义务违反,而注意义务违反的存在论的基础是在行为之下的人格。给过失犯赋予犯罪性的本质的部分是行为人人格支配意识下的东西,而这部分的共同,是很难被考虑的。因此,过失犯的共同正犯虽然在概念上是可能存在的,但即使存在,也与故意犯的构造不相同。

(3) 共同意思主体说。该学说认为共同正犯的意义在于共同行为者的行为一致指向了一个共同的犯罪目的,并在此基础上行为人相互之间才有了"相互的了解"。但在过失犯的场合,不可能形成这样的"共同意思主体"。

(4) 机能的行为支配。该说主张共同正犯的本质在于机能的行为支配,即共同参加犯行的各行为人机能分工、共同发挥作用的场合。这种行为支配意味

[①] 陈家林:《共同正犯研究》,武汉大学出版社 2004 年版,第 188 页。

着"共同的分业",因此在不可能形成犯行决意的过失犯的场合,共同正犯就连成立的余地都没有。

二、我国学者的观点

我国学者的观点主要有:

(一) 否定说

关于共同犯罪的本质,我国的通说是完全的犯罪共同说,即认为"两人以上实施危害行为,罪过形式不同的,不构成共同犯罪","实施犯罪时故意内容不同的,不构成共同犯罪"①。有学者认为,一是过失共同犯罪不具有共同犯罪的本质特征——共同犯罪行为是一个统一的有机整体,二是过失共同犯罪不存在行为人在共同犯罪中所具有的分工和所起的不同作用,三是我国《刑法》第25条规定:"二人以上共同过失犯罪,不以共同犯罪论处。应当负刑事责任的,按照他们所犯的罪分别处罚。"根据这一规定,共同过失犯罪的责任,不是采取共同责任的原则,而是采取独立责任的原则。这一规定科学地解决了过失犯有无共同犯罪的争论。②

(二) 肯定说

有学者认为:"共同过失犯罪指两人以上由各自的过失行为共同造成某种危害社会的结果的犯罪形态。"③还有学者认为:"过失共同犯罪只限于过失共同正犯,所谓过失共同犯罪是指两人以上的行为人负有防止危害结果发生的共同注意义务,由于全体行为人共同的不注意,以致危害结果发生的一种共同犯罪形态。"④

我们赞同在司法实践中承认共同过失犯罪,主要理由如下:

第一,过失共同正犯是客观存在的现象,不以立法态度为转移。"在司法实践中,由两人以上的过失行为所构成的共同犯罪是屡见不鲜的,而且司法人员也不可避免地要根据每个行为人的过失行为对危害结果所起的作用来解决他们的刑事责任问题。这说明,共同过失犯罪是一个客观存在的社会现象,不承认它是

---

① 高铭暄、马克昌主编:《刑法学》,北京大学出版社、高等教育出版社2000年版,第170页。
② 参见马克昌主编:《犯罪通论(第三版)》,武汉大学出版社1999年版,第519页。
③ 姜伟:《犯罪故意与犯罪过失》,群众出版社1992年版,第428页。
④ 冯军:《论过失共同犯罪》,载《西原春夫先生古稀祝贺论文集》,中国法律出版社、日本成文堂1997年版。

不切合实际的,也是不明智的。"①

第二,对这种现象如果不作为共同犯罪,势必使某些案件得不到妥当处理。从刑事责任的角度讲,以各个行为人的行为单独追究责任,不仅增加举证难度,而且,难以正确确定各自的刑事责任,甚至有加重其各自刑事责任之虞。

第三,事实上我国刑法承认"共同过失犯罪"这一概念。《刑法》第 25 条第 2 款规定:"二人以上共同过失犯罪……"最高人民法院《关于审理交通肇事刑事案件具体应用法律若干问题的解释》第 5 条第 2 款规定:"交通肇事后,单位主管人员、机动车辆所有人、承包人或者乘车人指使肇事人逃逸,致使被害人因得不到救助而死亡的,以交通肇事罪的共犯论处。"

第四,从刑事政策的需求来看,在现代社会,随着科学技术的不断发展和提升,专业性增强、危险性加大的工作越来越多,导致各种责任事故频频发生。如果以过失共同犯罪案件处理,一方面,有利于各工作人员之间的协作,赋予各工作人员相互监督的法律义务;另一方面,当工作人员过失共同导致严重结果发生时,可以追究其过失共同犯罪的刑事责任,这也是有效遏制过失犯罪的重要举措。

综上所述,在本案中,各被告人的行为相互结合,形成前后连续的整体,共同导致央视新台址重大火灾的发生,造成巨大损失,所有被告人构成共同过失犯罪,具体应定危险物品肇事罪。

(作者:程阳强)

案例 29. 张某、王某抢劫案*

——共同犯罪中止形态的认定

案情介绍

2007 年 7 月间张某、王某因赌博输钱而预谋实施抢劫,并准备了气动枪一

---

① 侯国云:《过失犯罪论》,人民出版社 1993 年版,第 164 页。
* 案例来源:《最高人民法院、最高人民检察院司法解释与指导案例(刑事卷)》,中国法制出版社 2010 年版,第 232—233 页。

支、匕首一把,自制"爆炸装置"一个,以周某为作案对象,并制订了详细的抢劫计划。2008年8月上旬一天,张某、王某伙同他人携上述作案工具来到周某家附近欲实施抢劫,因见周某家附近有警车巡逻而感到害怕,未能着手实施。后王某因心中害怕以拖延打发,张某因急需用钱表示无法再等下去,后直接向王某索要自动气枪等作案工具,于是王某将自动气枪和自制的"爆炸装置"给了张某。2008年8月25日凌晨2时许,张某经事先预谋携带包括王某提供的作案工具来到周某房间内实施了抢劫。

一审法院认为,被告人张某、王某伙同他人以非法占有为目的,采用暴力、胁迫等手段入户抢劫公民财物,其行为已构成抢劫罪,被告人张某在共同犯罪各个环节中均有参与,在具体实施抢劫过程中行为积极、起主要作用,系主犯。被告人王某在共同犯罪准备阶段有积极行为,但在具体实施抢劫过程中只起到了提供作案工具的次要作用,相对作用较小,认定为从犯。一审判决认定被告人张某、王某均构成抢劫罪。一审宣判后王某不服提出上诉,理由是其对抢劫一事不知情,应属于犯罪中止。二审法院审理后认为,相关证据印证了王某与张某共同实施抢劫罪的故意,并且王某明知张某欲再次抢劫而向其提供作案工具。故驳回王某的上诉,维持原判。

理论争议

一种观点认为,王某对于2008年8月25日发生的抢劫一事毫不知情,其事先已明确表示过不参与抢劫,所提供给张某的作案工具系让对方防身使用,故主观上不具有抢劫故意,不应该认定为最后一次抢劫的共犯。另一种观点认为,虽然王某辩解当时害怕不想参与抢劫,但主观上应明知张某拿工具目的是实施抢劫,但未予以阻止,反而提供了作案工具,放任其继续实施抢劫行为,故认定其为抢劫的共犯。可见,本案争议焦点在于能否认定王某在第一次抢劫预备期间放弃继续犯罪的行为构成犯罪中止。

法理分析

(一)当前我国共犯中止认定的代表理论

当前我国刑法学界就共犯中止形态认定具有以下几种代表性观点:

其一,既然共同犯罪行为具有整体性的特征,那么共同犯罪中止的有效性也只能以整个共同犯罪最后是否达到完成状态来确定,个别共犯人意图中止犯罪行为的,必须在停止自己犯罪行为的同时,迫使其他共犯人停止实施共同的犯罪行为,或有效地防止共同犯罪危害结果的发生。个别共犯人虽然停止了自己的犯罪行为,但是共同犯罪结果还是发生了的,个别共犯的犯罪中止认定就是不能成立的。① 由于此学说侧重考察中止者行为的客观效果,所以可称为"客观说"。这也是我国刑法学界的通说,但实际上此说与单独犯罪的中止的认定标准并无区别。

其二,共同犯罪行为虽然具有整体性的特征,但实际上是由每个共犯人的独立行为组合而成的。其中个别共犯人自动停止犯罪,就与共同犯罪完全脱离了联系,其之后与其他共犯的行为就不再有任何的关联,因此,其自动停止犯罪就应该被认定为犯罪中止。换言之,共犯只要停止自己的犯罪行为即可成立犯罪中止,而不论共同犯罪最后发展程度如何。② 由于此说侧重考察中止者危险性的主观态度,所以可称为"主观说"。

其三,除主犯外,共同犯罪很难分清主从时,其他共犯中止的有效性,应以行为人力所能及的范围为限。行为人主观上努力阻止其他共犯继续实行犯罪,但能力有限而阻止无效的,仍可成立犯罪中止。③

其四,让每个共犯对共同犯罪结果承担刑事责任的根据,就在于每个人的行为都具有引起这种危害结果发生的原因力。这种原因力的作用表现在两个方面:一是客观上通过与其他共犯行为的密切配合而形成的引起危害结果产生的实在可能性;二是将各个共犯行为形成一个有机整体的共同犯罪故意对共同犯罪行为起支配作用。共犯中止的成立,就只能以其中止行为能有效消除自己先前危害行为已经对共同犯罪所形成的这种原因力为标准。④

观点一体现的是中止理论在共同犯罪中的具体运用,同时也为主张共同犯罪本质为从属性的学者所认同。共犯从属性说认为,共犯对于正犯是具有从属性的,共犯的成立及可罚性,以存在一定的实行行为为必要的前提。⑤ 共犯从属性说强调共犯之间的相互从属与依存,从而形成一个有机的联系整体,各共犯人的犯罪停止形态保持高度一致性。观点二则更突出共犯人之间的相对独立性。共犯独立性说认为,犯罪乃行为人恶习性的表现,共犯的教唆行为或帮助行为,系行为人表现其固有的反社会的危险性,并对结果具有原因力,即为独立实现自

---

① 参见马长生主编:《刑法学》,中南大学出版社2000年版,第294页。
② 参见高铭暄主编:《刑法学:新编本》,北京大学出版社1998年版,第286页。
③ 参见周振想:《中国新刑法释论与罪案》,中国方正出版社1997年版,第84页。
④ 参见陈兴良主编:《刑法疑难案例评释》,中国人民公安大学出版社1998年版,第51页。
⑤ 参见陈兴良:《共同犯罪论》,载《现代法学》2001年第3期。

己的犯罪,并非从属于正犯的犯罪,应依据本人的行为而受罚。[①] 共犯独立性说强调了共犯人之间相对独立及共犯行为的多样性。各共犯人不同的犯罪停止形态可以共存于一个共同犯罪中。观点三在提出共同犯罪中止条件时,注意到了在共同犯罪中,由于共同犯罪人的地位和作用不同,其成立犯罪中止有其特殊性,但没有进一步论述具体类型中共犯人成立共犯中止的条件,另外强调共犯人主观上的积极努力在司法认定上缺乏实践可操作的标准。观点四避免了观点一与观点二以偏概全的缺陷,认识到共同犯罪中各个共犯人形成一个有机整体的同时兼具相对独立性的特征,有机地结合了共同犯罪本质属性与犯罪中止形态理论,提出了成立共犯中止须消除原因力的标准,但该标准在具体司法实践中的运用需要进一步完善。

总结以上我国共犯中止犯理论,在构建我国共犯中止理论体系时,我们赞同以观点四为基础,即以消除原因力为认定共犯中止的基本标准,结合我国共同犯罪中对共犯具体分类,构建并完善我国共犯中止理论体系。但同时应注意以下几点:

第一,共犯中止理论的完善在宏观上应具有积极的刑事政策意义。合理有效地认定共犯中止,有利于共犯中行为人中止自己的犯罪行为,同时消除自己行为在心理和物理上对整个共同犯罪的原因力,从而使共同犯罪建立起来的强大社会危害性迅速下降。如果一味照搬单独犯的中止条件,则共犯成立条件过于严格,从而不利于及时瓦解共犯,致使中止犯制度对于共犯来说形同虚设,也违反其设立之初的刑事政策目的,有可能使共犯人"后退的黄金桥"变成无法回头的"独木桥"。[②]

第二,共犯中止理论的完善在微观上应具体考察共犯行为对犯罪完成的原因力大小。共同犯罪中各共犯人的地位和分工不同,必然导致其对整个共同犯罪完成的原因力大小不同。如果仅从共同犯罪整体性的角度出发,对各共犯人采取"一刀切"则可能违背罪刑相适应原则。罪刑相适应原则要求在对各共同犯罪人进行非难时,应充分分析各共犯人对整个共同犯罪完成贡献的原因力大小而有所区分和侧重。

第三,共犯中止理论在构建具体认定标准时应注重司法实践操作的明确性和具体性。若以抽象的认定标准来区分抽象共犯中止形态,则与法学理论指导司法实践的原则和目的相背离。因此在构建共犯中止理论时,应注重在现有共

---

① 参见陈兴良:《共同犯罪论》,载《现代法学》2001年第3期。
② 参见谢雄伟、张平:《论共犯关系脱离之根据》,载《学术界》2006年第3期。

犯理论基础上进行翔实的分类讨论。

（二）我国共犯中止理论完善之反思

1. 组织犯的中止

组织犯，是指在共同犯罪中起组织、策划和指挥作用的人。我国没有明确组织犯的概念，组织犯的概念来自苏联刑法理论。但根据刑法对主犯及首要分子的规定，可以肯定地说，组织犯包含于主犯及首要分子之中。① 由于组织犯在共同犯罪中起组织、策划和指挥的作用，其对整个共同犯罪的发展处于绝对的支配地位，其他共犯人的行为在很大程度上均与组织犯存在着某种关联性，因此，我国刑法要求，组织犯应在组织故意的范围内，对其制约支配下的实行行为所造成的一切犯罪结果承担刑事责任。因而，组织犯若要在共同犯罪中成立犯罪中止，在自动停止自己的犯罪行为的同时，还必须积极有效地阻止其他共犯人继续实施犯罪行为且必须防止危害结果的发生。可见，在共同犯罪中组织犯单独成立犯罪中止的情形是不可能出现的。

2. 组织犯以外的实行犯的中止

实行犯也被称为"正犯"，是指具体实施刑法分则所规定的犯罪构成要件的行为人。单独正犯，是指一人单独实施刑法规定的犯罪的行为人。共同正犯，是指二人以上共同实施刑法规定由单独正犯实施的犯罪行为人。当共同犯罪中仅有一个实行犯时，其成立中止的条件与单独犯罪中犯罪人成立犯罪中止的条件是相同的；但当共同犯罪中具有数个实行犯时，则应区别不同的情形。

一是在犯罪行为具有不可替代性质的共同犯罪中，由于共犯人对于共同犯罪完成的加功是相对独立的，只要共犯人消除自身犯罪行为的原因力即可成立犯罪中止，如强奸罪、脱逃罪等。部分共犯人想要中止犯罪，只要放弃本人的犯罪行为即可，不以制止其他共犯人的犯罪为必要。②

二是在一般的共同犯罪中，共同实行犯在犯罪预备阶段由于尚未着手实施犯罪的实行行为，其中任一共犯人自动停止其自身犯罪预备行为，不再向实行行为发展，即可成立犯罪中止。③ 因为在此阶段，各共犯人停止自身的犯罪预备行为即已消除了对整个共同犯罪发展的原因力。该共犯人中止之前的预备行为与之后整个共同犯罪的完成并不具有因果关系。

三是如果共同犯罪进入了犯罪的实行阶段，任一实行犯在放弃本人的犯罪

---

① 参见陈兴良：《本体刑法学》，商务印书馆2001年版，第543—544页。
② 参见陈兴良：《共同犯罪论》，中国社会科学出版社1992年版，第411页。
③ 参见同志、陈伶俐：《共同犯罪中止新论》，载《人民司法》2007年第4期。

行为的同时,必须积极制止其他共犯人的犯罪行为或防止犯罪结果的发生,才能成立犯罪中止。① 因为犯罪行为着实之后进入实行阶段,整个共同行为在共同故意的支配下形成一个互相配合、互相影响的犯罪共同体。若此时的各共犯人意欲从共同犯罪整体中脱离出来,单独成立犯罪中止的话,只有一个途径,那就是必须自动放弃自身的犯罪行为并且有效地阻止其他实行犯继续实施犯罪行为或者防止既遂犯罪结果的发生,由此彻底地切断其原有犯罪行为与共同犯罪整体之间物理和心理的联系。②

3. 帮助犯的中止

帮助犯,是指以帮助他人之意思,参与实施非犯罪构成要件的行为人。帮助犯通过实施构成要件以外的行为加功于正犯,使正犯行为增加对法益的危险性,由于其不直接侵犯法益,在共犯行为的因果发展历程中并不居于主导性地位。③ 帮助犯的行为方式主要分为物理的帮助和心理的帮助两大类。物理的帮助是指物质上与体力上的帮助,又称为有形的帮助,如提供资金、犯罪工具、指认犯罪目标等;心理的帮助是指精神上与心理上的帮助,又称为无形帮助,如鼓动、以帮助逃走或隐藏赃物的约定排除主犯的心理障碍等。

在共同犯罪着手前,帮助犯只要放弃自己在物理上或心理上的帮助行为即可成立犯罪中止。如取回提供给实行犯的犯罪工具或者取消为实行犯提供的望风约定等均可成立犯罪中止。当然这种单方面的放弃帮助行为的意思必须传递给被帮助的实行犯。当共同犯罪着手进入实行阶段后,帮助犯在主动停止帮助行为的同时必须彻底消除帮助行为对实行行为的原因力,才能成立犯罪中止。这是因为此时的帮助犯与实行犯之间建立起了密切的联系,并对后者在物理上和心理上产生实质的促进作用。

4. 教唆犯的中止

教唆犯,是指教唆他人犯罪的人。在共同犯罪既遂前,教唆犯成立中止必须有效地阻止被教唆者的犯罪行为,或者在被教唆者犯罪行为终了以后,有效地防止其犯罪结果的发生,否则不能成立犯罪中止。其欲成立犯罪中止,最基本的便是消除被教唆者产生的犯意及该犯意引起的一切后果。换言之,教唆犯要想成立犯罪中止,必须使本人的教唆行为失去作为犯罪结果的原因力作用。④ 在共同犯罪已经既遂时,如果教唆犯在被教唆人产生犯意之后实施犯罪之前撤回自己的教唆,即已消除其原有的教唆行为对后来犯罪既遂的原因力,此时被教唆者

---

① 参见于同志、陈伶俐:《共同犯罪中止新论》,载《人民司法》2007 年第 4 期。
② 参见张明楷:《外国刑法纲要》,清华大学出版社 1999 年版,第 333—334 页。
③ 参见赵慧:《论共犯关系的脱离》,载《法学评论》2003 年第 5 期。
④ 参见陈兴良:《共同犯罪论》,中国社会科学出版社 1992 年版,第 413 页。

仍然可以成立犯罪中止。除非有确实充分的反证证明教唆人对被教唆人放弃犯意的说服,在决意、诚意上不够彻底,以致被教唆人虽曾一度表示放弃犯意,但并非心理共鸣或震撼的结果,进而又着手实行被教唆的犯罪。①

(三) 共犯中止在本案中的应用

具体到本案中,二审法院认为王某与张某共同实施抢劫罪的故意,并且王某明知张某欲再次抢劫而向其提供作案工具。可见法院认定王某在共同犯罪中处于提供帮助的从犯地位,也即为帮助犯。从犯必定是实施帮助行为的人,但实施帮助行为的人并不必然是从犯。② 我们认为王某在整个共同犯罪中处于实行犯的地位。如前所述,实行犯也称正犯,是指具体实施刑法分则所规定的犯罪构成要件行为的人。但这并不是指实行犯必须实际着手实行了刑法分则规定的构成要件行为,也就是说只要行为人在整个共同犯罪中具有共同支配整个共同犯罪进行的角色定位即可。本案中,王某与张某共谋对周某实施抢劫,并制订了作案计划,准备了作案工具,可见王某并不是简单地为张某实施犯罪提供额外的加功,而与张某均属实行犯的角色,只不过王某是正处于在犯罪预备阶段尚未着手实施犯罪的实行行为的实行犯。根据前文就组织犯以外行为犯中止认定的标准可知,在一般的共同犯罪中,共同实行犯在犯罪预备阶段由于尚未着手实施犯罪的实行行为,其中任一共犯人自动停止其自身犯罪预备行为,不再向实行行为发展,即可成立犯罪中止。也即在本案中王某只要停止犯罪预备行为,消除自身犯罪预备行为对之后整个犯罪发展的原因力即可成立犯罪中止,换句话说,如果王某并没有将犯罪工具交给张某,并且停止自己犯罪行为即可成立犯罪中止。但本案中,王某虽然中止自己继续实行犯罪的行为,意欲脱离共犯关系,但其并没有真挚地努力消除自己犯罪预备行为对之后犯罪发展的原因力,因此无法真正脱离共犯关系而成立犯罪中止。

综上所述,我们认为虽然法院认定王某并不成立犯罪中止而构成抢劫罪既遂的结论是正确的,但法院以帮助犯认定王某地位的说理是存在瑕疵的。共犯中止与共犯脱离作为共同犯罪中重要的理论支点,它的完善对于促进我国刑事政策的践行有重大的推动作用,同时对准确认定共犯停止形态从而为共犯人架起后退"黄金桥"具有重要的司法实践意义。

(作者:程阳强)

---

① 参见陆漫:《试论共同犯罪的中止》,载《人民司法》2005 年第 10 期。
② 同上。

案例 30. 刘某等金融凭证诈骗案[*]

——共同犯罪是否以同一罪为必要

案情介绍

被告人刘某,原系某市经贸公司经理;被告人王某,原系某市信用社分社负责人;被告人庄某,原系某市银行支行办事处主任。

1996年9、10月间,刘某和王某合谋,由刘某以高额贴息为诱饵拉存款,刘某先存入某市信用社小额存款,王某再在开具存单时故意拉开字距,刘某再在存单第二联上添字变造成巨额存单交给储户,骗取钱财。

1996年9月11日,刘某伙同王某,以高额贴息为由引诱被害人袁某到某市存款,王某、刘某以上述添字方法,骗得袁某30万元存款,扣除贴息和存款,实际骗得22.641万元。1996年11月,刘某与庄某合谋,由刘某以高额贴息为诱饵拉存款,刘某存入该银行支行办事处小额存款,庄某将存单第二联交给刘某,由刘某添字或在空白第二联上变造成巨额存单交给储户。1996年11月26日,刘某伙同庄某以上述方法实际骗得谈甲、谈乙98.6万元。1996年12月18日,刘某伙同庄某以上述方法实际骗得谈甲、谈乙98.6万元。1997年1月6日,刘某伙同庄某以上述方法实际骗取谈甲、谈乙106.9万元。

刘某进行金融凭证诈骗5起,实际骗得人民币434.427万元。诈骗所得全部归刘某使用。

某市中级人民法院判决被告人刘某、王某、庄某构成金融凭证诈骗罪。刘某是主犯,王某、庄某是从犯,应予从轻处罚。判决后,3人均未上诉。

理论争议

关于本案中三名被告人是否构成共同犯罪,存在两种不同的观点。一种观点认为,王某、庄某没有以非法占有为目的,事实上也没有获得任何利益,不符合

---

[*] 案例来源:中华人民共和国最高人民法院刑事审判第一庭、第二庭编:《刑事审判参考(第4卷·下)》,法律出版社2004年版,第31页。

金融凭证诈骗罪的犯罪构成，与刘某分属于不同的罪，不构成共同犯罪。第二种观点认为共同犯罪不以主观故意的内容完全一致为必要，各共同犯罪人的犯意相互联接，对于共同行为的认识和性质一致，共同形成该罪的主观方面的一个整体即为满足。

法理分析

本案争议的焦点在于共同犯罪是否要求主观故意的内容完全一致。

要回答这个问题，就必须先了解什么是共同犯罪，如何来认定共同犯罪。长期以来，国外刑法理论界对共同犯罪这个问题有着两种对立的观点：犯罪共同说和行为共同说。

犯罪共同说从刑事古典学派的客观主义的立场出发，认为共同犯罪是数人共同实施了侵害某个法益的特定犯罪。该说为每一个犯罪在客观上事先设定了构成要件上的犯罪事实，一人单独实施符合该构成要件的犯罪事实，即为单独犯罪，数人共同行为的，即为共同犯罪。该说的本质在于"数人一罪，一个犯罪构成"。从浅层的理解来看，数人必须触犯同一个罪名，才能构成共同犯罪。从深层的理解来看，该说认为共同犯罪实际上只有一个犯罪构成，共同犯罪应当作为一个整体来看，数行为拟制成一个整体行为，主观方面相互联接，拟制成一个主观方面等。具体来说，犯罪共同说的主张主要如下：(1)只有符合相同的犯罪构成要件才能构成犯罪，符合不同的犯罪构成要件不能构成共同犯罪。也就是说，只有罪名相同才是共同犯罪。例如，甲以抢劫目的，乙以伤害目的，共同对某人施加暴力，由于两人主观罪过内容不一样，所以不是共同犯罪，而是单独犯罪，应该分别论处，甲是抢劫，乙是伤害。(2)主体要求为二人以上，并且都必须是完全刑事责任能力人。主观方面必须都是故意，因为共同犯罪的成立在主观上要求行为人之间必须有共同实施犯罪的意思联络。因此，如果一方在另一方不知情的情况下给予协助，帮助其完成犯罪，也就是理论上说的片面共犯，是不构成共同犯罪的。例如甲追杀乙，一旁的丙和乙素有嫌隙，也欲致乙于死地，于是趁机在中途伸腿绊倒了乙，从而让甲顺利地杀死了乙，在这样的情况下，由于甲丙之间不存在意思联络，因此不成立共同犯罪。这里的意思联络可以是明示，也可以是暗示，可以是事前，也可以是事中。判断的标准就在于是否使各犯罪人都认识到了自己不是在单独犯罪，对于共同行为的性质和后果产生相同的认识。同样的道理，共同过失、一方故意一方过失也不存在共同犯罪的问题。(3)承继的共犯只在参与之后的行为中，承担共同犯罪的责任。比如甲为了强奸而将乙打成重伤,丙在乙重伤之后和甲共同强奸了乙,甲丙当然构成强奸罪的共同犯罪,但是对之前的甲的重伤行为,丙不用承担刑事责任,因为甲丙不存在犯意联络,因此尽管丙也知道甲之前的行为,但是丙对于甲的重伤行为不存在选择性,是不得不接受的一个事实,基于客观主义的对于犯罪是理性人的自由选择的观点,丙不应为此而承担刑事责任。(4)共同犯罪成立的客观要件是共同的实行行为,但并不是要所有人的行为都符合该罪犯罪构成的客观方面,而是只要各行为相互联系,共同构成该罪的犯罪构成的客观方面即可。比如甲乙共谋抢劫丙,甲制服丙,乙趁机拿取丙的财物,从客观方面来说,甲只是实施暴力,乙仅仅拿取财物,都不符合抢劫罪的犯罪构成的客观方面,但犯罪共同说认为甲乙的行为互相联系,共同构成了抢劫罪的客观方面,成立抢劫罪的共同犯罪。①

行为共同说的理论基础是近代学派的主观主义学说,其认为犯罪是行为人主观恶性的体现,只要二个以上的行为人为了各自的犯罪目的,共同实施的行为就是共同犯罪。共同犯罪的成立,以行为人共同实施的刑法所禁止的行为为前提,只要行为人共同实施了刑法所禁止的行为,哪怕各自的特定状况不同,例如,有的行为人具有法律特定的犯罪目的,其他行为人则没有这样的目的,或者有的行为人具有法律特定的身份,其他行为人则没有这样的身份、职务,因而触犯的罪名不同,也是共同犯罪,只是按照不同的罪名和罚则分别负责而已。行为共同说认为,数人犯一罪是共同犯罪(这和犯罪共同说的处理结果是一致的),而数人犯数罪也是共同犯罪。因为,行为共同说的着眼点在于主观恶性,认为认定共同犯罪的标准在于行为人主观的共同恶性。最关键的一点,行为共同说不要求共同犯罪必须在同一犯罪构成要件的范围之内,也就是说,犯不同的罪也可以构成共同犯罪。行为共同说的本质在于数人数罪,数个不同的犯罪构成。该说的主要观点如下:(1)行为人基于不同的犯罪意图而实施的共同行为,是可以构成共同犯罪的,比如甲以强奸的目的,乙以伤害的目的,共同伤害了丙,按照行为共同说的观点,是当然构成共同犯罪的。共同犯罪不要求行为人都具有刑事责任能力,只要共同行为就可以构成共同犯罪,但无刑事责任能力人不负刑事责任。(2)共同犯罪不需要各犯罪人之间具有犯意联络,因此,共同过失、一方故意一方过失以及片面共犯都是可以成立共同犯罪的。(3)共同犯罪中的共同行为必须具有一定的联系性,有最低限度的标准。②

是采用犯罪共同说还是行为共同说,对于确认共同犯罪相当重要。就以上

---

① 参见邓德军:《共同犯罪理论问题研究》,西南政法大学2006年硕士学位论文。
② 同上。

述案例来说,站在哪个立场,采用哪种学说,会导致究竟是不是共同犯罪从而产生不同的结果,或者给出的裁判理由完全不同。以行为共同说来说,毋庸置疑,当然地构成共同犯罪。因为行为共同说根本不需要考虑各行为人的主观意思联络,完全是从客观行为着眼,只要行为符合一定限度的联系,就成立共同犯罪。事实上,以行为共同说为标准来看,相当多的共同犯罪,其主观方面是大相径庭的,只是客观的行为有联系而已。以上述的介绍为例,杀人、抢劫、盗窃、强奸等罪之间完全可以成立共犯,甚至故意犯罪和过失犯罪都能成立共同犯罪。主观都不予考虑了,那故意的内容不一致就更不会成为共同犯罪阻却事由了。从本质上说,行为共同说是数人数罪,有着数个不同的犯罪构成的共同犯罪。因此,其允许两个不同的主观方面的存在,相互之间毫无联系毫无认识也没有关系。如果采取的是绝对的犯罪共同说,那就必须是双方在主观上对行为的性质和行为所产生的后果的认识完全一致,触犯的罪名也必须一样,不存在不同罪之间的共同犯罪,犯罪共同说特别强调犯罪人的主观意思联络,没有意思联络不构成共同犯罪,有了意思联络还必须达到对共同行为的认识一致方可。因此,从表面上看,主观故意是否一致,似乎就可能成为是否构成共同犯罪的判断标准。然而,如果从犯罪共同说的本质上看,该说坚持的是数人一罪,一个犯罪构成,这里说的是一个整体的犯罪构成,而不是数个相同的犯罪构成的重合,所以对于共同犯罪来说,只有一个整体的共同行为,也只有一个支配该行为的、整体的主观方面,所以该说不要求共同犯罪人主观方面的内容完全一致,比如犯罪动机、犯罪目的等,而只需要相互联系,认识到自己不是一个人在犯罪,并对共同行为的性质和危害结果有一致的认识和共同的故意即可,对于主观方面的其他内容,不需要都具有,完全相同也是不必要的。[①]

行为共同说只需要行为的共同,犯罪共同说不仅需要行为的共同还需要指引领导该行为的主观方面的共同。从共同性来说,犯罪共同性的要求更为严格,但正如行为不需要完全一致,共同性体现在主观方面的时候也不需要主观方面的完全一致。世界上不存在两片完全相同的树叶,要求两个犯罪人的主观故意内容完全相同是根本不可能的。人总是有区别的,主观上或多或少总是有不同,我们只能要求共同犯罪人在一定程度上成立共同,而究竟多少程度上的相同才能成立共同犯罪,这是一个人为的价值判断标准。我们认为,从行为中的相互联系相互促进类比看来,这个主观方面的共同也只是需要互相联系,互相认识并且有着共同故意,对于共同行为的性质和后果认识相同即可。完全相同的故意是

---

① 参见马建全:《论共同犯罪成立的理论基础》,中国政法大学 2003 年硕士学位论文。

过于苛求了"共同"这两个字。从我国的立法现状来看,是排斥行为共同说的,因为没有合意,是不能定为共同犯罪的。从理论和实践来看,大体上支持的是犯罪共同说,共同犯罪只有一个整体的犯罪构成,所以只有一个主观方面、一个共同行为等,共同不仅要有同,也要有共,同是相同,共是联为一体。打个比方说,共同犯罪的犯罪构成就是一幢大房子,各个犯罪人的"犯罪构成"只是其中的一个小房间,再多再大也不可能独立于这个大房子,始终只能作为其中的一部分而存在,否则就不是共同,试想,如果连犯罪构成中都看不出来共同,那共同犯罪的共同性又能体现在什么地方呢?

从本案来看,由于我国的现状大体是赞成犯罪共同说的,即使王某、庄某主观上是不以非法占有为目的,但是对于构成客观方面的行为的性质和后果有着相同的认识,也都是直接故意,积极追求这样的结果发生,那达到这一程度就已经足够,已经符合了主观方面的共同性。第一种观点认为王某、庄某不以非法占有为目的,不构成金融凭证诈骗罪,不能和刘某成立共同犯罪,表面上所持的观点是犯罪共同说,实际上逻辑非常混乱。如果是犯罪共同说,就不应该单独考虑王某、庄某的犯罪构成,因为犯罪共同说坚持的是数人一罪,一个犯罪构成(不是数个相同的犯罪构成)。因此,应该综合起来考虑,紧扣共同的角度来评价其客观和主观。要求王某、庄某也必须具备金融凭证诈骗罪的犯罪构成,实际上是数人一罪,数个相同的犯罪构成。所以,第一种观点是完全不成立的。我们赞同的是第二种观点,认为应该考虑各犯罪人的主观方面相互联系,共同形成该犯罪的主观方面的整体就可以,因为这里只存在一个犯罪构成,所以也只有一个主观方面,这个主观方面应该也只能是各犯罪人的共同意思表示。本案中刘某变造存单、吸引存款从而骗取他人存款,王某、庄某与其合谋且开出金额数字相距很大的存单,为刘某变造存单留出添加数字的空间。而且,最关键的一点是,对于这种行为可以帮助刘某实现非法占有他人存款的后果,二人完全清楚,却仍然予以积极配合,具有帮助刘某骗取他人钱财的故意。[①] 这就说明,三人对于共同行为的性质和后果具有的认识是一致的,也具有合谋,应当成立共同犯罪。所以本案中,王某、庄某不以非法占有为目的,不影响共同犯罪的认定。这种情况下的犯罪故意内容不同,不影响共同犯罪的认定,除非是没有互相联络的主观方面,或者存在相互认识错误的主观方面,或者是一方欺诈另一方,才会影响共同犯罪的认定。共同犯罪人要全面认识自己的行为,也要全面认识他人的行为,但认识程

[①] 参见中华人民共和国最高人民法院刑事审判第一庭、第二庭编:《刑事审判参考(第4卷·下)》,法律出版社2004年版,第35页。

度的深浅不影响共同犯罪的认定,否则会放纵共同犯罪。①

最后还有一个疑问:这里王某和庄某的行为,是否真的属于"不以非法占有为目的"? 我们认为,我国刑法中的非法占有为目的,是指不法所有的目的,即永久性地剥夺他人对其财物所享有的所有权,使自己或者第三者成为不法所有者。原因有三:第一,刑法规定或者刑法理论要求非法占有为目的,是要表明行为人是为了永久性地剥夺他人的财产,并遵从财物的经济用途进行利用,从而说明行为对法益的侵害程度,标明罪与非罪、此罪与彼罪的界限。从刑法的目的来说,财产是受刑法保护的,行为人不管是为了让本人非法占有还是为了第三者非法占有,财产都要受到刑法保护。第二,刑法规定以及刑法理论上的"以非法占有为目的",并没有限定为"以本人非法占有为目的"。既然如此,"以非法占有为目的"当然可能包含以使第三者非法占有为目的。第三,其他国家的刑事立法、刑法理论和司法实践,都没有将不法所有的目的限定为本人不法所有,例如,瑞士刑法第137条以下所规定的取得财产的犯罪的主观要件都是"为自己或第三人不法之利益"。《德国刑法典》规定诈骗罪须有"为自己或者第三人不当得利之意图"。有些国家刑法典虽然没有如此明确的规定,但是从其对诈骗罪的罪状表述中,也可以得出这样的结论,比如韩国、俄罗斯、法国的刑法典。所以,举重以明轻,既然为第三人占有也可以认为是以非法占有为目的,那为了共同犯罪的另外一人占有而称之为以非法占有为目的,自然也就很容易理解。

(作者:余家恺)

---

① 参见高铭暄、马克昌主编:《刑法学》,北京大学出版社、中国人民大学出版社2000年版,第169页。

第十四章 刑法竞合

案例 31. 冯某破坏电力设备、盗窃案*
——破坏电力设备罪与盗窃罪的竞合

案情介绍

冯某于 2002 年 11 月至 2003 年 2 月间,多次伙同范某、杨某等人,雇用康某(已判刑)的面包车,在某市宰相庄、板桥养殖场等地,盗剪正在使用中的光铝线 6700 余米,造成直接经济损失 2 万余元。同时间伙同范某、杨某等人,在市统军庄小学、东邵渠中心小学等地,盗窃电脑、变压器铜芯、铜板、烟花爆竹、轮胎、花生、大米、生猪等物总价值 29 万余元。

市人民检察院以冯某犯盗窃罪、破坏电力设备罪,向市人民法院提起公诉。冯某在庭审中辩称,其只参与了起诉书指控的部分盗窃罪的犯罪事实,没有参与破坏电力设备的犯罪。法院审判认为,被告人冯某犯破坏电力设备罪,判处有期徒刑 7 年,剥夺政治权利 1 年,犯盗窃罪,判处有期徒刑 13 年,剥夺政治权利 3 年,罚金 13000 元,决定执行有期徒刑 19 年,剥夺政治权利 4 年,罚金 13000 元。继续追缴被告人冯某非法所得,发还被盗单位及个人。一审宣判后,冯某向市第二中级人民法院提出上诉。称其只参与了部分盗窃事实,本案事实不清,证据不足。二审经审理裁定驳回上诉,维持原判。

理论争议

本案中,针对盗割正在使用中的光铝线,此行为构成了破坏电力设备罪与盗窃罪的想象竞合,应以何罪追究刑事责任存在争议。

---

* 案例来源:中华人民共和国最高人民法院刑事审判第一庭、第二庭编:《刑事审判参考(总第 64 集)》,法律出版社 2009 年版,第 8 页。

法理分析

刑法中的想象竞合犯是指行为人出于一个犯罪故意,实施一个犯罪行为而同时触犯数个罪名的犯罪形态。① 由于行为人主观上有多种罪过,因而又被称为"想象并合犯""想象的数罪"。我国刑法总则条文中尚未规定想象竞合犯的概念及其处罚原则,只在刑法分则条文中对想象竞合犯的具体犯罪构成和处罚原则作出了规定。

想象竞合犯具有以下特征:

第一,危害行为的单一性。行为人只实施了一个危害行为,这是想象竞合犯的前提条件。所谓一个危害行为,是从法律意义上来讲的,也即行为人为了达到某个目的或者意图而实施的对社会有危害性的行为整体。该行为在刑法中只符合一个犯罪构成。因此,"一个危害行为"是指基于一个犯罪意图所实施的完成某一个犯罪的行为。②

第二,罪过的多重性。虽然行为人只实施了一个危害行为,但是该危害行为是在多重主观罪过的前提下所犯。所谓多重主观罪过,是指行为人为了达到一个具体的犯罪目的,根据犯罪的条件和场合不同产生侵犯多种客体的认识和意志,因而在主观上具有多重罪过。同一个犯罪目的将所有主观罪过联系在了一起,反映在一个危害行为中。其中,多重罪过不是独立地对行为产生行为上的影响,而是结合成一体发挥作用来支配行为人实施一个行为。关于主观罪过的形式,理论上没有过多的限制,可以是数个内容不同的犯罪故意,也包括数个内容有别的犯罪过失,也可以是犯罪故意和过失的并存。由于行为人主观上受多重罪过影响实施了危害行为,理论上也认为想象竞合犯是观念上的数罪。

第三,触犯罪名的多重性。触犯罪名多重性,是指危害行为如果与不同罪过、客体相结合就可能符合多种犯罪构成,触犯多个刑法罪名。这里所说的罪名是指同类罪名还是不同的罪名理论上还存在争议。③ 通常认为,行为人在相同的罪过支配下侵犯同一个犯罪客体的,成立一个犯罪。也就是说,即使具体的行为对象有多个,只要是在完全相同的罪过支配下,危害行为侵犯了相同犯罪的直接客体,就可在一个犯罪的犯罪构成内来评价。至于多个相同的危害结果或者不法状态的事实情况,可以在量刑上加以考虑。

---

① 参见刘宪权主编:《刑法学》,上海人民出版社 2005 年版,第 247 页。
② 参见高铭暄主编:《刑法学(修订本)》,法律出版社 1984 年版,第 277 页。
③ 参见吴振兴:《罪数形态论》,中国检察出版社 1996 年版,第 62 页。

在刑法中通常认为,对于想象竞合犯不必数罪并罚,而是按照危害行为所触犯的法定刑较重的犯罪定罪,即从一重罪处罚。当然,如果刑法中对想象竞合犯的处罚作了明确规定的,就按照刑法的规定来处理。例如,《刑法》第 329 条(盗窃、抢夺国有档案罪;擅自出卖、转让国有档案罪)第 3 款规定:"有前两款行为,同时又构成本法规定的其他犯罪的,依照处罚较重的规定定罪处罚。"如果窃取的档案是国家秘密,则同时也触犯了非法获取国家秘密罪(《刑法》第 282 条),对此只按其中的一个重罪定罪处罚。

想象竞合犯通常和法条竞合犯容易发生混淆。从两种犯罪的特征上加以区分可以清楚两者的不同。法条竞合犯顾名思义,是一个犯罪行为触犯数个法条规定的情况,即这些法条之间存在着包容或者交叉关系。想象竞合犯和法条竞合犯的相同之处在于:客观上都只有一个犯罪行为,即基于某一个犯意所实施的一个行为。两者的不同之处在于:首先,想象竞合犯是主观上存在多种罪过,多种罪过结合在一起对行为产生影响,而法条竞合犯是一个犯罪行为触犯两个以上法条,且各法条之间存在着包容或者交叉关系。具体来说,可以是两个法条的内容中一个外延大,另一个外延小,外延大的将外延小的包含其中,也可以是两个法条的内容之间相互重叠交叉。两法条之间既有相同的地方也有不重合的地方,既可能构成此罪也可能构成彼罪的,构成法条竞合犯。其实,法条竞合犯的处罚原则相较想象竞合犯也有所不同。一般情况下,对法条竞合犯按特别法优于普通法的原则处理。即在法条竞合犯的情况下,对犯罪人一般适用特别法的规定定罪处罚。特别法是对某种犯罪特别情况的规定,普通法是对某种犯罪一般情况的规定。而且在某种情况下,按照重法优于轻法的原则处理。罪刑相适应是我国刑法的基本原则,对法条竞合犯,当按照特殊法优于普通法的原则处理有悖于这一原则时,就要按照重法优于轻法的原则处理。

综上所述,本案中被告人明知被盗剪的光铝线是正在被投入使用的电力设备,仍然以非法占有为目的而剪断并且销毁赃物,主观上对所剪光铝线持有非法占有的直接故意,但对于因盗剪行为对社会公共安全所造成的危害,被告人是持放任心理的间接故意。在犯罪客观方面,累计 6700 余米的正在使用的光铝线被盗,给当地居民的生产、生活安全所带来的危害绝对不仅仅是价值 2 万余元的光铝线所能够衡量的。因此,被告人的犯罪行为同时符合破坏电力设备罪与盗窃罪的犯罪构成,两者量刑幅度均为 3 到 10 年有期徒刑,从准确评价其行为的社会危害性角度出发,依照破坏电力设备罪对其定罪处罚是合适的。

(作者:王喆)

案例32. 黄某等抢劫案*

——结果加重犯的既、未遂判定问题

案情介绍

黄某、张某、王某于2001年12月预谋采用麻醉方法抢劫盲人林某、黄某夫妇家的钱财,并准备了安眠药、封箱胶带、螺丝刀等作案工具。经数次踩点后,三人于2001年12月20日17时许,携带上述作案工具前往林家,以算命为由骗开门,因林家无开水而未能实施麻醉计划。尔后,三人遂商定改用捂嘴、持刀威胁的方法实施抢劫,并由王某找出林家菜刀进行威胁。黄某、张某则分别同时捂住林、黄夫妇的嘴巴,林某随即用力挣扎并呼喊"救命"。三人见状相继逃离现场。

市人民检察院指控被告人黄某、张某、王某犯抢劫罪,向市人民法院提起公诉。一审审理认为,三被告人入户抢劫的行为构成加重情节抢劫犯罪的要件,无论三被告人是否抢劫到财物,都应以犯罪既遂论。判决如下:被告人黄某犯抢劫罪,判处有期徒刑10年6个月,剥夺政治权利2年,并处罚金5000元;被告人张某犯抢劫罪,判处有期徒刑8年,剥夺政治权利1年,并处罚金3000元;被告人王某犯抢劫罪,判处有期徒刑8年6个月,剥夺政治权利1年,并处罚金3000元。宣判后,黄某、王某提出上诉。认为此处的"户"为林家经营场所,虽林某夫妻二人居住在内,但不具备法律上对"户"的要求。并且,因未抢走财物,应以未遂减轻处罚。二审法院认为黄某等抢劫未遂。

理论争议

本案的争议焦点在于入户抢劫行为的犯罪形态究竟是既遂还是未遂。对此,一、二审法院的认识并不一致。一审法院认为只要具备"入户抢劫"这一加重情节,无论财物是否抢到手,都属于既遂。二审法院则认为由于财物未抢到手,应认定为未遂。

---

* 案例来源:最高人民法院中国应用法学研究所编:《人民法院案例选(总第47辑)》,人民法院出版社2005年版,第295页。

> 法理分析

成立抢劫罪的加重犯需要参考两个因素，一是基本犯罪行为，二是加重因素。成立抢劫罪加重犯的既遂，不仅要求具备加重因素，而且要求基本犯的构成要件齐备。结果加重犯，也称为加重结果犯，是指法律上规定的一个犯罪行为，由于发生了加重结果而使其法定刑升格的情形。①

结果加重犯的加重结果，是指法律规定的超出基本犯罪所规定的结果范围以外的后果。即加重的结果超出了刑法分则条文规定的基本犯罪的罪质范围。② 也正是如此，才将结果加重犯列入罪数讨论的范围内，作为实质的一罪进入刑法理论的视野。结果加重犯的加重结果相对于基本犯罪所规定的结果来说，可以是重合的，也可以是非重合的。例如，故意伤害致人重伤死亡中，伤害的结果被死亡这个结果所包含；交通肇事逃逸致使被害人死亡中，肇事引起的损害结果与死亡结果并存。

对于结果犯的认定，刑法理论界还存有争议。有观点认为结果犯是以法定的犯罪结果的发生作为犯罪既遂标志的犯罪，另有观点认为结果犯是以法定的犯罪结果发生为犯罪成立要件的犯罪。但结果犯的两种认定意见中有一点是统一的，即发生了法定的犯罪结果，而这正是其不同于结果加重犯的最显著特征。结果犯如果没有法定结果的发生则行为不具有可罚性；而结果加重犯是以发生他罪的结果为加重条件，如果没有这一结果发生，基本行为成立仍然具备可罚性。发生他罪的结果是在基本行为之上加重刑罚而已。

结果加重犯在主观方面存在两种罪过形式。通说认为，行为人实施基本犯罪行为时必须且只能出于故意，因而绝对排除犯罪过失。但是，行为人对造成的加重结果则要求是过失。刑法理论界普遍承认这种基本模式，但是也有例外。从各国立法上看，有些国家明确规定对加重结果只能是过失；有些国家规定加重结果的罪过形式包括故意，至少不排除故意；个别国家甚至规定为客观归责。例如《德国刑法典》将结果加重犯分为纯正的结果加重犯和不纯正的结果加重犯。前者是指因故意的基本行为构成与过失的特别结果的结合，形成加重的构成条

---

① 参见陈兴良：《本体刑法学（第二版）》，中国人民大学出版社 2011 年版，第 486 页。
② 同上书，第 487 页。

件。后者是指故意犯之基本犯,引起故意犯之故意结果,以两个故意为前提而设。① 对于结果加重犯的主观评判标准,还是不能以客观归责和故意论处,这样不符合结果加重犯的内在逻辑,只有在对加重结果具有过失的情况下,才能规定结果加重犯,否则就应以加重结果的故意罪论处。

结果加重犯的本质到底是一罪还是数罪,刑法理论界存在两种学说,即单一形态论与复合形态论。单一形态论认为,结果加重犯是两个丧失了各自独立存在价值的犯罪的单纯的结合。因此,从本质上来说,它是单纯的一罪,应该把基本犯罪与重结果作为一体,结果加重犯的成立完全附随于基本犯罪的成立,重结果的发生,只不过是单纯的刑罚权发生的原因而已。据此,认为客观的处罚条件与客观的加重处罚条件实际上是相同的,没有必要加以判断。复合形态论认为,结果加重犯是以两个独立存在的犯罪为前提,它是由作为基本犯罪的故意犯和重结果相关联的过失犯的复合形态。重结果的发生必须以行为人有过失为当然的前提,过失与故意之间不仅仅是责任上轻重的差异,而且是构成要件上的差异。因此,即使作为一个行为,在构成要件上也必须分别加以评价。② 从这个意义上来说,结果加重犯是法定的一罪。从法律规定上来说,加重的结果是刑法法定刑的升格,但基本行为还是一个,所以,结果加重犯不应是数罪,而只是一罪。

就本案而言,三被告人以非法占有为目的,采用欺骗的方法进入被害人的居家场所实施抢劫行为,并非在合法进入被害人家后才临时起抢劫犯意,因而,其行为应属于"入户抢劫"的情形,已具备"入户"这一加重因素。三被告人之所以逃离现场而未抢得财物,并不是由于其主观上自动放弃犯罪,而是由于客观上被害人反抗、大声求救,其惧怕他人赶来,因而其基本犯的行为基于意志以外的原因而没有达到既遂状态。所以,对三被告人的行为应认定为犯罪未遂。二审法院的认定是正确的。而按照一审法院的观点,就"入户抢劫"而言,不论行为人抢到财物与否,都依照犯罪既遂一律在"十年以上有期徒刑、无期徒刑或者死刑"的幅度内处刑,而不适用未遂犯可以从轻减轻处罚的规定,则罪刑相当、罚当其罪可能就不会实现。

(作者:王喆)

---

① 参见刘佩、李婷:《论德日刑法对结果加重犯的共同正犯的分析途径》,载《黑龙江省政法管理干部学院学报》2010 年第 10 期。

② 参见霍庭:《结果加重犯探析》,载鲍遂献主编:《刑法学研究新视野》,中国人民公安大学出版社 1995 年版,第 273 页。

案例33. 周某妨害公务案*

——牵连犯的前提构成条件

> **案情介绍**

周某在市里开设了车辆修理部,其一家三口也居住在该修理部内。周某为方便工作,在门前人行道上自行搭建了一个钢架棚。2009年8月底,某城管大队向周某发出该钢架棚系违章建筑,令其限期自行拆除的通知书。此后,城管大队工作人员几次上门做工作。周某认为其家庭经济困难,妻子智力低下,年幼的儿子需要抚养,车辆修理收入是其家庭唯一的经济来源,城管队员对修理棚的拆除将影响其正常经营,故迟迟不肯拆除。2009年11月24日上午,城管大队机动中队、二中队以及新区执法大队共二十余名队员,按照《××市城市市容环境卫生管理条例》等有关规定,对周某违规搭建在修理部门外的棚子进行强制拆除。为阻止强拆,周某趁人不备跑至修理部二楼,将事先用酒瓶罐装好的汽油点燃后扔向正在进行强制拆除的城管队员中间,致使装有汽油的酒瓶砸到棚子支架后碎裂,燃烧的汽油溅开,将正在用乙炔枪进行切割的城管队员烧伤,后经鉴定未达到轻伤。

市开发区人民检察院以周某犯放火罪,向区人民法院提起公诉。一审判决后,周某提出上诉,称其不构成放火罪。二审对周某判决妨害公务罪,判处有期徒刑1年。

> **理论争议**

对本案件定性存在两种争议:一种意见认为,周某成立放火罪。周某为制止城管队员强拆,将事前准备好的汽油瓶点燃意图阻止拆除,从"事前准备好"可见周某早已选择好了要用放火的方法实施阻止,汽油瓶燃烧后不仅造成棚子等公私财产的破坏,也危及了在场二十几人的人身安全,导致一名城管人员轻伤,已

---

* 案例来源:中华人民共和国最高人民法院刑事审判第一庭、第二庭编:《刑事审判参考(总第82集)》,法律出版社2012年版,第55页。

进入刑罚的评价范围,在本案中放火行为是实现妨害公务罪的方法,根据触犯多重罪名择一重罪处罚的原则,认定为放火罪。

另一种意见认为,周某成立妨害公务罪。周某虽然实施投掷点燃的汽油瓶的行为,但不能仅仅以行为类型挂靠刑法罪名。究其本质,周某是以阻止城管人员拆除,保留车铺为最根本目的。可采取制止的方法是多样的,放火、放水、殴打等等,其行为本质在于以纵火妨害行政机关工作人员履行职务。从事实上看,汽油瓶的爆炸只造成车棚支架损坏、一名城管人员轻伤,且是在店铺门前小范围引起骚乱,还未到引起公共安全的程度。我国刑法各种罪名是以罪行危害的法益种类不同进行分类,从案件本质来归类,应以妨害公务罪定罪。

法理分析

我们赞同第二种观点,本案被告人周某应以妨害公务罪论处。这里涉及区分处断的一罪和实质的一罪本质的不同。

在司法适用中处断的一罪是对犯罪单复数所作的判断。某些犯罪,虽然具有明显的数罪特征,甚至本身就属于实质上的数罪,但是由于这种数罪具有不同于一般数罪的特征,因此,在司法上按照一罪处理。其中,牵连犯即是处断的一罪的四种形态之一,也是极具争议的一种。

牵连犯,是指犯罪的手段行为或结果行为,与目的行为或原因行为分别触犯不同罪名的情况。[①] 即在犯罪行为可分为手段行为与目的行为时,如手段行为与目的行为分别触犯不同罪名,便成立牵连犯;在犯罪行为可分为原因行为与结果行为时,若原因行为与结果行为分别触犯不同罪名,便成立牵连犯。

牵连犯的本质特征是数个行为之间具有牵连关系。这里的牵连关系,是指手段行为与目的行为或者原因行为与结果行为的关系。在牵连关系的成立标准问题上,存在以下三种观点:(1) 主观说,认为有无牵连关系应以行为人的主观意思为标准,即行为人在主观意思上是不是以手段或结果之关系使其与本罪发生牵连。(2) 客观说,认为有无牵连关系应以客观事实为标准,即行为人所实施的本罪与其手段行为或结果行为在客观上是否存在牵连关系,至于行为人主观上有无使其成为手段行为或结果行为的意思,可以不问。(3) 折中说,认为认定本罪与手段或结果行为的牵连关系,应从主、客观两个方面观察。[②] 当代刑法通说仍然坚持主客观相统一的观点。以数个行为是否有牵连意图为主观形式,行

---

① 参见张明楷:《刑法学(第二版)》,法律出版社 2003 年版,第 373 页。
② 参见吴振兴:《罪数形态论(修订版)》,中国检察出版社 2006 年版,第 289 页。

为和结果之间的因果关系作为客观内容的相结合模式。其中,牵连意图是指行为人对实现一个犯罪目的各个手段行为或原因行为之间关系的认识,正是由于行为人具备同一个犯罪目的而将手段行为与目的行为或者原因行为与结果行为紧密联系起来。①

牵连犯具有下列三种类型:(1)手段牵连,即行为人实施的两个行为之间具有手段行为与目的行为的关系。我国学者对此进行细分,手段牵连犯又有如下具体形式:阶段行为的牵连,即两种犯罪行为处于本罪的不同犯罪阶段的牵连;前提行为的牵连,即两种犯罪行为因相互依存、关系紧密而形成的牵连;两种手段的牵连,即两种手段行为帮助目的行为的牵连。②（2）结果牵连,即行为人实施的两个行为之间具有原因行为与结果行为的关系。从中细分为:辅助行为的牵连,即行为人为彻底实现犯罪目的又实施他罪行为而形成的牵连;派生行为的牵连,即行为人为保持已达到的犯罪结果又实施他罪行为而形成的牵连。③（3）三重牵连,即行为人实施了三个犯罪行为,一个本罪行为和两个他罪行为。其中,一个他罪行为先于本罪行为实行,表现为手段行为,另一个他罪行为后于本罪行为实行,表现为结果行为。

牵连犯的成立前提是必须具有数个犯罪行为。这里的数个犯罪行为,不包括不可罚之事前行为与不可罚之事后行为。不可罚之事前行为是指作为本身可以独立处罚的行为,由于是作为主行为的手段或准备行为,所以在法律的适用上就不构成特别问题。不可罚之事后行为是指作为行为的结果而实施的行为,尽管分割开来看,它本身也是可罚的,但根据主行为的构成要件,它已经得到了包括的评价,因此,在法律上就不存在成立其他数罪的问题。④本案中,周某情急之下力图用抛掷汽油瓶的方法阻止强拆的发生,行为的实施有明确的针对对象,即强拆工作人员。在犯罪实施的对象上不符合刑法对于放火罪的主客观规定,因而,认定周某构成放火罪是不成立的。那么,本案中行为人所实施的只有一个抛掷汽油瓶阻止强拆的行为,这和牵连犯所要求的以数个犯罪行为的前提构成存在差别,只有一个行为,不能以数行为为前提认定为牵连犯。

刑法理论中通常将牵连犯与想象竞合犯相比较。区分两罪的关键在于:牵

---

① 参见覃祖文:《牵连犯牵连关系和处断原则的理论思辨》,载《广西政法干部管理学院学报》2002年第3期。
② 参见姜伟:《犯罪形态通论》,法律出版社1994年版,第457页。
③ 同上书,第458页。
④ 参见〔日〕木村龟二主编:《刑法学词典》,顾肖荣、郑树周等译校,上海翻译出版公司1991年版,第400页。

连犯是数行为,而想象竞合犯是一行为。这里的触犯数行为,应以数行为是否能单独成立犯罪为标准。而想象竞合犯的特征在于一行为触犯数罪名,即一行为所造成的数个结果触犯数罪名。而且,罪名之间不存在逻辑上的交叉或从属关系。据此分析,牵连犯中的数个相互牵连的行为不应该被视为一个整体,而应分开而论,只不过数行为因同一个犯罪目的而产生牵连关系而已。

我国刑法总则没有对牵连犯的处罚原则给出明确的规定。刑法理论上一般认为,对牵连犯应从一重处罚,或者从一重从重处罚。牵连犯因数个相互牵连的犯罪行为之间的关联性而有别于典型的数罪,实行并罚相对过于苛刻,因而采用从一重从重处断的原则对其数行为可以作出适当的评价,相对较为妥当。吸收说认为应采用从一重处断的原则,将牵连犯视为处断的一罪;并罚说认为应对牵连犯实行数罪并罚。鉴于牵连犯是特殊形态的数个犯罪,从一重处断原则只是数罪并罚的变例。在一定条件下,当有法律明文规定时,应当依照法律规定处理。

综上分析,成立妨害公务罪的观点从法理上分析是成立的。以放火的行为方式实现其他犯罪目的的行为,处理原则是牵连的罪名择一重罪论处,但适用该原则应以数行为触犯数罪名为前提,即该行为须同时符合数罪的构成要件。本案中,周某投掷汽油瓶的行为指向在场执行公务的行政机关工作人员,对象特定且明确,且在客观环境下损害的影响尚不足以产生危害公共安全的结果,因此不构成放火罪;又因该行为没有造成重伤后果,也不构成故意伤害罪。因此,本案是单纯的妨害公务案件。

(作者:王喆)

第十五章　刑罚的理论

案例 34. 郝甲盗窃案*

——刑法第三十七条能否成为独立的免刑事由

案情介绍

2008年4月28日，郝甲到其叔辈爷爷郝乙家院内，见郝乙家中无人，想到债主逼债缠身，便产生盗窃还债之念。郝甲随后在院内找了一根钢筋棍，将窗户玻璃打碎进入室内，又在室内找了把菜刀，将郝乙家写字台的抽屉撬坏，盗走写字台抽屉内放的现金53000元。

某县人民法院一审认为：被告人郝甲以非法占有为目的，秘密窃取他人财物，数额特别巨大，其行为构成盗窃罪。本案盗窃数额巨大，按照刑法规定应在10年以上量刑。考虑到：一则，被告人系被害人的亲侄孙，从小与被害人生活在一起，双方关系密切；二则，被告人所盗窃的赃款及时追回，未给被害人造成任何经济损失；三则，被害人强烈要求法庭对被告人免除处罚；四则，郝甲归案后认罪态度较好，且系初犯。据此，某县人民法院依照《刑法》第264条、第63条第2款、第64条之规定，于2008年9月25日判决如下：被告人郝甲犯盗窃罪，判处有期徒刑5年，并处罚金20000元。

因系法定刑以下判刑案件，经逐级层报某市中级人民法院、某省高级人民法院复核同意后报请最高人民法院核准。最高人民法院经复核，确认了一审查明的事实。最高人民法院认为：本案虽然盗窃数额特别巨大，但是发生在紧密亲属关系之间，被害人郝乙表示谅解且不希望追究被告人郝甲刑事责任，所盗窃财物于案发后随即追回，并未造成被害人实际损失，被告人犯罪时刚成年，犯罪主观

---

* 案例来源：《中华人民共和国最高人民法院公报》2011年第5期。

恶性不深，根据案件的特殊情况，应当认定为《刑法》第 37 条规定的"情节轻微，不需要判处刑罚"的情形。原判对郝甲在法定刑以下判处的刑罚量刑仍属过重，裁定发回重审。

某县人民法院经重新审理认为：被告人郝甲以非法占有为目的，秘密窃取他人财物，且数额特别巨大，其行为已构成盗窃罪。依据最高人民法院《关于审理盗窃案件具体应用法律若干问题的解释》第 1 条第 4 项的规定，偷拿自己家的财物或者其近亲属的财物，一般可不按犯罪处理；对确有追究刑事责任必要的，处罚时也应与一般盗窃案件有所区别。综合考虑本案被告人的犯罪情节、危害后果及其悔罪表现，被告人的犯罪行为应属《刑法》第 37 条规定的"犯罪情节轻微，不需要判处刑罚"的情形，故可对被告人免予刑事处罚。据此，某县人民法院依据《刑法》第 264 条、第 37 条、第 64 条之规定，于 2010 年 1 月 14 日判决如下：被告人郝甲犯盗窃罪，免予刑事处罚。

理论争议

本案争议焦点在于《刑法》第 37 条"对于犯罪情节轻微不需要判处刑罚的，可以免予刑事处罚"的原则性规定，是不是独立的免除刑罚的事由。一种观点认为，《刑法》第 37 条所规定的不是独立的免除刑罚的事由，只是其他具体的免除处罚情节的概括性规定；另一种观点认为，在不具有刑法规定的具体免除刑罚事由的情况下，可直接根据《刑法》第 37 条的规定免除刑罚。

法理分析

免予刑事处罚是指对犯罪情节轻微不需要判处刑罚的行为作有罪宣告，但对行为人不给予刑罚处罚。[①] 现行《刑法》第 37 条规定："对于犯罪情节轻微不需要判处刑罚的，可以免予刑事处罚，但是可以根据案件的不同情况，予以训诫或者责令具结悔过、赔礼道歉、赔偿损失，或者由主管部门予以行政处罚或者行政处分。"对于该条款规定的免责事由理论上颇有争议。有学者认为，《刑法》第 37 条的规定不是独立的免除刑罚的事由，而是其他具体的免除处罚的概括性规定。[②] 理由是《刑法》第 37 条中并没有规定具体的免予刑事处罚情节，只是概括规定犯罪情节轻微，需要结合具体情节来考虑。另外，从章节的顺序来看，本规定设

---

① 参见周光权：《刑法总论（第二版）》，中国人民大学出版社 2011 年版，第 289 页。
② 参见张明楷：《刑法学（第四版）》，法律出版社 2011 年版，第 558 页。

置在"刑罚的种类"一章,而不是在具体的量刑情节中设立,这也说明其不能独立适用。最后,根据《刑法》第 63 条第 2 款的规定,对不具有刑法规定的减轻处罚情节而又需要减轻的应报经最高人民法院核准。说明若根据此条来免予刑事处罚也应报经最高人民法院核准,所以不能直接根据该条规定对被告人免除处罚。

也有学者认为,人民法院可以根据《刑法》第 37 条的规定,对于情节轻微不需要判处刑罚的免予刑事处罚。持该观点的学者认为,首先,最高人民法院《关于审理未成年人刑事案件具体应用法律若干问题的解释》第 17 条规定,"未成年罪犯根据其所犯罪行,可能被判处拘役、三年以下有期徒刑,如果悔罪表现好,并具有下列情形之一的,应当依照刑法第三十七条的规定免予刑事处罚……"这就意味着可以直接根据《刑法》第 37 条免予刑事处罚。其次,如果《刑法》第 37 条不是独立的免刑事由,则与司法实践中检察机关作出的相对不起诉相矛盾,因为检察机关并不需要根据具体的免除处罚情节来决定是否起诉,而可以根据犯罪情节轻微来决定。最后,《刑法》第 37 条可作为独立的免刑事由符合刑法的谦抑精神。[1]

我们赞同第二种观点,认为在不具有具体免予刑罚事由的情形下,可直接根据《刑法》第 37 条的规定免除刑罚。对于第一种观点,如果认为《刑法》第 37 条是概括规定而非具体的免予刑事处罚情节而不能直接适用,那么是否可以认为《刑法》总则中的第 13 条但书规定以及犯罪预备、犯罪未遂、犯罪中止、共同犯罪等规定,也是概括性的规定而也不能直接适用呢? 但事实上这些都可以独立适用,所以《刑法》第 37 条也可以独立适用。其次,免予刑事处罚之所以放在"刑罚的种类"一章,是因为它要解决的是认定行为人犯罪后能否进一步予以处罚的问题,自然与刑罚的运用中具体的自首、立功等量刑情节不在同一层面。最后,我们不能以《刑法》第 63 条第 2 款规定的特别核准程序来反推和否定第 37 条直接适用的不合理性,[2]两者之间还是有差别的。我们认为《刑法》第 37 条可以独立适用有如下理由:

第一,从有利于被告人角度出发。李斯特说:"刑法典是犯罪人的大宪章。"它既不是在保护法律制度,也不是在保护集体,而是在保护它所抵御的人。[3] 我国《刑法》之所以规定第 37 条,其目的也是从有利于被告人角度考虑的。当行为人的犯罪行为符合具体法定的免除处罚情节时,可以直接依照具体规定来免除

---

[1] 参见邓楚开:《刑法第三十七条中的免刑规定可独立适用》,载《检察日报》2009 年 11 月 10 日第 3 版。
[2] 参见王利荣:《论量刑的合理性》,西南政法大学 2007 年博士学位论文。
[3] 参见梁根林:《"刀把子""大宪章"抑或"天平"? 刑法价值的追问、批判与重塑》,载《中外法学》2002 年第 3 期。

处罚。若行为人的行为不具备法定的免除处罚情节,但情节轻微可以不判处刑罚的,我们也可以依照《刑法》第 37 条来免除刑事处罚,这也符合刑罚的教育目的。毕竟在适用刑罚时要结合犯罪的具体情形,可以免予刑事处罚的就应当免除,这也符合刑法的谦抑精神。

第二,《刑法》第 37 条是作为其他具体免除处罚情节的兜底性条款。我国刑法规定了 16 种独立的免除刑罚的事由,我们认为《刑法》第 37 条蕴含着其可以适用于分则没有具体规定的犯罪。理由是若《刑法》第 37 条的规定不能独立适用,而是其他具体免除处罚情节的概括性规定,那么法条应该改为"对于本法规定的犯罪情节不需要判处刑罚的,可以免予刑事处罚",而不会强调犯罪情节轻微,强调犯罪情节轻微就说明《刑法》第 37 条可以独立适用,是与其他具体免予刑事处罚情节并列的,只是该条应是酌定量刑情节。2010 年最高人民法院《关于贯彻宽严相济刑事政策的若干意见》也体现出这点。该意见第 15 条规定,"被告人的行为已经构成犯罪,但犯罪情节轻微,或者未成年人、在校学生实施的较轻犯罪,或者被告人具有犯罪预备、犯罪中止、从犯、胁从犯、防卫过当、避险过当等情节,依法不需要判处刑罚的,可以免予刑事处罚。"从中我们可以推定,《刑法》第 37 条的目的是在不具有刑法规定的具体免除刑罚事由的情况下,认为犯罪情节轻微的可直接适用该条免除刑罚。因为犯罪是随时在变化的,我们不能确保不会有犯罪情节轻微免予刑事处罚的犯罪行为出现,所以需要《刑法》第 37 条来解决情节轻微的犯罪行为。

第三,适用《刑法》第 37 条并不与第 63 条第 2 款的特别核准程序相矛盾。在司法实践上,依《刑法》第 37 条免予刑事处罚的案件基本上都是有章可循的。如最高人民法院《关于审理非法集资刑事案件具体应用法律若干问题的解释》规定:"非法吸收或者变相吸收公众存款,主要用于正常的生产经营活动,能够在提起公诉前清退所吸收资金,可以免予刑事处罚;情节显著轻微危害不大的,不作为犯罪处理。"这也间接说明因犯罪情节轻微免予刑事处罚的案件一般是通过司法解释来补充的,由于此类案件是由最高人民法院颁布的,所以可直接依据司法解释来适用。

综上所述,在不具有法定的具体免予刑罚事由的情况下,我们也可直接根据《刑法》第 37 条的规定免除刑罚。本案中考虑到郝甲的犯罪情节、危害后果及其悔罪表现,其犯罪行为应属《刑法》第 37 条规定的"犯罪情节轻微,不需要判处刑罚"的情形,可直接根据该条对郝甲免予刑事处罚。

(作者:曹圆圆)

第十六章　刑罚的种类

案例35. 买某盗窃案*

——累犯、数罪并罚中"刑罚执行完毕"的刑罚
是指主刑还是包括附加刑

案情介绍

买某于1998年3月,因犯盗窃罪被判处有期徒刑1年6个月,并处罚金1000元(未规定执行期限,亦未执行)。1999年4月15日刑满释放。2000年5月20日,买某在某区动物园售票处前,趁扎某不备,从其身上窃得人民币1100元。后买某被抓获。赃款已还给扎某。

某区人民法院认为,被告人买某以非法占有为目的,秘密窃取他人钱财数额较大的行为,构成盗窃罪。被告人买某系累犯,应从重处罚。鉴于被告人买某认罪态度良好,可酌情从轻处罚。依照《刑法》第264条、第65条第1款、第71条、第69条、第52条、第53条及最高人民法院《关于审理盗窃案件具体应用法律若干问题的解释》第6条第3项之规定,认定被告人买某犯盗窃罪,判处有期徒刑4年,并处罚金2000元,与前罪没有执行的刑罚罚金1000元并罚,决定执行有期徒刑4年,并处罚金3000元。

一审宣判后,买某以量刑过重提起上诉。

某市中级人民法院认为,上诉人买某以非法占有为目的,采取秘密手段窃取他人财物,数额较大,其行为已构成盗窃罪。买某系刑满释放后5年内又重新犯罪,属累犯,应从重处罚。鉴于买某认罪态度较好,可酌予以从轻处罚。买某所

---

* 案例来源:中华人民共和国最高人民法院刑事审判第一庭、第二庭编:《刑事审判参考(总第19集)》,法律出版社2001年版,第33页。

提原判量刑过重的上诉理由,经查,原审人民法院对买某的量刑系在法律规定的量刑幅度之内作出的,故其上诉理由不能成立。原审人民法院对买某犯罪的事实、犯罪的性质和情节、对社会的危害程度所作的判决,定罪、适用法律正确,量刑及判处的罚金的数额适当,审判程序合法,应予维持。依照《刑事诉讼法》第189条第1项之规定,裁定驳回上诉,维持原判。

理论争议

本案中对买某的定罪没有分歧,买某系前罪刑罚主刑已执行完毕,执行附加刑期间重新犯罪。争议在于如何理解累犯以及数罪并罚中的刑罚执行完毕。主要有两种观点,一种观点是分别理解论,认为累犯制度中的刑罚是指主刑执行完毕,而数罪并罚制度中的刑罚则是指主刑和附加刑全部执行完毕。另一种观点是统一理解论,其中分为两种意见:一是认为累犯和数罪并罚中的"刑罚执行完毕"是指主刑和附加刑都执行完毕;二是认为是指主刑执行完毕,不包括附加刑。

法理分析

刑罚,是指国家为了防止犯罪行为对法益的侵犯,根据刑事立法由法院对犯罪人适用的,建立在剥夺性痛苦基础上的最严厉的强制措施。[①] 我国刑罚可以分为两大类:主刑和附加刑。刑罚执行完毕在累犯和数罪并罚中都有出现,如《刑法》第65条第1款规定,"被判处有期徒刑以上刑罚的犯罪分子,刑罚执行完毕或者赦免以后,在五年以内再犯应当判处有期徒刑以上刑罚之罪的,是累犯,应当从重处罚,但是过失犯罪和不满十八周岁的人犯罪的除外";第70条规定,"判决宣告以后,刑罚执行完毕以前,发现被判刑的犯罪分子在判决宣告以前还有其他罪没有判决的,应当对新发现的罪作出判决,把前后两个判决所判处的刑罚,依照本法第六十九条的规定,决定执行的刑罚"。那么,这里的"刑罚执行完毕"中的刑罚需要我们判断是仅指主刑还是包括附加刑,因为这直接影响到累犯的成立和数罪并罚制度的适用。

持分别理解论的学者认为,累犯中的"刑罚执行完毕"是指前罪主刑执行完毕,不包括附加刑在内,而数罪并罚中的"刑罚执行完毕"则是指主刑和附加刑都执行完毕。[②] 理由是对于累犯的时间要件的规定比较严格,若超过法定的时间,

---

① 参见张明楷:《刑法学(第三版)》,法律出版社2007年版,第391页。
② 参见刘红章、林涛:《刑罚执行完毕的理解与适用》,载《人民司法(案例)》2008年第10期。

则不得构成累犯。但附加刑本身的执行是不确定的,如对于不能全部缴纳罚金的可以随时追缴,有期徒刑附加剥夺政治权利的期限则为1年以上5年以下。如果将"刑罚执行完毕"理解为主刑和附加刑都执行完毕,可能会因为附加刑的不确定性而延长累犯的时间间隔,从而不利于被告人。对于数罪并罚的原则,既包括主刑之间的并罚原则,也包括主刑和附加刑的并罚原则及附加刑之间的并罚原则,因为附加刑也可以独立适用。从刑法理论来说,行为人在单独判处附加刑执行期间内犯罪的,也可以适用数罪并罚的原则。同样,在主刑执行完毕以后附加刑剥夺政治权利的执行期间,行为人犯罪的也应依照数罪并罚的原则来处理,这与我国实行数罪并罚制度的初衷相一致。

持统一解释论者有两种意见。第一种意见认为:首先,累犯和数罪并罚中的刑罚执行完毕是指主刑和附加刑皆执行完毕,理由是从法律条文的统一性考虑,同一部法典的同一法律名词所表达的意思是一致的,刑罚本身就包括主刑和附加刑。其次,2010年最高人民法院《关于在执行附加刑剥夺政治权利期间犯新罪应如何处理的批复》(以下简称《批复》)规定:"一、对判处有期徒刑并处剥夺政治权利的罪犯,主刑已执行完毕,在执行附加刑剥夺政治权利期间又犯新罪,如果所犯新罪无须附加剥夺政治权利的,依照刑法第七十一条的规定数罪并罚。二、前罪尚未执行完毕的附加刑剥夺政治权利的刑期从新罪的主刑有期徒刑执行之日起停止计算,并依照刑法第五十八条规定从新罪的主刑有期徒刑执行完毕之日或者假释之日起继续计算;附加刑剥夺政治权利的效力施用于新罪的主刑执行期间。三、对判处有期徒刑的罪犯,主刑已执行完毕,在执行附加刑剥夺政治权利期间又犯新罪,如果所犯新罪也剥夺政治权利的,依照刑法第五十五条、第五十七条、第七十一条的规定并罚。"这也蕴含着刑罚执行完毕是指主刑和附加刑皆执行完毕。第二种意见则认为累犯与数罪并罚中的刑罚执行完毕指的是主刑执行完毕。

我们同意上述第二种意见。首先,持第一种意见的学者误解了《批复》的原意。《批复》规定:"对被判处有期徒刑的罪犯,主刑已执行完毕,在执行附加剥夺政治权利期间又重新犯罪,如果所犯新罪无须判处附加刑剥夺政治权利的,可将被告人所犯新罪和前罪未执行完毕的附加刑剥夺政治权利合并执行。"我们认为该款的意思是指在新罪所判处的刑罚执行完毕以后,再继续执行前罪没有执行完毕的附加刑剥夺政治权利。但实际上即使《批复》不规定,未执行完毕的附加刑也是这么执行的。另外,《批复》是针对个案的一种解答,我们不能随意扩大其适用范围而将其适用于所有的案件。其次,累犯和数罪并罚的地位与功能不相同。一般累犯制度作为法定量刑情节是确定刑罚前法官需考虑的因素;而数罪并罚解决的是一个人犯数罪时,如何执行或者说如何具体计算刑罚的一种手段。统一解释论坚持刑罚执行完毕是指主刑和附加刑全部执行完毕,可以避免两个条文间的刑罚种类不一致的尴尬。但我们认为,将《刑法》第 65 条与第 71 条规定中的"刑罚执行完毕"皆理解为主刑执行完毕也解决了此种尴尬。刑罚种类是一个概括性的总体介绍,当中不涉及刑罚的具体运用。累犯和数罪并罚中的"刑罚执行完毕"属于刑罚的具体运用,刑罚和刑罚的运用之间是种属关系,但绝不会等同。若将累犯中的"刑罚执行完毕"解释为包括附加刑,则会将累犯期限的起算点延后,甚至存在无限期延后的可能,这样会导致犯罪分子在主刑执行完毕后(5 年之内)附加刑执行期间再犯新罪不构成累犯的情况,由此产生非正义。亚里士多德曾这样界定正义:一个术语变大会导致另一个变小,因为不正义的行动者拥有的太多以至超过了恰当的,相应承受非正义的人因拥有的太少而低于恰当的。① 从这一角度出发,累犯的"刑罚执行完毕"应理解为有期徒刑以上刑罚,而不能扩大理解为包括主刑和附加刑。最后,若不将"刑罚执行完毕"理解为主刑执行完毕,可能会缩小累犯的功能而达不到刑罚的目的。像在本案中,买某被判处罚金,若"刑罚执行完毕"指的是主刑和附加刑皆执行完毕,那么只要买某越推延交付罚金,其就处于越有利的地位,如果一直不交,可能买某在任何时候再次犯罪,都不会构成累犯,也就不可能从重处罚。

《刑法》第 69 条第 1 款规定的是主刑数罪并罚的原则,第 2 款规定的是若有附加刑仍需执行,只不过种类相同的可以合并执行,种类不同的分别执行。我们认为数罪并罚的规则只是针对主刑而设置的,对于附加刑是直接相加的。而从《刑法》第 70 条和第 71 条可以看出,其是对数个主刑的特殊并罚规则,并不包括附加刑。所以,数罪并罚中的"刑罚执行完毕"只是指主刑。此外,对于《刑法》第 69 条第 2 款虽然可以解释为附加刑的并科原则,②但在实践中,附加刑是依附于主刑而存在的,数罪并罚时并罚的是主刑,若理解为包括附加刑则面临着旧罪未执行的附加刑如何执行的问题,即合并执行的附加剥夺政治权利到底是来源于旧罪,还是依附于新的判决。由于附加剥夺政治权利的效力当然适用于主刑执行期间,数罪并罚前依附于旧罪,数罪并罚后其再次适用于新的主刑执行期间。这就造成了尴尬局面:一方面附加刑可以合并执行,附加刑当然依附于已执行完

---

① 参见邱兴隆主编:《比较刑法(第二卷)》,中国检察出版社 2004 年版,第 41 页。
② 参见周光权:《刑法总论(第二版)》,中国人民大学出版社 2011 年版,第 321 页。

毕的主刑;另一方面,附加刑又依附于现在的主刑。所以我们认为只能将数罪并罚中的"刑罚执行完毕"理解为主刑执行完毕,旧罪与新罪是相并列的执行刑罚,旧罪的附加刑只要在新罪主刑执行完毕后继续执行即可。

综上所述,若在旧的判决中尚有附加刑未执行的,则继续执行其附加刑即可,完全没有必要进行数罪并罚,即使前后存在的两个判决的附加刑一样,这只是简单相加而不是数罪并罚,本案中买某的两个罚金即是如此。所以,若犯罪人再犯新罪时,尚有未执行完的附加刑,直接分别执行未执行完的附加刑和新的附加刑,没有必要在新罪的判决之中将旧罪的附加刑强行加以吸收。这样既可以体现立法的本意,也能保证类案的公平。

(作者:曹圆圆)

第十七章 刑罚的裁量

案例36. 白某盗窃案*

——不满18周岁不能构成累犯的理解

> **案情介绍**

白某1989年7月12日出生。2007年5月29日因犯抢劫罪、盗窃罪被某法院判处有期徒刑5年6个月。2012年3月8日,某市公安局在调查白某有关吸毒事实时,白某如实供述公安机关尚未掌握如下盗窃犯罪事实:2011年10月29日15时许,白某与江某某(身份不明)在该市西门莲花宾馆住宿。二人在下楼梯路过201房时,看到房间里有一台三星A7笔记本电脑,遂趁无人,将该笔记本电脑窃走,并于次日将该电脑以700元的价格销赃给一名男子。经物价鉴定该电脑价值为4050元。2011年11月10日下午,白某与刘某(在逃)窜至许氏电讯手机店内,以买手机为由,趁售货员李某某不注意,将店内一台白色诺基亚5230手机盗走,并以500元的价格销赃给胡某(身份不明)。经物价鉴定该手机价值1020元。2012年2月下旬的一天晚上,白某窜至才子男装服饰店内,在店内的收银台上看到一台黑色的联想A60手机后便心生盗窃之意。白某趁老板娘吴某某拿衣服不注意,将吴某某的手机盗走。经物价鉴定该被盗手机价值为1300元。被盗白色诺基亚5230手机已被公安机关追缴。

某市法院认为,被告人白某无视国家法律,以非法占有为目的,单独或结伙采用秘密手段,窃取他人财物,数额较大,其行为已触犯法律,构成盗窃罪。某市人民检察院指控被告人白某犯盗窃罪的事实清楚,定性准确,证据确实、充分,其

---

* 案例来源:http://www.lawyee.org/Case/Case_Display.asp?ChannelID = 2010100&RID = 1597821,2012年12月28日访问。

指控的意见成立。被告人白某在公安机关调查其相关吸毒事实时,如实供述公安机关尚未掌握的自己的盗窃犯罪事实,对该盗窃犯罪,以自首论,依法可从轻处罚。被告人白某在未满18周岁时犯抢劫罪、盗窃罪,依法被判处有期徒刑,刑满释放后5年内又犯罪,虽不以累犯论处,但系有犯罪前科,可酌情从重处罚。据此,依照《刑法》第264条、第67条第1、2款之规定,判决如下:被告人白某犯盗窃罪,判处有期徒刑1年,并处罚金3000元。

理论争议

在审理本案时,对于白某是否构成累犯有不同的意见:一种意见认为,累犯的除外应该是累犯前后两罪都未满18周岁,白某的情况应当成立累犯;另一种意见则认为,只要前罪未满18周岁,即使后罪已满,也不成立累犯。

法理分析

累犯是指因犯罪而受过一定的刑罚处罚,在刑罚执行完毕或者赦免之后,在一定时间内又被判处一定刑罚之罪的罪犯。[①] 累犯包括一般累犯和特殊累犯两种。根据《刑法》第65条的规定,一般累犯是指因故意犯罪被判处有期徒刑以上刑罚且已满18周岁的犯罪分子,在刑罚执行完毕或者赦免以后,在5年内故意再犯应当判处有期徒刑以上刑罚之罪的情形。根据《刑法》第66条的规定,特殊累犯是指因犯危害国家安全罪、恐怖活动犯罪、黑社会性质的组织犯罪受过刑罚处罚,在刑罚执行完毕或者赦免以后,在任何时候再犯上述任一类罪的情形。[②]

《中华人民共和国刑法修正案(八)》(以下简称《刑法修正案(八)》)规定,不满18周岁和过失犯罪的不是累犯,排除了未满18周岁的人成立累犯的可能性,但并没有明确不满18周岁不构成累犯如何界定的问题。即没有明确是需要前后两个犯罪都必须发生在行为人不满18周岁时,还是仅仅只要前罪发生在行为人不满18周岁时就可排除累犯的成立。故理论上有两种观点,一种观点认为未满18周岁不是累犯的应该是指犯前后两罪时都未满18周岁;另一种观点则认为,只要犯前罪时未满18周岁,即使犯后罪时已满18周岁,也不成立累犯。前者的理由主要有:第一,行为人再次犯罪时已满18周岁,已具有完全刑事责任能力,理应对自己的行为承担完全刑事责任。此时再次实施新的犯罪表明行为人

[①] 参见周光权:《刑法总论(第二版)》,中国人民大学出版社2011年版,第302页。
[②] 同上书,第304页。

的主观恶性和人身危险性都较未成年时大，成立累犯并从重处罚，是应该的也是合适的。第二，按照严格的字面解释，可知只有行为人实施后罪时未满18周岁的才不构成累犯。

支持后者的理由之一是《刑法》第65条中"不满18周岁的人犯罪"与"过失犯罪"两个短句是并列关系，两者之间的连接词是"和"。根据通常的语法习惯和使用规则，两者的立法原意是相同的。累犯的成立条件要满足前后两罪都是故意，若有一次是过失便排除累犯成立的可能性，由此我们可推定只要前后两罪中有一个是"不满十八周岁的人犯罪"便可排除累犯的成立，即未成年人犯后罪时即使已满18周岁仍然不构成累犯。[①] 理由之二是，从国外立法角度看，国外刑事立法普遍规定累犯的前罪和后罪均必须发生在成年之后，若前罪是发生在未成年时，无论后罪发生时成年与否都不构成累犯。

我们同意第二种观点，只要行为人实施前罪时未满18周岁，不管其实施后罪时是否满18周岁都不构成累犯。对于犯前后罪时都满18周岁才成立累犯的观点，我们不是十分赞同。我们认为，这种观点在解读和评价累犯上比较片面。首先，从刑法的立法意旨来说，刑法对未成年人是重点保护的，这一点从已满14周岁未满16周岁的人只对《刑法》第17条规定的八种行为负刑事责任就可以看出。未成年人由于心智还不成熟，因此只有实施特别严重的犯罪活动才予以处罚。根据法条已满14周岁未满16周岁的人实施八种行为应被判处3年以上有期徒刑，所以当其在监狱服刑结束后已基本成年。如果说未满18周岁不成立犯罪指的是犯后罪时不满18周岁，则意味着在此种情况下不符合累犯的除外规定。如此一来，大大缩小了累犯除外规定的适用范围，会使得该项规定被虚置，这是违背立法意旨的。另外，如果严格遵循这种理解会发生不公正：行为人因实施前罪而受过刑罚处罚后，在未满18周岁时继续实施八种严重犯罪行为的不构成累犯，可是刚满18周岁时实施普通故意犯罪的却构成累犯且要从重处罚，甚至不可以适用缓刑、假释并限制其减刑，也意味着"犯得早不是累犯，犯得晚就是累犯"，完全将未满18周岁不成立累犯和犯后罪的时间先后挂钩。事实上，前者的主观恶性和人身危险性大于后者，其社会危害性程度也超过后者，但依据实施前后罪都应不满18周岁才不成立累犯则无法体现公平正义。[②] 此外从语义角度出发，我们认为依据语言逻辑和语法规则固然可以帮助我们更好地理解刑法

---

① 参见陈宇：《对〈刑法修正案（八）〉关于未成年人犯罪修改部分的理解》，载《犯罪研究》2011年第5期。
② 参见闻志强：《未成年人犯罪不构成累犯之理论争议厘定》，载《时代金融》2012年第8期。

条文,但其适用范围是有限的,仅从语法规则来理解法律的实质内容会有牵强附会之嫌,这样的解释不仅不严谨也缺乏说服力。

我们认为只要实施前罪时不满18周岁就不构成累犯,理由如下:

第一,累犯制度的本质是对人身危险性的否定性评价。刑法之所以把不满18周岁的人实施犯罪排除在一般累犯之外,就是考虑到了未成年人心智不成熟,辨认是非的能力和控制自我行为的能力往往不如成年人,故其实施犯罪的主观恶性和人身危险性比较小。不满18周岁不构成累犯有利于其改过自新,感受到社会的宽容从而更好地融入社会,可以减轻严刑峻法带来的负面后果。故不宜规定实施前后罪都要已满18周岁,因为若将行为人未成年时所犯的罪行和成年后所犯的罪行作为一体来评价,则会抹杀其犯前罪时的特殊性,会违背法的公平正义原则。正因为如此,不将未成年人犯罪认定为累犯是世界各国的通例。例如,《俄罗斯联邦刑法典》(2003年修订)第18条规定了三种不属于累犯的情形,其中之一即是在年满18岁之前实施犯罪。

第二,刑法具有两大机能:社会保护机能和人权保障机能。未成年人犯罪作为特殊主体的特殊犯罪,各种法律和政策都是从保护的精神出发给予特殊照顾,这是考虑到其特殊情况所必须给予的人性关怀和宽容。立法者在面对二者的冲突时,往往是以稍稍弱化社会保护来实现对未成年人的特殊保护,不过总体来说两者维系着法律天平的平衡。结合《刑法修正案(八)》的出发点和具体修改规定,我们认为对累犯的除外规定应理解为唯有实施前后两罪时都满18周岁的才构成累犯,这样才是尊重和保障未成年人人权的体现。

第三,从刑法的谦抑性和刑罚必要性原则来看。刑法的谦抑性是指立法机关只有在没有可替代刑罚的其他适当方法的条件下,才能将某种违反法律的行为规定为犯罪。未成年人犯罪重在预防而非打击,重在矫正教育而非严刑峻法,故适用累犯制度时没有必要将前后两罪都限定为未满18周岁。退一步讲,即使要对前后两罪作一体评价,适用累犯制度时也要慎重。诚然,作为犯罪的主要抗制力量,刑罚的存在是必要的,但是,刑罚的威慑力量是很有限的,它只是社会对付犯罪的手段之一,而非全部,我们不可对其过高期待。此外,刑罚的发动不是随意的也不是无限的,必须遵循必要性原则,即不能任意地发动和毫无节制地滥用。我们认为,坚持未成年人犯后罪时即使已成年仍然不成立累犯,更加符合刑法谦抑性和刑罚必要性原则,有利于节省有限的司法资源,打击其他更加严重的犯罪,实现刑罚经济性、效益性原则的要求。正如有学者所言:"针对整个严峻的犯罪态势,包括未成年人犯罪,与其动用大量的资源来从重惩罚,还不如强调刑罚的不可避免性。"①

综上所述,本案中白某不构成累犯。

(作者:曹圆圆)

案例37. 胡某交通肇事案*

——肇事后及时报警并在现场等候能否认定为自首

案情介绍

2009年5月7日晚,胡某驾驶经非法改装的红色三菱轿车,与同伴驾驶的车辆从某市某区机场路出发,前往某区西城广场。在途经文晖路、文三路、古翠路、文二西路路段时,胡某与同伴严重超速行驶并时有互相追赶的情形。当晚8时8分,胡某驾驶车辆至某公寓西区大门口人行横道时,未注意观察路面行人动态,致使车头右前端撞上正在人行横道上由南向北行走的男青年谭某。谭某被撞弹起,落下时头部先撞上该轿车前挡风玻璃,再跌至地面。事发后,胡某立即拨打120急救电话和122交通事故报警电话。谭某经送医院抢救无效,于当晚8时55分因颅脑损伤而死亡。事发路段标明限速为每小时50公里。经鉴定,胡某当时的行车速度在每小时84.1至101.2公里之间,对事故负全部责任。案发后胡某亲属与被害人亲属已就民事赔偿达成协议,胡某亲属已赔偿并自愿补偿被害人亲属经济损失共计人民币1130100元。

法院认为,被告人胡某违反交通运输管理法规发生重大事故,致一人死亡并负事故全部责任,其行为已构成交通肇事罪。被告人胡某肇事后及时报警并在现场等候的行为属于履行道路交通安全法规定的义务,不成立自首。被告人胡某案发后虽未逃避法律追究,其亲属也能积极赔偿被害人亲属的经济损失,但胡某无视交通法规,案发时驾驶非法改装的车辆在城市主要道路上严重超速行驶,沿途时而与同伴相互追赶,在住宅密集区域的人行横道上肇事并致人死亡,犯罪情节严重,并造成恶劣的社会影响,应从重处罚。依照《刑法》第133条、第61条

---

① 储槐植:《刑事一体化论要》,北京大学出版社2007年版,第29页。
* 案例来源:《最高人民法院、最高人民检察院司法解释与指导案例(刑事卷)》,中国法制出版社2010年版,第68—69页。

和最高人民法院《关于审理交通肇事刑事案件具体应用法律若干问题的解释》第2条第1款第1项之规定,认定被告人胡某犯交通肇事罪,判处有期徒刑3年。

> 理论争议

在本案审理中,对于胡某是否应认定为自首,存在着理论争议。一种观点认为胡某在交通肇事后立即报警并在现场等候处理的行为,是履行其法定义务,不属于自首;另一种观点认为,胡某在交通肇事后没有逃逸,而是留在现场并立即拨打120急救电话及122交通事故报警电话,抢救伤者,主动向公安机关报案,其行为符合自首的成立条件,应认定为自首。

> 法理分析

自首是指犯罪分子犯罪以后自动投案,如实供述自己罪行的行为,或者被采取强制措施的犯罪嫌疑人、被告人和正在服刑的罪犯,如实供述司法机关还未掌握的本人其他罪行的行为。[①] 通常我们称前者为"一般自首",称后者为"特殊自首"。成立一般自首需满足两个条件:一是自动投案,即在犯罪事实尚未发现,或犯罪嫌疑人未受讯问、未被采取强制措施时,向公安机关、人民检察院或者人民法院自动投案,从而将自己置于司法机关的合法控制下,接受司法机关的审查与裁判的行为;[②]二是如实交代,即犯罪嫌疑人在自动投案后,如实交代自己所犯的全部罪行。在本案中所讨论的胡某是否成立自首指的是一般自首。

对于胡某交通肇事案中是否能够成立自首,存在否定和肯定两种观点。否定者认为,胡某主动报警并在现场等候处理的行为属于履行法定义务。《中华人民共和国道路交通安全法》(以下简称《道路交通安全法》)第70条规定交通肇事人员有报警等候现场处理的义务,所以胡某在交通肇事后报警等候处理或保护现场、抢救被害人,均为履行法定义务,不成立自首。持该观点的学者认为刑法规定自首的目的在于鼓励犯罪分子犯罪后主动投案,以降低侦查破案的成本。对于交通肇事者,法律不会以法定的义务强制肇事者主动报警的同时又以自首制度鼓励其主动报警。[③] 将此行为认定为自首则是对同一行为的双重评价,有违禁止重复评价原则,所以不宜将胡某的行为认定为自首,不过在处罚时可以考虑作为酌定量刑情节。

---

① 参见高铭暄主编:《刑法专论(第二版)》,高等教育出版社2006年版,第568页。
② 参见李翔主编:《刑法:案例与图表》,法律出版社2010年版,第287页。
③ 参见侯国云:《交通肇事后报警不以自首论的法理解读》,载《人民检察》2009年第18期。

肯定者认为,首先,行政法中规定法定义务的目的与刑法规定自首的目的并不相同,实现了行政法的目的不代表实现了刑法的目的,所以履行《道路交通安全法》规定的行政义务,并不否定认定为自首。① 其次,报案与自首还是有区别的,《道路交通安全法》为车辆驾驶人设定的义务是报案而非自首,报案可以视为自首中的自动投案,但并不意味着如实供述,所以行为人很有可能报案后却不如实供述自己的罪行。最后,刑法和行政法规对肇事者不逃逸和主动报案等行为的评价并不相悖,我们不能以交通法规的规定来否定刑法的规定,也不能因为履行了法定义务而否认自首的认定。②

对于胡某交通肇事案,我们同意后一种观点,认为胡某主动报警并现场等候处理的行为成立自首。

首先,对胡某的行为适用自首规定,符合罪刑法定原则。刑法确立自首在于鼓励自首者。根据《刑法》第 101 条,刑法总则适用于刑法分则,除非分则有特别规定。交通肇事罪的规定并没有排除自首的适用,所以,刑法总则关于自首的规定同样适用于交通肇事罪。尽管《道路交通安全法》明确规定,肇事后报警、抢救伤员和保护现场是肇事者的法定义务,但此行政法定义务并未阻却自首的成立。正如有学者所说,"当其他法律、法规规定的义务与刑法的自首制度相符时,只能认为两者在规范要求上具有相同的立法旨趣,但不能因行为是义务的履行而忽视自首,从而使自首的立法意图无法在具体个案中体现。这破坏了自首制度的运用。"③事实上,将交通肇事后的主动报警、抢救伤员等行为定性为自首体现出法律的公正性,从而达到更好地控制犯罪的目的。故本案中胡某的行为可以认定为自首。

其次,对胡某的行为适用自首,是刑法平等的必然要求。最高人民法院《关于处理自首和立功具体应用法律若干问题的解释》第 1 条规定了自动投案的类型,包括犯罪嫌疑人本人投案的,委托他人投案或以信电投案的,因形迹可疑而投案的,逃跑后投案的,准备去投案的或者在投案途中被捕获的,亲友规劝、陪同投案的,公安机关通知亲友陪同投案或者亲友主动报案后而投案的。本案中胡某在交通肇事后积极打电话报警,属于自己主动向公安机关投案。报警后在现场等候处理,积极救助伤者,到案后也如实供述,其行为符合了刑法关于自首成立的一般规定,就应成立一般自首。另外,司法实践中对于行为人逃逸后再自动

---

① 参见张明楷:《论交通肇事罪的自首》,载《清华法学》2010 年第 3 期。
② 参见穆福强、彭之宇:《交通肇事罪的自首及其认定》,载《检察日报》2007 年 11 月 22 日。
③ 张洪林:《交通肇事罪之相关问题研究》,中国政法大学 2009 年硕士学位论文。

投案的是作为自首来认定的,若是认定报警并在现场等候处理后如实供述的行为不成立自首,则会鼓励肇事者先逃跑再自首的风气,不利于救治伤者、保护被侵害的法益。以酒后驾驶机动车为例,只要导致 1 人重伤且负事故全部或主要责任即可成立交通肇事罪的一般情形。若行为人逃逸等酒醒后再回来自首,也以交通肇事罪的一般情节论处,但自首可以减轻处罚。如此一来,在现场等候的处罚反而重于逃逸后回来自首的处罚,相当于鼓励人们交通肇事后逃逸,这不符合司法实践,也违反了刑法的平等原则。

最后,最高人民法院《关于处理自首和立功若干具体问题的意见》也肯定了这一点。依照规定,交通肇事后保护现场、抢救伤者,并向公安机关报告的,应认定为自首。不过在量刑时应考虑到上述行为也是犯罪嫌疑人的法定义务,故其从宽的幅度比其他犯罪严格一点。该意见还规定,交通肇事逃逸后自动投案、如实供述也应认定为自首,但要以较重法定刑为基准决定是否从宽处罚的幅度。依据该意见的规定,在交通肇事案中,无论行为人是自己报警、如实交代自己的罪行还是委托他人代为报警或者明知他人报警在现场等候处理,只要归案后又如实供述自己罪行的都成立自首。

综上所述,我们认为胡某在交通肇事后报警并在现场等候处理属自动投案,其如实供述自己罪行,应当认定胡某有自首情节,故对其可以从轻或减轻处罚。

(作者:曹圆圆)

案例 38. 沈某某受贿案*

——"阻止他人犯罪活动"构成立功
是否包括阻止未成年人犯罪

案情介绍

沈某某原系某市园林管理处处长兼园林工程安全质量监督站站长。2003

---

* 案例来源:中华人民共和国最高人民法院刑事审判第一庭、第二庭编:《刑事审判参考(总第 80 集)》,法律出版社 2011 年版,第 89 页。

年 5 月至 2008 年春节前,沈某某利用其负责园林工程管理的职务之便,先后多次收受某园林实业有限公司万某某、某园林建设有限公司钟某某、某园林景观有限公司袁某某等多家园林工程公司负责人给予的好处费共计折合 26 万多元。案发后,沈某某退出赃款 21 万元。上述事实,除万某某给予的钱款由纪检监察机关已掌握的事实证明外,其余事实均由沈某某主动交代。

某区法院认为,被告人沈某某身为国家工作人员,利用职务上的便利,收受他人贿赂,为他人谋取利益,其行为已构成受贿罪。被告人沈某某归案后,能主动交代纪检监察机关及司法机关未掌握的其他同种较重罪行,依法应当从轻处罚。故依法判决:被告人沈某某犯受贿罪,判处有期徒刑,没收财产 10 万元,退缴的赃款 21 万元予以没收,尚未退缴的赃款予以追缴。一审宣判后,被告人沈某某提出上诉。

在二审期间,被取保候审的沈某某于 2010 年 7 月 3 日 10 时许,在地铁站口,将正在盗窃陈某某钱包(内有现金 9800 元)的犯罪嫌疑人阿某(2000 年出生)当场抓获,被盗钱包已返回陈某某。后因阿某未达到刑事责任年龄,公安机关未刑事立案。

该市中级人民法院经审理查明,上诉人沈某某阻止他人犯罪,构成立功。法院认为,沈某某作为国家工作人员,利用职务上的便利,收受他人贿赂,为他人谋取利益,其行为已构成受贿罪。鉴于沈某某阻止他人犯罪,具有立功表现,依法对其减轻处罚。依照《刑法》第 93 条第 2 款、第 385 条第 1 款、第 386 条、第 383 条第 1 款第 1 项、第 59 条、第 64 条,最高人民法院《关于处理自首和立功具体应用法律若干问题的解释》(以下简称《解释》)第 4 条、第 5 条及《刑事诉讼法》第 189 条第 3 项的规定,认定沈某某构成受贿罪,判处有期徒刑 9 年,没收财产 10 万元,对于退缴的赃款 21 万元予以没收,尚未退缴的赃款予以追缴。

理论争议

本案审理中,对于沈某某的受贿犯罪事实及行为定性均无分歧,争议在于沈某某阻止未达到刑事责任年龄的阿某的盗窃行为,是否成立《解释》第 5 条规定的"阻止他人犯罪活动"的立功情形。一种观点认为,因盗窃行为人未达到刑事责任年龄,公安机关并未立案,说明阿某的盗窃行为不构成犯罪,也就不成立"阻止他人犯罪活动"。因此,沈某某阻止阿某的犯罪行为不构成立功。另一种观点认为,此处的"他人犯罪活动"不要求构成犯罪,只要他人的行为具有社会危害性并具备某种犯罪客观结果的外在表现形式,那么阻止该行为就可以认定为"阻止他人犯罪活动",故可以认定为立功。

法理分析

立功是指犯罪分子揭发他人犯罪行为,经查证属实的,或者提供重要线索,从而得以侦破其他案件的行为。[①] 根据《解释》第 5 条的规定,立功的类型包括以下几种:一是检举揭发型立功,即犯罪分子检举揭发他人的犯罪行为并经查证属实的;二是提供线索型立功,即犯罪分子提供侦破其他案件的重要线索,经查证属实的;三是阻止犯罪型立功;四是协助抓捕型立功;五是其他型立功。[②] 故也有学者认为,立功是指犯罪分子在到案后判决发生法律效力前,检举揭发他人犯罪行为经查证属实的,或提供侦破其他案件的重要线索经查证属实的,或阻止他人犯罪活动,或协助司法机关抓捕其他犯罪嫌疑人以及具有其他有利于国家和社会的突出表现的,依法从宽处罚的行为。[③]

本案中争议焦点在于沈某某阻止阿某的盗窃行为是否成立立功。从形式上看是阿某符合盗窃罪的成立条件,但因为阿某是未满 16 周岁的人,故其不构成盗窃罪,所以沈某某阻止阿某盗窃的活动表面上不符合阻止犯罪型立功的条件。但我们认为沈某某阻止阿某的犯罪行为是可以成立立功的,理由如下:

(一)阻止犯罪型立功不要求实质上构成犯罪

一方面,最高人民法院《关于处理自首和立功若干具体问题的意见》(以下简称《意见》)具体规定了检举揭发型或协助抓获型立功关于他人"构成犯罪"如何认定。《意见》第 6 条第 5 款规定:被检举揭发或协助抓获的人构成犯罪,但若是因法定事由不追究刑事责任、不起诉或终止审理的,不影响认定被告人成立立功;被检举揭发或者协助抓获的人应判处无期徒刑以上刑罚,但因具有从宽情节被处较轻刑罚的,不影响认定被告人成立重大立功。根据此条可知此处的"构成犯罪"是形式上的,即是指行为形式上符合犯罪。如果是因行为主体不具备刑事责任能力而不追究刑事责任,或因情节显著轻微、已过追诉时效、被赦免等原因而不立案、不起诉或宣告无罪的,不影响对被告人立功的认定。

我们认为,虽然《意见》第 6 条规定的是检举揭发型或者协助抓获型立功,但司法实践中我们可以参照此规定来认定阻止犯罪型立功。首先,从立法意图上考虑,阻止犯罪型与检举揭发型、协助抓捕型都是《解释》中被认定为立功的情形

[①] 参见周光权:《刑法总论(第二版)》,中国人民大学出版社 2011 年版,第 316 页。
[②] 参见李翔主编:《刑法:案例与图表》,法律出版社 2010 年版,第 289 页。
[③] 参见邵维国:《论立功》,载《吉林大学社会科学学报》1999 年第 5 期。

之一，《意见》中并没有排除阻止犯罪型的适用。其次，从适用效果来看，当场阻止他人的犯罪比事后检举揭发犯罪的行为更及时有效地维护被侵害的法益。从这一角度而言，阻止他人犯罪活动立功的成立条件应与事后检举揭发成立立功的条件相一致。最后，从刑罚目的上考虑，当场阻止他人犯罪活动往往意味着承受很大的风险，更加可以体现行为人的积极悔罪态度。参照《意见》对于检举揭发型及协助抓获型立功的规定，我们认为在符合立法原意的前提下，肯定沈某某阻止阿某的行为成立立功可以更好地实现刑罚的特殊预防作用。

另一方面，在司法实践中，阻止犯罪型立功通常无须经过法院判决即可成立。这既代表着无论被告人阻止的是何种形态的犯罪，也无论法院是否定罪量刑，只要其阻止的是形式上的犯罪活动，就可认定为立功。因为从侦查、起诉到审判，犯罪活动的确认需要时间，而对阻止者是否成立立功需要在法定审限内及时认定。故对阻止者的行为是否认定为立功不要求先对被阻止者进行判决认定。① 本案中，沈某某阻止阿某的盗窃行为本身就符合"阻止他人犯罪活动"，而在客观上也有效阻止了阿某的犯罪活动。至于阿某构不构成犯罪、是否免予刑事责任则不影响对沈某某的立功认定。

（二）阻止犯罪型立功的成立要件

我们认为本案中沈某某阻止阿某犯罪活动，可以理解为行为人以制止、规劝等主动手段，使他人的犯罪活动在客观上停止，从而保护法益免遭侵害。具体可以从以下几个方面来理解：

第一，如何理解"阻止"。我们认为只要行为人对他人的犯罪活动进行了阻止就可，并不要求一定要有"止"的效果。因为当场阻止犯罪活动要求承受比较大的风险。司法实践中就有行为人阻止他人犯罪活动未成功也不影响立功成立的情况。② 作这样的理解一方面是因为阻止犯罪型的行为人的悔罪态度好、人身危险性较低；另一方面，这也体现了社会对此种积极行为的肯定及鼓励，更好地体现了宽严相济的刑事政策。

第二，如何理解"他人"。"他人"既可以是自然人，也可以是单位。③ 另外，此中的自然人既可以是具有刑事责任能力的人，也可以是完全无刑事责任能力或限制刑事责任能力的人。因为在上文中已讲过，阻止犯罪型立功只要是阻止

---

① 参见高铭暄、彭凤莲：《论立功的成立条件》，载《北京师范大学学报（社会科学版）》2006 年第 5 期。
② 参见孙海星：《阻止他人犯罪未成功也可构成立功》，载《天津检察》2007 年第 2 期。
③ 参见卢勤忠：《单位立功的若干疑难问题研究》，载《法学评论》2007 年第 2 期。

形式上的犯罪活动就可。本案中不满 16 周岁的阿某实施盗窃活动也属于犯罪活动。另外,"他人"是否包括共同犯罪中的同案犯,要看具体的情形。如果行为人阻止的是同案犯共同犯罪之外的其他犯罪活动,可以成立立功;如果是阻止共同犯罪中的犯罪,则不适用立功。

第三,阻止犯罪型立功的时间性。被告人阻止他人犯罪活动应该具有当场性,是从准备犯罪活动到实施犯罪活动的整个过程。结合立功的本质和目的,可以将紧迫性未必很高的犯罪预备时作为"当场"的起始点,而实施侵害后但实施犯罪活动的人未逃脱时作为"当场"的终点,因为此时阻止犯罪仍然可以免受进一步的侵害。但如果犯罪活动结束且犯罪人离开现场后,行为人进行检举揭发或抓获犯罪嫌疑人的,则不成立阻止犯罪型立功而成立检举揭发型立功或协助抓捕型立功。

(三)沈某某成立阻止犯罪型立功

综上所述,我们认为沈某某在取保候审期间,制止了阿某的盗窃活动,虽然阿某未达到刑事责任年龄,但不影响沈某某成立阻止犯罪型立功。因为阿某盗窃他人钱包的行为符合形式上的盗窃罪,而沈某某对阿某的盗窃活动当场予以制止,保护了他人的财产利益。

(作者:曹圆圆)

案例 39. 张某某故意杀人案[*]

——故意杀人案中被害人过错和被害方谅解对量刑的影响

案情介绍

张某某与邹某某(男,55 岁)系夫妻关系,生有一子二女。婚后邹某某经常虐待、打骂张某某及其子女,曾将张某某一步一棒从车站打回自己家里,将女儿打得不敢回家,张某某曾自杀未遂。张某某多次提出与邹某某离婚,但邹某某以杀死全家相威胁而未果。2003 年 3 月 2 日早晨,邹某某在自己家中,因琐事骂

---

[*] 案例来源:最高人民法院中国应用法学研究所编:《人民法院案例选(总第 60 辑)》,人民法院出版社 2007 年版,第 9 页。

儿子邹玉某,并向邹玉某要钱,邹玉某交给邹某某300元,邹某某边喝酒边把钱放到炉火里烧,邹玉某上前阻止,邹某某便拿炉铲子击打邹玉某,又拿菜刀欲砍张某某,被邹玉某拉开。张某某遂产生杀死邹某某之念。12时许,邹某某趴在饭桌上瞌睡,邹玉某回房间午休,张某某趁机拿一把铁锤,向邹某某头部猛击数下,致邹某某当场死亡。当日,张某某到某派出所投案自首。案发后,邹某某的子女及其他亲属还有同村的村民联名要求从轻处罚张某某。

某市中级人民法院认为,被告人张某某因不堪忍受丈夫邹某某的长期打骂和虐待,而产生杀人之念,趁邹某某酒醉之机,用锤子将邹某某打死,其行为构成故意杀人罪。检察机关指控的犯罪事实清楚,罪名正确,予以采纳。辩护人关于被告人张某某犯罪的主观恶性及社会危害性比社会上其他故意杀人犯小的辩护意见,符合案情,予以采信。被告人张某某自结婚开始就经常无故被邹某某殴打,想离婚又怕其伤害儿女,采取极端方式非法剥夺邹某某生命,犯罪后果严重,应当承担刑事责任。鉴于本案系家庭内部矛盾所引起,被害人具有严重过错,且被告人张某某在案发后主动到公安机关投案自首,村民及被害人的亲属均要求轻处被告人,其主观恶性较小,犯罪情节较轻,故应当对被告人张某某依法减轻处罚。依据《刑法》第232条、第67条第1款的规定,认定被告人张某某犯故意杀人罪,判处有期徒刑3年。

理论争议

本案中,张某某的行为构成故意杀人罪确定无疑。但本案的关键和争议的焦点是对张某某如何量刑,即本案中的被害人过错和被害方谅解如何认定,是否应将其作为酌定从宽量刑情节对张某某从轻处罚。

法理分析

故意杀人罪,是指故意非法剥夺他人生命的行为。[①]《刑法》第232条规定:"故意杀人的,处死刑、无期徒刑或者十年以上有期徒刑;情节较轻的,处三年以上十年以下有期徒刑。"

对于本案,我们可以结合备受社会关注的石狮"二奶"碎尸案[②]来进行分析。碎尸案中,辩护方律师也主张被害人有过错以及被告人获得被害人母亲的谅解,

---

① 参见周光权:《刑法各论(第二版)》,中国人民大学出版社2011年版,第12页。
② 参见赵秉志主编:《中国疑难刑事名案法理研究(第五卷)》,北京大学出版社2011年版,第283页。

但法院最终还是判处被告人死刑立即执行。我们有必要对两案的量刑情节进行分析,即如何认定被害人过错、被害方谅解主体的认定以及它们能否作为酌定从宽量刑情节的依据。

(一)被害人过错对量刑的影响

所谓被害人过错,是指被害人出于故意或过失,侵犯他人合法权益,诱发他人犯罪意识,激化其犯罪程度,因而直接影响被告人刑事责任的行为。[1] 将被害人过错作为酌定从宽情节的出发点是行为人、被害人地位平等,如果被害人过错使行为人处于可能被侵害的危险之中,那么可以降低行为人的可谴责性。国外刑法典已将被害人过错规定为责任减轻事由。被害人过错不是我国法定从宽情节,不过在司法实践中可以视为酌定量刑情节。最高人民法院《全国法院维护农村稳定刑事审判工作座谈会会议纪要》规定,在故意杀人、故意伤害案件中,"对于被害人一方有明显过错或对矛盾激化负有直接责任,或者被告人有法定从轻处罚情节的,一般不应判处死刑立即执行"。其将被害人过错与法定从轻处罚情节置于一起,说明被害人过错可作为酌定量刑情节适用。我们认为若将被害人过错作为酌定从宽量刑情节须具备以下条件:

1. 被害人本人是主体

此为被害人过错的主体要件。有学者认为:"被害人过错的主体既可以是被害人本人,也可以是与被害人有直接利益关系的人。"[2]我们不赞同这种观点。根据罪责自负,被害人过错不能扩大到与被害人有直接利益关系的人的过错。在故意杀人罪中,若是被害人无过错,我们就不能根据与被害人关系亲密的人的过错而减轻对行为人的刑罚,这对被害人来说不公平。

2. 过错的程度性

通常而言,被害人过错是对社会秩序的违背,可以是对有关法律、法规等规章制度的违背,也可以是对社会公序良俗和道德规范的违反。[3] 我们在判断被害人是否存在过错时,主要是依据被害人行为是否违背公序良俗来判断的,要求被害人过错要明显且达到一定程度。只有被害人的过错达到一定的程度,才会诱发行为人犯罪意识、激化其犯罪程度,从而影响量刑。被害人只有一点不良行为的不能视为被害人过错,如日常生活中的斗嘴、玩笑等。

---

[1] 参见阴建峰:《故意杀人罪死刑司法控制论纲》,载《政治与法律》2008年第11期。
[2] 罗南石:《被害人过错的成立要件与我国〈刑法〉的完善》,载《江西社会科学》2007年第12期。
[3] 参见马照平:《故意杀人罪中被害人过错对量刑的影响》,载《广西政法管理干部学院学报》2010年第4期。

3. 死亡与过错的关联性

被害人过错是行为人故意犯罪的诱发因素或者推动因素。即被害人过错导致行为人产生犯罪动机,进而实施犯罪行为。两者在时间上是前后相随,在因果关系上属于引起与被引起的关系。如果没有被害人过错,行为人可能就不会实施犯罪行为。

4. 过错超过社会容忍度

被害人过错是一种主观评价,其判断标准依附于人们的道德规范、公序良俗等规范情感。如果被害人违反甚至侵害了这种规范情感,其极有可能受到人们的批评或谴责,反而侵害人有时会获得一定程度的同情或怜悯。一般民众往往用"咎由自取""大义灭亲""多行不义必自毙"这些日常俗语来评价某些个案,而这些朴素而又世俗的法言中就暗示被害人的行为已经逾越了社会的容忍度。① 若要因被害人过错而减轻行为人的刑事责任就需要被害人过错除了满足前三个条件外,还需要接受社会容忍性的检视和过滤。

综上所述,本案中张某某长期遭受丈夫邹某某的虐待,最后忍无可忍将丈夫杀死。邹某某作为被害人显然有明显的过错,其虐待打骂妻子的行为是违法的,超过了社会容忍度,因而张某某不堪虐待怒将其杀死。这当中被害人过错明显可以作为从宽量刑情节来考虑。

(二)被害方谅解对量刑的影响

在故意杀人案中,被害方对犯罪人是否适用刑罚的态度一般有两种表现:被害方谅解和被害方要求严惩。这里重点阐述的是被害方谅解。被害方谅解指的就是被害人或其亲属对犯罪人表示谅解。实践中,被害方表示谅解的行为表现往往是向法院提出不判处被告人死刑等诉求。

在故意杀人案件的适用上应否考虑被害方的态度,理论界有分歧。有的学者认为,根据《刑法》第5条的规定,刑罚的轻重应与犯罪分子的罪行和刑事责任相适应。所以定罪量刑应当以案件的事实和法律为根据,不能为其他社会组织和公民的态度所左右。② 有的认为,对于被害人的主观意愿都要加以考虑,无论要求从重还是从轻处罚的主张。③ 还有学者认为,能够影响被告人量刑的仅限于被害方谅解,即要求从宽处罚的意愿。至于要求从严处罚的意愿,一般是受到

---

① 参见潘庸鲁:《被害人过错认定问题研究》,载《法学论坛》2011年第5期。
② 参见胡云腾:《关于死刑在中国司法实践中的裁量》,载中国政法大学刑事法律研究中心、英国大使馆文化教育处主编:《中英量刑问题比较研究》,中国政法大学出版社2001年版,第128页。
③ 参见陈京春:《刑事和解与死刑适用》,载《人民司法》2008年第5期。

犯罪侵犯的自然的情绪，事实上与犯罪行为的社会危害性或行为人的人身危险性没有很大的关系，所以不予考虑。① 我们基本同意第三种意见。

最高人民法院《关于贯彻宽严相济刑事政策的若干意见》指出："被告人案发后对被害人积极进行赔偿，并认罪、悔罪的，依法可以作为酌定量刑情节予以考虑。因婚姻家庭等民间纠纷激化引发的犯罪，被害人及其家属对被告人表示谅解的，应当作为酌定量刑情节予以考虑。犯罪情节轻微，取得被害人谅解的，可以依法从宽处理，不需判处刑罚的，可以免予刑事处罚。"依据此条规定，若将被害方谅解作为酌定从宽量刑情节，需重点考察以下因素：

1. 被害方谅解的主体

被害方谅解的主体只能是被害人还是包括被害人亲属？我们认为可以分为以下三种情况：一般情况下谅解的主体应该是被害人本人，其亲属无权作出谅解表示；若是被害人失去意识时则由被害人的法定代理人或委托代理人作出表示；而若是被害人死亡的话，则由被害人的亲属作为被害方谅解的主体。

2. 被害方谅解的原因

被害方谅解的原因是该情节能否影响量刑适用的决定性要素。被害方之所以谅解是因为被告人有道歉、真诚悔罪、赔偿损失并保障被害方生活等表现，被告人的这些表现往往是取得被害方谅解的前提条件。被害方谅解一般有两种原因。一是双方比较熟悉，鉴于被告人真诚的悔罪态度、被告人平时表现良好等合理原因取得被害方谅解的，则被害方提出从轻处罚被告人的诉求就较为真实，可以考虑作为从宽量刑情节。二是被害方是基于获得了满意的赔偿而作出了谅解行为。若此种谅解不是被害人本人作出的，则这一情节不宜成为从宽处罚的主要因素；或是因为被告人提供了民事赔偿，被害方出于生活所迫或其他难言之隐而不得不作出相应的要求减轻处罚的行为，则有"以钱买命"的嫌疑，也应慎重考虑。②

3. 被害方谅解与民意并存

若谅解与民愤并存时，首先要对民愤进行甄别。少数杀人案件中被害方由于得到了足额甚至超额民事赔偿，往往对被告人给予一定程度的谅解。如果被告人作案手段极其残忍，在群众中产生了恶劣影响，对这类案件不能因为被害方

---

① 参见中国人民大学刑事法律科学研究中心编：《刑事法学的当代展开》，中国检察出版社2008年版，第697页。

② 参见刘立霞、邹楠：《论被害方谅解与死刑的限制适用》，载《燕山大学学报（哲学社会科学版）》2011年第4期。

谅解了就将其作为减轻情节。如果民愤是由于媒体带倾向性的误导所致,就应该充分考虑被害人谅解情节,可以将被害方谅解作为酌定量刑情节。至于谅解与民愤并存时,大多数情况下都应将被害方谅解作为从宽量刑情节。

本案中,张某某自动投案后,村民及被害人的亲属均要求轻处被告人。此处被害方谅解的原因是因为被告人平时表现良好,而且被害人存在重大过错,故被害方谅解可以作为酌定从宽量刑情节。

(作者:曹圆圆)

第十八章 刑罚的执行

案例 40. 丁某强奸、抢劫、盗窃案[*]

——在假释考验期间直至期满后连续实施犯罪
是否应撤销假释并构成累犯

案情介绍

丁某于 1992 年 8 月 4 日因强奸罪被判处有期徒刑 9 年,1997 年 9 月 5 日被假释,假释考验期至 1999 年 5 月 2 日止。丁某因涉嫌犯强奸、抢劫、盗窃犯罪于 2001 年 8 月 17 日被逮捕。

某市人民检察院以丁某犯强奸、抢劫、盗窃罪,向某市中级人民法院提起公诉。某市中级人民法院依法经不公开开庭审理查明:

被告人丁某于 1998 年 6 月至 2001 年 4 月期间,携带匕首、手电筒等作案工具,先后在 10 余处村庄,骑摩托车或自行车夜间翻墙入院,持匕首拨开门栓,或破门、窗入室,采取暴力威胁等手段,入户强奸作案近 40 起,对代某某、倪某某、姜某某等 32 名妇女实施强奸,其中强奸既遂 21 人、强奸未遂 11 人。在入户强奸作案的同时,被告人丁某还抢劫作案 5 起、盗窃作案 1 起,劫得金耳环等物品,价值 970 余元,窃得电视机 1 台,价值 200 余元。

被告人丁某于 1999 年 4 月至 2001 年 7 月期间,携带匕首、手电筒等作案工具、骑摩托车或自行车先后在 10 余处村庄,采取翻墙入院、破门入室等手段,盗窃作案 14 起。盗窃王某某、郭某某、吕某某等 14 人的摩托车、电视机、酒、花生油等物品,价值合计 16600 余元。案发后共追回赃物价值 8800 余元。其余被其

---

[*] 案例来源:中华人民共和国最高人民法院刑事审判第一庭、第二庭编:《刑事审判参考(总第 28 集)》,法律出版社 2003 年版,第 37 页。

挥霍。

被告人丁某及其辩护人对公诉机关指认的犯罪事实无异议。其辩护人提出,丁某有自首情节,所盗窃物品大部分已追回返还失主,且归案后认罪态度较好,要求对其从轻处罚。

某市中级人民法院认为:被告人丁某数十次以暴力或胁迫的方法入户强奸妇女多人,构成强奸罪,情节恶劣,后果特别严重,社会危害极大,依法必须严惩。在入户强奸犯罪的同时抢劫作案 5 起,构成抢劫罪,盗窃作案 15 起,且盗窃数额巨大,构成盗窃罪。被告人丁某有部分行为系在假释考验期限内重新犯罪,应当撤销假释,将前罪没有执行完的刑罚和后罪所判处的刑罚实行数罪并罚。被告人丁某还有部分行为系在假释考验期满后重新犯罪,构成累犯,依法应当从重处罚。

依法判决如下:被告人丁某犯强奸罪,判处死刑,剥夺政治权利终身,犯抢劫罪,判处有期徒刑 12 年,剥夺政治权利 2 年,罚金 2000 元,犯盗窃罪,判处有期徒刑 4 年,连同前犯强奸罪没有执行的刑罚 1 年 8 个月并罚,决定执行死刑,剥夺政治权利终身,罚金 2000 元。

一审判决后,被告人丁某未上诉。本案依法报省高级人民法院复核。高院对被告人丁某撤销假释,不认定累犯,且核准丁某死刑。

理论争议

本案在审理中,对被告人在假释考验期间、期满后又重新犯罪的,如何处罚意见不一致。一种意见认为对被告人撤销假释,将新罪与前罪的余刑并罚,但不应认定为累犯,因为既然撤销假释,就意味着原判刑罚没有执行完毕,从而也就没有构成累犯的前提条件。另一种意见认为既要撤销假释,实行并罚,又得认定为累犯,因为被告人的一部分罪行实际上是发生在前罪刑罚事实上应已执行完毕之后的。

法理分析

(一)假释的概念及与其他制度的区别

假释,是指对被判处有期徒刑、无期徒刑的犯罪分子,在执行一定刑期之后,因其遵守监规,接受教育和改造,确有悔改表现,不致再危害社会,而附条件地将其提前释放的一种刑罚制度。[①]

假释是对服刑期间表现较好的罪犯附条件地提前释放。所谓"附条件",主

---

① 参见高铭暄、马克昌主编:《刑法学》,中国法制出版社 2007 年版,第 143 页。

要表现之一就是在裁定假释的同时,对被假释的罪犯依法设定假释考验期限。一般认为,缓刑是为补救短期自由刑的缺陷而设,假释则是为补救长期自由刑的缺陷而设。① 将假释与其他刑罚相对比,不同之处主要有:

（1）假释与刑满释放不同。刑满释放是犯罪分子的刑罚执行完毕,无条件地释放到社会中去。而假释是附条件地解除监禁,一旦违反法律规定的条件,犯罪分子还须回到监狱执行剩余的刑期。

（2）假释与监外执行不同。两者均是有条件地不在监内执行原判刑罚。区别在于:① 适用对象不同。假释适用于被判处无期徒刑和有期徒刑的犯罪分子;监外执行适用于被判处有期徒刑和拘役的犯罪分子。② 原因不同。假释的原因是犯罪分子在执行一定刑期后,确有悔改表现,没有再犯的危险;监外执行是在押人员出现严重疾病、妇女怀孕、哺乳自己的婴儿等不适宜继续在监内执行的情况下才采取。③ 假释犯在假释考验期内不犯罪或不违反有关监督管理规定的,假释期满剩余刑罚就不再执行。监外执行犯在妨碍监内执行的法定事由消失后,且刑期未满的条件下才收监执行。④ 假释犯若被撤销假释,其假释的期间不能计入原判执行的刑期以内;监外执行的期间,无论是否收监执行,均计入原判执行的刑期以内。

（3）假释与缓刑不同。假释是犯罪分子已经执行一定刑期,根据其在执行期间内的表现由司法机关裁定作出;缓刑是随判决同时宣告的。假释不能适用于被判处拘役、管制的犯罪分子,只能适用被判较长有期徒刑和无期徒刑的犯罪分子。而缓刑可以适用于被判处拘役或 3 年以下有期徒刑的犯罪分子,并且可以附条件地不执行原判全部刑罚。

（4）假释与减刑也不同。假释是对判处有期徒刑或无期徒刑已经执行了一部分刑罚的犯罪分子,基于其监内悔过表现作出附有条件的释放,若犯罪分子在假释考验期限内又犯罪或违反有关监管规定就收监执行剩余刑罚。假释只能宣告一次。减刑适用于被判处管制、拘役、有期徒刑、无期徒刑的犯罪分子,在其刑罚执行期间有悔改或立功表现的,可视程度不同适当减轻刑罚。

(二) 假释的实质条件

犯罪分子在刑罚执行期间认真遵守监规,接受教育改造,确有悔改表现,没有再犯罪的危险,是适用假释的实质条件。《刑法修正案（八）》将《刑法》第 81 条修改为:"被判处有期徒刑的犯罪分子,执行原判刑期二分之一以上,被判处无期

---

① 参见马克昌主编:《刑罚通论(第二版)》,武汉大学出版社 1999 年版,第 640 页。

徒刑的犯罪分子,实际执行十三年以上,如果认真遵守监规,接受教育改造,确有悔改表现,没有再犯罪的危险的,可以假释。如果有特殊情况,经最高人民法院核准,可以不受上述执行刑期的限制。对累犯以及因故意杀人、强奸、抢劫、绑架、放火、爆炸、投放危险物质或者有组织的暴力性犯罪被判处十年以上有期徒刑、无期徒刑的犯罪分子,不得假释。对犯罪分子决定假释时,应当考虑其假释后对所居住社区的影响。"

条文中所指"确有悔罪表现",是指同时具备以下四个方面情形:(1)认罪服法;(2)认真遵守监规,接受教育改造;(3)积极参加政治、文化、技术学习;(4)积极参加劳动,完成生产任务。因此,《刑法》第 81 条规定的假释形式条件"认真遵守监规,接受教育改造"并非独立于"悔罪表现"存在,而是悔罪的具体描述和判断依据。犯罪分子在监内的"悔罪表现"是通过客观行为推导出主观恶性的判断。

而"没有再犯罪的危险"则是对犯罪分子未来社会危害性的预测。所谓"没有再犯罪的危险",是指罪犯在刑罚执行期间一贯表现良好,确已具备上述"确有悔改表现"所列情形,或者是老年、身体有残疾,并丧失作案能力的。

(三)假释的考验期限和撤销

假释是一种附条件的提前释放,假释后犯罪分子重新犯罪,不符合法定假释条件的,国家可以收回对其假释的决定,要求执行原判刑罚的剩余刑。有期徒刑假释的考验期限为没有执行完毕的刑期,无期徒刑的假释考验期限为 13 年。假释的考验期限从假释之日起计算。

对在假释考验期限内又犯罪或违反有关管理法规的,需重新收监执行剩余刑罚。撤销假释的情形有三种:

(1)被假释的犯罪分子在考验期限内又犯新罪的,应撤销假释,将前罪剩余刑罚和后罪所判处的刑罚依照《刑法》第 69 条关于数罪并罚原则决定需执行的刑罚。如果原判刑罚为无期徒刑,则按照吸收原则,将后罪所判的刑罚吸收,仍执行无期徒刑;但若后罪所判为死缓,则不论原判刑罚为有期或无期,均执行死刑或死缓。假释犯在假释考验期内又犯新罪,考验期满后才发现的,只要新罪没有超过追诉时效期限,仍应依照《刑法》第 86 条的有关规定,撤销假释,把前罪没有执行的刑罚和后罪所判处的刑罚,依照《刑法》第 69 条的规定,决定执行的刑罚。①

---

① 参见赵秉志主编:《刑法总论》,中国法制出版社 2008 年版,第 463 页。

（2）被假释的犯罪分子在考验期限内或期满后，被发现在假释前还有其他罪行没有判决，而且罪行没有超过追诉时效的，应当撤销假释，将后罪与前罪的判决实行并罚，前罪已经执行完毕的刑期计算入新判决的刑期中。

（3）被假释的犯罪分子在假释考验期限内，违反法律、行政法规或者国务院公安部门有关假释的监督管理规定，行为尚未构成新的犯罪的，应当撤销假释，收监执行前罪剩余刑罚。

综上理论，回归到本案中。本案特殊之处在于，丁某的连续犯罪开始于假释的考验期限中，结束于考验期限满之后。两种争议的观点区别在于，将讨论的焦点集中在考验期限前段的犯罪还是期限满后的犯罪。根据《刑法》第 65 条第 1 款的规定，累犯是指"被判处有期徒刑以上刑罚的犯罪分子，刑罚执行完毕或者赦免以后，在五年以内再犯应当判处有期徒刑以上刑罚之罪的"。同时，该条第 2 款又规定，所谓"刑罚执行完毕"，"对于被假释的犯罪分子，从假释期满之日起计算"。丁某曾因犯强奸罪获刑 9 年，在假释后的半年内又产生强奸、抢劫、盗窃等新犯意，先后在 10 余处村庄流窜作案，所造成的社会危害性不言而喻，可见其主观恶性仍存在，且社会危害性极其恶劣。这与适用假释的前提条件相违背，因此应撤销丁某的假释，执行原判剩余刑罚，并合并此次犯罪刑罚量刑。从犯罪时间段来看，丁某的犯罪行为一直处于连续状态。对连续犯进行处罚时，从整体上考虑其社会危害性较为妥当，不宜分为假释期满前后两个阶段再按两个同种罪分别定罪量刑。因此应撤销假释，将前罪剩余刑罚与后罪刑罚并罚。

（作者：王喆）

案例 41. 张某减刑案[*]

——多次减刑对法院判决和刑罚执行力的影响

案情介绍

张某因犯诈骗罪，于 1996 年 10 月 20 日被某区人民法院判处有期徒刑 15 年，1997 年 6 月 11 日交付执行。2000 年 3 月 23 日经云南省某市中级人民法院

---

[*] 案例来源：国家法官学院、中国人民大学法学院编：《中国审判案例要览（2004 年刑事审判案例卷）》，人民法院出版社、中国人民大学出版社 2005 年版，第 93 页。

裁定减刑 2 年,2002 年 4 月 15 日又经该院裁定减刑 2 年 3 个月。

刑罚执行机关某监狱于 2003 年 10 月 20 日提请对罪犯张某减刑的建议认为:"罪犯张某在服刑期间,认罪服法,深挖犯罪根源,认识犯罪危害,认真遵守监规,接受教育改造,积极参加政治、文化、技术学习,参加劳动,被评为 2002 年度改造积极分子。罪犯张某在完成所交给的劳动任务外,还利用休息时间进行发明创造,根据手提袋市场的需求进行外观设计,其设计的'纸制手提袋'于 2003 年 9 月 10 日获得中华人民共和国国家知识产权局颁发的'外观设计专利证书'。"刑罚执行机关认为,罪犯张某在服刑期间,确有悔改表现,其获外观设计专利证书属有重大立功表现。刑罚执行机关针对罪犯张某在服刑期间有悔改表现的事实,提供了罪犯百分考核记功审批表、罪犯奖惩审批表,证明罪犯张某连续记有考核大功 3 次、单项加记大功 2 次,2002 年度改造积极分子;针对罪犯张某有重大立功表现的事实,提供了罪犯张某荣获国家知识产权局颁发的外观设计专利证书及罪犯奖惩审批表,对该犯记有单项加记大功 1 次的材料证实。执行机关用以上证据,支持其提出的减刑建议。综上所述,罪犯张某在服刑期间确有悔改表现,同时还有重大立功表现,符合减刑的法定条件。根据《刑法》第 78 条第 1 款第 3 项之规定,建议对罪犯张某准予减去有期徒刑 3 年,特提请法院审核裁定。

某市中级人民法院根据刑罚执行机关报送的关于提请对罪犯张某减刑的建议及相关材料,依法组成合议庭,对本案进行了审核,确认刑罚执行机关所提出的罪犯张某在服刑期间确有悔改表现和重大立功表现的事实清楚、证据充分,符合法定减刑条件,依法于 2003 年 10 月 31 日作出如下裁定:对罪犯张某准予减去有期徒刑 3 年。

理论争议

在本案中,刑罚执行机关以张某有重大立功的行为,提请对张某减刑 3 年。张某自 2000 年以来,仅 4 年的时间就被减刑 3 次。特别是前一次经法院减刑 2 年 3 个月,间隔 1 年又再次提出减刑 3 年。减刑期是否太多?是否会影响判决的严肃性与稳定性?

法理分析

减刑是在行刑的过程中,根据受刑人的悔罪表现,对原判刑罚予以变更的一项刑罚制度。广义的减刑,是指犯罪人在刑罚执行期间,因符合法定事由而将原判刑罚予以减轻或者免除的制度;狭义的减刑,是指自由刑的减刑。我国刑法规定的减刑,是狭义上的减刑。

我国刑法明文规定由法院行使减刑权,但在刑法理论上存在异议,有的观点认为只有行刑机关了解受刑人的情况,因而对是否确有悔过或立功表现,行刑机关最有发言权,因而主张行刑机关应具有减刑权。[①] 尽管这一观点并非毫无道理,但减刑涉及刑罚变更,应当属于审判权的范畴。因此,减刑权仍应由法院行使。由于行刑机关是对受刑人进行教育改造的直接实施者,因此,行刑机关具有减刑建议权,以此制约法院的减刑权。

减刑在总量上有限制,每次的减刑也要控制在合理的幅度内。减刑的幅度应当根据不同的刑种和刑期加以确定:无期徒刑的罪犯在执行期间,确有悔改或有立功表现的,一般可减为 18 年以上 20 年以下有期徒刑;有重大立功表现的,可减为 13 年以上 18 年以下有期徒刑。有期徒刑的罪犯在执行期间,符合减刑条件的减刑幅度为:如果确有悔改表现或立功表现的,一般一次减刑不超过 1 年有期徒刑;如果确有悔改表现并有立功表现,或者重大立功表现的,一般一次减刑不超过 2 年有期徒刑。被判处 10 年以上有期徒刑的罪犯,如果悔罪表现突出的或有立功表现的,一次减刑不得超过 2 年有期徒刑;如果悔罪表现突出并有立功表现,或者重大立功表现的,一次减刑不得超过 3 年有期徒刑。判处管制和拘役的罪犯,减刑的幅度更应严格把握。

减刑须有间隔。减刑的间隔是指同一受刑人前后两次减刑的时间距离。前后两次减刑之间留出时间间隔便于考察受刑人在前次减刑后是否又有悔改或立功表现。对于被判处 5 年以上有期徒刑的罪犯,一般在执行 1 年以上方可减刑,两次减刑之间一般以间隔 1 年以上为宜;对于被判处 10 年以上有期徒刑的罪犯,一次减 2 年至 3 年有期徒刑之后,再减刑时,其间隔一般不得少于 2 年。对于被判处不满 5 年有期徒刑的罪犯,可以参照上述规定,适当缩短间隔时间。确有重大立功表现的,可以不受上述时间的限制。对于判处管制和拘役的罪犯,由于本身刑期较短,一般来说不存在二次减刑的问题,因而也就无所谓减刑的间隔。

根据我国刑法规定,减刑以后实际执行的刑期,判处管制、拘役、有期徒刑的,不能少于原判刑期的 1/2;判处无期徒刑的,不能少于 13 年。从这一规定可

---

① 参见樊凤林主编:《刑罚通论》,中国政法大学出版社 1994 年版,第 559 页。

以看出，减刑的形式有两种：一是刑种的变更，例如从无期徒刑减为有期徒刑；二是刑期的变更，例如有期徒刑缩短本身的刑期。除了无期徒刑的限度是实际执行 13 年以外，其他刑罚的限度采用的是比例制，即实际执行的刑期，不能少于原判刑期的 1/2。减刑幅度的比例制，使原判刑期与实际执行的刑期成正比例关系，从而体现了刑罚的公正性。

在本案中，罪犯张某在监狱服刑期间认罪服法，遵守监规，积极参与劳动改造，推定具有悔改表现。同时，刑罚执行机关提供的材料证实，张某有多次重大立功表现，根据《刑法》第 79 条之规定，向中级人民法院提出减刑建议书。罪犯张某符合"确有悔改表现并有重大立功表现"，市中级人民法院对其裁定第三次减刑 3 年尚在减刑幅度内。至于对罪犯张某的三次减刑间隔均在 2 年以内，考虑到张某有重大立功表现，经合议庭审核后作出减刑裁定具有合理性，对其减刑可以不受减刑间隔时间的限制。

（作者：王喆）

第十九章　刑罚的消灭

案例 42. 刘某故意伤害案[*]
——刑法的追诉时效与溯及力问题

案情介绍

杨某于 1993 年被刘某打伤,致右眼失明,经鉴定为重伤。后杨某与刘某并未达成调解协议,杨某遂向公安机关提出控告,要求追究刘某的刑事责任。但公安机关由于种种原因一直未能立案。2007 年,在有关部门的协调下,刘某被公安机关抓获,并以涉嫌故意伤害向检察机关提请批准逮捕。

理论争议

在本案审理时,对刘某的行为是否超过追诉时效存在争议。一种观点认为,应当按照行为时的 1979 年《刑法》判断其追诉时效,追诉时效已经经过。另一种观点认为,1997 年《刑法》关于不受追诉时效限制的规定具有溯及力,其追诉时效延长,追诉时效未经过。

法理分析

时效,是指经过一定期限,对犯罪不得追诉或者对所判刑罚不得执行的制度,有追诉时效和行刑时效之分。[①] 经过一定期限对犯罪不得追诉的是追诉时效,对刑罚不得执行的是行刑时效。我国实行的是追诉时效制度。《刑法》第 87

---

[*] 案例来源:付强、杨陈炜:《刑法追诉时效的溯及力问题适用原则分析——以追诉时效延长制度为视角》,载《中国检察官》2008 年第 4 期。

[①] 参见黎宏:《刑法学》,法律出版社 2012 年版,第 407 页。

条规定:"犯罪经过下列期限不再追诉:(一)法定最高刑为不满五年有期徒刑的,经过五年;(二)法定最高刑为五年以上不满十年有期徒刑的,经过十年;(三)法定最高刑为十年以上有期徒刑的,经过十五年;(四)法定最高刑为无期徒刑、死刑的,经过二十年。如果二十年以后认为必须追诉的,须报请最高人民检察院核准。"第89条第1款规定:"追诉期限从犯罪之日起计算;犯罪行为有连续或继续状态的,从犯罪行为终了之日起计算。"

溯及力,也称"溯及既往的效力",所解决的问题是,刑法生效后,对它生效前未经审判或判决未确定的行为是否具有追溯适用效力?如果具有适用效力,则是有溯及力,否则就是没有溯及力。[1] 我国《刑法》第12条对溯及力作出规定:"中华人民共和国成立以后本法施行以前的行为,如果当时的法律不认为是犯罪的,适用当时的法律;如果当时的法律认为是犯罪的,依照本法总则第四章第八节的规定应当追诉的,按照当时的法律追究刑事责任,但如果本法不认为是犯罪或者处刑较轻的,适用本法。"

对于刑法溯及力和追诉时效适用的先后顺序问题,理论界存在争议,有观点主张,按照新法规定的追诉时效制度判断是否已过追诉时效,然后再比较新旧刑法的轻重,适用溯及力原则。[2] 另一种观点则认为,应当先判断刑法的溯及力问题,即判断该行为适用哪部法律,再判断追诉期限。我们支持第二种观点。根据追诉时效的规定,司法机关在确定是否对行为人追诉时要先对行为人可能被判处的刑罚进行预估,根据预估情况,选择其所在的量刑幅度,再根据其所在量刑幅度的法定最高刑确定其追诉期限。而要进行刑期的预估,就应当先判断适用哪部法律对其进行预估,所以必然要先解决溯及力问题。以本案为例,刘某所实施的是故意伤害致人重伤的行为,其行为发生在1997年《刑法》颁布之前,应当考虑1979年《刑法》的规定。1979年《刑法》第134条规定:"故意伤害他人身体的,处三年以下有期徒刑或者拘役。犯前款罪,致人重伤的,处三年以上七年以下有期徒刑。"1997年《刑法》第234条规定:"故意伤害他人身体的,处三年以下有期徒刑、拘役或者管制。犯前款罪,致人重伤的,处三年以上十年以下有期徒刑。"根据从旧兼从轻原则,应当适用1979年《刑法》。

那么,应当如何预估刘某所被判处的刑罚呢?最高人民法院《关于人民法院审判严重刑事犯罪案件中具体应用法律的若干问题的答复(三)》[3]规定:"根据

---

[1] 参见张明楷:《刑法学(第四版)》,法律出版社2011年版,第80—81页。
[2] 参见杨昌俊:《该案是否超过追诉时效》,载《中国检察官》2009年第3期。
[3] 该文件现已失效。此处仅就案例讨论当时的量刑规则。

所犯罪行的轻重,应当分别适用刑法规定的不同条款和相应的量刑幅度,按其法定最高刑来计算追诉期限。如果所犯罪行的刑罚,分别规定有几条或几款时,即按其罪行应当适用的条或款的法定最高刑计算;如果是同一条文中,有几个量刑幅度时,即按其罪行应当适用的量刑幅度的法定最高刑计算;如果只有一个单一的量刑幅度时,即按此条的法定最高刑计算。虽然案件尚未开庭审判,但是,经过认真审查案卷材料和必要的核实案情,在基本事实查清的情况下,已可估量刑期,计算追诉期限。"根据上述司法解释的规定,本罪根据 1979 年《刑法》的规定,应当判处 3 到 7 年有期徒刑,法定最高刑为 7 年,其追诉期限为 10 年。

问题在于,与 1979 年《刑法》相比,1997 年《刑法》新增了追诉期限延长的规定。其第 88 条第 2 款规定:"被害人在追诉期限内提出控告,人民法院、人民检察院、公安机关应当立案而不予立案的,不受追诉期限的限制。"这就产生了一个问题,如果行为发生在 1997 年《刑法》颁布前,1997 年《刑法》所规定的不受追诉期限限制的规定是否具有溯及力?

我们认为,不受追诉期限限制的规定不应当具有溯及力。从司法解释的角度来看,最高人民法院《关于适用刑法时间效力规定若干问题的解释》第 1 条规定:"对于行为人 1997 年 9 月 30 日以前实施的犯罪行为,在人民检察院、公安机关、国家安全机关立案侦查或者在人民法院受理案件以后,行为人逃避侦查或者审判,超过追诉期限或者被害人在追诉期限内提出控告,人民法院、人民检察院、公安机关应当立案而不予立案,超过追诉期限的,是否追究行为人的刑事责任,适用修订前的刑法第七十七条的规定。"1979 年《刑法》第 77 条规定:"在人民法院、人民检察院、公安机关采取强制措施以后,逃避侦查或者审判的,不受追诉期限的限制。"实际上,"该条规定的精神,也就是明确地确立关于追诉时效也应适用从旧兼从轻原则"①。

从立法的初衷来看,追诉期限的制度意义就在于保证刑法对人权的及时保障,将被害人提出控告、司法机关未受理而致追诉期限经过的情形规定为不受追诉期限的限制,其立法初衷在于为防止司法舞弊所可能出现的庇护犯罪人而损害受害人及其他求刑权人的合法权益。即旨在保护当事人权利,防止司法机关,不能将司法机关怠于行使职权的后果归属于当事人。但是一个重要的问题是,这样的责任是否应当归属于行为人?应当对《刑法》第 88 条第 2 款的合理性提出质疑。

考虑到制度的漏洞和司法机关的不作为,不能因为导致了对行为人有利的

---

① 何伯杰、徐俊驰:《刑法追诉时效的规定应否溯及既往》,载《人民检察》2010 年第 11 期。

后果就将之前的处断任意更改。在司法实践中,公安机关基于"不破不立"的思想,对某些侦破线索较少的案件采取视而不见的态度,最终导致被害人承担不利的后果,实属有违公平,但是这样的后果也不应当由行为人承担,而应当对司法机关的不作为进行归责。诚然,在一些情况下,司法机关的舞弊行为可能与行为人之间存在共同故意,但是,在很多情况下,行为人往往对舞弊行为完全不知情,这种情况下让行为人承担责任,延长追诉期限实在有失公允。行为人应当对自己当时的犯罪行为负责,而不应当对公权力机关的不作为承担责任。

刑法不溯及既往,有利溯及除外是刑法的重要原则,追诉时效作为刑法上的重要制度,其本身被规定在刑罚消灭制度中,就意味着其对行为人刑事责任的消灭具有重要意义,属于实体法上的问题,应当遵循《刑法》第12条规定的"从旧兼从轻"的基本原则。

因此,对于本案,由于被害人提出控告,公安机关未予以立案,不应当认定对刘某的追诉不受追诉时效的限制。

(作者:陈帅)

第二十章　危害国家安全罪

案例43. 李某叛逃案[*]
——叛逃罪司法认定的相关问题

案情介绍

李某原系某国有军工企业高新技术开发公司总经理。他在任职期间利用职务便利，通过做假账等方式，贪污人民币150万元、美金10万元、港币58万元，后通过其在海外的亲戚黄某将其不法财产转移到国外。一次，李某随本市考察团赴东南亚调研办厂事宜，途中叛逃到某国，后经引渡回国接受审判。人民法院认定被告人李某构成叛逃罪与贪污罪。

理论争议

对于本案中李某的行为主要有以下争议：一种观点认为李某的行为主观上没有危害国家安全的故意，客观上没有危害到国家安全，因此不符合叛逃罪的犯罪构成，不构成叛逃罪；另一种观点认为，李某虽然不积极希望危害国家安全的结果发生，但对此危害结果却持放任态度，且李某作为国有军工企业的领导，其身份的特殊性决定了一旦叛逃就是对国家安全的侵害，因此应该以叛逃罪认定。此外，对如何理解"在履行公务期间，擅离岗位，叛逃境外或者在境外叛逃"，以及此条规定是否合理，理论上也存在着一些争议。

---

[*] 案例来源：赵秉志主编：《中国刑法案例与学理研究（第二卷）》，法律出版社2004年版，第54页。

> **法理分析**

我国《刑法》第 109 条规定:"国家机关工作人员在履行公务期间,擅离岗位,叛逃境外或者在境外叛逃,危害中华人民共和国国家安全的,处五年以下有期徒刑、拘役、管制或者剥夺政治权利;情节严重的,处五年以上十年以下有期徒刑。掌握国家秘密的国家工作人员犯前款罪的,依照前款的规定从重处罚。"上述叛逃罪的规定是由 1979 年《刑法》第 94 条分解而来,将不宜以"投敌叛变"论处的公务人员叛逃境外或者在境外叛逃的行为单独规定为叛逃罪,是为了避免在对外交往中不加区分地使用"敌人"的概念而引起不必要的麻烦,也是为了准确定罪量刑的需要,且细化了量刑的幅度,更加符合罪刑法定原则的精神。[①] 本罪的犯罪构成如下:主体是特殊主体,即国家机关工作人员;主观方面为故意;客体为中华人民共和国国家安全;客观方面表现为在履行公务期间,擅离岗位,叛逃境外或者在境外叛逃。下面逐一进行分析。

(一) 主观方面的"故意"是否包括"间接故意"

所谓刑法上的故意,是指明知自己的行为会造成危害社会的结果,但却希望或者放任这种危害结果发生的心理态度。其中间接故意即属于放任危害社会的结果发生。对于叛逃罪的主观方面是否应包含间接故意,有的学者认为,基于直接故意和间接故意主观恶性上的区别,为了定罪量刑的准确性,本罪的主观方面只能是直接故意,虽然叛逃的动机可能多种多样(向往国外的物质生活、出于对祖国的仇恨等),但是犯罪动机却不能影响犯罪的主观方面。[②] 有的学者认为,不论是直接故意还是间接故意都可以作为本罪的主观方面。我们认为,如果排除了间接故意可以作为本罪主观方面的可能,那么现实中有很多类似的叛逃行为就得不到刑法的有效规制。例如本案中的被告人,从其先行犯罪行为(贪污犯罪)来看,其叛逃的主要目的是在国外安心挥霍非法所得,以及逃避我国刑法对贪污犯罪的处罚。所以,其主观心态中并没有"希望"危害我国国家安全。但是,被告人身为国有军工企业的总经理,应该对自己叛逃到国外会造成何种危害结果有着清醒的认识,但却不管不问,只顾自身的利益而实施了叛逃行为,这明显是放任了危害结果的发生,而且其行为同样给我国的国家安全造成

[①] 参见邓超英、叶小琴主编:《危害国家安全罪办案一本通》,中国长安出版社 2007 年版,第 136 页。
[②] 同上书,第 141 页。

了很大的威胁。若否认了间接故意可以构成本罪,显然会让行为人逍遥法外。所以我们同意第二种观点,认为本罪的主观方面既可以是直接故意也可以是间接故意。

(二) 有关"危害中华人民共和国国家安全"的认定

何谓"国家安全"？何谓"危害国家安全"的行为？按照1993年《中华人民共和国国家安全法》(以下简称《国家安全法》)的相关规定,是指"境外机构、组织、个人实施或者指使、资助他人实施的,或者境内组织、个人与境外机构、组织、个人相勾结实施的下列危害中华人民共和国国家安全的行为:(一) 阴谋颠覆政府,分裂国家,推翻社会主义制度的;(二) 参加间谍组织或者接受间谍组织及其代理人的任务的;(三) 窃取、刺探、收买,非法提供国家秘密的;(四) 策动、勾引、收买国家工作人员叛变的;(五) 进行危害国家安全的其他破坏活动的"。鉴于现在尚无有关"危害国家安全行为"的立法、司法解释,因此有的学者认为,就应该以《国家安全法》的相关规定作为判断的依据。[1] 还有的学者认为,根据刑法中的危险犯理论,无论行为人在叛逃后是否已经造成了危害国家安全的结果,根据其投奔的境外组织或者机构的性质、投奔的目的、投奔的方式、行为人的身份等可以很明确地判断其"将要"且"必然会"造成危害国家安全的后果,因而均可以认定其构成叛逃罪。

我们认为,不能照搬照抄有关国家安全方面的法律法规中的条文来解释相关刑法问题。由于立法意图、立法所要涵盖的内容、立法技术等方面的差异,各部门法之间即使是对相同问题的规定,也是存在不同含义的。《国家安全法》中有关危害国家安全行为的规定,实际上是对《刑法》分则第一章"危害国家安全罪"中所有罪名的客观方面的概括性理解。但各个罪名之间的量刑幅度是不同的,如果均按照上述规定去定罪量刑的话,必然会造成轻重不分、畸轻畸重的现象。因此,不能僵化地以《国家安全法》去认定,而是应该具体问题具体分析,根据行为人的客观表现、主观心态等去进行判断。所以,根据前述第二种观点,借鉴有关危险犯的理论无疑是解决此问题的恰当方法。所谓"危险犯",是指以行为人实施的危险行为造成法律规定的发生某种危害结果的危险状态为既遂标志的犯罪。大陆法系国家刑法理论通说认为,结果是对

---

[1] 参见江维龙:《危害国家安全罪若干问题探讨》,载《法学》1999年第8期。

法益的侵害或者侵害的危险。① 危险犯还可以进一步分为具体的危险犯和抽象的危险犯,具体的危险犯中的危险,是在司法上以行为当时的具体情况为根据,认定行为具有发生侵害结果的危险;抽象的危险犯中的危险,是在司法上以一般的社会生活经验为根据,认定行为具有发生侵害结果的危险。② 在本案中,李某系某国有军工企业高新技术开发公司总经理,担任着重要领导职务,区别于普通的国家机关工作人员,掌握着有关军工高新技术的国家机密,其叛逃行为必然对我国国家安全构成侵害的危险。而根据大陆法系的理论,"危险"也是危害结果的一种。另外,李某叛逃很大程度上是为了规避其在国内犯下的贪污罪之处罚,所以为了寻求外国政府的庇护,很有可能通过出卖国家机密的手段来获得自身的安全。因此,李某的行为符合抽象的危险犯之情形,应该认定其叛逃行为已侵犯了国家安全。

(三)如何理解"在履行公务期间,擅离岗位,叛逃境外或者在境外叛逃",以及是否应对此条进行修改③

1. 对"履行公务期间"的理解以及是否应当修改

严格意义上的"在履行公务期间"是指执行公共事务、处理公共事务期间,即国家机关工作人员、掌握国家秘密的国家工作人员上班期间、出差期间、执行任务期间。④ 对于这种观点,有的学者认为是不妥当的,因为实践中有很多国家机关工作人员在下班或者休假期间叛逃的,若严格按照上述定义,必然会造成打击面过窄,因此建议对立法作出修改。⑤ 我们认为,既不能以严格意义上的"履行公务期间"作为判断标准,也不能因为存在很多国家机关工作人员在下班或者休假期间叛逃的现象而贸然对立法作出修改,这其实是从一个极端走向另外一个极端。所以,可以通过司法解释的方式对其进行界定。"履行公务期间"不仅包括从事具体公务方面的工作期间,还包括和"公务"有着实际联系的期间。例如,行为人为某单位领导,其在离职学习期间,虽然名义上是不履行公务了,但实际上单位很多事情还需要他来过问、决策、批准等,因此应该认定为"履行公务期

---

① 参见〔日〕平野龙一:《刑法总论 I》,有斐阁 1972 年版,第 118 页。
② 参见张明楷:《危险犯初探》,载马骏驹主编:《清华法律评论(第一辑)》,清华大学出版社 1998 年版,第 125 页。
③ 虽然这个问题对本案的定罪量刑没有影响,但是基于其在叛逃罪的犯罪构成中的重要性以及理论体系的完整性,我们也将这一问题加以阐述。
④ 参见赵秉志主编:《中国刑法案例与学理研究(第二卷)》,法律出版社 2004 年版,第 54 页。
⑤ 参见侯国云、白岫云:《新刑法疑难问题解析与适用》,中国检察出版社 1998 年版,第 345 页。

间"。若行为人因身体原因长期在家休养,虽然名义上还是某单位的领导,但是实际上已经很长时间没有过问单位事宜了,就不应认定为"履行公务期间"。对于上述的国家机关工作人员在下班或者休假期间叛逃的是否可以认为是在"履行公务期间",通过这个理论也可以得到很好的解决。下班、休假不等同于离职、退休,工作人员在一定时间内还是要回到工作岗位上,而且若其负责的事项出现了问题,不管是下班还是休假,都要立刻回到岗位上去处理,因此,他们还是和"公务"有着实际联系的。所以也应该将下班、休假作为"履行公务期间"加以认定。

这里还有个问题需要说明,就是一般的国家机关工作人员和掌握国家秘密的国家工作人员是不同的。掌握国家秘密的国家工作人员,不管其离职学习、下班、休假,甚至退休(解除脱密年限的除外),只要存在着泄露国家机密的可能,都应该认定是"履行公务期间"。我们是基于掌握国家秘密的国家工作人员职务的特殊性,以及保护我国国家安全的角度而得出这样的结论的。

2. 对"擅离岗位,叛逃境外或者在境外叛逃"的理解以及是否应当修改

"擅离岗位,叛逃境外或者在境外叛逃"中,"擅离岗位"和"叛逃境外或者在境外叛逃"是并列关系还是选择关系呢?也就是说,单纯的擅离岗位的行为能否构成叛逃罪?我们认为,"擅离岗位"行为是"叛逃境外或者在境外叛逃"行为的上游行为,行为之间存在着一个前后相继或者交叉的关系,但重点却在后者,而不是前者。因此,单纯的"擅离岗位"的行为不能认定是叛逃罪,而要是存在"叛逃境外或者在境外叛逃"的行为,则符合叛逃罪客观方面的要求。另外,对于"擅离岗位"的理解也存在着诸多争论,我们认为,为了避免这种无谓的争论,不如采纳江维龙先生在《危害国家安全罪若干问题探讨》一文中表达的观点,将"擅离岗位"这四个字去掉,使条文更加简洁明了。

综上所述,我们认为李某的行为符合叛逃罪的犯罪构成,法院的认定是准确的。

(作者:张新亚)

案例44. 付某为境外窃取、非法提供国家秘密、情报案*

——为境外窃取、刺探、收买、非法提供国家秘密、
　　情报罪的几个相关问题

案情介绍

付某原系某市输油管理处党委书记、纪检书记、工会主席、副处长。1997年8月,付某的亲友吕某来某市时与付某商量向境外机构提供情报以获取报酬,付某考虑后表示同意。为此,吕某给付某指定了化名,并提供照相机和数码相机各1架、数码录音笔1支及芯片5张等进行收集情报工作。1997年8月至2002年5月期间,付某利用职务的便利,窃取、刺探、搜集国家秘密及相关情报,先后21次在不同时间、地点,采取不同方式向吕某提供涉及我国国家政治、经济、军事等大量国家秘密、情报,其中绝密级情报1份、机密情报7份、秘密情报26份。

某市中级人民法院以为境外窃取、非法提供国家秘密、情报罪,判处被告人付某有期徒刑11年,剥夺政治权利3年。

理论争议

关于此案,一种观点认为,付某构成间谍罪,理由是付某接受吕某的任务,而吕某是为境外机构工作的,属于"接受间谍组织及其代理人的任务",危害了国家安全,符合间谍罪的犯罪构成,应定为间谍罪。另外一种观点认为,付某构成为境外窃取、刺探、收买、非法提供国家秘密、情报罪。

法理分析

为境外窃取、刺探、收买、非法提供国家秘密、情报罪,是指为境外机构、组织、人员窃取、刺探、收买、非法提供国家秘密或者情报,危害中华人民共和国国家安全的行为。

---

* 案例来源:《中华人民共和国最高人民检察院公报》2003年第5期。

本罪侵犯的客体是国家安全、国家利益。

客观方面的行为方式是窃取、刺探、收买、非法提供这四种。窃取,是指通过盗取文件或者使用计算机、电磁波、照相机等方式获得国家秘密或者情报;刺探,是指使用探听、侦查、骗取等方式获取国家秘密或者情报;收买,是指利用金钱、物质或者其他利益换取国家秘密或者情报;非法提供,是指违反法律规定,未经有关部门批准,将国家秘密或者情报让境外机构、组织或者个人知悉。值得一提的是,通过互联网将国家秘密或者情报非法发送给境外的机构、组织、个人的,属于"非法提供"的范畴。[1]

行为必须是为境外的机构、组织、人员而窃取、刺探、收买和非法提供。这里的"境外的机构、组织、个人",不一定要求是与我国为敌的国家的机构、组织或者个人,而是泛指任何境外的机构、组织和人员。如果是为境内的机构、组织或者个人或者出于其他目的窃取、刺探、收买以后,非法提供给境外的机构、组织、个人的,仍然成立本罪。

境外,是指中华人民共和国领域以外或者领域以内中华人民共和国政府尚未实施行政管辖的地域。境外机构,是指中华人民共和国边境以外的国家和地区的官方机构,比如政府、军队或者其他国家机关设置的机构,也包括了在中国境内的分支机构或者代表机构。境外组织,是指中华人民共和国边境以外的国家或者地区的政党、社会团体以及其他企业事业单位,也包括这些组织在中国境内的分支机构。境外人员,是指不属于任何境外机构、组织的境外公民或者无国籍人,包括居住在我国境内的无国籍人和其他国籍的人。[2]

行为针对的对象是国家秘密或者情报。根据《保守国家秘密法》第2条、第8条的规定,所谓"国家秘密",是指关系国家的安全和利益,依照法定程序确定,在一定时间内只限一定范围的人员知悉的事项,其具体包括:(1)国家事务的重大决策中的秘密事项;(2)国防建设和武装力量活动中的秘密事项;(3)外交和外事活动中的秘密事项以及对外承担保密义务的事项;(4)国民经济和社会发展中的秘密事项;(5)科学技术中的秘密事项;(6)维护国家安全活动和追查刑事犯罪中的秘密事项;(7)其他经国家保密工作部门确定应当保守的国家秘密事项。从《保守国家秘密法》可见,虽然没有对国家秘密具体范围作出划分,但是也以法律的方式授权国家保密工作部门会同中央国家机关,在各自主管的业务

---

[1] 参见张明楷:《刑法学(第三版)》,法律出版社2007年版,第512页。
[2] 参见翟旗:《为境外窃取、刺探、收买、非法提供国家秘密、情报罪研究》,郑州大学2005年硕士学位论文。

范围内划分国家秘密的具体范围。根据最高人民法院《关于审理为境外窃取、刺探、收买、非法提供国家秘密、情报案件具体应用法律若干问题的解释》第7条的规定,关于国家秘密密级的鉴定,由国家、省、自治区、直辖市的保密工作部门作出。而与国家秘密并列为行为对象的"情报",是指关系国家安全和利益、尚未公开或者依照有关规定不应公开的事项。① 即除了国家秘密之外的其他一切可能被境外机构、组织、人员利用危害我国国家安全的情况、资料和消息。

本罪的主体是一般主体,即任何年满16周岁,具有刑事责任能力的自然人。

本罪的主观方面是故意,包括了直接故意和间接故意,而过失不构成本罪。

间谍罪,是指参加境外的间谍组织,或者接受间谍组织及其代理人的任务,或者为敌人指示轰击目标,危害中华人民共和国国家安全的行为。

间谍罪与为境外窃取、刺探、收买、非法提供国家秘密、情报罪相比,在侵犯客体、主体、主观方面,两罪相差不大,只是在客观方面,间谍罪表现为实施了参加间谍组织或者接受间谍组织及其代理人任务,或者为敌人指示轰击目标的行为。关于这两罪,有观点认为可从境外组织、机构人员的性质上加以区分,为境外窃取、刺探、收买、非法提供国家秘密、情报罪中的机构、组织和人员,应当是境外的,而且是非间谍性质的。所谓间谍性质,是指外国政府或境外的敌对势力建立的,收集我国政治、经济、文化、科技、军事、外交等情报,进行颠覆、分裂、渗透、破坏等活动,危害我国国家安全和利益。② 如果是为境外间谍性质的机构、组织、人员提供的,就构成间谍罪;如果是为境外非间谍性质的机构、组织、人员提供的,就构成为境外窃取、刺探、收买、非法提供国家秘密、情报罪。③ 也就是说,两者的区别主要在于行为人是否明知对方是境外间谍组织或者间谍组织的代理人。④

如果是作为间谍分子执行间谍任务,内容就是为该间谍组织窃取、刺探、收买、非法提供国家秘密、情报,则应当作为牵连犯论处。即以实施某一犯罪为目的,其方法行为或者结果行为又触及其他罪名的犯罪形态;参加间谍组织是目的行为,而其后的窃取、刺探、收买、非法提供行为是结果行为,两个行为之间具有

---

① 参见刘宪权主编:《刑法学》,上海人民出版社2005年版,第403—404页。
② 同上书,第401页。
③ 参见高西江主编:《中华人民共和国刑法的修订与适用》,中国方正出版社1997年版,第342—343页。
④ 参见金辉:《浅析为境外窃取、刺探、收买、非法提供国家秘密、情报罪与间谍罪的区别》,载《安徽广播电视大学学报》2006年第3期。

牵连性,应以牵连犯"从一重处断"。①

本案中,付某虽然接受了吕某的提议,并由吕某指定了化名,提供了器材,从而实施了窃取、非法提供国家秘密的行为,但是由于行为人主观上并没有明知吕某是境外间谍组织或者间谍组织的代理人,只知道是境外的机构组织而已,因此不构成间谍罪,而应该以为境外窃取、刺探、收买、非法提供国家秘密、情报罪定罪处罚。

还有一点需要明确的是,本案中付某连续为境外窃取、非法提供国家秘密,究竟是构成一罪还是数罪的问题。付某是在同一概括的故意支配下,连续为吕某提供了国家秘密,应当认定为连续犯。连续犯属于处断的一罪,无须并罚,是指基于同一或者概括的犯意,连续实施数个性质相同的犯罪行为,触犯同一罪名。本案中付某基于一个总目的的支配,在一个概括故意下,实施了21次窃取、非法提供国家秘密,其行为具有连续性,应当认为构成为境外窃取、刺探、收买、非法提供国家秘密、情报罪的连续犯,以一罪论处。按照连续犯的处断原则,以一罪按加重构成情节处罚。

(作者:余家恺)

---

① 参见金辉:《浅析为境外窃取、刺探、收买、非法提供国家秘密、情报罪与间谍罪的区别》,载《安徽广播电视大学学报》2006年第3期。

第二十一章 危害公共安全罪

案例45. 张某爆炸案*
——爆炸罪的正确定性

案情介绍

张某与杨某非法同居期间,杨某的前夫田某刑满释放后要求与杨某复婚。为此张某产生报复之念,遂于1998年7月19日晚,携带雷管、炸药等潜至杨某家棚顶。次日早4时许,当张某听到田某和杨某回到该房时,遂将炸药引爆,将杨某的房屋和邻居的山墙炸塌,并造成杨某重伤、田某和一位邻居轻伤,经济损失2000余元。

人民法院以爆炸罪判处被告人张某死刑,缓期2年执行,剥夺政治权利终身。

理论争议

对于此案,一种观点认为张某构成爆炸罪的一罪。理由是张某以爆炸的方法,危害到了公共安全,而且造成了杨某重伤,田某和一位邻居轻伤的后果,符合爆炸罪的犯罪构成,应当定为爆炸罪。

另外一种观点认为,张某构成故意杀人罪(未遂)。理由是张某主观上有故意杀人的故意,客观上以爆炸的手段实行了杀人的行为,只是由于客观上的原因,导致杨某没被炸死,因此构成故意杀人罪的未遂。

还有一种观点认为,张某构成爆炸罪和故意杀人罪(未遂)的两罪,应实行数罪并罚。理由是张某有杀人的故意,以爆炸的方法实施犯罪,造成杨某重伤,田

---

* 案例来源:赵秉志主编:《中国刑法案例与学理研究(第二卷)》,法律出版社2004年版,第93页。

某轻伤,构成故意杀人罪(未遂)。同时又危害到了公共安全,威胁到了邻居的生命健康,主观上是明知会威胁到邻居的生命,依然放任这一危害结果的发生,并造成了一位邻居轻伤的后果,因此同时符合爆炸罪的犯罪构成,应当以两罪数罪并罚。

法理分析

爆炸罪,是指故意引起爆炸物或者其他设备、装置爆炸,危害公共安全的行为。①

本罪的主体是一般主体,但是年满 14 周岁不满 16 周岁的具有刑事责任能力的人符合爆炸罪犯罪构成的,应当负刑事责任。

本罪的主观方面是故意,包括直接故意和间接故意。也就是说,可以是明知行为必然产生危害社会的结果,依然希望这一结果的发生,也可以是明知危害社会结果发生的可能性,放任这一结果的发生。

本罪的客观方面是通过爆炸的方法,包括爆炸物或者其他可能爆炸的设备、装置爆炸来危害公共安全。本罪是以这一行为的手段来定的罪名,只有行为的方式是爆炸,才能构成本罪。

本罪侵犯的客体是公共安全,也即是不特定多数人的生命、健康和公私财产安全。故意杀人罪侵犯的是他人的生命。在这点上,本罪与故意杀人罪所侵犯的客体有可能产生交叉,但是这种交叉并不意味着这两个罪可能是交叉的,因为除了客体以外,两者还存在着主观方面内容上的不同。爆炸罪和故意杀人罪的主观方面都是故意,包括直接故意和间接故意,但是主观方面的故意指向的内容是不一样的。定罪是需要主客观相一致的,不能因为客体方面存在着重合或者交叉部分,就认为既可以定此罪,也可以定彼罪。

具体说来,爆炸罪与故意杀人罪的区别主要在于:针对的对象究竟是特定的人还是不特定的人。一般来说,刑法学界通说认为,故意杀人罪针对的是特定的人,可以是一个人,也可以是多数人。而爆炸罪针对的是不特定的多数人。② 例如,甲欲杀乙,针对乙这个特定的人用爆炸的方法炸死了他,并且没有危害到附近的人,没有对公共安全造成危害,那就构成故意杀人罪。如果丙欲杀人,但是不确定要杀谁,换句话说杀谁都是可以的,于是在人群集中的地方放置了炸药,准备炸死附近的群众,那就构成爆炸罪。丙虽然是在杀人的故意支配下,但这个

---

① 参见刘宪权主编:《刑法学》,上海人民出版社 2005 年版,第 412 页。
② 参见赵秉志主编:《中国刑法案例与学理研究(第二卷)》,法律出版社 2004 年版,第 101 页。

故意没有针对特定的人,而是指向了不特定的多数人,实际上已经不属于故意杀人罪这个犯罪构成所能包含的范围了,而是构成爆炸罪。所以,不是按照行为的方式来确定罪名,而是按照主客观相一致的原则,根据其所符合的犯罪构成来确定究竟构成何罪。

但是,如果针对特定的人实施爆炸行为,同时又危及公共安全,放任了不特定多数人的生命财产安全,使其处于危险状态的,这种情况究竟该如何定罪,是定爆炸罪一罪,还是故意杀人罪一罪,又或者是爆炸罪与故意杀人罪的数罪并罚呢?这里就涉及一个区分罪数标准的问题。

在刑法理论上,区分罪数主要有以下几种学说:(1)行为标准说,即以行为的数量区分一罪与数罪。该说认为行为是犯罪的前提,没有行为就无所谓犯罪,因此,应当以行为的数量作为罪数的标准,一个行为一罪,数个行为数罪。(2)法益标准说,即以行为侵犯的法益的数量作为区分一罪和数罪的标准,侵犯一个法益的是一罪,侵犯数个法益的就是数罪。(3)犯意标准说,即以行为人的主观意思作为罪数的标准。如果行为人有一个犯罪的故意的,就是一罪;行为人有数个犯罪的故意的,就是数罪。(4)犯罪构成标准说,即以行为符合犯罪构成的个数作为罪数标准。行为符合一个犯罪构成就是一罪,行为符合数个犯罪构成即是数罪。此外还存在因果关系标注说等等。① 在这些标准说中,居于通说地位的是犯罪构成标准说,因为刑法所规定的犯罪构成是主客观要件的统一。在定罪的时候,我们就是以犯罪构成来确定究竟是不是犯罪,究竟构成此罪还是彼罪,主客观各方面的因素在犯罪构成中能得到全面的体现。因此,在判断一罪还是数罪的时候,以犯罪构成作标准,能符合定罪要求。换句话说,行为人行为事实符合一个犯罪构成的是一罪,符合数个犯罪构成的就是数罪。

回到我们所要解决的问题中来,如果要判定是构成爆炸罪,还是故意杀人罪,又或者是故意杀人罪与爆炸罪数罪并罚,就看其行为事实究竟是符合爆炸罪的犯罪构成,还是故意杀人罪的犯罪构成,还是同时具备两个犯罪构成。在本案中,张某主观方面想杀害田某和杨某,客观方面以爆炸的方法杀人,造成了杨某重伤、田某轻伤的后果,符合故意杀人罪的犯罪构成。同时他明知这样的方法会危害周围邻居的生命财产安全,依然为了追求杀害杨某和田某这一目的而放任其发生,属于间接故意,客观上也有爆炸行为,也符合了爆炸罪的犯罪构成。但是最关键的是张某在其主观故意支配之下,只有一个爆炸行为,只是这个爆炸行

---

① 参见王一涛:《关于我国刑法中罪数判断标准问题的探析》,载《山西煤炭管理干部学院学报》2007年第1期。

为造成的后果是使得其想要杀害的人一重伤一轻伤,并且危害到了公共安全。如果说行为事实可以符合数个犯罪构成,那每个犯罪构成都必须具备各自的客观方面,也就是犯罪行为。硬说符合两个犯罪构成,那就是要对这个爆炸行为重复评价,既作为爆炸罪的犯罪构成的客观方面,又作为故意杀人罪的客观方面,这就违反了刑法中一个行为不能两次评价的原则。所以,在本案中,只有一个犯罪构成而不是两个犯罪构成。而究竟是定故意杀人罪还是爆炸罪呢?这里既符合故意杀人罪也符合爆炸罪的犯罪构成,其实是属于想象竞合犯,是二者的想象竞合。

想象竞合,是指行为人基于一个犯罪故意,实施一个犯罪行为,而同时触犯数个罪名的犯罪形态。比如,甲要杀乙,射杀的同时却也伤害到了乙身旁的丙,甲一个行为导致两个结果,符合故意杀人罪和过失致人重伤罪的犯罪构成,这就是想象竞合。

想象竞合犯与数罪最大的区别就是行为人客观上只是实施了一个行为,行为事实超出一个犯罪构成的范围却没达到两个犯罪构成,因此只能定一罪而不是数罪。

司法实践中,经常会发生爆炸罪与故意杀人罪的想象竞合。行为人出于杀人的意图,放任其采用的爆炸方法可能危害公共安全的结果而实施了爆炸行为,结果既危害了公共安全也侵犯了他人的生命权。这就是典型的爆炸罪与杀人罪的想象竞合。

同时我们要注意行为人的主观方面,如果其主观上不是放任,而是没有预见到会危害公共安全的结果或者轻信可以避免这一结果的发生,对危害结果实际上是持否定、不希望的态度,那即便客观上造成了危害公共安全的结果,也还是不能以爆炸罪论处,而应该是过失爆炸罪和故意杀人罪的竞合。①

爆炸罪除了与故意杀人罪可能存在竞合之外,还可能与破坏生产经营罪、故意毁坏财物罪等发生竞合。和故意杀人罪的想象竞合一样,在与这些罪发生竞合的情况中,行为人也是具有犯他罪的主观故意,但是却是以爆炸行为作为手段,有的时候还可能造成数个结果。但由于行为始终只有一个,因此只能以一罪论处。对于想象竞合犯,通说认为,应当从一重处断。"从一重处断"的意思是无须数罪并罚,而只需要在竞合的数个犯罪中,选择最重的犯罪论处即可。② 根据

---

① 参见赵秉志主编:《中国刑法案例与学理研究(第二卷)》,法律出版社 2004 年版,第 96 页。
② 参见赵秉志主编:《新刑法教程》,中国人民大学出版社 1997 年版,第 230 页。

法条,爆炸罪与故意杀人罪、破坏生产经营罪、故意毁坏财物罪等相比,爆炸罪的法定刑较高,因此在发生想象竞合的时候,应当定爆炸罪。

爆炸罪有时候也可能发生与其他罪的牵连。所谓牵连犯,指的是出于一个犯罪目的,实施数个犯罪行为,行为之间存在手段和目的或者原因和结果的牵连关系,分别触犯数个罪名,具备数个罪名的犯罪构成。爆炸罪与他罪的牵连是指行为人为了实施他罪,采取的方法行为是爆炸,触犯了爆炸罪,而本身的目的行为也同样构成犯罪。比如为了盗窃而去爆炸,先用爆炸的方法为盗窃扫清障碍,然后实施盗窃行为,取得了财物。这里就触犯了爆炸罪和盗窃罪两个罪,而且同时具备两个罪的犯罪构成。和想象竞合不同的是,这里不是一个行为,而是两个行为,爆炸行为和盗窃行为分别具备。对于牵连犯,通说认为应当从一重处断,即按照触犯的罪中法定刑最重的罪论处,不实行数罪并罚。但是如果刑法和司法解释明文规定数罪并罚的,则必须数罪并罚。我国刑法总则部分没有明确规定牵连犯这一概念,但是根据分则条文的相关规定,可以看出对于牵连犯的处罚大多没有明确规定是依据哪个原则。有些条文规定从一重罪处罚,比如司法工作人员索取贿赂从而徇私枉法的,按照处罚较重的规定定罪处罚;有些条文规定从一重罪从重处罚,比如邮政工作人员私拆、隐匿、毁弃邮件而窃取财物的,按照盗窃罪的规定从重处罚;有些条文规定了独立的法定刑,比如运送他人偷越国(边)境中以暴力、威胁方法抗拒检查的,处 7 年以上有期徒刑,并处罚金;还有些条文规定了数罪并罚,比如保险诈骗中故意造成被保险人死亡的情况。[①] 根据刑法理论,法律明确规定了如何处罚的,依法律规定,法律没有明文规定的,则从一重罪处断。

根据以上的分析,对于本案中张某以爆炸方法杀人的行为事实,属于爆炸罪和故意杀人罪(未遂)的想象竞合,应以爆炸罪论处。

(作者:余家恺)

---

① 参见苑兆义:《浅析罪数形态理论在我国刑法中的应用》,载《胜利油田党校学报》2005 年第 1 期。

案例 46. 陈某投放危险物质案[*]

——"公共安全"的界定

案情介绍

陈某与陆某两家东西相连,且系亲戚关系。2002年7月下旬,两人为修路及小孩问题多次发生口角并相互谩骂,陈某怀恨在心,萌生投毒之歹念。2002年7月25日晚9时许,陈某至自家水池边找来一支一次性注射器,从其家中柴房内的甲胺磷农药瓶中抽取半针筒甲胺磷农药,至陆某户外丝瓜棚处,将甲胺磷农药打入丝瓜藤上所结的多条丝瓜中。为毁灭罪证,陈某将一次性注射器扔入家中灶膛内烧毁。26日晚,陆某及其外孙女食用了被注射了甲胺磷农药的丝瓜后,均出现上吐下泻等甲胺磷的中毒症状。陆某被及时送往医院,因甲胺磷农药中毒引发糖尿病高渗性昏迷低钾血症,经医院抢救无效于次日早晨死亡。经法医鉴定,陆某的死亡系高渗性昏迷及有机磷中毒共同作用的结果。

理论争议

本案争议的问题是为杀害特定他人而投放危险物质的,如何认定?一种观点认为,陈某为泄私愤投毒杀人,侵害对象特定,所侵犯的客体是特定人的生命、健康权,故本案应定故意杀人罪。另一种观点认为,陈某向陆某种植的丝瓜中投注农药,其行为已对社会公共安全构成危险,应构成投放危险物质罪。

法理分析

投放危险物质罪属于危害公共安全罪,是指故意投放毒害性、放射性、传染病病原体等物质,危害公共安全的行为。投放危险物质罪是《中华人民共和国刑法修正案(三)》(以下简称刑法修正案(三))第2条对《刑法》第115条第1款修改后,由最高人民法院和最高人民检察院在《关于执行〈中华人民共和国刑法〉确定罪名的补充规定》中,取消投毒罪而予以修订的罪名。立法修正与罪名变更的

---

[*] 案例来源:国家法官学院、中国人民大学法学院编:《中国审判案例要览(2004年刑事审判案例卷)》,人民法院出版社、中国人民大学出版社2005年版,第101页。

原因在于,投放有害物质致人重伤、死亡或者使公共财产遭受重大损失的犯罪手段和犯罪工具多样,仅以投毒罪尚难概括,故以投放危险物质罪取而代之。

由于投放危险物质罪实行犯罪的手段多样,亦包含以投放危险物质的方法非法剥夺他人生命的情形,因此,投放危险物质罪与故意杀人罪有一定的相似之处:一是都可能侵犯他人的人身权利;二是客观方面都可能表现为损害他人身体健康的行为,都可能造成他人伤亡的结果;三是主观方面都可能存在侵犯他人人身权利的故意。但是,两罪存在质的不同:二者侵犯的客体不同。故意杀人罪侵犯的客体是公民的人身权利,其犯罪对象只能是特定的他人身体;而投放危险物质罪造成对公共安全的侵害,即不特定或多数人的生命健康、重大公私财产安全及其他重大社会利益,其犯罪对象包括财产和人身。因此,正确处理本案的关键在于对公共安全的认定。

对于何为公共安全,在我国刑法学界存在较大分歧,主要有下列几种观点:第一种观点认为,公共安全是指不特定的多数人的生命、健康和重大公私财产的安全。[①] 这是我国刑法理论的通说。第二种观点认为,公共安全是指特定或者不特定多数人的生命或财产安全。[②] 第三种观点认为,公共安全是指不特定或者多数人的生命、健康和重大公私财产的安全。[③] 第四种观点认为,公共安全就是指不特定的人身与财产安全。[④] 这四种观点对于公共安全包括不特定多数人的生命、健康及重大公私财产的安全并无异议,主要的区别在于公共安全是否涵盖不特定少数人及特定的多数人的生命、健康的安全。

我们赞同第三种观点,即公共安全是指不特定或者多数人的生命、健康和重大公私财产的安全。通说认为"不特定多数人"的表述意味着特定的多数人的生命、健康或财产的安全,以及不特定少数人的生命、健康或财产的安全,都不是公共安全,这便缩小了危害公共安全的范围。公共安全包含着不特定的内容,如果是"不特定的少数",则意味着随时有向"多数"发展的现实可能性,会使社会一般成员感到危险。同时,刑法规定危害公共安全罪的目的,是将生命、身体、财产等个人的合法权益抽象为社会利益作为保护对象,故应当重视其社会性,即应当重

[①] 参见陈明华主编:《刑法学》,中国政法大学出版社1999年版,第385页;向朝阳主编:《中国刑法学教程》,四川大学出版社2002年版,第227页。
[②] 参见高格:《定罪与量刑(上卷)》,中国方正出版社1999年版,第342页。
[③] 参见张明楷:《刑法学(第三版)》,法律出版社2007年版,第514页。
[④] 参见刘志伟主编:《危害公共安全犯罪疑难问题司法对策》,吉林人民出版社2001年版,第13页。

视量的"多数性"。① 所以,我们认为,公共安全一方面关注社会性,亦即量上的多数性,不仅包括不特定的多数人,还包括特定的多数人;另一方面,它关注的是不特定性,既包括了不特定的多数人,也包括不特定的少数人。

所谓"多数人"是不能用具体数字表述的,当行为使较多的人(即使是特定的多数人)感到生命、健康或者财产受到威胁时,应认为危害了公共安全。有学者认为,若把侵犯"特定多数人"人身和财产的行为归入到危害公共安全罪中,就容易混淆危害公共安全罪与侵犯人身权利和财产罪的界限。因为所谓"特定多数",是指确定的多数而言,而"多数"与"少数"是相对的而不是绝对的。例1,甲与乙、丙夫妇有仇,将乙、丙杀死;例2,张三与李四一家有仇,将李四一家七人杀死。应认为例1是特定的少数,例2是特定的多数。若按此概念来定罪,甲无疑定故意杀人罪,而张三在同一时间杀了李四一家七人,这是特定的多数,就应定危害公共安全罪,很明显这是错误的。② 我们认为,恰恰相反,正是由于将特定多数人的情况从公共安全中排除,才真正导致此罪与彼罪的混淆。某一行为是否侵害公共安全是客观事实存在,不以犯罪分子的意志为转移,更不能以犯罪分子是否难以预料和难以控制为标准,以此为标准就是主观归罪。只要针对"特定多数人"实施的行为危害到了公共安全,就应该以危害公共安全罪定罪处罚,故此罪与彼罪的界限依旧是:行为是否危害到公共安全。

在多数人的场合,认定公共安全比较容易。但在少数人的情形下,例如本案,必然涉及对"特定"和"不特定"的认定。所谓"不特定",是指犯罪行为可能侵犯的对象和可能造成的结果事先无法确定,行为人对此既无法具体预料也难以实际控制,行为造成的危险状态或危害结果随时扩大或增加。③ 由此可以看出,"不特定"包括了两个方面的内容:犯罪对象的不特定和危害结果的不特定。具体包括两种情形:(1)行为人的危害行为侵害的对象确定,但造成的结果不确定;(2)行为人的危害行为侵害的对象不确定,造成的结果也不确定。所以,确定"特定"与"不特定"的标准,不是看行为人主观上有无确定的侵犯对象,而主要是看该行为是否具有危害公共安全的本质特征。这里的"不特定"是不以行为人的主观意志为转移的。不管行为人实施危害行为时主观上有无确定的侵犯对象,只要其行为客观上具有危害或足以危害公共安全的不特定性,就可以认定此

---

① 参见邵维国:《论我国刑法中公共安全的内涵及其认定标准》,载《中国青年政治学院学报》2002年第6期。
② 参见陈晓明、廖惠敏主编:《刑法案例精解(上)》,厦门大学出版社2004年版,第6页。
③ 参见张明楷:《刑法学(第三版)》,法律出版社2007年版,第515页。

行为具有危害公共安全的属性。所以,认定公共安全的标准应以社会公众为立足点而不能以行为人为出发点。也就是说,行为人的行为是否危害到公共安全,是以行为在客观上是否存在危害公众的危险,而不是行为人事先有无确定的侵害对象为标准的。

综上所述,为杀害特定他人而投放危险物质的,应当分为以下两种情况分别处理:

第一,如果投放危险物质行为并不危及公共安全,那么投放危险物质行为不构成投放危险物质罪,只构成故意杀人罪,只能以故意杀人罪论处。

第二,如果行为人明知其投放危险物质行为有发生致不特定多数人死亡或者重大公私财产毁损的可能性,却为了追求非法剥夺特定他人生命的危害结果而放任危害公共安全结果的发生,则同时触犯了投放危险物质罪和故意杀人罪,属于想象竞合犯,应当从一重处断。并且,如果行为已经造成了他人死亡的后果,当以投放危险物质罪论处。本案中,陈某虽然是针对陆某及其家人这一特定犯罪对象实施投放毒药行为,但是,由于陈某将毒投放在陆某家户外敞开式丝瓜棚内的多条丝瓜中,对于谁可能摘下这些丝瓜食用、可能毒倒多少人、造成多少人死伤,陈某都是难以控制的。虽然陈某的犯罪动机在于泄私愤,侵害陆某及其家人,但是事实上,陈某完全无法预料其行为所侵害的对象,对行为的危害后果也根本无法预料、无法控制。基于此,陈某的行为应当认定为投放危险物质罪。

(作者:韩玉)

案例 47. 王某投放危险物质案[*]

——危险犯中止的认定

案情介绍

王某于 1998 年年初,随丈夫孙某(村外工四组组长)到某采石场做饭。同年 7 月 13 日上午,外工四组与外工二组为采石发生口角,双方用淫秽的语言相互辱骂。王某在工棚内听到吵骂声,误认为辱骂其丈夫的是外工七组的外工,遂起

---

[*] 案例来源:赵秉志主编:《中国刑法案例与学理研究(第二卷)》,法律出版社 2004 年版,第 104—105 页。

报复之念。下午1时许,王某趁外工七组工棚无人之机,进入工棚,将灭蚊剩余的"敌敌畏"约30ml投入已做好的梅豆汤盆内。王某回到自己的工棚后,听到工人聊起与外工二组吵骂的事才知自己搞错了。王某便急忙赶往外工七组的工棚,正碰上一外工喝了梅豆汤后出现头晕、心悸等中毒症状。王某一面告诉他人梅豆汤有毒,一面送中毒外工去医院,经医治后脱险。王某作案后自首。

理论争议

本案争议的问题是:实施投放危险物质行为,已经发生危害公共安全的现实危险,但在造成严重后果前主动采取措施,有效地防止了严重危害后果的发生,属于犯罪中止还是既遂?

第一种观点认为不能成立犯罪中止,此时已经是犯罪的既遂状态。因为法定的危险状态出现后,危险犯的既遂即告成立,此后不可能还有成立犯罪中止的余地。犯罪中止形态是与犯罪的预备形态、未遂形态、既遂形态相互区别和独立存在的形态,犯罪中止不可能与其他形态共存。

第二种观点认为可以成立中止犯,且是危险犯的中止犯。只要行为人在法定危险状态出现以后,自动停止犯罪且在客观上有效地解除了这一危险状态,防止了危害结果的发生,符合危险犯中止犯的实质条件,就应认为是犯罪中止。

第三种观点认为能够成立犯罪中止,但不是危险犯的中止犯,而是实害犯的中止犯。

法理分析

我们比较赞同第三种观点,实施投放危险物质行为,已经发生危害公共安全的现实危险,但在造成严重后果前主动采取措施,有效地防止了严重危害后果的发生,属于投放危险物质罪的实害犯的犯罪中止。

首先应当排除危险犯既遂说。主张危险犯既遂说的学者认为,法定危险状态已经出现,则犯罪已经构成既遂,根本无其他停止形态包括犯罪中止存在之余地。我们认为,法定危险状态的形成,意味着从法律评价的角度而言,危险犯已达到了既遂,但并不意味着最终对行为人的行为就一定要以危险犯的既遂论处。一个行为只有一种犯罪形态,应以最后的停顿点作为标准来判断该行为是什么状态。这主要是因为:(1)我国刑法规定的犯罪中止发生的时空范围是在犯罪过程中。故意犯罪的过程是指故意犯罪从产生、发展到完成所经过的过程,包括从犯罪预备到犯罪结果发生以前的整个过程。所以,犯罪中止可以发生在从犯罪预备到犯罪结果发生之前的整个过程中。（2）在法律评价意义上的危险犯的既遂状态出现时,犯罪过程未真正结束;行为人的行为因意志以外的原因而未能继续发展以致造成实害结果,因而最终停留在危险状态的时点的,对其行为方能认定为危险犯的既遂。如果其行为最终造成了实害结果的发生,当然就排除了危险犯的既遂认定的可能;同样的,如果其行为最终在危险状态发生且由于行为人作出了防止实害结果发生的努力并因此而奏效,那么在将该行为认定为实害犯的中止时,也就排除了认定为危险犯既遂的可能。① 由此看来,将危险状态发生后行为人主动防止实害结果发生的行为认定为实害犯的中止,并不会导致危险犯的既遂与实害犯的中止共存局面的出现。②

在排除了危险犯既遂说后,就面临着是应认定为危险犯的中止还是实害犯的中止的问题。我们比较赞同实害犯中止说。

危险犯是法定的既遂犯的种类之一。相对于实害犯而言,危险犯的构成已被立法者赋予了基本构成的地位,故而危险状态的出现标志着危险犯的犯罪过程的终结,至于实害结果的出现则只能作为实害犯的犯罪过程终结的标志。因此,在危险状态出现以后,认定成立危险犯的犯罪中止所需要的时间条件就已经丧失了。危险犯中的危险状态具有危害结果的属性,因而在危险犯的情况下,只有行为人自动有效地防止了法定危险状态的出现,才能成立自动有效地防止危害结果发生的犯罪中止。而主张危险犯中止说的学者所说的"防止了危害结果的发生",显然是指防止实害结果的出现。但实害结果并非危险犯的构成要件要素,防止了这样的结果对危险犯成立何种形态不会发生任何影响。在这种情况下,就算承认行为成立犯罪中止,也不能认为是危险犯的犯罪中止,而只能发生实害犯的犯罪中止。因为这种行为不是发生在危险犯既遂之前,而是发生在实害犯既遂之前。因此,可以否定危险犯中止说。

与危害犯相对应的实害犯实际上属于危险犯的结果加重犯。在认定为实害犯中止说时,面临着如何对结果加重犯的未完成形态进行合理解释的问题。我国学者在排斥实害犯中止说时,所持的主要理由就是结果加重犯不可能存在未完成形态。③ 从某种意义上说,由于危险犯的存在,实害犯的未遂已被独立出来作为危险犯的既遂加以规定。因此,与危险犯相对应的实害犯确实是不可能存

---

① 参见王志祥:《危险犯实行阶段的中止问题研究》,载《云南大学学报(法学版)》2004 年第 3 期。
② 参见马克昌主编:《犯罪通论(第三版)》,武汉大学出版社 1999 年版,第 466 页。
③ 参见李杰:《犯罪结果论》,吉林大学出版社 1994 年版,第 241 页。

在犯罪未遂的。① 但我们认为,这并不意味着实害犯也不存在犯罪中止。因为犯罪未遂和犯罪中止是不同的犯罪停止形态。刑法将实害犯的未遂独立出来规定为危险犯的既遂,但并不意味着实害犯的中止也被独立出来。所以,对实害犯是否存在中止的问题,关键应结合刑法关于犯罪中止的规定进行判断。

我国《刑法》第 24 条第 1 款规定:"在犯罪过程中,自动放弃犯罪或者自动有效地防止犯罪结果发生的,是犯罪中止。"由此可见,犯罪中止是在指在直接故意犯罪过程中,行为人自动放弃犯罪行为或自动有效地防止犯罪结果发生,从而使犯罪未达到既遂状态而停止下来的一种犯罪形态。根据上述法律规定可以将犯罪中止分为两种类型:一是在犯罪过程中自动停止犯罪的犯罪中止,二是在犯罪过程中有效地防止犯罪结果发生的犯罪中止。本案中的中止是后者,成立此种犯罪中止有四个条件:(1) 时空性,"在犯罪过程中"强调必须是在犯罪处于运动过程而未形成任何停止状态的情况下停止犯罪;(2) 自动性,即行为人必须是出于自己的意志而放弃了自认为当时本可继续实施和完成的犯罪;(3) 彻底性,即行为人彻底放弃了正在进行的犯罪;(4) 有效性,即行为人必须采取积极的措施有效地防止了法定结果的发生,使犯罪未达到既遂状态而停止下来。我国刑法对犯罪中止的时间限制,只要求发生在犯罪过程中,同时,刑法只规定了有效防止危害结果发生,这是实行行为完成后成立中止犯的必要条件,并没有对犯罪的类型作具体区分。因此,可以认为,无论何种犯罪,只要存在着发生犯罪结果的可能性,在结果尚未发生之前,都应当给予行为人自动有效地防止结果发生的权利。② 对于危险犯,由于实害结果没有出现,仍处在犯罪过程中,行为符合停止犯罪的自动性条件,并且行为人有效避免实害结果的发生的,应成立实害犯的中止。

在本案中,王某投放危险物质危害公共安全,在尚未造成他人重伤、死亡或者使公私财物遭到重大损害的严重后果的情况下,由于意志以外的原因而停止下来的,应该属于《刑法》第 115 条所规定的投放危险物质罪的实害犯的犯罪未遂形态,只不过由于《刑法》第 114 条对这种犯罪未遂作了专门规定,配置了专门的法定刑,使这种未遂犯成为一种法定的既遂犯。但是,刑法的这一特别规定并不能改变投放危险物质罪危害公共安全,尚未造成严重后果的情形在自然属性上属于犯罪尚未完成。这就决定了犯罪发展到这一阶段的时候,仍然存在继续

---

① 参见王志祥:《危险犯实行阶段的中止问题研究》,载《云南大学学报(法学版)》2004 年第 3 期。
② 参见马克昌主编:《犯罪通论(第三版)》,武汉大学出版社 1999 年版,第 466 页。

向前发展的可能,亦即此时仍然属于在犯罪过程中。① 虽然王某在工人的饭菜中下毒,其行为已经满足《刑法》第 114 条投放危险物质罪的规定,但犯罪行为并没有停止下来,在投放危险物质罪的危险犯向实害犯转化的过程中,王某主动阻却危险侵害的继续发生,应认定为投放危险物质罪实害犯的中止。

(作者:韩玉)

案例 48. 叶某投放危险物质案*
——投毒行为的定性及量刑问题

案情介绍

叶某于 1997 年 12 月某日晚窜至本村农民孙某家,将事先准备好的带有剧毒药的玉米棒放在牛槽内,毒死耕牛一头,价值 3000 元。次日,叶某以 1000 元的价格将死牛收购后到市场贩卖。此后,1997 年 12 月至 1998 年 2 月间,叶某采取投毒的手段,以收购被毒死的耕牛贩卖牟利为目的,先后在各地作案 17 起,毒死耕牛 20 头,价值 5.8 万元。其中叶某收购 13 头到市场贩卖,牟取非法利益 8000 多元。

一审法院认为被告人叶某为图私利,使用投毒方法毒死耕牛后收购并贩卖,致使公民财产遭受重大损失,生产生活受到严重危害,且足以危害群众身体健康,其行为已构成投毒罪,且情节特别严重,因此判决叶某犯投毒罪,② 判处死刑,剥夺政治权利终身。一审判决后叶某不服,依法提起上诉。

二审法院经审理认为,叶某以收购被毒死的耕牛牟利为目的,投放毒物,致使村民个人财产遭受重大损失,同时也给生产生活带来极大危害,构成破坏生产经营罪;销售有毒牛肉危害不特定的多数人的身体健康,构成销售有毒、有害食品罪,因此撤销一审判决,改判叶某犯破坏生产经营罪,判处有期徒刑 7 年,犯销售有毒、有害食品罪,判处有期徒刑 5 年,决定执行有期徒刑 11 年。

---

① 参见左坚卫等:《危害公共安全罪司法适用》,法律出版社 2007 年版,第 25 页。
* 案例来源:赵秉志主编:《中国刑法案例与学理研究(第二卷)》,法律出版社 2004 年版,第 109 页。
② 《刑法修正案(三)》第 1 条已将"投毒罪"修改为"投放危险物质罪",一审判决是在《刑法修正案(三)》出台前作出的,因此仍以投毒罪认定。为了论述的方便,下文一律使用"投放危险物质罪"。

> **理论争议**

对于本案中叶某投放毒物致使耕牛死亡,再将死牛低价收购转卖到市场上的行为,存在两种不同的意见。一种观点认为,叶某主观上明知投毒行为的危害结果,却放任此结果的发生,客观上实施了投放毒物的行为,毒死耕牛并在市场上销售,其行为构成了投放危险物质罪、破坏生产经营罪、销售有毒食品罪。其中投放危险物质罪和破坏生产经营罪是想象竞合的关系,应择一重罪处罚,而销售有毒食品罪和前罪又构成牵连关系。另一种观点认为,叶某仅仅是为了牟利而毒杀耕牛,主观上没有危害公共安全的故意,客观上其行为不会对公共安全造成危害,只是侵犯了公私财产所有权以及国家、集体或者个人生产经营的正常秩序,因此只构成破坏生产经营罪和销售有毒食品罪,两者之间是牵连关系。

> **法理分析**

(一)有关投放危险物质罪和破坏生产经营罪的区别问题

投放危险物质罪,是指故意投放毒害性、放射性、传染病病原体等物质,危害公共安全的行为。其主观方面的表现为故意,既可以是直接故意,也可以是间接故意。本罪为危险犯,只要在客观方面实施了足以使公共安全遭受侵害的行为,不管危害结果是否发生,都不影响犯罪的成立。[①] 破坏生产经营罪,是指以泄愤报复或者其他个人目的,破坏机器设备、残害耕畜或者以其他方法破坏生产经营的行为,其主观方面也是故意。[②] 按照刑法主观主义的基本观念,"行为内部的、精神的事实,即行为者主观方面的意思、性格、动机、人格的危险性才是科刑的基础,但是现代科学水平并不能提供探测犯人内心邪恶的'仪器',只有当犯罪人内部的危险性表现为外部行为时,其内在危险性才能被认识"[③]。我们不能说刑法主观主义就一定正确,但是上述观点却提醒我们判定某个行为构成何种犯罪时必须坚持主客观相一致原则。

我们来具体分析案中的情况。首先,本案中叶某在第一次实施投毒及低价购买行为之后,又多次实施同样的行为,且向市场销售有毒牛肉时毫无顾忌,没有采取任何消毒措施。如果说只实行了一次投毒并销售有毒牛肉的行为是否对

---

① 参见马克昌主编:《刑法学》,高等教育出版社2003年版,第355—356页。
② 同上书,第546页。
③ 陈兴良、周光权:《刑法学的现代展开》,中国人民大学出版社2006年版,第37页。

公共安全造成危害还有待商榷的话,那么多次实行同样的行为则必然对公共安全造成危害,其侵犯的客体就不仅仅是公私财产所有权以及国家、集体或者个人生产经营的正常秩序这么简单了。其次,任何一个智力正常的人都会意识到多次销售有毒牛肉会造成什么样的后果,但是本案中叶某显然是放任了这种危害结果的发生,因此主观方面是间接故意无疑。所以,行为人的行为既符合投放危险物质罪的犯罪构成,又符合破坏生产经营罪的犯罪构成,属于一个行为触犯了数个罪名的情况,构成想象竞合犯,应从一重罪处罚,以投放危险物质罪认定。

(二)有关投放危险物质罪与销售有毒食品罪的牵连犯处罚问题

我国刑法总则中并没有关于牵连犯的具体规定,但是在分则以及相关的司法解释中已有一些按照牵连犯原理加以认定的条文。一般认为,牵连犯是指行为人为犯某罪,其方法行为或者结果行为又触犯其他罪名的情形。其主要特征是行为人实施了两个或两个以上行为,行为之间存在牵连关系,且各行为能独立成为犯罪行为,触犯不同的罪名。[①] 牵连犯中有所谓的手段行为与目的行为的牵连形态,本案中叶某为了牟利(目的)而毒杀耕牛(手段)的行为,即属于此种情况。所以,对于本案中将叶某的行为首先认定为投放危险物质罪和破坏生产经营罪的想象竞合,再与销售有毒食品罪发生牵连,是没有任何问题的。问题在于对牵连犯的处罚上。通说认为,对于牵连犯的处罚应遵循从一重罪处罚原则,但是刑法分则和相关司法解释却并未完全遵循此原则。例如,《刑法》第157条第2款规定,"以暴力、威胁方法抗拒缉私的,以走私罪和本法第二百七十七条规定的阻碍国家机关工作人员依法执行职务罪,依照数罪并罚的规定处罚。"又如最高人民法院《关于审理黑社会性质组织犯罪的案件具体应用法律若干问题的解释》第3条规定,"组织、领导、参加黑社会性质的组织又有其他犯罪行为的,根据刑法第二百九十四条第三款的规定,依照数罪并罚的规定处罚"。上述条文对于牵连犯采取了数罪并罚的处罚方式。因此,对于牵连犯的处罚原则在刑法学界引起了不小的争论。有人认为,应对牵连犯一律实行数罪并罚。其理由是数罪并罚有助于摆脱理论困境、解决司法难题,[②]符合刑法学和刑事法律发展的规律,[③]等等。有人认为,对牵连犯应全部实行从一重罪处罚。其理由是牵连犯虽然由数个行为构成,且这数个行为各自具备犯罪构成,但由于数个犯罪行为之间

[①] 参见赵秉志主编:《中国刑法案例与学理研究(第二卷)》,法律出版社2004年版,第112页。
[②] 参见张义烈:《试论牵连犯的处罚原则》,载《上饶师专学报》1997年第4期。
[③] 参见游伟主编:《刑法理论与司法问题研究》,上海文艺出版社2001年版,第239—245页。

具有牵连关系,所以它们应被看作形成统一的整体的犯罪形态。① 牵连犯既然实际存在且长期以来为理论和司法实践普遍接受,我们不应随意修改其原意,并进而混淆其与数罪并罚的区别。牵连犯因数罪间牵连关系的存在而客观上降低了其社会危害程度,因此,对于牵连犯,必须坚持从一罪处罚的原则而不能实行并罚。② 还有人认为,对于刑法没有明文规定的,应当坚持从一重罪处罚的原则,有明文规定的,应当遵照法律,实行数罪并罚。③

我们认为,刑法分则和相关司法解释中某些条文对牵连犯的处罚实行了数罪并罚的原则,是对牵连犯的概念认识不清的结果。牵连犯是与数罪并罚相对应的一组罪数形态中的一个,既然已经是"相对应"了,为何又可以以数罪并罚的方法进行处罚?因此,今后的刑法条文必须作出修改,要么取消分则中涉及牵连犯的相关规定,以其他罪数形态加以认定,要么取消有关牵连犯还可以数罪并罚的规定。但是,在法律未修改之前,为了维护法律的权威,我们只能严格按照法律的规定,须数罪并罚的数罪并罚,其他的则按照从一重罪处罚原则处罚。所以,本案中被告人的行为应以投放危险物质罪加以认定。

(三)有关量刑的问题

《刑法》第114条规定:"放火、决水、爆炸以及投放毒害性、放射性、传染病病原体等物质或者以其他危险方法危害公共安全,尚未造成严重后果的,处三年以上十年以下有期徒刑。"第115条第1款规定:"放火、决水、爆炸以及投放毒害性、放射性、传染病病原体等物质或者以其他危险方法致人重伤、死亡或者使公私财产遭受重大损失的,处十年以上有期徒刑、无期徒刑或者死刑。"由上述法条我们可以看出,只有在"使公私财产遭受重大损失"时,才有可能判处10年以上有期徒刑、无期徒刑或者死刑。但是本案中叶某毒死的耕牛价值仅为5.8万元,虽然没有明确的司法解释说明5.8万元是否属于"使公私财产遭受重大损失",但是比照非法制造、买卖、运输、储存危险物质罪以及交通肇事罪的相关司法解释,此数目显然没有达到"使公私财产遭受重大损失"的程度。更何况并未造成致人重伤、死亡的严重后果。虽然有人说,在量刑时要考虑竞合(破坏生产经营罪)及牵连(销售有毒食品罪)的影响,但是也不能促使我们以最高刑——死刑来加以判处。人的生命无价,我们现在已着手进行死刑改革,逐步取消对财产犯罪的死刑规定,这是刑法人道主义和谦抑精神的体现,那为什么还要对本案中的被

---

① 参见刘宪权、杨兴培:《刑法学专论》,北京大学出版社2007年版,第269—270页。
② 参见刘宪权:《我国刑法理论上的牵连犯问题研究》,载《政法论坛》2001年第1期。
③ 参见郭毅:《牵连犯处罚原则探析》,载《法学》1999年第8期。

告科以死刑呢？其实还是数罪并罚的思想在作祟。

综上我们认为，一审法院对被告以投放危险物质罪加以认定是准确的，但量刑明显畸重，不应判处死刑。

（作者：张新亚）

案例 49. 陆某等以危险方法危害公共安全案[*]

——危害公共安全罪与他罪的区分

案情介绍

2001年3月30日上午7时许，陆某当班驾驶一辆无人售票公交车，从起点站出发行驶，途中载乘客张某。其间陆某叫张某往里走，张某不应，反而以陆某出言不逊为由，挥拳殴打正在驾车行驶的陆某，击中陆某的脸部。陆某被殴后，不顾行驶中的车辆，离开驾驶座位，抬腿踢向张某，并动手殴打张某，张某则辱骂陆某并与陆某扭打在一起。这时公交车无人控制，偏离了行驶路线，公交车撞倒一个相向而行的自行车者，撞坏一辆出租车，撞毁附近住宅小区一段围墙，造成骑自行车者龚某当场死亡，造成财产损失21288元。

某市人民法院以"以危险方法危害公共安全罪"判处陆某有期徒刑8年，剥夺政治权利2年；以交通肇事罪判处被告人张某有期徒刑3年。

理论争议

对于陆某，一种观点认为，陆某应该是不作为的故意杀人罪。理由在于，陆某有正常驾驶、安全运送乘客的义务，他违反这样的义务，明知离开驾驶座位，让车脱离驾驶必然导致乘客或者路上行人伤亡的严重后果发生的可能性，依然放任这一结果的发生，最后造成了严重的后果，应该是间接故意的不作为杀人。

另外一种观点认为，陆某应该是交通肇事罪，表现在他主观上是过失，他的目的只是想还击张某，客观上违反了交通法规，没有正常驾驶，造成了严重后果，

---

[*] 案例来源：中华人民共和国最高人民法院刑事审判第一庭、第二庭编：《刑事审判参考（第四卷·上）》，法律出版社2004年版，第8页。

但是对于这样的后果,其本身是排斥的,也是不想发生的,因此应当是交通肇事罪。

还有一种观点认为,陆某应当构成以危险方法危害公共安全罪。理由在于,他脱离驾驶这一行为针对的是不特定多数人的生命财产安全,也即是公共安全,为了追求这一目的而放任其他危害结果的发生,是间接故意,客观上的行为也确实威胁到了公共安全,并造成了一定的危害结果,符合以其他危险方法危害公共安全罪的犯罪构成。

对于张某,有观点认为是寻衅滋事罪,还有观点认为是交通肇事罪。

法理分析

以危险方法危害公共安全罪,是指采用放火、决水、爆炸、投放危险物质以外的危险方法危害公共安全的行为。

本罪规定在《刑法》第114条第1款、第115条第1款之中:"放火、决水、爆炸以及投放毒害性、放射性、传染病病原体等物质或者以其他危险方法危害公共安全,尚未造成严重后果的,处三年以上十年以下有期徒刑。""放火、决水、爆炸以及投放毒害性、放射性、传染病病原体等物质或者以其他危险方法致人重伤、死亡或者使公私财产遭受重大损失的,处十年以上有期徒刑、无期徒刑或者死刑。"

理解本罪,关键在于对几个重点关键词的把握:"危险方法""公共安全"以及"不特定的多数人"。

(一) 如何理解"危险方法"

在本罪罪名确定的过程中,曾有学者提出,可以根据犯罪行为人实际使用的方法确定罪名而不定为"以危险方法危害公共安全罪"。但是这样就会造成司法机关任意确定罪名的现象。后来最高人民法院、最高人民检察院发布的关于罪名的司法解释虽然正式确定此罪罪名是"以危险方法危害公共安全罪",但是对于什么是此罪的"危险方法",依然没有定论。刑法规定了此罪的行为对象与性质,却没有明文规定其具体行为结构与方式,使得"其他危险方法"无法确定,这和罪刑法定原则的明确性要求存在距离。[①] 司法实践中,这赋予了法院很大的自由裁量权,有时候将一些危害到公共安全,但不能以他罪处罚的行为,都认定为本罪。导致本罪囊括了刑法分则没有明确规定但具有危害公共安全性质的全

---

① 参见张明楷:《刑法学(第三版)》,法律出版社2007年版,第521页。

部行为。

那本罪是否就是一个兜底条款,是要包含一切的危害公共安全性质的行为吗?有学者认为,对此,应当采取限制解释的方法,根据该罪所处的法条,这里的"其他危险方法"只是第114条、第115条的兜底规定,而不是《刑法》分则第二章"危害公共安全罪"的兜底规定。①

我们赞同此观点,并且认为,为了维护公共安全,保证公民的人身、财产安全不受侵犯,刑法必须最大限度地规定犯罪的形式。但是由于时代的变化、社会的发展,犯罪手段也在不断地更新,因此,刑法也不可能将所有危害公共安全的危险方法都罗列出来。所以,在规定了放火、决水、爆炸、投放危险物质之后,用"其他危险方法"作了一个概括性的描述。从逻辑上说,"其他危险方法"是与放火、决水、爆炸、投放危险物质并列的,因此,这种方法的社会危害性是与放火、决水、爆炸、投放危险物质危害性相当的,并且是排除了放火、决水、爆炸、投放危险物质这四种行为之外的其他方法。有学者认为刑法典在这里是采用了类比推断的方法,其实质是避免挂一漏万,防止因为列举不全而导致放纵犯罪,这样能最大限度地打击犯罪。在具体确定是否属于"其他危险方法"的时候,是否危害公共安全是判断的关键。同时,有学者提出,对某一行为依据"以其他危险方法危害公共安全罪"定罪,必须是采用刑法分则条文没有明确规定的危险方法实施犯罪。如果行为已经被刑法明文规定,则按照这个规定来定罪处罚,以免将"其他危险方法"适用的范围无限扩大。换言之,如果某种行为符合其他犯罪的构成要件,应当尽量认定为其他犯罪,不宜认定为本罪。如对劫持火车、电车的行为,宜认定为破坏交通工具罪;对盗窃公路窨井盖的行为,宜认定为破坏交通设施罪。司法实践中,这里的"其他危险方法"主要集中在向人群开枪、为报复泄愤而驾车冲撞人群、为防盗而私设电网等。另外,根据最高人民法院、最高人民检察院《关于办理妨害预防、控制突发传染病疫情等灾害的刑事案件具体应用法律若干问题的解释》的规定,故意传播突发传染病病原体,危害公共安全的,依照《刑法》第114条、第115条第1款规定,按照以危险方法危害公共安全罪定罪处罚。

(二)如何认定"公共安全"的范围

在这个问题上,刑法理论和实践都没有达成共识,有学者认为公共安全指的是不特定多数人的生命、健康和重大公私财产安全;有学者认为公共安全指不特定多数人的生命、健康和重大公私财产安全以及公共生产生活和工作安全;还有

---

① 参见张明楷:《刑法学》,法律出版社1999年版,第545页。

学者认为公共安全指不特定的或者多数人的生命、健康或者重大公私财产安全。上述三种观点中,共同之处在于都把"生命、健康和重大公私财产安全"包括在公共安全的范围之内,并且把危及特定的少数人生命、健康和财产安全排除出去。不同之处在于第一种观点将"不特定的多数"作为公共安全的标志,第二种观点把"公共生产、生活和工作的安全"也包括进来,第三种观点将"不特定的或者多数的"作为公共安全的标志。①

各种观点都有其依据,但是我们赞成,公共安全应当指的是"不特定多数人的生命、健康和财产安全"。

"不特定多数"是指"不特定",并且"多数",刑法理论上认为,"多数"是指三者以上。"不特定的少数"即不特定的一个或者两个人,就不属于这里公共安全的范围。比如甲是超市营业员,为了寻求刺激,在超市卖的矿泉水里面投放毒药,等人买来喝,结果乙买来喝了以后,呕吐不止,送医院抢救,经鉴定为重伤。这里甲没有特定想要伤害的人,谁买来喝都可以,也就是以一个不特定的人为侵害的对象,显然这样的情况就不能认定为是公共安全了。同样道理,"特定的少数"也不能被认定为公共安全,由于侵害对象只有一个人,因此不具有公共性,也应当排除在"公共安全"之外。比如甲烧毁乙建在山上的别墅,由于只是侵犯了乙的财产,没有对公共安全造成威胁,因此,应该定为故意毁坏财物罪,而不是放火罪。"特定的多数"是理论上最有争议的,有学者认为,特定的多数应当被包括在公共安全范围之内,也就是说不区分特定与不特定,只要是多数人的生命或财产安全,就是公共安全。② 我们认为这种观点值得探讨,比如甲欲杀害乙、丙、丁三人,一日约这三人去荒郊野外,用事先埋放好的炸弹将三人炸死。在这种情况下,甲以特定的多数人作为犯罪对象,但是由于行为没有侵犯到公共的安全,是在荒郊野外,而且在实施行为时其危害结果是特定的,只是针对这三人,也不可能对别人造成损害,因此危害结果是在甲的控制范围之内的,不能说这是对公共安全构成威胁,所以不应定为爆炸罪,而是故意杀人罪。③ 除此之外,如果把侵害特定多数人人身财产的行为归入到危害公共安全罪之中,容易造成此罪和彼罪的混淆。

如何理解这里的"不特定"?刑法理论界通常认为,不特定是一种客观的判

---

① 参见高庆国:《对危害公共安全罪中"公共安全"含义的探讨》,载《郑州经济管理干部学院学报》2005年第4期。

② 参见赵秉志:《中国刑法案例与学理研究(第二卷)》,法律出版社2004年版,第102页。

③ 参见高庆国:《对危害公共安全罪中"公共安全"含义的探讨》,载《郑州经济管理干部学院学报》2005年第4期。

断,不依行为人主观有无确定的侵犯对象为转移。① 也就是说,不特定是指犯罪行为危害的对象不是针对一个或者某几个的,这些犯罪一经实施,就会对公共安全造成严重威胁,或者造成多人伤亡、公私财产重大损失的后果。它包含两方面的内容:一是犯罪对象的不确定,二是危害结果的不确定。因此,不特定是指犯罪行为不是针对某一个或某几个特定的对象,并且其危害后果是犯罪分子事先没有预料到的,也不是特定的。有学者提出,"所谓不确定,是与特定相对而言的,是指犯罪行为可能分割的对象和可能造成的结果实现无法确定,行为人对此无法预料也难以控制"②。曾有学者提出,可以从行为对象和行为的效果实际波及的对象,也即"犯罪对象"的区分来理解这里的"不特定"。一般来说,危害公共安全罪中,行为对象都是特定的,而实际危害到的对象却是不特定的,比如甲以爆炸的行为杀害乙,杀害行为直接指向的对象确定无疑,但是实际波及了周围的邻居,实际受到爆炸行为危害的对象是不特定的多数人。这种犯罪对象的不特定性表现为刑法所保护的法益的潜在发散性。也就是说,以这些犯罪对象为物质基础的犯罪客体具有一旦触及就必然导致无法准确计算后果,行为人也无法实现控制危害发生范围的损害。③

回到本案中,从陆某离开驾驶座位和乘客斗殴的行为来看,任何一个正常人都知道,让无人驾驶的车行驶在公共道路上必然会对公共安全造成危害,而陆某为了追求打张某的目的,放任这一危害结果的发生,主观上是间接故意,因此不成立交通肇事罪。由于是以驾车的方法危害到了公共安全,其行为的性质和程度都符合"其他方法",最后也造成了"不特定多数人"伤亡的后果,应当对陆某定以危险方法危害公共安全罪,法院的判决是正确的。

而张某作为乘客,殴打正在驾驶车辆的司机引发交通事故,从其主观上来说,并没有危害公共安全的直接故意或者间接故意,明显是一种过失的态度。但是,与司机一样,乘客也应该知道一旦车辆脱离驾驶,将导致危害公共安全的后果,同时也不是挥拳打司机就必然导致司机离位的后果,因此主观上只能是过于自信的过失,客观方面危害到了公共安全。那是否就一定是交通肇事罪呢? 交通肇事罪的一个前提就是必须违反了交通运输管理法规,从张某的行为来看,并没有明显的违反行为。因此,我们认为张某不构成交通肇事罪,而倾向于定过失

---

① 参见李立丰、梁雪冰:《重新解读危害公共安全罪中的"不特定性"》,载《当代法学》2003 年第 9 期;高铭暄、马克昌主编:《刑法学》,中国法制出版社 1999 年版,第 609 页。
② 赵秉志、吴振兴主编:《刑法学通论》,高等教育出版社 1993 年版,第 528 页。
③ 参见李立丰、梁雪冰:《重新解读危害公共安全罪中的"不特定性"》,载《当代法学》2003 年第 9 期。

以危险方法危害公共安全罪。

(作者:余家恺)

案例 50. 莫某贤等破坏交通工具案*
——以爆炸手段破坏交通工具的行为如何定性

案情介绍

2001年11月初,莫某贤、莫某敬因对社会不满,便萌生报复社会、爆炸铁路的歹念。于是二人分别纠集莫某东、姚某波、姚某付等人商谋爆炸铁路。根据分工由莫某贤"踩点",莫某敬、莫某东和龙某军四处寻找炸药,并由姚某波提供雷管、导火索,尔后在姚某波的家中完成了爆炸装置的组装工作。11月16日晚上,莫某贤、莫某敬、姚某付携带爆炸装置等作案工具乘坐姚某波驾驶的农用拖拉机将事先准备好的爆炸装置放在黔桂线某一段钢轨下。次日凌晨4时50分,北海开往成都的K143次旅客列车从前方开过来时,莫某敬引爆了炸药,致使钢轨、枕木被炸断,机车油箱被炸破,机后4节车厢脱轨,中断铁路行车8小时,造成国家直接经济损失70多万元,并造成了极为恶劣的社会影响。

理论争议

对于本案中莫某贤等人的行为,主要存在着以下三种处理意见:第一种观点认为行为人使用爆炸的手段炸毁列车,危害公共安全,构成爆炸罪;第二种观点认为行为人故意炸毁列车,危及交通运输安全,构成破坏交通工具罪;第三种观点认为行为人将炸药放置在铁路的钢轨下,引爆炸药致使钢轨、枕木被炸断,构成破坏交通设施罪。

---

* 案例来源:丁天球:《危害公共安全罪重点疑点难点问题判例研究》,人民法院出版社2005年版,第210页。

法理分析

(一) 破坏交通工具罪与爆炸罪的辨析

刑法分则第二章"危害公共安全罪"中分别规定了爆炸罪和破坏交通工具罪。所谓爆炸罪，是指行为人故意用爆炸的方法，杀伤不特定的多数人，破坏公共建筑或其他公私财物，危害公共安全的行为。① 而所谓破坏交通工具罪，是指故意破坏火车、汽车、电车、船只、航空器，足以使火车、汽车、电车、船只、航空器发生倾覆、毁坏危险，尚未造成严重后果或者已经造成严重后果，危害公共安全的行为。两罪有着一定的相似之处。首先侵犯的客体都是公共安全，即不特定多数人的生命、健康和重大公私财产的安全。其次，都属于危险犯。只要行为足以造成某种危险状态，足以引起某种严重后果即构成犯罪并且既遂，而不需要发生某种实害结果。如果行为造成了严重后果，致人重伤、死亡或者致使公私财产遭受重大损失，则适用加重挡的法定刑。

一般来说，两罪在客观方面的差别还是相当明显的，不易发生混淆。但是如果行为人使用爆炸的手段炸毁交通工具，从行为方式上来看，构成爆炸罪，而从行为对象上来看，又符合破坏交通工具罪的要求。之所以出现这种现象，是因为《刑法》对以爆炸方法实施的破坏交通工具的行为，在第 114 条、第 115 条第 1 款、第 116 条、第 119 条第 1 款作了交叉规定，属于法条竞合犯的情形。② 根据通说，对于法条竞合犯，选择特别法优于普通法的原则定罪处罚即可，但是问题在于，两罪很难区分何者为一般法何者为特别法，导致司法实践中有时以爆炸罪处罚，有时又以破坏交通工具罪处罚，在适用上极其不协调。我们认为，要对这种行为定性，应当从以下几个角度进行辨析：

1. 破坏交通工具罪中的"破坏"手段可以包括爆炸手段

《刑法》第 116 条规定："破坏火车、汽车、电车、船只、航空器，足以使火车、电车、船只、航空器发生倾覆、毁坏危险，尚未造成严重后果的，处三年以上十年以下有期徒刑。"对于破坏交通工具罪的具体行为手段，法条只简单规定了"破坏"这两个字，没有进行具体的罗列。有观点认为，"破坏"是指对于交通工具整体或者部分的物理性损坏；③ 也有观点认为，"破坏"是指那些足以使火车、汽车、电车、船只、航空器发生倾覆、毁坏危险的方法，比如盗拆交通工具的重要零部

---

① 参见鲍遂献、雷东生：《危害公共安全罪》，中国人民公安大学出版社 2003 年版，第 41 页。
② 参见左坚卫等：《危害公共安全罪司法适用》，法律出版社 2007 年版，第 133 页。
③ 参见林亚刚：《危害公共安全罪新论》，武汉大学出版社 2001 年版，第 153 页。

件、烧毁交通工具等。① 我们赞同上述第二种观点,"破坏"并非一定要对交通工具造成物理性损坏,有时候一些非物理性的损坏同样也能使交通工具发生倾覆、毁坏,比如在车轮上涂抹大量黄油,使车轮打滑从而发生倾覆。因此,只要使用足以使交通工具发生倾覆、毁坏危险的方法都可以认为是对交通工具的破坏。"破坏"的具体手段可以是多种多样的,既可以是作为,也可以是不作为;可以是放火烧毁交通工具,也可以是盗窃、砸毁、拆卸交通工具上的重要零部件等,爆炸手段同样也属于"破坏"的方式之一。因此,在行为方式上,破坏交通工具罪可以容纳爆炸的手段。

2. 破坏交通工具罪针对的是特定对象

爆炸罪和破坏交通工具罪的犯罪客体虽然都是公共安全,即不特定多数人的生命、健康和重大公私财产的安全,但是,两者在犯罪对象上却存在着很大的差异。爆炸罪没有特定的犯罪对象,针对的是不特定的财产、人身;而破坏交通工具罪针对的犯罪对象则是特定的,即交通运输工具。

这里有必要对"交通运输工具"规定一定限制条件。首先,只限于法定的交通运输工具,即刑法明文规定的火车、汽车、电车、船只、航空器。破坏其他简单的交通工具,如拖拉机、马车、自行车等,由于一般不会造成危害公共安全的结果,因此通常不属于本罪所称的交通运输工具。除非在某些特定情况下,这些工具被当作运输工具,用来装载一定数量的乘客或者货物,此时,根据立法精神,可以以交通运输工具论。其次,必须是正在使用中的交通运输工具。只有破坏正在使用中的交通运输工具,才可能造成危害公共安全的结果。② 所谓"正在使用中",包括正在运行期间,也包括已经交付使用,随时都可以启动运营的情况。正在使用中的交通工具一般都载有或者可能载有不特定的多数人员或者重大公私财产,对其予以破坏,随时都有可能危害公共安全。如果破坏正在修理车间进行大修、检修的交通工具,或者破坏作为半成品尚未出厂、作为商品处于代售状态或已经报废的交通工具,则都不构成本罪。③

可见,与爆炸罪针对不特定的对象不同,刑法对破坏交通工具罪的犯罪对象采取了限制性的规定,将火车、汽车、航空器等特定的交通运输工具从一般的公私财产中抽离出来进行了特别规定,意图保护交通运输安全这一重大的公共安全。因此,以普通的爆炸手段去破坏该特定对象——交通运输工具,就应当以犯

---

① 参见鲍遂献、雷东生:《危害公共安全罪》,中国人民公安大学出版社 2003 年版,第 107 页。
② 参见林亚刚:《危害公共安全罪新论》,武汉大学出版社 2001 年版,第 149 页。
③ 参见叶高峰主编:《危害公共安全罪的定罪与量刑》,人民法院出版社 2000 年版,第 161 页。

罪对象为标准,而不应以行为手段为标准来认定犯罪。

因此,我们认为,对于行为人用爆炸的手段破坏正在使用中的交通工具,在适用法律发生法条竞合的情况下,爆炸罪相对而言属于一般法条,破坏交通工具罪则属于特殊法条,根据法条竞合适用特别法优于一般法的原则,应当以破坏交通工具罪定罪论处。

(二) 破坏交通工具罪与破坏交通设施罪的辨析

现行《刑法》除了规定破坏交通工具罪之外,还在第117条和第119条第1款规定了一个相似的罪名:破坏交通设施罪。所谓"破坏交通设施罪",是指故意破坏轨道、桥梁、隧道、公路、机场、航道、灯塔、标志或者进行其他破坏活动,足以使火车、汽车、电车、船只、航空器发生倾覆、毁坏危险,危害公共安全,尚未造成严重后果或者已经造成严重后果的行为。[①] 与破坏交通工具罪一样,该罪侵犯的客体也是交通运输安全。只是在客观方面与破坏交通工具罪不同,表现为破坏轨道、桥梁、隧道、公路、机场、航道、灯塔标志或者进行其他破坏活动。同样须有破坏的行为,但是破坏的对象不同,该罪破坏的是正在使用中的直接关系交通运输安全的交通设施。所谓"正在使用中的交通设施",是指已经建成交付,投入交通运输使用的交通设施。如果破坏的是正在建设中,或者虽然已经建设完毕但尚未交付使用,或者已经废弃不再使用的交通设施,则不能成为本罪的对象。[②]

可见,要正确区分破坏交通工具罪和破坏交通设施罪,关键就是看行为针对的对象:如果行为客观上针对的是交通工具,则构成破坏交通工具罪;若针对的是交通设施,则构成破坏交通设施罪。需要注意的是,这里不应看行为人的主观意图,即使行为人主观上是想通过破坏交通设施来使交通工具发生倾覆、毁坏的,仍然构成破坏交通工具罪而非破坏交通设施罪。

在本案中,虽然诸被告人将炸药放置于钢轨下,并且在爆炸时对钢轨和枕木造成了一定的破坏,但是从其行为的整个过程来看,是在旅客列车开过来时才引爆了炸药,并且直接对火车造成了破坏,可见其行为在客观上直接针对的对象为火车而非轨道,因此,应当以破坏交通工具罪定罪处罚,而不是破坏交通设施罪。

综上所述,我们认为,对于莫某贤、莫某敬等人使用爆炸手段,炸毁火车的行为,应当以破坏交通工具罪定罪论处,并且其行为导致机车油箱被炸破,机后4节车厢脱轨,中断铁路行车8小时,造成国家直接经济损失70多万元,造成了极

---

① 参见鲍遂献、雷东生:《危害公共安全罪》,中国人民公安大学出版社2003年版,第117页。
② 参见林亚刚:《危害公共安全罪新论》,武汉大学出版社2001年版,第170页。

为恶劣的社会影响,符合《刑法》第 119 条第 1 款的"造成严重后果"的情形,属于破坏交通工具罪的实害犯。

(作者:朱燕佳)

案例 51. 杨某交通肇事案[*]

——交通肇事罪的正确定性

案情介绍

1997 年 6 月 30 日上午,杨某驾驶其家的解放牌 151 型大卡车从县城回家。为逃避缴纳过桥费,便绕道行驶。至北环路十字路口的时候,遇见交警陈某、刘某、邹某等人。当陈某等执勤人员拦阻杨某所驾驶的车辆时,杨某驾车强行通过。陈某、刘某、邹某遂乘一辆三轮摩托车追赶。杨某沿路曲线行驶,阻挡摩托车超越其驾驶的卡车。至甘河丁字路口时,摩托车从卡车左侧超车,杨某左打方向盘,占道行驶,将摩托车逼入路边阴沟熄火,杨某继续驾车逃跑。此时,适逢县交警大队干警韩某驾驶一辆北方牌小轿车路经此地,见状立即停车。刘某等说明情况后,即乘坐韩某驾驶的小轿车继续追赶大卡车。追至县赵镇李村路段时,韩某连续鸣号并示意超车,当韩某所驾小车与杨某卡车并齐时,杨某又左打方向盘占道行驶,致使韩某所驾车辆与路旁树木相撞。韩某当场死亡,刘某当场昏迷,车辆严重损害(价值为 29400 余元)。杨某及同车司机招某听到撞车声,并从后车镜中看到小车撞在树上飞了起来,杨某即将车向前滑行了 10 米左右停了下来。

某市中级人民法院一审判决,被告人杨某构成破坏交通工具罪。

理论争议

对于本案中杨某构成何罪,存在三种观点。一种观点认为,杨某构成故意杀人罪。理由是:杨某明知占道行驶会导致撞车的后果,为了逃避惩罚而左打方向盘,意图使小轿车撞车,最终造成了人员伤亡的严重后果,应定故意杀人罪。另

---

[*] 案例来源:赵秉志主编:《中国刑法案例与学理研究(第二卷)》,法律出版社 2004 年版,第 214 页。

一种观点认为,杨某构成破坏交通工具罪。理由是:杨某针对的对象是小轿车而不是人,是以破坏交通工具为目的,所以应当定破坏交通工具罪。还有一种观点认为,杨某构成交通肇事罪。理由是:杨某违反交通法规,主观上不是故意追求伤亡的结果,由于其过失才造成了死伤,应当定交通肇事罪。

法理分析

交通肇事罪是指违反交通运输管理法规,因而发生重大事故,致人重伤、死亡或者使公私财产遭受重大损失的行为。

我国《刑法》第133条对交通肇事罪规定为:"违反交通运输管理法规,因而发生重大事故,致人重伤、死亡或者使公私财产遭受重大损失的,处三年以下有期徒刑或者拘役;交通肇事逃逸或者有其他特别恶劣情节的,处三年以上有期徒刑;因逃逸致人死亡的,处七年以上有期徒刑。"

交通肇事罪的犯罪构成为:(1)侵犯的客体是交通运输的正常秩序和交通运输安全。[1] (2)客观方面表现为行为人违反交通运输管理法规,发生重大事故,造成人员重伤、死亡或者公私财产重大损失的行为。也就是说,第一,行为人必须违反了交通运输管理法规。如果没有违反,那一定不构成交通肇事罪,可能是过失致人重伤、死亡罪,或者是他罪。这里还涉及一个问题:对交通运输管理法规的违反,必然要在公共交通管理的范围内,也就是在"道路"上行驶才能谈及违反,否则根本不在交通运输管理法规的调整范围之内,就无所谓违反了。根据《道路交通安全法》的规定,"道路",是指公路、城市道路和虽在单位管辖范围但允许社会机动车通行的地方,包括广场、公共停车场等用于公众通行的场所。因此,对于那些"非道路"上发生的交通事故,一般是不按照交通肇事罪论处的,有的定为过失致人重伤或者死亡罪,有的定为以其他危险方法危害公共安全罪。[2] 第二,必须发生重大事故,也就是造成重伤、死亡或者公私财产重大损失的后果。对此,2000年最高人民法院《关于审理交通肇事刑事案件具体应用法律若干问题的解释》对交通肇事罪造成的具体后果与情节也作出了明确的规定。(3)本罪的主体是一般主体,即年满16周岁,具有刑事责任能力的自然人均可以构成本罪。这里有一个问题需要讨论:行人是否可以成为交通肇事罪的主体?我们认为可以。刑法对交通肇事罪的主体没有作过多的规定,通说也认为是一般主

---

[1] 参见刘宪权主编:《刑法学》,上海人民出版社2005年版,第445页。

[2] 参见谢萍:《交通肇事犯罪案件中的问题及法律适用》,载《山东法官培训学院学报》2003年第2期。

体,那就不应该有所限制,从理论上说,行人也有可能违反交通运输法规,导致交通事故,造成重伤、死亡的后果。实践中,因为行人违章造成交通事故的情况屡见不鲜。行人的违章行为和交通事故的发生如果存在着直接的因果关系,并且也同样侵犯到了交通肇事罪客体的,没有理由因为行人是交通法规管制的对象就排除其构成本罪的资格。① (4) 本罪的主观方面是过失。这里的过失是针对所造成的危害结果而言的。对于违反交通运输管理法规的行为,行为人是明知且故意的,但这里所讲的故意和过失,都是对法定的、危害社会的结果的心理态度,不是一般意义上的结果,更不是行为本身。②

破坏交通工具罪,是指故意毁坏火车、汽车、电车、船只、航空器,已经造成严重后果或者足以使火车、汽车、电车、船只、航空器发生倾覆、毁坏危险,危害公共安全的行为。

交通肇事罪与破坏交通工具罪的区别主要在于:(1) 对于危害结果,后者主观方面是故意,前者是过失。根据通说,过失犯罪不存在犯罪目的,因此只有在破坏交通工具罪中,才有犯罪目的,是意图使交通工具"发生倾覆、毁坏危险"。如果是其他目的,就有可能构成他罪,而非破坏交通工具罪了。(2) 交通肇事行为作用的直接对象可能是人,可能是物,而破坏交通工具罪行为针对的对象则一定是火车、汽车、船只、航空器等物。有时候,间接故意的破坏交通工具罪与过于自信的交通肇事罪有近似之处,但这两者可以从以下几点来判定行为人的主观方面,从而区分这两罪:(1) 是否存在使行为人产生"轻信"的条件;(2) 危害结果的出现是否违背行为人的意志;(3) 当意识到危害结果发生的可能性时,是否有预防措施;(4) 当危害结果发生后,是否有补救措施等。③

交通肇事罪与故意杀人罪的区分比较明显:(1) 前者的犯罪客体是交通运输安全,即不特定多数人的生命、健康和公私财产安全(这里的交通运输安全属于公共安全中的一种);④而故意杀人罪的客体虽然也是他人的生命,但针对的是特定的人。(2) 在客观方面,前者必须是违反了交通运输管理法规,后者则没有这一要求。(3) 在主观方面,交通肇事罪是过失,而故意杀人罪是故意,对于所造成的伤亡结果,交通肇事罪的行为人不是希望或者放任其发生的,而故意杀人罪的行为人则是积极追求的。

---

① 参见向群:《交通肇事犯罪若干法律问题新论》,苏州大学 2003 年硕士学位论文。
② 参见中华人民共和国最高人民法院刑事审判第一庭、第二庭编:《刑事审判参考(第四卷·上)》,法律出版社 2004 年版,第 14 页。
③ 参见赵秉志主编:《中国刑法案例与学理研究(第二卷)》,法律出版社 2004 年版,第 217-218 页。
④ 参见向群:《交通肇事犯罪若干法律问题新论》,苏州大学 2003 年硕士学位论文。

交通肇事罪与过失致人死亡罪的犯罪构成有一定的重合之处，比如主观方面都是过失，都造成了重伤或者死亡这一结果。只是交通肇事罪需要有对交通运输管理法规的违反，并且必须发生在公共交通管理范围之内，而过失致人死亡罪则没有这样的要求，因此如果发生两者的竞合，应当坚持法条竞合的原则，以特别法即交通肇事罪定罪处罚。只有在非公共交通管理范围内驾驶机动车辆致人重伤或者死亡，构成犯罪的，才可以以过失致人重伤、死亡罪定罪处罚。[①] 关于这一点，最高人民法院《关于审理交通肇事刑事案件具体应用法律若干问题的解释》第 8 条第 2 款规定："在公共交通管理的范围外，驾驶机动车辆或者使用其他交通工具致人伤亡或者致使公共财产或者他人财产遭受重大损失，构成犯罪的，分别依照刑法第一百三十四条、第一百三十五条、第二百三十三条等规定定罪处罚。"

本案中，究竟该定何罪，关键看行为人侵犯的犯罪客体和其主观方面。杨某的行为侵犯的客体应当是公共安全，包括不特定的多数人，而不仅仅是特定的几个人的生命健康。尽管造成了伤亡的后果，但这种后果的发生不能逆推行为的性质。现代的交通工具，车速快、破坏力强，一旦发生事故，将危及周遭不特定多数人的生命、健康和财产。因此，杨某在行为时威胁到的不仅仅是几个人，而是整个公共安全。结果可能只是几个人受伤，但行为时产生的对公共安全的威胁才是区分故意杀人罪与交通肇事罪的关键。

为何不是破坏交通工具罪呢？我们认为，应该以杨某的主观方面作为区分的标尺。杨某是为了逃避追究，并不追求颠覆小汽车这一结果，因此不是直接故意。并且，当杨某看到小车被撞之后，马上刹车停下，从这点可以看出，车毁人亡的结果是出乎其意料的。否则，如果是放任其发生的话，他应该直接开车逃逸，所以杨某也不可能是出于间接故意。既然故意不能成立，那就不能以破坏交通工具罪论处，而只能以交通肇事罪定罪量刑了。那么杨某究竟是疏忽大意的过失还是过于自信的过失呢？我们认为，这里只可能是过于自信的过失，因为杨某左打方向盘，对于小车被撞路边这一结果发生的可能性，一般人都应当是有预见能力的，这从当时客观的条件就可以推导出来，所以杨某只能是过于自信的过失。确实，从当时的情况来看，路宽，以及两车之间的距离、车辆大小之间的差距，这些因素使得杨某主观上认为小汽车可能会因为避免撞到而减速等等。既然杨某不希望伤亡后果的发生，又能预见到后果发生的可能性，那就只能是过于

[①] 参见刘建国主编：《刑事法适用典型疑难案件新释新解》，中国检察出版社 2006 年版。第 389 页。

自信的过失了。①

综上所述,我们认为,杨某符合交通肇事罪的犯罪构成,应当以交通肇事罪定罪处罚。

(作者:余家恺)

案例 52. 高某醉酒驾驶案*
——醉驾行为入刑及量刑问题

【案情介绍】

2011 年 5 月 9 日 22 时许,高某醉酒后驾驶英菲尼迪牌小型越野客车,行驶至某市东城区东直门外大街十字坡路口东 50 米处时发生交通事故,致 4 车追尾、3 人受伤。他人报警后,高某在案发现场等候处理。经司法鉴定,高某血液内酒精含量为 243.04mg/100ml。某区人民法院判决,被告人高某犯危险驾驶罪,判处拘役 6 个月,并处罚金 4000 元。

【理论争议】

对于本案的认定,存在几种不同的意见。第一种观点认为,高某在酒后驾车,应当直接按照危险驾驶罪定罪量刑。第二种观点认为,高某虽然醉酒后驾驶,但主动在现场等候处理,具有悔罪表现,积极赔偿了受害人的损失,还当庭自愿认罪,社会危害性很小,对其进行行政处罚即可,应考虑适用《刑法》第 13 条但书条款"情节显著轻微,危害不大"不将其纳入刑法评价。第三种观点认为,高某在事故发生后在现场等候并主动坦白罪行,应当认定成立自首对其从轻处理,而不应该适用危险驾驶罪的最高一挡法定刑。

---

① 参见赵秉志主编:《中国刑法案例与学理研究(第二卷)》,法律出版社 2004 年版,第 218—219 页。
* 案例来源:最高人民法院中国应用法学研究所编:《人民法院案例选(总第 80 辑)》,人民法院出版社 2012 年版,第 3 页。

法理分析

（一）醉酒驾驶行为能否适用"但书"规定出罪

在《刑法修正案（八）》修订之时，"醉驾入刑"就曾经历过一番争议。《刑法修正案（八）》草案对"危险驾驶罪"的最初规定中，由于考虑到犯罪记录对个人的影响甚大，因此规定醉酒驾驶必须达到"情节恶劣"，危险驾驶罪才能成立。然而全国人大常委会进行一审时，有人提出这样处罚面太窄，与民众要求严惩醉驾的呼声有距离，因此，最终通过的《刑法修正案（八）》没有明确规定情节严重或情节恶劣作为醉驾入罪的前提条件。但仍有学者认为，这样与《刑法》第13条规定的"危害社会行为情节显著轻微，危害不大的，不认为是犯罪"可能存在矛盾。我们认为，虽然《刑法》第13条但书条款属于总则规则规定，应当对分则罪名具有统领作用，但这种统领作用只是立法思路上对于罪刑设置的提纲式指导，是对于分则具体规定的立法补充。在司法实践中，仍应以分则规定的具体构成要件为参照标准。在评价某一行为是否符合但书规定所说的"情节显著轻微，危害不大"的程度时，不能脱离该行为所符合的分则罪名的具体犯罪构成来讨论。司法者据以裁量罪与非罪的依据应当是刑法分则中规定的具体构成要件，我国分则规定的具体罪名中也已经对于构罪行为的情节有了一定程度的要求，倘若行为人行为已经满足了分则的具体构成要件，就意味着该行为所达到的情节程度已足以进入犯罪评价体系，此时若贸然适用总则但书条款再将其评价为"情节显著轻微"显然不妥。从《刑法修正案（八）》最终定稿取消了危险驾驶罪"醉驾条款"中的情节条件就可以看到，立法者无疑希望能够严格限定醉驾行为的出罪空间。此外，我国法律已经明确了醉酒驾驶与酒后驾车的区别，每百毫升血液中含酒精20毫克以上为酒后驾车，每百毫升血液中含酒精80毫克以上才能认定为醉酒驾驶。而酒后驾车只是道路交通安全法规定的一般违法行为，只有醉酒驾驶才是刑法中危险驾驶罪所要规制的刑事犯罪行为。① 因此，本罪已为行为人设置了量化的醉酒程度出罪考量因素，此时再为已达到醉酒驾驶程度的行为附加一层更为抽象的"但书"条款评价程序，在司法实践中也会增加难度。由此综观本案案件，高某血液中酒精含量为 243.04 mg/100 ml，是醉酒驾驶标准点 80 mg/100 ml 的3倍多，不论后果如何，其行为本身就已符合了入罪标准，不能再适用《刑法》第13条"但书"条款对其进行出罪评价。

---

① 参见李翔：《从"但书"条款适用看司法如何遵循立法》，载《法学》2011年第7期。

(二) 自首情节的认定

我国《刑法》第 67 条第 1 款规定,"犯罪以后自动投案,如实供述自己的罪行的,是自首"。因此,要认定自首情节,须同时满足"自动投案"和"如实供述自己的罪行"两个要件。而 2010 年最高人民法院《关于处理自首和立功若干具体问题的意见》规定,"明知他人报案而在现场等待,抓捕时无拒捕行为,供认犯罪事实的"应当视为自动投案。本案中,高某得知他人报案后,在现场配合等待,没有拒捕行为与逃脱行为,在司法人员来到现场询问时如实供认了犯罪事实,因此有观点认为其应当属于自动投案,成立自首。我们认为,虽然根据最高法司法解释,仅凭被告人现场等待与无拒捕行为就可认定为自动投案,但自首的核心要素仍应当是被告人对其罪名供述的主动性与如实性。从案例相关材料中可知:报案人报案时只说明有四车追尾事故行为发生,并未报告高某有醉酒驾驶的行为;民警到达现场进行酒精测试后才确认高某的醉酒驾驶行为,可见高某并未主动向民警交代自己醉酒驾驶,其留在现场是等待交警来处理交通事故,并不是等待民警处理自己醉酒驾驶的行为,故不能认定其具有自首情节。本案中高某的醉驾行为造成 4 车追尾、3 人受伤的后果,导致人员和财产的损失。虽然高某具有悔罪表现,积极赔偿了受害人的损失,还当庭自愿认罪,然而这只是属于法庭量刑时可以酌情考虑的从轻情节,但不属于应当从轻的范畴。因此法官在使用自由裁量权时,给予其该罪的最高一挡量刑是没有问题的。

(作者:李颖)

第二十二章　破坏社会主义市场经济秩序罪

案例 53. 王某等生产、销售伪劣产品案[*]
——生产、销售伪劣产品罪与其他罪名的区别

案情介绍

某地区兽药厂因生产假药而被停止营业,之后该厂厂长王某伙同副厂长郭某、生产科科长李某、办公室主任杨某及供销科科长陈某、个体药贩李某(二人在逃),组织大批量生产伪劣兽药和人用药,由陈某和李某提供信息及商标式样。生产片剂时,不投原粉、少投原粉或多种药投一种原粉,生产颗粒时,用淀粉、滑石粉制成,生产水剂时,也采用不投原粉或少投原粉的手段,仅用蒸馏水罐封安乃近等针剂。该厂除使用本厂的商标外,还假冒 14 个厂家的商标。该厂将生产的伪劣商品售往全国各地 26 种,计伪劣兽药针剂庆大霉素、安乃近、卡那霉素等 11 种,伪劣兽药片剂敌百虫、四环素等 6 种,伪劣人用药庆大霉素、麦迪霉素等 9 种,总数额达 1.4 万余件,销售金额达 230 余万元,非法获利 159 万元。

一审人民法院审理认为,王某、郭某、李某、杨某采用以假充真、假冒名牌药品等手段,长期生产、销售假劣兽药,并非法生产伪劣人用药,其行为均已构成生产、销售伪劣产品罪,依法对王某判处无期徒刑,剥夺政治权利终身,对郭某判处有期徒刑 15 年,剥夺政治权利 5 年,对李某、杨某分别判处有期徒刑 8 年、7 年。

理论争议

对于本案的认定,理论上存在着三种意见。第一种意见认为,王某等人非法生产、销售伪劣的人用药和伪劣的兽药,同时构成生产、销售假药罪和生产、销售

---

[*] 案例来源:赵秉志主编:《中国刑法案例与学理研究(第三卷)》,法律出版社 2004 年版,第 12 页。

伪劣兽药罪,应当数罪并罚。第二种意见认为,王某等人虽然同时生产、销售了伪劣的人用药和兽药,但是与生产、销售伪劣产品罪发生法规竞合,后罪处罚较重,因此以生产、销售伪劣产品罪一罪论处。第三种意见认为,王某等人既有生产、销售伪劣的药品的行为,在生产、销售的过程中,又假冒了他人的注册商标,应当以生产、销售伪劣产品罪和假冒注册商标罪论处,实行数罪并罚。

法理分析

我们赞同上述第二种观点,认为王某等人的行为构成生产、销售伪劣产品罪。

本案中,王某等人的行为牵涉到多个罪名,包括:生产、销售伪劣产品罪,生产、销售假药罪,生产、销售伪劣兽药罪,假冒注册商标罪,销售假冒注册商标的商品罪等等,究竟该以何罪论处,这就涉及生产、销售伪劣产品罪与其他相关罪名的关系问题。

(一)生产、销售伪劣产品罪与《刑法》第141—148条所规定之罪的法条竞合关系

法条竞合,是指一个犯罪行为同时符合数个法条规定,在法律适用上发生重合,只能选择适用其中一个法条,排斥其他法条适用的情况。① 发生法条竞合的数法条之间在内容上往往有包容或者交叉的关系。产生法条竞合的原因有多种:有因犯罪主体产生的竞合、有因犯罪对象产生的竞合、有因犯罪手段而产生的竞合等等。

生产、销售伪劣产品罪和《刑法》第141—148条规定之罪之间就属于典型的法条竞合关系,两者在犯罪对象上存在着交叉关系。对于法条竞合,通常是按照特别法优于一般法的原则处理,在法律有特别规定的情况下,按照重法优于轻法的原则处理。根据《刑法》第149条和2001年最高人民法院、最高人民检察院《关于办理生产、销售伪劣商品刑事案件具体应用法律若干问题的解释》第2条的规定,生产、销售伪劣产品罪和《刑法》第141—148条规定之罪的关系如下:

首先,生产、销售《刑法》第141—148条所列产品以外的其他伪劣产品,销售金额在5万元以上的,或者伪劣产品尚未销售,但是货值金额达到15万元的,以生产、销售伪劣产品罪定罪处罚。

---

① 参见刘宪权主编:《刑法学》,上海人民出版社2005年版,第382页。

其次,生产、销售《刑法》第141—148条所列产品,不构成各该条所规定的犯罪,但是销售金额在5万元以上的,或者伪劣产品尚未销售,但是货值金额达到15万元的,以生产、销售伪劣产品罪定罪处罚。

最后,生产、销售《刑法》第141—148条所列产品,构成各该条所规定的犯罪,同时又构成生产、销售伪劣产品罪的,依照处罚较重的规定定罪处罚。

那么对于王某等人生产、销售劣质人用药和伪劣兽药的行为该如何定性?我们认为,先要判断王某等人生产的人用药属于假药还是劣药,以此来决定适用《刑法》第141条的生产、销售假药罪还是第142条的生产、销售劣药罪。《中华人民共和国药品管理法》第98条第2款规定:"有下列情形之一的,为假药:(一)药品所含成份与国家药品标准规定的成份不符的;(二)以非药品冒充药品或者以他种药品冒充此种药品;(三)变质的药品;(四)药品所标明的适应症或者功能主治超出规定范围。"本案中,王某等人在生产的药品中不投原粉、少投原粉,属于"药品所含成分与国家药品标准规定的成分不符"的情形,可以认定其生产的为假药而非劣药。根据《刑法》第141条的规定,构成生产、销售假药罪除了要有一般的生产、销售行为之外,还要符合"足以严重危害人体健康"的特别条件。根据最高人民法院、最高人民检察院《关于办理生产、销售伪劣商品刑事案件具体应用法律若干问题的解释》第3条,"不含所标明的有效成分,可能贻误诊治的",应认定为"足以严重危害人体健康"。结合本案的具体情况,王某等人生产的假药足以严重危害人体健康,其行为符合生产、销售假药罪的犯罪构成。另外,根据《刑法》第147条,要构成生产、销售伪劣兽药罪,必须符合"使生产遭受较大损失",也即该罪是实害犯,必须出现现实的危害结果才能构成犯罪。本案中,并未出现生产遭受较大损失的结果,所以不构成此罪。

同时,王某等人违反药品管理法规,在生产药品的过程中掺杂掺假、以假充真,且销售金额达到了5万元以上,符合生产、销售伪劣产品罪的犯罪构成,即王某等人同时符合了生产、销售伪劣产品罪和生产、销售假药罪,应当依照其中处罚较重的规定定罪处罚。由于本案的销售金额达到了230余万元,比较《刑法》第140条和第141条规定的相应的法定刑,生产、销售伪劣产品罪的处罚较重,因此应当认定为生产、销售伪劣产品罪。

(二)生产、销售伪劣产品罪与假冒注册商标罪的牵连关系

假冒注册商标罪,是指未经注册商标所有人的许可,在同一种商品上使用与

其注册商标相同的商标,情节严重的行为。① 为了能将自己生产的伪劣产品顺利销售出去,犯罪分子往往在生产伪劣产品的时候,贴上他人的注册商标,这就侵犯了他人的注册商标专用权。对于这种在生产、销售伪劣产品的过程中又假冒注册商标,情节严重的行为如何处罚,理论界大致存在着以下几种观点:第一,按照牵连犯从一重处断;第二,同时构成生产、销售伪劣产品罪和假冒注册商标罪,数罪并罚;第三,认为这种情形符合想象竞合犯的特征,即行为人生产、销售伪劣产品应当视作一个行为,假冒注册商标是整个行为的组成部分,该行为在形式上同时符合数个犯罪构成,是观念上的数罪,而不是实质上的数罪,应当按照想象竞合犯从一重处罚。②

想象竞合犯和牵连犯的本质区别在于行为人实施行为的个数,想象竞合犯的情形中,行为人只实施了一个犯罪行为,只是该行为同时侵犯了不同的直接客体,触犯了数个不同的罪名。而牵连犯则不同,行为人实施两个以上的行为,且几个行为之间具有牵连关系,即目的行为和手段行为或者方法行为和结果行为。那么本案中,王某等人生产、销售伪劣的药品和假冒他人注册商标的行为究竟应视作一个行为的数个步骤,还是两个不同的犯罪行为?我们认为判断的标准应当是行为符合几个犯罪构成。本案中,王某等人出于一个直接故意,违反国家质量管理法规,在产品中掺杂掺假、以假充真,生产、销售伪劣的药品,符合了生产、销售伪劣产品罪的犯罪构成,是否在伪劣产品上非法使用他人的注册商标,并不会影响生产、销售伪劣产品行为的性质;同时,王某等人为了使伪劣产品能够顺利销售出去,又违反注册商标管理法规,在伪劣产品上假冒了他人的注册商标,侵犯了注册商标所有人的商标专用权,这又符合了假冒注册商标罪的犯罪构成。所以本案中,王某等人生产、销售伪劣产品和假冒注册商标的行为应当被视为两个不同的犯罪行为,不能将其作为想象竞合犯进行处罚。那么对这两个犯罪行为应该实行数罪并罚还是按照牵连犯从一重处罚呢?关键要看这两个行为之间是否具有牵连关系,即行为人实施的数个危害社会行为之间是否具有手段与目的或者原因与结果的内在联系,如果存在这种牵连关系,就构成牵连犯而从一重处罚。结合本案情况,很显然,王某等人之所以假冒注册商标,是为了实现将自己生产的伪劣产品销售出去的目的,也即销售伪劣产品是目的行为,而假冒注册商标则是实现该目的的手段行为,两者之间存在着手段与目的的牵连关系,因此应当按照牵连犯从一重的原则处罚,而非数罪并罚。根据《刑法》第 140 条的规

---

① 参见马克昌主编:《经济犯罪新论——破坏社会主义经济秩序罪研究》,武汉大学出版社 1998 年版,第 489 页。
② 参见刘宪权、吴允锋:《侵犯知识产权犯罪理论与实务》,北京大学出版社 2007 年版,第 234 页。

定,销售伪劣产品的销售金额在 200 万元以上的,处 15 年有期徒刑或者无期徒刑,并处罚金;而根据第 213 条的规定,假冒注册商标即使情节特别严重的,也只是判处 3 年以上 7 年以下有期徒刑,并处罚金。显然前者的处罚更重,所以应当以生产、销售伪劣产品罪定罪处罚。

(三) 生产、销售伪劣产品罪与销售假冒注册商标的商品罪之间的想象竞合关系

销售假冒注册商标的商品罪,是指销售明知是假冒注册商标的商品,销售金额数额较大的行为。① 生产、销售伪劣产品罪与销售假冒注册商标的商品罪的想象竞合具备以下特征:(1) 行为人只实施一个销售行为;(2) 销售对象既是伪劣产品又是假冒注册商标的商品;(3) 行为人明知销售对象的性质;(4) 行为既触犯生产、销售伪劣产品罪,又触犯销售假冒注册商标的商品罪。② 虽然本案中王某等人销售的商品既属于伪劣产品又属于假冒注册商标的商品,但是销售行为自始至终只存在一个,行为具有单数性,是实质上的一罪,只是一个行为触犯了两个不同的罪名而已,因此应当以想象竞合犯从一重处罚。比较刑法分则条文,生产、销售伪劣产品罪处罚相对较重,应以生产、销售伪劣产品罪处罚。

综上所述,被告人王某等违反产品质量法规,生产、销售伪劣的人用药和兽药,并且在生产、销售过程中假冒他人注册商标的行为,应当以生产、销售伪劣产品罪一罪论处,从重处罚,法院的判决是正确的。

(作者:朱燕佳)

案例 54. 李某生产、销售伪劣产品案*

——共同犯罪的界定

案情介绍

2006 年 6 月,某乳品厂负责人高某先后提供配方,委托乳业食品厂(个人独资企业)负责人李某加工蛋白质含量很低的半成品奶粉 30 吨,转让给奶粉厂的

---

① 参见马克昌主编:《经济犯罪新论——破坏社会主义经济秩序罪研究》,武汉大学出版社 1998 年版,第 505 页。

② 参见赵秉志主编:《中国刑法案例与学理研究(第三卷)》,法律出版社 2004 年版,第 14 页。

* 案例来源:安凤德等编著:《经济犯罪疑难案例精析》,浙江大学出版社 2007 年版,第 10 页。

田某 25 吨后,剩余部分直接装入包装袋内以成品奶粉向社会销售,总销售金额近 23 万元。陈某于 2006 年 12 月提供配方,委托李某的乳业食品厂加工蛋白质含量很低的半成品奶粉 5 吨,后直接将半成品奶粉装入包装袋内以成品奶粉向社会销售,总销售金额达 7 万元。李某获取加工费 3 万元。市检察院以三被告涉嫌生产、销售伪劣产品罪向人民法院提起公诉。

理论争议

对于本案中被告人李某构成何罪,有三种不同的意见。第一种意见认为,李某的行为不构成生产、销售伪劣产品罪。因为李某仅仅是按他人的要求加工产品,获取加工费而已。其主观上没有生产、销售伪劣产品的故意,客观上也没有实施生产、销售伪劣产品的行为。第二种意见认为,李某仅实施了伪劣产品的加工生产行为,但没有销售行为,依照《刑法》第 140 条的规定,应以生产伪劣产品罪定罪。第三种意见认为,李某的行为构成生产、销售伪劣产品罪,因为李某与高某、陈某构成生产、销售伪劣产品罪的共犯。

法理分析

根据《刑法》第 140 条的规定,生产、销售伪劣产品罪,是指生产者、销售者在产品中掺杂、掺假,以假充真,以次充好或者以不合格产品冒充合格产品,销售金额在 5 万元以上的行为。本罪的主体是生产者、销售者。这里的"生产者"既包括产品的制造者,也包括产品的加工者;"销售者"则既包括批量销售者,也包括零散销售者,还包括产品的直接销售者。至于生产者、销售者是否取得了有关产品的生产许可证或营业执照,不影响本罪的成立。

生产、销售伪劣产品构成犯罪的,要求销售金额在 5 万元以上。"销售金额",是指生产者、销售者出售伪劣产品后所得和应得的全部违法收入。多次实施生产、销售伪劣产品行为,未经处理的,伪劣产品的销售金额累计计算。不管是个体生产、销售者,还是集体生产、销售者,都必须达到这个数额,否则不以本罪论处。伪劣产品尚未销售,货值金额达到《刑法》第 140 条规定的销售金额 3 倍以上的,以生产、销售伪劣产品罪未遂定罪处罚。

在本案中,首先,李某加工蛋白质含量很低的半成品奶粉产品属于生产伪劣产品行为是确定无疑的。李某在为高某、陈某加工奶粉的过程中,应高某、陈某的要求,共计加工劣质奶粉 35 吨,价值 30 余万元。在具体的加工生产过程中,三人尽管各自分工不同,但构成了生产伪劣产品的整体行为应属无疑。至于是为他人加工，还是为自己加工，并不影响其行为属于生产伪劣产品这一性质的认定。

但是《刑法》第140条在生产、销售伪劣产品罪的罪状规定中要求"销售金额五万元以上"，这意味着，仅有生产行为还不足以构成该罪。要构成该罪，还必须在主观上具备销售伪劣产品的故意，或者客观上存在实施销售伪劣产品的行为。但就本案而言，李某客观上没有实际的销售行为，主观上也不具有销售牟利的目的，只是加工取酬，获取加工费而已。单纯就李某的行为而言，似不应定罪。同时，高某、陈某不仅以加工定做的名义，授意、指使李某在奶粉加工过程中按其提供的配方进行加工，并将李某所加工生产的劣质奶粉35吨全部售出。由此，即产生出一个问题：李某与高某、陈某是否构成共同犯罪呢？

《刑法》第25条第1款规定："共同犯罪是指二人以上共同故意犯罪。"构成共同犯罪，必须具备以下要件：

第一，二人以上。这是成立共同犯罪的前提条件，即必须二人以上共同实施犯罪，才能成立共同犯罪。应注意，这里的"二人"不是泛指一切人，而必须是符合犯罪主体要件的人，就自然人而言，必须是达到法定年龄、具有辨认控制能力的人。由于刑法规定单位可以成为某些犯罪的主体，因此，二个以上的单位以及单位与自然人共同实施的犯罪，可能构成共同犯罪。

第二，共同行为。所谓共同犯罪行为，是指各共同犯罪人的行为都指向同一犯罪事实，彼此联系，互相配合，它们与犯罪结果之间都存在着因果关系。按照共同犯罪的分工，共同犯罪行为表现为四种方式，即实行行为、组织行为、教唆行为与帮助行为。共同犯罪人的共同行为可能是共同实施实行行为，也可能是不同行为的分担。各共同犯罪人的行为，不管其在共同犯罪中的表现形式如何，都不是互相孤立的，而是有一个共同的犯罪目标将其联系起来，成为统一的犯罪活动。

本案中，李某明知其加工生产的劣质奶粉是被高某、陈某用于销售的，所以李某与高某、陈某之间存在着共同的犯罪目标；高某、陈某所实施的教唆生产劣质奶粉行为、销售劣质奶粉行为与李某实施的加工、生产劣质奶粉行为互为联结，共同构成了生产、销售伪劣产品的完整行为。故对上述行为人具有共同行为的认定是没有问题的。

第三，共同故意。所谓共同犯罪故意，是指各共同犯罪人通过意思联络，明知其共同犯罪行为会发生危害社会的结果，并决意参与共同犯罪，希望或者放任这种结果发生的心理态度。共同故意包括两个内容：一是各共犯人之间具有意思联络，二是各共犯人均有相同的犯罪故意。

在国外刑法理论中,对共同犯罪的主观要件,特别强调共同犯罪人之间的意思联络。如有学者指出:"共犯的主观要件是意思联系。由于甲的意思与乙的意思互相联络,其两者的行为,才产生法律上统一观察的结果。"①意思联络是共同犯罪人以明示或暗示的方法表明愿意共同实施某种犯罪。正是通过意思联络,各共同犯罪人的个人犯罪故意才结成一体,转化为共同的犯罪故意。需要指出,共同犯罪人之间的意思联络,并不要求所有共同犯罪人之间都必须存在,②只需实行犯与其他共同犯罪人之间存在着意思联络足矣。

所谓共同犯罪故意,是指各共犯人均对同一个罪或同几个罪(共同犯数罪时)持有故意,而且这种故意只要求在刑法规定的范围内相同,不要求故意的形式与具体内容完全相同。

那么,李某与高某、陈某之间有没有共同的故意呢?李某与高某、陈某均明知其所加工的劣质奶粉是用于销售,只是犯罪故意的内容表现在三人之间并不完全相同:李某对于销售牟利是一种放任的态度,而高某、陈某对销售牟利持一种积极的希望态度;高某、陈某是出于销售牟利的目的,而李某不具有该目的,仅为加工取酬。这就涉及两个问题:一是"放任"+"希望"="共同故意吗"?二是共犯的犯罪目的问题。

问题一,一方放任、他方希望的共同故意能否构成共同犯罪?对此我国刑法学界存在否定说和肯定说。否定说认为,共同犯罪人意志要素的特点表现为,在所有的共同犯罪的场合它都是直接故意。③ 直接故意和间接故意虽然都属犯罪故意,但性质是不同的。主要区别在于犯罪的直接故意是有目的的,因此,不同性质的犯罪故意不能构成共同犯罪。④ 肯定说认为,共同犯罪人一般是希望共同犯罪行为引起危害结果的发生,但在个别情况下也可能是放任危害结果的发生。⑤ 我们赞同肯定说,在意志因素上,各共同犯罪人对其本人以及其他共同犯罪人的行为会造成危害社会结果持希望或放任的心态,都能成立共同犯罪故意。因为持希望或放任的心态并不影响行为人之间的主观意思联络。都希望危害社会成果的发生固然存在主观意思联络,都放任危害结果发生或者一方希望另一方放任危害结果发生同样可以存在主观意思联络。就故意形式而言,双方均为直接故意、双方均为间接故意,以及一方为直接故意而另一方为间接故意

---

① 〔日〕牧野英一:《刑法研究》,有斐阁1928年版,第34页。
② 参见马克昌主编:《犯罪通论(第三版)》,武汉大学出版社1999年版,第510—511页。
③ 参见薛瑞麟:《俄罗斯刑法研究》,中国政法大学出版社2000年版,第213页。
④ 参见樊凤林主编:《犯罪构成论》,法律出版社1987年版,第270页。
⑤ 参见高铭暄、马克昌主编:《刑法学(上编)》,中国法制出版社1999年版,第292页。

时,只要是同一犯罪的故意,皆可成立共同犯罪。① 因此,即使故意的具体内容不完全相同,也可成立共同犯罪。由此可见,李某与高某、陈某三人具有生产、销售伪劣产品的共同故意。

问题二,要成立共同犯罪,是否要求各共犯者均具有共同的犯罪目的?所谓犯罪目的,是指犯罪人主观上通过犯罪行为所希望达到的结果(广义,包括犯罪行为所形成的状态等),即以观念形态预先存在于犯罪人大脑中的犯罪行为所预期达到的结果。犯罪目的的实际上分为两类:一是直接故意中的意志因素,即行为人对自己的行为直接造成危害结果的希望(第一种意义的目的);二是在故意犯罪中,行为人通过实现行为的直接危害结果所进一步追求的某种非法利益或后果(第二种意义的目的)。② 刑法理论上所说的目的犯,就是以第二种意义的目的作为主观构成要件要素的犯罪。

共同犯罪人行为的动机和目的与实施犯罪的共同意图不同,可能是各不相同,这个对于定罪没有意义,但在刑罚个别化时应予以考虑。如果刑法分则将其作为必要要件加以规定,则只有知悉这些动机和目的的存在并以共同行为促成其实现时,犯罪人才承担共同犯罪的责任。③ 即对于是否要求各共同犯罪人具有相同的犯罪目的,须区分两种情况进行分析:目的犯的情况和非目的犯的情况。(1)在目的犯的情况下,要成立犯罪须具备该特定目的,换句话说,不具备该目的就不能够成立。目的此时是犯罪成立的必要要件,因此,不具备该目的的行为就不能构成该罪,也就不能与他人构成该罪的共犯。(2)在非目的犯的情况下,犯罪目的只是选择性要件,即是否具备特定目的并不影响犯罪的成立。在这种情况下,当然不要求行为人具有相同的犯罪目的。虽然犯罪目的不同,只要二人以上的行为人具有共同的犯罪故意和共同的行为,共同犯罪即告成立。

生产、销售伪劣产品罪,要求销售金额 5 万元以上,但这并不是说以牟取非法利益为目的是本罪主观方面的必备要件,故生产、销售伪劣产品罪不是目的犯。所以应适用非目的犯的情况,即虽然李某与高某、陈某的犯罪目的不同,但三人具有共同的犯罪故意和共同行为,这时共同犯罪已经成立。

综上所述,李某与高某、陈某有生产、销售伪劣产品的共同行为,也有生产、销售伪劣产品的共同故意,并且两次生产、销售伪劣产品行为的销售金额都达到

---

① 参见张明楷:《刑法学(第二版)》,法律出版社 2003 年版,第 325 页。
② 同上书,第 249 页。
③ 参见〔俄〕库兹涅佐娃、佳日科娃主编:《俄罗斯刑法教程》,黄道秀译,中国法制出版社 2002 年版,第 391 页。

了5万元以上,因而可以认定三人为共同犯罪,故对李某以生产、销售伪劣产品罪认定是没有问题的。

(作者:韩玉)

案例55. 朱某走私白垩纪古脊椎鸟类化石案*

——认定走私国家禁止进出口的货物、物品罪应当注意的问题

案情介绍

2008年7月,朱某开始在某市做化石生意。朱某委托林某(另案处理)在珠海市接收其通过快递公司发来的化石后,由林某将化石再托运到澳门交给买家。从2008年9月至2009年7月,朱某和林某多次通过上述方式将化石走私到澳门。2009年7月初,一位香港买家找到朱某欲购买一块鸟类化石,双方商定价格为人民币11000元。7月14日,朱某以假名通过某快递公司将该块鸟类化石托运至珠海市。7月16日,林某依约在珠海市接收该块鸟类化石后,即前往珠海市某装修材料经营部,以"陈某"的名义准备将化石用"精品"的名称托运到澳门,后被查获。8月19日,朱某在某市被抓获。经鉴定,该件鸟类化石属于白垩纪鸟类化石。

某市人民检察院以朱某犯走私文物罪,向市中级人民法院提起公诉。某市中级人民法院认为,被告人朱某逃避海关监管,走私珍稀古生物化石出境,其行为构成走私国家禁止出口的物品罪。公诉机关指控的犯罪事实清楚,证据确实、充分,但指控的罪名不当,应予以纠正。依照《刑法》第151条第3款、第64条之规定,判决如下:被告人朱某犯走私国家禁止出口的物品罪,判处有期徒刑3年,并处罚金3万元;扣押在案的古生物化石拼块1件,予以没收。

理论争议

对于本案中朱某的行为应如何认定,存在三种不同意见。

---

* 案例来源:中华人民共和国最高人民法院刑事审判第一庭、第二庭编:《刑事审判参考(总第84集)》,法律出版社2012年版,第1页。

第一种意见认为,本案中朱某走私的白垩纪鸟类化石虽不是文物,但其珍贵程度不亚于文物,同样应受刑法保护,只要国家文物局鉴定该古生物化石为一级、二级或三级文物,即可将该古生物化石视同为文物,成为走私文物罪的犯罪对象。

第二种意见认为,古生物化石不是文物,能否视同为文物,与文物受同样的刑法保护,应依据有关法律的规定予以确定。根据我国现有的法律规定,古脊椎动物化石、古人类化石可以视同为文物,其他古生物化石则不能视同为文物。白垩纪鸟类化石属于珍贵动物制品,朱某行为应当认定为走私珍贵动物制品罪。

第三种意见认为,本案中朱某走私的白垩纪鸟类化石既不属于文物,也不宜认定为珍贵动物制品,应将其归为国家禁止进出口的物品,因而适用走私国家禁止出口的货物、物品罪。

法理分析

我们同意第三种意见,认为白垩纪鸟类化石为国家禁止进出口的物品,应以《刑法》第151条第3款走私国家禁止进出口的物品罪定罪量刑。本案争论的三种罪名的区别即在于犯罪对象的不同,因而本案核心问题在于白垩纪鸟类化石的属性认定,以此来进一步确定走私该类化石如何进行刑法适用。

(一)三种罪名犯罪对象的比较

上述争议中涉及的三个罪名为走私文物罪、走私珍贵动物制品罪与走私国家禁止进出口的货物、物品罪,其主要区别在于犯罪对象的不同,要明晰三罪的界限首先就应当确定文物、珍贵动物制品和国家禁止进出口的货物、物品的范围。文物是指历史遗留下来的在文化发展史上有价值的东西,如建筑、碑刻、工具、武器、生活器皿和各种艺术品。文物是人类社会活动中遗留下来的具有历史、艺术、科学价值的遗物和遗迹。从文物的概念来看,其本质特征在于能反映人类利用自然、改造自然和当时生态环境的状况。然而,《中华人民共和国文物保护法》第2条第3款明确规定,"具有科学价值的古脊椎动物化石和古人类化石同文物一样受国家保护"。由此可以明确,走私文物罪中的文物应当包含两大方面:一为一般意义上的文物,二为古脊椎动物化石和古人类化石。根据最高人民法院、最高人民检察院《关于办理走私刑事案件适用法律若干问题的解释》的规定,该罪中的"珍贵动物",包括列入《国家重点保护野生动物名录》中的国家一、二级保护野生动物,《濒危野生动植物种国际贸易公约》附录Ⅰ、附录Ⅱ中的野生动物,以及驯养繁殖的上述动物。国家禁止进出口的货物、物品则是指除特殊法规定的其他一切国家禁止进出口的物品。

（二）白垩纪鸟类化石的属性取决于现有法律法规的认定

在对白垩纪鸟类化石的属性认定时，第一步应当查询相关法律或对应的司法解释是否涉及对该概念的相关规定。如有具体规定则依据具体的规定认定其内涵及外延；如无相关规定，则应当依照相应的法律、法规来明确其具体内涵。除此之外，若法律、法规既无明确规定，又不可通过相应法律确定其含义的，则只有结合刑法基本原理和相关立法精神来确定该化石的刑法属性。2006年《古人类化石和古脊椎动物化石保护管理办法》第2条明确规定："本办法所称古人类化石和古脊椎动物化石，是指古猿化石、古人类化石及其与人类活动有关的第四纪古脊椎动物化石。"由此可见，该法规基于文物的基本属性——与人类活动相关，对古脊椎动物化石作了限制性解释，否定了一切古脊椎动物化石都可认定为文物这一概念，把作为文物保护的化石范围仅限定在与人类活动密切相关的第四纪古脊椎动物化石，而在此之前的、时间久远的、与人类活动关系不密切的古脊椎动物化石则被排除在文物保护之外。那么何谓"第四纪"？第四纪是新生代的第二个纪，虽然学者们对第四纪的下限时间并未形成统一，但这些观点中最早的时间为公元前330万—前350万年。本案中涉及的古脊椎鸟类化石属于白垩纪鸟类化石，远远早于第四纪，与人类活动的关联性不强，不宜认定为文物。

《中华人民共和国野生动物保护法》第2条第2款规定："本法规定保护的野生动物，是指珍贵、濒危的陆生、水生野生动物和有重要生态、科学、社会价值的陆生野生动物。"白垩纪鸟类化石不属于该类动物的制品，因而不宜认定为珍贵动物制品。

古生物化石是古代生物的遗体、遗物或遗迹埋藏在地下，经过自然界漫长演化后所形成的类似于石头的物质，是自然界长期演化的结果。年代久远的化石与人类活动并无关联。从本质上看，古生物化石同石油、煤炭等一样，是一种自然资源。[①] 在我国没有特殊法条对白垩纪鸟类化石进行规制的前提下，基于我国法律法规明文规定对其不可进出口的原则，白垩纪鸟类化石应当认定为国家禁止进出口的货物、物品。

（三）走私白垩纪鸟类化石的法律适用

《刑法修正案（七）》将走私国家禁止进出口的货物、物品罪行为对象从原来

---

① 参见谭劲松：《走私古脊椎动物、古人类化石应认定走私文物罪定罪处罚》，载《人民法院报》2007年5月21日。

的"走私国家禁止进出口的珍稀植物及其制品"修改为"走私珍稀植物及其制品等国家禁止进出口的其他货物、物品"。由此可以明确,只要是国家禁止进出口的物品,在没有其他独立罪名规制的情况下,都应当按照本罪来定罪量刑。我国刑法未对走私化石行为进行单独定罪,朱某案中的白垩纪鸟类化石经鉴定为珍稀古生物化石,属于国家禁止进出口的物品范畴,因而对朱某认定犯走私国家禁止进出口的物品罪符合我国刑法的规定。

(作者:谢婷)

案例 56. 张某抽逃出资案*
——抽逃出资罪的认定

案情介绍

2005 年 9 月,张某欲成立一家公司,但手头只有 50 万元现金,遂找到在某机电公司任会计的朋友刘某,以开公司无注册资金为由,提出向其公司借款 200 万元作注册资金,并承诺用毕半月后即还。刘某称机电公司资金紧张、账上无钱并且担心挪用公款出事,答应张某从其他单位借款给其使用。后张某实际从刘某处借款 150 万元,连同自己的 50 万元作为注册资金,于 9 月 22 日在工商行政管理部门办理了某实业有限公司企业法人营业执照。公司登记中,张某、胡某(张某的表哥,实际未出资)、陈某(刘的化名)为发起人,张某任公司董事长,胡某任公司法定代表人,陈某(刘某)任公司监事,其中张某、胡某、陈某(刘某)占有公司股份的比例分别为 70%、20% 和 10%。9 月 25、26、27 日,张某分三次通过签发银行汇票的办法,将 150 万元归还给刘某。

理论争议

对张某的行为如何定性,理论上存在着很大的争议。有观点认为,张某采用欺诈的手段虚报注册资本,骗取公司登记,且数额巨大,应当以虚报注册资本罪

---

* 案例来源:张水萍:《抽逃出资罪、虚假出资罪还是虚报注册资本罪》,http://rmfyb.chinacourt.org/public/detail.php? id=97963,2008 年 3 月 12 日访问。

论处；又有观点认为，张某作为公司发起人、股东，并未足额认购其认缴的出资额，且数额巨大，符合虚假出资罪的特征，应以虚假出资罪论处；还有观点认为，张某的行为属于在公司成立后又抽回其出资，数额巨大，构成抽逃出资罪。

法理分析

随着我国社会主义市场经济的不断发展，作为市场经济主体的各类公司、企业纷纷建立，各种妨害国家对公司、企业的管理秩序的行为也随之而来。为了规范公司、企业的设立活动和正常运行秩序，《刑法》第158、159条分别规定了虚报注册资本罪和虚假出资、抽逃出资罪。根据第158条第1款的规定，虚报注册资本罪是指申请公司登记的个人或单位，使用虚假证明文件或者采用其他欺诈手段虚报注册资本，欺骗公司登记主管部门，取得公司登记，虚报注册资本数额巨大、后果严重或者有其他严重情节的行为。[①] 根据第159条第1款的规定，虚假出资、抽逃出资罪，是指公司发起人、股东违反公司法的规定未交付货币、实物或者未转移财产权，虚假出资，或者在公司成立后又抽逃其出资，数额巨大、后果严重或者有其他严重情节的行为。[②] 由于两罪在客观上都是使用弄虚作假的手段，违反公司法所要求的公司资本确定和资本维持原则，使公司资本呈现出虚假状态，导致在实践中较难区分，容易发生混淆。

（一）虚报注册资本罪和虚假出资、抽逃出资罪的界限

理论上一般认为，虚报注册资本罪和虚假出资、抽逃出资罪的主要区别在于：(1) 犯罪主体不同。前罪的主体是申请公司登记的个人或单位，包括办理公司登记事务的发起人、股东代表、委托代理人或其他经办人员；后者只能是发起人、股东及其代理人，不包括其他人员。(2) 针对对象不同。前者欺骗的对象是公司登记主管机关；后者针对的对象是公司和其他真实出资的发起人或股东。(3) 行为表现不同。前者表现为使用虚假证明文件或采取其他欺诈手段虚报注册资本，欺骗公司登记主管部门而取得公司登记；后者表现为未交付货币或实物、转移财产所有权而取得公司股份或者在公司成立后又抽回其出资的行为。(4) 行为发生的时间不同。前者的行为发生于申请公司登记过程中；后罪中的虚假出资行为发生在公司组建的资金缴付过程中，抽逃出资行为则发生在公司

[①] 参见马克昌主编：《经济犯罪新论——破坏社会主义经济秩序罪研究》，武汉大学出版社1998年版，第154页。

[②] 同上书，第163页。

成立之后。①

（二）本案的定性问题

对于本案中张某借用他人资金成立公司，注册后又将该款归还的行为如何定性，我们认为，应当结合虚报注册资本罪和虚假出资、抽逃出资罪的客观方面特征进行综合分析。

首先，虚报注册资本罪客观上要求行为人必须有"使用虚假证明文件或者采取其他欺诈手段"虚报注册资本，骗取公司登记的行为。根据我国公司法相关规定，一般的有限责任公司的注册资本为在公司登记机关登记的全体股东认缴的出资额。股东缴纳出资后，必须经依法设立的验资机构验资并出具证明。股东的首次出资经依法设立的验资机构验资后，由全体股东指定的代表或者共同委托的代理人向公司登记机关报送公司登记申请书、公司章程、验资证明等文件，申请设立登记。因此，"使用虚假的证明文件"就是指行为人使用伪造、篡改的验资报告等证明文件骗取公司登记。本案中，张某进行公司登记时使用的资金虽为借用的他人资金，但法律并没有排除将借用或者贷款等方式获得的资金作为出资，并且，根据民法一般原理，借款合同一旦成立并且实际履行，借款人就获得了对货币资金的所有权，张某对借来的150万元享有合法的所有权，当然可以将其作为对公司的出资，因此，在验资当时，确实存在着200万的资金，该验资报告是真实的，并未"使用虚假的证明文件"骗取公司登记。而"采取其他欺诈手段"，是指行为人虚构事实或者隐匿真相，蒙骗有关部门并虚报注册资本。行为人采取这种手段往往并不直接使用虚假证明文件，而是欺骗有关机构相信自己申报的注册资本属实，从而给予公司登记。例如，在发起人、股东使用实物、知识产权、土地使用权等非货币出资时，按照公司法的规定，应当评估作价、核实财产，如果某人使用弄虚作假的手段，故意制造假象，使有关机构对其作价出资的实物产生认识错误，所评估的价格远远高出真实价格，导致虚报注册资本，骗取公司登记，就属于采取其他欺诈手段。② 本案中，张某以其真实的财产出资，并不存在使用欺诈手段来骗取公司登记的行为，所以我们认为不能成立虚报注册资本罪。

其次，虚假出资罪客观方面要求行为人有虚假出资的行为。要确认张某的

---

① 参见丁天球：《破坏社会主义市场经济秩序罪重点疑点难点问题判解研究》，人民法院出版社2005年版，第114页。

② 参见但伟：《妨害对公司、企业的管理秩序罪的定罪与量刑》，人民法院出版社2001年版，第86页。

行为是否符合虚假出资,这里有必要对"虚假出资"进行界定。何谓"虚假出资",对此存在着不同的理解:有观点认为,是指公司的发起人、股东以欺诈手段取得公司的股份却未缴纳与股份相当的财物;又有观点认为,是指违反公司法的规定,未交付货币或实物或者未转移财产权,欺骗债权人和社会公众的情形;还有观点认为,虚假出资是指以实物、工业产权、非专利技术或者土地使用权出资的,在评估作价时,故意高估或者低估作价,然后再出资等情形。① 我们认为,上述三种观点是从不同的角度对虚假出资作出的理解,究其本质却相差无几,第二种和第三种观点是从虚假出资的具体行为手段上进行理解,而第一种观点侧重于虚假出资之后的结果。归根结底,虚假出资的本质在于实际未出资或者仅出资一部分,但是使用欺诈手段,使他人相信自己已出资,从而骗取公司股份。通过上述分析我们可以看到,正如不构成虚报注册资本罪一样,张某的行为同样不能构成虚假出资罪,原因即在于张某没有使用欺诈的手段。根据罪刑法定原则,法无明文规定不为罪,既然法律并未禁止将借贷所得的资金作为对公司的出资,那么张某的200万元出资就是真实的。他在公司成立当时,就已经履行了缴纳其认购的出资额的义务,至于在公司成立后又非法抽回资金的行为,则不属于虚假出资的范畴,应当另行讨论。

最后,我们要讨论的是张某的行为是否构成抽逃出资罪。所谓"抽逃出资",是指公司的发起人、股东,违反公司法的规定,在公司成立后从公司内转移出自己出资额的全部或一部分的行为。② 要构成抽逃出资罪,必须符合以下几个条件:第一,公司的发起人或股东按照公司章程的规定认缴其出资额后又将资金的一部分或者全部抽回;第二,抽回出资的行为发生在公司成立之后;第三,必须达到数额巨大、后果严重或者有其他严重情节的要求。本案中,张某为了成立公司,在资金不充分的情况下进行巨额拆借,将借来的资金作为出资进行公司登记,在公司成立之后立即抽回该笔资金,符合抽逃出资的行为要求。张某在公司成立之后,将借得的150万元资金抽回,给公司和其他股东造成的直接经济损失已经达到了数额巨大的情节要求,所以,对于张某应当以抽逃出资罪论处。

综上所述,对于张某借用他人资金成立公司后又抽回的行为,应当以抽逃出资罪论处,而不能以虚报注册资本罪或者虚假出资罪论处。

(作者:朱燕佳)

---

① 参见周洪波:《妨害税收、公司(企业)管理犯罪司法适用》,法律出版社2006年版,第335页。
② 参见但伟:《妨害对公司、企业的管理秩序罪的定罪与量刑》,人民法院出版社2001年版,第119页。

案例 57. 陈某拒不交出会计账簿案*
——隐匿会计凭证、会计账簿罪的认定

案情介绍

2000 年 4 月,陈某被其所在的某镇党委免去某村会计辅导员的职务后,以镇党委、政府对其反映的李某的经济问题处理不公为由,将应移交的该村 1996 年至 1999 年的会计凭证、账簿带回家中,拒不交出。2000 年 8 月,镇纪检书记张某在协调此事的会议上明确指出,在李某经济问题审计结论出来前,账簿暂由陈某保管。2001 年 3 月 16 日,镇纪委审计结论出来后,镇党委又多次通知陈某交出所有账簿。2001 年 8 月 8 日,县纪委亦对李某经济问题作出调查结论。8 月 15 日,镇政府限陈某于 8 月 16 日下午 5 时前交账的书面通知送达其家中,陈某以对镇、县两级纪委所作的结论均不服为由,仍拒不交账,直接影响了该村正常的工作、生产秩序。直至 8 月 31 日,公安机关立案侦查后,陈某才交出全部账簿。经统计,该部分账簿涉及的金额达 300 余万元。

某县人民检察院起诉认为:陈某隐匿依法应当保存的会计凭证、会计账簿,情节严重,其行为已构成隐匿会计凭证、会计账簿罪,应予惩处。某县人民法院审理认为:被告人陈某的行为不构成犯罪。理由是,最高人民检察院、公安部《关于经济犯罪案件追诉标准的规定》②中规定的隐匿会计凭证、会计账簿罪的追诉标准为:(1) 隐匿、销毁的会计资料涉及金额在 50 万元以上的;(2) 为逃避依法查处而隐匿、销毁或者拒不交出会计资料的。被告人陈某虽拒不交账,但其未隐瞒将会计资料转移家中的事实,在乡、县纪检部门审查相关账目时,其亦能配合,多次提供相关账簿,且被告人陈某拒不交出会计资料的目的并非逃避依法查处。故其行为不属于隐匿会计凭证、会计账簿,而仅是借故拒不交出会计凭证、会计账簿。

---

* 案例来源:最高人民法院中国应用法学研究所编:《人民法院案例选(总第 47 辑)》,人民法院出版社 2005 年版,第 94 页。

② 该文件现已失效。

> **理论争议**

本案的理论争议在于拒不交出行为是否属于隐匿会计凭证、会计账簿行为。持肯定观点者认为,拒不交出会计资料行为使得相关人员无法获得会计信息,破坏了国家对会计档案制度的管理秩序,因而应当认定为隐匿行为;持否定观点者认为,隐匿是指为逃避依法查处会计账簿的规定,将依法应当保存的财物会计账簿隐藏并使人无法查找该资料,影响会计资料完整性的行为,陈某的拒不交出行为并未造成这一后果,因而不能认定为隐匿行为。我们认为,将拒不交出行为排除在隐匿行为之外更能体现本罪的立法本意,因而支持肯定说的观点。

> **法理分析**

为适应市场经济有序进行的要求并在借鉴发达国家、地区对会计犯罪的规制的基础上,我国第一个《刑法修正案》第1条就将"隐匿或者故意销毁会计凭证、会计账簿、财务会计报告"的行为单独成罪,使该行为从会计法规制上升到刑法层面,加大了对会计犯罪的刑事保护力度,体现了我国对会计凭证和会计报告等会计相关资料的立法保护的上升,是我国会计制度与国际接轨的表现。

(一)本罪的立法意图在于防止从事犯罪活动下的隐匿会计账簿和会计凭证的行为

作为记录经济业务、明确经济责任、按一定格式编制的据以登记会计账簿的书面证明,会计凭证是检查经济业务的发生是否符合有关的法律、制度,是否符合业务经营、财务收支的方针和计划及预算的规定的重要记录凭证,其对确保经济业务的合理、合法和有效性有着至关重要的作用。我国将隐匿会计凭证、会计账簿、财务会计报告行为纳入刑法规制,就是为了防止公司企业在进行违法犯罪活动时,以隐匿财务会计凭证的方式来逃避法律制裁。而最高人民检察院、公安部《关于经济犯罪案件追诉标准的规定》对本罪的立案标准进行了情节限定,即"逃避依法查处而隐匿、销毁或者拒不交出会计资料的"。这一规定明确表明,只有在为了掩盖从事犯罪活动的事实的前提下,隐匿会计资料的行为才能以本罪定罪量刑。

本案中,陈某作为该村的前任从事财务会计职业人员,并未从事任何违法犯罪活动。陈某将财务会计资料转移至其家中拒不交出的行为动机在于其认为该镇对李某的经济问题处理不公正,为保全证据材料而拒绝向有关机关提交财务会计资料。且陈某在纪检部门要求核对会计凭证、会计账簿时积极配合,主动将有关部门请至家中进行查询,因而,陈某并不具有隐瞒犯罪活动的意图,不具备隐匿会计凭证、会计账簿、财务会计报告罪的构成要件。

(二) 如何认定本罪的隐匿会计账簿和会计凭证的行为

本案的理论争议点在于对隐匿财会凭证的行为如何认定。首先表现为以各种方式将公司、企业的有关财会凭证转移、藏匿或隐瞒起来的行为。《中华人民共和国会计法》第 35 条规定:"各单位必须依照有关法律、行政法规的规定,接受有关监督检查部门依法实施的监督检查,如实提供会计凭证、会计账簿、财务会计报告和其他会计资料以及有关情况,不得拒绝、隐匿、谎报。"其次,本罪追诉标准也有严格限制,最高人民检察院、公安部《关于经济犯罪案件追诉标准的规定》对本罪的立案标准进行了情节限定,也就是当隐匿行为达到下列情形之一的,应予追诉:(1) 隐匿、销毁的会计资料涉及金额在 50 万元以上的;(2) 为逃避依法查处而隐匿、销毁或者拒不交出会计资料的。

我们并不认为本案中,陈某将会计凭证放置于其家中并拒绝提交给村组织的行为属于隐匿行为。依据如下:

首先,拒不交出行为并不属于隐匿行为,二者属于不同质的行为。"隐匿"是指将依法应当保存的会计资料隐藏起来,使其失去踪迹并使他人无法获取该账簿的去向。拒不交出则与之相反,此行为明确表明会计账簿的下落,使得有关机关已然锁定会计凭证的去向。本案中陈某作为会计事务人员,在被免职后拒绝交出相关的会计凭证,这一行为侵犯了会计管理制度,然而其并未隐瞒会计账簿、会计凭证转移至其家中的事实,并不影响会计资料的完整性,且该行为后来也被该镇党委予以认可。此外,陈某在纪检部门要求审查会计账簿时积极配合,由此我们认为陈某的行为不属于隐匿会计账簿、会计凭证的行为。

其次,拒不交出不等于不交出,二者属于不同量的行为。拒不交出行为在对方请求的次数以及方式、情节上都明显轻于不交出。我们认为,只有在相关人员多次请求或者强烈请求,行为人拒绝交出并且态度强硬,造成一定的危害后果的情况下,拒不交出的行为才能转化为不交出。本案中,陈某以李某经济问题处理不公为由,将本村的会计账簿、会计凭证转移至其家中,其后镇纪检书记也明确该行为为暂时保管行为,陈某在镇政府以及纪检机关对李某案件调查时,积极配合调查会计账簿行为,由此我们认为陈某拒不交出会计账簿的行为并不属于不交出会计账簿行为,进而不构成隐匿会计账簿、会计凭证罪。

(作者:谢婷)

案例58. 乙骗取贷款案[*]

——骗取贷款、票据承兑、金融票证罪的司法认定

案情介绍

甲系A公司法定代表人,乙系B公司法定代表人。A公司长期拖欠B公司100万元无力偿还。甲从朋友处得到一张伪造的中国建设银行的500万元汇票(收款单位是A公司),但A公司尚不具备贴现资质。甲遂与有贴现资质的B公司法定代表人乙联系,要求乙帮忙办理该张汇票的贴现,并允诺事成之后立即归还B公司欠款和利息。乙误认为汇票真实,并不会给相关银行带来损失,决定帮忙。为了顺利贴现,甲与B公司编造了虚假的购销合同,并由乙制作了虚假的增值税发票复印件等材料后,再由B公司用上述虚假材料向某银行申请汇票贴现。2006年9月6日,该银行批准贴现并于当日将500万元钱款划入B公司账户,B公司在扣除100万元欠款、50万元欠款利息和贴现利息后,将余款均划入A公司账户用于甲的经营活动。2007年1月15日,某银行向中国建设银行要求付款,中国建设银行回复上述500万元的承兑汇票系假票。当日,某银行向公安机关报案,遂案发。甲因经营不善,已无还款能力。

理论争议

关于本案的认定,存在着两种不同的观点。一种观点认为,A公司法定代表人甲的行为应认定为票据诈骗罪,B公司法定代表人乙的行为同时构成伪造增值税发票罪和贷款诈骗罪,应在两罪中择一重罪处罚;另外一种观点认为,A公司法定代表人甲的行为应认定为票据诈骗罪,B公司法定代表人乙的行为同时构成伪造增值税发票罪和骗取贷款罪,应在两罪中择一重罪处罚。

法理分析

《刑法》第193条规定了贷款诈骗罪,对以非法占有为目的,诈骗银行或者其

---

[*] 案例来源:上海市静安区人民检察院。

他金融机构贷款的行为规定了刑事责任。但是,人民银行等部门曾提出,由于一些单位和个人以虚构事实、隐瞒真相等欺骗手段,骗用银行或其他金融机构的贷款,危害金融安全,而要认定骗贷人是否具有"非法占有"贷款的目的很困难。因此建议规定,只要以欺骗手段取得贷款,情节严重的,就应追究刑事责任。全国人大常委会法制工作委员会经同有关部门研究,拟保留"以非法占有为目的"的贷款诈骗罪的规定,并在刑法中增加规定:以欺骗手段取得银行或者其他金融机构的贷款,给银行或者其他金融机构造成重大损失或者有其他严重情节的,追究刑事责任。① 在讨论过程中,人大常委会有的委员和部门提出,除骗用贷款外,对采用欺骗手段骗取金融机构的票据承兑、信用证、保函等,给金融机构造成重大损失的行为,也应作为犯罪追究刑事责任。法律委员会经同国务院法制办、人民银行、银监会等部门研究,建议在这一条中增加规定:采用欺骗手段骗取金融机构的票据承兑、信用证、保函等,给金融机构造成重大损失或者有其他严重情节的,追究刑事责任。② 最终,《刑法修正案(六)》第 10 条规定,在《刑法》第 175 条后增加一条,作为第 175 条之一:"以欺骗手段取得银行或者其他金融机构贷款、票据承兑、信用证、保函等,给银行或者其他金融机构造成重大损失或者有其他严重情节的,处三年以下有期徒刑或者拘役,并处或者单处罚金;给银行或者其他金融机构造成特别重大损失或者有其他特别严重情节的,处三年以上七年以下有期徒刑,并处罚金。单位犯前款罪的,对单位判处罚金,并对其直接负责的主管人员和其他直接责任人员,依照前款的规定处罚。"

修订增加的内容,弥补了《刑法》第 193 条司法适用中取证困难的不足,对降低金融风险、保护社会信用尤其是银行或者其他金融机构与相对人之间的信用关系起到了应有的作用。但是刑法对骗取贷款、票据承兑、金融票证罪的相关规定,在司法适用上存在诸多分歧和争议,这些问题包括:如何理解欺骗手段?本罪与金融诈骗犯罪中的欺骗手段有无不同?如何理解本罪构成中要求的"造成重大损失或者其他严重情节"?本罪的主观罪过是故意还是过失,或者既可以是故意也可以是过失?本罪与其他相关犯罪之间的关系怎样?等等。

(一)如何理解骗取贷款、票据承兑、金融票证罪中的"欺骗手段"

"欺骗手段"是刑法上欺诈犯罪的行为表现形式,该手段表现为虚构事实、隐

---

① 参见全国人大常委会法制工作委员会副主任安建 2005 年 12 月 24 日在第十届全国人民代表大会常务委员会第十九次会议上所作的关于《刑法修正案(六)(草案)》的说明。

② 参见全国人大法律委员会副主任委员周坤仁 2006 年 4 月 25 日在第十届全国人民代表大会常务委员会第二十一次会议上,代表全国人大法律委员会所作关于《刑法修正案(六)(草案)》修改情况的汇报。

瞒真相。欺骗手段的核心内容应以被害人[①]基于错误认识处分财产为标准。在骗取贷款、票据承兑、金融票证罪中的"欺骗手段"则表现为以银行或其他金融机构作出财产上的处分为标准。其中,票据承兑、贴现[②]、转贴现、再贴现的商业汇票,应以真实、合法的商品交易为基础。上述行为的实施都应当遵循平等、自愿、公平和诚实信用的原则。因此,行为人使用欺骗的手段获取贷款、信用证、保函及票据承兑等,是对银行或者其他金融机构与客户之间信用关系的破坏,制造了银行及其他金融机构的金融交易风险。"欺骗手段"通常表现为两个方面,即虚构材料和虚构主体资格。

首先,关于虚构材料的行为。本案中行为人的贴现行为,根据相关规定就是一种贷款行为。中国人民银行1997年5月出台的《商业汇票承兑、贴现与再贴现管理暂行办法》[③]规定,向金融机构申请票据贴现的商业汇票持票人,必须具备下列条件:(1) 为企业法人和其他经济组织,并依法从事经营活动;(2) 与出票人或其前手之间具有真实的商品交易关系;(3) 在申请贴现的金融机构开立存款账户。另外,持票人申请贴现时,须提交贴现申请书、经其背书的未到期商业汇票、持票人与出票人或其前手之间的增值税发票和商品交易合同复印件。对于票据承兑,向银行申请承兑的商业汇票出票人,必须具备下列条件:(1) 为企业法人和其他经济组织,并依法从事经营活动;(2) 资信状况良好,具有支付汇票金额的资金来源;(3) 在承兑银行开立存款账户。商业汇票的出票人应首先向其主办银行申请承兑。因此,欺骗手段应以虚构上述材料为内容,例如,虚构交易行为(伪造交易合同)、伪造增值税发票等等。但是上述行为都以取得银行或者其他金融机构信任为前提,即通过上述行为使银行或者其他金融机构作出财产处分,即贷款、承兑票据或者出具信用证及保函等。而"欺骗手段"也应仅仅以上述内容为限,不应该扩大理解。修正后的《刑法》第175条之一使《商业汇票承兑、贴现与再贴现管理暂行办法》中第34条的内容[④]在刑法中得到落实。

其次,行为人虚构主体资质,取得银行或者其他金融机构信任,或者滥用资质,破坏银行或者其他金融机构与客户之间的信任关系。根据相关规定,要取得

[①] 当然,在"三角诈骗"的情况下,居于处分财产地位的人不一定是被害人。
[②] 票据贴现,是指贷款人以购买借款人未到期商业票据的方式发放的贷款。因此,从本质上说,票据贴现就是一种贷款行为。参见中国人民银行1996年6月公布的《贷款通则》第9条。
[③] 该办法现已失效。
[④] 承兑、贴现申请人采取欺诈手段骗取金融机构承兑、贴现,情节严重并构成犯罪的,由司法机关依法追究其刑事责任。

银行或者其他金融机构贷款、票据承兑、信用证及保函等,需要具备一定的主体资质条件,如果行为人并不具备相应的条件,而通过欺骗的手段虚构自己的资质条件,使银行或者其他金融机构作出处分行为,也应视为该罪中的"欺骗手段"。同时《贷款通则》中对借款人作出了一些限制性规定。例如,不得用贷款在有价证券、期货等方面从事投机经营,禁止借款人用贷款进行生产、经营或投资国家明文禁止的产品、项目等等,即如果行为人虚构贷款用途,从银行或者其他金融机构获取贷款,也应理解为本罪中的"欺骗手段"。但是,无论采用哪一种欺骗手段,都应以银行或者其他金融机构作出财产处分为前提,行为人骗取的是银行或者其他金融机构的信用。此外,还有以下两个问题需要讨论:

第一,行为人将借得他人的财物向银行抵押,取得数额较大的贷款,或者将取得的贷款用于经营活动,由于经营不善导致贷款不能归还,给银行或者其他金融机构造成重大损失的行为应如何认定?例如,行为人 X 向其朋友 Y 借得价值较大的戒指一枚,然后将戒指作为抵押物向银行取得数额较大的贷款。此时,尽管银行可以抵押权优先顺位受偿而使其不受损失,但是行为人对本来无权处分的财产进行处分的行为仍然可以视为欺骗手段,该行为破坏了金融机构与贷款人(一般意义上的贷款人)之间的信任,增加了交易成本,破坏了金融管理秩序,侵犯了《刑法》第 175 条之一所保护的法益。

第二,行为人将自己通过犯罪所得的赃物向银行抵押,取得数额较大的贷款,或者将取得的贷款用于经营活动,由于经营不善导致贷款不能归还,给银行或者其他金融机构造成重大损失的行为应如何认定?例如,行为人 X 盗窃了一辆价值昂贵的轿车,通过各种手段将该赃物登记在自己名下。然后其以该赃物作为抵押,与银行签订贷款合同,获取了贷款。从形式上来看,行为人与金融机构之间不存在欺骗手段,但是从实质的角度来说,行为人仍然隐瞒了对抵押物的取得,相对于银行或者其他金融机构而言,仍然存在欺骗手段,因此仍然可以本罪定罪处罚。

(二)如何理解"造成重大损失"或者"其他严重情节"

《刑法》第 175 条之一规定,行为人(自然人或者单位)构成骗取贷款、票据承兑、金融票证罪,需要以给银行或者其他金融机构造成重大损失或者有其他严重情节为条件。从本罪的立法模式上来看,包含了两种犯罪构成模式,即数额犯和情节犯。该种立法模式一般出现在经济犯罪中,其中的"重大损失"是指行为人贷款以后因为客观原因导致一定数额的贷款无法归还的情形,给银行或者其他金融机构造成实际经济损失。从这个角度分析，行为人对危害结果所持的心理态度是过失。即行为人虚构事实或者隐瞒真相的行为是故意，但是，对给银行或者其他金融机构造成实际经济损失的危害结果则是过失。而"情节严重"既包括贷款数额本身巨大，还包括行为人的犯罪手段、犯罪动机、次数等方面内容。具体而言，包括骗取这一手段行为的严重性和骗取的对象性质的严重性。① 手段行为的严重性，是指伪造国家重要证件，巧立国家重要项目，或者损失不是很大，但参与人员众多，社会影响巨大，或者其他严重干扰金融机构正常信用管理体系的行为；骗取的对象性质的严重性，是指骗取的贷款、金融信用票证、保函有特定的意义或者特定用途，或者严重破坏特定交易环境，导致金融机构或者交易相对人发生严重信用危机等。关于本罪的罪过形式，存在不同的观点。我们认为，根据情节犯的基本原理，②情节犯的罪过形式大多为故意（在情节包含数额、结果等情况下有可能表现为过失）。在这种复合立法模式——"数额+情节"的情况下，情节犯则表现为复合罪过形式，即行为人对"造成重大损失"（数额）要有概括性认识，具体表现为过于自信的过失，而其他严重情节则表现为故意。③ 该罪在提请立法机关审议的草案中，银监会曾向全国人大常委会提出建议，认为以银行或者其他金融机构造成重大损失或者有其他严重情节的"结果犯"作为构成要件有所不妥。银监会称，上述构成要件在实践中难以判断，不利于打击犯罪，应改为以是否实施行为的"行为犯"作为构成要件。④ 立法机关没有采用行为犯的立法模式，而是采用现在的情节犯或者数额犯的模式，主要考虑是要限制犯罪圈，缩小打击范围，这也是刑法谦抑性在刑事立法上的反映。

本罪可以以造成一定数额的财产损失为成立要素，具体的数额应参照最高人民检察院、公安部《关于公安机关管辖的刑事案件立案追诉标准的规定（二）》第 22 条之内容，即"以欺骗手段取得银行或者其他金融机构贷款、票据承兑、信用证、保函等，给银行或者其他金融机构造成直接经济损失数额在五十万元以上的，应予立案追诉。"

---

① 参见吴华清：《论骗取金融机构贷款、信用罪》，载《中国检察官》2006 年第 9 期。
② 参见李翔：《情节犯研究》，上海交通大学出版社 2006 年版，第 85—86 页。
③ 有个别观点认为，对于这种立法模式，应认定为故意，即不需要行为人对"严重损失"或者"其他严重情节"有认识，而把这些内容作为客观的超过要素来对待。我们认为该种观点在我国当前的犯罪构成理论体系下不能妥当适用。（具体可参见张明楷：《刑法分则的解释原理》，中国人民大学出版社 2004 年版，第 207 页及以下。）
④ 参见孙铭：《"行为犯"模式核定骗贷罪 银监会建言〈刑法〉修正》，载《21 世纪经济报道》2006 年 6 月 23 日第 13 版。

此外，由于本罪的成立是以给银行或者金融机构实际造成的损失为构成要件，因此在理解"损失"上仍需要加以明确，即：行为人如果弥补了银行的损失应当如何处理？是否需要一个明确的时间节点？换句话说，行为人的主动归还能否对定罪产生影响？对于该问题的讨论，涉及对判断该罪实行行为"着手"的理解。基于本罪犯罪构成的立法模式，可以行为人开始实施"欺骗"行为作为判断标准。根据我国刑法理论关于未完成形态的解释，如果行为人在案发前归还，虽然没有造成银行等金融机构的损失，不能成立既遂，但是犯罪已经成立。因此，不可把犯罪成立与犯罪既遂完全等同起来。至于是否需要作出司法上的处断，则应综合全案来看。根据最高人民检察院《关于渎职侵权犯罪案件立案标准的规定》，直接经济损失和间接经济损失是指立案时确已造成的经济损失。移送审查起诉前，犯罪嫌疑人及其亲友自行挽回的经济损失，以及由司法机关或者犯罪嫌疑人所在单位及其上级主管部门挽回的经济损失，不予扣减，但可作为对犯罪嫌疑人从轻处罚的情节考虑。因此，从司法处罚的角度上看，我们认为，对于行为人弥补银行损失是否处罚的时间界限，应以司法机关立案时为标准。该种标准既满足宽严相济的刑事政策的需求，又符合刑法的规范价值。对于立案后归还的，不论是主动归还还是被动归还均不能影响本罪的成立，只能对量刑产生影响。那种认为以一审判决前或者以案件侦查终结时能否归还作为本罪成立与否标准的观点是不可取的。

（三）骗取贷款、票据承兑、金融票证罪与金融诈骗犯罪的界限

骗取贷款、票据承兑、金融票证罪的成立，虽然在行为表现形式上以"欺骗手段"为要件，与刑法上其他欺诈类犯罪有相似之处，但是其本质特征并不要求行为人以非法占有为目的。以行为人实施骗取银行或者其他金融机构的信用证和信用证诈骗为例。前罪的犯罪对象为银行或者其他金融机构真实有效的信用证，银行或者其他金融机构之所以开具信用证，是因为行为人采用了欺骗手段。因此，《刑法》第175条之一惩罚的是这种"骗用"的行为，行为人主观上不具有非法占有的目的。而信用证诈骗罪则是行为人以非法占有为目的使用虚假的信用证。骗取贷款、票据承兑、金融票证罪与金融诈骗类犯罪的本质区别就在于行为人主观上是否有非法占有的目的。此外，由于行为人在实施骗取贷款、票据承兑、金融票证罪的时候，往往有虚开增值税发票等犯罪行为，但是虚开增值税发票是行为人实施骗取贷款、票据承兑、金融票证罪的手段行为，因此两者之间存在牵连关系，应按照牵连犯的处罚原则，从一重处断。

既然骗取贷款、票据承兑、金融票证罪的成立，不以行为人主观上具有非法

占有的目的为要件,那么区分行为人的主观上是否具有非法占有的目的则成为司法认定的关键问题。我们反对"事后故意"的提法。① 实际上所谓"事后故意"是违背我国刑法定罪论上的主客观相统一原则的,即行为与责任同时存在原则。但是,行为人采用欺骗手段取得贷款后的行为是认定行为人主观上有无非法占有目的的重要判断标准。我们以骗取贷款罪与贷款诈骗罪来加以说明。最高人民法院《全国法院审理金融犯罪案件工作座谈会纪要》中指出:"对于行为人通过诈骗的方法非法获取资金,造成数额较大资金不能归还,并具有下列情形之一的,可以认定为具有非法占有的目的:(1)明知没有归还能力而大量骗取资金的;(2)非法获取资金后逃跑的;(3)肆意挥霍骗取资金的;(4)使用骗取的资金进行违法犯罪活动的;(5)抽逃、转移资金、隐匿财产,以逃避返还资金的;(6)隐匿、销毁账目,或者搞假破产、假倒闭,来逃避返还资金的;(7)其他非法占有资金、拒不返还的行为。"有学者指出,对于行为人擅自改变贷款用途,将贷款用于高风险的经济活动造成重大损失,以致无法偿还贷款的,应认定行为人主观上具有非法占有的目的。② 我们认为,该种观点值得商榷。不能认为行为人虚构贷款用途,将贷款用于高风险的经济活动,主观上就具有非法占有目的。例如,行为人在进行高风险的经济活动中获取了利益,偿还了部分贷款本息,此后由于经营问题,导致客观上不能偿还,此时应以骗取贷款罪论处。在区分骗取贷款罪与贷款诈骗罪需要认定主观方面内容时,要注意防止司法惰性的倾向,即在证明行为人主观上有无非法占有的目的存在困难时,放弃证明行为人主观上存在非法占有的犯罪目的,不加分析地都以骗取贷款罪论处,导致重罪轻罚的现象。此外,骗取贷款罪的主体设定为自然人或者单位,而贷款诈骗罪的主体只能是自然人。当单位诈骗银行或者其他金融机构贷款时,能否以骗取贷款罪论处也是一个值得深入研究的问题。③

---

① 例如,有学者主张行为人在取得贷款后,由于客观上原因没有办法归还,此时对财产进行隐匿、非法转移等行为,应以"事后故意"来认定行为人成立贷款诈骗罪。参见游伟主编:《刑法理论与司法问题研究》,上海文艺出版社 2001 年版。
② 参见张明楷:《诈骗罪与金融诈骗罪研究》,清华大学出版社 2006 年版,第 416 页。
③ 对于上述问题,存在不同观点的对立。第一种观点认为,既不能追究单位的刑事责任,也不能追究直接责任人员的刑事责任,具体参见段启俊:《贷款诈骗罪主体及非法占有目的的认定》,载《河南财经政法大学学报》2004 年第 6 期;第二种观点认为,应当追究直接责任人员金融诈骗罪的刑事责任,具体参见张明楷:《诈骗罪与金融诈骗罪研究》,清华大学出版社 2006 年版,第 388 页;第三种观点认为,应当以合同诈骗追究单位及责任人员的刑事责任,具体参见最高人民法院《全国法院审理金融犯罪案件工作座谈会纪要》。我们认为,判断单位能否适用《刑法》第 175 条之一的行为,必须否认其主观上具有非法占有为目的,因此上述行为不能直接适用,否则将混淆《刑法》第 175 条之一所调整行为和贷款诈骗罪调整行为的界限。

综上所述,我们认为,关于本案认定的第二种观点是正确的。本案中B公司的法定代表人乙并不知道汇票为假的,乙也只是为了实现自己的债权,主观上没有非法占有的目的,符合《刑法》第175条之一的规定。而乙虚构与A公司的交易合同,并且伪造增值税专用发票,滥用贴现资质,因此乙的行为同时构成了伪造增值税发票专用罪和骗取贷款罪。但是由于两罪之间存在牵连关系,根据牵连犯的处断原理,对乙应根据案件的具体情况,在两罪中择一重罪处罚。而甲则明知是假的汇票,利用不知情的他人(乙)的行为进行贴现,主观上具有非法占有的目的,属于票据诈骗罪的间接正犯,应以票据诈骗罪定罪处罚。

(作者:李翔)

案例59. 夏某、林某妨害信用卡管理案*
——妨害信用卡管理罪与信用卡诈骗罪的区分

案情介绍

2007年12月至2008年8月,夏某伙同林某为牟取利益设立了办理信用卡的中介点,该二人为骗领银行信用卡进行分工,由林某负责向申请持卡人收取身份证复印件、办卡手续费,由夏某组织人员替申请持卡人填写申领信用卡申请表。为使不符合开卡条件的客户能够申办信用卡,夏某先后虚构了40余家公司名称,委托他人刻制了公司的公章,开通多部电话,然后以上述40余家公司名义为当地无工作单位、无固定收入、资信能力低的人员提供虚假的工作单位、本人职务、收入证明等身份材料,向多家银行申领具有透支功能的信用卡。夏某还以事先开通的多部电话冒充申请人应付银行的审核照会,或通过林某以向申请人提供虚假信息小卡片的方法,指导申请人应付银行的审核照会。之后,夏某又伪造了申请人工作单位的公函,以委托收件方式,由林某从邮政局领取发卡银行所发出的信用卡挂号信。夏、林二人采用上述手段先后为他人骗领到各银行的信用卡达600多张。待银行发卡后,夏、林二人又根据持卡人的透支套现要求,将持卡人的信用卡通过POS机,以刷卡消费方式透支提现,扣除其所谓的办卡"手

---

* 案例来源:胡青、李正荣:《信用卡黑中介构成妨害信用卡管理罪》,载《人民法院报》2009年2月25日第6版。

续费""利息"等,将余下现金交由持卡人。至案发后,有 700 余万元的逾期透支款未能追回。

> **理论争议**

对于本案中夏某、林某的行为是否构成犯罪以及构成何罪,存在以下三种分歧意见:

第一种意见认为,夏、林二人的行为不构成犯罪。理由是:《中华人民共和国刑法修正案(五)》(以下简称《刑法修正案(五)》)新增的第 177 条之一妨害信用卡管理罪中,只规定了"以虚假身份证明骗领信用卡"的行为,而在本案中,申领人都提供了有效的身份证复印件,夏、林二人在帮助申领人办卡的过程中,只是为这些申领人伪造了工作单位、职业、收入证明等虚假信息,这些虚假信息不属于"身份证明"的内容。因此,夏、林二人的行为不属于《刑法修正案(五)》所规定的"以虚假身份证明骗领信用卡",其行为虽然社会危害性较大,但并不构成犯罪。

第二种意见认为,夏、林二人的行为符合妨害信用卡管理罪的构成要件,身份证明资料不应局限于身份证件,还应包括工作单位、职业、收入等信息的证明资料,因此夏、林二人伪造他人的身份证明资料骗领信用卡符合"以虚假身份证明骗领信用卡",应以妨害信用卡管理罪定罪处罚。

第三种意见认为,本案应以信用卡诈骗罪认定。理由是:夏、林二人的行为不仅有帮助申领人以虚假的身份证明骗领信用卡的行为,同时还有与申领人共同使用的行为,申领人正是在夏、林二人的帮助下,才得以通过 POS 机虚假消费刷卡的方式从信用卡中透支提现,夏、林二人也是通过帮助申领人使用所骗领的信用卡来获取其高额的非法利益。而《刑法修正案(五)》第 2 条将"使用以虚假的身份证明骗领的信用卡的"行为增添到了《刑法》第 196 条第 1 项的条文中,以信用卡诈骗罪定罪处罚,因此夏、林二人的行为属于"使用以虚假身份证明骗领的信用卡的"信用卡诈骗罪行为,应以信用卡诈骗罪定罪处罚。

> **法理分析**

(一) 妨害信用卡管理罪与信用卡诈骗罪的比较

妨害信用卡管理罪,是指违反国家信用卡管理法规,在信用卡的发行、使用等过程中,妨害国家对信用卡的管理活动,破坏信用卡管理秩序的行为。而信用卡诈骗罪,则是通过虚构事实、隐瞒真相的方式方法,以信用卡为媒介进行诈骗活动,数额较大的行为。二者都是涉及信用卡使用的犯罪行为,因而也具有十分密切的联系。从理论上讲,妨害信用卡管理罪中所规定的四种行为方式(明知是伪造的信用卡而持有、运输的,或者明知是伪造的空白信用卡而持有、运输,数量较大的;非法持有他人信用卡,数量较大的;使用虚假的身份证明骗领信用卡的;出售、购买、为他人提供伪造的信用卡或者以虚假的身份证明骗领信用卡的)。① 这些行为在实际上是伪造信用卡行为系统中的其他环节,而伪造信用卡行为又是信用卡诈骗行为系统中的一个环节,因而妨害信用卡管理的行为在一定程度上也是实行信用卡诈骗罪的某种前奏。② 两罪的区别主要表现在:(1)二者客体不同。前罪是单纯的妨害信用卡管理的行为,其侵犯的客体是信用卡管理秩序;而后罪则还必须包括非法占有的目的以及诈骗公私财物数额较大的行为,侵犯的客体除了国家的信用卡管理秩序外,还有他人的合法财产权。如果行为人在进行信用卡相关犯罪活动时并没有非法占有的目的,也没有实施虚构事实或隐瞒真相的诈骗行为,则只构成前罪。(2)二者客观方面不同。妨害信用卡管理罪的客观方面表现为对信用卡管理的破坏与妨碍行为,包括非法持有、运输、出售、购买、提供和骗领等,行为作用对象为伪造的信用卡、空白的信用卡和他人的信用卡;信用卡诈骗罪则是在破坏了信用卡管理规定的基础上,进一步利用信用卡这一载体作为手段或工具来实施诈骗行为,其主要表现为使用、冒用、恶意透支等方式,行为作用对象为伪造的信用卡、骗领的信用卡。尽管二罪的客观行为可能存在一定的交叉重叠之处(如冒用他人信用卡诈骗势必需要对他人信用卡进行持有,如果数量较大则同时构成两罪,属于牵连犯),且作用对象都有他人信用卡与伪造的信用卡,但信用卡诈骗罪所列举的这一系列客观行为存在着与前罪(妨害信用卡罪)的根本不同,即对于信用卡的使用行为。信用卡诈骗罪主体既然将信用卡作为诈骗工具或手段,势必需要利用信用卡的本身功能才能对被害人的财产构成非法占有。这一使用途径在条文中的列举就是冒用与恶意透支。因此,如果行为人对于他人信用卡或伪造的信用卡只进行了持有、运输等行为,而没有作为使用主体对该信用卡加以使用,则应认定为妨害信用卡管理罪。

(二) 对于本案的具体分析

1. 帮助信用卡申请人刷卡不等于"使用他人的信用卡"

《刑法》第 196 条规定,使用以虚假的身份证明骗领的信用卡的,以信用卡诈

---

① 参见我国《刑法》第 177 条之一第 1 款。
② 参见利子平、樊宏涛:《论妨害信用卡管理罪》,载《南昌大学学报(人文社会科学版)》2005 年第 6 期。

骗罪论处。这一条与妨害信用卡管理罪中规定的"使用虚假身份证明骗领信用卡"有本质上的不同。虽然夏、林二人通过伪造信用卡申领人的资信证明（工作单位、本人职务、收入证明）才成功骗领到该信用卡，但其后对该骗领的信用卡进行消费的行为，则完全是通过申领人自己实施的。虽然其间林、夏二人为信用卡申领人提供了POS机虚假消费刷卡方式提现的便利条件，但此时信用卡的所有权已属于申领人本人，夏、林二人对该信用卡进行的操作都属于该信用卡申领人的授权范围，其帮助行为不等于对该信用卡的自主使用。因此不能认定为"使用以虚假的身份证明骗领的信用卡"行为。

2. 协助持卡人透支提现不属于"恶意透支"行为

根据《刑法》第196条第2款的规定，"恶意透支"是指持卡人以非法占有为目的，超过规定限额或者规定期限透支，并且经发卡银行催收后仍不归还的行为。根据该规定，恶意透支的构成主体应是持卡人，主观上应具有非法占有的目的，客观方面应为超过规定限额或者规定期限透支，并且经发卡银行催收后仍不归还。由于实践中通过套现获取短期贷款现象比较普遍，因而本案中持卡人套取现金的行为并不能直接推定为是以非法占有为目的。而夏某、林某不是持卡人，二人代办信用卡并提供套现行为的目的是收取手续费，而不是以非法占有银行资金为目的，不符合恶意透支的主体身份与主观构成。因此夏某、林某提供代办信用卡并提供套现行为，并不构成恶意透支，不能构成信用卡诈骗罪。

3. 林某、夏某的行为属于"使用虚假的身份证明骗领信用卡"

根据有关规定，申领信用卡，应当提供公安部门制作的本人有效身份证件。而依据《中华人民共和国居民身份证法》规定，居民身份证上所载明的信息除姓名外，还有性别、民族、出生日期、常住户口所在地住址、居民身份证号码、本人照片、证件的有效期和签发机关等。所有这些信息真实，才称得上真实的身份证明。根据我国刑法规定，使用虚假的身份证明骗领信用卡的，应当以妨害信用卡管理罪论处。然而在司法实践中，骗领信用卡行为的表现形式是多种多样的：有的利用盗窃的或者伪造的身份证，或者通过不法手段收集他人身份资料到银行申领信用卡；有的利用虚假的营业执照、公章或者法定代表人名章欺骗银行，骗领单位信用卡等。因此，使用虚假的身份证明骗领信用卡，并不仅仅局限在使用虚假的身份证件，还应包括工作单位、职业、收入等信息的证明资料。夏某、林某虚构了40余家公司为当地无工作单位、无固定收入、资信能力低的人员提供虚假的工作单位、本人职务、收入证明等身份材料，向多家银行申领具有透支功能的信用卡，其行为本质已侵害了信用卡管理秩序，符合妨害信用卡管理罪中规定的使用虚假的身份证明骗领信用卡行为,应当按妨害信用卡管理罪进行定罪处罚。

(作者:李颖)

案例60. 林某、史某集资诈骗案[*]
—— 集资诈骗罪和非法吸收公众存款罪的区分问题

案情介绍

林某原系某餐饮娱乐有限公司董事长、法定代表人兼总经理,史某为林某之妻,原系上述公司下属某宾馆总经理,兼任某工贸有限公司法定代表人。某市人民检察院以林某、史某犯非法吸收公众存款罪、集资诈骗罪为由,向某市中级人民法院提起公诉。

经审理查明,林某于1995年筹资开办了某餐饮娱乐有限公司,由史某任公司下属某宾馆总经理。公司成立后,经营资本严重不足,因而从1996年2月起,二人分别以其个人或公司、宾馆的名义,并隐瞒公司经营不善、亏损严重、无力偿还到期债务的真相,以支付高息为诱饵及房产抵押的欺诈手段,向一些企业单位、个人非法集资327.9万元。至1998年年初,二人明知公司经营严重亏损,已面临破产,却仍以该公司或个人名义,向社会非法集资。后二人潜逃外地,致使受害单位和个人被骗钱财无法偿还。公司也因未参加1999年度企业工商年检而被吊销营业执照。

一审法院认定二被告人均为公司主管人员和直接责任人而追究刑事责任,以集资诈骗罪加以认定。二被告人不服提起上诉。某省高级人民法院以某公司并未向主管部门隐瞒亏损真相,被追债时并未有毁账、卷款逃走之情形,并没有非法占有之目的以及某公司实为林、史夫妻个人合办公司为由,以非法吸收公众存款罪加以认定。

理论争议

对于本案的认定,存在以下不同意见:第一种观点认为,应该以非法吸收公

---

[*] 案例来源:王幼璋主编:《经济犯罪疑案评析》,人民法院出版社2004年版,第44页。

众存款罪加以认定;第二种观点认为,应该以集资诈骗罪加以认定;第三种观点认为应以1998年为界,1998年前的借款行为构成非法吸收公众存款罪,1998年起的借款行为应定集资诈骗罪。理由是1998年年初,某公司已严重亏损,面临倒闭,二被告人却隐瞒真相,继续集资,因而具有非法占有的目的。

法理分析

我国《刑法》第192条第1款规定:"以非法占有为目的,使用诈骗方法非法集资,数额较大的,处三年以上七年以下有期徒刑,并处罚金;数额巨大或者有其他严重情节的,处七年以上有期徒刑或者无期徒刑,并处罚金或者没收财产。"第176条第1、2款规定:"非法吸收公众存款或者变相吸收公众存款,扰乱金融秩序的,处三年以下有期徒刑或者拘役,并处或者单处罚金;数额巨大或者有其他严重情节的,处三年以上十年以下有期徒刑,并处罚金;数额特别巨大或者有其他特别严重情节的,处十年以上有期徒刑,并处罚金。单位犯前款罪的,对单位判处罚金,并对其直接负责的主管人员和其他直接责任人员,依照前款的规定处罚。"在两罪侵犯的客体上,通说认为,前罪侵犯的客体是复杂客体,即国家金融管理秩序和投资者的财产所有权,而后罪侵犯的是单一客体,即金融管理秩序。[①] 客观方面,前罪表现为以集资的方式进行诈骗,集资是手段,诈骗是目的;后罪虽然也采取了非法集资的手段,但却并非为了将所得资金据为己有,而是将资金用于自己的营利活动。主体方面,单位和个人均可构成两罪。两罪的最关键区别在于主观方面。前罪要求以非法占有为目的,即意欲将非法集资所得据为己有,根本没有归还的意愿;后罪则不以非法占有为目的,行为人只是想通过非法集资所得进行自己的生产经营活动,或弥补一时的资金短缺,在主观上行为人仍具有归还的意愿,甚至还有给予原资金所有人一定报酬的想法。下面我们着重讨论本案中行为人的主观方面。

(一)如何认定集资诈骗罪中的"以非法占有为目的"

在客观行为表现不明显时,仅凭行为人主观上是否有非法占有的目的来区分集资诈骗罪与非法吸收公众存款罪,既相当困难,又造成区分的恣意性。行为人是否具有非法占有目的,要根据其客观上有无不法占有的行为进行判断,所

---

① 参见赵秉志主编:《刑法教学参考书》,中国人民大学出版社2006年版,第308页。

以,应当坚持犯罪构成的原理,综合考虑主客观方面的全部事实,正确加以认定。[①] 我们认为,上述表述给我们提供了一个较好的认定行为人主观状态的方法,即要坚持主客观相一致原则,不可以某段时间的行为作为认定的唯一标准,也不能草率听信行为人的陈述。在认定集资诈骗罪中的"以非法占有为目的"时,我们首先要明确,这里的"以非法占有为目的"包含两方面的意思,一是指占有以非法集资所得资金进行生产经营等活动而获得的收益,二是指占有非法集资所得本身,而其他的集资诈骗类犯罪中的"以非法占有为目的"仅仅指占有所得收益。也就是说,集资诈骗罪是"既借鸡生蛋,又将鸡占有",而其他集资诈骗类犯罪仅仅是"借鸡生蛋"。其次,最高人民法院《全国法院审理金融犯罪案件工作座谈会纪要》(以下简称《纪要》)列举了七种非法占有的情形:(1)明知没有归还能力而大量骗取资金的;(2)非法获取资金后逃跑的;(3)肆意挥霍骗取资金的;(4)使用骗取的资金进行违法犯罪活动的;(5)抽逃、转移资金、隐匿财产,以逃避返还资金的;(6)隐匿、销毁账目,或者搞假破产、假倒闭,以逃避返还资金的;(7)其他非法占有资金、拒不返还的行为。这给我们通过客观行为认定主观状态提供了依据,但是同时还存在着一些问题。例如,将其他非法占有资金、拒不归还的行为也作为集资诈骗罪的表现之一,其出发点是构造一个兜底条款,为了弥补法律在现有条件下尚不能预见的漏洞,但却将拒不归还认为是集资诈骗,未免有些以偏概全,因为拒不归还行为可能由多种原因导致,如当时的资金周转困难,或者与对方存在矛盾,一时气急等等。最后,"非法占有目的"的产生时间也是一个值得研究的问题。在司法实践中,一些行为人在非法集资以前就已打定占有的主意,在获得资金后即挥霍一空或者携款潜逃、隐匿财产,这无疑构成集资诈骗罪,因为非法占有的目的贯穿了行为的始终。但是也存在行为人在非法集资时并没有占有的目的,在资金到手后临时起意,或者在非法集资时打定主意进行占有,资金到手后却因为某种原因打消了此念头的情况。对于这些情况如何认定呢?有学者认为,本罪在刑法理论中属不典型结合犯,由此决定了行为人在非法取得集资款项后又产生非法占有目的的,属于犯罪故意内容的转化,因此种转化发生在整个集资诈骗犯罪活动中,精确地说是在先前事实行为向犯罪行为转化的同时,因而,并不违反本罪犯罪目的的形成时间。本罪的犯罪目的既可以产生于实施集资诈骗犯罪行为之前,也可以产生于集资型金融犯罪过程中,集资款项是否已为行为人现实控制或占有不应成为本罪犯罪目的产生的时间界

[①] 参见张明楷:《诈骗罪与金融诈骗罪研究》,清华大学出版社 2006 年版,第 505 页。

线和标准。① 此观点在《纪要》中也得到了体现:"对于以非法占有为目的而非法集资,或者在非法集资过程中产生了非法占有他人资金的故意,均构成集资诈骗罪。"至于非法集资后取消了占有的故意的,则显然不可能再进行集资诈骗的活动,因而不可能构成集资诈骗罪。

(二)对本案中被告人行为的主客观分析

为了分析的条理性,我们以1998年年初作为分界点。在此分界点以前,林某、史某分别以其个人或公司、宾馆的名义,并隐瞒公司经营不善、亏损严重、无力偿还到期债务的真相,以支付高息为诱饵及房产抵押的欺诈手段,向一些企业单位、个人非法集资327.9万元。据查,此时筹集来的资金确实用于公司的运作,行为人并没有大肆挥霍或者携款潜逃,这表明行为人只是想通过利用此资金使公司扭亏为盈,并没有非法占有的目的,因此定非法吸收公众存款罪比较妥当。分界点后,二人在明知公司已无法生存,即将破产的情况下,仍然通过虚构事实、隐瞒真相的手法筹集资金,并在得款后潜逃外地,是明显的以非法占有为目的的拒不归还行为,因而构成集资诈骗罪。基于《纪要》的相关精神,在非法集资过程中产生了非法占有他人资金的故意的,构成集资诈骗罪。因此,整体来说二被告人构成集资诈骗罪。

在某省高级人民法院的二审判决中,以某公司并未向主管部门隐瞒亏损真相,被追债时并未有毁账、卷款逃走之情形,并没有非法占有之目的以及某公司实为林、史夫妻个人合办公司为由,判定二被告人构成非法吸收公众存款罪而不是集资诈骗罪。我们认为,首先,所谓的"虚构事实、隐瞒真相"并不要求对所有的对象均如此,况且二被告人主要是对公众(被骗者)隐瞒了公司资不抵债的事实,而对主管部门如实汇报则更多是为了得到一定的救助。其次,追债时虽然二被告人没有卷款逃走,但是已经使原资金所有人的利益遭受重大损失。最后,二被告人的身份以及公司的性质不影响集资诈骗罪的成立,不论是自然人还是法人均可构成本罪。因此,一审判决是正确的。

(作者:张新亚)

---

① 参见魏昌东、胥宁:《刑法规范合理性视角下的集资诈骗罪》,载《南京政治学院学报》2005年第2期。

案例 61. 陈某贷款诈骗案*

——单位贷款诈骗案的处理

案情介绍

1994年下半年至1995年上半年的一天,陈某为向银行贷款通过邹某伪造了企业印章。1995年10月26日,陈某用其租赁承包经营的盛泰公司,向中国建设银行兴化支行申请办理承兑汇票,并将购销合同的供货方作了改动,以规避银行检查。1995年10月31日,兴化支行和盛泰公司签订了期限为6个月、金额为20万元的银行承兑协议。1996年5月2日,兴化支行贷给盛泰公司20万元,同日从盛泰公司存款账户扣划20万元偿还之前的承兑汇票款20万元。1996年3月20日,盛泰公司以与广东省南海市铜铝型厂签订的购销合同和伪造的担保书,向兴化支行申请办理承兑汇票。1996年4月15日,兴化支行和盛泰公司签订金额均为20万元的协议两份。1996年4月26日,盛泰公司向兴化支行申请贴现,得款37.4万元。1996年11月27日,兴化支行与盛泰公司又签订借款合同一份,陈某又以伪造的印章办理保证合同,盛泰公司用此借款,偿还陈某所欠贷款,包括1996年5月2日的贷款和承兑汇票。

兴化市人民检察院以陈某犯贷款诈骗罪,向兴化市人民法院提起公诉。兴化市人民法院以合同诈骗罪判处被告人陈某有期徒刑3年,缓刑3年,并处罚金人民币1000元。

理论争议

关于本案的认定,存在三种不同的观点。一种观点认为,陈某构成贷款诈骗罪,因为单位不能构成贷款诈骗罪,只能论处单位主要负责人。另外一种观点认为,陈某构成合同诈骗罪。还有一种观点认为,盛泰公司构成合同诈骗罪。因为贷款诈骗罪和合同诈骗罪的犯罪构成存在重合之处,当单位因为主体问题不能

---

* 案例来源:中华人民共和国最高人民法院刑事审判第一庭、第二庭编:《刑事审判参考(第3卷·上)》,法律出版社2002年版,第33页。

成立贷款诈骗时,可以以合同诈骗罪定罪处罚。

法理分析

贷款诈骗罪,是指以非法占有为目的,诈骗银行或者其他金融机构的贷款,数额较大的行为。

正确认定本案,在于确定两个问题:(1)究竟是单位犯罪还是个人犯罪?(2)单位是否能够成为贷款诈骗罪的主体?如果不能,该如何处理?

1979年《刑法》并未规定单位犯罪,在1997年《刑法》中才设置了专节规定单位犯罪及其处罚原则,其中第30条规定:"公司、企业、事业单位、机关、团体实施的危害社会的行为,法律规定为单位犯罪的,应当负刑事责任。"这里所说的"公司、企业、事业单位、机关、团体"包括国有、集体所有的公司、企业,也包括依法设立的合资经营、合作经营企业和具有法人资格的独资、私营公司、企业。最高人民法院《关于审理单位犯罪案件具体应用法律有关问题的解释》第2条规定:"……公司、企业、事业单位设立后,以实施犯罪为主要活动的,不以单位犯罪论处。"第3条规定:"盗用单位名义实施犯罪,违法所得由实施犯罪的个人私分的,依照刑法有关自然人犯罪的规定定罪处罚。"①《全国法院审理金融犯罪案件工作座谈会纪要》指出:"根据刑法和《最高人民法院关于审理单位犯罪案件具体应用法律有关问题的解释》的规定,以单位名义实施犯罪,违法所得归单位所有的,是单位犯罪。"据此,单位如果构成犯罪,必须满足两个条件:一是形成单位意志,也即是经过单位全体成员或者单位决策机构集体作出的决定,而不是单位中的某个人以个人名义擅自作出的决定;或者是单位法定代表人代表单位利益处理事务中所体现出来的意志,也就是说,只要单位的法定代表人为了单位的利益参与犯罪,无须决策程序也能认定为单位犯罪。② 二是非法所得归单位所有。如果不具备这两个条件,就不能认定为单位犯罪。因此,这也是区分单位犯罪和个人犯罪的关键所在。

本案中,盛泰公司是陈某承包经营的,陈某以盛泰公司的名义向兴化支行申请办理承兑汇票,主观上是为单位谋利,客观上是以单位名义实施,所得的贷款确实用于单位的经营,是为了单位的利益,因此属于单位行为,而不是个人的行

---

① 最高人民法院刑事审判第一庭、第二庭编:《刑事审判案例》,法律出版社2002年版,第57—58页。

② 参见乔木:《贷款诈骗罪若干问题研究》,吉林大学2012年博士学位论文。

为,不应该以自然人犯罪论处。

值得注意的是,本案中检察院是以自然人为起诉对象,而不是单位。因此法院在审判时,不能直接对检察院未指控的单位进行处罚。而对被起诉的自然人,应根据庭审查明的事实,依法按单位犯罪中的直接负责的主管人员或者其他直接责任人员追究刑事责任。因为"不告不理"是基本的诉讼原则,法院不能随意扩张权力,滥用权力。因此,当人民法院在审判中发现未被起诉的单位犯罪时,不能直接改为审判单位。《全国法院审理金融犯罪案件工作座谈会纪要》明确规定:"对于应当认定为单位犯罪的案件,检察机关只作为自然人犯罪案件起诉的,人民法院应及时与检察机关协商,建议检察机关对犯罪单位补充起诉。如检察机关不补充起诉的,人民法院仍应依法审理,对被起诉的自然人根据指控的犯罪事实、证据及庭审查明的事实,依法按单位犯罪中的直接负责的主管人员或者其他直接责任人员追究刑事责任,并应引用刑法分则关于单位犯罪追究直接负责的主管人员和其他直接责任人员刑事责任的有关条款。"也就是说,对被起诉的自然人,如果属于单位直接负责的主管人员或者其他直接责任人员,就应依法按照刑法分则规定的单位犯罪的处罚规定来追究该被起诉的自然人。① 所以,本案中检察院起诉的是陈某,法院不能以犯罪的是盛泰公司而改判单位犯罪,而只能按照《全国法院审理金融犯罪案件工作座谈会纪要》中的规定,对陈某以单位犯罪中的主管人员或者直接责任人员,按照单位所犯的罪行,定罪处罚。

那么单位究竟是构成贷款诈骗罪,还是合同诈骗罪,又或者是根据罪刑法定原则而判无罪呢?

根据《刑法》第 30 条可知,我国关于单位犯罪的立法实行了法定主义,即单位犯罪必须是刑法有明确规定的,如果刑法没有明文规定,则该罪不能由单位构成。法条没有规定单位可以成为贷款诈骗罪的主体,因此,贷款诈骗罪只能是由自然人构成。那么,对于单位实施的贷款诈骗行为该如何定性呢?

大多数人都认为,单位不是法定的贷款诈骗罪的主体,因为刑法分则没有规定此罪可由单位构成,所以司法实践中不能对这种行为以"贷款诈骗罪"定罪处罚。单位骗取贷款的行为虽然具有社会危害性,但是因为缺乏刑事违法性,从而根据罪刑法定原则,不能对法无明文规定的行为定罪处罚。同样根据罪刑法定原则,既然单位不能构成该罪,那就不能以该罪来科处单位中的主管人员和其他

---

① 参见最高人民法院刑事审判第一庭、第二庭编:《刑事审判案例》,法律出版社 2002 年版,第 75 页。

直接责任人员,因为追究单位直接负责的主管人员和其他直接责任人员的刑事责任必须以单位构成犯罪为前提。如果说单位都不构成犯罪,那单位行为中的主管人员或者直接责任人员也就不会构成犯罪了。

究竟应该如何处理?《全国法院审理金融犯罪案件工作座谈会纪要》中规定,对于单位实施的贷款诈骗行为,不能以贷款诈骗罪定罪处罚,也不能以贷款诈骗罪追究直接负责的主管人员和其他直接责任人员的刑事责任。但是司法实践中,对于单位十分明显地以非法占有为目的,利用签订、履行借款合同诈骗银行或其他金融机构贷款,符合《刑法》第242条合同诈骗罪构成要件的,应当以合同诈骗罪定罪处罚。在单位实施贷款诈骗行为的过程中,单位必须和银行签订贷款合同,因此,可以认为单位是在用这种借款合同骗取对方当事人的财物。首先,合同诈骗罪的主体既可以是自然人,也可以是单位,因此,单位可以成为合同诈骗罪的主体。其次,单位实施的贷款诈骗行为必然要通过合同的方式来实现,合同诈骗罪与诈骗罪之间的最大区别就在于是否采用了合同的方式。① 根据中国人民银行1996年6月28日发布的《贷款通则》第29条,贷款必须签订合同。再者,单位实施的贷款诈骗行为是故意。最后,单位的贷款诈骗行为侵犯的客体也是社会主义市场经济秩序。因此,单位利用签订合同的方式诈骗贷款的行为,完全符合合同诈骗罪的犯罪构成。在不能以贷款诈骗罪定罪处罚的前提下,我们可以按照合同诈骗罪对于该种行为进行定罪处罚。②

本案中,陈某以含有虚假内容的购销合同申请办理银行承兑汇票20万元,并且用伪造的担保书申请办理承兑汇票40万元,说明其具有非法占有的目的,并且也是通过与银行签订、履行合同的方式来实现该目的,符合合同诈骗罪的犯罪构成,因此应当以合同诈骗罪定罪处罚。③

(作者:余家恺)

---

① 参见乔木:《贷款诈骗罪若干问题研究》,吉林大学2012年博士学位论文。
② 同上。
③ 本案还涉及究竟是以行为时的1979年《刑法》中的诈骗罪定罪处罚,还是按照审判时的1997年《刑法》中的合同诈骗罪定罪处罚。比较两者的法定刑,1997年《刑法》对于合同诈骗罪虽然增加了附加刑,但是主刑轻于1979年《刑法》中的诈骗罪,因此根据从旧兼从轻原则以合同诈骗罪定罪处罚是正确的。

案例 62. 李某金融凭证诈骗案*
——金融凭证诈骗罪与盗窃罪的区别

> **案情介绍**

李某系某市 A 农村信用合作社 B 分社临时工。2005 年 11 月初，李某调离某市 A 信用社 B 分社到 A 信用社工作后，因怕挪用单位资金的事实被发现，遂产生了携款潜逃的想法。同月 13 日上午，李某窜至 A 信用社 B 分社，趁其他工作人员不备，窃取了储户郭某、张某的个人存款信息资料，换了两本"一本通"存折，把两个储户的存款转移到了新办的两个存折上，并加盖了 B 分社的公章。后李某携带这两个伪造的"一本通"存折，先后到数个信用社营业厅，共计提取现金 84.9 万元。李某驾驶用该款购买的北京现代轿车于同月 30 日逃跑至某省 C 县时发生车祸，该轿车及现金 662530 元被 C 县公安机关扣押。

> **理论争议**

本案争论的关键是犯罪性质问题。一种观点认为李某构成盗窃罪。李某利用在信用社工作经常为郭某、张某办理业务，熟知其个人存款信息的便利，通过更换两本"一本通"存折的办法，把这两个储户的存款转移到了新办的两个存折上，后携带伪造的两个存折提取现金的行为是典型的盗窃信用社储户资金的行为。即换折是其盗窃储户资金所采取的手段，且盗窃数额特别巨大，应以盗窃罪追究其刑事责任。另一种观点认为李某的行为表面上看是盗窃行为，而实质上是以伪造存折诈骗信用社钱款的行为，因而其行为构成金融凭证诈骗罪。

> **法理分析**

（一）盗窃罪与金融凭证诈骗罪的比较

盗窃罪，是指以非法占有为目的，秘密窃取公私财物数额较大的或者多次盗

---

* 案例来源：中华人民共和国最高人民法院刑事审判第一庭、第二庭编：《刑事审判参考（总第 54 集）》，法律出版社 2007 年版，第 18 页。

窃公私财物的行为。金融凭证诈骗罪，是指使用伪造、变造的委托收款凭证、汇票凭证、银行存单等其他银行结算凭证，进行诈骗钱财，数额较大的行为。金融凭证诈骗罪中的金融凭证，是指银行结算凭证。结算是指基于商品交易、劳务供应、资金调拨及其他交易而发生的货币收付行为。银行结算凭证，是指银行专门用以结算的凭证，是银行、单位和个人用以记载财务的会计凭证，也是办理支付结算的重要依据。

盗窃罪与金融凭证诈骗罪都属于侵犯财产的犯罪，两者有很多相同之处。在犯罪客体上，两者侵犯的都是公私财物所有权；在犯罪的主观方面，都具有非法占有公私财物的直接故意。但是两罪在侵害的法益上有本质的不同，而这种不同主要是通过两种犯罪实施过程中行为人非法取得他人财产的行为方式予以反映，换句话说，两罪在行为方式上存在本质差别。盗窃罪是指行为人在主观上自认为采取不会被财物所有者、保管者或者经手者发觉的方法而暗中窃取财物，主要法律特征是"秘密窃取"；金融凭证诈骗罪则表现为使用伪造、变造的委托收款凭证、汇票凭证、银行存单等其他银行结算凭证，致使公私财物的所有者、管理者产生错觉，从而似乎"自愿"地将财物交给了行骗人。诈骗罪犯罪是以虚构事实、隐瞒真相的方法，使财物的所有人产生认识错误，从而"自愿"交付财物。其表现为特定行为之承继关系：行为人以不法所有为目的实施欺诈行为—被害人产生错误认识—被害人基于错误认识处分财产—行为人取得财产—被害人受到财产上的损害。

在本案中，李某实施的行为分为前后两个阶段：一是伪造"一本通"的换折行为；二是利用伪造的存折到数信用社提取存款的行为。就第一阶段而言，李某并没有实际占有相应的财产。李某只有采取第二阶段的行为，才能达到非法占有赃款的目的。第二个行为是李某取得存款的关键行为，这种行为对信用社的工作人员而言，并不具有秘密的特征，却具有虚构事实、隐瞒真相，诱使信用社工作人员交付钱款的欺骗性特征。所以李某所触犯的应当是诈骗罪而非盗窃罪。

（二）对李某行为的具体分析

1. 李某第一阶段的行为依法构成伪造金融票证罪

李某窃取了储户郭某、张某的个人存款信息资料，换了两本"一本通"存折，把两个储户的存款转移到了新办的两个存折上，并加盖了B分社的公章。李某的这一行为属于伪造银行存单，依法构成伪造金融票证罪。

伪造行为包括两种情况：一是有形伪造，即没有金融票证制作权的人，假冒他人（包括虚无人）的名义，擅自制造出外观上足以使一般人误认为是真实金融票证的假金融票证；二是无形伪造，即有金融票证制作权的人，超越其制作权限，违背事实制造内容虚假的金融票证。① 在本案中，李某有权制作存折，但其超越权限，未经储户同意，窃取储户的个人信息进行换折的行为，属于无形的伪造行为。李某的这一行为依法构成伪造金融票证罪。

2. 李某第二阶段的行为依法构成金融凭证诈骗罪

李某窃取储户个人信息并换折窃款的行为，看似是一种盗窃储户资金的行为，但追其本质，我们可以发现：

第一，本案中犯罪对象是信用社，受害人亦是信用社，而不是储户。因为虽然李某伪造了储户的存折并提取了资金，但储户手中的存折仍是合法有效的存款凭证，储户凭其存折能够向信用社主张财产权利，而信用社也必须无条件向其支付存款本息。②

第二，造成财产的直接损失的行为不是换折行为，而是后来的取款行为，因此，应根据取款行为的性质确定行为的性质。③ 中国人民银行《关于执行〈储蓄管理条例〉的若干规定》第38条规定："储蓄机构发现有伪造、涂改存单和冒领存款者，应扣留存单（折），并报告有关部门进行处理。"伪造他人存折后向信用社支取存款的行为，属于欺骗信用社工作人员的行为，如果信用社工作人员发现了伪造行为，必然扣留存折而不会支付存款；信用社工作人员之所以支付存款，是因为行为人的伪造行为导致信用社工作人员误认为存折是合法有效的存折。所以，信用社工作人员"自愿"支付存款的行为，是基于认识错误将存款处分给了行为人。所以李某的取款行为应认定为诈骗行为，而非盗窃行为。

第三，李某使用伪造的存折骗取他人财物，其行为既侵犯了国家金融管理秩序又侵犯了公共财物的所有权，故符合金融凭证诈骗罪的构成要件。

第四，金融凭证诈骗罪在客观方面表现为使用伪造、变造的委托收款凭证、汇款凭证、银行存单等其他银行结算凭证进行诈骗，数额较大的行为。（1）行为人必须实施了"使用伪造、变造的委托收款凭证、汇款凭证、银行存单等其他银行

---

① 参见张明楷：《刑法学（第三版）》，法律出版社2007年版，第585—586页。
② 参见中华人民共和国最高人民法院刑事审判第一庭、第二庭编：《刑事审判参考（总第54集）》，法律出版社2007年版，第21页。
③ 参见张明楷：《诈骗罪与金融诈骗罪研究》，清华大学出版社2006年版，第610页。

结算凭证的"行为。所谓使用是指利用伪造、变造的委托收款凭证、汇款凭证、银行存单等其他银行结算凭证、汇款凭证、银行存单等其他银行结算凭证,骗取他人财物的行为。①（2）行为人使用的金融凭证必须是伪造、变造的。所谓伪造,是指未经国家主管机关批准,依照真的银行结算凭证的形状、样式、图案、色彩,非法印制假的银行结算凭证的行为。（3）行为人所使用的伪造、变造的金融凭证是委托收款凭证、汇款凭证、银行存单等其他银行结算凭证。（4）行为人使用伪造、变造的委托收款凭证、汇款凭证、银行存单等其他银行结算凭证进行诈骗,骗取财物数额较大。本案中,李某的行为完全符合金融凭证诈骗罪的行为特征。

第五,李某取款、购车、携带剩余赃款潜逃的行为,足以认定其主观上具有非法占有的目的,符合金融凭证诈骗罪的主观方向。

所以本案中,李某利用工作之便,以偷换储户存折的方式支取存款的行为,构成金融凭证诈骗罪。

3. 两罪属牵连关系,从一重罪处断

金融凭证诈骗犯罪属于智能型犯罪,通常行为人要使用一定的金融工具或者借助一定的方法、使用一定的手段,而当刑法将这些方法行为或者手段行为单独规定为犯罪时,使用这些方法、手段的,则可能成立牵连犯。对于牵连犯,法律没有明确规定数罪并罚的,应当从一重罪处断。②

本案中,李某利用窃取的他人存款信用资料伪造银行存折的行为,依法构成伪造金融票证罪,其后使用该伪造的存折到信用社取款的行为亦构成金融凭证诈骗罪,两个行为具有手段行为与目的行为的牵连关系,属于牵连犯。故应从一重罪处断。从刑法对两罪规定的法定刑来看,幅度与刑种基本相同,只是金融凭证诈骗罪规定了死刑,因此,一般而言,金融凭证诈骗罪是重罪,故应对被告人李某以金融凭证诈骗罪论处。

（作者:韩玉）

---

① 参见胡启忠等:《金融犯罪论》,西南财经大学出版社 2001 年版,第 383 页。
② 参见李文燕主编:《金融诈骗犯罪研究》,中国人民公安大学出版社 2002 年版,第 206 页。

案例 63. 王某保险诈骗案*
——保险诈骗罪的未遂

案情介绍

王某与某保险公司的一名业务员曾某勾搭,共同策划为王某的丈夫李某买大额保险,然后将李某杀害,意图骗取巨额保险金。1997年12月22日至1998年1月12日间,王某多次哄劝李某买下各种保险,包括幸福保险、人寿保险、意外保险等几个险种,并确认王某为唯一受益人。办完保险手续后,王某与曾某就开始策划杀害李某。1998年2月25日晚,曾某来到某餐厅,与雇来的打手陈某等三人接头,并把李某的照片及摩托车牌号交给这三人。当晚,曾某等人守候在李某回家的必经路上,开始拦截李某。当拦到第三辆车时,他们认出了李某,将李某杀死。第二天早晨,过路的群众发现并报警。司法人员很快就找到了线索,将王某作为重点嫌疑对象,最后王某供认了上述犯罪事实。

理论争议

关于本案被告人王某构成何罪,有几种不同的观点。第一种观点认为,王某构成保险诈骗罪既遂;第二种观点认为,王某构成故意杀人罪;第三种观点认为,王某构成保险诈骗罪的预备;第四种观点认为,王某构成保险诈骗罪,该罪只有是否构成的问题,没有既遂和未遂之分。

法理分析

保险诈骗罪,是指投保人、被保险人、受益人以非法占有为目的,违反保险法律法规的规定,采取法定的欺骗手段,骗取保险金,数额较大的行为。

本案例中,王某构成保险诈骗罪是没有疑问的,只是处于何种犯罪停止形态有争议,学界对于保险诈骗罪的未遂与既遂也存在不同的看法。

根据法条规定,保险诈骗罪有以下几种行为方式:第一,投保人故意虚构保

---

* 案例来源:赵秉志主编:《中国刑法案例与学理研究(第三卷)》,法律出版社2004年版,第333页。

险标的,骗取保险金的;第二,投保人、被保险人或者受益人对发生的保险事故编造虚假的原因或者夸大损失的程度,骗取保险金的;第三,投保人、被保险人或者受益人编造未曾发生的保险事故,骗取保险金的。

有学者认为,保险诈骗罪不存在未遂,如果诈骗人没有骗取到保险金,就不构成保险诈骗罪,而只是违反保险法的一般违法行为。只有骗取到了保险金,才能构成本罪。这种观点实际上是把保险金是否到手作为保险诈骗罪罪与非罪的标准。理由在于《刑法》第 198 条所列举的行为类型当中,都要求"骗取保险金"。也有学者认为,保险诈骗罪存在未遂,理由在于,我国刑法中将保险诈骗犯规定为结果犯,保险金是否到手是一种结果,如果行为人实施了保险诈骗行为,没有骗取到保险金的,应当以未遂论处。并且,在实践中,确实很多情况下不予惩罚没有骗取到保险金的情况。①

我们认为,保险诈骗罪应当存在犯罪未遂。刑法理论通说认为,诈骗罪存在未遂形态。保险诈骗也是诈骗的一种,只是刑法将其单独列出来规定为犯罪,但是其本质上还是具备诈骗的一般特征。诈骗罪本身包括了诈骗行为和诈骗结果,保险诈骗也应当包括诈骗行为和诈骗结果,刑法将诈骗犯罪规定为结果犯,保险诈骗罪也应当是结果犯,普通诈骗罪中,非法取得财物是犯罪既遂的标准,保险诈骗罪中,也应当以保险金骗取到手作为犯罪既遂的标准。我国刑法分则对于犯罪的规定都是以既遂为标准的,没有骗取到保险金,只是犯罪结果没有达到,不构成保险诈骗罪的既遂,但还是有可能构成未遂。② 否定论错误地理解了犯罪既遂与成立犯罪之间的区别,将罪与非罪的标准与犯罪完成形态的界限混淆了。保险诈骗罪作为一种直接故意犯罪,从理论上说,也是存在预备、未遂、中止的,是否骗取到保险金并不是衡量是否成立的标准,而只是保险诈骗罪既遂的标准。实践中不经常处罚保险诈骗没有骗得保险金的情况并不能否认理论中保险诈骗罪在不同情况下的不同停止形态。

既然保险诈骗罪存在预备和未遂,那本案中王某究竟是何种停止形态?《刑法》第 22 条第 1 款规定:"为了犯罪,准备工具、制造条件的,是犯罪预备。"《刑法》第 23 条第 1 款规定:"已经着手实行犯罪,由于犯罪分子意志以外的原因而未得逞的,是犯罪未遂。"可见区分预备和未遂的标准在于行为人是否已经着手。

关于本罪的着手,主要有以下几种观点:第一种观点,也是我国刑法理论界的通说,认为着手就是开始实施刑法分则所规定的某一犯罪构成要件的行为。

---

① 参见李海英:《保险诈骗罪基本问题研究》,郑州大学 2007 年硕士学位论文。
② 参见赵秉志主编:《中国刑法案例与学理研究(第三卷)》,法律出版社 2004 年版,第 334 页。

因此,保险诈骗罪的着手就是开始实施《刑法》第198条规定的五种法定的行为。第二种观点认为,以行为人开始实施向保险人虚构事实或者隐瞒真相的行为作为保险诈骗罪的着手,其具体标志是行为人以非法占有为目的把虚假信息传递给被害人。① 第三种观点认为,本罪的着手应当是行为人开始实施索赔行为或者开始向保险公司提出给付保险金请求,即索赔说。②

相比较而言,我们比较赞成第三种观点,即索赔说。第一种观点认为,只要行为人实施了《刑法》第198条规定的五种行为,就是保险诈骗罪的着手,那如果行为人为了骗取保险金,实施了杀害被保险人的行为之后即被逮捕,此时该行为既构成杀人罪的既遂,又构成保险诈骗罪的未遂,这在立法上有违"禁止重复评价"原则。③ 如果把"故意造成财产损失的保险事故,故意造成被保险人死亡、伤残、疾病"作为保险诈骗罪的罪状内容的话,那表明,保险诈骗罪中是包含了这些行为手段的。然而《刑法》第198条第2款又规定:"有前款第四项、第五项所列行为,同时构成其他犯罪的,依照数罪并罚的规定处罚。"如果是数罪并罚,即杀人罪与保险诈骗罪的数罪并罚,那么杀人行为在杀人罪中被认定一次,在保险诈骗罪中又作为行为手段再被认定一次,同一行为也受到了两次评价,这显然是不合理的。我们认为,立法上之所以规定要数罪并罚,是因为此种行为的社会危害性已经超出了保险诈骗罪的程度,从这一点上来看,数罪并罚并无不妥。然而如果要以此来认定着手,就容易产生与"禁止重复评价"这一原则的矛盾。"着手"应当采用一个主客观相统一的标准,如果只看客观行为而不顾主观意思,会存在客观归罪之嫌,导致罪责刑不相适应。因为有时候,行为人在实施法条规定的五项行为之时,还没有非常明确的诈骗保险金的故意,也没有实施骗取保险金的行为。从保险诈骗罪的罪名来看,必须存在诈骗的行为和意思。行为人在实施虚构保险标的,编造未曾发生的事故等行为之时,并不是"骗取"之意的必然流露。④ 我们认为此时的行为,恰恰符合关于犯罪预备的描述:为了犯罪,准备工具、创造条件的行为。保险诈骗之前的种种行为,正是给之后的诈骗行为创造了条件,提供了方便,因此,对此认定为犯罪预备更为妥当。

第二种观点认为将虚假信息传递给被害人时就是保险诈骗罪的着手,具体

---

① 参见花林广:《论保险诈骗罪》,载《中国刑事法杂志》2003年第2期。
② 参见丁理、林斌:《论保险诈骗罪的着手认定》,载《湖南公安高等专科学校学报》2005年第3期。
③ 禁止重复评价原则不仅是重要的司法原则,也是重要的立法原则,其旨在强调对同一犯罪不能重复追究刑事责任,限制司法权的滥用,保障犯罪人的合法权益。
④ 参见丁理、林斌:《论保险诈骗罪的着手认定》,载《湖南公安高等专科学校学报》2005年第3期。

而言分两种情况,为诈骗保险金而虚构保险标的,与被害人订立保险合同时是着手,在订立了保险合同之后才产生诈骗故意的,从虚假信息向被害人传递时认定着手。这种观点紧紧抓住了"骗"的特征,认为只有当虚假信息传递时才能认定为着手,但是其弊病在于会导致同一法条内部,行为方式相似的情况下认定着手标准不统一的局面。① 有时候甚至会将着手时间提前,将一些事前的行为就认定为着手。

有学者认为,"已经开始实施可能直接导致行为人所追求的、行为性质所决定的犯罪结果发生的行为时,就是实行行为的着手。"②我们也赞同这一看法,因此,认定着手行为时不应当局限于罪状的具体描述,而应当从犯罪着手实际在于限制处罚未遂犯的角度进行考虑。③ 因此,保险诈骗罪的着手只能是行为人开始实施向保险公司申请支付保险金的行为时,即索赔说。结合《刑法》第198条对保险诈骗罪客观行为的规定来看,其实质上是存在双重行为的,既有虚构等方面的行为,又有诈骗的行为,虚构等方面的行为为诈骗的行为服务,虚构等方面的行为是方法行为,诈骗行为是目的行为。但是,仅仅虚构等行为还无法反映出行为人的主观恶性,也无法体现该整体行为的性质,因此只有向保险公司提出索赔请求时,其骗取保险金的犯罪目的才可能实现。索赔的行为才更直接导致保险公司的财产受到损失,诈骗的故意得以实现。④ 所以,此前的虚构等方面的行为,只能作为犯罪预备来看待。

从案例中来看,王某起先产生了保险诈骗的故意,于是哄骗丈夫李某办理了保险手续,之后与他人合计将李某杀害。从行为人的主观方面看,王某具有诈骗的故意,行为也具有保险诈骗的性质,但她并没有向保险公司索赔就已经被逮捕。我们认为,王某依然没有进入到保险诈骗罪的着手阶段,由于意志以外的原因而停止,属于保险诈骗罪的预备状态与故意杀人罪的既遂的想象竞合,应以故意杀人罪论处。

(作者:余家恺)

---

① 参见赵秉志主编:《中国刑法案例与学理研究(第三卷)》,法律出版社2004年版,第338页。
② 张明楷:《刑法学(上)》,法律出版社1997年版,第253—255页。
③ 参见赵秉志主编:《中国刑法案例与学理研究(第三卷)》,法律出版社2004年版,第338页。
④ 参见胡朝朝:《保险诈骗罪的司法认定》,西南政法大学2015年硕士学位论文。

案例 64. 王某持有伪造的发票案[*]
——持有伪造的发票罪的相关问题

案情介绍

王某系某酒店的前台经理。2011年年底至2012年3月,王某为支付停车发票,向他人购买了伪造的停车发票并予以保管。2012年3月27日,公安人员依法进行搜查,共查获尚未使用的某市收费停车场(库)定额发票2962张。经鉴定,均为伪造的发票。

本案的审理法院认为,被告人王某明知系伪造的发票而持有,数量较大,其行为已构成持有伪造的发票罪,应依法予以惩处。鉴于被告人王某犯罪情节轻微,在案发后能如实供述罪行,并有立功情节,最终判决被告人王某犯持有伪造的发票罪,免予刑事处罚。

理论争议

关于王某的行为,存在着两种不同的意见。一种意见认为,王某明知是伪造的发票而持有,且数量较大,应当以持有伪造的发票罪定罪处罚。另外一种意见认为,王某购买伪造的停车发票,是为了在停车服务过程中向接受服务者进行给付,因此应当以出售非法制造的发票罪定罪处罚。

法理评析

在《刑法修正案(八)》施行以前,我国《刑法》从第205条到第209条依次规定了虚开增值税专用发票、用于骗取出口退税、抵扣税款发票罪,伪造、出售伪造的增值税专用发票罪,非法出售增值税专用发票罪,非法购买增值税专用发票、购买伪造的增值税专用发票罪,非法制造、出售非法制造的用于骗取出口退税、抵扣税款发票罪,非法制造、出售非法制造的发票罪,非法出售用于骗取出口退

---

[*] 案例来源:(2012)静刑初字第586号。

税、抵扣税款发票罪和非法出售发票罪共八种发票类犯罪。在司法实践中,司法机关在打击发票类犯罪的过程中,经常会碰到虽然在犯罪嫌疑人的身上或者其住所查获大量伪造的发票,但难以证明该伪造的发票就是犯罪嫌疑人自己伪造、非法购买或者准备出售的。这样一来,就难以通过刑法分则已有的发票类罪名对犯罪嫌疑人的行为加以惩处,尽管在实践中通常的做法是:在伪造现场查获大量伪造的发票的,以伪造发票犯罪定罪处罚;在交易现场查获大量伪造的发票的,以出售或购买伪造的发票犯罪定罪处罚。虽然这种实践中的做法在一定程度上遏制了伪造的发票在市场经济环境中蔓延泛滥的势头,但难免有违背罪刑法定的刑法基本原则之嫌。

为了弥补对发票类犯罪规定的不足,《刑法修正案(八)》第35条规定新增"持有伪造的发票罪",作为《刑法》第210条之一:"明知是伪造的发票而持有,数量较大的,处二年以下有期徒刑、拘役或者管制,并处罚金;数量巨大的,处二年以上七年以下有期徒刑,并处罚金。单位犯前款罪的,对单位判处罚金,并对其直接负责的主管人员和其他直接责任人员,依照前款的规定处罚。"

(一)持有伪造的发票罪的特征

(1)犯罪主体:一般主体,包括自然人和单位。凡是年满16周岁、具有刑事责任能力的自然人或者单位,均可构成本罪。

(2)犯罪主观要件:故意,行为人在主观上必须明知是伪造的发票而持有。如果行为人不知是伪造的发票而持有,例如因过失而持有伪造的发票的,则不能认定为本罪。

(3)犯罪客观要件:持有伪造的发票,数量较大的行为。

发票是指一切单位和个人在购销商品、提供或接受劳务、服务以及从事其他经营活动时,所提供给对方的收付款的书面证明,是财务收支的法定凭证,会计核算的原始依据,同时也是审计机关、税务机关执法检查的重要依据。本罪所谓"伪造的发票",是指仿照发票的内容、专用纸、荧光油墨、形状、图案、色彩等,使用印制、复印、描绘等手段制造的虚假的普通发票、增值税专用发票和专业发票等各类发票。

本罪规定的"数量较大",应参照最高人民检察院、公安部《关于公安机关管辖的刑事案件立案追诉标准的规定(二)的补充规定》[1]第3条之内容:"明知是伪造的发票而持有,具有下列情形之一的,应予立案追诉:(一)持有伪造的增值

---

[1] 该文件现已失效。

税专用发票五十份以上或者票面额累计在二十万元以上的,应予立案追诉;2. 持有伪造的可以用于骗取出口退税、抵扣税款的其他发票 100 份以上或者票面额累计在 40 万元以上的,应予立案追诉;3. 持有伪造的第 1、2 项规定以外的其他发票 200 份以上或者票面额累计在 80 万元以上的,应予立案追诉。"

(4)犯罪客体:国家正常的税收征管秩序和发票管理制度。

(二)对"持有"之属性的界定

关于界定"持有"的属性,第一层次的问题是分析"持有"究竟是一种行为还是一种状态。在我国刑法理论界,对于这一问题主要存在着三种不同的学说:首先是行为说,该学说认为"持有"是指行为人通过保管、藏匿、拥有、携带等方式在事实上支配、控制着特定物品的行为;其次是状态说,该学说认为"持有"是一种状态,与行为的地位相同,都属于构成犯罪的基础;最后是折中说,该学说认为"持有"既是一种状态(反映着人对物的控制),也是一种行为(表现着人的主体性)。我们认为,"持有"应当属于行为的范畴。一方面,"无行为即无犯罪"的思想为当今我国刑法学界所公认,我国的犯罪论体系也是以行为为基础建立起来的。即使一种具有严重社会危害性的状态受到了刑法的关注,比如说供人们饮用的水源当中混有高浓度的毒害性物质,也只有在查明系有人实施了"投放危险物质"的行为后,才能启动刑事制裁程序。如果有害的状态仅是由于自然原因造成的,则应属于"天灾"而非"人祸",不应该也不可能纳入到刑法的评价范围。另一方面,我国在对某些持有型犯罪的司法解释中,也已经将"持有"规定为一种行为。例如最高人民法院《关于审理非法制造、买卖、运输枪支、弹药、爆炸物等刑事案件具体应用法律若干问题的解释》第 8 条第 2 款规定:"刑法第一百二十八条第一款规定的'非法持有',是指不符合配备、配置枪支、弹药条件的人员,违反枪支管理法律、法规的规定,擅自持有枪支、弹药的行为。"

在将"持有"界定为属于行为的范畴之后,第二层次的问题就是"持有"这种行为是一种作为还是一种不作为形式的犯罪。我国有学者认为,持有型犯罪是一种作为形式的犯罪,因为行为人违反了刑法中禁止非法持有特定物品的法律规范,属于"不应为而为";也有学者认为,法律之所以规定持有型犯罪,其意图在于要求持有特定物品的行为人主动将该物品上缴给国家有关部门,应上缴而不上缴的,属于"应为而不为",理应是一种不作为形式的犯罪。我们认为,"持有"应当是一种作为形式的犯罪。之所以否认"持有"是一种不作为形式的犯罪,是因为要构成不作为形式的犯罪,必须存在作为义务的来源,但是持有型犯罪的行为人实际上并不负有某些学者所谓的法律明文规定的"上缴义务"。我国关于对特定物品进行管制的法律规范,通常是以禁止性条文的形式表现,例如《中华人民共和国枪支管理法》第3条第1款规定:"国家严格管制枪支。禁止任何单位或者个人违反法律规定持有、制造(包括变造、装配)、买卖、运输、出租、出借枪支。"其中并无"上缴义务"的相关表述。另外,如果认为持有型犯罪的行为人负有"上缴义务"而未上缴构成不作为犯罪,那么在司法实践中可能会出现如下情形:因过失持有毒品的行为人在发现自己持有的物品是毒品后,准备将毒品倒入下水道进行销毁。正当行为人将毒品倾倒之时,司法人员将其抓获,并以行为人未履行上缴毒品的义务追究其"非法持有毒品"的刑事责任。我们不难想象到这种情形的出现将在法律适用上造成的尴尬境地。

(三)持有伪造的发票罪与出售非法制造的发票罪之区别

我国《刑法》第209条第2款规定:"伪造、擅自制造或者出售伪造、擅自制造的前款规定以外的其他发票的,处二年以下有期徒刑、拘役或者管制,并处或者单处一万元以上五万元以下罚金;情节严重的,处二年以上七年以下有期徒刑,并处五万元以上五十万元以下罚金。"其中"前款规定以外的其他发票"是指不能用于出口退税、抵扣税款的发票。以上即是《刑法》对出售非法制造的发票罪的表述。

关于在本案认定问题上出现的第二种意见,主要是没有厘清本案中王某的行为究竟是一种出售行为还是一种单纯的持有行为。我们认为,持有伪造的发票罪与出售非法制造的发票罪的区别标志之一就是行为人在交易中有无将非法制造的发票作为标的。也就是说,出售非法制造的发票罪的"出售",指的是以非法制造的发票为转移所有权的对象从而进行的金钱交易活动。在本案中,虽然王某购买伪造的停车发票,是为了在停车服务过程中向接受服务者进行给付,但是其并非意欲将伪造的停车发票本身作为商品进行销售,而仅仅是打算在提供服务的过程中,附带地将伪造的停车发票提供给接受服务者以作为一种收付款的书面证明,所以不是一种出售非法制造的发票的行为。鉴于此,本案王某的行为被评价为持有伪造的发票罪才是正确的。

(作者:王文梁)

案例 65. 项某、孙某侵犯商业秘密案*

——侵犯商业秘密罪的认定

案情介绍

2000年11月初,项某、孙某经预谋,为加盟马来西亚某通信公司创造条件,违反某信息技术公司有关保守商业秘密的约定,由项某将孙某主持的某信息技术公司为香港某网股份有限公司门户网站开发的加密电子邮件系统(Webmail,价值人民币74万余元)提供给马来西亚某通信公司。同月6日,孙某按约定,将该软件的源代码通过凌码公司邮件服务器上自己的电子信箱发到项某在新浪网上的电子邮箱中,由项某下载获得该软件源代码。此后,在项某的要求下,孙某告知项某可通过远程登录相关网址获取修改后的该软件源代码,同时再次通过某信息技术公司的邮件服务器将修改后的该软件源代码发送给项某,项某在获得上述软件源代码后,即安装到马来西亚某通信公司的服务器上进行演示。为此,项某、孙某分别获得马来西亚某通信公司给予的笔记本电脑一台,价值人民币2万元。

人民法院认定被告人项某犯侵犯商业秘密罪,判处有期徒刑3年6个月,并处罚金4000元;被告人孙某犯侵犯商业秘密罪,判处有期徒刑2年6个月,并处罚金3000元。

理论争议

对于项某、孙某的行为,存在两种不同意见。一种认为,项某、孙某违反公司有关保守商业秘密的约定和要求,披露所掌握的加密电子邮件源代码的商业秘密,给商业秘密的权利人造成特别严重的后果,已构成侵犯商业秘密罪;另一种观点认为,项某、孙某实施的将软件进行演示的行为,不属于刑法中规定的侵犯商业秘密的行为,且被害单位也未受到实际损失,故其行为不构成侵犯商业秘

---

* 案例来源:最高人民检察院法律政策研究室编:《典型疑难案例评析(总第8辑)》,中国检察出版社2003年版,第88页。

密罪。

> **法理分析**

随着社会主义市场经济的快速发展以及经济全球化的不断深入,商业秘密的重要价值已被我国各企业和法律、知识产权工作者们逐渐认识,成为国际国内贸易中竞争制胜的秘密武器,也成为犯罪分子们所觊觎的新型财产。为了加大打击侵犯商业秘密行为的力度,我国1997年《刑法》中增加了"侵犯商业秘密罪",将严重的侵犯商业秘密的行为规定为犯罪。这样做既为我们保护商业秘密提供了更有力的法律武器,也顺应了国际潮流。但是,由于商业秘密本身的特殊性以及司法实践中案例较少、经验匮乏等原因,对侵犯商业秘密罪的认定就存在不少困难,主要集中在三个方面:(1)商业秘密的定义及认定;(2)侵犯商业秘密罪客观方面的表现;(3)所造成的"重大损失"如何计算。下面我们逐一进行分析。

(一)商业秘密的定义及认定

1993年9月2日第八届全国人大常委会第三次会议通过的《中华人民共和国反不正当竞争法》(以下简称《反不正当竞争法》)第一次在我国立法上对商业秘密的概念进行了详细的、科学的界定,并明确规定了对侵犯商业秘密的行为进行行政的、经济法的制裁。该法第10条第1款列举了经营者侵犯商业秘密的各种行为方式;第2款规定了第三人的责任;第3款给商业秘密下了定义,即"本条所称的商业秘密,是指不为公众所知悉、能为权利人带来经济利益、具有实用性并经权利人采取保密措施的技术信息和经营信息"。1997年《刑法》中的侵犯商业秘密罪之规定几乎与《反不正当竞争法》一样,只是将情节严重的行为作为犯罪进行处理。虽然经济法和刑法均对商业秘密的概念进行了界定,并列举了各种侵犯商业秘密的具体行为方式,但由于社会生活的纷繁复杂,司法实践中对于如何认定商业秘密还是存在不少困难。下面,我们就从上述定义本身入手来逐条分析商业秘密的特征。第一,"不为公众所知悉"中如何界定"公众"的范围?有学者认为,这里的"公众"一般是指有可能从该商业秘密的利用中取得经济利益的同业竞争者,而不是泛指所有的自然人。所以,商业秘密的新颖性是相对而言的,有行业和地域的限制。[①] 我们认为,这样的限定体现了刑法在知识产权保

---

① 参见周光权:《侵犯商业秘密罪疑难问题研究》,载《清华大学学报(哲学社会科学版)》2003年第5期。

护领域的谦抑性,但是却过于狭窄,因为还存在某些人虽然不是同行业竞争者,但是却将非法获取的商业秘密转卖他人,从中牟利,或者纯粹为了泄愤等原因,非法获得商业秘密后无偿提供给他人,使原商业秘密所有者遭受重大损失等情况,显然这些人的行为也应属于"公众"的范围。因此,我们认为将"公众"定义为"有可能从该商业秘密的利用中取得经济利益,或者其行为会给原商业秘密所有人造成重大损失的人"①较为恰当。第二,对于"知悉"的内容,我们认为不仅包括商业秘密本身,而且包括商业秘密的产出流程等与商业秘密直接相关,可以通过对其的获取而自己获得(如推导、计算、实验等方式)商业秘密的途径、方式、方法等。第三,"能为权利人带来经济利益"不仅包括现今的利益,也包括将来的利益,但是此将来的利益必须是明确的,可以实现的。第四,"具有实用性"是指作为其组成内容的技术信息和经营信息必须能够在生产和经营活动中得到应用,并且能够产生积极的效果。② 第五,"采取保密措施的技术信息和经营信息"是指权利人通过各种方式对商业秘密进行了保护,不让公众知晓。这种保密措施可表现为将商业秘密"束之高阁",仅限于权利人或少数相关人员知晓,以及和相关人员签订书面协议或口头约定等诸多方式。至于技术信息和经营信息,是对商业秘密的大概分类,目前也被理论界和司法界所接受。国家工商行政管理局《关于禁止侵犯商业秘密行为的若干规定》第 2 条第 4 款规定:"本规定所称技术信息和经营信息,包括设计、程序、产品配方、制作工艺、制作方法、管理诀窍、客户名单、货源情况、产销策略、招投标中的标底及标书内容等信息。"一般认为,技术信息不要求全部具有新颖性。③

(二) 侵犯商业秘密罪客观方面的表现

《刑法》第 219 条第 1、2 款规定了侵犯商业秘密罪客观方面的表现形式:"(一) 以盗窃、利诱、胁迫或者其他不正当手段获取权利人的商业秘密的;(二) 披露、使用或者允许他人使用以前项手段获取的权利人的商业秘密的;(三) 违反约定或者违反权利人有关保守商业秘密的要求,披露、使用或者允许他人使用其所掌握的商业秘密。明知或者应知前款所列行为,获取、使用或者披露他人的商业秘密的,以侵犯商业秘密论。"若对上述方式加以总结,可归为四类方式:非法获取、非法披露、非法使用、非法允许他人使用。首先,"非法获取"的

---

① 这里对"公众"的定义是在刑法学范畴内进行的,因而要求造成"重大损失"。
② 参见姜伟主编:《知识产权刑事保护研究》,法律出版社 2004 年版,第 298 页。
③ 参见周光权:《侵犯商业秘密罪疑难问题研究》,载《清华大学学报(哲学社会科学版)》2003 年第 5 期。

手段包括盗窃、利诱、胁迫或其他不正当手段等。盗窃的表现形式既可以是偷盗权利人商业秘密的有形载体原件,如文件资料、磁带磁盘、样品样机等,也可以是其复制品;同时如偷阅权利人的商业秘密后,再凭借大脑的记忆将该商业秘密再现出来等方式也可认定为盗窃。① 利诱的表现形式为以金钱、权力、职位、美色等有形或无形的利益进行引诱。胁迫表现为利用恐吓、威胁等方式,逼迫掌握商业秘密的人将其交出。其他不正当手段包括诈骗、抢夺等,这是一个兜底条款,为了将法条未能穷尽的非法获取商业秘密的手段均包括在内。这里要注意的是,若行为人主观上没有获取商业秘密的故意,只是为了获取财物或其他利益,后来才发现所得物为商业秘密的,根据主客观相统一的原则,不宜认定为侵犯商业秘密罪。其次,"非法披露"的行为方式多种多样,法律没有具体规定,包括利用各种媒介(电视、报纸、互联网)进行传播、直接告诉他人、出卖商业秘密,等等。且披露程度不影响定罪。再次,"非法使用"是指将非法获得的商业秘密运用于自己的生产经营活动,至于使用商业秘密的具体场合如何,不影响犯罪的成立。② 最后,"非法允许他人使用"刑法没有规定具体的行为方式,且这种允许可以是有偿的,也可以是无偿的。

(三)所造成的"重大损失"如何理解及计算

最高人民法院、最高人民检察院《关于办理侵犯知识产权刑事案件具体应用法律若干问题的解释》第7条规定:"实施刑法第二百一十九条规定的行为之一,给商业秘密的权利人造成损失数额在五十万元以上的,属于'给商业秘密的权利人造成重大损失',应当以侵犯商业秘密罪判处三年以下有期徒刑或者拘役,并处或者单处罚金。给商业秘密的权利人造成损失数额在二百五十万元以上的,属于刑法第二百一十九条规定的'造成特别严重后果',应当以侵犯商业秘密罪判处三年以上七年以下有期徒刑,并处罚金。"这条解释给我们认定"重大损失"提供了数额标准,但是却没有解决如何理解、计算"重大损失"的问题。

1. "重大损失"的理解问题

首先,对于"重大损失"不能仅仅理解为商业秘密本身的价值,或者侵犯商业秘密者获得的收益等。刑法要做到既打击严重侵犯商业秘密的行为,又保

---

① 参见赵秉志主编:《中国知识产权的刑事法保护及对欧盟经验的借鉴》,法律出版社2006年版,第179页。
② 参见赵秉志主编:《侵犯知识产权犯罪研究》,中国方正出版社1999年版,第302页。

持在知识产权保护领域介入的有限性,因此对于"重大损失"的理解要限定在一个合理范围内。我们认为,"重大损失"应当是一个综合的损失。具体说来,就是当前由于商业秘密被侵犯所遭受的损失加上合理预期内的损失。① 其次,商业秘密本身的价值以及侵犯商业秘密者获得的收益只能是认定"重大损失"的标准之一。商业秘密是无形财产,刑法将侵犯商业秘密罪列入破坏社会主义市场经济秩序罪中的"侵犯知识产权罪"一节中,而不是置于"侵犯财产罪"一章中,②表明其不能以一般有形财产的价值认定方式来认定。至于侵犯商业秘密者所获得的收益,更是充满不确定性。最后,"重大损失"只能认定为物质损失,而不能包括精神损失。商业秘密不同于著作权,只具有财产性质,不具有人身性质。

2. "重大损失"的计算问题

目前司法实践中对于"重大损失"的计算比较混乱。我们认为,在计算时要把握上述基本原则,即当前由于商业秘密被侵犯所遭受的损失加上合理预期内的损失(必须是物质损失)为基准,再综合考虑商业秘密的种类、商业秘密的使用状况、商业秘密的利用周期、市场竞争的程度、市场前景的预测、商业秘密的经济利用价值大小、商业秘密的新颖程度、侵权时间长短、侵权行为方式、侵权人获得的非法利益等进行计算。③ 而且,个案与个案是不同的,要具体问题具体分析。

(四) 对本案的分析

综合以上论述,可以看出本案中两行为人违背保密协议,将原公司的商业秘密通过网络进行演示、披露并提供给他人使用,且据调查给原公司造成的当前损失加上合理预期内的损失为 70 多万元,因而符合司法解释中"造成重大损失五十万元以上"的标准,法院的判决是准确的。

(作者:张新亚)

---

① 参见刘宪权、吴允锋:《侵犯商业秘密罪若干争议问题研究》,载《甘肃政法学院学报》2006 年第 7 期。
② 参见张明楷等:《刑法新问题探究》,清华大学出版社 2003 年版,第 238 页。
③ 参见刘宪权、吴允锋:《侵犯商业秘密罪若干争议问题研究》,载《甘肃政法学院学报》2006 年第 7 期。

案例66. 陈某"合同诈骗"案*

——合同诈骗罪的认定①

案情介绍

1992年11月13日,陈某以某外省贸易有限公司的名义与某县城东工业供销经理部签订了一份购销2000吨红小麦的合同。合同约定:经理部供应红小麦2000吨,每吨770元,总金额154万元。贸易公司预付4万元定金(实付2万元),1992年12月30日前,货到某码头交完后,一次性付清货款。当月21日,经理部又与某县粮管所签订一份购销2000吨红小麦的合同。合同约定:分批发货,分批结算货款,12月底货款两清。后粮管所按约定分四批向某码头发运红小麦2188.33吨,总货款163.114万元。陈某收货后将其降价分批销售,共得货款120余万元,除支付给经理部74万元外,其余40余万元被其用于偿还债务和借给他人。1993年1月17日,陈某在与检察机关一起去"追赃"过程中脱逃,在脱逃期间又获得货款20余万元,仍将其中的15万元借与他人,致使经理部遭受80余万元的经济损失。后陈某于1994年9月11日再次被捕。

本案经历了市检察院提起公诉、市中院一审判决、省高院二审裁定发回重审、市中院退回补充侦查、县检察院再次提起公诉、县法院一审判决、市中院二审裁定维持原判、被告人申诉、省高院决定再审以及作出终审判决陈某无罪的司法程序。

---

* 案例来源:最高人民法院、最高人民检察院《中国案例指导》编辑委员会编:《中国案例指导(总第1辑·刑事行政卷)》,法律出版社2005年版,第27页。

① 注意本案中刑法适用的时间效力问题:市检察院提起公诉、市中院一审判决、省高院二审裁定发回重审、市中院退回补充侦查及县检察院再次提起公诉均在1997年《刑法》实施前,而县法院一审判决、市中院二审裁定维持原判、被告人申诉、省高院决定再审以及作出终审判决均在1997年《刑法》实施后。合同诈骗罪是1997年《刑法》中新加入的罪名,虽然1979年《刑法》将其作为诈骗罪的表现形式之一,但却没有独立成罪。因此,我们讨论陈某的行为是否构成诈骗罪则是在1979年《刑法》范围之内,是否构成合同诈骗罪则是在1997年《刑法》范围之内。但其实,1979年《刑法》和1997年《刑法》中关于诈骗罪的规定并无实质上的不同,因而不妨碍我们以现行法律对诈骗罪的认定标准对陈某的行为进行分析。

理论争议

对于本案,争议的焦点在于陈某的行为是属于合同诈骗行为、诈骗行为还是一般的经济合同纠纷,具体说来,就在于对陈某客观上有没有实施刑法规定的虚构事实、隐瞒真相或者合同诈骗具体形式的行为,主观上有没有非法占有经理部财产的目的之认定。此外,本案中还存在着检察机关的司法程序适用错误的问题。

法理分析

诈骗罪,是指以不法占有为目的,使用虚构事实或者隐瞒真相的方法,骗取数额较大的公私财物的行为。诈骗罪的基本构造为:行为人以不法所有为目的实施欺诈行为—对方产生错误认识—对方基于错误认识处分财产—行为人取得财产。合同诈骗罪,是指以不法占有为目的,在签订、履行合同过程中,使用欺诈手段,骗取对方当事人数额较大的财物的行为。欺诈手段是指下列情形:(1)以虚构的单位或者冒用他人名义签订合同的;(2)以伪造、变造、作废的票据或者其他虚假的产权证明作担保的;(3)没有实际履行能力,以先履行小额合同或者部分履行合同的方法,诱骗对方当事人继续签订和履行合同的;(4)收受对方当事人给付的货物、货款、预付款或者担保财产后逃匿的;(5)以其他方法骗取对方当事人财物的。实施上述行为之一,骗取对方当事人数额较大财物的,即可成立本罪。① 因此,我们对陈某的行为进行评价,就要从主客观两方面进行。下面让我们逐一进行分析。

(一)陈某客观上是否实行了(合同)诈骗的行为

在省高院决定再审以及作出终审判决宣告陈某无罪之前,几乎所有法院的判决和裁定都认为陈某的行为在客观上符合合同诈骗罪的构成要件,其理由是:其一,陈某冒用某外省贸易有限公司的名义签订经济合同;其二,陈某在收受货物后以低价销售货物;其三,陈某得款后不积极履行合同。对于上述事实的认定,若真实,则确实符合我国刑法中所列举的合同诈骗行为的五种方式。但是据省高院重新审查后发现,认定的"事实"存在很大的虚假成分。首先,据调查,陈某虽然不是某外省贸易有限公司的工作人员,但是在其签订合同后,曾电话告知此公司的相关负责人员,得到了此公司对所签订合同的认可。按照民法相关理

---

① 参见张明楷:《刑法学(第三版)》,法律出版社2007年版,第627、735页。

论,对于没有代理权、超越代理权的行为,在经过被代理人的追认后,此行为即被认为有效,由被代理人承担民事责任。因此,不能认定陈某是以"虚构的单位或者冒用他人名义签订合同"。而且,陈某对合同的相关内容也已做到了如实汇报,不存在虚构事实、隐瞒真相的情况。其次,陈某在收受货物后,确实是以低于购进价的价格将红小麦转售他人。但是我们不能仅仅将"低价销售"作为判断是否为合同诈骗的唯一标准。作为一名商人,陈某有足够的经验和知识对市场行情等作出适时的判断,决定以何种价格将商品出售。况且市场行情瞬息万变,红小麦在运输过程中也会发生一定程度的毁损,且陈某只是略降低价格出售,因此不能认定陈某是利用"恶意降价"的手段实施合同诈骗行为。再次,陈某是专门从事贸易的商人,在案件调查过程中发现其确实具有履约能力,虽然没有按照合同的约定一次性付清货款,而是分批支付,但是这仅仅是民法上的违约行为,且确实是由于客观原因所导致的。客观上也没有诱骗对方当事人继续签订和履行合同的行为。陈某虽然没有积极履行合同,但是却没有逃避债务或隐匿财产,而是积极筹款,希望早日结清货款。最后,对于"以其他方法骗取对方当事人财物的"之理解,有观点认为,应当包括以下几种情况:一是虚构货源或伪造虚假标的,签订空头合同的;二是设置合同陷阱条款;三是挥霍对方当事人交付的货物、货款、预付款或者定金、保证金等担保合同履行的财产,致使上述款物无法返还的;四是使用对方当事人交付的货物、货款、预付款或者定金、保证金等担保合同履行的财产进行违法犯罪活动,致使上述款物无法返还的;五是诱使、蒙蔽对方当事人违背真实意思签订合同,或者掩盖严重影响对方预期利益的事实而与对方当事人签订合同的;六是作为债务人的行为人,向第三人隐瞒未经债权人同意的事实,将合同的义务全部或部分违法转移给第三人,从而逃避债务的;等等。①显然,陈某的行为不符合上述任何一种情况。

(二)陈某主观上是否具有非法占有的目的

不论是诈骗罪还是合同诈骗罪,都是典型的目的犯,即必须具有非法占有的目的。因此,认定行为人主观上是否具有非法占有的目的,是区分合同诈骗行为和一般经济纠纷的重要标准。这里有几个问题需要进行讨论:首先,刑法上的"占有"不同于民法上的"占有"。民法上的"占有"大致有两层意思,一是指一种物权制度,指人对物进行管领的事实;二是指所有权中最重要的权能。而刑法中的"占有"是指一种事实状态,行为人不仅想取得占有权,还想取得使用、处

---

① 参见冯中华:《合同诈骗罪若干问题探究》,载《检察实践》2005年第2期。

分权,总的来说,就是意欲取得占有物的所有权。而且,民法上的"非法占有"侧重于权利受到侵害后的救济,刑法上的"非法占有"则是作为认定是否构成犯罪或构成何种犯罪的重要标准之一。其次,"目的"作为行为人的主观心理活动,并不能直接表现出来,这必然会给审判实践带来困难。因此,我们在判定行为人的主观状态时,就必须坚持主客观相一致的原则,以其客观行为的表现作为认定主观状态的重要参考。而且,行为人事后为了逃避自己的罪责,必然会百般否认自己具有的"非法占有"的目的,但是,只要行为人具有此目的,在其行为中就将或多或少地体现这一目的。最后,不能以行为人某一段时间的行为作为认定主观状态的标准,而应将整个行为过程看作一个有机整体,从而进行分析,切不可断章取义。否则,可能会导致先认定具有"非法占有的目的",然后再在具体行为中抽取某一片段作为支撑的不公正现象。[①] 且行为人的"非法占有的目的"可能产生在合同签订过程中,也可能产生在合同履行过程中,若只看一段时间的行为,也会导致行为人逃脱法律制裁的后果。下面我们用上述方法对陈某的主观状态进行判断。

从合同签订过程来看,陈某具有合法的代理身份,具有充分的履行合同能力,在签订合同过程中没有隐瞒任何事实,也没有采用虚构的以伪造、变造、作废的票据或者其他虚假的产权证明作担保,因而不存在非法占有的目的。从合同履行过程来看,陈某确实没有按照合同约定一次性支付货款,而是分期支付,并在取得他人支付的货款后反而借出,进行合法的经营活动。但我们认为,关键是陈某并没有大肆挥霍货款、携款潜逃、隐匿财产、进行违法活动、作出拒不支付的意思表示等,相反,陈某多次以口头或行动表示在尽快筹集资金以期还清货款。因此从刑法谦抑性角度来说,陈某的行为至多只能算民法上的违约、欺诈行为,而不是合同诈骗行为,因而推定陈某主观上没有非法占有之目的。所以我们认为,从主观和客观上来说陈某都不构成合同诈骗罪,某省高院的终审判决是正确的。

(作者:张新亚)

[①] 参见最高人民法院、最高人民检察院《中国案例指导》编辑委员会编:《中国案例指导(总第1辑·刑事行政卷)》,法律出版社2005年版,第3页。

案例 67. 张某、刘某组织、领导传销活动案*

——组织、领导传销活动罪的法律适用

案情介绍

某生物技术有限公司(以下简称 A 公司)在张某、刘某伙同他人组织、策划下,于 2007 年 1 月 25 日至 5 月 25 日期间,采用"蜂业合作社盈利返还模式"传销蜂产品,并依据该模式开发成电子商务系统在该公司网站上运行。该模式以消费者购买一定数额的蜂产品,成为相应级别社员可以得到高额返利,而后发展其他人员购买一定数额的蜂产品,进而可以获得高额的盈利返还和社员岗位津贴方式,发展大量人员购买蜂产品,非法获取钱财。在上述期间,A 公司发展各种社员 4059 人次,非法经营额人民币 28018720 元,违法所得人民币 6045466 元,冻结部分钱款共计人民币 2914847.93 元及港币 5000 元。某区人民法院经审理认为,A 公司及张某、刘某构成非法经营罪,后刘某提起上诉,2009 年 6 月 18 日本案由市第二中级人民法院进行审理,确认一审法院认定的事实和证据,驳回上诉,维持原判。

理论争议

对于张某、刘某非法传销蜂产品的行为事实,本案审理中并没有争议。本案的争议点是基于行为时和裁判时的法律规定变化而产生的法律适用问题,主要集中在以下两点:一是《刑法修正案(七)》第 4 条新增的"组织、领导传销活动罪"的效力是否及于《刑法》实施之时;二是在适用《刑法》第 12 条"从旧兼从轻"原则时,如何比较非法经营罪和组织、领导传销活动罪。

法理分析

(一)《刑法修正案(七)》新增组织、领导传销活动罪与非法经营罪冲突分析

我国对于非法传销行为的法律规制经历了从行政法到司法文件再到刑法修

---

* 案例来源:(2008)顺刑初字第 677 号、(2009)一中刑终字第 1667 号。

正案这一层层递进的过程。1998年4月18日国务院下发《关于禁止传销经营活动的通知》,对传销和变相传销行为,由工商行政管理机关依据国家有关规定予以认定并进行处罚。对利用传销进行诈骗,推销假冒伪劣产品、走私产品以及进行邪教、帮会、迷信、流氓等活动的,由有关部门予以查处;构成犯罪的,移送司法机关依法追究刑事责任(仅对利用传销进行的涉及其他犯罪活动的才予以移送司法机关追究刑事责任,而对传销行为的本身未规定追究刑事责任)。而2001年4月由最高人民法院发布的《关于情节严重的传销或者变相传销行为如何定性问题的批复》①(以下简称《批复》)规定,"对于1998年4月18日国务院《关于禁止传销经营活动的通知》发布以后,仍然从事传销或者变相传销活动,扰乱市场秩序,情节严重的,应当依照刑法第二百二十五条第(四)项的规定,以非法经营罪定罪处罚",这将非法或变相传销活动本身归入"其他严重扰乱市场经济秩序的非法经营行为"之一,一旦传销活动达到非法经营罪的法定追诉标准时,就以非法经营罪进行刑法规制。2009年2月28日《刑法修正案(七)》颁布实施,其第4条规定,对于组织、领导传销活动的犯罪行为以组织、领导传销活动罪定罪处罚。这一新设的"组织、领导传销罪",改变了对传销行为的原有刑法定罪,与此前的《批复》规定产生了适用冲突。因此有学者据此提出了双轨制想法,认为组织、领导传销活动罪在构成要件上与非法经营罪存在较大的区别,不能被非法经营罪的犯罪构成所涵盖,在《批复》未被明文废止的情况下,刑法规制传销行为应实行双轨制,非法传销行为可能同时构成非法经营罪和组织领导传销罪。②

对此观点我们认为,随着市场经济的发展,当前针对非法传销行为进行规范的行政法律法规正在逐步完善,因而行政法律法规与相对滞后的刑事法在对接上的不协调性矛盾也日趋明显。我国此前的刑事法中以非法经营罪或者其他犯罪认定传销犯罪行为,本身就存在种种弊端和不合理之处——司法解释(即上文中的《批复》)将组织、领导传销行为作为非法经营罪处理既不符合刑法基本原则,也不利于实现有效打击传销的犯罪目的。③ 首先,此前最高法的《批复》只是一种司法文件,其规定"情节严重"的非法传销行为以"非法经营罪"这一"口袋罪名"来认定,但对于"何为情节严重",司法解释并未作出具体说明,各地在司法实践中也只能自己制定标准,有的以涉案金额为准,也有的以人数为准,那么同样

---

① 该批复现已失效。
② 参见郭斐飞、罗开卷:《组织、领导传销活动罪疑难问题探析》,载《人民检察》2011年第10期。
③ 参见李翔:《组织、领导传销活动罪司法适用疑难问题解析——兼评〈中华人民共和国刑法〉第224条之一》,载《法学杂志》2010年第7期。

的传销或变相传销行为在各地就会得到不同的评价。此外,非法经营罪强调"经营"二字,即构成非法经营罪至少要具备"经营"的特征,但是传销行为却并不都是经营行为,甚至很大一部分仅仅是通过"拉人头"的方式实现牟利目的,经营行为无从谈起。《刑法》规定单位可以构成非法经营罪,那么单位从事情节严重的传销或者变相传销行为也可构成犯罪。① 根据《批复》的规定,"实施上述犯罪,同时构成刑法规定的其他犯罪的,依照处罚较重的规定定罪处罚"。文中所提及的"其他犯罪"并非所有的都能让单位成为构罪主体(如非法拘禁罪等),从而造成在传销行为根据规定构成"其他犯罪"时无法追究单位刑事责任的情况。其次,传销型犯罪有其特殊性,一般为有组织犯罪,或者有着先期的传销活动组织工作再进行传销,而倘若以非法经营罪认定只能处罚传销犯罪行为本身,因而《刑法修正案(七)》将组织传销行为纳入犯罪评价体系能够防患于未然,有效扩大打击面。最后,在有关传销、直销行为的行政法律法规中,共有六处提到"构成犯罪的,依法追究刑事责任"。虽然《批复》将传销行为归于非法经营罪名下,但"情节严重"的限定条件仍会使得刑法条文在与相应行政法律规定衔接上出现一定断层。虽然行政法规中规定的一些违法行为在刑法典中可以找到具体罪名(如非法经营罪、玩忽职守罪等相关罪名),但却并不完整,在当前我国传销犯罪日益猖獗,而刑事处罚力度又极其薄弱的情况下,《刑法修正案(七)》新增设的组织、领导传销活动罪正是以相应行政法立法为指导,对刑法相关规定的进一步完善,实现了罪刑法定原则和有效打击犯罪的平衡。

根据法律的效力等级,刑法修正案条款本就当然高于司法文件。在《刑法修正案(七)》颁布以前,即便《批复》已将此类犯罪行为明确为非法经营犯罪行为,也只是对《刑法》第225条"其他严重扰乱市场秩序的非法经营行为"的一种细化解释,是在立法未能及时修正的情况下,对于社会上愈演愈烈的传销行为及时规制的过渡性解释。全国人大通过刑法修正案的形式正式增设新罪有效涵盖了原本《批复》中所调整的传销行为,其效力就应当及于《刑法》实施之时,而《刑法修正案(七)》颁布以后,《批复》中对于传销行为的规定就应当自动失效。因此,对于《刑法修正案(七)》颁布后的传销行为,应当认定为组织、领导传销活动罪。

(二)《刑法修正案(七)》对本案是否有溯及力

就本案而言,虽然在犯罪构成上将张某、刘某的行为认定为组织、领导传销活动罪并无争议,然而由于本案经历两审,案件审理时间跨越了《刑法修正案

---

① 参见李翔:《组织、领导传销活动罪司法适用疑难问题解析——兼评〈中华人民共和国刑法〉第224条之一》,载《法学杂志》2010年第7期。

（七）》的生效时间，因而，根据本案的行为时法构成非法经营罪，而根据裁判时法则构成组织、领导传销活动罪，这就产生了是根据《批复》适用《刑法》第225条以非法经营罪论处，还是适用《刑法修正案（七）》第4条即《刑法》第224条之一以组织、领导传销活动罪定罪处罚的问题。

根据刑法从旧兼从轻原则，新刑法原则上不溯及其生效以前发生的事件和行为，只有新刑法对某种行为不再认定是犯罪或者对该行为的处刑标准变轻时，才会适用新的刑法规定。因而比较非法经营罪与组织、领导传销活动罪孰轻孰重，成为本案法律适用的关键。

我国刑法对非法经营罪和组织、领导传销活动罪都规定了两挡法定刑。对于进行非法经营扰乱市场秩序情节严重的，处5年以下有期徒刑或者拘役，并处或者单处违法所得1倍以上5倍以下罚金，情节特别严重的，处5年以上有期徒刑，并处违法所得1倍以上5倍以下罚金或者没收财产；而对于扰乱经济社会秩序的传销活动的，处5年以下有期徒刑或者拘役，并处罚金；情节严重的，处5年以上有期徒刑，并处罚金。就第一刑挡而言，组织、领导传销活动罪与非法经营罪的主刑最高法定刑一致，均为5年有期徒刑。但后者同时规定"并处或者单处违法所得一倍以上五倍以下罚金"，而前者的附加刑为"并处罚金"，对于法定刑的比较既包括分则条文中的主刑，也包括附加刑，而显然组织、领导传销活动罪中的"并处罚金"没有数额限制，较之于"处违法所得一倍以上五倍以下罚金"要重。虽然就第二刑挡而言，组织领导传销活动罪在附加刑中增加"没收财产"，较之于非法经营罪附加刑仅为"并处罚金"要更重，但根据最高人民检察院《关于检察工作中具体适用修订刑法第十二条若干问题的通知》，在适用"从旧兼从轻"原则时，不仅要比较法定刑的轻重，还要比较罪名、构成要件和情节。非法经营罪属于情节犯，其第一挡与第二挡刑罚的适用条件都有"情节严重"和"情节特别严重"这两个情节要求，要达到一定的经营数额或者违法所得数额才可构成非法经营罪，即需要计算经营所得；而组织、领导传销罪是行为犯，在适用第一挡刑罚时无须具有"情节严重"的条件，只要实施了组织、领导传销的行为，就应当以组织、领导传销活动罪论处，如若满足了"情节严重"条件，则需升格适用第二挡"五年以上有期徒刑"主刑，非法经营罪则需要"情节特别严重"才能处5年以上有期徒刑，其法定刑升格条件更为严格。就本案而言，在张某、刘某的行为同时构成非法经营罪和组织、领导传销活动罪的情况下，从加重情节的角度进行法定刑幅度的具体比较来看，此时适用行为时法（即《批复》）适用非法经营罪定罪处罚更符合刑法"从旧兼从轻"的溯及力原则，因而法院的最终判决应当是合理的。

（作者：李颖）

案例68. 任某某非法经营案
——买卖一氧化二氮行为的刑法定性

案情介绍

2016年起,任某某在未取得危险化学品经营许可证的情况下购入一氧化二氮(别名:氧化亚氮、二氧化氮),个人或开设工作室聘用多人通过微信等方式非法销售给全国各地人员,经营数额超过2300万元。2017年9月起,任某某收取李某某(同样未取得危险化学品经营许可证)代理进货价,并由任某某处统一发货,经营数额超过260万元。一审法院以任某某违反国家规定,在未取得危险化学品经营许可证的情况下,非法经营一氧化二氮,情节特别严重为由,判决被告人任某某犯非法经营罪,基于其如实供述本人的部分罪行,依法可从轻处罚,最终判处任某某有期徒刑9年,并处罚金250万元。任某某不服提起上诉,二审法院驳回上诉,维持原判。[①]

理论争议

(一)任某某是否构成非法经营罪

第一种观点认为:任某某的行为应当认定为非法经营罪。主要理由是,任某某在长达两年的时间内从事一氧化二氮的买卖,经营数额逾2300万元,应明知该物品系危险化学品,且需办理危险化学品经营许可证方可经营,但任某某未办许可证,该行为扰乱市场秩序,情节特别严重,属于"未经许可经营法律、行政法规规定的专营、专卖物品或者其他限制买卖的物品",已构成非法经营罪。

第二种观点认为:任某某的行为属于经营食品添加剂的行为,不应认定为犯罪。主要理由是,任某某销售的一氧化二氮属于《食品安全国家标准食品添加剂使用标准》(GB2760—2014)中的食品添加剂。因其所经营的A公司已经具备食

---

① 案例来源:(2019)沪0118刑初814号、(2019)沪02刑终1588号。

品经营许可证,经营范围包括食品添加剂的销售,故而买卖一氧化二氮的行为并没有超出其经营范围。此外,在取得食品经营许可证的条件下,销售作为食品添加剂的一氧化二氮更不可能侵犯市场准入秩序。

第三种观点认为:任某某的行为不属于非法经营罪中的非法经营行为。主要理由是,即使任某某销售的一氧化二氮属于危险化学品范畴,因通常情况下一氧化二氮不会对社会公共安全、公众健康具有重大影响,故而不属于刑法规定的"专营、专卖物品或者其他限制买卖的物品",该销售行为并未侵犯国家的垄断经营权。

(二)任某某是否成立自首

第一种观点认为:任某某不应成立自首。主要理由是,任某某自动投案后,仅供述了自身的罪行,未供述作为代理商的李某某的行为,所以任某某未如实供述主要犯罪事实,不构成自首。

第二种观点认为:任某某应当认定为自首。主要理由是,李某某的行为是一个独立的销售行为,任某某与李某某不是共同犯罪,只要其主动交代了自己的犯罪行为以及销售的主要数额、去向,即可认定为自首,而不考虑是否交代同案犯。

法理分析

(一)任某某是否构成非法经营罪的核心争议在于一氧化二氮性质的认定

1. 食品添加剂抑或危险化学品

一氧化二氮俗称"笑气",最早是作为麻醉剂使用,后来又成为食品工业添加剂——能使奶油直立,易于造型裱花,还能使奶油口感细腻。我国关于一氧化二氮性质的规定可见于《食品安全国家标准食品添加剂使用标准》《危险化学品目录》。根据 GB2760—2014 的附录 D,食品添加剂被划分为 22 个大类(按功能类别划分)。具体如下:酸度调节剂、抗结剂、消泡剂、抗氧化剂、漂白剂、膨松剂、胶基糖果中的基础物质、着色剂、护色剂、乳化剂、酶制剂、增味剂、面粉处理剂、被膜剂、水分保持剂、防腐剂、稳定剂、甜味剂、增稠剂、食用香料、加工助剂及其他。一氧化二氮属于食品添加剂项下的加工助剂类。[1]

---

[1] 《GB 2760—2014 食品添加剂使用标准》:http://db.foodmate.net/2760-2014//index.php? m=processing_aids&a=index&letter=Y,2023 年 3 月 24 日访问。

表　1

中文名称	英文名称	功能	使用范围
氧化亚氮	nitrous oxide	推进剂、起泡剂	水油状脂肪乳化制品(仅限植脂乳)和02.02类以外的脂肪乳化制品,包括混合的和(或)调味的脂肪乳化制品(仅限植脂奶油)的加工工艺。稀奶油(淡奶油)及其类似品的加工工艺

根据《危险化学品目录》,收录种类第2561号为一氧化二氮。

表　2

序号	品名	别名	CAS号
2561	一氧化二氮[压缩的或液化的]	氧化亚氮;笑气	10024-97-2

根据上述规定,一氧化二氮既属于食品添加剂,同时也属于危险化学品,那么应该如何认定?《危险化学品目录》是根据《危险化学品安全管理条例》有关规定,由安全监管总局会同工业和信息化部、公安部、环境保护部、交通运输部、农业部、国家卫生计生委、质检总局、铁路局、民航局制定。而GB2760—2014则是根据《中华人民共和国食品安全法》(以下简称《食品安全法》)和《食品安全国家标准管理办法》规定,经食品安全国家标准审评委员会审查通过。无论是危险化学品还是食品添加剂,都是对法律适用的解释。GB2760—2014就是对《食品安全法》第26条①规范内容的文义解释。而《食品安全法》是全国人大常委会通过的法律,《危险化学品安全管理条例》则是行政法规,上位法优于下位法,即前者具有更高的法律效力。所以,对于本案一氧化二氮性质的认定应当遵循依据《食品安全法》所作的解释,按照食品添加剂来加以对待。此为其一。

其二,当同一项内容存在两个规定时,应该回归到刑法的适用方法角度理解。作为对同一对象的解释,根据司法解释效力的规定,在新旧两个司法解释之间,采取"从旧兼从轻"原则。② 司法解释是对刑法的解释,其基本适用原理在于,对于同一事物具有两个规定时,应当根据有利于被告的原则作出理解。以此类比,当前置法的解释规范对于同一事项存在不同的解释时,也理应遵循这一原

---

① 《食品安全法》第26条规定:"食品安全标准应当包括下列内容:(一)食品、食品添加剂、食品相关产品中的致病性微生物,农药残留、兽药残留、生物毒素、重金属等污染物质以及其他危害人体健康物质的限量规定;(二)食品添加剂的品种、使用范围、用量……"

② 最高人民法院、最高人民检察院《关于适用刑事司法解释时间效力问题的规定》第3条规定:"对于新的司法解释实施前发生的行为,行为时已有相关司法解释,依照行为时的司法解释办理,但适用新的司法解释对犯罪嫌疑人、被告人有利的,适用新的司法解释。"

则,将一氧化二氮作出对于行为人有利的定性,即属于食品添加剂。

其三,即使存在不同的规定,当后一规定出现了新的范围,应当是新的规定优先使用。一氧化二氮的性质最早规定在《危险化学品名录》(2002年版)中。

表 3

危险货物编号	名称	别名	UN号
22017	一氧化二氮[压缩的]	氧化亚氮;笑气	1070
22018	一氧化二氮[液化的]	氧化亚氮;笑气	2201

而一氧化二氮作为食品添加剂则是规定在《食品安全国家标准食品添加剂使用标准》(2014年版)中。也就是说,作为食品添加剂是后面的规定,这一新规定的内容理应更被重视。虽然《危险化学品名录》后来被《危险化学品目录》所取代,但是一氧化二氮性质的认定并未发生改变,保留该性质的认定不等于新性质的增加。因此,作为新性质的食品添加剂应当被优先使用。

鉴于一氧化二氮食品添加剂的属性,加之任某某经营的A公司已经具备食品经营许可证,经营范围包括了食品添加剂的销售这一客观事实,其买卖一氧化二氮的行为并没有超出该经营范围。其中部分销售对象为食品店,虽然多数具体销售并非直接指向有食品添加剂需求的咖啡店、蛋糕店等,充其量只能说明任某某经营不规范。并且,任某某实际上只是销售环节的一个链条,具体销往何处并不是其所关心的。即使明知购买者并非作为添加剂使用,只能说明其主观具有一定的恶性,但不能证明其销售行为本身的非法性。

本争议的核心是,刑法中的空白罪状所依据的前置性规范存在不同解释时该如何取舍。根据一般原理,行政规范不具有法律之形式且无刑法之实质内涵,但因其与空白刑法相结合即成为空白罪状的委任行政规范。当两项空白罪状存在不同解释时,应当优先适用按照较高位阶的法律所作的解释;如果发生变更或不同,那么就可类比刑法"从旧兼从轻"的原则来适用。

2. 一氧化二氮是否属于专营、专卖物品或其他限制买卖的物品

本案两级法院均依照《刑法》第225条第1项得出构成非法经营罪的结论。该规定是指"未经许可经营法律、行政法规规定的专营、专卖物品或者其他限制买卖的物品的"。满足该项需要具备两个条件:一是未经许可,二是经营特殊物品。也就是说,并非所有违反行政许可的行为均构成第225条第1项规定的非法经营行为,换言之,取得行政许可≠取得专营专卖的垄断经营权。对于第225条第1项规定的非法经营行为应当作限缩解释,即该非法经营行为侵犯了国家

的专营专卖垄断经营权。任某某的行为即使属于未经许可的行为,也不是侵犯垄断经营权的行为。

第一,本案中销售的一氧化二氮不属于法律法规规定的专营专卖物品。我国明确规定专卖制度的只有《中华人民共和国烟草专卖法》及其实施条例,规定了专营制度且现行有效的有《食盐专营办法》,所以我国的专卖物品只有烟草,而专营物品只有食盐。无论是将一氧化二氮视为工业用途的危险化学品,还是视为食品添加剂中的食品工业加工助剂,有关一氧化二氮的经营均属于许可经营,不属于专营专卖的垄断经营,所以一氧化二氮不属于专营专卖物品。

第二,本案中销售的一氧化二氮不属于其他限制买卖的物品。尽管我国法律法规未对"其他限制买卖的物品"作出明确定义,但是从文义解释上看,其他限制买卖的物品应当是指国家限制经营买卖的物品。限制买卖的物品通常是对社会公共安全、公众健康具有重大影响的物品,故对于其买卖,相关法律法规进行了较为严格的限制。具体包括民用爆炸物品、易制毒化学品、麻醉药品与精神药品等。而对于危险化学品来说,是否所有的危险化学品都应认定为"其他限制买卖的物品",应当作出区分。换言之,不是所有的危险化学品都会对社会公共安全、公众健康造成重大影响,因为危险化学品的含量、种类均会影响到危险程度。在2015年版《危险化学品目录》中,区分了不同类型危险化学品:剧毒化学品与其他化学品。而这些危险化学品在日常生活中一般具有显著区别,剧毒化学品对人体的危害更大,有关部门或者机构对其管理更为严格;相较之下,其他化学品只要企业作出合适的管理,并在使用时保证在合理的范围之内即可。因此,危险化学品中其他化学品不应当视为"其他限制买卖的物品"。一氧化二氮虽被列入《危险化学品目录》,但它不属于剧毒品和易燃易爆品,因此在生产、流通和终端使用上,通常的进口、流通监管要求也不一样,即其危险性较小,所以并没有特殊的监管,理所当然也不属于"其他限制买卖的物品"。

这样的情形在现实中非常常见。譬如,根据《危险化学品目录》,农药中28种原药和22种制剂(低含量)属于危化品。但是,农药危险品仅仅被限定在单个5L以上包装的农药产品,而农药制剂包装较小,不属于危险品,不需要安全生产许可证。再譬如,生产企业以危化品为原料进行加工,使用量不超过规定,就不用办理危化品使用许可证。以甲醇为例,如果制剂企业每日使用量少于50吨,则不用办理危险化学品使用许可证。还譬如,油漆、油墨、打火机等民用小包装的零售,这些物品包含丁烷等危险化学品,但其销售中的违法行为并不依照非法经营罪加以处理。

(二)倘若任某某构成犯罪,其供述行为是否成立自首

两级法院均认为,任某某到案后仅仅供述了部分罪行,之后才供述了全部罪行,故不属于自首。其基本理由在于任某某仅仅是供述了"各自的罪行"。据此推论,判决思路在于,李某某属于同案犯,任某某因为没有交代同案犯李某某的罪行,所以不构成自首。

1. 李某某是否属于同案犯

一审认定李某某的行为是代理行为,属于法律认识错误。事实上,李某某的行为是一个独立的销售行为。所谓代理行为包含着以下关键要素:(1)代理人以被代理人的名义从事代理行为;(2)代理人在代理权限范围内独立意思表示;(3)代理行为的法律后果直接归属于被代理人;(4)未能销售的产品应归还被代理人,除非在个别如证券承销场合才有例外。本案中,李某某自己联系客户,以自己的名义进行销售,自己确定销售价格,与客户产生纠纷时法律后果由自己承担,并未向任某某收取固定的代理费,而是赚取买卖之间的差价,而后期的挂账行为只是为了自身经营方便。由此可见,李某某的行为具有独立性,是一个独立的销售行为。一审判决否定李某某为从犯,即该行为并非是帮助任某某销售的行为,显然也是对李某某行为独立性的肯定。之所以并案处理,实际上只是基于诉讼的关联性和效率。

任某某与李某某之间仅存在一个买卖关系,此外都是各自销售因果链条中的一环。无论是客观行为,还是主观故意都相互独立,因此不宜作为共同犯罪对待,否则会导致共同犯罪范围的无限扩大。如果此种销售关系也属于共同犯罪,那么任某某可能与上游卖家构成上游的共犯,也可能与下游买家构成下游的共犯,甚至还可能将吸食的买方也作为一种共犯加以对待,共犯圈还可能穿透李某某直至下下游的客户。这与经过事前通谋而收购犯罪所得形成的共犯是不同的。因此,李某某不属于同案犯,任某某在供述罪行时不存在需要交代同案犯的情形。

2. 自首中如实供述自己罪行的认定

《刑法》第67条第1款规定:"犯罪以后自动投案,如实供述自己的罪行的,是自首。对于自首的犯罪分子,可以从轻或者减轻处罚。其中,犯罪较轻的,可以免除处罚。"对于自动投案,本案没有争议,关键在于任某某是否"如实供述自己的罪行"。根据司法解释的规定,如实供述自己的罪行并不要求达到如实供述

自己所有罪行的程度,只需如实交代自己的主要犯罪事实即可。① 最高法意见进一步明确,如实交代的犯罪情节重于未交代的犯罪情节,或者如实交代的犯罪数额多于未交代的犯罪数额,一般应认定为如实供述自己的主要犯罪事实。②

综合本案,从经营数额来看,一审认定总计超过 2300 万元,其中任某某没有交代的与李某某有关的仅 260 万元,只是总数的零头,故而就犯罪数额来说,即使没有交代李某某有关的部分,也属于交代了主要犯罪事实。从犯罪对象来看,任某某到案后交代了至少包括甲市的吴某、乙市的徐某、丙市的宋某等 10 人以上,同时交代了上游出售人员。尽管在众多的有关人员中没有交代李某某,但也交代了主要的涉案人员,属于交代了主要犯罪事实。

(作者:孙万怀、徐佳蓉)

案例 69. 沈某"非法经营"案*

——非法经营罪和诈骗罪的区别

案情介绍

沈某原系"中国社会经济决策咨询中心"副主任兼秘书长,于 2003 年 7 月 18 日因涉嫌犯诈骗罪被逮捕。

自 2003 年 3 月以来,沈某在某市某区紫竹花园 D 座 1504 室等办公地点,在未经国务院批准及任何单位授权的情况下,以非法成立的"中国社会经济决策咨询中心""中国市场调查研究中心""中国市场研究中心""中国企业发展研究中心"的名义,以举办虚假的全国性行业评比活动为由,向全国各地多家企事业单位发函,通知该单位已具备"中国诚信单位""中国 AAA 级企业"资格,如缴纳相

---

① 最高人民法院《关于处理自首和立功具体应用法律若干问题的解释》第 1 条规定,如实供述自己的罪行,是指犯罪嫌疑人自动投案后,如实交代自己的主要犯罪事实。

② 最高人民法院《关于处理自首和立功若干具体问题的意见》第 1 条规定,"犯罪嫌疑人多次实施同种罪行的,应当综合考虑已交代的犯罪事实与未交代的犯罪事实的危害程度,决定是否认定为如实供述主要犯罪事实。虽然投案后没有交代全部犯罪事实,但如实交代的犯罪情节重于未交代的犯罪情节,或者如实交代的犯罪数额多于未交代的犯罪数额,一般应认定为如实供述自己的主要犯罪事实。"

* 案例来源:国家法官学院、中国人民大学法学院编:《中国审判案例要览(2005 年刑事审判案例卷)》,人民法院出版社、中国人民大学出版社 2006 年版,第 167 页。

应费用可获取标牌或证书,以此收取北京宝健食品公司、广州市振华兆业皮具有限公司、上海无线电二十三厂等38家单位参评费用共计276960元。并由沈某个人注册的"北京亚泰冠华经济研究院"参与制作证书、标牌。后经群众举报,沈某于2003年6月13日被抓获归案。某市某区人民法院以非法经营罪判处被告人沈某有期徒刑1年6个月,罚金30万元,追缴其非法所得276960元并予以没收。

理论争议

对沈某利用伪造的各种机构的名义骗取各单位参评费的行为的定性,存在两种不同的观点:检察院观点认为,行为人不论从主观心理还是客观行为均已构成诈骗罪,其理由是行为人主观上想利用伪造的各种机构的名义骗取参评费,客观上实施了诈骗行为;法院观点则认为以非法经营罪认定更为妥当,其理由是行为人的行为符合非法经营罪中"其他严重扰乱市场秩序的非法经营行为"的要求。

法理分析

诈骗罪是指以不法占有为目的,使用虚构事实或者隐瞒真相的方法,骗取数额较大的公私财物的行为。诈骗罪的基本构造为:行为人以不法占有为目的实施欺诈行为—对方产生错误认识—对方基于错误认识处分财产—行为人取得财产—被害人受到财产上的损害。非法经营罪是指自然人或者单位,违反国家规定,故意从事非法经营活动扰乱市场秩序,情节严重的行为。非法经营行为是指:(1)未经许可,经营法律、行政法规规定的专营、专卖物品或者其他限制买卖的物品;(2)买卖进出口许可证、进出口原产地证明以及法律、行政法规规定的其他经营许可证或者批准文件;(3)未经国家有关主管部门批准,非法经营证券、期货或者保险业务;(4)其他严重扰乱市场秩序的非法经营行为。[①]对于案件如何定性,我们认为焦点集中在三个方面:(1)被害企业的主观心态;(2)被告人的主观心态;(3)被告人的行为是否属于"其他严重扰乱市场秩序的非法经营行为"?对"经营"应作如何理解?下面我们逐一进行分析。

首先,被害企业的主观心态方面。在社会主义市场经济建设的过程中,企业逐渐认识到"名誉"对于一个企业的重要性,于是不惜利用各种手段提高企业的

[①] 参见张明楷:《刑法学(第三版)》,法律出版社2007年版,第629页。

知名度,积极参与各种各样的"选举""评选"等活动。在这个过程中,难免有些不法分子利用企业急于求成的心态进行犯罪活动,本案被告人的行为即属于此。按照一般的理论,在判断行为人行为时的主观心态时我们要结合其当时的行为特征、客观环境等客观条件加以认证。举一个很典型的例子:父亲将婴儿遗弃在闹市区和将婴儿遗弃在深山老林、野兽出没的环境中,其客观表现是不同的,据此可以判断出主观心态的差别。第一种情况下是希望好心人将婴儿捡走,并没有杀害婴儿的故意,因而构成遗弃罪;而第二种情况下,是明显想让婴儿被冻死、饿死或被野兽吃掉,已是杀人的故意,因而构成故意杀人罪。对于被害人当时的主观心态理应也据此种方法进行判断,但是在客观表现方面,本案中的被害人都是缴纳了所谓的"参评费",行为上没有很大的差别,这就要求我们结合大环境来进行判断。一项研究表明,企业特别是中小企业虽然法律事务较少,但的确有法律方面的需求,却又不太愿意专门请一位法律顾问,花至少上万元的法律顾问费用。① 另一项研究表明,从规范市场秩序的法律制度看,目前市场秩序较混乱,中小企业正常经营困难重重,在面对市场风险及各种欺诈行为时缺乏足够的判断力。② 从这些数据可以看出,我国企业的法律意识比较淡薄,甚至连一些基本的法律常识都没有,因而在面对这些伪造的"机构"时缺乏足够的判断力。所以,不排除有些企业认识到这些"机构"是伪造的,但就为获一块"招牌"而"心甘情愿"地缴纳"参评费"之可能,但据此认定所有企业都有如此意识,而否认确有企业没有认识到这些"机构"的非法性,显然是失之偏颇的。在法院的判决中,却是把所有的企业都认定为认识到了"机构"的非法性。

其次,被告人的主观心态。如前所述,行为人行为时的主观心态要根据行为时的具体表现以及当时的客观条件加以判断。第一,我们先来看被告人是否采取了虚构事实和隐瞒真相的手段。根据法院审理时取得的国家事业单位登记管理局、民政部、工商行政管理总局出具的书证以及证人证言,"可以证明'中国社会经济决策咨询中心''中国市场调查研究中心''中国市场研究中心''中国企业发展研究中心'未办理法人登记及注册,不具有合法性。而且自这些'机构'成立以来,其主要活动就是以行业评优为名进行诈骗。且向被害企业提出虚假承诺,例如'使获得中心颁发证书的企业优先享受列入国家科技开发计划''优先进入

---

① 参见海上方舟:《律师如何开展公司法律服务业务》,http://www.tianya.cn/new/publicforum/Content.asp?strItem=law&idArticle=42561&flag=1,2007年12月12日访问。
② 参见卫树红:《对建立中小企业法律保障体系的构想》,http://www.witkeycity.com/Html/jingjifa/080125748.html,2007年12月12日访问。

国家重点工程和政府采购''优先使国家的专项基金用于企业自身的技术改造,以及享受贴息贷款,出口信用保证等待遇',等等。"① 根据上述证据,可以认定被告人采用了虚构事实和隐瞒真相的手段无疑。第二,虽然有证据证明沈某在收到被害企业支付的费用后,确实为其制造了相应的标牌,仅因为公安机关及时介入而使被害企业没有收到标牌,被告人并没有挥霍或者携款潜逃等,但我们不能仅仅因为被告人处置非法所得方式的不同而忽视了对整个客观行为的关注。被害企业所缴纳的"参评费"其中只有很小的部分作为制作标牌的费用,绝大部分还是落入被告人手中。反观非法经营罪的客观方面,虽然主体进行的经营行为是非法的,但假设其已取得所经营项目的许可证,其经营行为就与合法经营无异,由此可判断非法经营者的主观方面是为了通过经营行为获得一定的收益,而没有骗取钱财的故意,更不会以明显高于经营所得收益之需要的标准来收取费用。第三,被害企业是否都明知这些"机构"的非法性质是一个不好回答的问题,最大的可能就是两种情况都有,既有明知其非法性就图一招牌而"花钱购买"的,也有信以为真,确实认为这些评选是合法有效而汇款的。而据调查,受骗的企业大多为中小企业,其法治意识淡薄,所以后一种情况居多。因此,我们认为,被告人的主观心态是为了以不法占有为目的而骗取钱财。

最后,被告人的行为是否属于"其他严重扰乱市场秩序的非法经营行为"以及对"经营"应作如何理解是本案定罪最关键的一点。"'为了维护市场活动的正常秩序,加强市场经营管理,国家通过有关法律、行政法规的颁布和实施,对于某些消费品、贵重药材、重要的生产资料、外汇、珠宝、金银及其制成品等关系到人民日常生活、国家的生产经营性活动和金融管理秩序的物品,实行经营许可证的管理制度,任何单位和个人在未经……''另外,进出口许可证、进出口原产地证明以及其他的法定许可证或者批准文件,是国家有关行政部门针对特定的单位或个人而颁发的……不允许进行买卖。'"② 由此可见,非法经营罪中的"经营"是指持有国家特定机关所颁发的许可证,进行特种商品的买卖活动以及特定行业中的交易行为。其关键是要有"买卖"行为蕴含在内。买卖行为要讲究对价,买方付出一定的金钱,获得卖方提供的商品或服务,其支付的金钱的价值应该与提供的商品或服务价值大抵一致。而在本案中,第一,被告人所提供的"中国诚信

---

① 国家法官学院、中国人民大学法学院编:《中国审判案例要览(2005年刑事审判案例卷)》,人民法院出版社、中国人民大学出版社2006年版,第171页。

② 北京大学法学百科全书编委会编:《北京大学法学百科全书(刑法学、犯罪学、监狱法学)》,北京大学出版社2003年版,第258页。

单位""中国 AAA 级企业"资格,以及所谓的"标牌"等,不能称为商品或服务,只是其进行诈骗的工具而已;第二,被害人所支付的金钱的价值明显高于一块"标牌"以及所谓的"资格"的价值,因此不能称之为"买卖"。所以我们认为,被告人的行为不能认定是经营行为。既然连经营行为都算不上,"其他严重扰乱市场秩序的非法经营行为"就更无从谈起了。

综上所述,我们认为法院定罪有误,应采检察院的观点,以诈骗罪定罪量刑更为恰当。

(作者:张新亚)

案例 70. 孙某强迫交易案[*]
——强迫交易罪客观方面诸特征分析

案情介绍

孙某系个体出租汽车驾驶员。1999 年 10 月某日,孙某与李某(在逃)均在某饭店门口揽活,俄罗斯乘客巴某与其女友娜某租乘孙某的出租车,并让其帮忙找饭店吃饭,因为孙某不懂俄语,不好讲价,便让懂俄语的李某驾驶孙某的红色桑塔纳出租汽车,自己驾驶李某的出租汽车在后边跟随。当出租汽车行驶十余分钟,至一饭店门前时,两名俄罗斯乘客让李某一同进饭店吃饭,饭后把他们送回去。孙某也跟随进入饭店,向两名俄罗斯乘客索要出租汽车的服务费 200 元,两名俄罗斯乘客给了他 10 元人民币,遭到孙某的拒绝。孙某拿起一个酒瓶摔碎,用残缺酒瓶威胁哈某,并打了哈某脸部一拳,后从两名俄罗斯乘客裤兜内掏走人民币 250 元。案发后,被追缴人民币 250 元,退还两名被害人。

该市人民检察院以抢劫罪对孙某提起公诉,该市人民法院认为被告人孙某的行为不构成抢劫罪,以强迫交易罪判处被告人孙某罚金 5000 元。

理论争议

对于本案中孙某的行为如何定性,存在着两种处理意见。第一种即人民检

---

[*] 案例来源:最高人民法院中国应用法学研究所编:《人民法院案例选(总第 38 辑)》,人民法院出版社 2002 年版,第 14 页。

察院的意见,认为孙某使用暴力手段,当场劫取被害人人民币 250 元,构成抢劫罪。第二种即本案中主审法院的意见,认为孙某以不合理的价格强行索要出租汽车的服务费,其行为构成强迫交易罪。

法理分析

强迫交易罪,是指以暴力、威胁手段强买强卖商品、强迫他人提供服务或者强迫他人接受服务,情节严重的行为。强迫交易罪侵犯的客体是复杂客体,一方面破坏了公平竞争的市场秩序,另一方面侵害了被强迫交易人的合法权益;在客观方面表现为实行暴力、威胁手段强行买卖商品、强迫服务,情节严重的行为;本罪的主体是一般主体,可以是自然人,也可以是单位;在主观方面是故意,即行为人明知对方不愿意买卖商品或者提供、接受服务而故意实施有关强制交易的行为,过失不构成本罪。① 由于强迫交易罪在客观上存在着以暴力、威胁手段强行交易的行为,在实践中极易与其他财产型犯罪如抢劫罪发生混淆,因此,有必要对该罪的客观方面诸特征进行一番深入探讨。

(一)如何理解"以暴力、威胁手段"

根据《刑法》第 226 条的规定,要构成强迫交易罪,首先要有"以暴力、威胁手段"强买强卖商品或服务的行为。暴力,就是对人身直接实施伤害、殴打、捆绑等有形力量的一种强制方法。而威胁,则是采取威吓、胁迫等精神强制方法,逼迫他人就范的一种强制方法。② 对于"暴力""威胁"手段,现行刑法典多有规定,比如抢劫罪、强奸罪、劫持航空器罪、妨害公务罪等都存在着暴力手段;另外,敲诈勒索罪中也存在着威胁的手段。但是在不同罪中,"暴力""威胁"的内涵也是各有不同的,如抢劫罪中的暴力手段包括暴力致人重伤、轻伤、轻微伤,甚至还包括暴力致人死亡,强奸罪中的暴力手段只能是致人重伤、轻伤或者轻微伤,不包括致人死亡;再比如抢劫罪中的威胁只能是暴力威胁,即以当场实施暴力相威胁,而敲诈勒索罪中的威胁手段既可以是暴力威胁,也可以是非暴力威胁如揭人隐私等。那么对于强迫交易罪中的"暴力、威胁"应当作何理解?对此,学界存在着一定的争议。首先,关于"暴力"的程度,有的学者认为仅限于造成人身轻微伤或轻伤,如果暴力程度超出轻伤的程度,即造成了重伤或者死亡的结果,对超出部

---

① 参见黄京平主编:《扰乱市场秩序罪》,中国人民公安大学出版社 2003 年版,第 188—195 页。
② 参见马松建主编:《扰乱市场秩序犯罪的定罪与量刑》,人民法院出版社 2006 年版,第 255 页。

分应按相关犯罪处理;有的学者认为,暴力手段以不导致他人身体、生命受到伤害为限,造成对方伤亡后,应按照故意伤害罪或者故意杀人罪定罪处罚;甚至还有学者明确提出,如果暴力超出轻伤的程度,即造成了重伤或者死亡的结果,则应按照相关犯罪论处,不成立强迫交易罪。① 我们认为,根据罪刑相适应原则,强迫交易罪中的暴力手段可以包括造成对方一定程度的人身伤害,但是应当以轻伤为限,致人重伤和死亡不应包括在内。对强迫交易罪和故意伤害罪致人轻伤作横向对比之后,可以看到,两者在法定刑设置上比较接近,最高均为 3 年有期徒刑,因此,将强迫交易罪的暴力程度限于致人轻伤是较为合理的。如果在强迫交易时故意使用暴力致人重伤或者死亡,那么根据牵连犯的原理,应当以强迫交易罪和故意伤害罪(致人重伤)或者故意杀人罪从一重论处,即以故意伤害罪或者故意杀人罪论处。其次,对于强迫交易罪的"威胁"手段,一般没有太大争议,根据通说,威胁的内容可以是人身伤害、毁坏财物、损害名誉等等,而威胁的程度只要足以使被害人产生心理强制而不得已进行交易即可。

(二)如何理解"强买强卖商品、强迫他人提供服务或者强迫他人接受服务"

强迫交易罪的客观表现形式为以暴力、威胁手段强买强卖商品、强迫他人提供服务或者强迫他人接受服务。所谓强买强卖商品,通常是指违背相对人的意志,强行低价购买或者高价卖出商品的行为;而强迫他人提供服务或者强迫他人接受服务,通常是指违背相对人的意志,强迫他人提供低价服务或者接受高价服务。这是强迫交易罪客观方面最基本的特征,也体现了该罪的本质危害——违背市场交易的意志自由原则,强迫他人进行交易,从而破坏了公平竞争机制,扰乱了市场经济秩序。可见,区分本罪与其他犯罪诸如抢劫罪,其中关键的一点就在于是否存在着买卖商品、接受或提供服务的特定交易。如果暴力、威胁是发生在特定的交易过程中,为了以不合理的价格达成原本不太可能达成的交易,从中赚取差价,则为强迫交易罪,若根本不存在该特定交易,纯粹以暴力、威胁手段强取他人财物,则构成抢劫罪或者其他相关犯罪。

但是,社会生活具有复杂性,并非所有以钱易物或者以物易物的行为都能被视为交易行为,比如以暴力、威胁的手段强迫他人将名贵的古董花瓶以一元钱的价格卖给自己就不能认为是交易行为,因为按照社会上一般人的正常理解,这种行为显然已经超出了商品交易的范畴,两者之间的对价过于悬殊,是以交

---

① 参见马松建主编:《扰乱市场秩序犯罪的定罪与量刑》,人民法院出版社 2006 年版,第 259 页。

易为名强取他人财物行为。因此,我们认为,判断某一行为是否为强迫交易行为,除了要看是否存在对价之外,还要看对价之间是否差异悬殊,如果差异悬殊而产生了"暴利"或者"超暴利",则不构成强迫交易罪而是构成其他犯罪。至于何谓"差异悬殊",则不应存在一个统一的标准,应当由法官结合具体的案件事实去把握。

(三) 如何理解"情节严重"

根据《刑法》第 226 条的规定,本罪属于情节犯,要构成本罪,必须达到情节严重的程度。至于何谓情节严重,刑法和现有的司法解释并未作出具体规定,因此,我们认为,应当结合所涉商品或者服务的实际价值、强迫买卖商品或者提供、接受服务的费用、暴力或威胁手段的严重程度、犯罪的时间、地点、场合、行为人犯罪后的认罪态度、一贯表现等来进行综合判断。有观点认为,根据司法实践中的情况来看,"情节严重"主要表现在:经常实施或者多次实施强迫交易行为;因强迫交易受过行政处罚,又实施强迫交易行为的;强迫交易非法牟利数额较大或给他人造成严重损失的;采用暴力、威胁手段恶劣,致人身体或者精神伤害的;强行索要的价格明显超出合理价格,或者所提供的服务或出售的商品质量低劣的;强迫交易造成恶劣的社会影响或者其他严重后果的。①

本案中,孙某虽然使用了暴力和威胁的手段,非法获取他人的财物,表面上与抢劫罪有一定相似之处,但是孙某和被害人之间存在着提供与接受服务的交易关系,孙某使用暴力、威胁手段,其主观目的在于获取公平交易所无法获取的价格以赚取差价,并且事实上孙某所要求的价格与其服务的实际价值相差并非悬殊,所以对孙某的行为不应以抢劫罪认定,应当认定为强迫交易行为。同时,由于孙某采用了较为严重的暴力、威胁手段,其强行索要的价格明显超出正常的范围,破坏了市场秩序,达到"情节严重"的要求,所以构成强迫交易罪,法院的判决是正确的。

(作者:朱燕佳)

---

① 参见周洪波、田凯主编:《破坏市场管理秩序犯罪司法适用》,法律出版社 2005 年版,第 288—289 页。

案例71. 张某强迫交易案[*]

——强迫交易罪与抢劫罪的区别

案情介绍

张某乘坐出租车到达目的地后,故意拿出面值100元的假币给司机王某,王某遂将假币退还张某。张某对王某的头部猛击几拳,还威胁道:"你不找钱,我就让你死在这里。"王某只好收下这100元的假币,找给张某90元人民币。张某的行为构成何罪?

理论争议

对于张某构成何罪,第一种意见认为,张某的行为构成强迫交易罪。张某违背王某的意愿,强行支付假币给王某,是强迫要求提供服务的行为,符合强迫交易罪的特征。因此,对张某的行为应定为强迫交易罪。第二种意见认为,张某构成抢劫罪。因为两者并无交易行为,是明显的抢劫行为。

法理分析

抢劫罪,是指以非法占有为目的,采用暴力、胁迫或者其他方法,当场强行劫取公私财物的行为。强迫交易罪是1997年《刑法》增设的一个新罪名。根据《刑法》第226条的规定,强迫交易罪是指以暴力、威胁手段强买强卖商品、强迫他人提供服务或者强迫他人接受服务,情节严重的行为。两罪在主观上都有当场非法占有他人财物的故意,客观上都实施了暴力、威胁手段,犯罪过程往往均交织着交易行为,均有时空条件即当场获取非法利益。强迫交易罪设置在刑法的破坏社会主义市场经济秩序罪一章,立法意图在于通过该罪名的设置来规范市场管理秩序,维护自愿平等、公平合理、诚实信用的市场交易秩序,打击利用强迫交易进行非法牟利,损害交易相对方合法权益的行为。强迫交易罪这一立法目的

---

[*] 案例来源:周洪波、田凯主编:《破坏市场管理秩序犯罪司法适用》,法律出版社2005年版,第291页。

与抢劫罪主要是保护财产所有权的立法目的有严格的区别。强迫交易罪行为流程图为:暴力→促成交易→获取暴利→部分非法占有。抢劫罪的行为流程图为:暴力→直接取得财物→全部非法占有。① 抢劫罪可以发生在任何场合,无须一定的交易关系存在为前提。下面具体分析二者的区别:

1. 主观方面

主要应查明行为人的动机是出于非法获取高额利润还是一种非法占有的目的,强迫交易罪惩治的是交易过程中出现的犯罪,显然,这种犯罪的动机和目的只能是获取交易中的高额差价利润,与那些根本不存在任何交易而赤裸裸非法占有他人财物的侵犯财产权利犯罪的动机和目的是不相同的。② 即强迫交易罪是为了强买强卖或强迫他人提供服务或者接受服务,而抢劫罪则是为了非法占有被害人的财物。

2. 客观方面

当场施以暴力或暴力威胁并当场取得财物的,除可能构成抢劫罪外,还有可能构成强迫交易罪,是构成抢劫罪还是构成强迫交易罪关键是看行为人和被害人之间有无特定交易存在。强迫交易罪是以交易为前提条件的,交易行为是否存在是强迫交易罪与他罪区别的一个显著特征。一般来说,有特定交易存在的,构成强迫交易罪;无特定交易存在的,构成抢劫罪。

"交易行为"可以归结为两大类,一类为商品交易,一类为服务交易。强迫交易具体有四种:(1)强买商品,指以暴力、威胁的手段,强行购买他人商品的行为;(2)强卖商品,指以暴力、威胁手段,强行将商品出售给他人的行为;(3)强迫他人提供服务,指以暴力、威胁手段,强行迫使他人为自己或相关之人提供服务,并给予对方酬金的行为;(4)强迫他人接受服务,指以暴力、威胁手段,强行迫使他人接受自己或相关之人提供的服务,并要求对方支付酬金的行为。无论是何种交易,都是一方当事人给付相应对价。其中,商品(或服务)和相应的对价是交易的两个基本要素,缺一不可。在实践中,认定有无交易也要从这两个要素入手。行为人迫使交易相对人提供商品(或服务)却不支付对价,或仅在口头上有对价的表示,实际上根本不打算给付的,因缺乏对价因素,不能认定为交易;行为人迫使交易相对人支付了对价,却拒不提供所允诺的商品(或服务)的,也不能认定为交易。也就是说,行为人与被害人之间有无交易,不仅要看双方有无特定

---

① 参见万选才:《抢劫罪与强迫交易罪辨析》,载《人民司法》2001年第10期。
② 参见张耕总主编:《刑事案例诉辩审评——扰乱市场秩序罪》,中国检察出版社2005年版,第218页。

商品(或服务)协调交易的事实,而且还要看行为人有无履行交易内容的诚意和行动。① 依据民法,交易双方应在相互平等、自愿协调的条件下进行商品或服务的交易。强迫交易中的交易,由于行为人使用了暴力威胁手段,交易相对人迫不得已答应并同行为人进行交易。因而,强迫交易罪中交易行为的本质是违背相对人意愿的交易。但如果一方实际给付的对价与合理的对价有极大的差距的话,此时的交易已名不符实,即不为交易行为。如果行为主观上并不具有等价交换的意图,而只是想利用"交易"之名,以暴力、威胁手段通过不正常的价格达到非法占有他人财物的目的,其行为与抢劫无异。

最高人民法院《关于审理抢劫、抢夺刑事案件适用法律若干问题的意见》第9条规定,"从事正常商品买卖、交易或者劳动服务的人,以暴力、胁迫手段迫使他人交出与合理价钱、费用相关不大的钱物,情节严重的,以强迫交易罪定罪处罚;以非法占有为目的,以买卖、交易、服务为幌子采用暴力、威胁手段迫使他人交出与合理价钱、费用相差悬殊的钱物的,以抢劫罪定罪处刑。"

3. 双方暴力、威胁的手段

强迫交易罪的暴力、威胁的内容与程度应当低于抢劫罪。即暴力的内容不得达到轻伤程度(否则与故意伤害罪不协调),暴力、威胁的程度不得达到抢劫与敲诈勒索的程度。② 即强迫交易罪中的暴力不包括故意杀人和故意重伤,而抢劫罪中的暴力包括故意杀人或者故意伤害。强迫交易罪的威胁不仅包括暴力威胁,还包括非暴力威胁,如揭发隐私,既包括对人身实施暴力,也包括对财产实施暴力,而抢劫罪中的威胁只能是对人身实施暴力威胁。有学者认为,无论行为人是以现实性的内容来威胁,还是以将来付诸实施的内容来进行威胁,都构成强迫交易罪中的威胁。③ 而抢劫罪中的威胁是一种现实的威胁,即如果被害人不答应要求,威胁的内容将立即付诸实施。

4. 两者侵犯的客体

强迫交易罪侵犯的客体是市场的秩序和他人的人身权利,而抢劫罪侵犯的客体是公私财产所有权和他人的人身权。

我们认为,本案张某的行为应该构成抢劫罪而非强迫交易罪。

首先,从行为人的主观方面来看,张某并不是出于交易的目的而使用假币,其对于 90 元钱来说是一种赤裸裸的占有,是以非法占有为目的的使用假币

---

① 参见冯英菊:《强迫交易罪客观要件研究》,载《人民检察》2003 年第 3 期。
② 参见张明楷:《刑法学(第三版)》,法律出版社 2007 年版,第 631 页。
③ 参见王作富主编:《刑法分则实务研究》,中国方正出版社 2001 年版,第 834 页。

行为。

其次，认定行为人行为性质的重点在于 100 元假币，在被害人明知是假币而不接受的情况下，行为人却强迫其接受并找零，受害人不仅没有获得任何报酬，而且白白损失 90 元钱。这种行为违背了交易的对等性，不是交易行为，而是"形式上的交易，实质上的抢劫"。强迫交易行为的主要特征是有交易存在，只不过是一方不愿交易，而另外一方实施强迫手段逼迫对方交易。无论强迫的程度如何，其总是有交易的成分存在。如甲驾驶从朋友处借来的轿车，伪装成出租车，从火车站拉乘刚下火车的乙去某地，途中，甲要求乙按已做过手脚的计价器显示的 69 元，先把钱交了，乙嫌多不同意，甲便将车停下，再次命令乙交钱被拒绝，于是，甲朝乙的胸部打了一拳，又给了他一个耳光，无奈，乙交给了甲 40 元。此后，甲又以同样的手段作案数起。在这个案例中，甲与乙之间存在着交易，并且甲的暴力行为发生在交易过程之中，而且行为的本质符合强迫交易通过实施暴力以不公平价格强迫他人接受服务的特征。所以应认定甲的行为构成强迫交易罪。但是正如本案的情况一样，如果根本不存在任何交易物，或者差额巨大，使人无法接受，根本不存在交易的现实可能性，或者虽有象征性的交易物品，但价值低廉或系伪劣产品，明知对方不可能接受，自己也并没有交易的意向，仍以交易为名强迫他人高价购买，则该行为就不能认定为一种交易行为，而应认定是一种典型的"以交易为名，行抢劫之实"的抢劫犯罪行为。

最后，张某当场使用暴力猛击王某的头部，以当场打死王某为威胁，并取得王某 90 元。张某的行为既侵犯了王某的人身权，又侵犯了王某的财产权，符合抢劫罪的犯罪构成。

综上所述，本案应该认定张某的行为构成抢劫罪。

（作者：韩玉）

第二十三章　侵犯公民人身权利、民主权利罪

案例 72. 李某故意杀人案*

——相约自杀行为的定性

案情介绍

某市某镇农民李某与离异妇女高某长期非法同居。2002 年 12 月 12 日,李某与高某为琐事发生争执,冲动之余相约一起投河自尽。当天中午 12 时许,李某与高某不顾邻居劝阻,手挽手跳入村前的小河中。入水后,不会游泳的高某紧拉住李某不放,两人顺水漂往河中心。生死关头,李某突然反悔不想自杀。为摆脱高某的牵扯,李某数次推搡高某的身体,将高某的头部摁入水中而自己始终浮在水面,致高某当场溺水死亡。后李某被闻讯赶到的群众救起而得以生还。

某市人民检察院以故意杀人罪对李某提起了公诉。法院审理认为,李某采用推、摁的手段将他人摁入水中致其溺水而亡,其行为已构成故意杀人罪,应依法予以惩处,考虑到本案的特殊情节,可对其酌情从轻处罚。2003 年 9 月 30 日,法院以故意杀人罪判处被告人李某有期徒刑 10 年,剥夺政治权利 3 年。

理论争议

对于本案的定性,存在两种不同的意见。第一种意见认为,李某的行为不构成犯罪。理由是,李某与高某的行为属共谋自杀,两人在相约自杀的过程中,没有强制或者诱骗的因素,不具备故意杀人罪的特征,因而不能认定为故意杀人

---

* 案例来源:陈军:《相约自杀中为自保致对方死亡应如何定性?》,http://www.npc.gov.cn/zgrdw/npc/flsyywd/zjsf/2003-12/17/content_325464.htm,2023 年 8 月 15 日访问。

罪,不应追究行为人的刑事责任。第二种意见认为,李某的行为构成故意杀人罪。理由是,李某落水后心生悔意,为自保多次将高某摁于水下,致高某溺水死亡。李某明知自己的行为会造成他人死亡的后果,却故意实施这种行为,应以故意杀人罪追究其刑事责任。

法理分析

故意杀人罪,是指故意非法剥夺他人生命的行为,即通过非法手段消灭了一个人存在的自然属性和作为人存在的社会价值。人的生命权是人最为宝贵的权利,对于他人生命权的非法剥夺是刑事犯罪中最为严重的犯罪,世界各国对于故意杀人行为无一例外都规定为犯罪。但是故意杀人罪在现实社会生活中表现出形形色色的形态,相约自杀即是其中一种。

所谓相约自杀,是指二人以上相互约定自愿共同自杀的行为。从司法实践和刑法研究来看,相约自杀大约分为以下几种情况:(1)诱骗、强迫他人自杀案件;(2)教唆他人自杀案件;(3)自愿相约自杀案件。在自愿相约自杀案件中,又分三种情形,一是未死者受托杀死他人,二是未死者帮助他人自杀,三是单纯自愿相约自杀。就前述的案例来看,当属于典型的单纯自愿相约自杀的情形(一方未死),即两人以上自愿相约自杀,其间既无受托杀死对方的行为,亦无一方帮助另一方自杀的行为,但一方自杀身亡,一方未死(既可能是自杀未成功,也可能是因惧怕而临时改变主意未自杀)。

就本案来看,还有的学者从不作为犯罪的角度分析认为,决意不死的李某对高某是有救助义务的,这是所谓的"应为"。但是,"应为"只是构成犯罪之不作为的第一个条件。要认定李某构成犯罪的不作为,还应考察其他两个条件。(1)是否"能为而不为"? 即李某是否具有救助他人生命的能力和条件而没有救助他人? 古谚云:鱼处水则生,人处水则死。对于不是深谙水性或者没有受过专门训练的普通人来说,在水中救人并非易事。同在夺人性命的水中求生,怎能认定李某有足够的能力和条件救起高某? "后李某被闻讯赶到的群众救起而得以生还"更直接说明了一个问题:李某自身难保。在一个人自身难保的情形下,是无论如何不能作出他"能为而不为"的认定的。(2)是否"因不为而致命"? 即李某的不救助行为,是否致使他人在本可被救助而生还的情况下却未能生还而身死? 我们认为,高某死亡的直接原因是溺水,而并非李某的"不作为"。诚如有学者在文章中所分析的,"客观地说,没有李某的推、摁等行为,高某生还的希望也不大"。从案情来看,如果没有他人的救助,李某和高某已经

"同赴黄泉"了。

如果相约的双方各自实施自杀行为,其中一方死亡,而另一方没有自杀成功,那么对于自杀未遂的一方不能以故意杀人罪定罪量刑;如果行为人的一方杀死另外一方,然后自杀未遂,那么对于自杀未遂的一方应当以故意杀人罪定罪量刑。

我们认为,如果行为人正当的行为、错误的行为或者轻微的违法行为引起了他人自杀身亡,该行为人不应当负故意杀人罪的刑事责任。在司法实践中还有行为人逼迫他人自杀的情况。"所谓逼迫他人自杀,是指利用某种权利、经济或者亲属关系上的优势,利用被害人自身愚昧等弱点,故意强迫他人自杀的行为。"[1]对于这种情况应当具体分析,如果行为人使用强暴的手段,将他人置于走投无路的境地,则应当以故意杀人罪定罪量刑,如果使用诱骗或者愚弄性质的手段逼迫他人自杀的,则应当依法惩处。结合本案来看,从主观上看,李某具有杀人的故意。从一开始相约自杀时起,李某就知道高某不会游泳,而他们共同走向河中,就可以看出李某对高某的死亡结果是明知的,至少是持放任的心理态度,而李某实施了推搡高某,并将高某的头部摁入水中的行为就更加证明了李某的认识因素和意志因素。在客观方面,李某又实施了非法剥夺他人生命的行为。在不会游泳的高某出于本能紧抓住李某不放时,李某为了保全自己,数次推搡高某的身体,将高某的头部摁入水中而自己借力始终浮于水面上,因此可以认定为故意杀人罪,但是又考虑到行为人当时所处的实际情况,即可能具有的求生本能,在量刑时应当与通常意义上的故意杀人罪有所区别。

对自杀的社会评价,正如有的人指出的那样:人生活在社会中,难免会遇到各种各样的困难和挫折。如果一遇到挫折就用轻生的方法来逃避,其实是一种懦弱无能的表现。自杀虽然是个人行为,但却直接影响家庭和社会的稳定,有百害而无一益。[2]

(作者:李翔)

---

[1] 参见赵秉志主编:《中国刑法实用》,河南人民出版社2001年版,第770页。
[2] 参见陆军:《相约自杀,未走黄泉入了囹圄》,载《检察日报》2003年11月10日第8版。

案例 73. 吴某故意杀人案*

——帮助他人自杀行为的定罪量刑问题

案情介绍

2003年2月,41岁的吴某从青岛来到上海,认识了张某。张某是一名左腿有残疾的流浪汉,两人一起住在一座斜拉桥下的桥洞内,张某因行动不便,就在住处看管东西,吴某则在张某的指点下以捡废品为生。据吴某在法庭上说,4月19日晚,吴某把两人捡到的塑料瓶和纸出卖后,买了两瓶酒和两个熟菜,回来见到张某,看到他竟然正在喝酒。吴某问他酒从哪里来,张某说是从其他捡废品的人那里抢来的。吴某指责张某没志气。晚7时30分左右,吴某反复唠叨:"有钱就喝酒,没钱就不要喝。"两人发生争吵,吴某用竹棒打了张某几下,张某用头朝墙上撞了两三下,说:"我不想活了!"吴某对他说,要死也别死在这里,旁边就是苏州河。张某对吴某说:"你把我扛过去。"吴某扛起张某就来到苏州河防汛墙边,并把张某放在防汛墙上。"我没想到他真的要死,我刚把他放到防汛墙上,他就翻身下去了。"吴某在法庭上强调,"他在河中没有呼救也没有挣扎,只是扑腾了几下就被河水冲走了。"在法庭上,公诉人提交了目击证人的证词,证明当时张某是被吴某推下河的。吴某的辩护律师称,既然目击证人证明当时光线很暗,怎么能看到吴某将张某推下河呢?吴某与张某关系一向很好,没有杀人的动机。

理论争议

一种观点认为,我国《刑法》第232条规定了故意杀人罪。所谓故意杀人罪,是指故意非法剥夺他人生命的行为。故意杀人罪具有三个特征:第一,行为人实施了剥夺他人生命的行为。第二,行为人主观上必须有故意杀人的心理态度。这种故意是明知自己的行为会发生危害他人生命的结果,并且希望或者放任这

---

* 案例来源:《上海"助人自杀案"开庭》,https://news.sina.com.cn/c/2003-09-04/0731686858s.shtml,2023年8月15日访问。

种结果发生。希望,是指行为人实施犯罪时追求他人死亡的结果;放任,是指明知或应知自己的行为会发生危害他人生命的结果,虽然不追求这种结果的发生,但采取放任的态度致使犯罪结果发生。第三,行为人实施的剥夺他人生命的行为是非法的,即没有相应的法律依据。如执行死刑、正当防卫均不构成故意杀人罪。

本案中,吴某与张某发生争吵,致使张某产生自杀的念头,吴某不但不制止,反而应张某要求将其抱到防汛墙上,致使张某自杀死亡,其行为具有一定的社会危害性,应认定为故意杀人罪。吴某明知张某有自杀念头而帮助其自杀,主观上采取的是一种听之任之的态度,属于间接故意杀人。另外,如果目击证人指证张某是被吴某推下去的证词被法庭采纳的话,吴某则构成直接故意杀人罪。不论是直接故意还是间接故意,由于吴某主观上具有这些故意心理,所以构成故意杀人罪。

另外一种观点从量刑的角度考察认为,我国《刑法》第 61 条规定:"对于犯罪分子决定刑罚的时候,应当根据犯罪的事实、犯罪的性质、情节和对于社会的危害程度,依照本法的有关规定判处。"对于故意杀人罪的量刑,我国《刑法》第 232 条规定了两种情形,情节较重的,处死刑、无期徒刑或者 10 年以上有期徒刑;情节较轻的,处 3 年以上 10 年以下有期徒刑。可见,对于故意杀人罪的量刑幅度是很大的,从死刑到 3 年以上,这也是本案庭审中辩护人一再强调被告人情节较轻的原因所在。

根据司法实践,情节较轻的主要情形包括:(1)防卫过当的故意杀人。(2)义愤杀人,即被害人恶贯满盈,其行为已达到让人难以忍受的程度。(3)激情杀人,即本无任何杀人故意,但在被害人的刺激、挑逗下失去理智,失控而将他人杀死,其必须具备以下条件:其一,必须是因被害人严重过错而引起行为人的情绪强烈波动;其二,行为人在精神上受到强烈刺激,一时失去理智,丧失或减弱了自己的辨认能力和自我控制能力;其三,必须是在激愤的精神状态下当场实施杀人行为。(4)受嘱托杀人,即基于被害人的请求、自愿帮助其自杀。(5)帮助他人自杀的杀人,由于自杀者死亡的主要原因在于自杀者,帮助行为只起辅助作用,一般在量刑时从轻处罚。(6)生母溺婴,即出于无力抚养、顾及脸面等不太恶劣的主观动机而将亲生婴儿杀死。如果是因为重男轻女的思想作怪,发现所生的是女儿而加以溺杀的,其主观动机极为卑劣,则不能以本罪的情节较轻情况论处。

本案中,如果吴某的行为被认定为帮助张某自杀,则属于《刑法》第 232 条故意杀人罪中规定的"情节较轻"的情形,应在 3 年以上 10 年以下幅度内由法官自由裁量。

> **法理分析**

帮助他人自杀,是指他人已有自杀的意图,行为人对其在精神上加以鼓励,使其坚定自杀的意图或者给予物质上帮助,使他人得以实现其自杀意图。

从广义上说,助人自杀除了本案中的那种情形,还有以下三种帮助他人自杀的方式:(1)相约自杀。双方相约共同自杀,一方未对他方实施教唆、帮助或诱使行为,自杀而没有死亡的一方不应对他方的死亡负故意杀人的刑事责任。如果一方应对方请求先将对方杀死,然后自杀未遂或又放弃自杀念头的,应按故意杀人罪论处。一方诱骗对方相约共同自杀,而行为人根本没有自杀的意图,对诱骗者应以故意杀人罪定性。(2)受嘱托杀人,是指受已有自杀意图者的嘱托而直接将他人杀死的行为,由于直接实施了杀人行为而构成故意杀人罪。(3)实施"安乐死",是指应身患绝症,精神、肉体极度痛苦的病人的请求,实施促使其提前、迅速无痛苦死亡的行为。目前,我国法律未承认"安乐死"的合法化,对实践中"安乐死"的案件,仍按照故意杀人罪定性。

关于教唆自杀行为,有观点认为,对于教唆自杀应以故意杀人罪论处,但因为社会危害性较小,应按情节较轻的故意杀人从轻减轻或者免除处罚。[1] 还有人主张,教唆自杀行为社会危害性较小,一般可不以犯罪论处。[2] 关于帮助自杀行为,帮助自杀包括精神帮助和物质帮助,有人认为对于精神帮助不应以犯罪论处,因为其社会危害性较小,而物质帮助原则上构成犯罪,但对于帮助者可以从轻或者减轻处罚。[3] 另外,有的学者主张对精神帮助者不追究刑事责任,而对于物质帮助则认为可以以犯罪论,从轻或者减轻处罚,也可以不以犯罪论处。[4] 也有学者认为,对于教唆、帮助自杀行为应直接定故意杀人罪,因为刑法本身规定的故意杀人,已经包括了教唆、帮助自杀的行为。[5] 还有人认为,根据我国刑法理论和刑法规定,对一般的教唆、帮助自杀行为不能以故意杀人罪论处,因为这类行为不符合刑法规定的故意杀人罪的犯罪构成,要解决这类问题,应当对刑法进行补充完善,在刑法中明文规定教唆、帮助自杀罪。[6]

对于教唆或者帮助被害人自杀身亡的,其教唆或者帮助行为和共同犯罪

---

[1] 参见高铭暄、马克昌主编:《刑法学》,北京大学出版社、高等教育出版社2000年版,第470页。
[2] 参见赵秉志主编:《新刑法教程》,中国人民大学出版社1997年版,第577页。
[3] 参见高铭暄、马克昌主编:《刑法学》,北京大学出版社、高等教育出版社2000年版,第470页。
[4] 参见赵秉志主编:《新刑法教程》,中国人民大学出版社1997年版,第577页。
[5] 参见张明楷:《刑法学(下)》,法律出版社1997年版,第696页。
[6] 参见冯凡英:《教唆、帮助自杀行为刍议》,载《人民检察》2004年第2期。

中的教唆或者帮助行为是有区别的。这里的教唆或者帮助被害人自杀的行为实质是借被害人之手实施行为人的行为,所以,对于这种教唆或者帮助行为,应当按照故意杀人罪定罪量刑。帮助自杀,是指他人已有自杀意图,行为人对其在精神上给予支持或鼓励,从而坚定其自杀的意念和决心;或者在物质上加以帮助,如提供自杀工具,帮助实施自杀行为等,从而使他人得以实现其自杀意图。司法实践中,如果仅是精神上的鼓励,行为人对自杀死亡结果的发生作用很小,危害不大,可以不追究刑事责任,只会受道义上的谴责。如果提供物质上的帮助,包括为自杀者提供自杀工具和条件,所实施的帮助行为对于自杀者的死亡结果具有较大的作用力,且帮助行为没有合法的根据,虽然是应自杀者的要求实行帮助,却直接动手帮助自杀者完成自杀行为,则构成故意杀人罪。但是由于自杀是自杀者本人的意志决定的,可对帮助者从轻或减轻处罚;对于那些社会危害性较小的,帮助人主观动机、行为表现不恶劣的,也可以不以犯罪论处。

在本案中,被告人语言并不具有促使被害人产生自杀的直接原因力,因此可以认为被害人本来就有自杀意图,但是当被害人对被告人说"你把我扛过去"时,被告人主观上认识到了被害人有厌世情绪,可能造成被害人死亡的危害结果,而被告人实施的物质上的帮助行为,即把被告人扛到苏州河防汛墙上的行为,说明了被告人对被害人的死亡结果持放任态度,其行为在客观上为被告人自杀提供了实质上的条件,因此可以认定被告人(间接)故意杀人罪,但情节较轻,在量刑时可以考虑从轻处罚。

(作者:李翔)

案例74. 王某过失致人死亡案[*]

——在未领取医疗机构执业许可证的乡村卫生室工作的乡村医生行医致人死亡的行为如何定性

案情介绍

某村卫生室成立于20世纪70年代,王某自1973年起即在村卫生室工作,

---

[*] 案例来源:中华人民共和国最高人民法院刑事审判第一庭、第二庭编:《刑事审判参考(总第34集)》,法律出版社2004年版,第20页。

曾取得卫生行政部门所发的乡村保健医生证书。2000年,区卫生局开始开展对村卫生室发放医疗机构执业许可证的工作。2001年8月,村委会向区卫生局提出设置村卫生室为医疗机构的申请,经主管部门验收,因故未合格,至本案案发时尚未领取到医疗机构执业许可证。2001年11月22日下午3时许,林某因呼吸道感染到某区某镇卫生院就诊,该院开出青霉素皮试单及青霉素注射处方。林某在该卫生院做了青霉素皮试,其结果为阴性,但未在该院输液。随后林某来到王某所在的某村卫生室,王某看过林某在某镇卫生院的病历、处方和皮试单后,要林某做皮试,林某称刚做过,王某不再坚持,遂对林某进行青霉素输液。林某输液后不久即感不适,自行拔出针头后出门,随即倒地,经抢救无效死亡。经区、市两级医疗事故鉴定委员会鉴定,王某在未对林某重新做青霉素皮试的情况下给林某注射了与某镇卫生院皮试试液不同生产厂家的青霉素,以致林某发生青霉素过敏性休克而死亡,属一级医疗事故(含责任和技术因素)。另查明,某区卫生局于1998年2月曾就青霉素使用专门作出规定,要求实施青霉素注射前一定要验核注射卡,做到人、卡、皮试结果、药物批号四符合后方能进行注射,王某亦供述"青霉素更换生产厂家后,应当重新做皮试,这是行医的常识"。某区人民法院认为,被告人王某已经预见到自己的行为可能造成他人死亡的后果而轻信可以避免,以致发生他人死亡的严重后果,其行为已构成过失致人死亡罪,依法应予以惩处。案发后,被告人王某积极赔偿被害方的经济损失并取得被害方的谅解,被害方亦请求法院对被告人从轻处罚。结合本案的具体犯罪情节,依法可以对被告人王某免予刑事处罚。依照《刑法》第233条、第37条之规定,判决被告人王某犯过失致人死亡罪,免予刑事处罚。

理论争议

在未领取医疗机构执业许可证的乡村卫生室工作的乡村医生行医致人死亡的应如何定性?本案在审理过程中,对定性存在三种不同意见。第一种意见认为,王某无执业医师资格,其所在的村卫生室亦无医疗机构执业许可证,其行医致人死亡应定非法行医罪。第二种意见认为,王某曾取得乡村保健医生资格证书,具有在乡村行医的资格,其所在的村卫生室长期从事诊疗活动,未领取医疗机构执业许可证的主要原因是主管部门管理不到位,故对王某应视为医务人员,其在工作中严重不负责任,违反青霉素注射的规定,造成就诊人死亡的后果,应定医疗事故罪。第三种意见认为,王某的行为应定过失致人死亡罪。

> **法理分析**

《刑法》第335条规定:"医务人员由于严重不负责任,造成就诊人死亡或者严重损害就诊人身体健康的,处三年以下有期徒刑或者拘役。"医疗事故罪作为一种业务过失犯罪,犯罪主体有其独特之处,即为医务人员。但由于这一概念内涵极其丰富,从目前情况来看,对"医务人员"的理解存在较大的差异,概括起来主要有以下几种观点:第一种观点认为,医务人员是指在医疗机构从事对病人救治、护理工作的医生和护士。[1] 第二种观点认为,医务人员是指直接从事医疗护理事宜的人员,包括国有、集体医疗单位的医生、护士、药剂人员,以及经主管部门批准开业的个体行医人员。[2] 第三种观点认为,医务人员是指与医疗事故发生有因果关系的直接责任人员,包括各类卫生技术人员、从事医疗管理人员和后勤服务人员。[3] 第四种观点认为,医务人员是指具有一定的医学知识和医疗技能,取得行医资格,直接从事医疗护理工作的人员,包括医院医务人员及个体行医者。[4] 我们认为,医疗事故罪的主体应当是直接从事诊疗护理事务的人员,包括国家、集体医疗单位的医生、护士、药剂人员,以及经主管部门批准开业的个体行医人员,此外,经主管部门批准的由私人开办的医疗单位的医生、护士、药剂人员,也应当属于本罪的主体。[5] 本案中的被告人虽然曾经取得乡村保健医生资格证书,但该证书载明"本证书是医疗技术水平的证明,不得凭此证书流动行医和个体开业",因此,本案被告人不符合医疗事故罪的主体特征,不构成医疗事故罪。

所谓非法行医罪,是指未取得医师执业资格的人非法行医,情节严重的行为。在本罪的犯罪主体上首先是未取得医师执业资格的人。对于何为未取得医师执业资格的人,应当根据《中华人民共和国执业医师法》(以下简称《执业医师法》)等法律法规加以确定。根据我国《执业医师法》的规定,从事医师执业活动,应当首先参加医师资格考试,取得执业医师资格,然后进行注册取得执业证书。我国《执业医师法》第8条、第9条规定,国家实行医师资格考试制度,凡符合法

---

[1] 参见胡康生、李福成主编:《中华人民共和国刑法释义》,法律出版社1997年版,第477页。
[2] 参见肖扬主编:《中国新刑法学》,中国人民公安大学出版社1997年版,第586页。
[3] 参见李建华、严金主编:《新刑法实用手册》,光明日报出版社1997年版,第463页。
[4] 参见刘家琛主编:《新刑法条文释义》,人民法院出版社1997年版,第1459页。
[5] 随着社会的不断发展和变迁,这种新兴的"第三部门",即其主体是私人的,具有营利的目的,但是同时其性质——从事具有社会公益活动——决定了它又和一般的纯粹营利的企业有所区别,如医院、学校等,其性质还有待进一步深入研究。

定条件的,可以参加执业医师资格考试。《执业医师法》第 13 条规定,国家实行医师执业注册制度,取得医师资格的,可以向所在地县级以上人民政府卫生行政部门申请注册,医疗、预防、保健机构可以为本机构中的医师集体办理注册手续。第 14 条规定,医师经注册后,可以在医疗、预防、保健机构中按照注册的执业地点、执业类别、执业范围执业,从事相应的医疗、预防、保健业务。未经医师注册取得执业证书,不得从事医师执业活动。从以上的规定我们可以看出,对于已经取得医师执业资格的人行医的,如果没有办理相应的手续,而没有办理有关手续的原因不管是主观上还是客观上导致的,都不影响其构成非法行医罪的主体。有人认为,"考虑到乡村卫生室从事诊疗服务的历史延续性以及乡村医生行医资格无法律明文规定的特殊性,可以认定被告人主观上不具有非法行医的故意"[1]。我们认为这种观点值得商榷。要认定行为人是否具有非法行医的故意,关键是要认定行为人的行为是否非法行医行为,切入点应当在认定"行医行为",所以在本案中,在否认行为人具有行医主体资格的前提下,判断王某的行为是不是"行医行为"也就成了本案认定为非法行医罪还是过失致人死亡罪的关键。而正如前文分析指出的那样,如果可以认定行为人所从事的行为具有行医性质的话,无论是因为主观上还是客观上的原因,那么只要客观上没有取得医师资格,或者虽然取得医师资格但是未经医师注册取得执业证书就具有非法行医的性质。

对于如何认定"行医行为",可以从两个方面加以把握:一是行医的本体意义上的理解,即从事医疗业务;[2]二是行医行为必须是以实施医疗为业的活动,而能称得上业务的,又必须是基于社会生活上的地位而反复、继续从事的事务。王某所在的村卫生室成立于 20 世纪 70 年代,而王某在该卫生室工作了近 30 年,在这期间一直从事医疗、保健、预防等工作。无论从社会评价和认可,还是王某本人的认识,她都一直是在从事诊疗活动,在《执业医师法》颁布之前,国家对于王某所从事的活动也是评价为"行医行为"的,而《执业医师法》颁布之后,对"行医行为"进行了更加规范化的管理,这时没有取得医师资格或者虽然取得医师资

---

[1] 中华人民共和国最高人民法院刑事审判第一庭、第二庭编:《刑事审判参考(总第 34 集)》,法律出版社 2004 年版,第 22 页。

[2] 医疗业务行为有广义和狭义之分:广义的医务行为是指出于医疗目的所实施的行为,包括疾病的治疗和预防、生育的处置、按摩、针灸等符合医疗目的的行为;狭义的医疗行为则仅指由医师根据医学知识与技能实施、否则便对人体产生危险的行为。由于非法行医罪的首要性质是危害公共卫生,因此,非法行医罪中的行医行为应当是指狭义的医疗行为。参见张明楷:《刑法学(第二版)》,法律出版社 2003 年版,第 853 页。

格但是未经医师注册取得执业证书的人从事医疗业务,就具有非法行医的性质。《执业医师法》第 45 条规定,在乡村医疗卫生机构中向村民提供预防、保健和一般医疗服务的乡村医生,符合本法有关规定的,可以依法取得执业医师资格或者执业助理医师资格;不具备本法规定的执业医师资格或者执业助理医师资格的乡村医生,由国务院另行制定管理办法。但是到本案案发时,国务院尚未制定相关管理办法。而从第 45 条规定来看,这也正是国家基于乡村卫生室从事诊疗服务的历史延续性和中国医疗保健条件的客观现实性进行考量的结果。至于行为人对自己的"行医行为"的合法性认识就属于刑法理论中法律认识错误的问题,即行为人认为自己行为合法而实际上是非法的,不影响对行为人的定罪量刑。

至于有人指出,王某作为行医 30 年的乡村医生,已经预见到不对被害人重复皮试可能发生死亡的后果,却轻信被害人刚在镇卫生院做过皮试能够避免,以至于发生了林某青霉素过敏性休克死亡的后果,符合过失致人死亡罪的主观特征。我们认为这种观点是站不住的。该种观点一方面否定了行为人具有医疗事故罪主体资格,即行为人不具有医师执业资格,另一方面又肯定了行为人的行为是行医行为,最后却得出过失致人死亡罪的结论,本身就逻辑混乱,自相矛盾。至于乡村卫生室未领取医疗机构执业许可证,也不是阻却非法行医罪的决定因素,因为非法行医罪虽然通常表现为违反医疗机构的管理活动,但是该罪更主要的是危害公共卫生安全,即危害不特定多数的患者的生命、健康的安全。

此外,需要说明的是,非法行医罪是情节犯,对于没有基本的医疗知识而冒充医生为他人诊疗,延误及时治疗的,其医疗条件严重不符合国家规定的医疗机构基本标准的,没有取得医师执业资格非法行医被有关部门多次取缔屡教不改的,违反有关法律和医疗技术规范,在医疗过程中对就医者有其他违法行为的,对就诊人造成轻伤以上的伤害或者死亡结果的,利用非法行医牟取大量钱财的,从事危险性较大的医疗行为以及其他情节严重的,都可以对行为人以非法行医罪论处,本案中被告人对被害人造成了死亡的危害结果,显然构成非法行医罪中情节严重的情况。

(作者:李翔)

案例75. 李某故意伤害案*
——故意伤害罪与过失致人死亡的界限问题

案情介绍

1998年2月1日晚10时许,李某的胞兄李某某在本组村民郭某家中喝酒时,因故与村民温某发生口角,被温打了一拳。李某某便回家叫来李某帮其打架。李某随李某某来到郭家后,在门口捡了两块砖头,进入房间看到温某手握一空酒瓶,便将自己手中的一块砖向温某扔去,砸在温某的脸上,致温某轻微伤。此时,郭某将李某拦住,并向其说明先前是因李某某的过错,温某才打了李某某。李某听后,便斥责李某某:"都是你的错,你还不赶快回家。"此时李某某已醉酒,不听劝说,仍与人争吵。李某便将手中的另一块砖向李某某扔去,打在李某某头上。之后,李某等人即搀扶着李某某回家休息。次日晨7时许,发现李某某已经死于家中。法医鉴定:李某某因受钝器作用,致急性硬脑膜下血肿,引起呼吸衰竭而死亡。

某市人民法院经审理认为:被告人李某得知其兄李某某酒后滋事,便斥责李某某并让其回家。由于李某某不回,李某在气愤之下将手中砖块向李某某掷去,致李某某头部受伤,回家后死亡。虽然致李某某死亡的后果不是李某希望发生的,但是这种有目标的伤害行为,显然是故意行为。《刑法》第234条规定:"故意伤害他人身体的,处三年以下有期徒刑、拘役或者管制。犯前款罪,致人重伤的,处三年以上十年以下有期徒刑;致人死亡或者以特别残忍手段致人重伤造成严重残疾的,处十年以上有期徒刑、无期徒刑或者死刑。本法另有规定的,依照规定。"李某的行为已触犯该条第2款的规定,构成故意伤害(致人死亡)罪,依法应当判处10年以上有期徒刑、无期徒刑或者死刑,其辩解不是故意犯罪的理由,不能成立。鉴于李某犯罪后能如实供述自己的犯罪事实,认罪态度好,根据本案的特殊情况,依照《刑法》第63条第2款的规定,可对李某减轻处罚。根据李某的犯罪情节和悔罪表现,还可依照《刑法》第72条的规定,对其适用缓刑。据此,该

---

* 案例来源:《中华人民共和国最高人民法院公报》2000年第5期。

院判决被告人李某犯故意伤害(致人死亡)罪,判处有期徒刑3年,缓刑5年。

第一审判决生效后,某市人民法院遂将此案逐级报请核准。最高人民法院裁定核准对被告人李某以故意伤害罪,在法定刑以下判处有期徒刑3年,缓刑5年的刑事判决。

理论争议

对于本案被告人的犯罪性质,一种意见认为,李某在掷砖时,应当预见可能会发生将李某某致死的危害结果,由于其在气愤之中而对此结果的发生没有预见。依照《刑法》第15条第1款关于"应当预见自己的行为可能发生危害社会的结果,因为疏忽大意而没有预见,或者已经预见而轻信能够避免,以致发生这种结果的,是过失犯罪"的规定,对李某应当以过失致人死亡定罪。依照《刑法》第233条关于"过失致人死亡的,处三年以上七年以下有期徒刑;情节较轻的,处三年以下有期徒刑"的规定,建议对李某判处3年以下有期徒刑,同时宣告缓刑。

另一种意见认为,本案发生的危害社会结果——即李某某因受伤害死亡,肯定不在李某的意料之中。根据李某所具有的知识水平和本案的具体情节,发生这样的危害后果,也不是李某事先应当预见的。因此本案不属过失犯罪。但是李某在持砖掷向李某某之前,对这种行为会发生伤害李某某的后果,应当是明知的。由于其在气愤之中,便对伤害后果的发生采取了放任的态度。《刑法》第14条规定:"明知自己的行为会发生危害社会的结果,并且希望或者放任这种结果发生,因而构成犯罪的,是故意犯罪。故意犯罪,应当负刑事责任。"因此,应当以故意伤害(致人死亡)罪对李某定罪。

法理分析

在犯罪故意成立标准的问题上,先后存在三种观点:一是认识主义,又称观念主义,它强调行为人的认识因素,认为行为人对犯罪构成要件的事实有认识,仍不顾而为之,应构成故意犯罪,至于行为人的意志因素则在所不问,也不是犯罪故意的构成因素。据此,过于自信的过失因为对自己的行为及其产生的危害结果有认识,因而不被认为是过失,而被归入故意的范畴。二是希望主义,又称意思主义,它强调行为人的意志因素,认为构成犯罪故意,除了对构成犯罪的事实有认识外,还必须具有希望危害结果发生的意志因素。据此,间接故意因为对于危害结果没有希望其发生的心理态度,因而不被认为是故意犯罪,而被归入过失的范畴。三是折中主义,又称容忍主义,它在调和认识主义和希望主义的基础上,将对自己的行为符合犯罪构成要件的事实有认识,虽不希望但却放任这种行为发生的心理状态归入犯罪故意,称为间接故意;将对危害结果有预见但因轻信能够避免而导致危害结果发生的心理状态归入犯罪过失,称为过于自信的过失。

我国《刑法》第 14 条第 1 款明确规定:"明知自己的行为会发生危害社会的结果,并且希望或者放任这种结果发生,因而构成犯罪的,是故意犯罪。"根据该条规定,我国刑法中的犯罪故意,是指明知自己的行为会发生危害社会的结果,而希望或者放任这种结果发生的心理状态。上述概念是我国关于犯罪故意的法定概念,也是我国刑法理论界关于犯罪故意概念的通说。"明知"是犯罪故意中的认识因素,对犯罪故意的成立起着基础性的作用。由是观之,"明知"即是我国刑法关于罪过中的认识因素。我们认为,犯罪故意中的认识因素(明知)应当从认识内容和认识程度两个层面来理解。那么犯罪故意中的认识因素(明知)到底应该包括哪些含义呢?中外学者对此问题提出了各种学说,莫衷一是。以至于在我国有的学者下此结论:"犯罪故意的认识内容或许可以说是罪过理论中最为重要又极为混乱的问题。"[①]根据我国刑法的规定,"明知"的内容至少应当包括对危害结果的明知,即"明知自己的行为会发生危害社会的结果"。而危害结果应当包括危害事实本身和结果的社会属性。对于结果事实的认识又有认识一要件说、认识二要件说和认识三要件说之争。我们不评述各种学说的优劣,需要说明的是,行为危害社会的本质特征是其侵害了刑法所保护的社会关系,刑法规定了"明知"危害社会的结果,就不能把这种危害结果孤立看待,而必须将其放在一定的社会关系当中来考察。所以,"明知"至少应当包括行为人对其行为所侵犯的社会关系有所认识,或者说,行为人对于其行为危害的社会关系有所认识应当是"明知"所包含的内容。[②] 因为行为客体在一定程度上决定某一行为是否会发生危害社会的结果或者发生何种危害结果,所以有学者认为,"对于特定的行为客体缺乏必要的认识,就不存在某种犯罪故意"[③]。

李某用砖头掷击李某某致其死亡,行为人是成年人,以其认识能力并结合其打击部位(头部)系人体要害部位综合分析,我们认为,行为人虽然不积极追求被害人死亡的危害结果的发生,但是这种不计后果的行为显然反映出行为人对自己行为可能造成的危害结果持放任态度,是刑法理论中的间接故意。所以对其

[①] 姜伟:《犯罪故意与犯罪过失》,群众出版社 1992 年版,第 108 页。
[②] 参见黄京平、李翔:《定罪论的根基:主客观相统一原则的贯彻》,载赵秉志主编:《主客观相统一:刑法现代化的坐标》,中国人民公安大学出版社 2004 年版。
[③] 陈兴良:《刑法哲学(修订版)》,中国政法大学出版社 1997 年版,第 163 页。

行为以故意伤害罪认定是符合刑法理论和司法实践的。一审认定的事实清楚，定罪准确，适用法律适当。

但是本案被害人在案件起因上有一定过错，李某是在劝阻被害人停止酒后滋事而遭被害人拒绝的情况下作案，故意伤害的手段、情节一般，主观上对伤害结果所持的放任态度情节轻微，且犯罪后真诚悔罪。另外，李某所在村的村民委员会致函司法机关，反映李某过去一直表现良好。李某被逮捕后，其父因心脏病发作而死亡，家中只剩下一个弱智的母亲和一个正在读书的未成年弟弟，生活确有困难，建议对李某从宽处罚。纵观其犯罪的主观恶性和社会危害性，符合《刑法》第63条第2款规定的"特殊情况"，对其适用《刑法》第63条第2款的规定在法定刑以下判刑并且适用缓刑，符合我国刑法罪刑相适应的基本原则。

（作者：李翔）

案例76. 邓某等组织出卖人体器官案*

——组织出卖人体器官罪相关问题

案情介绍

2012年4月，邓某通过互联网与李某取得联系并提议共同做"圈养供体"卖肾的生意，李某表示同意。后邓某又联系了张某一起做。同年6月30日，邓某与李某两人在A省某县城城北租赁了一套民房用于集中供养供体。之后，邓某、李某通过他人介绍或网上直接联系等方式，陆续招揽到十几名供体，并将他们安置在此前租用的民房当中，由张某负责看管并照料供体的日常生活。邓某、李某先后安排了十几位供体到医院做身体检查及抽血采样，并由邓某将抽取的血样送到B省某市做供体配型。在B省期间，邓某因缺少资金又电话联系了李某某一起参与，李某某先后给了邓某7000元钱用于组织出卖人体器官的活动。

2012年7月25日，按照公安部的统一部署，公安机关先后将四人抓获归案。2013年1月15日，A省某县人民法院以组织出卖人体器官罪判处被告人邓某有期徒刑4年，并处罚金1万元；判处被告人李某、被告人张某有期徒刑2

---

* 案例来源：胡风云：《鄱阳法院宣判一起特大组织出卖人体器官案》，https://www.chinacourt.org/article/detail/2013/01/id/813429.shtml，2023年8月15日访问。

年,并处罚金人民币 5000 元;判处被告人李某某有期徒刑 6 个月,并处罚金 2000 元。

理论争议

关于本案的认定,存在着两种不同的观点。一种观点认为,邓某等人的行为违反国家规定,扰乱市场秩序,应当以非法经营罪定罪处罚。另外一种观点认为,邓某等人组织他人出卖人体器官,应当以组织出卖人体器官罪定罪处罚。

法理评析

人体器官移植是指将他人体内功能健全的肝脏、肾脏或者脾脏等器官移植到患者体内,以替代相应器官因疾病而丧失的正常机能,从而帮助患者迅速恢复健康的一种医疗手段。而现实生活中,人体器官来源的不足不仅制约着我国人体器官移植技术的发展,还使得非法买卖人体器官的现象不断泛滥和蔓延,严重危及了公众的生命健康安全。

在《刑法修正案(八)》施行以前,我国关于规范人体器官移植技术之应用的专门法律文件包括 2006 年 3 月卫生部发布的《人体器官移植技术临床应用管理暂行规定》以及 2007 年 3 月国务院发布的《人体器官移植条例》。上述法律文件都明确禁止买卖人体器官的行为,例如《人体器官移植技术临床应用管理暂行规定》第 27 条第 1 款规定:"人体器官不得买卖。"《人体器官移植条例》第 3 条规定:"任何组织或者个人不得以任何形式买卖人体器官,不得从事与买卖人体器官有关的活动。"但是,由于买卖人体器官这一具有严重社会危害性的行为没有相称的追责方式与之对应,使得相关法律的禁止效力无法充分发挥,社会上非法买卖人体器官的现象仍然大行其道,甚至有愈演愈烈之势。为了充分保护公民的生命健康安全,《刑法修正案(八)》开始从刑法角度打击非法买卖人体器官的现象。修改后的《刑法》第 234 条之一规定:"组织他人出卖人体器官的,处五年以下有期徒刑,并处罚金;情节严重的,处五年以上有期徒刑,并处罚金或者没收财产。未经本人同意摘取其器官,或者摘取不满十八周岁的人的器官,或者强迫、欺骗他人捐献器官的,依照本法第二百三十四条、第二百三十二条的规定定罪处罚。违背本人生前意愿摘取其尸体器官,或者本人生前未表示同意,违反国家规定,违背其近亲属意愿摘取其尸体器官的,依照本法第三百零二条的规定定罪处罚。"

(一)关于"组织"之含义的正确把握

组织出卖人体器官罪在客观方面表现为"组织"行为。由于"组织"一词抽象性较强,而其又对案件罪名的司法认定方面影响甚重,所以必须对"组织"的含义进行正确的把握。

我国有学者认为,作为组织出卖人体器官罪的实行行为,"组织"行为是指以招募、雇用、领导、指挥、强迫、引诱、容留等手段,纠集、控制多人从事出卖人体器官的行为,其中强迫、引诱方式表现出来的"组织他人",只能是组织他人参与出卖人体器官的行为,而不是组织受害人即"供体"的行为。① 一般情况下,在非法出卖人体器官的过程中,往往存在寻找供体、供养供体、联络买家、为供体联系体检、进行移植手术等环节,行为人只要参与了其中一个或者数个环节,就可认定构成组织出卖人体器官罪。需要注意的是,"组织"的对象必须是本来就有出卖人体器官意图的"供体",如果"组织"的对象并非真实自愿地出卖人体器官(比如本人不同意摘取其器官,或者本人受强迫、欺骗捐献器官,或者无承诺能力的未成年人、精神病人同意摘取其器官的),则不能认定为组织出卖人体器官罪中的"组织"行为,而应当将其列入《刑法》第234条第2款所规定的故意伤害罪、故意杀人罪之中加以考察。

另外,在组织出卖人体器官罪既遂认定标准的问题上,学界存在着不同的观点。一种观点认为,本罪的客体是公民的人身健康权。为了充分保证公民的合法权益,严厉惩处组织出卖人体器官的行为,刑法将本罪设定为行为犯,而不是结果犯,是否实际获取、出卖人体器官并不影响本罪的成立,只要行为人组织他人出卖人体器官的行为实施完毕,对刑法所保护的法益构成实际的威胁,即可认定为犯罪既遂;②另外一种观点认为,只有当组织行为使出卖者的身体受到伤害时,才成立本罪的既遂。在被组织者还没有出卖其人体器官时,不能认为行为已经实现了法条表述的内容。所以,行为人虽然实施了雇用、介绍、引诱、寻找出卖者等行为,但还没有摘取他人人体器官的,不应认定为本罪的既遂,充其量只能认定为本罪的未遂。③ 我们认为,在承认本罪是行为犯的基础上,根据我国刑法学界关于既遂认定标准问题较为通行的构成要件齐备说,只要行为人完成了"组织他人出卖人体器官"中的一个环节或数个环节的行为,例如寻找到了供体、联络到了买家等,即可认定为既遂,而无须考虑行为人是否已经实现成功摘取人体

---

① 参见赵秉志:《略论我国〈刑法〉新增设的人体器官犯罪》,载《法学杂志》2011年第9期。
② 参见赵秉志主编:《刑法修正案(八)理解与适用》,中国法制出版社2011年版,第299页。
③ 参见张明楷:《组织出卖人体器官罪的基本问题》,载《吉林大学社会科学学报》2011年第5期。

器官或者牟取利益的目的。

(二)关于组织出卖人体器官罪中"人体器官"的外延问题

《刑法修正案(八)》虽然对非法买卖人体器官的行为进行了规制,但是并没有明文确定"人体器官"具体包括哪些器官,目前也没有相关的刑事法律文件对此问题进行阐述。根据《现代汉语词典》的一般解释,"人体器官"是指构成人的身体的一部分,由数种细胞组织构成,能担任某种独立的生理机能,例如由上皮组织、结缔组织等构成的,有泌尿功能的肾脏。

我国有人提出,关于组织出卖人体器官罪中"人体器官"的外延问题,应当参照《人体器官移植条例》的相关规定。① 《人体器官移植条例》第 2 条规定:"在中华人民共和国境内从事人体器官移植,适用本条例;从事人体细胞和角膜、骨髓等人体组织移植,不适用本条例。本条例所称人体器官移植,是指摘取人体器官捐献人具有特定功能的心脏、肺脏、肝脏、肾脏或者胰腺等器官的全部或者部分,将其植入接受人身体以代替其病损器官的过程。"按照该观点,组织出卖人体器官罪中"人体器官"并不包括人体细胞和角膜、骨髓等人体组织。对于此观点中将人体细胞和骨髓排除在组织出卖人体器官罪的"人体器官"之外,我们持赞同的态度,但将角膜等也同时一并排除的,我们认为值得商榷。正如我国部分学者所认为的,只要某种人体组织集合体的丧失会严重侵害被害人的身体健康,该人体组织集合体便能被评价为"器官",就应包含在本罪的人体器官之内。而且,作为本罪对象的器官,既包括某个器官的全部,也包括某个器官的一部分。详言之,本罪的人体器官既包括《人体器官移植条例》所称的器官,也包括角膜、皮肤、肢体、骨头等器官。② 此外,《刑法修正案(八)》作为刑事法律,其效力位阶高于国务院颁布的行政法规,《刑法修正案(八)》未对"人体器官"作出明确规定的,不一定必须完全参照《人体器官移植条例》的相关内容。而且《人体器官移植条例》的出台,是为了规范管理人体器官移植技术的应用,这与《刑法修正案(八)》为了充分保护公民生命健康安全的立法目的相比,处于从属地位。因此,我们认为,组织出卖人体器官罪中"人体器官"不仅包括心脏、肺脏、肝脏、肾脏或者胰腺等器官,也应当包括角膜、肢体等对人的生命健康关系重大的人体组织,以稳定社会正常的伦理秩序,利于打击严重危害社会的非法买卖人体器官的行为。

---

① 参见李建国、张建兵:《组织他人出卖人体器官罪的理解和适用》,载《中国检察官》2011 年第 4 期。
② 参见张明楷:《组织出卖人体器官罪的基本问题》,载《吉林大学社会科学学报》2011 年第 5 期。

（三）组织出卖人体器官罪与非法经营罪的区别

我国《刑法》第 225 条规定："违反国家规定，有下列非法经营行为之一，扰乱市场秩序，情节严重的，处五年以下有期徒刑或者拘役，并处或者单处违法所得一倍以上五倍以下罚金；情节特别严重的，处五年以上有期徒刑，并处违法所得一倍以上五倍以下罚金或者没收财产：（一）未经许可经营法律、行政法规规定的专营、专卖物品或者其他限制买卖的物品的；（二）买卖进出口许可证、进出口原产地证明以及其他法律、行政法规规定的经营许可证或者批准文件的；（三）未经国家有关主管部门批准非法经营证券、期货、保险业务的，或者非法从事资金支付结算业务的；（四）其他严重扰乱市场秩序的非法经营行为。"以上即是我国《刑法》关于非法经营罪的表述。

在《刑法修正案（八）》施行以前，为了严厉惩处社会上频发的非法买卖人体器官的现象，有效净化社会风气，我国部分地区的法院对一些非法买卖人体器官的行为以非法经营罪定罪处罚。例如 2010 年 9 月 15 日，北京首例非法买卖人体器官案宣判，四名被告人被海淀区人民法院以非法经营罪判处有期徒刑 2 年、4 年不等。刘某通过名为"肾源世界"的网站，寻找供体、患者，非法倒卖人体器官进行牟利。① 虽然此前法律实务界在具体处理非法买卖人体器官案件时，以非法经营罪论处的做法收到了良好的法律效果和社会效果，但是以一个严格坚持刑法罪刑法定之基本原则的法律人审慎的眼光来看，非法出卖人体器官的行为并不是一种非法经营行为，二者之间存在着明显的差别。

在之前以非法经营罪定罪处罚的案例中，法院多以行为人违反国家规定，实施了《刑法》第 225 条所规定的"未经许可经营法律、行政法规规定的专营、专卖物品或者其他限制买卖的物品的"或者"其他严重扰乱市场秩序的非法经营行为"为处罚依据。所谓的"违反国家规定"，即指违反了前述的《人体器官移植技术临床应用管理暂行规定》第 27 条第 1 款以及《人体器官移植条例》第 3 条的规定。② 但是，我们应该清楚地看到，非法买卖的人体器官并非属于"专营、专卖物品"或者"限制买卖的物品"，其准确的属性应当是"禁止买卖的物品"，所以法院的处罚依据显然是不能成立的。另外，组织买卖人体器官罪被规定在《刑法》侵犯公民人身权利、民主权利罪一章，而非被规定在破坏社会主义市场经济秩序罪

---

① 参见吾采灵：《组织出卖人体器官行为之定性研究——兼对〈刑法修正案（八）〉第 37 条第 1 款的解读》，载《中国检察官》2011 年第 5 期。

② 《人体器官移植条例》第 3 条规定："任何组织或者个人不得以任何形式买卖人体器官，不得从事与买卖人体器官有关的活动。"

一章。我们认为,组织买卖人体器官罪所侵犯的客体应当是公民的生命健康权利,而非市场经济秩序。我国并不存在合法的买卖人体器官的市场,也就无所谓扰乱市场秩序之说,所以上述处罚依据明显也是理由不足的。

综合上述观点,关于本案认定上的第二种观点,即邓某等人组织他人出卖人体器官,以组织出卖人体器官罪定罪处罚,无疑是正确的。

(作者:王文梁)

案例77. "百密一疏"等强奸案[*]

——关于奸淫幼女的行为是否要求以明知作为构成要件

案情介绍

"疯女人"是被害人网名,这个女孩4岁时父母离异,她一直跟奶奶过。2002年除夕之夜,她进了网吧,在网上她遇到了一个叫"百密一疏"的男孩,两个人聊了一宿,第二天晚上她打电话给"百密一疏",说自己不想回家,想找地方住,当晚,二人便发生了性关系,这是"疯女人"的第一次。次日,她又在网上遇到了"热血燃烧",见面后也发生了性关系。2月18日晚,流连在网上的"疯女人"遇见了17岁的浩某,话题很快转到了性上,她主动提出去找他。晚上10点多,浩某和两个表兄弟在某市饭店见到了"疯女人"。几人酒足饭饱后,来到浩某父亲的办公室,两个表兄弟先和"疯女人"发生了性关系,之后是浩某。此后,她又与两个网友先后发生了性关系。最后,她遇到了某市某高校学生陈某,在他的宿舍住了10天后被学校发现。

得到举报后,公安机关毫不费力地抓获了45天内与"疯女人"发生性关系的8人中的6人,除了"百密一疏"和陈某。陈某被学校开除后不知去向,而"疯女人"根本就不知道"百密一疏"的真实姓名。直到这时,这些人才知道,原来一直自称19岁的"疯女人"其实还不到13岁。她说伪装年龄的理由是怕他们把她当小孩看待。她只是想知道"性爱是什么样的",在与这些男孩发生性关系时,她的心态是"一半愿意,一半不愿意",有时竟是"愿意居多",对于她主动去找的浩某,

---

[*] 案例来源:汪本立:《围绕最高法院一个司法解释进行的论争》,https://www.chinacourt.org/article/detail/2006/01/id/193160.shtml,2023年8月15日访问。

她十分坚决地对法官说:"我愿意和他发生关系,我一见到他就喜欢他。"

理论争议

在审理本案时,一种意见认为奸淫幼女的行为,不要求被告人明知被害人的实际年龄是否已满14周岁,被告人犯强奸罪成立。另一种意见认为,被害人谎称自己19岁,其体貌特征也貌似成年人,且在发生关系时无反抗行为,被告人在不知其真实年龄的情况下与其发生关系,不应认定为强奸罪。

法理分析

(一)主客观相统一原则在定罪论中的贯彻

主客观相统一原则是在对主观主义、客观主义以及折中主义刑法理论扬弃的基础上发展而来,是在马克思主义哲学指导下所形成的我国刑法关于定罪量刑的指导性原则,是社会主义刑法所独有的原则。新中国刑法颁布以后,有的刑法论著将主客观相统一原则作为刑法的基本原则。① 有学者甚至认为,主客观相统一原则是刑法的内在生命,是掌握刑法的立法精神的一条重要线索,坚持主客观相统一原则,有助于改进、执行和适用刑法规范的实践,可以防止适用刑法时的歪曲和滥用。② 我们在这里不去讨论主客观相统一原则在整个刑法中的地位问题,我们的重点是要把目光集中在定罪这一阶段。可能有的学者会认为,如果仅仅把主客观相统一原则看作是定罪原则——即认为一种行为是否构成犯罪,唯一的标准就是看其是否符合犯罪构成,而犯罪构成则是构成犯罪的各种主客观要件的有机统一——这是犯了形而上学的错误,③那么,我们则是要说明,我们在讨论主客观相统一原则在定罪论中的地位和作用时,并没有排除它在量刑、行刑阶段的指导性作用。在对主客观相统一原则进行论述前,先让我们来看看刑法中客观主义和主观主义所持的基本立场。

客观主义的侧重点在于强调行为人通过他的具体行为给社会现实造成了哪些实际的损害,即重视行为人"做了什么"。所以客观主义者认为,刑事责任的基础是表现在外部的行为人的行为及其实害;或者说犯罪概念的基础、可罚性及其

---

① 参见高铭暄主编:《新中国刑法学研究综述(1949—1985)》,河南人民出版社1986年版,第47页;高铭暄主编:《刑法学原理(第一卷)》,中国人民大学出版社1993年版,第163页。
② 参见张志愿:《论我国刑法的主客观相统一原则》,载《中国社会科学》1982年第6期。
③ 参见聂立泽:《主客观相统一原则的生成与内涵》,载《现代法学》2003年第1期。

量刑的根据是客观行为及其实害。而主观主义则强调行为人进行危害社会行为时的主观意志,所以主观主义者认为,刑事责任的基础是行为人的危险性格;或者说犯罪概念的基础、可罚性及其刑罚量的根据就是危险性格。当然客观主义不是客观归罪,主观主义也不是主观归罪,所以无论是客观主义还是主观主义在认定犯罪方面也都是主张主客观相统一的。它们之所以被分别称为客观主义和主观主义,是因为客观行为在客观主义和主观主义的理论体系中的地位不同。具体来说,客观主义把客观上发生的实际危害作为犯罪成立的基础条件,对行为人在主观上是否认识到自己所实施的行为及其造成的危害结果都不作重点考虑,强调行为人客观上实施的危害行为或者发生的危害结果;而主观主义则是把犯罪意思作为犯罪成立的基础条件,更加侧重于对行为人人身危险性、反社会性格、犯罪动机等因素的考察,轻视对客观危害行为或者危害结果的考察。这正如有学者指出的那样:"在客观主义那里,客观行为及其实害是刑事责任的基础,具有根本意义;在主观主义那里,客观行为只是行为人危险性格的征表,而不具有基础的意义,至于行为的实害则更不具有实际意义。"①但是无论是客观主义还是主观主义与我国刑法及刑法理论中所坚持的主客观相统一原则是有根本性的区别的,我国刑法及刑法理论中主客观相统一原则也绝不是把大陆法系国家刑法理论中的"客观主义"和"主观主义"简单地结合起来。恰恰相反,我国刑法及刑法理论中的主客观相统一原则正是对客观主义和主观主义缺陷的扬弃。

马克思主义辩证唯物论认为,人的意志既有自由的一面,同时又受外界客观必然性的制约,正如恩格斯所论述的那样,"自由就在于根据对自然界的必然性的认识来支配我们自己和外部自然"②。对于意志自由与责任承担的关系,陈兴良教授指出:从存在论的角度来理解,意志自由同时受到自然、社会、历史等因素的决定,而这种决定又不意味着一方否认另一方,而只是一种制约关系;从价值层面上来说,则是指意志是否可以支配行为的问题,在意志自由的情况下,行为对行为者来说是有价值的,因此行为者应当对自己的行为负责任;相反则是无价值的,就不能让行为人对行为负责任,所以责任应当是建立在意志自由的基础之上的,没有意志自由也就无所谓责任的问题。③ 而客观主义只是强调人的意志自由,轻视客观必然性;主观主义强调客观必然性,轻视意志自由,所以它们都犯了理论上形而上学的错误。正如有学者指出的那样:"它们都割裂了主、客观之

---

① 张明楷:《刑法的基本立场》,中国法制出版社2002年版,第59页。
② 《马克思恩格斯选集(第3版)》(第三卷),人民出版社2012年版,第492页。
③ 参见陈兴良:《刑法的人性基础(第二版)》,中国方正出版社1999年版,第257页以下。

间的关系,忽视主观方面的因素或排斥客观方面的作用,因此不可避免地带有片面性。"① 我们认为,马克思辩证唯物主义理论是我国刑法中主客观相统一原则的哲学基础。主客观相统一原则绝不仅仅是像有的学者提出的"是主观要件和客观要件的统一"②,这种理解是片面的,我们更赞同"标准"提法,即主观就是主观标准,客观就是客观标准,主客观相统一就是在对犯罪评价的时候采取主观与客观双重参照标准。③

主客观相统一,是辩证的统一而不是形式上的统一。在考察某一行为是否构成犯罪时,就是要考察行为人(实践主体)通过行为(实践活动)将其个人意志的外化。因为犯罪的主观因素和客观因素是既可以相互依存而统一于一体,又可以相互分离和独立存在的。客观主义和主观主义只注意到了它们相互依存,并认为它们必然相互依存,即只要认定其中的一个方面,那么另外一个方面就必然存在,忽视了它们的独立性。所以正如有学者指出的那样,"主客观相统一原则,正是基于犯罪的主观因素和客观因素可能相互分离并独立存在的客观事实,强调在解决行为人刑事责任问题时必须同时考虑犯罪的客观因素和主观因素,并注意二者是否统一于犯罪行为中,是否具有内在一致性。这样就防止了在犯罪的主观因素和客观因素相分离的情况下只根据其中一个方面追究行为人刑事责任的错误,使刑事责任的实际追究更加合理。"④ 所以,在定罪中贯彻主客观相统一原则正是克服了客观主义和主观主义对主观因素和客观因素在刑事责任中所犯的形而上学的错误,基于此,我们认为,主客观相统一原则是我国刑法中定罪论的根据,是不容动摇的,任何破坏主客观相统一原则的做法不仅在理论上是行不通的,而且在实践中也是有害的。

(二) 奸淫幼女犯罪中"明知"要件肯定论

1. 严格责任否定论

所谓严格责任的含义迄今为止还没有一种统一的定义。例如,有的认为,"严格责任就是法律许可对某些缺乏犯罪心态的犯罪行为追究刑事责任。因此,绝对责任也就是无罪过责任。"⑤ 还有的认为,"刑法中严格责任,是指在行为人主观罪过具体形式不明确时,仍然对其危害社会并触犯刑律的行为追究刑事责

---

① 张文等:《刑事责任要义》,北京大学出版社 1997 年版,第 134 页。
② 陈泽杰:《主、客观要件相统一是我国犯罪构成理论的核心》,载《法学研究》1986 年第 4 期。
③ 参见陈兴良:《刑法哲学(修订版)》,中国政法大学出版社 1997 年版,第 574 页。
④ 张智辉:《刑事责任通论》,警官教育出版社 1995 年版,第 363 页。
⑤ 储槐植:《美国刑法(第二版)》,北京大学出版社 1996 年版,第 86 页。

任的制度。"①还有的认为,"刑法中的严格责任,是指对于缺乏主观罪过或主观罪过不明确的特殊侵害行为追究刑事责任的刑法制度。"②我们认为,对于前面第一、二种定义都有一定的合理性但同时又存在一定的缺陷。最后一种定义在外延上有所拓展,是对严格责任的吸收与发展,是可取的。在弄清楚严格责任的概念的基础上,即在共同的语境下,让我们来看看严格责任是在什么样的条件下适用的。

支持严格责任的人认为,它有助于保证社会团体或组织的负责人采取一切可行的措施去贯彻执行有关社会福利方面的重要法规。不考虑犯罪意图也给予定罪,可以制约或迫使人们不去做不允许做的事,同时也保证了人们可以去做允许做的事。③ 例如肯尼迪(Kennedy)大法官就认为:"假如一个人为获利选择从事可能给人类健康带来死亡和伤害危险的出售业务,他就必须为此而承担一定的风险。"④对于严格责任的适用除了上述的原因以外,还有控方举证困难等原因。例如帕克(Parke)法官认为,公诉方很难证明明知;由于明知而给公众带来的危害远远大于因不要求明知给被告本人带来的不公正性。在违反管理法规的犯罪中,大多数对公众有很大危害性,而且,要证明被告的行为是否出于故意或者过失,是非常困难的,因此,若把犯罪意图作为犯罪成立的必要条件,往往会使被告逃脱惩罚,使法律形同虚设。⑤ 但是,即使是在严格责任的发源地英美法系,对于严格责任的适用也采取了种种限制,在普通法中,严格责任只适用于比较特殊的犯罪,如公害罪、中伤性诽谤罪、亵渎性诽谤罪和藐视法庭罪等。制定法中的严格责任犯罪主要是资本主义商品经济发展的产物。因此,它主要集中在"公共福利犯罪"(Public Welfare Offenses)和"道德犯罪"(Morality Offenses)两个方面。即使这样,严格责任也受到了很多批评。正如有的学者指出的那样:"既然证明被告的主观罪过责任困难是适用严格责任的理由,那么谋杀罪的主观方面也很难证明,为什么没有人对谋杀罪也提出适用严格责任呢?"⑥

---

① 杨敦先等:《新刑法施行疑难问题研究与适用》,中国检察出版社1999年版,第80页。
② 张文等:《刑事责任要义》,北京大学出版社1997年版,第97页。
③ 参见〔英〕鲁珀特·克罗斯、菲利普·A.琼斯著,理查德·卡德修订:《英国刑法导论》,赵秉志等译,中国人民大学出版社1991年版,第77页。
④ 转引自〔英〕J. C. 史密斯、B. 霍根:《英国刑法》,李贵方等译,法律出版社2000年版,第117页。
⑤ 参见〔英〕鲁珀特·克罗斯、菲利普·A.琼斯著,理查德·卡德修订:《英国刑法导论》,赵秉志等译,中国人民大学出版社1991年版,第77页。
⑥ Peter Seago: Criminal Law, London: Sweet & Maxwell 1981, p.86.

严格责任是英美法系国家刑法所特有的,而大陆法系国家的犯罪构成理论原则上是排斥严格责任的。① 尽管在意大利刑法中对于"超故意"也有类似严格责任的解释②,但是我们认为在制定法中规定所谓"严格责任",一般是因为制定法条文涉及特定犯罪的犯罪行为要素时,没有"明知故犯地"一类字眼,而法庭在理解时也不愿意硬加进去,或者说,不愿意指明被告至少涉及犯罪行为要素时有主观过失。我们绝不能将这也看作是严格责任,因为大陆法系国家是主张有责性的,换句话说,就是行为人具备刑事责任能力并具有故意或者过失的情况下,才能对其进行谴责。而我国刑法理论则更接近于大陆法系,所以我国也就不存在严格责任的法系背景。更何况我们前面所分析的主客观相统一是我国刑法及刑法理论的指导原则,它本身也是和严格责任不相容的,所以严格责任在我国也就没有存在的基础。

2. "明知"要件肯定论的法理依据③

对于奸淫幼女犯罪是否以行为人明知被害人是未满14周岁的幼女为条件,我国刑法学界很早就存在较大的争论,总结起来大致有以下四种观点:第一种观点认为,按照刑法上主客观相统一的原则,构成奸淫幼女罪除了行为人对幼女实施了奸淫行为之外,行为人还必须明知被害人是不满14周岁的幼女,否则就不构成奸淫幼女罪;第二种观点认为,不论行为人是否知道被害人为幼女,只要在客观上其与不满14周岁的幼女发生了性行为,就应以奸淫幼女罪对其定罪处罚;第三种观点认为,构成奸淫幼女罪应当要求行为人明知对方是幼女,但是,并不要求行为人该明知必须达到确知之程度,而是只要他知道对方可能是幼女,就可以认定行为人是明知对方是幼女而故意奸淫,从而构成奸淫幼女罪;第四种观点认为,对这个问题不能一概而论,需作具体分析,幼女身体发育早熟,且谎报年龄,致使行为人显然无法知道其为幼女,同时性行为出于双方自愿的,一般不构成犯罪,幼女谎报年龄,但其身体发育并不早熟,行为人完全可以认识到她可能

---

① 参见储槐植:《美国刑法(第二版)》,北京大学出版社1996年版,第86页。
② "超故意"实质是撇开主体对结果的心理态度来决定行为人的刑事责任。只要行为与结果之间有客观因果联系,就可以决定行为人的责任,因为"行为人应对其不希望发生的结果"承担责任。具体参见〔意〕杜里奥·帕多瓦尼:《意大利刑法学原理》,陈忠林译,法律出版社1998年版,第228页。
③ 参见黄京平、李翔:《定罪论的根基:主客观相统一原则的贯彻》,载赵秉志主编:《主客观相统一:刑法现代化的坐标》,中国人民公安大学出版社2004年版。

是幼女的,即使性行为已征得幼女同意,仍然构成奸淫幼女罪。①

　　对于奸淫幼女犯罪是否要以"明知"作为要件,首先让我们来考察一下"明知"在犯罪构成中的基础性地位。"明知"是犯罪故意中的认识因素,对犯罪故意的成立起着基础性的作用。我国《刑法》第14条规定,明知自己的行为会发生危害社会的结果并希望或者放任这种结果发生,因而构成犯罪的,是故意犯罪。对于"明知",我们在案例75的分析中已有表述,在此不再赘述。在搞清楚"明知"的底线内容之后,再来看看我国刑法中奸淫幼女犯罪有关"明知"要件的问题。

　　我国《刑法》第236条第2款规定,奸淫不满14周岁的幼女的,以强奸论,从重处罚。从刑法的条文上来看,对于奸淫幼女的犯罪没有明确规定是否要求行为人"明知"与其性交的对象是不满14周岁的幼女。但是,我们来看看强奸罪和奸淫幼女罪②成立的犯罪客体是什么,或者说行为人侵犯了怎样的社会关系。根据通说理论,强奸罪侵犯的客体是妇女性的不可侵犯的权利,而奸淫幼女罪不仅仅是性的不可侵犯的权利,还应当包括未成年人(14周岁以下幼女)的身心健康。如果行为人没有认识到对方是不满14周岁的幼女,则就无法认识到自己行为对与危害结果相关联的社会关系的侵害,因此也就是没有达到前文所分析的刑法总则中关于"明知"内容的要求,因此,在行为人不"明知"的情况下追究其行为责任是和刑法总则的规定相冲突的。正如张明楷教授指出,无论是德国还是日本刑法理论都认为,故意的成立应以行为人认识到客观要素为必要,当然便包括对客观对象的认识。刑法分则中的"明知"都只是用以提醒司法人员的注意性规定,实际上都可以取消。不能说刑法中没有规定"明知",就不需要"明知"要件。

(作者:李翔)

---

　　① 参见高铭暄主编:《新中国刑法学研究综述(1949—1985)》,河南人民出版社1986年版,第603—605页。

　　② 根据1997年12月最高人民法院《关于执行〈中华人民共和国刑法〉确定罪名的规定》,《刑法》第263条第2款为奸淫幼女罪,而在2002年3月的《关于执行〈中华人民共和国刑法〉确定罪名的补充规定》中取消了奸淫幼女罪,但是本文为了区分它们之间所反映的不同的社会关系,还是使用了奸淫幼女罪的罪名。

案例 78. 王某强奸案*

——丈夫强奸妻子的行为能否构成强奸罪

案情介绍

1992年11月,王某经人介绍与钱某相识,1993年1月登记结婚,1994年4月生育一子。1996年6月,王某与钱某分居,同时向上海市某县人民法院起诉离婚。同年10月8日,某县人民法院认为双方感情尚未破裂,判决不准离婚。此后双方未曾同居。1997年3月25日,王某再次提起离婚诉讼。同年10月8日,某县人民法院判决准予离婚,并将判决书送达双方当事人。双方当事人对判决离婚无争议,虽然王某表示对判决涉及的子女抚养、液化气处理有意见,保留上诉权利,但后来一直未上诉。10月13日晚7时许(离婚判决尚未生效),王某到原住处,见钱某在房内整理衣物,即从背后抱住钱某,欲与之发生性关系,遭钱某拒绝。王某说:"住在这里,就不让你太平。"钱某挣脱欲离去。王某将钱某的双手反扭住并将其按倒在床上,不顾钱某的反抗,采用抓、咬等暴力手段,强行与其发生了性行为。致钱某多处软组织挫伤、胸部被抓伤、咬伤。当晚,钱某即向公安机关报案。

某县人民法院认为:被告人王某主动起诉,请求法院判决解除与钱某的婚姻,法院一审判决准予离婚后,双方对此均无异议。虽然该判决尚未发生法律效力,但被告人王某与被害人钱某已不具有正常的夫妻关系。在此情况下,被告人王某违背妇女意志,采用暴力手段,强行与钱某发生性关系,其行为已构成强奸罪,应依法惩处。公诉机关指控被告人王某的犯罪罪名成立。被告人关于发生性行为系对方自愿及其辩护人认为认定被告人采用暴力证据不足的辩解、辩护意见,与庭审质证的证据不符,不予采纳。依照《刑法》第236条第1款、第72条第1款的规定,于1999年12月21日判决被告人王某犯强奸罪,判处有期徒刑3年,缓刑3年。

---

* 案例来源:中华人民共和国最高人民法院刑事审判第一庭、第二庭编:《刑事审判案例》,法律出版社2002年版,第362页。

> **理论争议**

丈夫能否成为强奸罪的主体？在夫妻关系存续期间，丈夫以暴力、胁迫或者其他方法，违背妻子意志，强行与妻子发生性关系的行为，在理论上被称为"婚内强奸"。对于"婚内强奸"能否构成强奸罪，理论界认识不一致，本案在起诉、审判过程中也一直存在三种意见。

第一种意见认为，丈夫不能成为强奸罪的主体。理由是：夫妻之间有同居的权利和义务，这是夫妻关系的重要内容。夫妻双方自愿登记结婚就是对同居义务所作的肯定性承诺，而且这种肯定性承诺如同夫妻关系的确立一样，只要有一次概括性表示即在婚姻关系存续期间始终有效，非经合法程序不会自动消失。因此，在结婚后，不论是合意同居，还是强行同居，均谈不上对妻子性权利的侵犯。

第二种意见认为，丈夫在任何情况下都能够成为强奸罪的主体。理由是：我国婚姻法明确规定，夫妻在家庭中地位平等，这一平等关系应当包括夫妻之间性权利的平等性，即夫妻双方在过性生活时，一方无权支配和强迫对方，即使一方从不接受对方的性要求，也不产生任何法律后果；而我国《刑法》第236条规定的强奸罪，是指违背妇女意志，以暴力、胁迫或者其他手段，强行与妇女发生性关系的行为，并未排除以妻子作为强奸对象的强奸罪，因而强奸罪的主体自然包括丈夫。

第三种意见认为，在婚姻关系正常存续期间，丈夫不能成为强奸罪的主体，而在婚姻关系非正常存续期间，丈夫可以成为强奸罪的主体。

> **法理分析**

"婚内强奸"就是在婚姻关系存续期间，丈夫以暴力、胁迫或者其他手段，违背妻子的意志，强行与之发生性交的行为。在过去，虽然"婚内强奸"作为一个社会现象存在，却长期以来被社会忽视，随着文明的进步和女性社会地位的提高，丈夫对妻子的性暴力开始受到社会的关注和不满。

在学界，对于是否应将"婚内强奸"行为犯罪化，将其纳入刑法规范的调控范围之内是争论不休的，有否定说、肯定说、折中说。[①] 然而分析各种观点，不难发现这些学者都过于注重对刑事规范的经验解释和规则演绎，多从逻辑上论证针

---

① 否定说参见高铭暄、王作富：《新中国刑法的理论与实践》，河北人民出版社1988年版，第535页；肯定说参见欧阳涛等：《当代中外性犯罪研究》，社会科学文献出版社1993年版，第112页；折中说参见高铭暄、王作富：《新中国刑法的理论与实践》，河北人民出版社1988年版，第535页。

对"婚内强奸"行为是否应当适用刑法规范,并用制裁措施作出实际反应,从而体现出"过分强调定义在语词上的某些精微之处"①,"升入了一个法学概念的天堂并坐在从每个概念中产生逻辑结果的机器面前"②。

有学者认为,在婚姻关系成立之后和存续期间,丈夫强行对妻子实施性行为以强奸罪论处,缺乏明显的法律依据,也无充足的理论根据,同时这种以强奸罪论处的司法实例也将给司法实践造成难以克服的困难。③ 从社会学、犯罪学和刑法学角度分析认为,"婚内强奸"是一种较普遍存在的社会现象,将其犯罪化,纳入刑法调控的范围之内,并不仅仅是一个法律问题,如果仅从逻辑上论证这一问题,容易误入歧途,目前在我国将"婚内强奸"犯罪化不符合社会学上的制度化要求,违背犯罪化的必要性原则和正义性原则,损害刑法的谦抑性和经济性,将不可避免地产生诸多问题,所以,"婚内强奸"犯罪化应当缓行。④

我们也认为,男女之间结婚,就相互承诺共同生活,共同居住,夫妻双方即承担相应的义务,这也是人们通常的伦理观念,因此,在一般情况下,夫妻正常婚姻关系的存在,丈夫是不能够成为强奸罪的主体的,不能对所有的婚内强奸行为一概以犯罪论处。不可否认,合法的婚姻关系基于合法的程序而成立,经过合法程序产生的合法婚姻关系一经成立即应当受到法律保护,但是,当夫妻双方中的任何一方又通过法律程序起诉离婚,即表明起诉人对外公开宣布开始放弃原夫妻关系成立和夫妻关系存续期间所享有的权利并同时也否认了其应当承担的义务,此时婚姻关系本身的合法性和有效性虽然继续成立,但是已经不能阻却违背妇女意志。这既是离婚自由原则的实质体现,对女方来说,也是对性权利回收的真实意思表示,此时,男方还是以暴力、胁迫或其他方法,强行与之发生性关系,不能不说是违背妇女的意志,并且在客观上给女方造成身心伤害。在本案中,王某主动起诉,请求法院判决解除与钱某的婚姻,并且法院一审判决准予离婚,虽然在上诉期间,法律判决尚未生效,但是这也只是形式和程序上的需要,因为双方均同意离婚,法律判决也是他们双方的真实意思表示,所以实质上来说,婚姻关系已经消失,而此时如果还仅仅抓住形式真实主义,未免有形而上学主义错误之嫌。

需要说明的是,有些肯定论者只是简单地引用国外的立法经验,试图"空降"

---

① 〔美〕本杰明·卡多佐:《司法过程的性质》,苏力译,商务印书馆1997年版,第83页。
② 〔美〕罗斯科·庞德:《普通法的精神》,唐前宏等译,夏登峰校,法律出版社2001年版,第145页。
③ 参见苏惠渔、杨兴培主编:《刑事疑难案例法理评析》,法律出版社2000年版,第141—143页。
④ 参见廖万里、刘艺兵:《论"婚内强奸"犯罪化应当缓行》,载《广西政法管理干部学院学报》2001年第3期。

"婚内强奸"的法律改革,却远未考虑我国社会的实际情况,涉及犯罪化的实质标准和我国刑法的精神实质,不能不说是将复杂问题过于简单化,流于形式。对于婚内强奸的犯罪化问题,我们认为还是要慎之又慎。

(作者:李翔)

案例79. 黄某等非法拘禁案*

——为索取债务劫持他人的行为如何定性

> **案情介绍**

2000年1月31日,黄某在向上线蒋某甲交纳3900元后,加入了以"加盟连锁""网络营销"为名的非法传销组织,取得业务员资格,与其他加入传销组织的人员聚集在海口市某村一带接受传销培训。同年4月2日晚,黄某与其他传销人员参加"成功人士分享会"听课时,传销人员王某、陈某突然走进会场,称传销是一场骗局,若想回家就去找上线把本钱拿回来。当晚8时许,黄某与携带凶器的陈某、王某、苏某、张某、唐某(均在逃)等人一起到海甸岛某小区某栋×××房,向传销人员邹某(系蒋某甲的堂妹蒋某乙之夫)索要6万元,并带邹某离开海景花园,邹某叫朋友李某跟随。在小区围墙外的草地,邹某被迫给其妻蒋某乙打电话,要其立即筹集6万元现金来赎人。随后,黄某等人押着邹某、李某往北国城方向走。途中,张某离去,另一传销人员姜某(在逃)又赶来一起挟持邹某。一行人边走边与蒋某乙电话联系交钱的地点,商定在某大道最北端的草地处交钱放人。黄某等6人将邹某、李某押到商定的地点,让李某去找蒋某乙取钱,不见李某返回。当他们一边看押着邹某,一边继续用手机与蒋某乙交涉时,发现公安人员赶来,于是四散逃跑。邹某也乘乱跑开,黑暗中背部被人用菜刀砍破,致轻伤。公安人员解救了邹某后,于次日在黄某的租住处将其抓获。

另查明,黄某及在逃的陈某、王某、苏某、唐某、姜某等人,均是蒋某甲从事非法传销发展的下线人员,蒋某甲的上线是其堂妹蒋某乙。

---

* 案例来源:《中华人民共和国最高人民法院公报》2002年第1期。

理论争议

关于本案中黄某等人的行为如何定性,一种观点认为,黄某的行为触犯《刑法》第 239 条第 1 款的规定,构成绑架罪。另一种观点则认为,黄某等人为索要传销出资款而挟持了邹某。传销是非法的,参与非法活动所形成的债权债务,当然也是非法的,不受法律保护,但是,不能因债务是非法的,就否定挟持邹某的目的是索要债务。只要行为人是出于索要债务的目的,以强制的方法实施了非法剥夺他人人身自由的行为,即使索要的债务是非法的,也应当以非法拘禁罪论处。

法理分析

《刑法》第 239 条第 1 款和第 2 款规定:"以勒索财物为目的绑架他人的,或者绑架他人作为人质的,处十年以上有期徒刑或者无期徒刑,并处罚金或者没收财产;情节较轻的,处五年以上十年以下有期徒刑,并处罚金。犯前款罪,杀害被绑架人的,或者故意伤害被绑架人,致人重伤、死亡的,处无期徒刑或者死刑,并处没收财产。"所谓绑架罪,是指以勒索财物为目的,或者为获得人质,使用暴力、胁迫、麻醉或者其他方法,劫持他人的行为。此罪的犯罪主体为达到刑事责任年龄并具有刑事责任能力的自然人;侵犯的客体是他人的生命权、健康权、人身自由权,侵害的对象为任何有生命的自然人;犯罪的客观方面表现为违背被害人的意志,以暴力、胁迫或者其他方法,在被害人不能、不敢或不知反抗的情况下,把被害人劫离原地并加以控制的行为;犯罪的主观方面表现为直接故意,且以勒索财物为目的,或者将被害人作为人质。

《刑法》第 238 条规定:"非法拘禁他人或者以其他方法非法剥夺他人人身自由的,处三年以下有期徒刑、拘役、管制或者剥夺政治权利。具有殴打、侮辱情节的,从重处罚。犯前款罪,致人重伤的,处三年以上十年以下有期徒刑;致人死亡的,处十年以上有期徒刑。使用暴力致人伤残、死亡的,依照本法第二百三十四条、第二百三十二条的规定定罪处罚。为索取债务非法扣押、拘禁他人的,依照前两款的规定处罚。国家机关工作人员利用职权犯前三款罪的,依照前三款的规定从重处罚。"非法拘禁罪,是指以拘押、禁闭或者其他强制方法,非法剥夺他人人身自由的行为。此罪的犯罪主体虽多为国家工作人员,但也可以是达到刑事责任年龄并具有刑事责任能力的一般公民;侵犯的客体是他人的身体自由权,即公民按照自己的意志和利益,在法律规定的范围内作为和不作为的权利;侵害的对象是依法享有人身权利的任何自然人;犯罪的客观方面表现为没有法律根据,不依法定程序而非法拘留、逮捕、监禁或者以其他方法剥夺他人人身自由的行为;犯罪的主观方面表现为直接故意,并以剥夺他人人身自由为目的。根据本条第3款的规定,以索取欠债为目的而非法剥夺债务人或者债务人亲属的人身自由的行为,构成非法拘禁罪。

以勒索财物为目的的绑架罪和以索取债务为目的的非法拘禁罪,有很多相似之处。二罪的犯罪主体都可以由一般公民构成,犯罪所侵害的客体都包括人身自由权,犯罪的客观方面都表现为以强制的方法剥夺他人人身自由权的行为,犯罪的主观方面都以得到财物为目的。我们认为,绑架罪和非法拘禁罪的区别也是非常明显的,例如,以取得财物为目的的绑架罪勒索的财物为他人所有,通常为被害人及其亲属所有;行为人在实施犯罪行为前,一般与被害人或者其亲属不存在财物往来的关系。非法拘禁罪索取的债务,则是被害人或者其亲属所欠行为人的债务;行为人在实施犯罪行为前,与被害人或者其亲属存在着债权债务关系。有学者撰文指出:要正确区分绑架罪和非法拘禁罪,还应当从以下两个方面进行把握:①

一是是否存在债权债务关系。认定某种犯罪行为是构成勒索型绑架罪还是索债型拘禁罪,首先应当考察行为人与被绑架人之间是否存在债权债务关系,如果不存在,则考虑构成绑架罪或其他罪名;如果存在债权债务关系,再看是否符合构成索债型拘禁罪的其他条件。至于债权债务关系是否明确,债务是否合法,不是区别两罪的标准。《刑法》第238条第3款明确规定,为索取债务非法扣押、拘禁他人的,以非法拘禁罪处罚。这里的债务是仅指合法债务,还是也包括非法债务,在刑法理论上和司法实践中曾一度存在争议。为统一司法,最高人民法院《关于对为索取法律不予保护的债务非法拘禁他人行为如何定罪问题的解释》明确指出,行为人为索取高利贷、赌债等法律不予保护的债务,非法扣押、拘禁他人的,以非法拘禁罪定罪处罚。最高法这个解释的精神,主要考虑到尽管行为人是为了索取非法债务而非法扣押、拘禁他人,但毕竟事出有因,与那些典型的、无缘无故地扣押、绑架他人勒索财物的行为不可相提并论,同时,也符合司法实践突出打击绑架犯罪的需要。

二是主观方面是否为索取债务。在认定行为人与被绑架人之间存在债权债务关系的基础上,再考察行为人主观上是否确为追索债务,也就是说,必须综合

---

① 参见张韵声、陈祥军:《析绑架罪与非法拘禁罪之异同》,载《法律适用》2003年第8期。

考虑案件的主客观因素,以便准确定性。如果主观上确系追索债务,则构成非法拘禁罪。例如,债权债务关系虽不明确,但行为人确系出于索取债务的目的而实施绑架行为的,应以非法拘禁罪定性。相反,如果行为人以索取债务为借口,出于勒索钱财或者其他不法意图而非法扣押、拘禁他人的,即使存在债权债务关系,也不能定非法拘禁罪,应构成绑架罪。如行为人以索债为借口,将债务人绑架后对债务人的近亲属提出要求满足其无法用财产数额来衡量的某种利益,或者提出其他与债务无关的不法要求,比如,被害人欠行为人毒资,行为人在绑架被害人后向被害人之女发出要挟,要求与被害人之女发生性关系,并答应如此可以免除毒资,否则不放过被害人。这种情况行为人主观上已超出了追索债务的范畴,应当认定为绑架罪。

本案中,黄某等为索要传销出资款而挟持了邹某。传销是非法的,参与非法活动所形成的债权债务,当然也是非法的,不受法律保护,但是,不能因债务是非法的,就否定挟持邹某的目的是索要债务。根据最高人民法院《关于对为索取法律不予保护的债务非法拘禁他人行为如何定罪问题的解释》,行为人为索取高利贷、赌债等法律不予保护的债务,非法扣押、拘禁他人的,依照《刑法》第238条规定的非法拘禁罪定罪处罚。由此可见,是否存在债务是区别绑架罪与非法拘禁罪的一个重要界限,而该债务是否合法,不是区别两罪的界限。只要行为人是出于索要债务的目的,以强制的方法实施了非法剥夺他人人身自由的行为,即使索要的债务是非法的,也应当以非法拘禁罪论处。

(作者:李翔)

案例80. 黄某诬告陷害案[*]

——诬告陷害罪认定中应注意的问题

案情介绍

1995年9月14日上午9时许,黄某在经营黄金首饰交易过程中,被一名外

---

[*] 案例来源:《黄其尧将错就错诬告陷害他人案》,https://china.findlaw.cn/case/22261.html,2023年8月15日访问。

省人骗走交易款 3400 元。黄某随即骑车到某县城关的公共场所寻找作案者。10 时许,黄在某县客车站的候车室看到乘客水某像作案者,即坐在该人旁边与之攀谈。谈话中,黄某认定此人就是骗走交易款的人,欲向公安派出所报案,又觉得没有证据可以证明,便拿出自己带在身上的一张自书的记有黄金重量、价格的纸条,趁水某不备,塞进水某的行李袋中,而后叫人帮助监视,自己赶到城关公安派出所报案。民警接到报案后,随同黄某到车站将水某带回派出所审查,并从水的行李袋中搜出黄某塞进的纸条。水某在被审查中,一直说明自己当天上午 9 时 30 分以前没有外出,更没有向黄某购买首饰。此时在场的黄某也发现自己认错了人,此人并非骗财者。但黄某为了掩盖自己的过错,即将错就错,仍然指认水某就是诈骗者,导致水某被收容审查 3 个多月,违心地承认有诈骗行为,交出人民币 3400 元。经公安机关调查核实,水某当天上午 9 时 30 分以前没有离开住宿地,不具有作案时间。最后黄某如实交代了事情的经过,主动向水某赔礼道歉,退回非法所得 3400 元,并赔偿水某的损失 1000 元。

理论争议

本案如何认定,存在三种不同的意见。

第一种意见认为,黄某在交易中被他人骗走钱财属实,在寻找诈骗者的过程中因心理紧张而认错了人。他虽然把记有交易数额的纸条塞进水某的行李袋中并向公安机关报案,但其主观意图是取得公安机关的相信,引起重视,从而通过正当渠道把被骗的财物追回,没有使他人受到刑事处分的想法。黄某在觉察到水某不是诈骗者以后,没有提出纠正,将错就错,其目的是逃避因错认人而承担错告的责任,也不是为了使水某受到刑事处分。因此,黄某的行为属于严重错误,不宜以诬告陷害罪追究其刑事责任。

第二种意见认为,诬告陷害罪是指行为人捏造他人犯罪事实,向国家机关或者有关单位作虚假告发,意图使他人受到刑事处分的行为。本案黄某错认水某是骗财者,将纸条塞进其行李袋内作为犯罪证据并向公安机关告发,这是一种故意栽赃陷害的诬告行为,这种行为可以导致水某受到刑事追究。所以黄某的行为一开始就构成诬告陷害罪,至于黄某认错了人,属于事实上的认识错误,不影响本罪的成立。当黄某发现认错人而将错就错,继续指认水某就是骗财者,这属于情节问题,不是矛盾的转化。

第三种意见认为,从黄某实施行为的全过程分析,可以看出黄某是由错告转化为诬告的。其分界点是在公安机关对水某审查中,黄某已经发现自己确实认错了人,但他不提出纠正,反而继续咬定水某就是骗财者,这时才明显表现黄某具有诬陷的目的。在此之前,黄某实施行为的动机、目的,都是借助公安机关的职权为自己追回被骗取的财物。因此在追究黄某的刑事责任时,应当对其前后的行为加以区分,不要把错告作为诬告。

法理分析

诬告陷害罪是指捏造犯罪事实,向国家机关或者有关单位告发,意图使他人受刑事追究,情节严重的行为。诬告陷害罪侵犯了他人的人身权利和司法机关的正常活动。诬告陷害罪在客观方面表现为:一是行为人有捏造犯罪事实的行为;二是行为人必须实施了告发行为;三是诬告陷害罪是情节犯,因此诬告陷害行为必须是情节严重的,才构成犯罪。所谓捏造犯罪事实,是指行为人所捏造的事实客观上符合我国刑法所规定的具体犯罪的构成,而不是行为人主观上认为是犯罪的事实。如果行为人自以为他所捏造的是某种犯罪事实,而实际上不符合刑法所规定的具体犯罪的构成,那么,就不能构成诬告陷害罪。如果捏造了犯罪事实,并且指明了特定的对象,但没有告发的,也不能构成诬告陷害罪。因为在这种情况下,不可能引起司法机关对特定对象的刑事追究。该罪在主观方面必须出于直接故意,即明知自己在捏造事实,一旦向有关机关或单位告发就会产生被告发人遭受刑事追究的危害后果,仍决意为之,并且希望这一危害结果发生。其动机多种多样,有的是挟嫌报复、栽赃陷害、发泄私愤;有的是名利熏心、嫉贤妒能、邀功请赏;有的是居心叵测,排除异己,欲取而代之;有的是嫁祸他人,以洗刷自己,摆脱困境;等等。但不管动机如何,其目的都是使他人受到刑事追究。

我们认为,要对本案中黄某的行为性质进行正确认定,应当结合当时情况并对其行为的全过程进行综合分析评价,而黄某的主观目的又是认定其性质的关键所在。黄某在交易中被他人骗走财物,当他发现"犯罪嫌疑人"的时候,把记有交易数额的纸条塞进水某的行李袋中并向公安机关报案,其主观意图是取得公安机关的相信,引起重视,从而通过正当渠道把被骗的财物追回,没有使他人受到刑事处分的想法,但是在他发现自己认错了人的情况下,应当及时向公安机关说明,到此时为止,行为人的行为只是错告。根据《刑法》第243条第3款的规定,不是有意诬陷,而是错告,或者检举失实的,不适用前两款的规定,即不能以诬告陷害罪追究行为人的刑事责任。而本案中行为人不但没有纠正错误,反而将错就错,此时其主观上仍然是不具有捏造事实,诬告他人,意图使他人受到刑事追究的目的,行为人的真实目的是掩盖其先前的错告行为,但是我们认为并不能因此认定黄某的行为不符合诬告陷害罪的主观方面,从而判定黄某无罪。

行为人无论是先前要找回自己被骗的财物的目的还是后来继续将错就错为了掩盖自己错告的目的,都在客观上致使无辜者遭受关押,可以说行为人的两个目的和诬告陷害罪中意图使他人受到刑事追究的目的在某种程度上具有同一性,尤其是在行为人发现自己认错人以后为掩盖前一个行为的目的和诬告陷害罪的主观方面具有同一性,因为行为人为了逃避因错认人而承担错告的责任,继续指认所谓的"犯罪嫌疑人",这样就在客观上对他人人身权利造成了侵害,使他人可能受到刑事追究。此外,诬告陷害罪的客体是复杂客体,不仅是对他人人身权利的侵害,还包括对司法正常活动的破坏,而行为人的行为已经使司法机关启动刑事诉讼程序,并且在客观上造成了对他人的错误关押,属于情节严重的行为,应当构成诬告陷害罪。鉴于被告人在案发后能如实交代犯罪事实,主动赔礼道歉,退出非法所得,赔偿被害人的损失,有悔罪表现,可以依法从轻处罚。

(作者:李翔)

案例81. 黄某雇用童工从事危重劳动案[*]

——雇用童工从事危重劳动罪的认定

案情介绍

犯罪嫌疑人黄某是某冥纸作坊的经营者,他应当明知洪某、林某A、林某B三人未满16周岁,却于2004年1月至3月12日雇用她们到其自家私营的冥纸作坊做工,该冥纸作坊系无工商执照、无消防许可证的易燃品地下加工厂。黄某把洪某、林某A、林某B等5人安排在该作坊的三楼住宿,厂房、宿舍混为一区,严重违反有关安全生产规定。3月12日晚9时30分许,张某(另案处理)在冥纸作坊内加班,因蚊虫叮咬,遂点燃蚊香驱赶蚊虫。后张某因为赶着去和朋友喝酒,没有熄灭点燃的蚊香即下班离开作坊,结果未熄灭的蚊香引燃周围的可燃物引起火灾,造成在该作坊三楼睡觉的6名人员(其中3名为未满16周岁的未成

---

[*] 案例来源:刘家琛主编:《刑法及司法解释案例评析(下)》,人民法院出版社2009年版,第871页。

年人）来不及逃生被烧身亡。

经法医检验，6名死亡的雇工均为火灾事故致特重度烧焦死亡。10月21日，某市人民法院以雇用童工从事危重劳动罪判处黄某有期徒刑2年，并处罚金5000元。

理论争议

如何确定雇用童工从事危重劳动罪的定罪量刑标准？

法理分析

我国刑法对劳动权的保护主要涉及三个条文：《刑法》第134条重大责任事故罪和强令违章冒险作业罪、第135条重大劳动安全事故罪和第244条强迫劳动罪和雇用童工从事危重劳动罪。本案涉及的罪名为《中华人民共和国刑法修正案（四）》（以下简称《刑法修正案（四）》）增设的作为第244条之一的雇用童工从事危重劳动罪，其内容为："违反劳动管理法规，雇用未满十六周岁的未成年人从事超强度体力劳动的，或者从事高空、井下作业的，或者在爆炸性、易燃性、放射性、毒害性等危险环境下从事劳动，情节严重的，对直接责任人员，处三年以下有期徒刑或者拘役，并处罚金；情节特别严重的，处三年以上七年以下有期徒刑，并处罚金。有前款行为，造成事故，又构成其他犯罪的，依照数罪并罚的规定处罚。"[1]

从法律条文上看，雇用童工行为无疑是严重的违法行为。但司法实践中我们应当注意，雇用童工的情况较为复杂，部分童工出于家庭贫困、养家糊口的原因，其自身或家长自愿参与劳动。因而在增设本罪名时，立法部门增设了"违反劳动管理法规"的前置性条件，并且以列举的方式详细表明了本罪的行为方式，体现了立法者对本罪的慎重态度。因而，在司法实践中，处理本罪应当持谨慎态度，严格区分罪与非罪、违法与犯罪的情况。要准确把握本罪，必须在详细掌握相关的前置性法律的前提下，理解以下几个问题：

（一）童工的含义

童工是指未满16周岁，与单位或者个人发生劳动关系从事有经济收入的劳动或者从事个体劳动的少年、儿童。然而，并不是所有童工都不能合法参加社会

---

[1] 参见黄京平、石磊：《论〈刑法修正案〉（四）新增犯罪罪名的确定》，载《人民法院报》2003年2月10日第3版。

劳动,该法第 15 条规定禁止用人单位招用未满 16 周岁的未成年人,但同时又规定文艺、体育和特种工艺单位招用未满 16 周岁的未成年人,必须依照国家有关规定,履行审批手续,并保障其接受义务教育的权利。从劳动法的规定看,特殊单位招用童工并且在保障童工的教育权利的前提下才是合法的,其他单位雇用童工均为非法行为。此外,我国《禁止使用童工规定》和《未成年工特殊保护规定》又进一步规定,未满 16 周岁的从事劳动的为童工,已满 16 周岁未满 18 周岁的为未成年工。

(二)用人单位的合法性是不是本罪成立的必要条件

关于本罪的用人单位是否具有合法性,理论界有不同的观点。部分学者认为根据《中华人民共和国劳动法》(以下简称《劳动法》)第 2 条的规定,"在中华人民共和国境内的企业、个体经济组织和与之形成的劳动关系的劳动者,适用本法",由于《劳动法》是本罪的前置性法律,因而本罪的用人单位必须是合法成立的、有自己独立的资产、实行独立的经济核算等一系列具备合法成立条件的用人单位;部分学者认为,本罪的用人单位既包括合法成立的单位,也包含诸如"地下黑工厂"等非法成立的单位。我们赞成第二种观点。由于我国市场经济仍旧处于发展阶段,并没有形成较为完备的法治经济环境,仍然存在着一定比例的非法经营的"地下黑工厂""地下加工厂",而雇用童工的行为往往发生在这些非法成立和非法经营的公司或单位中,单位负责人往往想通过雇用童工这一行为减少企业运行成本,从而实现其获得非法利益的目的。因而,我们认为将雇用童工从事危重劳动罪的用人单位限定为合法成立、合法经营的单位,无疑会缩小本罪的打击范围和惩罚力度,与本罪的立法本意不符。

(三)本罪的客观行为分析

我国刑法对雇用童工从事危重劳动罪以列举的方式对其进行规定,具体包括以下三个方面:其一,从事"超强度体力劳动"的,即是指按照中华人民共和国国家标准 GB3869—1997《体力劳动强度分级》中第四级体力劳动强度的作业,劳动强度系数大于 25 的;其二,从事"高空、井下作业"的,即是指按照中华人民共和国国家标准 GB3608—2008《高处作业分级》国家标准中第二级以上(5m 以上的)的高处作业和矿山井下作业。其三,"在爆炸性、易燃性、放射性、毒害性等危险环境下"从事劳动的,具体指因存在爆炸物而具有爆炸性因素的环境;因放置某种容易引起燃烧的物体而具有易燃因素的危险环境;因为工作中存在超过国家有关规定的放射性物质,而可能发生放射性危害的环境;因劳动场所附近放置有毒害性的物质,而使劳动场所的空气中含有的铅、铅化物、汞、汞化物、苯、氰化物等有毒、有害物质的浓度超过国家卫生标准的危险环境。① 此外,最高人民检察院、公安部《关于公安机关管辖的刑事案件立案追诉标准的规定(一)》第32条对雇用童工从事危重劳动罪的立案、追诉标准也作了详细规定:"(一)造成未满十六周岁的未成年人伤亡或者对其身体健康造成严重危害的;(二)雇用未满十六周岁的未成年人三人以上的;(三)以强迫、欺骗等手段雇用未满十六周岁的未成年人从事危重劳动的;(四)其他情节严重的情形。"

本案中,冥纸作坊主黄某在明知三名被害人的真实年龄未满16周岁的情况下,仍然雇用三名被害人到其非法成立的冥纸作坊工作,符合本罪的主观要件。此外,该冥纸作坊系无工商执照、无消防许可证的易燃品地下加工厂,由于作坊为冥纸加工厂,黄某并未按照规定配置消防灭火装置,作坊工作环境成为易燃性环境。在此基础上,黄某违反安全规定,安排雇工于作坊的二楼住宿,造成厂房与职工宿舍的混合,致使案发当日三名童工因处于熟睡状态未能及时逃生乃至死亡的结果。因而,黄某行为严重违反安全法规,在明知对方为童工的情况下,仍然雇用三名童工在易燃性的环境下工作,造成三名童工被严重烧伤致死的严重后果,符合雇用童工从事危重劳动罪的构成要件,应以本罪进行定罪处罚。

(作者:谢婷)

案例82. 张某、杨某诽谤他人案*

——诽谤罪与诬告陷害罪、侮辱罪的界限

案情介绍

张某原系某县人民代表大会常务委员会副主任(已退休),杨某原系某县人民法院告诉申诉庭副庭长。1995年10月,杨某因工作调动安排之事对县法院院长不满,图谋报复,遂起草了《法院要闻》,在征求张某意见时,张提出应将其他几名副院长写上,并写上两名法院女干部和院领导有生活作风问题,以转移视线,不被人们怀疑。杨某按照张的授意,以淫秽荒诞的文字捏造了法院几名领导

---

① 参见樊建民:《雇用童工从事危重劳动罪探析》,载《河南公安高等专科学校学报》2008年第3期。
* 案例来源:《张文厚、杨恩智诽谤他人案》,https://china.findlaw.cn/case/22333.html,2023年8月15日访问。

与女干部有生活作风问题。杨某将材料打印后,以邮寄方式散发给某县 A 乡政府、B 乡政府及县委书记等。

1995 年 12 月,张某因对某县公安局个别领导有意见,起草了《警惕着警服的人犯罪》一文,捏造县公安局局长和公安局其他领导以及县交警队领导生活腐化,可能有男女生活作风等问题。张某将此文在西安打印后,邮寄给西安市纪委、市委政法委、市公安局等处。

1996 年 2 月,张某、杨某经预谋后,由杨某起草了《紧急呼吁,强烈要求》的文章,称县法院院长在法院实行"法西斯制度",是"杀人不眨眼的刽子手",检察院检察长和法院院长是"一丘之貉"等等。杨某将此文打印后,在县人民代表大会开会期间,由张某将该材料秘密放在县人大、县委组织部及信访办等部门门口,企图达到罢免检法两院院长职务的目的。

1996 年春节期间,张某因其儿媳调动工作问题未得到解决,对某县原工商局局长有意见,在没有事实根据的情况下,散布说该局长"结党营私,贪污受贿 44 万元,行贿 30 多万元",并授意杨某起草了《赫然巨万贪污贿赂犯何不可绳以法度》一文(简称"赫"文)。杨某将草稿交张某修改,张某进行了修改。"赫"文所涉及的内容,中共某县纪律检查委员会纪发〔1996〕20 号文件已作出"未发现以权谋私"的结论。1996 年 3 月 1 日,张某因对县领导有意见,起草了《书记、县长时刻要检点自己言行,为干部群众树立好榜样》一文(简称"书"文)。文章称县领导思想意识差,助长坏人坏事、社会腐败;杜撰"杜某为市人事局一位熟人把面粉厂以低价 80 万元买走,以 120 万元变卖,二人牟取暴利"。张某将该文交给杨某修改,杨作了修改并加了结束语。实际上该面粉厂是于 1995 年 1 月 27 日以 85 万元的价格转让给了上海某工贸公司西安分公司并签订了转让合同书。张某将上述"赫"文、"书"文两篇文章分别在北京、西安两地打印后,将底稿烧毁。3 月 12 日深夜,二人将这两篇文章先后张贴在某县计经委门口、某工商所、百货大楼、电话亭等处。

张某、杨某的上述行为,导致被诽谤人家庭不和,造成某县县委、县政府、县法院、县检察院、县公安局等部门的领导人员互相猜疑,群众议论纷纷,影响很坏,严重危害了社会秩序。

理论争议

本案中行为人构成何罪,存在三种不同的意见。

第一种意见认为,张某、杨某的行为构成诽谤罪。二人采取捏造散布事实,导致被诽谤人家庭不和,造成某县县委、县政府、县法院、县检察院、县公安局等部门的领导人员互相猜疑,群众议论纷纷,影响很坏,符合诽谤罪的构成要件。

第二种意见认为,张某、杨某的行为构成诬告陷害罪。二人因对县法院院长不满,捏造有关领导生活腐败、结党营私、贪污受贿等事实,并将有关材料秘密放在县人大、县委组织部及信访办等部门门口,企图达到罢免检法两院院长职务的目的,意图向国家司法机关告发,使他人受到刑事追究,符合诬告陷害罪的犯罪构成。

第三种意见认为,张某、杨某的行为构成侮辱罪。二人通过散布材料的方法,实施人身攻击,贬低他人人格,情节严重,符合侮辱罪的犯罪构成。

法理分析

我们认为,本案中张某、杨某应该构成诽谤罪,第一种意见是正确的。诽谤罪,是指捏造并散布某种事实,足以败坏他人名誉,情节严重的行为。本罪客观上表现为捏造并散布某种事实,足以败坏他人名誉的行为。首先,必须有捏造事实的行为。所谓捏造,是指无中生有、凭空制造虚假事实。由于捏造出事实,容易使人误信,因而对他人名誉的损害程度比侮辱更为严重。如果行为人散布的是有损他人名誉的真实事实,则不构成诽谤罪。其次,必须针对特定的人进行诽谤。特定的人既可以是一人,也可以是数人。诽谤时虽未具体指明被害人的姓名,但能推知出具体被害人的,仍构成诽谤罪。本罪主观上必须是故意,行为人明知自己散布的是足以损害他人名誉的虚假事实,明知自己的行为会发生损害他人名誉的危害结果,并且希望这种危害结果的发生。行为人的目的在于败坏他人名誉。如果行为人将虚假事实误认为是真实事实加以扩散,或者把某种虚假事实进行扩散但无损害他人名誉的目的,则不构成诽谤罪。根据刑法规定,诽谤行为情节严重的才构成诽谤罪。情节严重,主要是指行为动机卑鄙、手段恶劣、内容恶毒、后果严重、影响极坏,等等。[①] 本案中,张某、杨某因私利未获满足,对县上某些领导人心怀积怨,为泄私愤,以所谓反映情况、揭露腐败为名,行贬低他人人格、损害他人名誉之实。其矛头所指,几乎涵盖了县委、县政府、县工商局、县公安局、县法院、县检察院的主要领导,其行为属于捏造并散布某种事实,足以败坏他人名誉,并且情节严重,因而应构成诽谤罪。

张某、杨某的行为不构成诬告陷害罪。诬告陷害罪,是指捏造他人犯罪事实

[①] 张明楷:《刑法学(下)》,法律出版社1997年版,第728—729页。

并予以告发,意图使他人受刑事追究,情节严重的行为。诬告陷害罪与诽谤罪具有相同之处:二者都侵犯公民的人格权和名誉权;客观方面都有捏造事实的行为;主体都是一般主体,只能由已满16周岁的人构成;主观方面的罪过形式都是故意。二者的区别表现在以下几个方面:(1)对象不完全相同。诽谤罪的对象既可以是达到刑事责任年龄具有刑事责任能力的人,也可以是未达刑事责任年龄或不具有刑事责任能力的人;而未达刑事责任年龄或者不具有刑事责任能力的人有时不能成为诬告陷害罪的对象。(2)客观方面有重大的不同。诬告陷害罪捏造的是犯罪事实,而诽谤罪捏造的通常是犯罪事实之外的有损于他人人格和名誉的事实。此外,诬告陷害罪通常是将捏造的犯罪事实向有关机关、单位或者个人告发,诽谤罪则是将捏造的事实公然在社会上予以扩散。(3)主观方面犯罪故意的内容和目的不同。诬告陷害罪的主观故意是明知自己捏造告发的是犯罪事实而为之,其犯罪目的是使他人受刑事追究;而诽谤罪的故意则是明知自己捏造和散布的是有损他人人格和名誉的非犯罪事实而为之,其目的不是使他人受刑事追究,而是使他人的人格和名誉受到小于刑事追究的损害。在本案中,二被告人捏造、散布虚假材料的行为,其主观目的是向有关领导干部、群众造谣,企图贬低被害人的人格,败坏其声誉,而不是意在使被害人受到刑事追究,不符合诬告陷害罪的主观要件。因此,第二种意见是不正确的。

同样,张某、杨某的行为也不构成侮辱罪。诽谤罪在客体、主体和犯罪主观方面与侮辱罪相同,两者的区别主要是:(1)诽谤罪必须有捏造事实并加以散布的行为,而侮辱罪不一定用捏造事实的方法进行。侮辱罪的实施,既可以不用事实去实施贬低他人人格、名誉的行为,如撕破妇女裤裙的动作行为即可构成侮辱;也可用真实事实去实施贬低他人人格、名誉的行为,如将他人的婚外性行为公然宣扬、亵渎,以损害他人名誉。而故意捏造他人有婚外性行为的虚假事实并加以散布的,则属诽谤。(2)侮辱罪除可由口头、文字方式构成外,亦可以由暴力方法构成,诽谤罪则不可能以暴力方法构成,诽谤行为在事实上只能是口头或文字的。实践中,行为人同时对被害人进行侮辱和诽谤的,应视何种行为情节上更为严重,选择一种行为,或定侮辱罪,或定诽谤罪,而不应数罪并罚。例如行为人在公共场所以朝被害人头上泼洒大粪的方法侮辱被害人,同时又进行辱骂,当场散布自己捏造的破坏被害人名誉的虚假事实,而捏造的事实对被害人人格、名誉损害相对轻微的,对行为人宜以侮辱罪定罪处罚。但是,如果侮辱行为与诽谤行为情节相同,或某种严重后果(如被害人自杀身亡)是由侮辱诽谤行为共同造成的,则对行为人宜定诽谤罪。因为仅从行为性质本身来说,毕竟诽谤是捏造败坏他人名誉的虚假事实的行为,比侮辱行为具有更大的危害性和危险性。

本案中,张某、杨某是通过捏造、散布虚构事实,并且企图使他人相信所散布的事实进而贬低他人人格,虽然其间也使用了一些污辱性的字眼,但是其行为的危害性主要是通过虚构、散布事实造成的,因而应当定诽谤罪。

(作者:李翔)

案例 83. 周某刑讯逼供致人死亡案*

——刑讯逼供致人死亡的认定

案情介绍

周某原系新疆维吾尔自治区某县公安局刑警大队侦查员。

1997 年 10 月 5 日 20 时许,周某与派出所的干警一起在去一盗窃案的现场途中,见 312 国道旁有两人在等车,这两人一人名叫许某,另一人名叫白某。周某怀疑这两人是另一起盗窃案的犯罪嫌疑人,即将这两人带回派出所。次日凌晨 1 时许,周某与派出所的三名干警对许某进行讯问。在讯问过程中,周某用一根长约 80 厘米、粗约 20 毫米的白色塑料管击打许某的臀部。1 时 30 分许,周某让两名干警去休息,由其本人与另一名干警留下继续讯问许某。在此期间,周某用一根长约 60 厘米、两指宽、一指厚的木板击打许某的背部、双腿及臀部等处,造成许某的双腿内外侧皮下大面积瘀血,深达肌层。4 时许,周某指使两名干警接替其继续讯问,他们讯问了约两个多小时仍无结果,便将许某关押。次日上午 11 时许,在把许某带往现场辨认的途中,周某发现许某神情不对,即把许送往医院。许某经抢救无效,于当日 12 时 35 分死亡。某自治州公安局法医鉴定:"许某生前患有心腔内血栓形成和肺、气管、心包等处感染,在受到多次皮肤、皮下组织挫伤出血、疼痛等因素的刺激下,激发了心内血栓断裂出血而死亡。"周某归案后,能坦白交代犯罪事实,认罪态度较好。

某县人民检察院以周某犯刑讯逼供罪向某县人民法院提起公诉。被告人周

---

* 案例来源:《刑讯逼供罪中"致人伤残、死亡"的理解与认定》,https://china.findlaw.cn/bianhu/gezuibianhu/qfgmrsqlmjqlz/xingxunbigongzui/54433.html,2023 年 8 月 15 日访问。

某对公诉机关指控的事实未提出异议。其辩护人辩称：周某虽然采用了违法手段，但其主观上没有恶意，只想用皮肉之苦迫使犯罪嫌疑人招供；许某的死亡虽然与周某的违法行为有一定的关系，但不是直接的因果关系；周某归案后能如实交代犯罪事实，悔罪态度诚恳，请法庭对被告人周某从宽处理。

某县人民法院经公开审理认为，被告人周某身为司法工作人员，在执行职务的过程中，为逼取口供采用暴力手段，致使犯罪嫌疑人死亡，其行为构成了故意杀人罪。被告人归案后，能坦白交代犯罪事实，认罪态度较好，可以酌情从轻处罚，辩护人的部分辩护理由能够成立，予以采纳。该院依照《刑法》第247条、第232条、第72条的规定，于1998年1月27日判决被告人周某犯故意杀人罪，判处有期徒刑3年，缓刑4年。

宣判后，某县人民检察院向某自治州中级人民法院提出抗诉，认为原审法院判决定性准确，但量刑畸轻，适用缓刑不当，罪刑不相适应，社会效果不良。同时，被告人周某也以"本案应定刑讯逼供罪，定故意杀人罪错误"为理由提出上诉。其辩护人辩称，周某的行为不构成故意杀人罪，他没有杀人的动机和目的，不符合故意杀人罪的构成要件。

某自治州中级人民法院在二审审理期间，委托新疆医学院法医室和新疆维吾尔自治区高级人民法院技术处对许某的死因进行联合鉴定，鉴定书认定："许某的死亡原因为生前被人用钝性物体击打致胸背、腰部、臀部及四肢大面积组织损伤造成创伤性休克而死亡"。该院经公开审理后认为，上诉人周某身为司法工作人员，在履行公务中理应执法守法，却为逼取口供而采用暴力行为，以致造成许某死亡的严重后果。上诉人的行为虽然是为逼取口供，但因已经造成致人死亡的后果，依照《刑法》第247条的规定，不再以刑讯逼供罪定罪处刑，而应按《刑法》第232条规定的故意杀人罪定罪并从重处罚。鉴于上诉人的犯罪动机、目的以及犯罪后的表现，其行为较一般的故意杀人罪情节较轻，原审判决定性准确，但因对某州公安局法医鉴定结论采信有误，故量刑不当。依照《刑法》第247条、第232条、第64条和《刑事诉讼法》第189条第2项的规定，判决如下：撤销新疆某县人民法院对本案的刑事判决；上诉人周某犯故意杀人罪，判处有期徒刑10年。

【理论争议】

如何确定刑讯逼供致人死亡案件的定罪量刑标准？

> **法理分析**

我国《刑法》第247条规定:"司法工作人员对犯罪嫌疑人、被告人实行刑讯逼供或者使用暴力逼取证人证言的,处三年以下有期徒刑或者拘役。致人伤残、死亡的,依照本法第二百三十四条、第二百三十二条的规定定罪从重处罚。"司法工作人员刑讯逼供,在通常情况下构成刑讯逼供罪,但是如果致人伤残或者死亡的,就要按故意伤害罪或者故意杀人罪定罪,并且从重处罚。这在刑法理论上称为转化犯,即行为人在实施一种较轻的犯罪时,由于在一定条件下其行为的性质发生了变化,法律规定以另一种较重的犯罪论处。本案中周某实施的刑讯逼供行为,致使犯罪嫌疑人死亡,依照《刑法》第247条的规定,不应再以刑讯逼供罪定罪处刑,而应以《刑法》第232条规定的故意杀人罪定罪从重处罚。本案中周某身为司法工作人员,在执行职务的过程中,为逼取口供采用暴力手段,致使犯罪嫌疑人死亡,其行为应当构成故意杀人罪。

所谓量刑,是指人民法院依据刑法确定对被告人是否判处刑罚、判处何种刑罚及判处多重刑罚的刑事司法活动。定罪与量刑是刑事审判活动的两个重要内容,定罪是量刑的前提,量刑是定罪的必然结果。如果说定罪属于罪刑关系质的个别化,那么量刑则为罪刑关系量的个别化。长期以来,司法机关一直比较注重定罪的准确性,而对量刑的准确性有所忽视,由此产生量刑不均衡的问题。总体说来,量刑时应当具体考虑犯罪行为对社会的危害程度和行为人的人身危险性。具体来说,量刑应当遵循一定的基本原则,但是我国刑法学界对量刑基本原则存在不同的观点,概括起来大致有两原则说、三原则说和四原则说,这些不同的学说中又存在不同的表述,例如两原则说的不同表述有以下几种:有的学者认为量刑的基本原则是以犯罪事实为根据,以刑事法律为准绳;有的学者认为应当是罪刑相适应原则和刑罚个别化原则;[①]还有的学者认为是量刑的公正性原则与量刑的合理性原则;[②]等等。我们认为无论是几原则说,还是不同的表述方式,量刑时都应当注意贯彻相关刑事政策的基本精神,例如,惩办与宽大相结合的基本刑事政策。这一刑事政策贯穿全部刑事立法而且统率所有的具体刑事政策,带有整体性和全局性,其基本精神是:区别对待,宽严相济,惩办少数,改造多数,其中区别对待是核心;基本内容是:首恶必办、胁从不问,坦白从宽、抗拒从严,立功折罪、立大功受奖,其中坦白从宽、抗拒从严是重点。同时,认真执行与量刑有关

---

① 参见曲新久:《试论刑罚个别化原则》,载《法学研究》1987年第5期。
② 参见苏惠渔等:《量刑与电脑——量刑公正合理应用论》,百家出版社1989年版,第24页。

的各项具体刑事政策。刑事政策的这些基本精神和内容是一个有机联系的整体,在量刑时必须正确理解,全面贯彻。

本案中被告人构成故意杀人罪已经没有异议,但是一审法院认为,被告人归案后,能坦白交代犯罪事实,认罪态度较好,可以酌情从轻处罚,并据此判处有期徒刑3年,缓刑4年。我们认为这种判决在量刑上有明显不当之处。我国《刑法》第232条规定:"故意杀人的,处死刑、无期徒刑或者10年以上有期徒刑;情节较轻的,处3年以上10年以下有期徒刑。"这条规定表明,对犯故意杀人罪的处刑有两种情形:一种是情节较重的,处死刑、无期徒刑或者10年以上有期徒刑;另一种是情节较轻的,处3年以上10年以下有期徒刑。本案被告人身为司法工作人员,在履行公务中理应执法守法,却为逼取口供而采用暴力行为,用钝性物体击打被害人致其胸背、腰部、臀部及四肢大面积组织损伤造成创伤性休克而死亡的严重后果。同时考虑到被告人采用的不是极其残忍的暴力手段,并且为了取得刑事案件的证据,因此二审法院判处其10年有期徒刑是适当的,基本上能够达到罪责刑相适应这一刑法的基本原则。

(作者:李翔)

案例84. 周某暴力取证案[*]

——暴力取证罪与非罪的界限

案情介绍

1998年12月11日中午,某县公安局某镇派出所接一群众报案称被他人抢劫。当夜10时许,该所民警周某等人在副所长贾某的带领下,前往某乡孔家峪村传讯涉案嫌疑人许某。许不在家,即传唤其妻子鲁某到某镇派出所,由周某、协理员赵某将鲁某带到周某的办公室由周进行询问。在询问过程中,鲁某以制作的笔录中有一句话与其叙述不一致为理由拒绝捺指印,周某经解释无效,即朝鲁某的腹部踢了一脚,并辱骂鲁某。当时鲁某已怀孕近两个月,被踢后称下腹疼

---

[*] 案例来源:《周建忠暴力取证案》,https://china.findlaw.cn/case/21640.html,2023年8月15日访问。

痛,周某即喊在其床上睡觉的赵某把鲁某带到协理员住室。次日上午 8 时许,鲁某被允许回家,出派出所大门,即遇到婆母范某,鲁向其诉说自己被踢后引起腹疼。当日下午,鲁某因腹部疼痛不止,即请邻居帮忙,雇车将她拉到某镇派出所,又转到某乡卫生院治疗。后鲁某经保胎治疗无效,引起流产,于 1998 年 12 月 23 日做了清宫手术。经南阳市中心医院刑事医学鉴定,鲁某系早孕期,外伤后致先兆流产,治疗无效发展为流产。又经某县人民检察院检察技术鉴定,鲁某的伤构成轻伤。

理论争议

本案在审判过程中,一种观点认为,周某的行为构成暴力取证罪,另一种观点认为,周某对被害人没有造成轻伤,不构成暴力取证罪。

法理分析

《刑事诉讼法》第 43 条明确规定:"严禁刑讯逼供和以威胁、引诱、欺骗以及其他非法的方法收集证据。"对证人、被害人使用暴力逼取证言、陈述的行为,不仅是违法的,而且也影响了司法机关的正常活动,必须严加禁止。暴力取证罪,是指司法工作人员使用暴力逼取证人证言的行为。其构成要件是:(1) 犯罪的主体是司法工作人员,即有侦查、检察、审判、监管职责的工作人员,不限于在公安、检察、法院、监狱等机关工作的国家机关工作人员。(2) 在主观方面只能是直接故意,且具有逼取证人证言的目的。(3) 犯罪的对象为证人,即司法工作人员和案件当事人以外的了解案件情况的人。侵犯的客体是公民的人身权利和国家司法机关的正常活动。(4) 在客观方面表现为司法工作人员对证人实施殴打、捆绑等危害证人身体健康和人身自由的暴力行为。而使用暴力行为对被害人造成的伤害结果应以轻伤为限度,因为我国《刑法》第 247 条规定:"司法工作人员对犯罪嫌疑人、被告人实行刑讯逼供或者使用暴力逼取证人证言的,处三年以下有期徒刑或者拘役。致人伤残、死亡的,依照本法第二百三十四条、第二百三十二条的规定定罪从重处罚。"如果对被害人造成重伤、死亡等危害结果的,应当以故意伤害罪、故意杀人罪定罪处罚。此外,暴力取证罪并不要求一定以造成被害人轻伤等危害结果为构成要件。

根据最高人民检察院《关于人民检察院直接受理立案侦查案件立案标准的规定(试行)》的规定,司法工作人员以暴力逼取证人证言、被害人陈述,涉嫌下列情形之一的,应予立案:(1)手段残忍、影响恶劣的;(2)致人自杀或者精神失常的;(3)造成冤、假、错案的;(4)三次以上或者对三人以上进行暴力取证、刑讯逼供的;(5)授意、指使、强迫他人暴力取证、刑讯逼供的。有关重特大案件的立案标准,根据《人民检察院直接受理立案侦查的渎职侵权重特大案件标准(试行)》的规定,重大案件是:(1)致人重伤或者精神失常的;(2)五次以上或者对五人以上暴力取证、刑讯逼供的;特大案件是:(1)致人死亡的,(2)七次以上或者对七人以上暴力取证、刑讯逼供的。

本案中周某身为公安干警,在执行职务中,即在向证人鲁某取证时,朝鲁某的腹部踢一脚,致使鲁某流产,构成轻伤,依法应构成暴力取证罪。

(作者:李翔)

案例85. 钟某破坏选举案*
——认定破坏选举罪中应当注意的问题

案情介绍

2001年6月12至15日,广东省某县召开第十二届人民代表大会第四次会议补选县长,时任县委副书记、县长的钟某为当选县长,实施了一系列破坏选举的贿选活动。

6月5日,钟某打电话给某县人民医院副院长黄某,问其能不能联系某镇的县人大代表推荐他为县长候选人。黄某满口答应后,找到某镇某村党支部书记、县人大代表曹某,曹表示支持,并提出"农民代表是讲实惠的"。经钟某同意,黄某用960元购买了6条拉舍尔毛毯,由曹某分送给其他代表。钟某同时承诺,选举成功后会给予酬谢。

6月15日中午,钟某让黄某直接与曹某联系,让某镇的代表在下午的投票选举中直接写他的姓名。选举结束后,黄某拿出4000元,曹某分得1000元,其他平分给了6名代表。

为获得候选人资格,显得"名正言顺",在6月8日上午,钟某让某县彭寨镇

---

* 案例来源:《建国以来涉及职位最高广东和平县贿选案审结》,https://news.sina.com.cn/c/2001-11-01/390164.html,2023年8月15日访问。

的县人大代表黄某甲联系彭寨镇的人大代表在选举中支持他。黄某甲表示可以帮忙联系推荐钟某为县长候选人,但要给"实惠"。当天下午,钟某给了黄某甲6000元。黄按每名代表500元的标准,将6000元分给了彭寨镇的12位县人大代表。13日,黄又找到钟某拿其个人简历去填写推荐表。15日上午,彭寨镇的12位县人大代表联合提名推荐钟某担任县长。不过随后有三人撤回了提名,推荐无效。

同时,钟某通过老乡黄某乙,指使他在6月8日贿赂大坝镇的县人大代表选举其为县长。黄找到大坝镇半坑村党支部书记、县人大代表吴某,给了吴4500元。吴自己留下1200元,其余的分给了大坝镇的其他8名人大代表。

6月15日下午,钟某以126票当选为某县县长。

选举结果公布后,省市有关部门收到了大量群众来信,反映此次选举中存在着严重的贿选问题。事件引起广东省纪委的高度重视,要求某市委认真对待,严肃查处。某市委于7月5日派出调查组进驻某县,展开全面调查。省纪委还就此事派出督查组,到某县指导督办工作。经查明,此次县长选举中存在着严重的非法组织串联、贿赂代表拉选票等违法乱纪行为,导致选举结果不真实,新任县长钟某在选举过程中有贿选嫌疑。某市委据此宣布钟某因涉嫌贿选而被停职检查。此案随后进入司法程序。

某市中级人民法院以破坏选举罪一审判处被告人钟某有期徒刑2年。

理论争议

司法实践中如何认定破坏选举罪的构成要件?

法理分析

《中华人民共和国全国人民代表大会和地方各级人民代表大会选举法》第58条第1款规定:"为保障选民和代表自由行使选举权和被选举权,对有下列行为之一,破坏选举,违反治安管理规定的,依法给予治安管理处罚;构成犯罪的,依法追究刑事责任:(一)以金钱或者其他财物贿赂选民或者代表,妨害选民和代表自由行使选举权和被选举权的;(二)以暴力、威胁、欺骗或者其他非法手段妨害选民和代表自由行使选举权和被选举权的;(三)伪造选举文件、虚报选举票数或者有其他违法行为的;(四)对于控告、检举选举中违法行为的人,或者对于提出要求罢免代表的人进行压制、报复的。"上述违法行为,每一种都可以是犯罪行为。因此,应当根据事实、情节、后果、危害及行为人的主观恶性程度,区分罪与非罪的界限。对情节恶劣、严重的,以破坏选举罪论处;情节较轻的,可作为一般违法行为,给予行政处分。我国刑法规定,破坏选举罪,是指在选举各级人民代表大会代表和国家机关领导人员时,以暴力、威胁、欺骗、贿赂、伪造选举文件、虚报选举票数等手段破坏选举或者妨害选民和代表自由行使选举权和被选举权,情节严重的行为。

该罪在客观方面主要表现为以下几个方面:(1)暴力手段,即对选民、代表及其工作人员采取殴打、捆绑等人身伤害的手段或者捣乱选举场所,砸毁选举设施;(2)威胁手段,即以暴力伤害、毁坏财产、揭露隐私、破坏名誉等相要挟,对选民、代表及有关工作人员实施精神强制;(3)欺骗手段,即虚构事实,散布、扩散各种谣言或隐瞒事实真相,以混淆视听;(4)贿赂手段,即利用金钱、财物或者其他物质利益甚或女色勾引,收买选民、代表或有关工作人员;(5)伪造选举文件,即伪造选民证、选票、候选人的情况资料、选举文件;(6)虚报选举票数,即对选民、代表的投票总数、赞成票数、反对票数、弃权票数等进行以少报多或以多报少的虚假报告;(7)其他手段,如撕毁选民名单、候选人情况,在选民名单、候选人名单、选票上涂写侮辱性词句,对与自己不同意见的选民、代表进行打击报复;等等。

破坏选举的行为必须发生在选举各级人民代表大会和国家机关领导人员的活动中。近来有人认为,村委会选举活动与党团组织及其他社会团体、企事业单位内部的选举活动不一样,其重要性不亚于选举各级人民代表大会的代表和国家机关领导人。一方面,村委会是党在农村的执政基础,如果不能保证村委会换届选举健康有序进行,农民群众的意愿得不到真实体现,那些公道正派、依法办事、带头实干、热心为群众服务的人,就选不进村委会。村委会基础不牢,必定会影响农村的稳定。另一方面,我国是一个农业人口大国,选民素质参差不齐,加上几千年来的家族、宗族观念在农村的影响,有的地方宗族矛盾还表现得非常突出。一些地方不可避免地会出现以暴力、威胁、欺骗、贿赂等手段破坏选举或者妨害选民自由行使选举权和被选举权的现象。如果不对破坏村委会选举的行为予以有力打击,就难以保护村委会选举依法进行,也必然影响农村各项事业的发展和社会稳定。因此,破坏选举罪的适用范围应当扩展到"选举村民委员会成员"。① 我们认为,该种建议具有一定的现实意义,但是中共中央办公厅、国务院办公厅《关于进一步做好村民委员会换届选举工作的通知》中指出,对以暴力、威胁、欺骗、贿赂、伪造选票等违法手段破坏选举或者妨碍选民依法行使选举权和

---

① 参见郭云水:《"破坏选举罪"应适用于村委会选举》,载《检察日报》2004年4月17日。

被选举权的,以及对控告、检举选举违法行为的人进行压制、迫害的,要根据情节轻重分别给予查处,构成违反治安管理行为的,由公安机关依法处理。所以,在没有通过法定程序将这一规定纳入法律之前,破坏选举罪的适用范围不应当扩展到"选举村民委员会成员"。

此外,破坏选举罪是情节犯,即必须情节严重才构成此罪。最高人民检察院《关于人民检察院直接受理立案侦查案件立案标准的规定(试行)》规定:"国家机关工作人员涉嫌利用职权破坏选举,具有下列情形之一的,应予立案:1. 以暴力、威胁、欺骗、贿赂等手段,妨害选民、各级人民代表大会代表自由行使选举权和被选举权,致使选举无法正常进行或者选举结果不真实的;2. 以暴力破坏选举场所或者选举设备,致使选举无法正常进行的;3. 伪造选举文件,虚报选举票数,产生不真实的选举结果或者强行宣布合法选举无效、非法选举有效的;4. 聚众冲击选举场所或者故意扰乱选举会场秩序,使选举工作无法进行的。"

本案中钟某为了当选县长,非法组织串联、贿赂代表拉选票,导致选举结果不真实,钟某的行为构成破坏选举罪。

(作者:李翔)

案例 86. 李某暴力干涉婚姻自由案[*]

——暴力干涉婚姻自由罪和寻衅滋事罪的界限

案情介绍

李某是某市良田乡人,曾与本村一有夫之妇郭某有往来。2000 年 3 月,二人外出同居 10 余天,并商定待郭离异后结婚。后来,郭某觉得对不住丈夫和两个年幼的孩子,便提出与李某断绝关系。但是,李某却不罢休,多次强迫郭某与自己结婚。遭到拒绝后,李某便经常谩骂、殴打郭某,还多次到郭某娘家闹事。其间村组干部和派出所民警曾多次对其批评教育,他不思悔改,反而变本加厉,竟扬言要打死郭某。2001 年 11 月 5 日,李某又一次到郭家门前寻衅滋事,用玻璃杯猛击郭的头部,并将其打倒在地,紧掐其脖子,致郭受伤头破血流。11 月 28

---

[*] 案例来源:《华商报》2002 年 11 月 11 日。

日晚,长期遭受恐吓、羞辱的郭某服毒自杀。

某市某区法院以暴力干涉婚姻自由罪,一审判处被告人李某有期徒刑 4 年,并赔偿附带民事诉讼原告人经济损失 2 万余元。

> 理论争议

在本案审理过程中存在两种观点。一种观点认为李某应定暴力干涉婚姻自由罪。另一种观点则认为,不能以暴力干涉婚姻自由罪来对李某定罪处罚,而应当以寻衅滋事罪追究其刑事责任。

> 法理分析

婚姻自由,是我国婚姻法的一项基本原则,也是我国公民享有的一项重要的权利。我国《民法典》对此有明确规定,公民有权依照法律和自己的意愿决定结婚和离婚,任何人都不得干涉和强制。我国法律明确禁止任何人(包括父母)以任何方式无端干涉他人的婚姻自由。

我国《刑法》第 257 条第 1、2 款规定:"以暴力干涉他人婚姻自由的,处二年以下有期徒刑或者拘役。犯前款罪,致使被害人死亡的,处二年以上七年以下有期徒刑。"暴力干涉婚姻自由罪,是指以暴力手段干涉他人行使婚姻自由权利的行为。这里所规定的"暴力",是指使用捆绑、吊打、禁闭、强抢等手段,使被干涉者不能行使婚姻自由的权利。"暴力干涉"是构成本罪的主要特征,没有使用暴力的,不构成本罪;如果行为人采取的暴力行为不足以干涉被害人行使婚姻自由权利的,也不构成本罪。"致使被害人死亡",主要是指行为人使用暴力干涉他人婚姻自由的犯罪行为致使被害人自杀身亡等。根据本条的规定,暴力干涉他人婚姻自由未致使被害人死亡的犯罪属于告诉才处理的犯罪,只有被害人向司法机关提出控告的才处理;对于被害人不控告的,司法机关不能主动受理,也不追究行为人的刑事责任。但如果被害人受强制或者威吓而无法告诉的,人民检察院和被害人的近亲属也可以告诉。至于"近亲属"的含义,《刑事诉讼法》第 108 条第 6 项规定:"近亲属"是指夫、妻、父、母、子、女、同胞兄弟姊妹。

所谓寻衅滋事,是指故意寻找嫌隙、争端和理由,制造事端和纠纷。该罪在客观方面表现为以下四种行为:一是随意殴打他人,情节恶劣的;二是追逐、拦截、辱骂他人,情节恶劣的;三是强拿硬要,或者任意损毁、占用公私财物,情节严重的;四是在公共场所起哄闹事,造成公共场所秩序严重混乱的。

本案中李某强迫他人与自己结婚,在遭到拒绝后,经常谩骂、殴打郭某,还多次到郭某娘家闹事。其间村组干部和派出所民警曾多次对其批评教育,他不思悔改,反而变本加厉,竟扬言要打死郭某。从行为表现上看,具有故意寻找嫌隙、争端和理由,制造事端和纠纷的基本特征,但是其目的就是要通过这种方式达到迫使他人与其结婚的目的,李某的行为最终造成使郭某不堪遭受恐吓、羞辱而自杀的严重危害结果。我们认为,行为人基于迫使他人和自己结婚的犯罪故意实施寻衅滋事行为,同时符合暴力干涉婚姻自由罪和寻衅滋事罪的犯罪构成,根据罪数的刑法基本理论,一个行为(包含符合行为)触犯两个罪名,属于想象竞合犯,应当从一重处断,由于本案中李某的行为导致他人死亡的危害结果,根据《刑法》第257条,暴力干涉婚姻自由罪有两个法定刑幅度,一是2年以下有期徒刑或者拘役,二是犯本罪致使被害人死亡的,处2年以上7年以下有期徒刑,而寻衅滋事罪的法定刑为5年以下有期徒刑、拘役或者管制,因此,对李某应当以暴力干涉婚姻自由罪定罪,并在有期徒刑2年以上7年以下量刑。

(作者:李翔)

案例87. 李某重婚案[*]

——法院错误判决能否阻却重婚罪的构成

案情介绍

李某与宋某系同学,1999年5月双方建立恋爱关系,2001年元旦双方经政府登记领取结婚证而结为夫妻。2002年3月,李某以双方系非法同居关系的名义起诉与宋某离婚,宋某经法院合法传唤,无正当理由没有到庭参加诉讼。后法院依据原告李某陈述未领取结婚证的事实,确认了双方系非法同居关系,并判决予以解除。在法院向宋某送达判决书后,宋某亦未上诉。判决书生效后,李某于2002年8月再次结婚,宋某得知后,向法院提起刑事自诉,要求追究李某重婚罪的法律责任。

---

[*] 案例来源:鲁开凌、徐英杰:《此案中被告行为是否构成重婚罪》,https://www.chinacourt.org/article/detail/2003/10/id/84826.shtml,2023年8月15日访问。

理论争议

对此案如何处理,存在不同认识。一种观点认为,李某的行为不构成重婚罪,因为其与宋某之间的婚姻关系已经解除了,法院可对李某按提供伪证处理,对其进行罚款和拘留。另一种观点认为,李某的行为构成了重婚罪,因为其与宋某之间的婚姻关系并没有解除。

法理分析

重婚罪,是指有配偶又与他人结婚或者明知他人有配偶而与之结婚的行为。

本案中,不能以伪证罪对李某定罪量刑。伪证罪,是指在刑事诉讼中,证人、鉴定人、记录人和翻译人对与案件有重要关系的情节,故意作虚假证明、鉴定、记录、翻译,意图陷害他人或者隐匿罪证的行为。其犯罪主体只能限定在刑事诉讼中的证人、鉴定人、记录人和翻译人。李某通过欺骗的手段(以非法同居的名义)要求法院解除其"非法同居"关系,而法院依据形式真实主义依法作出判决,解除其所谓的"非法同居"关系。此外,法院解除的也只是这种被虚构的"非法同居"关系,其内容并没有涉及他们合法的婚姻关系,因此他们的婚姻关系是存在的。有人撰文指出,李某起诉解除的是一种虚拟的法律关系,法院对这种虚拟的法律关系的解除,并不能否决双方客观上原本存在的合法的婚姻关系,因为,双方所领取的结婚证的法律效力并没有丧失。[①] 我们认为这种分析是有道理的。

既然李某与宋某之间的合法的婚姻关系没有解除,那么,李某再次结婚,根据《刑法》第258条"有配偶而重婚的,或者明知他人有配偶而与之结婚的"之规定,李某明知自己合法的婚姻关系仍然存在,却又再行与他人结婚,其行为符合有配偶而重婚的规定,应当构成重婚罪。

(作者:李翔)

[①] 参见鲁开凌、徐英杰:《此案李某是否构成重婚罪?》,https://china.findlaw.cn/bianhu/gezuibianhu/zuiming/chonghunzui/40755.html,2023年5月12日访问。

案例 88. 王某等遗弃案*

——对无法定扶养义务人能否定遗弃罪

案情介绍

某精神病福利院是当地人民政府为了给那些流浪在社会上"无家可归,无依无靠,无生活来源"的"三无"病人提供治病和生存条件而设立的救助性机构。该院院长王某为减轻单位经费开支的负担和"人多房少"的压力,从 1996 年至 1999 年 8 月,先后指使本院病区护士长、病区科主任四人安排本院的工作人员将 28 名病人(均为国家拨款救治的病人)送到远离精神病福利院的异地予以遗弃,其中 19 名病人被遗弃在千里之外的外省境内。王某等五人被检察机关以遗弃罪提起公诉。一审法院按自然人犯遗弃罪分别对上述五名被告人判处了刑罚,二审法院判决予以维持。

理论争议

对以上案件的定性存在几种不同的观点。有的观点认为应当以遗弃罪定罪量刑。有的观点认为不能定遗弃罪,但可以考虑对行为人追究行政责任。此外,还有极少数的观点认为应当以故意杀人罪(未遂)来定罪量刑。

法理分析

遗弃罪,是指对于年老、年幼、患病或者其他没有独立生活能力的人,负有扶养义务而拒绝扶养,情节恶劣的行为。我国 1979 年《刑法》将遗弃罪规定在妨害婚姻、家庭罪中,意即遗弃罪侵害的同类客体是婚姻、家庭关系。根据通说的观点认为,遗弃罪的对象只限于年老、年幼、患病或其他没有独立生活能力的家庭成员,遗弃罪的主体只限于家庭中负有扶养义务的人,侵犯的直接客体是公民在

---

* 案例来源:国家法官学院、中国人民大学法学院编:《刑事审判案例要览(2003 年刑事审判案例卷)》,人民法院出版社、中国人民大学出版社 2004 年版,第 218—224 页。

婚姻家庭中受扶养的权利。本罪的主体为特殊主体,即必须是对被遗弃者负有法律上的扶养义务而且具有扶养能力的人。只有具备这种条件的人,才可能成为本罪的主体。

对于遗弃的本质,存在两种不同的观点。一种观点认为遗弃罪是侵犯婚姻家庭的犯罪,这种观点也是目前刑法学界的通说观点;另一种观点认为遗弃罪是侵犯生命、健康的犯罪。持该种观点的人认为,遗弃是侵犯婚姻家庭的犯罪的观点,将遗弃罪的主体限制在一个极狭小的范围内,往往对保护社会生活中处于弱势地位的人不利,同时,通说的观点也将遗弃行为的犯罪对象限定在与行为人共同生活在同一个家庭中的成员,这种过于狭隘的限制,不利于在婚姻家庭之外保护无独立生活能力的人的生命、健康权利。① 有的学者也认为遗弃罪的范围应该扩大,其犯罪对象也应发生相应的改变。只要是年老、年幼、患病或其他没有独立生活能力的人,都可能成为本罪的犯罪对象,不再要求犯罪对象与犯罪主体是同一家庭的成员。② 国外刑法中对遗弃罪的规定和基本刑法理论与我国通说观点存在较大的差异。例如大陆法系的刑法理论认为,在古代宗法社会,遗弃罪一般仅限于亲属之间,或者说仅限于家庭之间,遗弃罪的罪质便是义务的违反,但在现代社会,由于机械化、航空交通与道路交通的频繁,必要的危险行为越来越多,很容易使一些人处于无自救力、需要扶助的状态,因此,遗弃罪的范围应该扩大,而不仅限于亲属之间。③ 德国刑法也将遗弃罪规定在"侵犯他人生命的犯罪"一章中,并将遗弃行为分为两种:一是不作为的遗弃,二是作为形式的移置,即将他人置于无援状态下。具有保护责任的人,其遗弃行为既可以是不作为的遗弃,也可以是作为的移置;没有保护责任的人,只有在实施移置这种作为时,才成立遗弃罪。但不管是哪一种遗弃,都不要求行为人与被害人属于同一家庭成员。我国1997年《刑法》修订后,立法者把遗弃罪纳入"侵犯公民人身权利、民主权利罪"一章中。可以说,遗弃罪的同类客体发生了变化,即从原来的公民在婚姻家庭中受扶养的权利转变成为人身权利。由是观之,把遗弃罪的犯罪对象限定在与行为人共同生活在同一个家庭中的成员之中,不仅仅与现代基本刑法理论相违背,而且与我国刑法的规定也相去甚远。

此外还有两个问题需要澄清:一是扶养义务的来源,二是对遗弃罪的客观行为表现即"拒绝扶养"内涵和外延的界定。

---

① 参见李小燕:《遗弃罪刍议》,载《湖南公安高等专科学校学报》2002年第5期。
② 参见苏彩霞:《遗弃罪之新诠释》,载《法律科学》2001年第1期。
③ 参见张明楷:《外国刑法纲要》,清华大学出版社1999年版,第493—494页。

通说的观点认为,遗弃罪的主体只能是法律上负有扶养义务的具有扶养能力的人。① 根据我国婚姻法的规定,夫妻有互相扶养的义务;父母对未成年子女有抚养教育的义务;成年子女对父母有赡养扶助的义务;父母子女之间的关系,不因父母离婚而消除,离婚后父母对子女仍有抚养和教育的义务;养父母与养子女、继父母与继子女之间的权利义务均与生父母与其子女之间的抚养、赡养义务相同,但是养子女和生父母间的权利和义务,因收养关系的成立而消除;非婚生子女享有与婚生子女同等的权利,其生父母应负担子女必要的生活费和教育费的一部或者全部,直到子女能独立生活为止;祖父母、外祖父母,对于父母已经死亡的未成年的孙子女、外孙子女,有抚养的义务;孙子女、外孙子女对于子女已经死亡的祖父母、外祖父母,有赡养的义务;兄姐对于父母已经死亡或者无力抚养的未成年弟、妹,有扶养的义务。有学者认为,按照立法精神和社会主义道德的要求,具有以下情形的,应认为负有扶养的权利义务关系:由法律上不负有扶养义务的人扶养成人的人,对扶养人应负有赡养扶助的义务;在长期生活中互相形成的道义上的扶养关系,如老保姆不计较待遇,多年帮助雇主抚育子女、操持家务等,雇佣方言明养其晚年,对于这种赡养扶助关系,应予确认和保护。

我们认为,扶养义务不应该被仅仅限制在法律规定的范围内,而应当根据不作为义务来源来理解和适用。具体包括:第一,法律明文规定的义务;第二,职务或业务要求履行的作为义务;第三,法律行为导致的作为义务;第四,先行行为引起的作为义务。

拒绝扶养,是指扶养人拒不履行扶养义务,扶养的内涵是否应当包括"救助"呢?以我国婚姻法的规定为例,陈兴良教授认为,我国婚姻法只规定夫妻间有相互扶养的义务,救助义务因为法律没有明文规定而只能是道德关系的内容,不能通过"举轻以明重"这一类推解释的方法认为夫妻之间在发生生命危险的时候有救助义务,否则就违反了罪刑法定原则。② 我们认为这种观点有商榷之处,"举轻以明重"的解释方法并没有使解释的内容超出原来条文本身的语意,应当是被允许的,我们不能赞同严格的罪刑法定主义。③ 因此,救助应当是扶养的当然内

---

① 参见苏惠渔主编:《刑法学(修订版)》,中国政法大学出版社 1997 年版,第 632 页;赵秉志主编:《刑法新教程》,中国人民大学出版社 2001 年版,第 658 页;何秉松主编:《刑法教科书(第六版)》,中国法制出版社 2000 年版,第 901 页。
② 参见陈兴良:《论不作为犯罪的作为义务》,载陈兴良主编:《刑事法评论(第三卷)》,中国政法大学出版社 1999 年版,第 218—219 页。
③ 基于严格罪刑法定主义的缺陷及其与现代刑法基本理论司法现实的脱节,绝大多数人已经逐步倾向采用相对罪刑法定主义。

涵。张明楷教授也认为,扶养,除了提供生存所必需的条件外,在其生命、身体处于危险状态的情况下,必须给予救助,更不能将其置于危险境地。所以"拒绝扶养"应意味着使他人生命、身体产生危险,以及在他人生命、身体处于危险状态时不予救助。①

本案中,精神病福利院是当地人民政府为了给那些流浪在社会上"无家可归,无依无靠,无生活来源"的"三无"病人提供治病和生存条件而设立的救助性机构。应当认为其中的工作人员对已经被收留的"三无"病人具有扶养义务,其义务来源于他们的职务或者业务。而该精神病福利院院长王某为减轻单位经费开支的负担和"人多房少"的压力,从1996年至1999年8月,先后指使本院病区护士长、病区科主任四人等安排本院的工作人员将28名病人(均为国家拨款救治的病人)送到远离精神病福利院的异地予以遗弃,其中19名病人被遗弃在千里之外的外省境内。该种行为是将需要扶养的人从一种场合移置于一种危险场所,应当属于前文所说的"作为形式的移置,即将他人置于无援状态下"的情况。

综上所述,我们认为,对本案的行为人以遗弃罪定罪量刑是恰当的。

(作者:李翔)

---

① 参见张明楷:《刑法学(第二版)》,法律出版社2003年版,第731页。

第二十四章 侵犯财产罪

案例89. 李某某盗窃案[*]
——偷换收款二维码取财的行为定性

案情介绍

2018年2月至10月12日期间,李某某先后多次到宁德、福州多家酒店、福州某网吧、福州某烤鱼店等地,趁无人注意之机,在上述酒店、商铺的收款二维码上覆盖其本人或其通过网吧、网络收集的"林某某""夏某某""赵某"等人身份信息申请的收款二维码,从而获取顾客通过扫码支付给上述商家的钱款,先后共获取被害人刘某甲、董某、陈某、刘某乙、蔡某等人的钱款共计7792.49元。检察院以盗窃罪对李某某提起公诉。一审法院认为,李某某的行为构成诈骗罪,起诉指控罪名不当,应予纠正,判决被告人李某某犯诈骗罪,判处有期徒刑10个月,并处罚金3000元。检察院以原判定性不当为由,提出抗诉。二审法院福建省宁德市中级人民法院认为原判定罪准确,量刑适当,审判程序合法,裁定驳回抗诉,维持原判。

理论争议

本案行为人偷换二维码取财的行为如何定性,存在以下两种不同的观点:

第一种观点认为,被告人的行为应当认定为盗窃罪,具体又分为盗窃罪的间接正犯说与盗窃罪的直接正犯说。其中,根据盗窃对象的不同,盗窃罪的直接正犯说又分为盗窃货款说与盗窃债权说。认为属于盗窃罪间接正犯的主要理由是:在此类案件中,顾客是受骗人,商家是被害人,顾客没有处分商家财产的权利

---

[*] 案例来源:(2019)闽0902刑初203号、(2019)闽09刑终263号。

或地位,被告人欺骗利用了顾客,顾客是被告人实施盗窃罪的工具。[1] 认为属于盗窃货款的直接正犯说的主要理由是:偷换二维码的行为相当于偷换商家收银箱,属于盗窃罪中"秘密窃取"的着手,商家让顾客扫描支付,是商家没有发现二维码被调包,非主观上自愿向行为人的二维码交付财物。顾客基于商家的指令,当面向商家提供的二维码转账付款,其结果应由商家承担。这种见解也是司法实务部门的主流意见。[2] 认为属于盗窃债权的直接正犯的主要理由是:被告人偷换商家二维码意味着窃得了债权人地位,其法律后果是将商家针对顾客的债权转移给自己享有。该转让非基于商家的意愿,这符合盗窃行为的特点,即违反权利人的意愿,将权利人享有的财产性利益转移为自己享有。[3]

第二种观点认为,被告人的行为应当认定为诈骗罪,根据被害人的不同,又分为顾客说与商家说。商家说可再分为一般诈骗说、新型三角诈骗说。认为顾客系诈骗罪被害人的主要理由是:顾客在自愿的情况下通过支付平台支付钱款,被告人偷换二维码的行为改变了交易路径,导致顾客作出了错误的财产处分,这既侵犯了顾客对财产的占有,又侵犯了顾客的交易知情权,以诈骗罪定性有利于实现法益保护的全面性。[4] 认为商家系一般诈骗被害人的主要理由是:此类案件中的受骗人并非顾客,二维码背后的权属关系并非顾客的认识内容,其并无核实义务。被告人通过偷换二维码对商家进行欺骗,导致商家误认二维码的权属关系,并基于该错误接受了顾客按照违背其真意的方式履行合同,造成其合法债权无意义地消灭,被告人获利。这属于"以债权实现为对象的诈骗"。[5] 认为商家系新型三角诈骗被害人的主要理由是:此类案件中的被骗人是顾客,其在受骗的情况下处分了财产,导致商家遭受损失。不同于一般三角诈骗情形的是,在偷换二维码类的案件中,顾客处分的并非商家的财产,而是自己的财产。[6]

法理分析

上述争议的焦点主要有三个:一是犯罪对象是财物还是财产性利益?二是

---

[1] 参见柏浪涛:《论诈骗罪中的"处分意识"》,载《东方法学》2017年第2期。
[2] 参见田宏杰:《以前置法定性与刑事法定量原则判断行为性质》,载《检察日报》2019年5月24日第3版。
[3] 参见柏浪涛:《论诈骗罪中的"处分意识"》,载《东方法学》2017年第2期。
[4] 参见蔡一军:《论新型支付环境下财产性质对罪名认定之影响》,载《东方法学》2017年第2期。
[5] 参见蔡颖:《偷换二维码行为的刑法定性》,载《法学》2020年第1期。
[6] 参见张明楷:《三角诈骗的类型》,载《法学评论》2017年第1期。

被害人是顾客还是商家？三是受骗人是商家还是顾客？这些争议涉及盗窃罪与诈骗罪的行为构造，反映了学界及司法实务界的不同认识。

目前刑法理论界较为通行的观点认为，盗窃罪的行为构造是秘密窃取他人财物，而诈骗罪的行为构造则是通过使用诈术使被骗人产生或者维持认识错误，继而在该认识错误支配下实施财产处分行为，由此导致被害人遭受财产损失，而行为人则获得相应的财产。实务界也基本接受了这种理解。就两罪的行为对象而言，尽管存在争论，但理论界和实务界基本上都认为其既可以是实体财物，也可以是财产性利益。然而，就盗窃罪而言，所谓秘密窃取他人财物的说法，实际上除了秘密性这一行为特征之外，并未对何为窃取作出明确的解构，以至于形成了一种认识，即认为只要行为是秘密的，就可以构成盗窃罪。在理解秘密性时，则认为其是针对被害人而言的，具有相对性。① 在"三角诈骗"的情形中，行为人在骗取财物时，被害人也大都不知晓，但这并不妨碍诈骗罪的成立。由此可见，秘密性只不过是成立盗窃罪的必要非充分条件，单纯以秘密性作为认定行为是否成立盗窃罪的标准，并不妥当。正是由于传统的盗窃罪理论具有模糊性，加之受德日刑法理论的影响，越来越多的学者认为，盗窃罪的行为构造是破坏他人对财物的占有并形成新的占有，它具有一种侵入他人财产支配领域的特征。在明确了盗窃罪与诈骗罪的行为构造后，下面便结合上述争议问题展开分析：

（一）犯罪对象是财物还是财产性利益

首先需要明确的是，在偷换收款二维码的案件中，涉案财产并非现金，而是属于财产性利益的债权。在法律意义上，顾客扫码付款的行为，实际上是将自己针对支付机构所享有的与商品价格等值的债权转让给卖家。这一债权流转过程是去现金化的，债权实际上具有如同货币般的支付作用。而认为"偷换二维码的行为相当于偷换商家收银箱"的说法，实际上混淆了现金与债权。因为收款二维码实际上仅起到快速指示收款账户的作用，免去了顾客手动输入收款账户的烦琐步骤，它本身并非用来"装"债权的"收银箱"。也就是说，偷换收款二维码的行为，实际上只是偷换了收款账户，它本身并不能直接导致财产损失的出现，而是需要进一步借助顾客扫描付款的行为才能实现，因而并非盗窃罪的着手。基于上述理由，盗窃货款的直接正犯说并不妥当。

然而，尽管本案的行为对象是财产性利益，也并不能就此认为偷换收款二维

---

① 参见陈兴良：《口授刑法学（下册·第二版）》，中国人民大学出版社2017年版，第218页。

码的行为属于盗窃债权的直接正犯。这是因为,一方面,债权具有相对性,它仅存在于债权人与债务人之间。尽管通过偷换收款二维码,行为人获得了顾客原本打算转让给卖家的债权,但该债权的流转实际上只是行为人获得了顾客针对支付机构的债权,顾客与卖家之间的债权债务关系不会因此转变成顾客与行为人之间的债权债务关系。另一方面,盗窃行为具有侵入性,而单纯调换二维码的行为并不能满足该特征。由此可见,盗窃债权的直接正犯说也不合理。

(二)被害人是顾客还是商家

除诈骗罪中的顾客说之外,无论是认为构成盗窃罪还是构成诈骗罪的观点,均认为此类案件的被害人是商家,而不是顾客。应当说,大部分观点的看法更加合理,顾客说所持的理由难以成立。一方面,即便抛开占有的对象是否可以包括财产性利益这一颇具争议的话题不论,由于顾客是通过扫码付款,主动转让了其对支付机构所享有的债权,根本不存在占有受侵害一说;另一方面,即便认为存在对顾客交易知情权的侵犯,也应将其作为成立诈骗罪的理由,因为盗窃作为秘密取得他人财物的犯罪,行为人原本就不负有告知真相的义务。而之所以认为商家属于被害人,正如一般诈骗说所指出的那样,顾客通常并不负有核实二维码权属关系的义务,其根据正常的交易习惯扫码付款后,就已经履行了因购买商品而对商家所负的债务。而商家对自己的收款二维码看管不力,存在一定过错,其应对由此造成的损失承担不利后果。

(三)受骗人是商家还是顾客

经过上文的分析,在剩下的主张中,无论是盗窃罪的间接正犯说还是商家说,均认为此类案件中存在受骗人,其中,除一般诈骗说认为受骗人是商家外,其他观点均认为顾客是受骗人。应当说,认为商家是受骗者的观点并不妥当。这是因为,该说将商家指示、接受顾客付款的行为视为诈骗罪处分行为的做法,[①]与理论界对处分行为的通行见解存在出入。一般认为,诈骗罪中的处分行为指的是受骗人实施的一切无须行为人进一步采取未经允许的(构成犯罪的)举止就能够直接引起财产减损的作为、容忍或者不作为。对于一个适格的财产处分而言,除了须由受骗人实施以外,还要求该行为具备直接引起被害人财产减损效果的可能性。[②]根据这种理解,即便认为商家对收款二维码的权属关系存在认识错误,但无论是其实施的指示顾客扫码的行为还是认可顾客扫码付款的行为,均

---

① 参见蔡颖:《偷换二维码行为的刑法定性》,载《法学》2020年第1期。
② 参见马寅翔:《论三角诈骗中的财产处分权》,载江溯主编:《刑事法评论(第42卷)》,北京大学出版社2019年版,第552—553页。

不符合处分行为的定义。其中,指示扫码的行为本身并不会直接引起财产损失的出现,而接受顾客扫码付款的行为则发生在财产损失出现之后。可见,这两种行为都难以被视为处分行为。实际上,只有顾客扫码付款的行为才会直接引起被害人的财产减损,该行为才属于财产处分行为。据此,一般诈骗说的主张也不可取。

当然,是否属于诈骗罪意义上的财产处分行为,还需要看处分者是否具有处分权限,只有在具有处分权限时,才能够成立诈骗罪,否则就应当成立盗窃罪的间接正犯。因此,受骗人是否具有处分权限是区分"三角诈骗"与盗窃罪间接正犯的关键所在。盗窃罪间接正犯说正是以顾客没有处分权为由,否定了此类案件成立诈骗罪的可能性。而新型"三角诈骗"说为了解决该问题,则将顾客处分自己财产而引发商家财产损失的行为以新型"三角诈骗"加以认定。应当说,这两种见解均没有正视此类案件的特殊性,即受骗人与被害人之间存在着债权债务关系。实际上,正是由于双方存在该种关系,顾客在对实际收款人存在错误认识的情况下扫码付款,这种履行债务的行为直接导致商家的债权在法律意义上灭失,也就是说,顾客的付款行为直接导致了商家的财产减损。作为处分行为,其具有使被害人的财产遭受损失的可能性,至于处分的具体对象是被害人的财产,还是被骗者的财产,并非关键所在。尽管较之于盗窃罪的间接正犯说,新型"三角诈骗"说更有可取之处,但该说冠以"新"类型的做法,会让人误以为这种情况原本不属于"三角诈骗",因而也不妥当。实际上,将此类案件作为一般的"三角诈骗"来处理即可。[①]

就本案而言,在实务界普遍倾向于定盗窃罪的背景下,两级法院坚持以诈骗罪定性的做法,是难能可贵的,因而值得充分肯定。而检察院以盗窃罪起诉、抗诉的做法之所以不当,正是源于其误将秘密性作为盗窃罪成立的充要条件,而忽视了在"三角诈骗"中,相对于被害人而言,行为人的欺诈行为也完全可能是秘密而为。

(马寅翔)

[①] 另可参见马寅翔:《限缩与扩张:财产性利益盗窃与诈骗的界分之道》,载《法学》2018年第3期。

案例 90. 郭某抢回自己汽车案*

——抢劫罪客体的认定

案情介绍

2005年2月26日2时许,郭某驾驶一辆金黄色小轿车在一路口与一辆福特牌轿车发生碰撞。一汽修厂业务员张某刚好路过充当中间人帮双方调解。经双方协商,事故双方的车辆由该汽修厂维修,两车的维修总费用由福特轿车所投保的保险公司付80%,郭某付20%。4月14日,郭某得知自己的车已修好,其要支付维修费29152元,便认为修理费太高,遂与吴某、罗某及李某等人密谋不给修理费,以试车的名义将车开走。4月15日16时许,郭某、吴某到汽修厂假意试车,由吴某驾驶该轿车搭载郭某及该汽修厂员工农某外出试车,行至一路口时吴某将车停下,早已在该处守候的李某、罗某二人立即冲上前,打开车门将农某强行拉出车外,并对农某拳打脚踢,摔坏农某的手机。接着,郭某等四人驾车逃离现场。随后,郭某在另一汽修厂内将该车的车身颜色由金黄色改成墨绿色,并改挂另一假车牌,又凿改发动机号码,后该车被公安机关查扣。

理论争议

对本案中郭某等人的行为应如何处理,存在以下三种不同意见:

第一种意见认为,本案中郭某等人用暴力手段抢回的是自己的财物,没有侵犯财物的所有权,不构成抢劫罪,但如果在抢的过程中,触犯其他罪名的如打伤人,则可以其他罪名追究其刑事责任。

第二种意见认为,本案构成抢劫罪,因为行为人采用暴力手段当场劫取公私财物,符合刑法关于抢劫罪之规定,本案中的财物虽然是郭某所有,但是由汽修厂合法占有,任何人不得以非法手段强行改变这种占有关系。通过暴力非法改变这种占有关系,则触犯刑法之规定,应当以抢劫罪定罪处罚。

---

* 案例来源:最高人民检察院法律政策研究室编:《刑事法理与案例评析(第4辑)》,吉林人民出版社2007年版,第122页。

第三种意见认为,行为人用暴力手段抢回自己所有、他人合法占有的财物,若事后不再向占有人索赔的不应定抢劫罪,若事后再向占有人索赔的应定抢劫罪。这是由于事后向占有人索赔,即无异于占有人同样的财产被人抢劫。

法理分析

本案在于如何认定以不法手段取回或者夺回自己所有而由他人占有的财物的行为,而核心问题则是对诸如抢劫罪等财产犯罪所侵犯客体的认定。

大陆法系国家关于财产犯罪客体主要有以下几种学说:

(1)以事实上的占有为基础的所有权及其他权利为内容的本权说。本权是合法占有的权利(如担保物权、抵押权、租赁权)。根据本权说,没有正当授权的占有在刑法上不受保护,财物的合法主人在任何时候、采用任何手段夺回该财物的,均不构成犯罪。如,具有所有权等权利的人从非法占有者手中夺回自己的所有物、租赁物的行为不构成抢劫罪。

(2)以事实上的占有本身为内容的占有说。按照占有说,在日益复杂的现代社会中,必须对现存的财产占有即财产秩序进行保护,因此,占有自身便成为保护客体。依照这种观点,只要财物被他人所占有,不论该占有本身是否合法,财物的所有者只要亲自夺回了该财物就构成夺取型犯罪。如,想从盗窃犯手中夺回自己的财物,除了自救行为的场合之外,只能采取民事方法。但这样的话,便会造成即便明显是不法利益也得予以保护的局面,违反刑法所具有的维持社会秩序的本来目的。

(3)中间说。中间说是为了克服本权说与占有说的缺陷而产生的学说,意在既不扩大也不缩小财产犯的处罚范围。但中间说也分两种,一是基于本权说的中间说,如有人主张所有权以及其他至少大体上有理由的占有,才是财产犯的法益。有人主张财产犯的法益,原则上是所有权及其他本权与占有(第一原则);在本权与占有发生冲突时,只有可以与本权对抗的合法占有,值得以法律保护,而赤裸裸的违法占有,在本权面前必须让步(第二原则);例外地存在单纯的占有就是保护法益的情况(第三原则),对违禁品的占有就属于这种情况。二是基于占有说的中间说,如有人主张财产犯的法益是平稳的占有,即在法律关系需要通过民事诉讼强制恢复的场合,一方对财物的占有应作为平稳的占有予以刑法上的保护。当侵害占有的行为达到值得科处刑罚的程度时,被侵害的占有便是财产犯的法益。① 在不同的历史时期,这三种学说都曾是主流观点。最初本权说为通说,因为侵犯他人所有的财产,最能直观地表现出对法律秩序的破坏。但随着社会的发展,所有权与占有权分离的现象越来越普遍,没有所有权但合法占有财产的事例越来越多,对合法占有不予法律保护,势必人人自危,社会民众缺乏安全感,因此占有说成为主流。然而,占有说也存在缺陷,可能扩大处罚的范围,如根据占有说,盗窃罪的被害人窃取被盗财物的行为,符合盗窃罪的构成要件,应以犯罪论处,这明显不符合国民的心理。因此,中间说开始被越来越多的学者所承认。

与国外关于这个问题的激烈争论相比,我国刑法学界通说认为抢劫罪侵犯的客体是财产的所有权,"抢劫罪的犯罪客体是复杂客体,即行为人的行为不仅侵犯了公私财产的所有权,同时也侵犯了他人的人身权利。"②"抢劫罪的客体为复杂客体,即公私财产所有权和人身权。"③"抢劫罪是以公私财产所有权为侵犯客体的犯罪,因此,处理涉嫌抢劫罪的案件,查明行为人所夺取的财物所有权的归属,十分重要。不侵犯任何人或者单位的财物所有权,不能构成犯罪。因此,如果某项财物的权属确实不清,双方产生争执,都认为应归本人所有,于是一方用暴力夺取的方法占为己有,一般不宜以抢劫罪论处。"④

在本案中,郭某抢回的是自己所有的财物,显然没有侵犯财物的所有权,如果按照我国刑法中的所有权说,认为行为人不可能自己抢劫自己的财产,因为郭某的行为没有侵犯到他人的财产所有权,所以不可能构成犯罪。但是,刑法的基本目的就是要通过保护法律利益来维持社会秩序,如果只是保护所有权的话,那么每个人即使合法地占有他人的财物,也会时刻面临被夺回的危险。比如,出租人可以随时盗回或抢回自己的出租物;非法占有的他人的财物,如果第三者随意拿走也不构成犯罪的话,那么整个社会的法秩序将无从谈起,这也最终背离了刑法的目的。

"财产犯罪的本质在传统上就被视为对所有权的侵害,即使在今日,最终也无疑是以保护所有权及其他本权为目标。但是,以资本主义高度发展的现代社会中复杂的财产关系为前提,为了针对侵害而充分地保护对财物的所有权及其他本权,首先必须把基于本权的占有本身作为直接保护的对象,其次,为了保护

---

① 参见张明楷:《刑法学(第三版)》,法律出版社 2007 年版,第 699 页。
② 王作富主编:《刑法(第三版)》,中国人民大学出版社 2007 年版,第 556 页。
③ 高铭暄、马克昌主编:《刑法学(第三版)》,北京大学出版社、高等教育出版社 2007 年版,第 559 页。
④ 高铭暄主编:《刑法专论(第二版)》,高等教育出版社 2006 年版,第 686 页。

基于原权的财物的占有,作为其前提,有必要相应地把并非基于原权的占有也作为保护的对象。这是因为,作为实际问题,在财物的占有被侵害的时点,一一地确认其占有是否属于基于原权的占有到底是不可期望的。所以,在以尽量发挥财物所具有的经济价值为目标的今日的经济社会中,对财物的利用关系就成为法保护的重要对象,刑法上对财物的占有本身进行保护正是适应这种要求的。这样,财产犯罪最终虽然是以保护所有权及其他本权为目标的,但是,作为其前提,首先必须将乍看并非不法的占有的财物的占有本身也作为保护法益。"[1]

我国曾长期实行计划经济,一方面公民个人所有的财产较少,另一方面所有权与占有权几乎不曾分离,财物的占有人往往就是财物的所有人,财物的所有人常常占有着财物,财产所有权的各种权能一般融为一体而并不分离,凭借所有权获取收益同占有、支配和处分财产的权利体现在同一个主体身上。在所有权极为明了、财产关系极为简单的情况下,财产所有权说得以盛行。但随着社会的发展,财产关系日益复杂化。市场经济体制下,所有权与经营权相分离的现象普遍存在,所有者可以通过各种形式转让经营权,并可以凭所有权取得利益。在当今社会复杂的财产关系面前,如果仅仅将财产犯罪的客体限定为财物所有权,那么司法实务中出现的侵犯占有权的案件将无法得到合理解决,最终不利于维护市场交易安全,促进市场经济的发展。所以,不能仅以所有权作为财产犯的法益,而应当将所有权以外的值得刑法保护的某些利益也作为法益。

我国《刑法》第263条规定:"以暴力、胁迫或者其他方法抢劫公私财物的,处3年以上10年以下有期徒刑,并处罚金;有下列情形之一的,处10年以上有期徒刑、无期徒刑或者死刑,并处罚金或者没收财产……"刑法中并没有规定为"公私所有的财产",所以这里的"公私财物"既包括公私所有的财产,也包括了公私占有的财产。

在本案中,汽车虽然为郭某所有,但他委托汽修厂维修,在修理期间汽修厂通过和郭某之间的承揽合同合法地占有了该汽车,对汽车拥有了管理的权利,郭某只有按合同的约定交纳了修理费之后,才能合法地取回汽车,如果用抢劫等其他非法手段取回汽车,则侵犯了汽车修理厂对该财物的占有权。在试车阶段,表面上看,郭某是在驾驶自己所有的汽车,但郭某尚未交付修理费,汽修厂只是让郭某"试"车,并未将汽车"交付"给郭某,汽修厂派修理员农某跟随试车,也说明了此时汽车尚在汽修厂的占有之下,而且此时汽车修理厂的占有权完全能够对抗郭某的所有权。郭某等人对农某实施暴力殴打手段,强行将农某拉下车,开车

---

[1] 〔日〕大塚仁:《刑法概说(各论·第三版)》,冯军译,中国人民大学出版社2003年版,第185页。

逃脱的行为已经符合了刑法中"以暴力方法抢劫公私财物"的规定。郭某对汽车享有所有权,理应有权对其占有,但此时的占有只是所有权的一项权能,而汽车修理厂对汽车的占有则是基于法律上原因而非基于所有权,郭某如果不付修理费,法律规定汽车修理厂可以留置汽车,汽修厂的占有权完全可以对抗郭某的所有权,所以,郭某除非经过汽修厂的同意,否则无权对汽车进行占有。从郭某采取暴力手段强行占有汽车的行为,已经完全可以看出其主观上具有非法占有的故意。所以,对郭某应当以抢劫罪定罪处罚。

(作者:朱攀峰)

案例91. 杨某等绑架案[*]

——绑架过程中劫取被害人随身财物的定性

案情介绍

杨某、古某事先商谋,绑架人质勒索钱财,然后便着手分工并购买了作案工具,由杨某在梅州城区寻找作案对象。2002年2月16日18时许,杨某发现开着本田轿车的邹某住在梅县锭子桥怡迪苑,便打电话联络古某,古某又找邓某带上事先准备好的作案工具,乘坐摩托车,来到梅县锭子桥邮局附近等候。17日凌晨1时许,当邹某开车回家将车停放入库时,三人便冲上前去将邹某按住,用尼龙绳绑住其手,用封口胶纸蒙住其眼睛和嘴,将其推回车内的后排座位,由古、邓二人看管,杨负责开车,往梅江区城北方向逃去。邓某还搜劫邹某随身携带现金3000元和手机一部,交给杨某。然后,三人威胁要把邹某杀死丢到水库里去,向其勒索30万元。后他们将邹某拘禁在临时租用的一间房子里,三人一起看管。其间他们多次打电话给邹某的妻子郭某,要其准备30万元赎人,并威胁不许报警,否则杀死邹某,并约定某日17时之前拿钱来赎人。当天14时许,三人因害怕郭某报警,离开拘禁被害人的房屋回家,邹某自己解脱绳索后到公安机关报案。

---

[*] 案例来源:国家法官学院、中国人民大学法学院编:《中国审判案例要览(2003年刑事案例审判卷)》,人民法院出版社、中国人民大学出版社2004年版,第29页。

> **理论争议**

争议一：对于邓某在实施绑架过程中，又强行搜劫邹某随身携带现金3000元及手机一部的行为，是构成绑架罪一罪还是构成绑架罪和抢劫罪数罪。

争议二：杨某的行为是否属于犯罪中止。

> **法理分析**

一、关于争议一

本案中，为了勒索财物，杨某等三人使用暴力将被害人绑架，多次打电话给被害人的妻子郭某并索要30万元的行为，构成绑架罪，这没有争议。但在实施绑架行为的过程中，邓某搜劫了邹某随身携带现金3000元和手机一部，对该行为的认定存在分歧，主要有以下几种意见：

第一种意见认为，邓某劫取被害人随身财物的行为已经具备了抢劫罪的构成要件，对其应当以绑架罪和抢劫罪数罪并罚。

第二种意见认为，该行为应当包含在绑架罪中，在控制人质后劫取其随身财物是再自然不过的事，对这种情形如以抢劫罪和绑架罪并罚，实质上是将一个暴力劫持或拘禁行为既用作绑架罪的构成要件，又用作抢劫罪的构成要件，有违"禁止重复评价"的刑法原理。

第三种意见认为，绑架过程中实施劫财行为的，应以绑架罪一罪从重处罚。理由是现行刑法规定在绑架过程中实施的伤害行为以绑架罪定罪处罚，那么在绑架过程中对被害人实施的其他侵害行为则应由绑架罪吸收。

第四种意见认为，对绑架过程中劫走财物的应择一重罪处罚。持此见解的学者认为，这种在绑架过程中劫财的行为，属于某一犯罪构成要件中的部分要件又成为其他罪的要件而导致部分犯罪构成要件的事实重合的犯罪形态，此种犯罪形态不同于结合犯、包容犯、法条竞合犯、牵连犯以及独立的数罪，可称为"兼容犯"。由于兼容犯毕竟存在部分犯罪构成事实的重复评价，因此，对兼容犯应按照择一重罪处罚的原则处理，而不实行数罪并罚。①

我们同意第一种观点，认为对于犯罪人在绑架过程中劫取被害人随身财物的行为，应当以绑架罪和抢劫罪数罪并罚。

---

① 参见刘树德：《绑架罪罪数认定研究》，载《中国刑事法杂志》2003年第3期。

(一)绑架过程中劫取被害人随身财物的行为已经超出了绑架罪构成要件的评价范围

绑架罪是指利用被绑架人的近亲属或者其他人对人质安危的忧虑,以勒索财物或满足其他不法要求为目的,使用暴力、胁迫或者麻醉方法劫持或以实力控制他人的行为。绑架罪严重侵犯了他人的人身权利,所以刑法将绑架罪规定在侵犯人身权利犯罪中。抢劫罪是指以不法占有为目的,以暴力、胁迫或者其他方法,强行劫取公私财物的行为。通说认为抢劫罪侵犯了人身权利、财产权利双重客体,但主要侵犯的是财产权利,所以抢劫罪被规定在侵犯财产犯罪中。

虽然绑架罪与抢劫罪在有些犯罪的认定中容易混淆,但两罪的构成特征还存在着较大的差异,主要体现在:(1)两罪的主体条件要求不同。抢劫罪的主体为年满14周岁具有刑事责任能力的人,绑架罪的主体则为年满16周岁具有刑事责任能力的人。(2)犯罪对象不同。绑架罪是指将人质劫持,限制其人身自由,以杀害、伤害人质为由威胁其家属、亲友等,迫使其交付赎金。勒索财物行为指向的对象是人质以外的第三人,而不可能是人质。抢劫罪则是行为人对被害人使用暴力或暴力威胁的方法迫使其当场交出财物,其暴力、胁迫行为及劫财行为指向的是同一人。(3)取得财物的时间和地点不同。抢劫罪和绑架罪都要以暴力、胁迫或其他方法对人身施加一定的影响,但施加影响的时间和地点与取得财物的时间和地点呈现出不同的特点。抢劫罪是当场使用暴力、胁迫等强制手段,当场取得财物,侵犯被害人人身权利和非法获取财物基本是在同一时间、同一地点完成的。而绑架罪则是先绑架人质,然后勒令其家属、亲友等限期交付财物,侵犯被害人人身权利和非法占有他人财物的行为有一定间隔,发生的地点也一般不同。可见,区分绑架罪和抢劫罪的关键在于行为人取得财物在时间上是否"立即",在空间上是否"当场"。(4)犯罪的主观目的不尽相同。抢劫罪只能是出于不法占有财物的目的,而绑架罪的主观目的既可以是勒索财物,也可以是出于其他不法目的和要求。

基于以上分析,首先,就绑架过程中实施的劫财行为而言,因劫取财物行为指向的对象是人质,而非其家属、亲友,且侵犯被害人的人身权利和财产权利均在同一时间、同一地点完成。绑架过程中劫取人质财物的行为已经超出了绑架罪构成要件的评价范围,无论如何也不能以绑架罪进行评价。行为人劫取财物是在人质人身自由遭到限制的状态下完成的,完全符合抢劫罪的构成特征,理应构成抢劫罪,与绑架罪进行并罚。其次,基于刑法所具有的一般预防的功能要求,对犯罪行为进行宣告本身,也就是在宣示行为人行为犯错的地方。通过这样的宣示,也可以使社会上其他人知道,什么事情是错的,是不被法律容许发生的。既然绑架罪的构成要件无法完全评价被告人的行为,那么只定绑架一罪的话,被告人劫取被害人随身财物的行为就没有得到法律的评价,这无异于默认了被告人这一行为的合法性。第三,刑法的目的在于法益的保护,评价一个行为构成犯罪而应该处罚,或不构成犯罪而不应该处罚,都是根据行为所具备的(法益侵害)性质来说的。刑罚的适用,原则上应该是与所侵害法益范围的大小成正比的。行为人的绑架行为已经侵犯了被害人的人身权,而劫取随身财物的行为又侵犯了被害人的财产权,单纯的绑架行为显然比绑架过程中又劫取随身财物的行为所侵犯的法益范围要小。因此,实行数罪并罚也是基于法益保护目的的必然要求。

(二)以绑架罪一罪从重处罚可能导致罪刑失衡,不利于惩治犯罪

现行《刑法》第263条关于抢劫罪的规定中存在着最高刑为死刑的加重构成的行为,亦即行为人的抢劫行为如果符合《刑法》第263条规定的抢劫罪的八种加重情形的,就可判处死刑。而在绑架罪中,在一般情况下,只要没有造成被绑架人死亡,最高刑也就是无期徒刑。如果将绑架中劫财的行为只定绑架罪一罪或者绑架罪一罪从重处罚,那么即使行为人在绑架过程中符合《刑法》第263条规定的抢劫罪的加重情形(抢劫致人重伤、死亡的除外)的,如抢劫数额巨大或者持枪抢劫的,由于没有杀害被绑架人或没有致被绑架人死亡的后果发生,根据《刑法》第239条的规定其最高刑只能是无期徒刑。如此,单纯地实施抢劫行为且符合其加重构成的刑罚却重于绑架过程中实施的符合加重构成的刑罚,这不但不符合一般常理,而且严重背离了罪责刑相适应原则。而如果按照抢劫罪与绑架罪两罪并罚,那么此种罪刑严重失衡的荒谬结论就不至于产生。

(三)数罪并罚并不违反重复评价的刑法原理

所谓禁止重复评价,并非绝对禁止对存在论上的同一行为或同一情节要素进行重复使用,其所反对的是对本质上反映同一不法内涵和同一罪责内涵的同一行为或者同一情节要素的重复考量。对重复评价的解说是从实质意义上进行的,不能停留在犯罪构成的逻辑层次表面,我们不仅关注存在论上的犯罪行为是否同一,同时还强调同一犯罪行为所体现的不法内涵及罪责内涵的质量。[①]

双重评价之禁止,并非当然也非绝对,而是基于一定价值、目的选择的结果,并且也是在一定的条件下才禁止双重评价。也就是说,不禁止在一定条件下可

---

① 参见王明辉、唐煜枫:《论刑法中重复评价的本质及其禁止》,载《当代法学》2007年第3期。

能的双重评价,这个条件就是:行为人的行为该当于数个犯罪构成要件。在这类牵连犯中,前后行为具有独立性,后一行为侵犯的法益超出了前一行为侵犯的法益的效力范围的,对其就应该实行多重评价,否则刑法的一般预防目的便无法实现。① 对于绑架过程中又劫取被害人随身财物的行为,在刑法适用上,必须给予两次评价,否则便会给人以处断不公平的印象,刑法的公平价值难以实现。

行为人在绑架过程中临时起意劫取被害人财物的行为,首先完全是基于两个完全的不同犯意,实施了两个完全不同性质的犯罪构成事实,侵犯了两种不同的法益。绑架他人的行为与劫取被害人财物的行为反映了不同的不法内涵和罪责内涵,理所当然地应以绑架罪和抢劫罪两罪并罚,而不存在对同一犯罪构成事实的重复评价问题。

不可否认,绑架罪与抢劫罪在暴力、胁迫或其他方法等构成要件事实上存在重叠交叉现象,但是"两个角色重叠的事实,并不会影响其各自独立的意义与价值。相同的道理,一个行为而同时侵害两个法益,我们也不能因为现象的典型的伴随关系就否定其中任何一个角色的犯罪性质"②。对于此类兼容犯现象,在现行《刑法》中也并非都择一重罪处断。例如,挪用公款用于走私的,其中的挪用公款用于走私活动与走私罪就有交叉重叠,对此,刑法明文规定应实行数罪并罚。又如,受贿而犯私放在押人员或者非法批准征用、占用土地,情节严重的,受贿罪中的"为他人谋取利益"与"私放在押人员""非法批准征用、占用土地"也存在一定的交叉重叠。仅有刑法第 399 条第 4 款规定:"司法工作人员收受贿赂,有前 3 款行为的,③同时又构成本法第 385 条规定之罪,依照处罚较重的规定定罪处罚。"对此,学者普遍认为:"刑法第 399 条第 4 款是一个特别规定,不能将其内容普遍适用于其他犯罪。即国家工作人员利用职务上的便利,索取或者收受贿赂的,为他人谋取利益的行为构成其他犯罪的,只要没有刑法的特别规定,就应实行数罪并罚。"④可见,对于兼容犯,除法律规定择一重罪处罚的之外,应予数罪并罚。由于法律并未对绑架过程中劫取财物的行为规定为"择一重罪处罚",理当实行并罚。

另外,我们在防止重复评价的同时,也要做到全面评价。所谓全面评价,是指罪数的评价应当包含行为侵犯的全部法益。行为侵犯了多个法益的,犯罪的

---

① 参见游伟、谢锡美:《双重评价禁止与充分评价原则剖析》,载《法律适用》2007 年第 11 期。
② 黄荣坚:《刑法问题与利益思考》,月旦出版社 1998 年版,第 323 页。
③ 即:徇私枉法的行为;民事、行政枉法裁判的行为;执行判决、裁定失职的行为或者执行判决、裁定滥用职权的行为。
④ 张明楷:《刑法学(第二版)》,法律出版社 2003 年版,第 952 页。

最终宣告应当能够体现行为对全部法益的侵害。如果犯罪的宣告仅能说明行为对部分法益的侵害,则对于未能说明的法益侵害,等于放任自流。这种不全面的犯罪宣告,等于宣称犯罪人的犯罪行为仅有部分是错的,其余的犯罪行为在所不问,这无疑是在鼓励犯罪。① 如果对绑架过程中劫取被害人随身财物的行为只定绑架一罪的话,显然没有做到全面评价,不利于刑法目的的实现。

综上所述,在本案中,杨某的行为已经构成了绑架罪和抢劫罪,对其应当实行数罪并罚。

二、关于争议二

关于以勒索财物为目的的绑架他人的绑架勒索犯罪的既遂标准,主要有以下三种观点:(1)实现目的说或结果犯说。这种观点主张行为人以勒索财物为目的,实施了绑架行为,并且非法获得了他人财物的,才构成该罪的既遂。(2)复合行为说。这种观点主张本罪的实行行为为复合行为,即"绑架行为+勒索行为(或提出其他不法要求的行为)"。具体而言,该观点认为行为人除实施绑架他人(含偷盗婴幼儿)的行为外,还要实施勒索财物行为或提出其他不法要求的行为,才成立绑架罪的既遂。(3)绑架既遂说。这种观点认为,只要行为人主观上具有勒索财物的目的(或获取其他非法利益的目的),客观上实施了绑架他人的行为并实际上控制了他人的,就应当认为构成要件已齐备,应认定为犯罪既遂。至于行为人是否实施勒索行为(或提出其他非法要求的行为),犯罪目的是否已经实现,并不影响本罪既遂的成立。

我们认为,绑架罪的主要客体是他人的人身自由权利,因此行为人一旦实施了绑架行为,控制了人质,就已经严重侵犯了被害人的人身权利,构成犯罪既遂,无须在客观方面再加上勒索等行为作为实行行为。勒索行为属犯罪客观方面中实行行为之外的超过要素,其实施与否不影响绑架罪的成立与既遂,只能作为量刑情节。因此,本案中杨某基于勒索财物的目的,实施了绑架行为,已经构成了绑架罪的既遂。

(作者:朱攀峰)

---

① 参见庄劲:《犯罪竞合:罪数分析的结构与体系》,法律出版社 2006 年版,第 50 页。

案例 92. 侯某、匡某抢劫何某事中参与案[*]

——承继共犯的罪责承担

案情介绍

侯某曾在周某的个体卖肉摊上打过工。2005 年 5 月，侯某和匡某等人谈到如何出去搞钱时，提出其在无锡打工时的老板有钱，可以带他们去。到无锡后，经商议决定由侯某带匡某一起到周某家肉摊上打工，以便利用打工期间与被害人一家同住一套房子的条件伺机动手。5 月底，经周某同意，侯、匡二人住进了被害人租住的套房，并与其室友即早于二人 20 多天到周某肉摊上打工的何某相识。其后，侯、匡二人商议抢劫时，认为何某与其同住，最好拉何入伙。后侯、匡二人分别以事后分钱为诱饵要何参与抢劫老板，何未同意。其间，匡某曾从肉摊上窃取剔骨刀一把藏于床下。6 月 9 日中午，三人下班同到住处，侯某在卫生间以"窗帘拉不开"为由，诱使周某之妻俞某走到卫生间门口，匡某趁机从身后持剔骨刀架在俞的脖子上要其把钱拿出来，俞大声呼救、反抗，侯某捂被害人的嘴，并将被害人扑翻在地，卡俞喉咙，匡某冲进其住的房间拿出胶带纸捆住被害人双腿，后被挣脱。在被害人仍大声呼救反抗的情况下，匡即持剔骨刀对其胸腹部、背部等处刺戳数刀，侯某则用被子捂住其头部，致被害人俞某当场死亡。何某在房间内听到客厅中的打斗声渐小后走出房门，问侯、匡二人："你们把老板娘搞死了！"匡某随即叫何某一起到老板娘房间去找钱。三人在被害人家中共找出 1000 余元后潜逃。

理论争议

在本案中，侯某和匡某共同预谋和实施了对周某家的抢劫并致周的妻子俞某死亡，其二人构成了抢劫罪的共同犯罪没有争议。但对何某行为的定性，出现了以下几种分歧：

---

[*] 案例来源：最高人民检察院法律政策研究室编：《典型疑难案例评析（总第 1 辑）》，中国检察出版社 1999 年版，第 88 页。

第一种意见认为抢劫罪侵犯的是复杂客体,在行为人对被害人实施行为后,即使行为人在未劫取被害人财物的情况下逃离现场,只要其行为基于非法占有的目的并已侵犯了被害人的人身权利,司法实践中均以抢劫罪(既遂)论处。本案何某在侯、匡二人事前拉其入伙,要其参与抢劫犯罪时,并未表示同意。侯、匡二人为非法占有财物而对被害人实施暴力至被害人死亡前,何某亦无任何帮助的行为。故在被害人死亡后,侯、匡二人抢劫行为既遂的情况下,何某应匡某的要求参与了后续在被害人家中搜取财物的行为,因其事前无共同抢劫的主观意思联络,事中亦未参与侯、匡二人在抢劫过程中的暴力行为,其犯罪的主观故意内容及行为特征与侯、匡二人不同,故其行为属秘密窃取他人财物之盗窃性质,应以盗窃罪定罪。

第二种意见认为,何某事前虽未同意参与侯、匡二人抢劫犯罪,事中亦未实施对被害人的暴力行为,但由于侯、匡二人抢劫犯罪行为处于持续状态期间,应匡的要求于事中参与了侯、匡二人共同搜取被害人家中的财物,其行为表明,何某在他人抢劫犯罪的事中形成了与他人共同犯罪的意思联络和主观故意内容上的同一,并共同实施了抢劫犯罪中非法占有他人财物的行为。根据数个行为人基于某一特定犯罪的合意而分工实施的不同行为应以共同犯罪论的共同犯罪理论,在共同犯罪中决定行为人行为性质的主要因素不是犯意产生的行动,更不是行为人是否参与了犯罪的全过程,而是各行为人犯罪主观故意的内容和行为的指向是否一致。故何某抢劫犯罪的故意虽然产生于他人抢劫犯罪的暴力行为之后,也并不影响对其行为抢劫性质的界定。

法理分析

共同犯罪是指二人以上共同故意犯罪。共同犯罪的成立必须有二人以上、共同故意和共同行为。其中,"二人"必须都是符合犯罪主体要件的人。"共同的故意"要求各共同犯罪人都明知共同犯罪行为的性质、危害社会的结果,并且希望或者放任这种危害结果的发生;各共犯人主观上具有意思联络,都认识到自己不是在孤立地实施犯罪,而是和他人一起实施。"共同的行为"不仅指各共同犯罪人都实施了属于同一犯罪构成的行为,而且指各共同犯罪人的行为在共同故意支配下相互配合、相互协调、相互补充,形成一个整体。本案中侯某、匡某即属于典型的共同犯罪,而关于何某行为的定罪量刑问题,在我国刑法理论中研究尚少,但在现实中此类犯罪形态比较常见。对这类犯罪形态进行研究,不仅可以丰富我国刑法中关于共同犯罪的理论,也可以对司法实践中此类案件的定罪量刑起到指导作用。

在大陆法系的刑法理论中，正犯，即是亲自实行犯罪的人，共同正犯，是指两人以上共同实行犯罪者。根据共同意思成立的时间，共同正犯又可分为共谋共同正犯、偶然共同正犯和承继共同正犯，所谓承继共同正犯是指先行行为人已经实施特定的犯罪，在实行行为尚未全部终了的时候，后行行为人明知该事实而参与犯罪，通过与先行行为人的意思沟通，单独将剩下的实行行为实施完毕，或者和先行行为人共同完成犯罪的情况。[①] 承继共同正犯也同样要符合共同犯罪的条件，即必须具有作为主观要件的共同实行的意思和作为客观要件的共同实行的事实。只要先行者和后行者是相互利用、相互补充而实行犯罪的，就应当说有共同实行行为的事实。例如甲以抢劫的故意对乙实施暴力行为而使其处于不敢反抗的境地，丙正好路过，基于共同实行的意思参加犯罪，单独或者和甲一起取走了财物。在承继共同正犯的场合，后行行为人就参与后的行为与先行行为人构成共同实行行为并承担刑事责任，这是共识，但是，后行行为人对参与之前的由先行行为人实施的实行行为，以及由此实行行为引起的结果是否承担刑事责任，则存在较大争论。

一般而言，犯罪共同说论者对此持肯定态度，理论上称为"肯定说"或"积极说"；行为共同说论者则持否定认识，理论上称为"否定说"或"消极说"。肯定说认为，后行者对参与前的先行者所实施的行为及其结果应当承担责任。其主要理由是：其一，既然后行者了解先行者的意图，并利用先行者已经造成的事态，就表明二者就行为整体形成了共同故意。其二，在法律上，共同犯罪是因为相互了解后参与实施才对他人的行为也承担责任，至于相互了解的时间则不是一个重要问题。其三，后行者利用先行者已经造成的结果，就如同利用自己引起的结果，理应对此结果承担责任。否定说认为，后行者只应该对其介入以后与先行者的共同行为承担责任。这一见解的论据是，后行者的行为没有给已经完了的先行者的行为提供原因，在刑法上就不能追认，或者以行为共同说为前提，认为共同被告人的行为产生共同责任，或者在目的行为论的立场上，认为后行者对介入以前的行为没有目的性的支配。作为共同正犯的成立要件，必须存在共同被告人的意思和共同被告人的事实，所以，后行者只具备了与先行者相互了解之下认识先行者已经实施的实行行为的意义并加以利用的意图，当然不能认为对其介入以前的先行者的行为成立共同正犯。承继的共同正犯虽然是在实行行为的过程中承继了先行者的行为而进行的，但是，应该认为，共同正犯的成立范围只及

[①] 参见〔日〕大谷实：《刑法总论》，黎宏译，法律出版社2003年版，第314页。

于后行者介入后的共同实行行为。①

我们赞成肯定说,在先行者所实施的为单纯一罪的情况下,途中加入者成立共同犯罪没有太大的疑问。关键是在先行者所实施的为复合的实行行为的场合中存在认定上的困难。所谓复合的实行行为指的是构成某种具体犯罪必须具备的复数的危害行为。通说认为,在我国刑法中,抢劫罪、诈骗罪、强奸罪是其典型。抢劫罪的复数行为是暴力、胁迫行为和劫取财物的行为,诈骗罪的复数行为是欺诈行为和取财行为,强奸罪的复数行为是暴力、胁迫等致使被害妇女不能反抗、不敢反抗或者不知反抗的行为和奸淫妇女的行为。在这种复数实行行为的场合,先行行为人实施一个行为后,后行行为人参与实施另一个行为,应当将该犯罪的整体认定为共同犯罪,还是后行者只对参与后的行为与先行者构成共同犯罪?我们认为,后行者应当就犯罪与先行者在整体上认定为共同犯罪,因为复数行为在犯罪中的手段行为与目的行为之间是一个不可分割的行为整体。尽管后行者是在先行者把手段行为完成之后才参与到这一犯罪过程当中的,但是,从主客观相统一上说,后行者对先行者的先行行为出于容忍,客观上加以利用。这样,后行者与先行者既有共同的犯罪目的,又有意思联络,同时实施了整体行为中的一部分,就构成共同犯罪。②

本案中,在侯某和匡某已经开始对俞某实施暴力行为,并致俞某死亡的情况下,何某通过与侯、匡二人的意思联络,出于共同实行的意思,参与到该犯罪中来,与侯、匡二人一同搜刮被害人的财物。在这种场合,如果承认承继共同犯罪,则何某与侯、匡二人构成抢劫罪的共同犯罪,如果不承认承继共犯,则侯、匡二人构成抢劫罪,何某构成盗窃罪。我们认为在这种情况下,何某和侯、匡二人构成了抢劫罪的共同犯罪(承继共同犯罪),因为抢劫罪是不能轻易分解为故意伤害罪和盗窃罪的。根据刑法分则之规定,不管该实行行为原先是由什么样的危害行为复合而成,一旦在刑法分则中把该犯罪行为定型化之后,原来的行为就失去独立性而成为一个新的、单一的实行行为。对于本案而言,关键在于考察何某对侯、匡二人先行实行的暴力行为是否有认识,如果已经认识到侯、匡二人的暴力行为,那么就要对其二人的暴力行为承担在其犯罪意图内相应的责任,即成立承继共同正犯。在本案中,我们可以看出何某在参与搜取财物时,对侯、匡二人实施的暴力行为是完全认识的,而这种暴力行为恰恰是在抢劫罪的主观故意支配

---

① 参见〔日〕大塚仁:《刑法概说(总论·第三版)》,冯军译,中国人民大学出版社2003年版,第251页。

② 参见倪业群:《承继共犯罪责论》,载《山东警察学院学报》2007年第2期。

下的抢劫罪的要素行为。换言之,何某加入犯罪后,抢劫罪的实行行为正在进行尚未结束,何某认识到并且利用侯、匡二人实施的暴力行为,与其二人共同取得了被害人的财物,这种取得财物的行为完全是作为抢劫罪的实行行为的强取。何某的行为与侯、匡二人先行实行的行为之间是相互利用、相互补充,共同实现了抢劫财物的目的,也就是说何的行为承继了侯、匡二人的行为和结果,并和侯、匡二人共同最终完成了犯罪。所以,应当将何某与侯、匡二人认定为承继共同犯罪,对何某应该以抢劫罪的共犯来认定。

那么,何某应不应该对俞某的死亡结果承担刑事责任呢?我们认为何某对俞某的死亡结果无须承担责任。因为在侯、匡二人杀害被害人后,何某只是参与了劫取财物的行为,他没有参与杀人,只是利用了被害人已死亡的状态,所以,后行行为人只应负抢劫罪的责任。只要被害人的死亡结果和何的行为之间没有因果关系,就不应要求何某对加重结果承担责任。

(作者:朱攀峰)

案例 93. 李某抢劫案[*]

——转化型抢劫罪的认定

案情介绍

2000 年 12 月 17 日 11 时许,李某在北京市海淀区海龙大厦门前,盗窃他人华夏牌 26 型男式自行车一辆,价值 140 元。李某盗窃时,被在此执行蹲守任务的海淀派出所民警李某某和联防队员胡某发现并跟踪。李某途中经过一家商店,准备进去买东西,就在其锁自行车之际,李某某大喊一声:"别动,我们是警察!"李某听闻,为抗拒抓捕,以暴力反抗,将联防队员胡某右手背咬伤,经鉴定为轻微伤。后李某被抓获。法院认为李某的行为构成抢劫罪,判处其有期徒刑 4 年。

理论争议

本案争议的焦点在于两个问题:一是转化型抢劫罪前罪是否要求达到"数额

---

[*] 案例来源:陈兴良主编:《刑法疑案研究》,法律出版社 2002 年版,第 258 页。

较大",二是如何理解转化型抢劫罪中的"当场"。这两个问题综合起来是判断行为人能否构成抢劫罪的两个关键点。

一种意见支持法院的判决,认为李某盗窃后将胡某咬伤,属于为抗拒抓捕而当场使用暴力的行为,符合《刑法》第269条的规定,构成转化型抢劫罪。

另一种意见认为李某的行为不构成犯罪。李某盗窃的自行车价值仅为140元,而盗窃罪是典型的数额犯,起刑点为500元,李某不能构成盗窃罪,自然也就不能转化为抢劫罪。再者,李某盗窃自行车后已离开作案现场,虽然民警李某某和联防队员胡某在后面跟踪,但李某并不知情,他以为已经得逞。因而,李某咬伤胡某并不是在盗窃时"当场"使用暴力,不能以转化型抢劫罪定罪处罚。

法理分析

刑法规定的各种转化犯都具有以下几个特点:[1](1)都涉及两个不同的罪,其中一个是转化的基础之罪,另一个是转化之罪;(2)转化是从轻罪向重罪转化;(3)转化来自于法律的规定;(4)转化后以转化之罪定罪处罚,而不数罪并罚;(5)转化所涉及的两个罪名都是故意性质的犯罪。

一、关于争议一

转化犯罪是从一种犯罪向另一种犯罪的转化,转化前提是否以构成犯罪为基础,理论界观点不一。具体到转化型抢劫罪,由于转化抢劫的前罪都是数额犯,实践中常常会遇到盗窃、诈骗、抢夺没有达到"数额较大",为窝藏赃物、抗拒抓捕或者毁灭罪证而当场使用暴力或者以暴力相威胁的情况。是否可以转化为抢劫罪,有两种观点:

(一)违法行为和犯罪皆可说

该说认为从抢劫罪犯罪性质和危害程度出发,结合立法原意及司法协调统一、标准明确一致的需要,适用转化定罪时,不应对先行的盗窃等行为的数额作限制,既不要求达到"数额较大",也不宜排除"数额过小"。只要先行实施了盗窃等行为,为窝赃、拒捕、毁证而当场实施暴力或以暴力相威胁,结合全案又不属于"情节显著轻微、危害不大的",都应当认定为转化型抢劫罪。[2]

(二)犯罪基础说

该说认为盗窃、诈骗、抢夺的财物必须达到"数额较大",才有可能成立转化

---

[1] 参见薛进展:《转化犯基本问题新论》,载《法学》2004年第10期。
[2] 参见高铭暄、王作富主编:《新中国刑法的理论与实践》,河北人民出版社1988年版,第574—575页。

犯罪。① 法条明确规定"犯盗窃、诈骗、抢夺罪",而不是实施这些违法的行为。依照《刑法》第 264 条、第 266 条以及第 267 条的规定,盗窃等行为只有达到"数额较大"的才能构成犯罪,因此,适用转化犯罪的前提条件也必须坚持这一点。如果先前的盗窃等行为未达到"数额较大"而属于一般违法的,就没有了转化的基础,这时当场使用暴力构成犯罪的,应按照相应的罪行定罪处罚。②

我们认为,上述观点中,违法行为也可成为转化基础的观点来源于 1997 年《刑法》修订以前,司法解释中对没有构成盗窃犯罪也可以转化为抢劫罪的规定。③ 随着罪刑法定原则在 1997 年《刑法》中的确立,而且《刑法》第 269 条的规定仍然以"犯盗窃、诈骗、抢夺罪"为前提条件,所以目前明确主张违法行为可以作为转化犯的基础的观点已不多见。

犯罪基础说的观点在目前的转化犯研究中居于主导地位。普遍认为转化犯是从一个犯罪向另一个犯罪的转化,并且认为是从较轻的犯罪向较重的犯罪转化。但这种观点下,如果当场实施暴力或者以暴力相威胁,造成伤害的,认定为故意伤害罪或故意杀人罪,不能真实反映这种案件本来的特点及其危害性质,甚至在仅造成轻伤害的情况下会有罪重刑轻之虞。如果没有造成伤害,那么不管情节和危害程度多么严重,也无法对其定罪处罚,这会放纵部分犯罪。

我们的观点可以称为折中说,即对于前行为通常要求达到"数额较大",如果财物数额虽未达到"较大",但暴力行为严重甚至造成严重后果的,或者数额已接近"较大"标准,或者有其他严重情节的,应适用转化。

从立法原意看,刑法之所以规定转化型抢劫罪,是考虑到盗窃等行为在一定条件下可以向抢劫罪转化的情况,对这种行为有必要予以严厉的惩罚。而且根据最高人民法院《关于审理抢劫、抢夺刑事案件适用法律若干问题的意见》④的有关规定,虽未达到"数额较大",但部分情况下也是可以适用转化的。

---

① 参见朱庆林:《对我国刑法第一百五十三条规定的几点认识》,载《法律科学》1983 年第 2 期。
② 参见孙国利、郑昌济:《刑法第一百五十三条的法理浅析》,载《法学评论》1983 年第 2 期。
③ 最高人民法院、最高人民检察院《关于如何适用刑法第一百五十三条的批复》指出:"在司法实践中,有的被告人实施盗窃、诈骗、抢夺行为,虽未达到'数额较大',但窝藏赃物、抗拒抓捕或者毁灭罪证而当场使用暴力或者以暴力相威胁,情节严重的,可按照刑法第一百五十三条的规定,依照刑法第一百五十条抢劫罪处罚;如果使用暴力相威胁情节不严重、危害不大的,不认为是犯罪。"(该批复现已失效)
④ 最高人民法院《关于审理抢劫、抢夺刑事案件适用法律若干问题的意见》"五、关于转化抢劫的认定"规定:"行为人实施盗窃、诈骗、抢夺行为,未达到'数额较大',为窝藏赃物、抗拒抓捕或者毁灭罪证当场使用暴力或者以暴力相威胁,情节较轻、危害不大的,一般不以犯罪论处;但具有下列情节之一的,可依照刑法第二百六十九条的规定,以抢劫罪定罪处罚:(1)盗窃、诈骗、抢夺接近'数额较大'标准的;(2)入户或在公共交通工具上盗窃、诈骗、抢夺后在户外或交通工具外实施上述行为的;(3)使用暴力致人轻微伤以上后果的;(4)使用凶器或以凶器相威胁的;(5)具有其他严重情节的。"

当然，如果先行盗窃、诈骗、抢夺财物的数额很小，当场实施的暴力或暴力威胁也很轻，情节符合《刑法》第 13 条但书的规定，则不认为是犯罪，自然也谈不上转化。

二、关于争议二

本案另一个需要讨论的是对"当场"的理解。"当场"是转化型抢劫罪暴力或者暴力威胁行为实施的时空条件，是决定前罪转化为抢劫罪的关键所在。目前，刑法学界对"当场"的理解，主要有以下四种观点：

（一）"当场"就是实施盗窃、诈骗、抢夺犯罪的现场①

这种观点对"当场"的理解过于机械，使其时空范围过于狭窄，不符合转化型抢劫罪的实际情况和犯罪构成的要求，也不利于打击犯罪。从这类犯罪所实施的实际情况看，为窝赃、拒捕、毁证而使用暴力或以暴力相威胁的场所，可以是实施盗窃等行为的现场，也可以是超出盗窃等行为的现场。譬如拒捕，通常都是由盗窃现场延续到该现场之外的。

如果"当场"只限于盗窃等行为实施的现场，就会出现这样的情况：盗窃犯入室盗窃，室内为盗窃现场，盗窃犯若在盗窃时被人发觉，为拒捕而在室内实施了暴力或威胁行为，则认定为构成转化型犯罪；若其暴力或威胁行为是刚一离开现场，被阻拦、抓捕时实施的，依上述观点就不能构成转化的抢劫罪，而要对其先行的盗窃行为与之后的侵犯人身的行为分别定罪处罚。若前后行为都构成犯罪的，应数罪并罚；若盗窃不构成犯罪而侵犯人身行为又未致伤害的，就无法定罪。显然，行为人在室内还是室外实施侵犯人身的行为，其犯罪的主客观要件都是相同的，依据上述观点认定为不同的犯罪甚至区别为罪与非罪，不但明显有悖于犯罪构成理论的要求，也会束缚广大群众同这类犯罪斗争的手脚，甚至有宽纵其中某些情况的犯罪之虞。

（二）"当场"是指与窝藏赃物、抗拒抓捕、毁灭罪证有关的地方②

从时间上看，可以是盗窃等行为实施时或刚实施完不久，也可以是数天、数月后；从地点上看，可以是盗窃等的犯罪地，也可以是离开盗窃等犯罪地的途中，还可以是行为人的住所等地。

这种观点把"当场"视为可以完全脱离先行盗窃等行为实施的时空的场所，太过于宽泛，既不符合立法原意，也违背了犯罪构成理论的要求，不合理地扩大

---

① 参见赵秉志主编：《侵犯财产罪疑难问题司法对策》，吉林人民出版社 2000 年版，第 98 页。
② 参见王礼仁：《如何理解刑法第一百五十三条中的"当场"》，载《法律科学》1984 年第 1 期。

了打击面。既然是转化的抢劫罪,其"当场"就不能脱离前罪行为的时空。先行盗窃行为与数日后为窝赃、拒捕、毁证实施的暴力或暴力威胁行为,从主客观方面看都是彼此独立的,不存在前者向后者转化的问题,也不是一个犯罪构成所能包含的,应当以有关的犯罪构成要件分别衡量二者是否构成犯罪,前者可能构成盗窃等罪,后者可能构成故意伤害、故意杀人、妨害公务罪等。

(三)"当场"一指实施盗窃等犯罪的现场,二指以犯罪现场为中心与犯罪分子活动有关的一定空间范围,此外只要犯罪分子尚未摆脱监视者力所能及的范围(包括各种仪器、工具的监测控制),都应属于"当场"。

例如,盗窃存折、支票,当场的范围应从盗窃的时间、场所扩大到兑换货币或提取货物的时间和场所。①

这种观点对"当场"的理解甚至完全脱离先行的盗窃等行为的现场,运用于实践也过于宽泛。以盗窃信用卡为例,当行为人用盗来的信用卡取钱时被发现,为拒捕而伤害了抓捕者,虽然其盗窃行为因未能取到钱而属未遂,其伤害行为也已完全脱离了盗窃行为实施的时空,盗窃与伤害分属不同的犯罪构成,不能视为转化的抢劫罪。

(四)当场是指行为人实施盗窃等行为的现场或者实施盗窃等行为时即被人发觉而进行追捕的场所②

应该说,前三种观点或失之过严,或失之过宽。第四种观点基本符合立法原意和该罪的犯罪构成。转化型抢劫罪的"当场",要求暴力或者暴力威胁行为与先行的盗窃等行为在时空上具有连续性,时间上是连续而未间断的,空间上可能是盗窃等现场,也可能是现场的延伸。这种时空上的不间断性是一种客观事实或状态,不以行为人的主观感知为转移,只要追捕过程是连续的、不间断的,即使行为人并未意识到被追捕,也应属于"当场"。如果追捕中断或结束,就不存在转化型抢劫罪成立的余地了。

本案中,李某盗窃的数额虽未达到"数额较大"的标准,但其为抗拒抓捕,使用暴力致联防队员胡某轻微伤,而且其以暴力相抗时的时空条件仍属"当场",因而,李某成立转化型抢劫罪。

(作者:梁燕宏)

---

① 参见李守芹:《论犯罪构成的要件》,载《河北法学》1983年第3期。
② 参见高铭暄、马克昌主编:《刑法学(第四版)》,北京大学出版社、高等教育出版社2010年版,第559页。

案例 94. 许某盗窃案*

——利用 ATM 机故障恶意取款的行为如何认定

> **案情介绍**

2006 年 4 月 21 日晚 10 时许,许某来到广东省广州市天河区黄埔大道某银行的 ATM 取款机取款。取出 1000 元后,他惊讶地发现银行卡账户里只被扣了 1 元,狂喜之下,他连续取款 5.4 万元。当晚,许某回到住处,将此事告诉了同伴郭某。两人随即再次前往提款,之后反复操作多次。后经警方查实,许某先后取款 171 笔,合计 17.5 万元;郭某则取款 1.8 万元。事后,二人各携赃款潜逃。

同年 11 月 7 日,郭某主动向公安机关投案自首,并全额退还赃款 1.8 万元。经法院审理后,认定其构成盗窃罪,但考虑到郭某有自首情节并主动退赃,故对其从轻处罚,判处郭某有期徒刑 1 年,并处罚金 1000 元。潜逃一年的许某,因投资失败将 17.5 万元赃款挥霍一空,2007 年 5 月在火车站被警方抓获。法院一审后认为,许某以非法侵占为目的,伙同同案人采用秘密手段,盗窃金融机构,数额特别巨大,其行为已构成盗窃罪,判处许某无期徒刑,剥夺政治权利终身,并处没收个人全部财产。许某不服,提起上诉,二审法院认定一审事实不清,证据不足,将案件发回重审。重新审理后,法院以盗窃金融机构,判处许某有期判刑 5 年,并处罚金 2 万元,同时追缴 17 万多元违法所得。

> **理论争议一**

本案中许某利用 ATM 机故障恶意取款的行为是否构成犯罪,如果构成,应定何种罪名,是争论的焦点之一。在罪与非罪的问题上,主要观点有以下几种:

第一种观点认为许某恶意取款的行为是"以合法形式掩盖非法目的",构成民法上的不当得利,系无效民事行为。

首先,许某用自己的银行卡取款,而这张银行卡是经合法途径由发卡行签发给其使用的,即许某与银行之间有合同关系,他取款的行为基于该事先设定的民

---

* 案例来源:马远琼:《许霆恶意取款案重审宣判》,载《检察日报》2008 年 4 月 1 日第 1 版。

事法律关系,整个操作并没有超出任何人的正常取款行为,机器多给付款项并没有受到许某的非法干预或强迫,许某也没有任何破坏机器,或依靠银行卡等超越民事法律关系的行为,因此其行为属于民事法律关系行为而非刑事犯罪行为。许某为此仅应负民事责任,即需将恶意取得的款项交还给银行,而不需要为此负刑事责任。

其次,许某没有从物理上或者从虚拟空间非法进入到银行系统去取钱的行为。他只是以客户的真实身份在柜员机上进行操作。

再次,许某使用自己的实名银行卡到有监控系统的自动柜员机上取款,输入的是自己的密码,自始至终的取款行为都是公开的,不存在秘密环节,银行机器的故障并不影响行为的公开性,许某发出的要约得到了银行网络系统的回应,且银行还有流水账单的监控,许某是公开取钱,毫无秘密可言,不符合盗窃罪"秘密窃取"的特点。

最后,许某通过柜员机发出指令,银行网络通过指令后,柜员机给许某吐钱,许某与银行的关系是双边互动的,这与盗窃行为是盗窃者单方实施的行为也不相符。

第二种观点认为许某的行为构成侵占罪。理由在于银行查到许某取款的记录后,本有足够时间可以追回款项,在此期间被许某取出的钱款可以视为"遗忘物"。

第三种观点支持法院的判决。许某以非法占有为目的,采取秘密手段盗窃,明知其银行卡内只有 170 多元,但在发现银行系统出错时即产生恶意占有的故意,并分 171 次恶意取款 17.5 万元而非法占有,得手后潜逃并将赃款挥霍,其行为符合盗窃罪的法定构成要件。

法理分析

首先来看第一种观点。

我们认为不当得利指无法律上的原因而受有利益,并致他人损害。[①] 这里所说"受有利益"通常是被动的。比如甲向乙借了一头母牛,借用期间母牛产下了一头小牛,甲应在约定的时间将两头牛归还给乙,否则即构成不当得利。再比如丙到银行存款,银行工作人员一时疏忽,在收取了存款后,竟又将钱连同存折一起返还给了丙,丙拒绝返还则构成不当得利。这些案例中行为人均是被动地

---

① 参见王泽鉴:《债法原理·第二册·不当得利》,中国政法大学出版社 2002 年版,第 140 页。

获得利益,而本案中许某是主动地、恶意地、先后共实施了170多次取款的行为,是明显主动非法地占有他人财产的行为。

对于第二种观点,我们认为根据《刑法》第270条的规定,侵占罪的侵占对象包括代为保管的他人财物、他人的遗忘物和埋藏物。本案行为人卡内金额远远少于其实际取出的金额,超额取出的款项由取款人不断发出要约与银行交易取得,并非不需取款人操作发出指令就已在取款人的储蓄账户自动新增,银行也不存在"遗忘"或"埋藏"资金的行为,该款项不是银行的遗忘物或埋藏物。

许某虽有"非法占为己有"的意思,却没有"代为保管"的意思,交易双方不成立保管合同。超额取出的款项也不是"代为保管的他人财物"。

侵占罪告诉的才处理,这体现了刑法的谦抑性,有利于衡平公私利益。立法已经对侵占对象和适用范围作了明确的限定,据此,许某的行为难以定为侵占罪。

我们赞同第三种观点。根据《刑法》第264条的规定,盗窃要求行为人主观方面有盗窃的故意,包括:行为人认识到所盗窃的是财物;认识到所盗窃的是他人占有的财物,但不要求认识到财物的他人所有性;认识到所盗窃的可能是数额较大的财物,但不要求绝对肯定与精确的认识。[1]

首先,作为一个心智正常的成年人,许某应该明白在发现柜员机出错的情况下,他既可以立刻打电话告知银行,也可以打电话报警,甚至可以在第二天告诉单位领导,对于保护银行财产而言,这些方法远比许某把钱取出来更好。

其次,柜员机出错只是记账错误,对于正常的取款人来说,取款100元它会吐出100元,取款1000元它会吐出1000元。正常取款的人,往往会在其账户存款数额的范围内取款。而且,柜员机内的银行财产当时并没有处于紧急的危险状态,完全没有将其取出来予以保护的必要。

最后,许某在柜员机取款后,在两天半的时间内,在完全有报案条件的情况下,他既没有报案、致电银行,也没有告知单位领导,而是在取款后的当天上午就向领导提出辞职,连尚未结算的工资都不要了,携带巨款逃离广州。

许某的上述行为表明,在发现柜员机出现故障之后,他就产生了非法占有银行财产的故意。许某在明知自己的银行卡内只有170余元的情况下,利用银行柜员机的程序错误,主动多次向出错的柜员机发出取款1000元的指令,取款后

---

[1] 参见张明楷:《论盗窃故意的认识内容》,载《法学》2004年第11期。

即匆忙辞职,携款潜逃,其积极追求占有他人财产结果的故意和非法占有他人财产的目的显而易见。

从表面上看,许某似乎没有非法进入到银行系统去取款的行为,他只是在柜员机上进行正常操作。但实际上,当ATM机出现故障后,银行就好比一间没有上锁的房屋,许某使用自己的实名银行卡,以真实的身份进入取款程序,就像某人发现这间房屋后,大模大样地走进去,拿走房屋内的贵重物品一样。我们不应从字面上理解所谓的"秘密窃取",而应将行为放到特定环境中去考量。"秘密窃取"可以明目张胆地进行,其秘密性是相对于财物的合法所有人所言的,而且仅在行为人实施行为之时。可以说,当许某发现ATM机出现故障后,他立刻意识到自己获得了一种全新的,且仅在此特定条件下能够得以成功的窃取手段。ATM机的故障使银行在一定的时间内无法实时了解许某的取款明细,而许某恰恰利用这一点,不费吹灰之力得到了巨款。

尽管ATM机设有监控摄像,但银行却是经历了发现账单有异、开机查验、调取ATM机流水记录、调取监控录像等一系列复杂过程才发现了许某的取款行为。可以确定的是许某取款时银行不知情。此外,许某使用自己的实名银行卡只是身份标志,银行可以通过资料查实行为人的身份,身份公开不代表行为公开。因此,许某的行为符合盗窃罪"秘密窃取"的特征。

理论争议二

基于理论争议一的法理分析,许某的行为构成盗窃罪。这样就引出第二个争论焦点:利用ATM机盗窃是否构成盗窃金融机构。

一种观点认为从财产所有方面来讲,ATM机也应视为金融机构。因为ATM机内的现金来源于金融机构,其财产的所有权属于金融机构,可以看作金融机构财产的延伸。同时,ATM机为金融机构所有和管理,当然是金融机构不可分割的一部分。

另一种观点认为ATM机不是金融机构。法律并没有明文规定ATM机属于金融机构的延伸或者一部分。机器只是银行的取钱工具,并非设立在银行里面,它没有配备基本的保安措施。在"法无明文规定不为罪"的前提下,采用推理的方式无限扩大对法律的解释,是违背法理精神的。

法理分析

自动柜员机是否属于金融机构,要看其是否具有金融机构的职能特征。自动柜员机可以查询、取款、转账等,这是银行职能的延伸。它能代替银行工作人员处理一些频繁但相对简单的工作,减少银行工作的压力。因此,我们认为 ATM 机由银行设立,且银行对其负责,应属于银行有机构成的一部分。同时,盗窃罪相关司法解释明确规定,盗窃金融机构是指盗窃金融机构的经营资金、有价证券和客户的资金等,如储户的存款、债券、其他款物,企业的结算资金、股票,不包括盗窃金融机构的办公用品、交通工具等财物的行为。

许某的犯罪行为具有酌情从轻处罚的情节。许某盗窃的是银行柜员机内的资金,这虽然被法律明确评价为盗窃金融机构,但与盗窃银行金库、营业厅等传统意义上的金融机构的资金相比,柜员机无人值守、无人看管,且没有严密的保安措施,盗窃柜员机内的资金,情节相对较轻。同时从盗窃手段来看,许某不是以外力破坏柜员机或者破坏电子程序来盗取柜员机内的资金,而只是利用柜员机既有的程序错误作案,手段不是十分恶劣。因而,重审法院以盗窃罪判处许某有期徒刑 5 年,并处罚金 2 万元是适当的。

还有一点值得说明的是,虽然许某与郭某是一同盗窃,但二人并不存在共同犯罪故意,只是采取相同犯罪手法各自实施,最后得款也是各自提取所得,因此二人并不构成共同犯罪,仅以各自取款数来计算盗窃金额。

(作者:梁燕宏)

案例 95. 杜某等内外勾结盗窃案[*]

——盗窃罪和贪污罪的区别

案情介绍

2001 年 12 月的一天,身为通辽铁路房产段保卫科科长的杜某接到他人电

---

[*] 案例来源:最高人民法院中国应用法学研究所编:《人民法院案例选(总第 47 辑)》,人民法院出版社 2005 年版,第 338 页。

话举报后,凌晨时分在通辽铁路房产段储煤场当场抓获了正在窃煤的被告人郑某、单某等人,杜遂对他们进行了罚款处理。为了能继续偷煤,郑某与在煤场任门卫的舅舅单某商量,一块请杜某吃饭。席间,郑与杜就对外偷运煤之事一拍即合,但杜提出什么时间偷,偷多少要由他决定,郑负责和他联系,并负责联系装运车辆和处理煤炭。尔后,郑某和家里有汽车的农民韩某联系,开始,郑称有单位要处理一些煤,但韩随郑夜晚窜入储煤场拉煤,十分恐惧。郑安抚韩说有管保卫的老杜一块干没事,韩继续参与拉煤且每次把煤买下后当场支付现金,然后再销赃得利。在4个月间,郑某与杜某用手机联络,确定具体偷煤时间,郑再联系韩及张某、杨某、靳某(以上三人均不起诉)动用运输工具,在通辽铁路房产建筑储煤段共同窃煤13次,共盗得水洗煤490.425吨,价值129960余元。他们每次窃煤均在午夜前后,杜先以值班或蹲坑抓偷煤的为由将与单某同班的另一巡守员支回家,单为郑及随行车辆开门,杜在院内接应并望风。每次郑接到韩等人所付的钱款后,当即与杜、单瓜分。郑某、杜某、单某个人分别所得23040余元;韩某参与共同盗窃10次,盗窃煤炭440.425吨,价值116710余元,个人所得19550余元。杜某、单某、韩某于2002年4月14日在盗煤时被公安人员当场抓获;郑某于当日到公安机关投案自首;韩某有揭发他人犯罪事实的行为,属立功。案发后,共收缴煤炭163.4吨,从辽河旅社收缴赃款9880元,上述款物已返还被盗单位。收缴韩某所获的赃款4280元、手机4部,均扣押于通辽铁路运输检察院。

理论争议

本案对杜某等人的行为如何认定,存在两种不同的意见。第一种意见认为,杜某伙同郑某、单某、韩某,利用杜某身为国有企业中从事公务人员职务上的便利,相互勾结,监守自盗,大肆窃取公共财物,数额巨大,其行为均已构成贪污罪。第二种意见认为,杜某、郑某、单某、韩某相互勾结,共同盗窃公共财物,数额特别巨大,均已构成盗窃罪。

另外,杜某提出其行为不是贪污,盗煤时没有去现场;韩某提出其行为是买赃而非盗窃的辩解。

法理分析

(一)杜某的行为构成贪污罪还是盗窃罪

贪污罪是指国家工作人员利用职务上的便利,侵吞、窃取、骗取或者以其他手段非法占有公共财物的行为。

盗窃罪是指以非法占有为目的,窃取公私财物数额较大,或者多次窃取公私财物的行为。

贪污罪和盗窃罪在主观方面都有"非法占有"的目的,有的贪污罪在客观上也有窃取财物的行为,但两罪的区别还是很明显的:首先,贪污罪的对象仅限于公共财物,后者的对象既可以是公共财物,也可以是公民私人所有的财物;其次,贪污罪的行为包括利用职务之便的侵吞、窃取、骗取及其他手段,而盗窃罪的行为表现为窃取,不存在利用职务之便的问题;最后,贪污罪的主体为特殊主体,即必须是国家工作人员。国家工作人员是指国家机关中从事公务的人员和国家机关、国有公司、企业、事业单位委派到非国有公司、企业、事业单位、社会团体从事公务的人员,以及其他依照法律从事公务的人员。盗窃罪的主体则为一般主体。

本案中,被告人主观上非法占有的故意很明显,通汀铁路储煤段也属于国有企业,被告人所非法占有的该储煤段的煤炭属于国有财物,以及杜某具有国家工作人员的身份都没有什么争议。对本案定性的分歧主要产生于对杜某是否"利用了职务上的便利"进行非法占有的理解。第一种观点认为,杜某身为国有企业的工作人员,将其负责保管、看守的储煤场煤炭非法据为己有,是典型的"监守自盗"行为,应当认定为贪污罪;第二种观点认为,杜某并不具有对煤炭的管理、经营权,其职权仅限于预防段内失窃、使国有财产不受损失等方面。其夜晚动用运输工具向外秘密运煤谋利,系非法占有公共财物的行为,没有利用职务上的便利,不符合贪污罪客观方面的法律特征。因此,只能构成盗窃罪而非贪污罪。

我们认为后一种观点是正确的。利用职务上的便利,是指利用职务权力与地位所形成的主管、管理、经营、经手公共财物的便利条件。主管,主要是指负责调拨、处置及其他支配公共财物的职务活动;管理,是指负责保管、处理及其他使公共财物不被流失的职务活动;经营,是指将公共财物作为生产、流通手段等使公共财物增值的职务活动;经手,是指领取、支出等经办公共财物的职务活动。利用与职务无关仅因工作关系熟悉作案环境或易于接近作案目标、凭工作人员身份容易进入某些单位等方便条件非法占有公共财物的,不成立贪污罪。[①] 利用职务上的便利是构成贪污罪的必要条件。国家工作人员盗窃、骗取公共财物与其职务没有联系的,绝不能定贪污罪。利用职务上的便利贪污,包括两种情形:一种是利用本人主管、经管财物的职务的便利条件,例如,主管和经管单位财务的领导干部;另一种是担任其他职务的国家工作人员,因执行其公务而临时经

[①] 参见张明楷:《刑法学(第二版)》,法律出版社2003年版,第909页。

手、管理公共财物。例如，政工干部外出调查而经手差旅费。①

在本案中，杜某身为房产段保卫科科长，具有该段保卫主管的地位和职权，但凭此我们并不能认定杜某对房产段的财物具有主管、管理、经营、经手的职权，其职责仅是预防段内失窃、使国有财产不受损失等方面。事实上，依据企业内部管理权限分工，露天煤场煤炭的调动和买入卖出，完全由煤场"节能办"掌握。就拉煤车出入大门来说，则必须持有"节能办"开具的出门证，门卫方可放行。换言之，对煤场的处分权、处理权和出入控制权等这类直接涉及煤炭管理、经营的权力是属于"节能办"的职权范围的。杜某凭借保卫科科长的身份可以自由出入煤场，对煤场煤炭的储存以及其他各种情况了如指掌，并编造理由支走与单某同班的另一巡守员，这些只是因其工作原因熟悉作案环境或易于接近作案目标、凭工作人员身份容易进入煤场的方便条件，而非利用其职务上的便利条件。因此，杜某只能构成盗窃罪，而非贪污罪。既然杜某的行为只能构成盗窃罪，对与杜相勾结而从事盗窃行为的其他被告人也只能定盗窃罪。

（二）韩某辩称其事前未与他人同谋，且每次拉煤都当场付款，故认为自己只是买赃，韩某的行为能否认为盗窃罪的共犯

收购赃物罪指行为人明知是犯罪所得的赃物，而予以收购的行为。本罪妨害了司法机关顺利追缴赃物与从事刑事侦查、起诉、审判的正常活动秩序。"犯罪所得的赃物"中的"犯罪"就是既遂犯罪。行为人在本犯既遂前故意参与的，应认定为共同犯罪。如果本犯已经占有或者取得了财物，但行为并没有既遂，而行为人参与处理财物的，原则上成立共同犯罪。本罪的主观方面只能是故意，即明知是犯罪所得的赃物，而予以收购。行为人必须事前与本犯没有通谋，如果行为人与本犯就事后收购赃物达成合意的，应以共同犯罪论处。

共同犯罪是指二人以上共同故意犯罪。成立共同犯罪，主体必须至少有"二人以上"，这里的"人"可以是自然人，也可以是单位。对于自然人的共同犯罪和单位与人构成的共同犯罪来说，其自然人是必须达到刑事责任年龄、具有刑事责任能力的人。主观上必须有共同的犯罪故意，即各共犯人都明知共同犯罪行为的性质、危害社会的结果，并且希望或者放任危害结果的发生。共同犯罪故意要求各共犯人主观上具有意思联络，都认识到自己不是在孤立地实施犯罪，而是在和他人一起共同犯罪。在客观上要求各共犯人在共同故意的支配下，实施了共同犯罪行为，共同犯罪行为不仅指各共犯人都实施了属于同一犯罪构成的行为，

---

① 参见高铭暄主编：《刑法专论（第二版）》，高等教育出版社2006年版，第754页。

而且指各共犯人在共同故意支配下相互配合、相互协调、相互补充,形成一个整体。"共同犯罪行为"意味着各共犯人的行为都是共同犯罪行为这一整体的组成部分;在发生危害结果的情况下,各共犯人的行为作为一个整体与危害结果之间具有因果关系,因而也可以肯定各共犯人的行为与危害结果之间具有因果关系。

在共同犯罪中,以共同犯罪人之间有无分工为标准,可以分为简单共同犯罪和复杂共同犯罪。简单共同犯罪是指各共同犯罪人之间没有行为上的分工,即各共同犯罪人都直接地实行了某一具体犯罪行为的情况。在简单共同犯罪中,各共犯人在主观上具有相互利用、补充对方行为的意思,客观上共同实施了某种犯罪的实行行为。对于简单共同犯罪追究刑事责任应遵循部分实行全部责任原则。由于各个共犯人相互利用、补充对方的行为,而使数人的行为形成了一个整体,每个正犯人的行为都是其他正犯人行为的一部分,其他正犯人的行为也是自己行为的一部分,故正犯人不仅要对自己的行为及其结果承担刑事责任,而且要对其所参与的整个共同犯罪承担刑事责任,即对通过其他正犯人的行为所造成的结果承担责任。① 而在复杂共同犯罪中,共同犯罪人之间存在着不同分工,处于不同地位。在这种情况下,存在实行犯、组织犯、教唆犯、帮助犯之分,他们的行为以及故意的具体内容均有差异。根据我国刑法的规定,对这几种共犯人应按照其在共同犯罪中所起的作用大小,分别以主犯、从犯或者胁从犯论处。

以共同犯罪故意形成的时间为标准,划分为事前通谋的共同犯罪与无通谋的共同犯罪。事前通谋的共同犯罪,是指各个共同犯罪人在着手实施犯罪之前已经形成共同犯罪故意,即已经就实行犯罪进行了策划和商议的共同犯罪。"通谋"一般指二人以上为了实施特定的犯罪,以将各自的意思付诸实现为内容而进行商议。事前通谋的共同犯罪,是一种比较常见的共同犯罪形式。无事前通谋的共同犯罪,是指各共同犯罪人在着手实施犯罪时或者实施犯罪的过程中形成共同犯罪故意的共同犯罪。即是说,在着手实施犯罪之前,各共同犯罪人并没有进行谋划,各共同犯罪的故意是在开始实施犯罪之际或者实施后才形成的。②

在本案中,郑某、单某以及杜某合谋盗窃煤场的煤炭,由郑负责联系装运车辆和处理煤炭,尔后,郑和家里有汽车的韩某联系,并谎称有单位要处理点煤炭,韩并不知道郑某等人准备实施犯罪,就答应了郑的要求,此时,韩与郑等人并无共同的犯罪故意。但当韩随郑夜晚窜入储煤场拉煤时,从其十分恐惧的表现可以看出韩已经发现事情有些不对,毕竟通过正常渠道买煤和通过秘密窃煤时,无

---

① 参见张明楷:《刑法学(第二版)》,法律出版社 2003 年版,第 334 页。
② 参见马克昌主编:《刑法学》,高等教育出版社 2003 年版,第 167 页。

论是拉煤的时间、地点还是行为人的诡秘的行动和表现还是有很大的差别,韩作为一个具有社会经验的成年人不会觉察不到的,而且从郑安抚韩说有管保卫的老杜一块干没事,也可以看出韩已经对郑等人的盗窃行为有了清醒的认识。韩没有放弃,而是选择了积极参与到郑等人密谋的犯罪行为当中,韩与郑、杜等人虽然事前没有一起谋划,但在实行犯罪时,大家都心领神会彼此的犯罪意图,并且相互利用、相互补充,这种就属于事前无通谋的共同犯罪。

此时郑、韩、杜、单四人已经形成了共同犯罪的整体。由杜、单两人利用工作上的便利条件支走巡守员,打开场门,为其盗窃行为创造有利条件并在院内望风,郑带领韩等人进行转移财产的行为,他们几个人的行为相互利用、相互补充,已经形成了一个整体。其具体的行为方式虽然不完全相同,但都是盗窃罪的实行行为,所以仍属于简单的共同犯罪。对简单共同犯罪追究刑事责任应遵循部分实行全部责任的原则。所以本案中的各共犯人均应对整个盗窃罪负刑事责任。

韩某辩称其是买赃而非盗窃的理由是不能成立的。因为收购赃物罪要求是收购既遂犯罪的赃物,行为人在本犯既遂前故意参与犯罪的,应当认定为共同犯罪。本案中,韩在每次盗煤后当场付款的行为具有一定的迷惑性,表面上看好像是韩在收购郑等人所盗煤炭,实际上韩已经成为共同犯罪整体中的一分子,积极实施着盗窃罪中转移财物占有的要件以及承担着销赃的任务,是共同作案中不可或缺的重要一环。他每次盗煤后当场支付煤款,应属于与其他被告人共同分赃的行为。

(作者:朱攀峰)

案例 96. 黄某等诈骗案[*]

——设置圈套诱人参赌,骗取钱财的行为如何认定

案情介绍

被告人黄某原系某县公安局副政委。2004年10月,黄某、袁某二人为偿还因赌博欠下的债务,共谋设计赌局圈套,以打假牌的方式骗取他人钱财。二人约定由黄某物色被骗对象,由袁某负责约请帮助打假牌的人。此后,黄某联系被害

---

[*] 案例来源:《中华人民共和国最高人民法院公报》2007年第8期。

人姚某某,谎称要与其当面商谈买卖煤矿的有关事宜。2004年11月5日下午,刘某、方某应邀找到黄某。黄某即按事先的预谋,于当晚请姚某某与刘、方等人一起吃饭,并向姚某某介绍刘某和方某是"经营煤炭生意的老板"。席间,黄某又电话通知刘某某、袁某前来共进晚餐。饭后黄邀已有醉意的姚某某到茶楼喝茶打牌,其间各被告人以欺诈手段控制牌局,致姚某某输掉58万余元。次日,黄某等人找姚某某结清赌债,姚某某只得将其所有的两部汽车折价43万元,连同15万元现金抵偿赌债。黄某等五人随后进行分赃。经鉴定,两辆车的价值共计41.69万元。法院认为上述五名被告人以非法占有为目的,合谋采用虚构事实隐瞒真相的办法,设置圈套诱骗姚某某参赌,在赌博中使用诈赌伎俩弄虚作假骗取钱财,数额特别巨大,其行为构成诈骗罪。

理论争议

本案争论的焦点在于对黄某等人设计赌局圈套,以打假牌的方式骗取被害人钱财的行为如何定性。对此有以下两种不同观点:

一种观点认为该种行为应定为赌博罪。理由在于:根据最高人民法院《关于对设置圈套诱骗他人参赌又向索还钱财的受骗者施以暴力或暴力威胁的行为应如何定罪问题的批复》[①]的精神,本案被告人以营利为目的,设置圈套,诈骗他人参赌,纠集多人进行赌博,属于刑法规定的聚众赌博行为。在赌博中使用欺诈手段是赌博罪的特点,打假牌仅是本案被告人在赌博过程中采用的一种手段行为,不应以此作为定罪的依据,否则就会割裂行为与犯罪结果的因果关系。

另一种观点与法院的裁决结果一致,认为应定诈骗罪。赌博是用财物作注比输赢。这种输赢存在偶然性,对当事人来讲具有不确定性。如果一方当事人对胜败结果了然于胸,那么就不能称其为赌博。本案中各被告人从赌博之初主观上就具有明确的非法占有他人财物的目的,客观上实施了诱使他人参与假赌博以骗取钱财的行为,此时的输赢结果已属必然,行为人事实上是以赌博之名,行诈骗之实,完全符合诈骗罪的构成要件。

---

① 最高人民法院《关于对设置圈套诱骗他人参赌又向索还钱财的受骗者施以暴力或暴力威胁的行为应如何定罪问题的批复》指出:"行为人设置圈套诱骗他人参赌获取钱财,属赌博行为,构成犯罪的,应当以赌博罪定罪处罚。参赌者识破骗局要求退还所输钱财,设置者又使用暴力或者以暴力相威胁,拒绝退还的,应以赌博罪从重处罚;致参赌者伤害或者死亡的,应以赌博罪和故意伤害罪或者故意杀人罪,依法实行数罪并罚。"

法理分析

（一）设置圈套引诱他人"赌博"，使用欺骗方法获取钱财，胜负并不取决于偶然，不符合赌博的特征①

赌博，即赌事与博戏。赌博的输赢具有偶然性。这种偶然因素对当事人而言是不确定的，既可能是将来的因素，也可能是现在或者过去的因素。即使当事人的能力对结果产生一定影响，但只要结果有部分取决于偶然性，就是赌博。如果对于一方当事人而言，胜败的结果已经确定，则不能称为赌博。

现实生活中，人们常说"十赌九诈"。可见赌博与欺诈经常是交织在一起。但这里的"诈"目的在于使自己的胜算更大而使用一些小伎俩，最后赌赢还是要凭借运气和赌技。这种可谓"部分作弊"的行为并不能改变整体赌博的行为性质。但本案中，数名被告人并不是将骗术夹杂在赌博过程中，而是完全采用骗术控制全程，输赢结果已不存在悬疑，这已经不再符合赌博的本质特征。

现行《刑法》第303条规定："以营利为目的，聚众赌博或者以赌博为业的，处三年以下有期徒刑、拘役或者管制，并处罚金。开设赌场的，处三年以下有期徒刑、拘役或者管制，并处罚金；情节严重的，处三年以上十年以下有期徒刑，并处罚金。"行为人要构成赌博罪，必须在客观上有聚众赌博或者以赌博为业的行为。而根据上述分析，本案被告人设置圈套引诱他人"赌博"，并使用欺诈手段完全控制输赢结果，并不是赌博，更不符合赌博罪的客观构成要件。

（二）诈骗罪与赌博罪的区别

诈骗罪和赌博罪的行为人在主观方面都有非法获取他人财产的目的，客观上都会给他人财产造成损失，但两罪在行为特征和构成要件上的区别还是非常明显的。

诈骗罪作为侵犯财产类犯罪，规定在《刑法》分则第五章中。该罪主要侵犯的是他人财产权益，本质在于以骗取财，即行为人以直接占有他人财产为目的，采取虚构事实隐瞒真相的方法使被害人陷于认识错误而交付财产，整个行为过程都在诈骗行为人的掌控之下。对于被害人而言，在行为过程中往往由于行为人实施骗术陷于认识错误而对财产损失没有察觉。案发后，对被害人的财产权益应予保护，行为人对于被害人的财产损失应当予以返还或退赔。

《刑法》在分则第六章"妨害社会管理秩序罪"中设置赌博罪，目的是为保护

---

① 参见张明楷：《刑法学（第三版）》，法律出版社2007年版，第778页。

良好的社会风尚。赌博犯罪中虽然也会伴有财产损失,但取得财产的人营利目的的实现靠的是赌博活动具有的偶然性决定的输赢,参赌各方对可能造成的财产损失具有明确预知并接受相关的输赢结果,赌博罪中没有被害人,案发后,参赌各方所非法获取的财产属于非法所得,法律不予保护,应予没收。

(三)关于最高人民法院的批复

最高人民法院《关于对设置圈套诱骗他人参赌又向索还钱财的受骗者施以暴力或暴力威胁的行为应如何定罪问题的批复》支持第一种观点,但它是否可以适用于本案呢?我们认为,该批复针对的是个案,具有当时的特定社会背景和具体的针对对象。主要是针对当时在火车站等一些公共场所设置圈套诱骗他人参赌,并使用一些欺诈手段从中获取钱财的案件。这种案件的行为对象具有不确定性和广泛性,一般涉及多名被害人,行为人主观上是以设置赌局进行营利活动为目的,而且一般每个被害人的钱财损失并不大且易起冲突,对此类案件根据其社会危害程度,从罪刑相适应角度出发,以赌博罪定罪处罚是恰当的。因为如果按诈骗罪定性,一旦起冲突,就转化为抢劫罪,如此定罪处罚显得过于苛刻,容易造成罪刑不均。可见,该批复针对的是那些整体上属于赌博活动,在赌博活动中运用了一些骗术,但不影响整个赌博活动性质的情形,属于赌中有诈的情况。

而本案是骗中有赌,五名被告人的目的非常明确,从预谋到实施均是为了骗取钱财,是通过只赢不输的所谓赌博形式非法占有他人钱财,赌博行为只是达到非法占有他人钱财目的的手段,整个犯罪过程就是以赌博为名义的诈骗,不同于在赌博活动中采取小伎俩诈取钱财。被害人姚某某开始也没有赌博的想法,不是自愿参与到赌博中,而是碍于黄某县公安局副政委的身份被迫参与,且本案犯罪数额较大,从罪刑相适应的原则角度,也应定诈骗罪。因此,本案情况与上述批复所针对的情形不符,不能适用上述批复的相关规定。

(四)本案被告人的主、客观方面均符合诈骗罪的构成要件

诈骗罪中的欺骗行为,表现为向受骗者表示虚假的事项,或者说向受骗人传递不真实的资讯。事项的虚假,既可以表现为全部事项的虚假,也可以表现为部分事项的虚假。[①]

从本案整个行为过程看,黄某以真实身份出现,虚构买卖煤矿的事实,并以此为由与被害人姚某某取得联系,谎称要与姚某某当面商议煤矿交易事宜,进而邀请姚某某吃饭,刘某、方某等人为了蒙骗姚某某,都隐瞒了真实身份,对姚某某

---

① 参见张明楷:《论诈骗罪的欺骗行为》,载《甘肃政法学院学报》2005年第5期。

谎称是经营煤炭生意的老板。之后黄某等人提出同姚某某一起打牌,黄某还假意与他合一股。打牌是真实地打牌,但输赢结果却在其他被告人打假牌的欺诈手段控制下,这就使得姚某某必输无疑。

诈骗罪的欺骗行为与受骗者的财产处分行为之间具有因果关系,如果没有行为人的欺骗行为,受骗者便不会基于认识错误处分财产。换句话说,如果被害人知道真相就不会处分财产,那么导致其处分财产的行为便是欺骗行为。因此,欺骗行为的实质在于使受骗者陷入或继续维持处分财产的认识错误并进而处分财产。据此,本案几名被告人上述一系列的行为是典型的欺骗行为,本案完全是一场骗局,而非赌局。其行为符合诈骗罪的犯罪构成,故应以诈骗罪定罪处罚,法院作出的判决是正确的。

(作者:梁燕宏)

案例 97. 李某侵占案*

——擅自将合法持有的他人信用卡内余额取走的行为如何定性

案情介绍

张某因业务繁忙常委托朋友李某为其存款,2005 年 8 月 4 日,张某将刚收到的业务款 5 万元现金及信用卡交给李某,要李某代为将该 5 万元现金存入信用卡内,并将信用卡密码告知了李某。次日,李某依约去银行代为存款时,顺便查询发现该卡内原有 10 万元余额,顿生歹意,不仅未将 5 万元现金存入信用卡,反而将卡内余额 10 万元取走。事后将该卡返还给张某。数日后,张某持卡到银行取款时发现卡内无钱,即要求李某返还 15 万元,李某拒不返还,导致案发。

理论争议

本案在审理过程中,对李某的行为如何定性存在三种意见:

---

* 案例来源:江振民、谢圣华:《受托存款时窃取存款的行为应认定为何罪》,载《人民法院报》2007 年 9 月 19 日第 6 版。

第一种意见认为,当张某将信用卡及密码交给李某的时候,也就将卡内存款实际控制的权限转移给李某,李某将卡内余额取走符合侵占罪的特征,应以侵占罪论处。

第二种意见认为,张某委托李某到银行代为存款,是要将 5 万元交给银行保管而不是交给李某保管。虽然李某在将钱存入银行前有代为保管的义务,但这并不是张某委托的内容。李某以非法占有为目的,秘密窃取张某委托其存入银行的 5 万元钱,其行为构成盗窃罪。

第三种意见认为,李某将代张某存入银行的 5 万元占为己有的行为构成了侵占罪,将卡内 10 万元余额取走的行为构成了信用卡诈骗罪,应当数罪并罚。

法理分析

我们同意第三种观点,即对李某应该以侵占罪和信用卡诈骗罪数罪并罚。

(一)李某将张某委托其向银行存入的 5 万元现金据为己有的行为构成了侵占罪

侵占罪,是指将代为保管的他人财物非法占为己有,数额较大,拒不退还的,或者将他人的遗忘物或者埋藏物非法占为己有,数额较大,拒不交出的行为。

侵占罪实际上可以分为两种类型:一是普通侵占,二是侵占脱离占有物。本案所涉及的是普通侵占,即将代为保管的他人财物据为己有,数额较大,拒不退还的行为。普通侵占罪主体必须是代为保管他人财物的人或者说是他人财物的占有者。主观方面表现为故意,即明知是代为保管的他人财物,而不法据为己有。在客观上必须有侵占行为。代为保管一般理解为占有,即在事实或者法律上能够对物进行支配的状态。事实上的支配,不仅包括物理支配范围内的支配,而且包括社会观念上可以推知财物的支配人的状态。只要行为人对财物具有这种事实上的支配即可,不要求事实上掌握该财物。法律上的支配,是指行为人在事实上虽然没有占有财物,但在法律上对财物具有支配力。[①] 如受委托保管他人的金钱的人,保管的方法是把金钱存入银行,既然保持着对该金钱的法律性支配,就可以认为拥有其占有。成立侵占罪,必须具有上述事实或者法律上对物的占有,占有他人物的原因一般只限于具有委托信任关系,只有将基于委托信任关系而占有的他人之物据为己有的时候,才构成普通侵占罪。产生委托信任关系

---

① 参见张明楷:《刑法学(第二版)》,法律出版社 2003 年版,第 781 页。

的原因,一般是以使用借贷、租赁、委托、寄托、雇佣等合同关系为基础的,但不限于以上几种情况。

在本案中,有人认为张某委托的内容是让李某到银行代为存款,是要将 5 万元交给银行保管而不是交给李某保管。虽然李某在将钱存入银行前有代为保管的义务,但这并不是张某委托的内容,李某没有代为保管这 5 万元。李某以非法占有为目的,秘密窃取张某委托其存入银行的 5 万元钱,其行为构成盗窃罪。我们认为这种观点是不正确的,刑法上的占有观念一般强调事实上的占有状态,只反映一种单纯的事实上的支配关系和空间关系,刑法中的"代为保管"也应当作广义的理解,不能局限于仅仅基于委托保管合同而代他人保管财物,而应将代为保管理解为占有,即对财物具有事实上或者法律上的支配力的状态。张某委托的具体内容并不影响李某占有该笔款项的事实,张某委托的内容的确是让李某帮助其将 5 万元存入银行,但在存入银行之前,李某在事实上必然要占有这 5 万元,而且完全是合法的占有。盗窃的对象只能是他人占有的财物,对自己占有的财物不可能成立盗窃罪,而普通侵占只能是侵占自己占有的财物,所以,判断财物由谁占有、是否脱离占有,是区分侵占罪与盗窃罪的关键。李某不但没有将自己合法占有的该笔钱款按照委托人的要求存入银行,反而是据为己有,完全符合侵占罪的构成要件,应当以侵占罪定罪处罚。

(二)李某将信用卡内原来的 10 万元取出,非法占为己有的行为构成了信用卡诈骗罪

信用卡诈骗罪,是指违反信用卡管理规定,以非法占有为目的,通过使用伪造的、以虚假身份证明骗领的或者作废的信用卡,冒用他人信用卡或者恶意透支,骗取他人财物,数额较大的行为。其中,冒用他人信用卡,是指非持卡人未经持卡人同意或授权,假冒持卡人的名义,使用持卡人的信用卡诈骗财物的行为,如使用捡拾的信用卡,擅自使用为他人保管的信用卡等等。本案中,李某的行为即是擅自使用为他人保管的信用卡,属于冒用他人信用卡。

信用卡必须由持卡人本人使用,这是国际上通行的一项信用卡管理原则。中国人民银行《银行卡业务管理办法》第 28 条第 3 款明确规定,银行卡及其账户只限经发卡银行批准的持卡人本人使用,不得出租或转借。构成冒用信用卡诈骗罪必须具备以下两个条件:(1)行为人在客观上有冒用他人信用卡的行为;(2)行为人在主观上必须要有诈骗罪的故意和非法占有的目的。如果得到合法持卡人的允许而使用的,虽然违反了信用卡管理秩序,但由于行为人没有信用卡诈骗罪的故意与非法占有目的,不可能成立信用卡诈骗罪。

第一种观点认为当张某将信用卡及密码交给李某的时候,也将卡内存款实际控制的权限转移给李某,李某将卡内余额取走符合侵占罪的特征,应以侵占罪论处。我们认为这种观点是不正确的。假如张某给李某的为一张活期存款单或是一个保险箱(将钥匙交与李某)的话,李某将活期存款单里的钱取出或将保险箱中的钱取出据为己有的行为或许构成侵占罪。但本案中,张某给李某的是信用卡,信用卡卡片本身几乎没有价值,要想将卡片所代表的金额转化为现实的金钱利益,必须通过银行来实现。虽然银行卡管理的相关法规明确规定,信用卡必须由持卡人本人使用,但在日常的交易中,为了提高效率,银行一般不会逐个审查持卡人的相关证件,只要持卡人提供的账号和密码正确,就默认为合法的持卡人,如果是非持卡人获得了他人的信用卡以及密码,以持卡人的名义取款,银行则成为交易的受骗者,信用卡管理秩序也必然受到破坏。至于在这种情况下,财产损失的承担者即合法持卡人有没有被骗,并不影响信用卡诈骗罪的成立。在一般诈骗罪中,被骗者有可能是财产的保管者而不是财产的所有者,且损失可能由财产的所有者承担。信用卡诈骗罪也是如此。银行可被视为信用卡合法持有人财产的保管人,由于合法持卡人的过失而使银行被骗,导致合法持卡人的财产损失,符合信用卡诈骗罪的犯罪构成。

将活期存款单中的钱取出就构成侵占罪,而将信用卡中的钱取出为什么就构成信用卡诈骗罪呢?获得他人信用卡和密码,即使行为人已经能实际支配该卡内金额,但就使用信用卡内所含资金来说,不能认为行为人此时已取得了信用卡内所含资金的使用权。因为行为人要想实际支配、使用信用卡内所存资金,还必须完成一个使用信用卡到银行取款的行为。行为人既然不是信用卡的合法持有人而取款,那就是冒用他人信用卡的行为,刑法明确规定,"冒用他人信用卡的"构成信用卡诈骗罪。在这种情况下,刑法惩罚的是"冒用"行为,即不得以非法占有为目的冒用他人信用卡,否则就构成信用卡诈骗罪。获得他人信用卡和密码后通过进一步的取款行为而获得信用卡内的资金的情形虽然表面上与拾得活期存折后到银行取款而获得存折内资金的情形类似,但信用卡和活期存折不具有可比性。比如根据最高人民法院的司法解释,盗窃可即时兑现的银行活期存折或到期的定期存折的,构成盗窃罪;而根据《刑法》第 196 条第 3 款的规定,只有"盗窃信用卡并使用的",才构成盗窃罪。即如果仅有盗窃信用卡的行为而没有使用行为的,不构成盗窃罪。另外,我国《刑法》第 194 条中规定了使用伪造、变造的银行存单构成金融凭证诈骗罪,"冒用"银行存款单的行为不能构成金融诈骗罪。而《刑法》第 196 条明确规定,"冒用他人信用卡"的,构成信用卡诈骗罪。所以行为人获得他人信用卡和密码,以非法占有卡内金额为目的而进行取款的行为应当构成信用卡诈骗罪。事实上,立法者之所以将"冒用他人信用卡"的行为规定为信用卡诈骗罪,而不将"冒用他人银行存单"的行为规定为金融凭证诈骗罪,正是考虑到信用卡在社会经济生活中日益重要的作用及容易被冒用的特点,故作了刑事政策上的特殊处理,这说明立法对冒用信用卡行为的特别禁止,即只要行为人以非法占有为目的,冒用他人信用卡的,就应当定信用卡诈骗罪,而不问行为人取得他人信用卡的方式以及"冒用"的具体手段如何。①

本案中,信用卡是张某自己交给李某,密码也是张某主动告诉李某,李某实际上也已经可以支配卡内金额,但是想要实际支配、使用信用卡内所存资金,还必须完成一个使用信用卡到银行取款的行为,恰恰是这个到银行取款的行为符合了信用卡诈骗罪中"冒用他人信用卡"的行为;张某将信用卡交给李某,是让李某帮其存款而非取款,从李某擅自将卡内余额取走的行为可以看出,其主观上非法占有的故意已经非常明显。所以,李某的行为构成了信用卡诈骗罪。综上所述,对李某应当以侵占罪和信用卡诈骗罪数罪并罚。

(作者:朱攀峰)

案例98. 顾某侵占案*
——侵占罪的构成要件

案情介绍

2002年9月,顾某经人介绍结识了陈某之妻罗某,此后多次帮助陈某推销和运输猪皮。2003年6月,顾某电话通知陈某和罗某送货至某皮革公司,并派一辆卡车装运猪皮。2003年6月26日,随车同行的陈某将自己收购的4850张猪皮交付给皮革公司验收后要求支付货款时,顾某电话通知公司总经理柴某,阻止皮革公司向陈支付货款,并要求将该货款汇至其指定的账户。为此,柴某要求顾、陈协调一致后再付款。后在中间人的协调下,陈某和罗某同意先将货款汇给顾某,再由顾某支付给陈某。2003年7月21日,皮革公司将该货款247350元

---

① 参见侯放:《信用证信用卡犯罪问题研究》,法律出版社2005年版,第180页。
* 案例来源:国家法官学院、中国人民大学法学院编:《中国审判案例要览(2005年刑事审判案例卷)》,人民法院出版社、中国人民大学出版社2006年版,第266—270页。

电汇给顾某。顾某收到货款后拒绝支付给陈某,虽经陈某多次讨要,顾某仅支付 5 元,余款 197350 元一直拒绝支付。

顾某称送至富华公司的猪皮是向陈某购买的,已支付货款 5 万元;其余货款未支付是因为 2002 年 10 月与罗某合伙做生意,投资了 20 万元给罗某。

法院经审理认为:被告人顾某以非法占有为目的,利用为他人推销、运输货物之机,无理阻止收货人支付货款,在收取他人货款后本应妥善保管及时返还,却非法据为己有,数额较大,经他人多次讨要仍拒不退还,其行为已构成侵占罪。判处被告人顾某有期徒刑 2 年,退还自诉人陈某侵占款 197350 元。

理论争议

本案在定罪量刑上没有争议。仅依托此案例,讨论实践中适用侵占罪时出现的问题。根据《刑法》第 270 条的规定,侵占罪指将代为保管的他人财物或者他人的遗忘物、埋藏物非法占为己有,数额较大,拒不退还或者拒不交出的行为。① 在理解"代为保管的他人财物"以及认定"拒不退还或交出"时,司法实践中存在不一致的情况。

法理分析

(一)关于"代为保管的他人财物"

如何理解"代为保管",刑法学界有两类观点。一类观点认为代为保管只限于法律关系,指受财物所有权人或有关权利人如质押权人、留置权人等的合法委托或因合同关系而代为暂时收受管理。② 比如在本案中,当陈某在中间人的协调下,同意先将货款汇给顾某,再由顾某支付给他时,陈某与顾某之间就建立了委托收款关系。顾某代为保管陈某的应收账款,这类观点可称为"合法说"。另一类观点认为代为保管既包括具有法律关系的保管,也包括没有形成法律关系的事实上的保管。即代为保管指接受他人委托或者根据事实上的管理而成立的对他人财物的持有、管理。③ 这类观点可称为"事实说"。

我们倾向于"事实说"。"代为保管"是一种事先持有的状态,无须对其进行

---

① 参见赵秉志主编:《新刑法教程》,中国人民大学出版社 1997 年版,第 649 页。
② 参见周振想主编:《中国新刑法释论与罪案》,中国方正出版社 1997 年版,第 1148 页。
③ 参见赵秉志主编:《新刑法教程》,中国人民大学出版社 1997 年版,第 649 页。

合法或非法的价值判断。①

各个国家或地区的刑法一般都把侵占基于某种事实而持有的他人之物的行为规定为犯罪。如日本刑法第254条规定,"侵占遗失物、漂流物或者其他脱离占有的他人的财物的,处一年以下惩役或者十万元以下罚金或者科料"②。我国台湾地区"刑法"第337条规定,"意图为自己或第三人不法之所有,而侵占遗失物、漂流物或其他脱离本人所持有之物者,处五百元以下罚金"。此种基于某种事实而持有他人之物的行为难以认定是合法还是非法的。因此,侵占行为的构成前提在于行为人事先持有他人财物,对事先持有无须进行合法或非法的价值判断。

当然,事先持有也并不是包括所有的先行持有,其范围应当受到一定的限定。这就涉及事先持有的具体依据问题。在理论界争议较多的是无因管理和不当得利是否行为人事先持有他人财物的依据。我们认为无因管理和不当得利都是"事先持有"的依据。

首先,我国民法并无取得时效制度,在无因管理和不当得利的情形下,行为人占有他人财物无论经过多长时间都不能取得财物的所有权。民法设立无因管理和不当得利制度的目的就在于确定无因管理和不当得利情形下双方的权利和义务,并界定财物返还的范围。若行为人并无将他人财物占为己有的意图,仅在双方权利和义务的确认及其返还财物的范围上发生争议即可通过民法调整;若行为人意图将持有的他人财物非法占为己有并拒不退还,则严重侵犯他人财物的所有权,导致行为性质发生变化,此时应由刑法来加以调整。因此,对无因管理和不当得利情形下,行为人将持有的他人财物非法占为己有并拒不退还或者拒不交出的行为适用刑法调整,与民法上的无因管理和不当得利制度是统一的。

其次,无因管理和不当得利中的行为人负有将管理的财物或取得的不当得利返还给所有人的义务,如果行为人拒不履行该返还义务,将暂时持有的他人之物据为己有,则符合侵占罪的本质要求。

因此,所谓"代人保管",应全面理解为非所有的持有,而不应仅限于对他人财物的单纯管理,或仅限于保管合同中的保管,当行为人对他人财物享有全部所有权中的部分权能时,同样属于刑法规定的保管,可以构成侵占罪。综上所述,侵占罪的构成前提是行为人"事先持有"他人财物,而"事先持有"的依据既包括依

---

① 参见逄锦温、臧冬斌:《侵占犯罪的定罪与量刑》,人民法院出版社2002年版,第79页。
② 参见《日本刑法典》,张明楷译,法律出版社1998年版,第80页。

照法律规定或受他人委托,代为收藏、管理其财物,又包括依照某种契约如借贷、租赁、委托、寄托、运送、合伙、抵押等而代为保管,还包括无因管理和不当得利。

(二) 关于"拒不退还或交出"

所谓拒不退还,是指权利人根据约定要求代为保管人退还所代管的财物时,代为保管人无法律根据而拒绝退还的行为。所谓拒不交出,是指行为人对他人的遗忘物、埋藏物在明确权利人之后,经有关国家机关要求交出而拒绝交出的行为。[①] 拒不退还或交出是侵占罪的成立要件。它体现了刑法尽量缩小打击面的立法旨趣。司法实践中认定拒不退还或交出,应当注意以下几个问题:

(1) 意思表示对象问题。由于行为人拒不退还或交出的意思表示对象的范围关系到侵占罪的成立与否,侵占罪又是对他人公私财产所有权的侵犯,因此,行为人表达拒不退还或交出的对象是"他人",即财物的所有权人。向权利人以外的其他人或单位表示拒不退还或交出的,尚不足以确定其是否侵犯了他人财产所有权,还不能认定为构成侵占罪。

(2) 行为的具体表现形式。行为人拒不退还或交出可以是以口头的方式表现,如在所有人请求时公然拒绝退还代为保管物,或在公安机关侦查时拒不承认拾得他人遗忘物、埋藏物,也可以是恶意擅自处分或者挥霍合法占有之物导致客观上无能力退还,或卷款物潜逃。

(3) 时间标准问题。侵占罪定性的难点,在于"拒不退还"和"拒不交出"的要件引发了侵占行为违法的确定时段问题。关于拒不退还或交出的行为何时成立,存在不同观点。有的认为应当于侵占人第一次以某种方式明确向有关人员或者公安机关表示其侵占的意思时成立;有的认为应在人民法院立案后,实体审理以前,或在一审判决以前;还有观点认为在二审终审以前仍不退还的,为最终的拒不退还或交出。

根据《刑法》第 270 条第 3 款的规定,侵占罪属于告诉才处理的案件。从本罪的犯罪构成来看,拒不退还或交出是侵占罪的成立要件,而行为人拒不退还或交出的意思表示对象应是财物的所有权人和占有权人,权利人也正是在行为人明确表示拒不退还或交出的情况下,才向人民法院起诉的。因此,以权利人经向行为人索讨未果后,向法院告诉时仍未退还或交出作为侵占罪成立的时点是较为科学并符合法律规定的。如果按照以立案作为最终成立时间界限的话,就会导致被害人向法院起诉时,由于拒不退还或交出的要件还未得到满足,行为人的

[①] 参见刘三木:《关于侵占罪客观行为方面几个争议问题的探讨》,载《法学研究》2005 年第 6 期。

行为尚不构成侵占罪,法院就不应受理被害人的告诉,这样一来,其他观点也就失去了存在的可能性。在司法实践中,可能出现人民法院刚立案,或在人民法院二审判决前或一审判决前,行为人退还或交出侵占财物的情形。对此自诉人表示谅解的,应视为自诉人对追究被告人刑事责任权利的放弃;不谅解的,则仍应作有罪判决,但可予从轻处罚。

本案中,顾某基于双方约定的基础,取得他人所有的财物,本应妥善保管,及时返还,却意欲据为己有,经权利人多次讨要,在人民法院立案审理前仍拒不退还,数额较大,其行为已构成侵占罪。因此,法院依法判处被告人顾某有期徒刑2年,退还侵占款197350元,认定事实清楚、适用法律正确、量刑罚当其罪。

(作者:梁燕宏)

案例99. 胡某某职务侵占案*
——职务侵占罪的认定及其与相关罪名的关系

案情介绍

A公司是由四个自然人股东出资成立的具有法人资格的民营企业,系某洋酒品牌在中国的总代理,胡某某系A公司总经理和控股股东;B公司是由具有亲属关系的三个自然人股东出资成立的具有法人资格的民营企业,系A公司的一级经销商,曹某(女)系B公司的总经理。A公司为了推广和促进该品牌洋酒销售,制订了一项适用于所有经销商的促销政策,即在经销商采购洋酒时,根据该品牌不同等级的洋酒,给予所有一级经销商不同的优惠幅度,包括"10送1""10送2""10送3"。在业务活动交往过程中,胡某某利用A公司的优势地位引诱曹某,B公司有求于A公司,曹某希望在与A公司交易活动中得到胡某某的关照,胡某某与曹某多次发生性关系。由于胡某某与曹某的特殊关系,B公司除了获得更多"10送1""10送2""10送3"的优惠机会外,胡某某还通过特殊审批超额优惠等方式,给予B公司"10送4""10送5"等优惠销售,该优惠幅度超过A公司促销优惠政策的规定,也高于给予其他经销商的优惠力度。检方认为,该

---

* 本案例节选自沪静检刑诉〔2020〕54号刑事起诉书,案件情节有所删减,相关犯罪嫌疑人名字及其所属公司均系化名。本文在写作过程中得到静安区人民检察院刘伯嵩检察官的支持,特此致谢。

"10送4""10送5"促销行为超过了A公司规定"10送3"的最高优惠幅度,超出部分的金额系胡某某利用担任A公司总经理的职务便利,侵占A公司的财产给予特定关系人所在的B公司,胡某某涉嫌犯职务侵占罪。

理论争议

第一种意见认为,胡某某的行为应当认定为职务侵占罪。主要理由是,其一,胡某某特批给予曹某所在的B公司"10送4""10送5"优惠行为,显然是利用其担任A公司总经理的职务便利实施的。其二,曹某系胡某某的特定关系人,胡某某实施该"10送4""10送5"优惠行为,是胡某某为讨好其情人实施的造成A公司损失的行为。其三,最高人民法院、最高人民检察院《关于办理国家出资企业中职务犯罪案件具体应用法律若干问题的意见》(以下简称《"两高"办理职务犯罪意见》)规定,国家工作人员或者受国家机关、国有公司、企业、事业单位、人民团体委托管理、经营国有财产的人员利用职务上的便利,在国家出资企业改制过程中故意通过低估资产、隐瞒债权、虚设债务、虚构产权交易等方式隐匿公司、企业财产,转为本人持有股份的改制后公司、企业所有,或者将国有资产低价折股或者低价出售给特定关系人持有股份或者本人实际控制的公司、企业,致使国家利益遭受重大损失的,应当以贪污罪定罪处罚。参照该规定,可以将该"10送4""10送5"优惠行为认定为胡某某将A公司的财物低价出售给其特定关系人曹某持有股份的B公司,系胡某某侵占A公司财产的行为,由于A公司不是国家出资企业,故胡某某不构成贪污罪,但可以将胡某某的行为认定为职务侵占罪。

第二种意见认为,胡某某的行为构成职务侵占罪,但理由不同于第一种意见。其主要理由是,该"10送4""10送5"优惠行为本质上是以明显低于市场的价格向曹某经营管理的B公司销售商品。最高人民法院、最高人民检察院《关于办理受贿刑事案件适用法律若干问题的意见》(以下简称《"两高"办理受贿意见》)第1条第1款规定:"国家工作人员利用职务上的便利为请托人谋取利益,以下列交易形式收受请托人财物的,以受贿论处:(1)以明显低于市场的价格向请托人购买房屋、汽车等物品的;(2)以明显高于市场的价格向请托人出售房屋、汽车等物品的;(3)以其他交易形式非法收受请托人财物的。"上述规则同样可以适用于贪污、职务侵占等侵犯公私财产所有权的犯罪案件。行为人利用职务便利将本单位财产以明显低于市场的价格向特定关系人销售的,具有国家工作人员主体身份的构成贪污罪,非国家工作人员则构成职务侵占罪。①

第三种意见认为,胡某某的行为不构成职务侵占罪。主要理由是,其一,本案侵犯的犯罪客体主要是对公司、企业的管理秩序,本案并不存在《"两高"办理职务犯罪意见》中认定为贪污罪的前提条件;"两高办理受贿意见"所说的情形与本案不具有可比性,以上两个司法规范性文件的规定均不适用于本案。其二,与本案更具有可比性的是《刑法》第166条规定的为亲友非法牟利罪。本案本质上属于胡某某为情人(相当于亲友)曹某非法牟利的行为,但由于为亲友非法牟利罪的犯罪主体仅限于国有公司、企业、事业单位的工作人员,因此胡某某不符合为亲友非法牟利罪的主体条件。根据举重以明轻的原则,不应当认定胡某某构成职务侵占罪。

法理分析

上述意见的争议焦点在于,非国有公司、企业的管理人员利用职务便利给予特定关系人超出其他人的优惠幅度是否构成职务侵占罪?

《刑法》第271条规定,职务侵占罪是指公司、企业或者其他单位的人员,利用职务上的便利,将本单位的财物非法占为己有,数额较大的行为。刑法条文并没有规定职务侵占罪的行为方式,一般将其理解为与贪污罪相同,即侵吞、窃取、骗取或者其他非法手段侵占本单位财物。② 贪污罪与职务侵占罪均具有非法占有目的,且所占有的均是单位的财物,这使得在司法实践中不少人参照贪污罪的相关规定来认定职务侵占罪。但是,对于国家出资企业中的国家工作人员的背信行为是否认定为贪污罪本身就存在着不少争议。同时,由于职务侵占行为往往发生在生产、经营或者管理活动中,这使得职务侵占行为又与公司、企业或者其他单位的经营管理人员实施的妨害对公司、企业管理秩序的背信行为容易混淆。因此,对于非国家出资企业管理人员的背信交易行为在定性上存在较大争议。我们认为,《刑法》第271条对职务侵占罪特别规定了"将本单位的财物非法据为己有",《刑法》第382条贪污罪只是规定"非法占有公共财物",立法措辞上的差别体现了两罪在客观方面并不完全相同;刑法典在"妨害对公司、企业管理

---

① 参见谢才能、黄晓华:《利用职务便利向特定关系人低价销售托管房产的行为如何认定》,载《人民检察》2009年第11期。

② 在1996年8月8日的分则修改草稿中,立法机关对本罪手段采用了与贪污罪相同的表述,即:"公司、企业单位的管理人员或者其他人员,利用职务上的便利或者工作上的便利,采取侵吞、盗窃、骗取等非法手段侵占本单位财物,数额较大的……"参见高铭暄:《中华人民共和国刑法的孕育诞生和发展完善》,北京大学出版社2012年版,第496页。

秩序罪"一节中明确列举了诸多类似贪污或者职务侵占的背信行为,将其规定为独立的罪名予以刑法规制。因此,我们在判断非国家出资企业的管理人员的行为是否构成职务侵占罪时,一方面,应当严格依照刑法规定考察其是否具备"非法占为己有"的构成条件,另一方面,在涉及交易类行为中,要考察相关交易行为是发生在两个单位之间还是单位与个人之间,交易对手是不是其日常生产经营交易活动的相对方。特别是在相关行为完全符合妨害对公司、企业的管理秩序中的背信犯罪行为的,应当依法认定为相应的背信犯罪,而不应当认定为职务侵占罪。

根据上述分析,第一种意见就不是很恰当。具体理由在于:第一,《"两高"办理职务犯罪意见》的适用范围是"关于国家工作人员在企业改制过程中的渎职行为的处理",即其仅限于在企业改制过程中,而不是适用于企业的日常经营活动中,其适用对象仅限于国家出资企业中的国家工作人员,不能适用于其他人。简言之,该意见所确定的是一种特殊的贪污,不适用于贪污罪的一般情形,不具有普遍适用性,本案不能直接套用该意见。第二,本案的情形与第一种意见所引用司法文件对应的内容不同,不能简单类比。从《"两高"办理职务犯罪意见》的内容来看,其中第 4 条第 2、3 款的规定如下:"国家出资企业中的国家工作人员在公司、企业改制或者国有资产处置过程中徇私舞弊,将国有资产低价折股或者低价出售给其本人未持有股份的公司、企业或者其他个人,致使国家利益遭受重大损失的,依照刑法第一百六十九条的规定,以徇私舞弊低价折股、出售国有资产罪定罪处罚。国家出资企业中的国家工作人员在公司、企业改制或者国有资产处置过程中徇私舞弊,将国有资产低价折股或者低价出售给特定关系人持有股份或者本人实际控制的公司、企业,致使国家利益遭受重大损失的,依照刑法第三百八十二条、第三百八十三条的规定,以贪污罪定罪处罚。贪污数额以国有资产的损失数额计算。"也就是说,该文件规定国家工作人员低价折股或者出售国有资产给自己或者与其有共同利益关系的人,才能以贪污罪论处,其实质上是国家工作人员以合法的交易形式掩盖非法占有国有资产之目的的行为。本案中胡某某与曹某之间既有所谓的情人关系①,更是货物销售商负责人与购买商负责人的关系,A、B 两家公司之间存在着实实在在的商品交易关系,B 公司不是为了获取超额优惠而特意成立的公司,胡某某与曹某两人之间几乎不存在共同利益

---

① 根据《现代汉语词典》的解释,"情夫"或"情妇"是指:男女两人,一方或双方已有配偶,他们之间保持性爱关系,男方是女方的情夫,女方是男方的情妇。故情人关系仅仅包含性爱关系,与共同利益关系并没有必然联系,情人之间未必存在共同利益关系。

关系,只存在相互利用关系。因此,不能由《"两高"办理职务犯罪意见》将相关行为认定为贪污罪,就推导出胡某某的行为构成职务侵占罪。

对于第二种意见,其适用的前提条件是国家工作人员利用职务上的便利为请托人谋取利益,发生在特定的人——请托人与被请托的国家工作人员个人之间,体现的是一种对价的权钱交易关系,实质上是以交易形式收受请托人财物的行为。而本案发生在总代理商与经销商间正常的生产经营活动中,无论是A公司还是其总经理胡某某个人,并不是有求于B公司及其总经理曹某,不存在曹某利用职权为胡某某谋取利益的行为,相关的超额优惠利益来源及获益者均不是个人,而是胡某某、曹某双方分别所在的A公司、B公司,胡某某作为A公司的总经理,其行为显然违背对A公司的忠实义务,本质上是对A公司的背信行为,可以依照公司法以及其他民商事法律追究胡某某对A公司应当承担的民事责任。在刑法并没有将这种背信行为规定为犯罪的情况下,不能扩大《"两高"办理受贿意见》的适用范围,将胡某某的行为认定为职务侵占罪。

我们赞同第三种意见。为了厘清本案的性质,有必要比较上述意见中引用的《刑法》第169条与第166条的内容及其与贪污罪之间的关系。《刑法》第169条规定的徇私舞弊低价折股、出售国有资产罪仅仅规定了将国有资产低价折股或者低价销售,致使国家和人民利益遭受重大损失的行为,并没有将低价折股或者低价销售给自己亲友的行为明确规定为徇私舞弊低价折股、出售国有资产罪的表现形式之一,故《"两高"办理职务犯罪意见》可以根据销售的对象是否系亲友或者其他具有共同利益的人,分别认定为徇私舞弊低价折股、出售国有资产罪和贪污罪。而《刑法》第166条规定的为亲友非法牟利罪,该条文已经明确列举为亲友非法牟利罪的行为方式之一,即为以明显高于市场的价格向自己的亲友经营管理的单位采购商品或者以明显低于市场的价格向自己的亲友经营管理的单位销售商品的行为,且刑法条文对销售或者采购的对象明文限定为亲友。因此,对于国家工作人员以明显低于市场的价格向自己的亲友经营管理的单位低价销售商品的行为,就没有必要也不应当通过司法解释的方式将其认定为贪污罪。所以,也就不能依据相关司法解释性质的指导文件将胡某某的行为认定为职务侵占罪。

既然国家工作人员以明显低于市场的价格向自己的亲友经营管理的单位销售商品的行为可以构成为亲友非法牟利罪,那么,该行为是否同时构成贪污罪呢?对此,有三种不同观点。第一种观点认为,此种情形不构成贪污罪,只能认定为为亲友非法牟利罪一个罪。第二种观点认为,该行为同时构成为亲友非法牟利罪与贪污罪,系贪污罪和为亲友非法牟利罪的想象竞合犯,应当择一重罪定罪处罚。① 第三种观点认为,这种行为同时触犯贪污罪和为亲友非法牟利罪,但属于法条竞合犯,应当适用法条竞合的原则予以处理。我们同意第一种观点。理由在于:首先,根据我国国情,无论是国家出资单位,还是非国家出资单位,往往会内外有别,对于单位内部员工购买本单位生产经营的产品,经常都有较为优惠的内部员工价。经过单位内部正常程序批准,以优惠价格向内部员工销售产品的行为,显然不能认定为贪污罪或者职务侵占罪。其次,国家工作人员擅自以明显低于市场的价格向自己亲友经营管理的单位销售财物的行为,无疑是一种利用职权进行的违背公司利益,导致公司遭受损失的行为,但它仍然是一种销售行为,而不是非法占有公司财产的行为,不符合贪污罪的构成特征。再次,对于类似情形,最高法的相关案例表明,只有在采购过程中故意虚设进货环节,以抬高进货价格的,相关国家工作人员的行为才有可能构成贪污罪。② 退一步而言,即使认为该行为符合贪污罪的构成条件,由于《刑法》第 166 条第 2 项已经将其规定为为亲友非法牟利罪这个独立的罪名,并配置了独立的法定刑,此种情形属于法条竞合关系,应当适用特别法条即以为亲友非法牟利罪定罪处罚。③ 反之,如果将国有公司、企业、事业单位的工作人员的上述行为认定为贪污罪,且按照重罪贪污罪定罪处罚,那么《刑法》第 166 条第 2 项的规定就没有任何适用空间,纯粹是多余的。

结合上述论述及本案案情进行分析,可以看出,A 公司和 B 公司均是具有独立法人资格的公司,这两家公司具有密切甚至互为依存的业务关系,曹某只是利用其与胡某某的特殊关系为 B 公司获取了优势地位和更大优惠力度,相关的优惠活动所指向的交易行为不仅在两家公司的日常生产经营范围内,而且优惠活动的额外收益并不是属于曹某个人所有,而是归属于 B 公司,不仅胡某某个人没有占有该超额优惠,曹某个人同样没有直接获取该超额收益。从客观上看,虽然职务侵占罪的行为方式包含侵吞、窃取、骗取等非法方法,这里的"等"可以理解为"等外等",即还包括与之相类似的其他方法。但是,如前所述,国有单位的

---

① 参见黄国盛:《以交易形式损害本单位利益行为性质辨析》,载《中国刑事法杂志》2014 年第 2 期。
② 参见《唐志华等五人贪污、职务侵占、企业人员受贿案》,载《中华人民共和国最高人民法院公报》2002 年第 2 期。
③ 我们认为,关于法条竞合关系,只应当适用"特别法优于普通法"的原则,不应当以"重法优于轻法"的原则作为补充。这是由于:特别法本就是专门针对普通法之外的特殊情况所作的特别制定,只有适用特别法才真正符合立法原意,否则,特别法的规定就失去意义。刑法明文规定"以一重罪定罪处罚"的,实际上不应当再认定为法条竞合关系。

工作人员实施的类似行为已经被规定为为亲友非法牟利罪,本案胡某某实施的同样行为也不应当属于职务侵占罪的客观表现形式;从主观上看,胡某某的行为与职务侵占罪所要求的"非法占为己有"的规定明显不相符合,不能仅仅由于胡某某与曹某个人在业务交往过程中形成的特殊关系,就将胡某某的行为认定为职务侵占罪。涉案行为仅仅是 A 和 B 两家企业在生产经营过程中,胡某某违背作为受托人义务实施的背信行为,胡某某行为的社会危害性明显轻于上述对应的为亲友非法牟利的情形。国有单位的工作人员实施的上述背信行为尚且只触犯为亲友非法牟利罪,其法定最高刑只是 7 年有期徒刑,对于作为民营企业法定代表人的胡某某的处理,当然不应当重于前者。若将胡某某的行为认定为职务侵占罪,其法定最高刑远远重于为亲友非法牟利罪[①],显然不符合罪责刑相适应的原则。

综上所述,胡某某"10 送 4""10 送 5"的超额优惠行为性质实质上属于以明显低于市场的价格向自己亲友经营管理的单位销售产品的行为,不应当认定胡某某构成职务侵占罪。

需要特别指出的是,《刑法》第 166 条规定的为亲友非法牟利罪的犯罪主体仅限于国有公司、企业、事业单位的工作人员,而将非国有性质的其他单位的工作人员为亲友非法牟利的行为排除在犯罪之外,显示出刑法对国有单位的财产与非国有财产的差别对待,不利于对非国有公司、企业、事业单位财产权利的保护。中共中央、国务院 2020 年 5 月 11 日公布的《关于新时代加快完善社会主义市场经济体制的意见》明确,完善物权、债权、股权等各类产权相关法律制度,从立法上赋予私有财产和公有财产平等地位并平等保护。2020 年年底通过的《中华人民共和国刑法修正案(十一)》(以下简称《刑法修正案(十一)》)提高了非国家工作人员受贿罪及职务侵占罪的法定最高刑,一定程度上体现了对于性质不同的财产权利予以平等保护的精神,但并没有扩大为亲友非法牟利行为入罪的犯罪圈。我们认为,在下次修正刑法时,应当将非国有单位的工作人员为亲友非法牟利的行为入刑。

(作者:赵能文)

---

① 《刑法修正案(十一)》已经将职务侵占罪的法定最高刑提高到无期徒刑,但对为亲友非法牟利罪并未作任何修改。

案例 100. 张某等职务侵占案*

——国有储运公司门卫伙同他人监守自盗的行为如何认定

案情介绍

张某在被聘为某储运公司门卫后,于 1999 年 4 月 29 日,利用其负责检查、看管保税区海关验货场内集装箱货柜之职务便利,伙同黄某盗窃某进出口贸易有限公司寄存在海关验货场的 3 个集装箱货柜,货柜内装有"华隆"牌多元酯加工丝(即涤纶丝)1860 箱。张某与黄某二人密谋后,当日下午 7 时许,黄某带着联系好的拖车前往海关验货场,在张某的配合下,将场中箱号为 NEWU5111199、NEWU5111120、NEWU5111218 的 3 个集装箱货柜连同 3 个车架偷运出验货场,并利用其窃取的厦门某货柜公司货物出场单,将货柜运出保税区大门,连夜运往别市准备销赃。黄某走后,张某到保税区门岗室,趁值班经警不备,将上述 3 个货柜的货物出场单及货物出区登记表偷出销毁。货柜、货物以及连同盗走的 3 个车架,共计价值 659878 元。案发后,黄某交代了赃物去向,并带公安人员前往取回部分赃物,发还被窃单位,尚有价值 76715 元的 287 箱涤纶丝无法追回。经法院审理,认定被告人张某、黄某二人犯职务侵占罪。

理论争议

本案争议的焦点在于两名被告人的行为如何定性。

第一种观点认为,张某所在的储运公司是两家国有公司投资设立的股份公司。该公司承包经营海关验货场后,对进入验货场的货物负有保管责任。因此,货物在受储运公司保管期间,视同储运公司所有的财产。张某是受国有公司委托管理国有资产的人员,其利用职务上的便利,伙同黄某监守自盗公司财物,数额特别巨大,并给国家造成巨大损失,根据《刑法》第 382 条第 2 款规定,二被告人构成贪污罪的共同犯罪。

---

* 案例来源:《中华人民共和国最高人民法院公报》2002 年第 3 期。

第二种观点认为二被告人构成盗窃罪。本案有两个现场,第一现场是验货场,由张某利用担任门岗的工作便利以其为主实施,第二现场是保税区大门,由黄某利用工作便利窃取其所在公司的货物出场单以其为主实施,他们相互配合,共同完成。可见,仅凭张某的工作便利不足以完成整个犯罪行为。且张某与储运公司签订的是劳务合同,作为门岗从事的是劳务而不是公务,再说门岗也并非一种职务。故张某、黄某的行为应认定为利用一般工作便利条件,采用秘密窃取手段的盗窃罪。

第三种观点支持法院的判决,认为构成职务侵占罪。因为张某的主体身份完全符合职务侵占罪的主体构成要件,且张某、黄某二人实施窃取行为利用了张某身为储运公司门卫这一职务上的便利,其行为符合职务侵占罪的构成要件。

法理分析

我们同意第三种意见,认为张某、黄某的行为构成职务侵占罪。理由如下:

(一)张某的身份不符合法律规定的贪污罪的主体要件

《刑法》第382条第2款规定的"受国家机关、国有公司、企业、事业单位、人民团体委托管理、经营国有财产的人员",主要是指以承包、租赁等方式管理、经营国有公司、企业或者其中的某个车间、工程队、门市部等单位,以承包人、租赁人等身份,在承包、租赁合同约定的时间、权限范围内,管理、经营国有财产的人员。这部分人不论其原来的身份是工人或农民,其侵吞、窃取、骗取承包、租赁企业的财产的,均构成贪污罪。但是本案中,张某与储运公司签订的是临时劳务合同,受储运公司聘用,担任公司承包经营的海关验货场门岗。即使他在下班后还代业务员、核算员打卡、收费,但他从事的是看管货场的一般劳务工作,对看管的货物不具有处置权利,故其身份仍属一般的工勤人员,他与储运公司的关系是普通的雇佣关系。故张某不是受委托管理、经营国有财产的人员。

张某也不属于《刑法》第271条第2款规定的"国有公司、企业或者其他国有单位中从事公务的人员"。张某从事门岗工作,具体的职责范围是:货柜进验货场时督促司机办理缴费卡,指挥进场的货柜车整齐停放,维持正常作业秩序,放行已验关并依缴费卡缴费的货柜车辆,负责场内货柜及物资的安全;夜间,除上述职责外,还代业务员、核算员对进场的车辆打卡、对出场的车辆收费及巡查验货场。上述职责范围体现了张某的工作性质是从事看管验货场的一般劳务性工作,而不是从事负有组织、监督、领导、管理职权的公务性工作。

（二）张某的身份符合职务侵占罪的主体构成要件

职务侵占罪的犯罪主体是特殊主体，具体指公司、企业或者其他单位的工作人员。在我国现实生活中，根据上述单位工作人员的身份来源，可以将"公司、企业或者其他单位的工作人员"分为正式职工、合同工和临时工等。是否构成职务侵占罪，关键在于公司、企业或者其他单位的工作人员非法占有单位财物是否利用了职务上的便利，而非行为人在单位中的"身份"。①

单位正式职工非法占有单位财物，没有利用职务便利的，依法不能构成职务侵占罪；单位非正式职工，包括临时聘用人员，利用职务上的便利非法占有单位财物，也构成职务侵占罪。认定行为人是否具有职务上的便利，不能以其是正式职工、合同工还是临时工为划分标准，而应当从其所在的岗位和所担负的工作上看其有无主管、管理或者经手单位财物的职责，是否利用职务上的便利非法占有单位所有或管理、使用、运输中的财物。刑法关于职务侵占罪的规定，并没有对单位工作人员种类作出限制，张某与储运公司签订的是临时劳务合同，但他的这一身份并未被排除在职务侵占罪的犯罪主体之外，也就是说，只要是公司、企业或其他单位的工作人员，就符合职务侵占罪的主体要件。因为根据劳动法的规定，固定工、合同工、临时工均为单位职工，在工作勤勉廉洁义务的要求上并无本质区别。

（三）二被告人完成共同盗窃行为利用了张某职务上的便利

"利用职务上的便利"是职务侵占罪的构成要件，指利用自己职务范围内的职权和地位所形成的有利条件，即经手、管理财物的便利条件。② 刑法上凡是规定"利用职务上的便利"实施的犯罪，无不同时对其主体予以明确规定，这就为认定"利用职务上的便利"提供了法律依据。如贪污罪、受贿罪的主体都是国家工作人员，说明这些犯罪的实施均为国家工作人员利用了从事公务活动的便利。由上述分析可知，职务侵占罪的主体为公司、企业或其他单位的人员，其包括范围很广。不仅包括公司、企业或单位的董事、经理、领导，而且包括普通员工中的正式职工、合同工和临时工。因此，"利用职务上的便利"，应理解为包括从事公务活动的便利和从事劳务活动的便利。③

---

① 参见中华人民共和国最高人民法院刑事审判第一庭、第二庭编：《刑事审判参考（总第57集）》，法律出版社2007年版，第45页。
② 参见陈兴良主编：《刑法疏议》，中国人民公安大学出版社1997年版，第444页。
③ 参见肖中华、闵凯：《职务侵占罪认定的三个争议问题剖析》，载《政治与法律》2007年第3期。

张某、黄某共同实施盗窃的当晚,张某当班,履行着作为门卫所应担负的确保验货物的货柜及物资安全、核对货柜号及箱型并放行车辆和代业务员打卡、收费等岗位职责。但他内外勾结,告知黄某其看管的货柜的货柜号、箱型,让黄将货柜拉走,利用的均是其岗位的职责便利,而不仅仅是其熟悉现场环境、了解内部情况等工作便利条件。换句话说,张某勾结黄某监守自盗的犯罪行为之所以能得逞,离不开张某利用其岗位职责上的便利条件,因此对他们的行为不能以与职务无关的盗窃罪认定。

张某通过与储运公司签订临时劳务合同,受聘为储运公司承包经营的海关验货场门岗。其利用当班看管场内货物和核对并放行车辆、代理业务员、核算员对进出场货柜车进行打卡、收费的职务便利,与黄某共谋,内外勾结共同窃取储运公司负责保管的货柜,二人的行为触犯了《刑法》第 271 条第 1 款的规定,构成职务侵占罪。最高人民法院《关于审理贪污、职务侵占案件如何认定共同犯罪几个问题的解释》第 2 条规定:"行为人与公司、企业或者其他单位的人员勾结,利用公司、企业或者其他单位人员的职务便利,共同将该单位财物非法占为己有,数额较大的,以职务侵占罪共犯论处。"法院的判决是正确的。

(作者:梁燕宏)

案例 101. 耿某设圈套敲诈勒索案[*]

——帮助他人实施犯罪后再指使别人敲诈犯罪人的行为定性

案情介绍

耿某的好友刘某见耿某借骑的尚某的摩托车不错,便对耿某提出偷配一把摩托车钥匙,然后让耿某再找个人将尚某的摩托车骑出来,由刘某用偷配的钥匙将摩托车偷走。耿某听后,认为刘某打朋友的主意,人品太差,遂产生故意设个圈套的想法,按刘某说的那样,给刘某提供个偷摩托车的机会,然后现场将刘某抓住,以报警为借口敲诈刘某。耿某找到张某,对张某说了他的主意,张某欣然

---

[*] 案例来源:最高人民检察院法律政策研究室编:《典型疑难案例精析(总第 4 辑)》,吉林人民出版社 2006 年版,第 96 页。

同意。2004年5月8日上午,耿某再次将尚某的摩托车借出,并将车钥匙交给刘某,让其配了一把,然后将摩托车送回。第二天晚上,耿某又将尚某的摩托车借出,让张某驮着林某到某网吧上网,然后耿某又将此事告诉了刘某,刘某遂带着偷配的钥匙来到该网吧门前,耿某也偷偷尾随刘某来到该网吧附近,当刘某用偷配的钥匙发动摩托车时,耿某给张某、林某打手机振动,张、林二人遂从网吧冲出抓刘某,但刘某此时已发动迅速逃走。耿某见未能将刘某当场抓获,便将刘某的住处告诉了张某、林某,让张某、林某去找刘某敲诈他3000元钱。后张、林二人到刘某住处,正碰见刘某正在擦拭摩托车,张、林借口看到刘某偷摩托车了,让刘某交出3000元钱,并退还车,否则就报警。刘某无奈交给张某3000元现金,并让张某、林某将车骑走。张某找到耿某后,将3000元钱交给耿某,耿某自己留下2000元,分给张、林各500元,并将摩托车给尚某送了回去。

理论争议

本案中耿某的行为如何定性,存在以下三种不同的意见:

第一种意见认为,耿某的行为构成盗窃罪和敲诈勒索罪两罪。理由是:耿某在刘某提出以偷配钥匙的方式偷走摩托车后,积极配合刘某,从尚某处将摩托车借出,并安排张某、林某骑摩托车到网吧上网,后又将消息告诉了刘某,给刘某提供了盗走摩托车的机会,其行为已构成刘某盗窃摩托车犯罪的共犯;当刘某将摩托车盗走后,耿某又让张某、林某以报警相威胁敲了刘某3000元钱,其行为又构成了敲诈勒索罪。因此,对耿某应以盗窃罪、勒索罪数罪并罚。

第二种意见认为,耿某的行为只构成盗窃罪。理由是:耿某在刘某提出以偷配摩托车钥匙的方式偷走摩托车后,积极配合刘某,从尚某处将摩托车借出,并安排张某、林某骑摩托车到网吧上网,后又将此消息告诉了刘某,给刘某提供了盗窃摩托车的机会,其行为构成刘某盗窃摩托车的共犯,应定盗窃罪。

第三种意见认为,耿某的行为应以敲诈勒索罪定性。理由是:耿某的行为分别构成盗窃罪和敲诈勒索罪,但不应按牵连犯来认定,应属于刑法意义上的吸收犯。吸收犯是指事实上存在几个独立的犯罪行为,而一个犯罪行为被另一个犯罪行为所吸收,只成立吸收行为一个罪名的情况。由于事实上存在的几个独立的犯罪行为往往属于实施某种犯罪的同一过程,相互有密切的联系,前行为可能是后行为发展的必经阶段,后行为是前行为发展的必然结果。本案中,耿某为达到敲诈刘某的目的,故意设圈套帮助刘某实施盗窃摩托车,盗窃行为是敲诈行为的必经阶段,因此,耿某的这两种犯罪行为存在着吸收关系。按照处理吸收犯由实行行为吸收预备行为原则,对耿某应按其实行行为即敲诈勒索罪定性。

法理分析

首先,耿某配合刘某盗窃摩托车的行为应定盗窃罪。

我国刑法理论的通说认为,行为的可罚性的根据是行为本身的社会危害性程度。而帮助行为自身的社会危害性恰恰在于帮助行为与实行行为之间存在协同和促进关系。帮助行为是在实行犯决意实施犯罪行为以后,从精神上或者物质上帮助实行犯的行为。帮助犯通过本人的帮助行为,使实行行为易于完成。这就是帮助行为的危害性及犯罪性所在。这也正是这种非实行行为能够依法修正成为构成要件的行为并应受到刑罚惩罚的客观基础。[①]

我国《刑法》第 27 条规定:"在共同犯罪中起次要作用或辅助作用的,是从犯。"虽然没有明确规定帮助犯,但学理上一般认为"辅助作用也是次要作用,之所以特别提出辅助作用,因为按照分工不同,对共同犯罪的分类中存在着帮助犯。如果说上述的'次要作用'是指次要的实行犯,那么'辅助作用'即是指帮助犯"[②]。

在共同犯罪中,实行犯是指出于亲自实现构成要件的意思,实施具有实现构成要件的现实危险行为的人。帮助犯则是不亲自动手实施符合构成要件的行为,而是通过帮助实行犯的方式来参与实行犯的行为。成立帮助犯应具备以下要件:

第一,客观上必须有帮助行为。所谓帮助行为是相对于实行行为而言的,是指实行行为以外的行为,该行为使实行犯的实行行为得以顺利开展。帮助的方法有物理的方法(有形的方法),比如提供凶器、指示犯罪路线等,此种称为物理的帮助犯或有形的帮助犯。也可以是精神的方法(无形的方法),如言语鼓励等形式,此种称为精神的帮助犯或无形的帮助犯。帮助的行为通常由作为构成,但也可以由不作为构成,对他人的犯罪行为有认识却不履行法律上作为义务的不作为行为,是不作为的帮助犯。帮助的时间应与正犯的实行行为同时实施或者在正犯实行行为之前实施,前者称为伴随的帮助犯,后者称为预备的帮助犯。至于在正犯的实行行为之后予以帮助是否构成帮助犯,学界存在较大争议,但一般认为事后帮助并不构成帮助犯,也就是说并不存在事后帮助犯,而是将之作为一

---

① 参见陈兴良:《刑法适用总论》,法律出版社 1999 年版,第 475—476 页。
② 高铭暄、马克昌主编:《刑法学》,北京大学出版社、高等教育出版社 2000 年版,第 179 页。

种独立的犯罪处罚。比如对盗窃犯加以隐藏、包庇的行为,应以包庇罪或窝藏罪论处。

第二,主观上必须有帮助的故意。所谓帮助的故意是指要认识到正犯的实行违法行为,也认识到自己的行为会促使正犯实行行为的实施,而希望或者放任危害后果发生的心理态度。

第三,由于帮助型犯罪是为他人所实施的行为提供帮助的犯罪,所以,必然存在被帮助的行为,即关联的实行行为。帮助行为与关联的实行行为之间具有如下特定关系:(1)帮助行为以关联行为的顺利实施或完成为目的。(2)在帮助型犯罪中帮助行为人并不直接实施关联行为,而是在物质上、精神上帮助他人实施关联行为。(3)帮助行为成立犯罪并不以关联行为成立犯罪为前提。如资敌罪的成立并不以敌人构成犯罪为前提。

在本案中,当刘某向耿某提出其盗窃摩托车的犯意后,耿某积极配合,为刘某提供摩托车钥匙并再次借出摩托车给刘某提供盗窃的机会。耿某的这种行为不但强化了刘某的犯罪意图,更使刘某的盗窃行为得以顺利完成。虽然耿某心里是想给刘某设一个圈套,但由于其所设的圈套是帮助刘某实施一个盗窃行为,在这个盗窃行为中,刘某属于盗窃行为的实行犯(正犯),耿某属于在盗窃中起"辅助作用"的从犯,耿某与李某的行为构成了共同犯罪。因为共同犯罪是符合一个犯罪构成要件的整体犯罪,各个有机联系的行为均应当构成犯罪,所以耿某帮助刘某实施盗窃的行为也应当以盗窃罪论处。

其次,耿某指使他人索要刘某财物的行为构成敲诈勒索罪。

敲诈勒索罪,是指以非法占有为目的,对他人使用威胁或要挟等手段,索取公私财物数额较大的行为。"敲诈罪的基本结构是:对他人实行威胁—对方产生恐惧心理—对方基于恐惧心理处分财产—行为人或第三者取得财产—被害人遭受财产损失。"[1]敲诈勒索罪由两个环节组成:一是使用威胁、要挟的手段行为;二是索取他人财物的目的行为。其中要挟的内容包括合法和非法两种,但都属于敲诈勒索的行为方式。如行为人知道对方的犯罪事实,以向司法机关告发为要挟,尽管要挟的内容是合法的,但依然成立敲诈勒索罪。另外以揭露隐私为要挟,其要挟内容本身则具有明显的非法性。作为敲诈勒索的行为手段,威胁、要挟的目的在于迫使被害人就范,按照行为人的意图处置财物。

在本案中,耿某知道刘某盗窃的犯罪事实后,指使别人找到刘某,以向司法

---

[1] 张明楷:《刑法学(第三版)》,法律出版社2007年版,第722页。

机关告发为要挟索取财物,而刘某正是因为怕对方向司法机关告发,很无奈地向杨某和林某交付了财物;尽管刘某的盗窃行为是非法的,而且凡是知道的人都有权利向司法机关告发,但任何人都不得滥用这种权利,更不得利用这种权利向他人索要财物。耿某在主观上具有非法占有他人财物的故意,客观上实施了索取财物的行为,已经构成了敲诈勒索罪。

最后,耿某在刘某提出以偷配钥匙的手段盗窃摩托车后,与张某、林某密谋设圈套,并配合刘某偷走了摩托车,实际上耿某的真实故意只是想设圈套敲诈刘某,其配合刘某盗窃摩托车的行为,只是为了达到敲诈刘某的目的的一个环节或者说是敲诈的手段之一。在此情况下,耿某出于非法占有刘某的钱财的一个故意,实施了配合刘某盗窃以及与张某、林某共同敲诈刘某钱财的数个行为,应属刑法意义上的牵连犯。按照处理牵连犯从一重处罚的原则,对耿某的行为只能按处罚较重的犯罪定性。

(作者:朱攀峰)

案例 102. 熊某等敲诈勒索案[*]
——敲诈勒索罪与抢劫罪、绑架罪的界限

案情介绍

熊某被醉酒的陶某无故殴打后怀恨在心,将此事告知宋某,伺机报复。在得知陶某的住址后,2002年1月27日晚,熊某、何某、宋某纠集其他五人来到陶某住处,用拳头、铁棍等打陶某并强逼其上出租车离开住处。陶某的一位朋友陈某见对方人多势众,担心陶某有不测,便主动要求陪同前往。后二人被带至一歌舞厅包房内。在包房内,几名被告人向陶某提出赔偿5000元医疗费,陶某称没有那么多钱,即遭到何某殴打。经过讨价还价,几名被告人同意降价至3000元,并让陶先支付当晚的酒水费,余下的钱三天内付清。陶某为稳住事态,以打电话叫人先送800元钱过来支付酒水费为由将地址告知其妻。其妻报警后,熊某、何某、宋某被抓获。后经法医鉴定陶某被打成轻伤。

---

[*] 案例来源:《深圳法制报》2002年7月8日。

> 理论争议

本案中对熊某等人的行为如何认定,存在几种不同的意见。

第一种意见认为应定抢劫罪。被告人以非法占有为目的,当场实施了暴力行为,由于被害人身上没有钱,被告人同意被害人打电话通知其妻送钱过来,已具有当场取财的行为,侵犯了公民财产所有权与人身权利双重客体,符合抢劫罪的构成要件。

第二种意见认为应定绑架罪。被告人使用暴力,在被害人妻子与友邻在场的情况下,将被害人公然劫持,使其离开住所,置于自己的控制之下,限制剥夺了被害人的人身自由,并在包房内继续殴打被害人,通过被害人打电话让其妻送钱。被害人之妻目睹丈夫被多人暴力劫持,深知人质处于紧险状态,现自身又被通知送钱,明知被胁迫与勒索。被告人的行为侵犯了作为犯罪对象的两种人,一是被绑架的人,二是被要挟、勒索的人,已符合绑架罪的构成要件。

第三种意见认为应定非法拘禁罪。熊某事先被陶某无故打伤后,纠集他人使用暴力将陶某拘禁在歌舞厅包房内,剥夺了陶某的人身自由,并有殴打行为,属于非法拘禁罪的从重情节;至于被告人向被害人索要钱财,缘于熊某事先曾被陶某打伤过,陶某应对此负责并赔偿医疗费,二者之间具有民法上的债权债务关系。

第四种意见认为应定故意伤害罪。熊某被无故打伤后,纠集他人在陶某的住处旁殴打陶某,后见围观的人越来越多,即用暴力将陶某逼上车带到别处,又继续殴打,最终导致陶某轻伤。被告人主观上并无非法占有财物的目的,向被害人索要财物也只是经陶某同意后让其支付当晚的酒水费与赔偿先前打伤熊某的医疗费,故只能构成故意伤害罪。

第五种意见认为应定敲诈勒索罪。熊某"事出有因",在被陶某打伤后,以此胁迫勒索钱财,已构成敲诈勒索罪;为追求犯罪目的的发生,使用了暴力手段致使陶某轻伤,手段亦触犯故意伤害罪,属牵连犯,根据从一重罪处罚的原则,可按敲诈勒索从重处罚。

> 法理分析

我们同意第五种意见,认为本案中被告人的行为应当构成敲诈勒索罪。

在本案中,被告人的行为从表面上看,使用暴力、胁迫,强取他人财物的行为可能触犯了抢劫罪,劫持他人的行为可能触犯了非法拘禁罪,打电话让被害人家属送钱的行为可能触犯了绑架罪,迫使陶某三日内交付钱财的行为则可能触犯了敲诈勒索罪。想要准确界定被告人的行为,必须弄清楚这几个罪的本质特征。

非法拘禁罪是指故意非法拘禁他人或者以其他方法非法剥夺他人人身自由的行为。本罪的客体是人身体活动的自由。主观上出于故意,但不以出卖、勒索财物为目的。在本案中,熊某虽然遭受到陶某的殴打,但其并没有去医院治疗,也没有通过法律以及其他正当的途径寻求解决,两人之间并不存在债权债务关系,熊某向陶某索取钱财并无法律上的根据,其在主观上已经具有不法占有他人财物的故意,超出了非法拘禁的范围。所以,被告人的行为不能认定为非法拘禁罪。

绑架罪,是指利用被绑架人的近亲属或者其他人对被绑架人安危的忧虑,以勒索财物或满足其他不法要求为目的,使用暴力、胁迫或者麻醉方法劫持或以实力控制他人的行为。作为绑架方,被告人虽然采取了暴力手段劫持被害人离开住处,但并无通过控制人质向第三人勒索财物以赎回人质的故意和行为;被告人所针对的对象始终是被害人;作为第三人,其妻接听的电话是丈夫主动打的,并不知道其丈夫被人劫持,电话的内容也只是让她送800元过来支付酒水费,而非赎回人质,其本人并无直接遭受被告人的任何威胁、恐吓与勒索。所以,被告人的行为不构成绑架罪。

在本案认定中,最容易发生混淆的是抢劫罪和敲诈勒索罪。抢劫罪是指以暴力、胁迫或者其他方法,强行劫取公私财物的行为。敲诈勒索罪,是指以不法占有为目的,对他人实行威胁,索取数额较大的公私财物的行为。敲诈勒索罪与抢劫罪都以不法占有为目的,不仅都可以使用威胁方法,而且敲诈勒索罪也可能有轻微的暴力行为。二者的关键区别在于:(1)抢劫罪只能是当场以暴力侵害相威胁,而且,如果不满足行为人的要求,威胁内容便当场实现;敲诈勒索罪的威胁方法基本上没有限制,如果不满足行为人的要求,暴力威胁的内容只能在将来的某个时间实现(非暴力威胁内容,如揭发隐私则可以当场实现)。(2)抢劫罪中的暴力达到了足以抑制他人反抗的程度;敲诈勒索罪的暴力则只能是没有达到足以抑制他人反抗的轻微暴力。因此,行为人对被害人实施了没有达到抢劫程度的暴力,胁迫被害人日后交付财物的,应当认定为敲诈勒索罪。还要看暴力起什么作用,如果使用暴力是为了排除被害人的反抗,当场占有其财物,当然应当定抢劫罪。但是,如果使用暴力的目的是迫使被害人答应在日后某个时间、地点交付财物,其暴力实际起的是与以实施暴力相威胁一样的胁迫作用,只是因为其不是作为当场占有他人财物的手段,那么,不能定抢劫罪。(3)抢劫必须是当场占有财物,敲诈勒索则可以是当场也可以是日后占有财物。在行为人实施暴力的过程中,被告人虽然采取了暴力手段,但并没有勒令被害人当场交出财物或进行搜身等行为,被害人主动打电话叫其妻送钱过来,是为了稳住对方,且被告人同意余下的钱让被害人三天内付清,当场取财并不具有现实性。值得注意的是,被告人在房间内与被害人是以讨价还价的方式来索要钱财,抢劫一般不会表现为"讨价还价"等方式。被害人的朋友陈某自始至终参与协商谈判,却并未遭受任何暴力或威胁,说明被告人的行为仅针对陶某,这一切均与陶某曾经醉酒无故打伤熊某有关,这亦不符合抢劫罪的一般特征。

综合本案的情况,熊某实施的暴力行为主要有两方面的原因,一是由于陶某以前无故殴打过自己,此时出于泄愤而对陶某进行报复,二是想趁机勒索钱财,而对陶某实施轻微暴力,但此时的暴力实际起的是与实施暴力相威胁一样的胁迫作用,而非为了排除被害人的反抗,当场占有财物。所以,对被告人以敲诈勒索罪定罪处罚较为合适。

(作者:朱攀峰)

案例 103. 张某敲诈勒索案[*]

——敲诈勒索罪与绑架罪的区别

案情介绍

2006年10月2日13时许,张某在车上偶遇13岁男孩戴某,戴某到站下车后,张某主动上前搭讪。在了解到戴某的家庭情况后,张某遂产生将戴某带到南京,向戴某家人要钱的想法。随后,张以戴某父亲与人抢劫分赃不均,现有人要将戴父带到南京并以戴某做保障为借口,将戴某哄骗至南京并暂住在南京市鸿兴达酒店。当日23时许,张某外出打电话到戴某家,要求戴家第二天付8万元并不许报警,否则戴某将有危险。次日上午,张某又多次打电话到戴家威胁。其

---

[*] 案例来源:中华人民共和国最高人民法院刑事审判第一庭、第二庭编:《刑事审判参考(总第56集)》,法律出版社2007年版,第31—32页。

间,戴某趁被告人外出之机与家人电话联系,得知其父并无危险,后在家人的指点下离开酒店到当地公安机关求助。警方遂将张某抓获。

法院经审理认为被告人张某以非法占有为目的,采用威胁等方法强行索取公民财物,数额巨大,其行为构成敲诈勒索罪。

理论争议

本案争议焦点为张某的行为构成绑架罪还是敲诈勒索罪。认为构成绑架罪的理由在于张某基于勒索财物的目的,实施了哄骗戴某至南京的行为,实际控制了被害人,并打电话到戴家,利用戴某家人对戴某安危的忧虑,索要赎金。其行为符合一般勒索型绑架罪的特点,应认定为绑架罪。认为构成敲诈勒索罪的理由在于张某只是以被害人相要挟,向被害人的利害关系人提出索财要求,但没有实际控制被害人,也就没有侵犯被害人的人身权利。其目的是索要钱财,其行为是诱拐型敲诈勒索。

法理分析

敲诈勒索罪,是指以非法占有为目的,对他人实行威胁,索取数额较大的公私财物的行为。敲诈勒索罪的基本结构是:对他人实行威胁—对方产生恐惧心理—对方基于恐惧心理处分财产—行为人或第三者取得财产—被害人遭受财产损失。①

绑架罪是指利用被绑架人的近亲属或者其他人对被绑架人安危的忧虑,以勒索财物或满足其他不法要求为目的,使用暴力、胁迫或者麻醉方法劫持或以实力控制他人的行为。

敲诈勒索罪与绑架罪的区别可以从以下几个角度分析:

(一)从犯罪侵犯的客体角度分析

敲诈勒索罪侵犯的客体为他人的财产性权益,其客观构成要件是使用胁迫手段,使对方产生恐惧心理,进而取得财产,行为表现为敲诈勒索他人财物或财产上的利益。

对于绑架罪侵犯的客体有两种不同的看法。一种认为绑架罪侵犯的是单一

---

① 参见张明楷:《刑法学(第三版)》,法律出版社 2007 年版,第 722 页。

客体,即他人的人身自由权利。① 另一种看法认为绑架罪侵犯的是复杂客体,既侵犯他人的人身自由权利,同时又侵犯他人的财产权利。其中,人身权利是绑架罪侵犯的主要客体,财产权利是次要客体。② 这一看法已成通说。理由在于:

第一,多数犯罪以目的行为决定犯罪性质,目的行为所侵犯的社会关系是犯罪的主要客体。然而,对于绑架罪,虽然其手段行为是绑架,目的行为是勒索财物,但此时手段行为重于目的行为,应肯定手段行为对犯罪性质的决定作用。在绑架中,行为人使用暴力、胁迫、麻醉等手段绑架他人,有时还造成被害人及其亲属伤亡的结果,相对于勒索钱财的后果而言,显然绑架罪手段行为的社会危害性要大。③

第二,司法实践中由于被害人及其亲属报案与公安机关及时侦破,绑架罪行为人勒索钱财的目的往往难以得逞,但被害人人身权利通常已遭到侵犯,而其财产权利则处于可能遭受侵害的状态。两相权衡,应以被害人人身权利作为打击绑架罪时主要考虑保护的社会关系。

《刑法》将绑架罪规定在第四章"侵犯公民的人身权利、民主权利罪"中,而将敲诈勒索罪规定在第五章"侵犯财产罪"中,可见,绑架罪要求被告人既具有绑架劫持被害人的主观故意,同时又实施了对被害人已达到实际控制其人身自由的绑架行为。如果被告人所实施的行为既不足以对被害人形成实际的控制,也没有对被害人实施进一步加害的故意,则不能认定被告人有控制或加害被害人的主观故意,也就不能认定为绑架罪。这是认定绑架罪的一个不可或缺的实质性要件。但刑法显然并不要求敲诈勒索罪也具有人身伤害性。两罪中行为人都有非法勒索他人财物的目的,关键区别在于侵犯的客体不同。区别绑架罪与敲诈勒索罪,要确定行为人是否真正绑架了被害人,也即其行为对被害人人身自由的剥夺是否达到严重的程度、是否危及被害人的人身安全。

绑架罪作为重罪,在具体认定上必须考虑其行为对于保护客体的侵害达到与其刑罚设置相匹配的程度,这就要求该行为对被害人人身自由的剥夺、对人身安全的威胁必须达到相当严重的程度才能以绑架罪定罪处罚,这是罪刑相适应原则对于定罪的基本要求。

---

① 参见王水明、王志祥:《绑架罪基本要件问题探讨》,载《河北法学》2006年第8期。
② 参见高铭暄、马克昌主编:《刑法学》,中国法制出版社1999年版,第837页。
③ 参见王超杰、李冬梅:《论绑架罪的认定》,载《福建公安高等专科学校学报——社会公共安全研究》2001年第6期。

（二）从犯罪形态上分析

绑架罪在客观方面可分成两个环节：一是对他人进行绑架，二是向被绑架人的亲属或其他关系人勒索财物。其中绑架他人的行为是绑架罪构成要件中基本的犯罪行为，行为人只要实施绑架行为，而不必一定向被害人家属或其他关系人提出勒索财物的要求即成立既遂。第二环节是绑架罪客观构成要件的超过要素。该行为实施与否对构成绑架罪既遂没有影响，但可以影响到绑架罪犯罪情节的轻重，并对量刑产生作用。

（三）从手段上分析

绑架罪手段具多样性。绑架方法一般包括暴力、胁迫或麻醉方法。也有人认为，绑架方法表现为使用暴力、胁迫或其他方法，其中"其他方法"是指除暴力、胁迫以外的方法，如利用药物、醉酒等方法使被害人处于昏睡、昏迷状态等。还有人认为，使用引诱、欺骗、以揭发隐私相要挟也是绑架罪的客观手段。如被告人以归还欠款为名诱骗被害人至被绑架地，使用了欺骗方法，也是绑架手段之一。总之，使人丧失自由的一切方法都包含在绑架手段之中。

敲诈勒索罪可以是对被害人的生命、身体、自由、名誉等进行胁迫，也可以是诱骗，比如本案。胁迫的方法可以是语言、书面文字，也可以是实行行为。既可以直接传达给被害人，也可以通过第三者转告。

绑架罪的行为实质是使被害人处于行为人或第三者的实力支配下，失去人身自由，其人身安全处于随时可能被侵犯的危险状态。实践中曾有使未成年人的父母离开生活场所而控制未成年人的情况，也有使被害人滞留在本来的生活场所但使其丧失行动自由的案件。所以，绑架不要求使被害人离开原来的生活场所。反过来讲，行为人采取某种手段使被害人离开原来的生活场所，也不一定都是绑架。

就本案而言，张某能够顺利地将被害人戴某带到南京，主要是利用戴某年龄较小、社会经验不足的特点，对其进行哄骗所致。她在实施犯罪过程中，仅对被害人使用了一些威吓性语言，以及欺骗的手段，使戴某自愿跟随她去南京。自始至终行为人并未实施暴力或以暴力相威胁，其左右被害人对之实施控制的手段中欺骗多于威胁，而且，更重要的是，张某对被害人的人身没有实施任何实质性的限制，正因为如此，戴某也可以趁张某外出之机与家人电话联系，得知其父并无危险后向公安机关求助。张某应当知道像戴某这样年纪的中学生有能力采取打电话、离开酒店等行动，且张某完全有条件对戴某实施强制手段，限制其人身自由。但她并没有采取任何措施,可见她并不是真的要将被害人完全控制起来,也没有剥夺被害人人身自由的企图。在这种情况下,戴某的人身权利并没有受到侵犯。因此,张某主观上没有绑架戴某的故意,其客观上也未实施控制戴某人身自由的行为,其行为不构成绑架罪。

张某主观上敲诈勒索财物的犯罪故意非常明显,客观上实施了用戴某的安全来对其父母进行恐吓,使其产生恐惧心理,试图敲诈财物的犯罪行为,因此,张某完全符合敲诈勒索罪的构成要件。

(作者:梁燕宏)

案例 104. 李某专利敲诈勒索案*
——敲诈勒索罪的司法认定

案情介绍

李某利用其控制的 K 公司,针对正处于首次公开募股阶段的 Z 公司发起多项专利侵权诉讼并向证监会举报,Z 公司在不认为构成侵权的情况下,为避免影响首次公开募股进程,和 K 公司签订专利实施许可合同约定支付 K 公司专利实施许可费 80 万元,实际支付 50 万元。后李某又利用其控制的 B 公司与 K 公司针对上述实施许可协议中的未涉诉专利,倒签了独占实施许可协议,并以 B 公司名义向 Z 公司提起专利权诉讼纠纷,Z 公司为避免影响又与 B 公司签订纠纷解决协议约定支付 B 公司和解费 80 万元,实际支付 10 万元。

对上述事实,检方以敲诈勒索罪提起公诉;法院经过审理认定,被告人李某涉案实得 10 万元的事实构成敲诈勒索罪,涉案实得 50 万元的事实不构成敲诈勒索罪,最终判处李某有期徒刑 4 年 6 个月,罚金 5 万元。

理论争议

对李某的行为如何认定,第一种观点认为,李某的行为应当认定为敲诈勒索

---

* 本案例节选自(2018)沪 0115 刑初 3339 号刑事判决书,案件情节有所删减,相关犯罪嫌疑人名字及其所属公司均系化名。

罪。李某及其名下公司大量囤积专利，具体开展业务少，且先前有过多次类似的知识产权纠纷经历，专选拟上市的行业龙头企业为对象，这一背景需要重视。①而本案中，李某同样利用Z公司处于上市的这一特殊情况，以自己控制的多家公司申请大量涉及镀铬技术领域的专利这一前提条件，通过向法院提起专利纠纷诉讼、向证监会实名举报等方式，以维权诉讼手段进行实际影响企业生产经营、上市、融资的要挟行为，从而达到令被诉方签订专利实施许可合同、和解协议的目的，迫使对方支付钱款，换取其撤诉或不再主张专利权。李某的行为实际上是一种以非法占有为目的，针对被害人的敏感时期而实施要挟手段，令被害人产生恐惧心理而交付财物的行为，符合敲诈勒索罪的构成要件，应以该罪定罪量刑。

第二种观点认为，李某的行为不应当认定为敲诈勒索罪。首先，选择特定时间并对部分特定企业进行诉讼是专利权人的自由。其次，李某在先提起的诉讼中有无胜诉的情况与是否构成敲诈勒索罪毫无关联，不应因李某及其名下公司有类似诉讼记录在前而认定其具有非法目的。再次，PAEs类型的公司②没有任何实体业务，以诉讼和解费与专利许可费为主要营收并不违反法律规定，也非违法经营行为。最后，拟上市企业支付和解费以及专利使用费的做法并非"迫于无奈"，其专利是否侵权、他人提起的专利诉讼是否会致使其无法上市等源于其自身经营的漏洞以及立法规定，企业的做法是一种权衡利害之后的选择，并不能认为是李某故意为之的犯罪行为。③所以，刑事法规不应当过度入侵专利领域的纠纷。

第三种观点认为，李某在本案中实际上与Z公司产生了两次交锋，两次行为的定性有所不同。本案所涉专利都系经国家知识产权局认定合法有效的专利，在专利诉讼的权利基础不能完全排除否认的前提下，不能准确判断李某具有非法占有的目的。但是对实得的10万元款项，是基于李某与他人故意倒签合同，虚构将其公司名下的专利独家许可给B公司的假象，并进一步恶意串通，选择在被害单位即将上市交易的关键时间提出侵权诉讼，以起诉内容作为向证监会举报的重要依据，给被害单位上市设置重重障碍，并借此与被害单位谈判，对被害

---

① 参见赵凯迪：《正常维权还是"专利流氓"？男子诉多家拟上市公司侵权惹争议》，http://www.rmzxb.com.cn/c/2018-09-26/2177019_1.shtml，2021年1月5日访问。

② 专利主张实体（Patent Assertion Entities，PAEs）一般被认为是非实施主体（Non-Practicing Entities，NPEs）的一类，又常被称为"专利流氓"（Patent Troll），意指那些拥有相当数量专利权却不从事生产活动的主体，其以专利侵权诉讼等手段获取高额利润。

③ 参见丁碧波：《国际化背景下专利主张实体诉讼行为的规制》，载《电子知识产权》2019年第5期。

单位形成心理强制,进而非法取得财物,故为敲诈勒索行为。

法理分析

本案争议焦点主要有二：一是刑法是否可以介入专利主张实体的维权行为；二是如果刑法可以介入,对本案是否可以认定为敲诈勒索罪。

针对争议焦点一,刑法完全具备介入专利主张实体的维权行为的正当性。[①] 首先从现实需求来看,2008年以来各类专利主张实体已经对我国许多大型科技企业主张权利,给企业的正常经营造成阻碍,甚至致使部分企业因系列诉讼遭受重大损失。与之相对的,我国对于专利保护的强度越来越大,法定赔偿额额度已经提升到了500万元之高,可以说专利主张实体面临的"风险"与能够获得的"收益"不成比例,专利主张实体在我国泛滥的危险越来越大,如果不以刑事法规之强度去予以规范,该项救济十分容易失序。就该类行为的社会危害性来看,其对我国专利制度的管理以及市场经济体制的管理都造成了极大的冲击,如果不及时严肃处理,个案很容易演变成为整个社会经济的大动荡。其次,刑法介入专利主张实体的维权行为与刑法谦抑性的原则是相一致的。谦抑性原则要求立法者应当力求以最小的支出,即少用刑罚、多用刑罚替代措施,获取最大的社会效益,有效地预防和抑制犯罪,其本意是让立法者在立法时要慎重入刑,而不是限制刑法在司法实践中的适用。所以在刑事制度存在的前提下,如果某一行为符合犯罪的构成要件,同时行为危害性达到了刑法应当适用的程度,那么认定为犯罪并以刑法规定定罪处罚是理所应当的事情。最重要的是,刑法介入专利主张实体的维权行为是利益平衡的要求。利益平衡是知识产权法的基石和理论基础,是确保知识产权法有效发挥其激励创作功能,促进知识传播和利用的必备条件。因此,利益平衡原则要求在民事、刑事和行政法中都坚守利益平衡。知识产权法中的利益平衡最重要的是,知识产权法律关系中最基本的主体——知识产权人和知识产权的使用者——一般的社会公众之间的权利和义务的平衡。[②] 以刑法打击知识产权领域的犯罪行为,有利于防止知识产权人滥用知识产权。当专利主张实体的行为超越合法边界而触犯刑法时,以刑法惩治专利主张实体的犯罪行为将有利于加固刑法惩治犯罪的法律边界,维护受害人的合法权益。过于亲

---

① 参见谢光旗：《论刑法介入专利主张实体的正当性——兼评"专利敲诈第一案"》,载《法律适用》2020年第4期。

② 参见冯晓青：《知识产权法的价值构造：知识产权法利益平衡机制研究》,载《中国法学》2007年第1期。

专利政策,对专利权人保护过度、利益授予过大,会令针对专利权滥用的防范与惩治软弱化,从而导致个别专利权人为自身利益不惜采取非法手段,利用诉讼及举报程序,胁迫其他企业以满足自己的不法需求。

针对争议焦点二,李某的行为应当认定为敲诈勒索罪。就主观要件的分析来看,李某及其名下公司共申请了1000余项专利,其中600多项拿到了专利证书,但实际上其公司的员工人数不超过20人,每年光是维护专利的费用就需要近20万元,而且公司具体业务经营并不多,基本都是用自有资金作为研发投入,这种批量产出相似专利的行为很容易令人对其作出是在别有用心地专门囤积专利的判断。通过查阅裁判文书网,可以发现当时与李某及其控制的公司产生知识产权纠纷的公司已经超过20家,且案情的进展与本案有较大程度的雷同,基本都以双方和解、原告撤诉告终,整个诉讼持续时间较短,这也加深了我们对李某故意借专利侵权诉讼之便"碰瓷"拟上市公司,从而谋取不正当利益的质疑。[①]进一步而言,李某在所签订的合同、和解协议中诉讼请求的金额往往较为巨大,超出了其正当诉求的范围,或者根本不是根据其正当诉求,而是根据被害人的接受能力随意确定具体的金额,可见其专利诉讼表面现象下的"专利流氓"实质,滥用诉权的目的并非保护自己的专利技术,而是为了非法占有他人的财物。综合上述种种表现,结合本案的实际情况,李某挑选了Z公司处于首次公开募股阶段的特殊时期提出专利纠纷诉讼,并在后续的处理过程中,十分随意地约定应支付的款项,并且收取与约定相差较大的实际款项,可见针对Z公司的专利侵权诉讼实质并非出于保护专利技术的具体目的,反而表现出有预谋的敲诈勒索的特征,符合敲诈勒索罪的主观要件。

就客观要件的分析来看,李某通过向各地知识产权法院起诉Z公司侵害自己的专利权,并授意他人以公司法定代表人身份向中国证券监督管理委员会实名举报、披露自己已向Z公司提起专利权纠纷诉讼的实际情况的行为,看似是维护自身合法权益的正当行为,实际上是针对Z公司的敏感时期而实施的针对性要挟手段,是对其进行的压迫和威胁。另外,李某在诉讼过程中所表现出的维权态度也不甚积极,很快地就与对方签订了协议,达成了和解,并且在后续的处理过程中,仅收取了少于约定数额的费用即告结束。可以说,李某所进行的诉讼仅仅是其与Z公司谈判的筹码,是为了通过将被害人拖入诉讼,利用诉讼给被害

---

① 参见《专利碰瓷还是依法主张专利权?"发明大王"600项专利的正邪之辩》,http://k.sina.com.cn/article_1651428902_626ece2602000evc2.html,2021年1月5日访问。

造成的不利实施敲诈,表现出敲诈勒索罪的行为特征。① 而专利诉讼有极大可能会延宕公司的上市计划,诉讼周期又长,因此对处于首次公开募股重要阶段的公司而言会产生极为不利的影响,该行为足以造成 Z 公司的恐惧和害怕,从而以交付财物为妥协以求尽快解决这一问题,这符合敲诈勒索罪的客观要件。综上所述,李某以非法占有为目的,采用要挟手段,强行索取公私财物,数额特别巨大,其行为已构成敲诈勒索罪。

对于一审法院不予认可的实得 50 万元款项构成敲诈勒索犯罪的情况,事实上其行为是具备基本的形式违法性的。我们认为,法院之所以不予认定该部分事实构成犯罪,原因之一在于证据存疑,导致实质违法性的认定上存在问题,无法准确判断李某是否确实具有非法占有的目的,因而根据有利于被告的刑事诉讼原则,作出不构成犯罪的认定结果。这实质上也反映出,由于目前各国尚未有用敲诈勒索罪规制类似"专利流氓"的先例,甚至对于刑法手段的适用也处于争议阶段,导致法院在适用上难免"束手束脚"。但是,不能因为没有先例就排斥这种新的裁判思路,同时也不能因为披上了合乎私法的"外衣",就听之任之,随这种"专利流氓"的行为继续恶化,侵蚀我国的专利制度与经济发展。只要行为的社会危害性达到一定程度,并符合了敲诈勒索罪的犯罪构成,就应当动用刑事手段。

(作者:徐宏)

案例 105. 李某故意毁坏财物罪[*]

——盗窃罪与毁坏财物罪的区别

案情介绍

李某是某机关服务中心机械加工部临时工。2002 年 1 月 6 日 20 时许,李某在一单元楼下,将王某的杜卡迪 SS900 型摩托车(价值 35000 元)的车锁锯开,

---

① 参见逄政:《以敲诈勒索罪规制"专利流氓"行为具有正当性》,载《检察日报》2020 年 6 月 21 日第 3 版。

[*] 案例来源:最高人民检察院法律政策研究室编:《典型疑难案例精析(总第 1 辑)》,吉林人民出版社 2005 年版,第 109 页。

推回自己工作的机械加工部,用铁锤将该车的基侧大板、转向灯、前仪表盘等砸坏,损坏物品价值11800元,后将摩托车放置在院内的楼群中。被查获后,赃物被起获发还被害人。

李某对上述事实没有提出异议,但表示其是为了报复而毁坏被害人的摩托车,主观上没有非法占有的故意。

理论争议

对李某的行为之认定,第一种意见认为,本罪构成盗窃罪。主要有以下三点理由:第一,盗窃罪中的非法占有目的是指非法实际控制他人财物的目的。对于基于毁坏目的而非法占有他人财物的行为,应认定成立非法占有目的。因为行为人窃取财物的行为就是一种占有或者控制财物的行为,其占有或者控制他人财物的意图是十分明显的。至于是短期占有还是长期占有或者控制,占有或者控制之后如何处分财物,那是另一个问题。凡是基于毁坏的目的,直接毁坏他人财物的,应该定为毁坏财物罪;如果基于毁坏目的窃取他人财物的,不论事后财物是被毁坏,还是被隐匿、利用,均构成盗窃罪。李某的行为就属于后一种情形。第二,基于毁坏的目的盗窃他人财物后予以毁坏,属于手段行为与目的行为的牵连犯。手段行为是窃取他人财物,构成盗窃罪;目的行为是毁坏财物,构成故意毁坏财物罪。由于盗窃罪的处刑重于故意毁坏财物罪,根据牵连犯从一重处的原则,对行为人的行为认定为盗窃罪。第三,本案中,李某秘密将被害人的摩托车车锁锯开,推回自己工作的机械加工部的行为,不仅使该摩托车脱离了被害人的控制,而且使自己也控制了该摩托车,其行为符合盗窃罪的构成要件,并且系盗窃既遂。至于他其后又将盗窃的摩托车毁坏,属于不可罚的事后行为。

第二种意见认为,李某在主观上不具有非法占有的目的,故不构成盗窃罪,其故意毁坏他人的财产数额较大,应当按故意毁坏财物罪定罪处罚。

法理分析

我们同意第二种意见。在本案中,李某的行为应当构成故意毁坏财物罪。

盗窃罪指以非法占有为目的,秘密窃取公私财物,数额较大,或多次盗窃公私财物的行为。故意毁坏财物罪,是指故意非法地毁灭或者损坏公私财物,数额较大或者情节严重的行为。本罪在主观上没有非法占有的意思,只是单纯侵害他人财物的犯罪。客观上表现为实施毁坏或者损坏公私财物,数额较大或者有其他严重情节的行为。毁坏包括毁灭与损坏两种行为。毁灭,是指使财物的价值或者使用价值全部丧失,如烧毁、砸毁等。损坏,是指使财物受到破坏,从而部分地丧失价值或者使用价值。构成本罪,在客观方面还要求具有数额较大或者其他严重情节。有其他严重情节,通常认为主要是:毁坏重要财物无法弥补损失的,损坏手段特别恶劣的,破坏现场、湮灭罪证、嫁祸于人的,以及其他情节严重的行为。本罪主观上只能是故意。行为人的犯罪目的不是非法占有该财物,而是为了将该财物毁坏,使其丧失价值或者使用价值。本罪的犯罪动机是多种多样的,例如泄愤报复、嫉妒他人、打赌、出于空虚无聊而寻求刺激等等。动机如何,对构成故意毁坏财物罪并无影响。

一般来说,盗窃罪与故意毁坏财物罪在通常情况下并不难区分。但是,行为人出于毁坏的目的,采用盗窃等非法手段取出他人财物后予以毁坏的,区分两者就成为理论和实践上的难题。目前,我国理论界对这个问题的研究还不多,学者们只是在故意毁坏财物罪与盗窃罪之间画了一条原则界线,认为两罪最本质的区别就是看行为人主观上是否具有非法占有的目的。所以如何认定非法占有目的,是正确界定盗窃罪与故意毁坏财物罪的关键。

我国《刑法》第 264 条规定:"盗窃公私财物,数额较大的或者多次盗窃……处……"虽然刑法中没有明文规定盗窃罪必须出于非法占有的目的,但在理论界和司法实务界普遍认为盗窃罪要以非法占有目的为要件。"犯罪构成虽然具有法定性,但这绝不意味着任何构成要件要素都必须有刑法的明文规定。有的要素明显属于必须具备的要素,刑法可能省略规定;有的要素通过对部分要素的描述或相关条文的规定即可明确,无须刑法的规定。所以,构成要件要素分为成文的构成要件要素与不成文的构成要件要素。基于同样的道理,目的犯可以分为成文的目的犯和不成文的目的犯。不成文的目的犯,是指刑法条文虽然没有明文将某种目的规定为主观构成要件要素,但根据犯罪特点、条文对客观要件的表述以及条文之间的关系,犯罪的成立以具有特定目的为前提的情形。"[1]理论上的通说即认为盗窃罪指以非法占有为目的,秘密窃取公私财物,数额较大,或多次盗窃公私财物的行为。[2] 但对于刑法中的"非法占有目的"的确切含义,历来存在着激烈的争议。

---

[1] 张明楷:《论财产罪的非法占有目的》,载《法商研究》2005 年第 5 期。
[2] 参见高铭暄、马克昌主编:《刑法学(第三版)》,北京大学出版社、高等教育出版社 2007 年版,第 566 页。

在大陆法系的刑法理论中，对"非法占有目的"主要有以下三种见解：一是排除权利者的意思说，认为非法占有的目的，是指排除权利者行使所有权的内容，自己作为财物的所有者而行动的意思。二是利用处分的意思说，认为非法占有的目的，是指按财物经济的（本来的）用法利用、处分的意思。三是折中说，认为非法占有的目的，是指排除权利者对财物的占有，把他人之物作为自己的所有物，按其经济的用法利用或处分的意思。我国刑法学界对于"非法占有目的"含义的争论大致也可以归纳为上述三种不同见解。其中，通说是"意图占有说"，即明知是公共的或他人的财物，而意图把它非法转归自己或第三者占有。我们认为折中说比较合理。首先，排除权利者的意思说和利用处分的意思说在某种程度上实际是一个事物的两个方面。在盗窃罪的场合，行为人当然一方面希望能够排除权利者的意思而占有标的物，另一方面则是希望排除权利者的意思后按标的物本来的用途对其加以利用和处分。其次，折中说具有区分非法占有目的与毁坏目的的机能。而如果仅仅从字面上理解"排除权利者的意思说"则无法区分非法占有目的与毁坏目的，因为毁坏也包含了排除权利者的意思。同样的，仅仅从字面上理解"利用处分的意思说"也无法区分非法占有目的与一时借用、一时使用目的。[①]

基于此，我们认为非法占有目的，是指排除权利人，将他人的财物作为自己的所有物进行支配，并遵从财物的用途进行利用、处分的意思。即非法占有目的由"排除意思"与"利用意思"构成，前者重视的是法的侧面，后者重视的是经济的侧面，两者的机能不同。前者的机能主要在使盗窃罪、诈骗罪与一时使用他人财物的不可罚的盗用行为、骗用行为相区别；后者的机能主要在使盗窃罪、诈骗罪与故意毁坏财物罪相区别。

在本案中，李某为了报复摩托车主人，通过秘密窃取的方式将摩托车推回自己工作的机械加工部，虽然有排除权利人对自己财物进行支配的行为，但并没有遵从摩托车的用途进行利用，而是用铁锤将该车的基侧大板、转向灯、前仪表盘等砸坏，使摩托车丧失或减少了其本来应有的使用价值。所以，仅仅非法转移财物占有的行为并不能说明李某在主观上具有非法占有的目的，其行为也就不能构成盗窃罪，将摩托车弃于楼群中的行为也证明了其主观上仅是出于泄愤报复而毁坏他人财物，并无非法占有财物的目的，更不能将其看成是盗窃既遂后对赃物的处分行为。如果采第一种意见中的"意图控制说"，认为只要行为人占有或

[①] 参见黄利坚：《"非法占有目的"理论探究》，载《广东技术师范学院学报》2007年第2期。

控制了财物,就可认定行为人具有非法占有的目的,这样的话故意毁坏财物罪仅限于没有转移占有的场合(在占有者的占有之下毁坏财物的场合),这不仅过于缩小了故意毁坏财物罪的成立范围,而且无法解释为何盗窃罪重于故意毁坏财物罪。另外,李某主观上具有损坏他人财物的故意,客观上实施了损坏财物的行为,而且数额巨大,已经构成了故意毁坏财物罪。

(作者:朱攀峰)

第二十五章 妨害社会管理秩序罪

案例 106. 窦甲等"聚众斗殴"案*
——聚众斗殴罪的转化问题

案情介绍

2004年12月30日21时许,窦丙在某餐馆与窦甲、李某、郑某等人聚餐时,因琐事与在此同时就餐的某公司员工发生纠纷,窦甲、李某遂纠集窦乙及张某、"刘老四"等多人(均另案处理),在窦丙授意下,持尖刀、木棍、匕首等凶器对该公司员工黄某、秦某、沈某等人进行殴打。殴打过程中致使黄某因被钝器打击头面部造成外伤性颅脑损伤,后伴发化脓性感染、败血症、DIC 死亡;致秦某、汪某轻伤,沈某、李某等人轻微伤。李某、窦乙、窦丙、郑某后被抓获归案,窦甲作案后潜逃,于2005年8月18日被抓获。

理论争议

对于本案如何定性,主要存在以下意见:

第一种观点认为,对窦甲等均以聚众斗殴罪处罚,其理由是窦甲一伙有着共同的犯罪故意,均积极参与了斗殴行为,是共同犯罪,应全部按照聚众斗殴罪处罚。

第二种观点认为,对窦甲等人及其他共同犯罪人均以故意伤害罪处罚,即全案法律定性为故意伤害罪。其理由是《刑法》第292条第2款规定,聚众斗殴,致人重伤、死亡的,应转化为故意伤害罪、故意杀人罪。但是本案中,窦甲一伙既没

---

* 案例来源:谢望原、赫兴旺主编:《中国刑法案例评论(第一辑)》,中国法制出版社2007年版,第234页。

有杀人的故意也没有杀人的过失,不能构成故意杀人罪,也不能是聚众斗殴罪与过失致人死亡罪的想象竞合,只能转化为故意伤害罪。

第三种观点认为,对窦甲等人应当全案按故意杀人罪定罪处罚。其理由是按照《刑法》第292条第2款的规定,若发生致人重伤后果的,行为性质为故意伤害罪;若发生致人死亡后果的,则应为故意杀人罪。

法理分析

本案涉及刑法理论中的转化犯问题。所谓转化犯,是指实施一个轻罪,由于具备法定条件,刑法规定以重罪论处的情形。① 我国《刑法》第292条第2款规定:"聚众斗殴,致人重伤、死亡的,依照本法第二百三十四条、第二百三十二条的规定定罪处罚。"这是有关转化犯的典型规定。因此,上述理论争议中的第一种观点,即对窦甲等均以聚众斗殴罪处罚显然是错误的,因为已经出现了致人死亡的危害结果。但是,刑法条文只是简单地规定了转化行为的处理方式,而聚众斗殴行为是必要的共同犯罪,那么是对所有的聚众斗殴的积极参与者均以故意伤害罪、故意杀人罪加以认定,还是仅对首要分子及直接实行者以此两罪认定?刑法规定了对聚众犯罪的首要分子应当按照其所参与的或者组织、指挥的全部犯罪处罚,但如果首要分子已明确声明不得将人打成重伤、致人死亡,那么是否也要按照上述原则处理?是否只要出现了致人重伤、死亡的危害后果就要按照转化的犯罪进行处理?若当时的聚众斗殴场面混乱,无法区分谁是直接实施伤害、谋杀者的,如何进行处罚?是否存在聚众斗殴中过失致人重伤、死亡的情况?这些问题,刑法条文没有给出明确的答案,目前也没有相关的司法解释予以回答。下面让我们逐一进行讨论。

(一)是否应对所有积极参加者均以故意伤害罪、故意杀人罪加以认定②

聚众斗殴罪属于聚众共同犯罪。我国《刑法》第25条第1款规定:"共同犯罪是指二人以上共同故意犯罪。"因此共同犯罪要求二人以上既有共同故意,又有共同行为。据此,有的学者认为,应全案按照故意伤害罪、故意杀人罪认定。其理由是:首先,聚众斗殴罪在本质上属于共同犯罪,各共同犯罪人虽然实施的是聚众斗殴,但对聚众斗殴行为可能致人重伤、死亡的危害后果,都有概括性预见,属不确定的故意。其次,如果分别定罪的话,就会出现在一共同犯罪中,不同

---

① 参见周光权:《刑法总论》,中国人民大学出版社2007年版,第348页。
② 对于这个命题的讨论是建立在聚众斗殴前没有任何声明,不存在事先已有人明确表示不愿造成致人重伤、死亡结果的基础之上的。

的个人构成不同的犯罪,这在理论上是不能成立的。① 最后,如果区别处罚的话,无疑承认了行为人之间具有不同的犯罪故意,但这显然与聚众斗殴罪的共同犯罪性质相悖。② 持否定观点的学者则认为,鉴于聚众斗殴的特殊性,根据首要分子承担刑事责任的原则,只应对直接造成死亡的斗殴者和首要分子认定为故意杀人罪,对其他参与者不宜认定为故意杀人罪,否则有悖于刑法的谦抑性原则。③ 两派论争不断,似乎均有充分的理由。

  我们认为,要讨论这个问题,应先把聚众斗殴者分为三部分:首要分子,致人重伤、死亡的直接行为者,以及其他积极参加者。首先,对于致人重伤、死亡的直接行为者,以故意伤害罪、故意杀人罪认定是没有任何异议的。其次,对于首要分子,要分以下几种情况进行讨论:(1)如果首要分子也是致人重伤、死亡的直接实行者,显然也应定故意伤害罪、故意杀人罪。(2)如果首要分子不是直接实行者,但在斗殴之前以及过程中主观上没有阻止危害结果发生的表示、客观上没有阻止危害结果发生的行为,则可以认定首要分子对危害结果持放任的心理态度,而且,聚众共同犯罪中的首要分子即为主犯,而主犯应当按照其所参与的或者组织、指挥的全部犯罪处罚。因此,应对首要分子也以故意伤害罪、故意杀人罪认定。(3)如果首要分子既不是直接实行者,又明确表示不能造成致人重伤、死亡的后果,则不宜认定为故意杀人罪、故意伤害罪,而应以聚众斗殴罪认定较为合适(具体理由将在下文详细论述)。最后,对于其他积极参加者,依照刑法的谦抑精神以及罪责刑相适应原则,应当以聚众斗殴罪认定。

  也许有人会问,如何解释共同犯罪中行为人实施了不同犯罪行为的问题?我们认为,聚众斗殴者们只是共同实施了聚众斗殴行为,主观上只具有聚众斗殴的故意,客观上实施了聚众斗殴的行为,不能草率地认定每个人都有致人重伤、死亡的故意以及都实施了此种行为。因此,对于直接实行者以及"听之任之"的首要分子,完全可以按照共同犯罪中实行过限者须对过限行为负责的原理,而其他共犯只需对自己在共同犯罪中的行为负责的原理来加以解释,这样问题就得到了解决。另外,对于聚众斗殴的另一方,即所谓的"受害方",有些学者认为也

---

  ① 参见王惠中:《聚众斗殴罪认定中的若干问题》,载 http://www.chinalawedu.com/news/2004/12/ma8394785182140022128.html,2008 年 3 月 25 日访问。
  ② 参见周少华:《现行刑法中的转化犯之立法检讨——兼论刑法规范的内部协调》,载《法律科学》2000 年第 5 期。
  ③ 参见张明楷:《刑法学(第三版)》,法律出版社 2007 年版,第 768 页。

应当定故意杀人罪、故意伤害罪。我们认为这是错误的,既然聚众斗殴另一方的行为没有造成致人重伤、死亡的危害后果,那么再以故意伤害罪、故意杀人罪认定显然违背了罪责刑相适应原则。

(二)首要分子已明确声明不得将人打成重伤、致人死亡,但却发生了上述后果,是否也应认定为故意伤害罪、故意杀人罪,亦即是否只应当以特定危害结果的出现作为定罪的唯一标准

对于这个问题,我们认为,应严格按照主客观相统一的原则进行认定,不能将眼光仅局限在出现了致人重伤、死亡的后果上。按照转化犯的一般理论,聚众斗殴罪之所以发生了转化,是由于主观上发生了由斗殴的故意到伤害、杀害的故意的转变(不论是直接故意还是间接故意),客观上实施了故意伤害、故意杀人的行为,两者缺一不可。因此,假设首要分子事先已经声明不得致人重伤、死亡,且在斗殴过程中的客观表现也确实证明了其一直坚持此种观点,那么对于首要分子就不能以故意伤害罪、故意杀人罪认定,而应以聚众斗殴罪认定。质言之,不能仅仅以特定危害结果的发生作为认定的唯一标准,而应综合行为人当时所具有的主观目的、所处的客观环境等进行分析。此外,要注意斗殴过程中的犯意转化问题。"如刚开始明确不得持械,也不能把对方打得太重,但到了现场发现对方均持械,他就下令身边的人捡石头向对方砸,结果致人死亡的,首要分子理应对致人死亡的后果承担责任。"①也就是说,若有证据证明首要分子的犯意发生了转化,且发生了致人重伤、死亡的危害后果,则首要分子要以转化的犯罪定罪量刑。

(三)若聚众斗殴场面混乱,无法区分谁是直接实施伤害、谋杀者的,如何进行处罚

这个问题是当前司法实践中面临的难题,无法律法规及司法解释予以回答。我们可以借鉴唐律中的相关规定。《唐律疏议》卷第二十一《斗讼律》中,总第308条写道:"诸同谋共殴伤人者,各以下手重者为重罪,元谋减一等,从者又减一等。若元谋下手重者,馀各减二等;至死者,随所应为重罪。"《疏》议曰:"……假有甲乙丙丁谋殴伤人,甲为元谋,乙下手最重,殴人一支折。以下手重为重罪,

---

① 刘建国、刘宪权主编:《刑事司法实务中的疑难问题》,中国人民公安大学出版社 2006 年版,第 344 页。

乙合徒三年……"①由此可见，唐律中是以下手重者作为认定直接伤害、杀害者之标准的，虽然有着一定的借鉴意义，但是缺陷也十分明显。当前又有学者提出在无法查明的情况下，只对首要分子以故意伤害罪、故意杀人罪认定，而对其他积极参加者则以聚众斗殴罪认定。② 我们认为，这种观点也是存在问题的。若只将首要分子以转化的犯罪认定，那么就与上文提及的"首要分子事先已经声明不得致人重伤、死亡，且在斗殴过程中的客观表现也确实证明了其一直坚持此种观点的，以聚众斗殴罪认定"相矛盾了。况且，这也会使真正的直接实行者逃脱应有的处罚，显然不符合罪刑法定原则以及罪责刑相适应原则。所以，当前只有在案件调查时综合、仔细地进行分析，综合比对犯罪嫌疑人、被告人的口供、当时现场的情况、被害人的伤痕等诸多客观方面来排查直接施害者，至于实在无法区分的，还需要进一步进行研究。

（四）是否存在聚众斗殴中过失致人重伤、死亡的情况以及如何处罚

我们认为，聚众斗殴过程中是存在过失致人重伤、死亡的情况的。关键在于斗殴过程中有没有发生犯意的转化。如果一直只是持有斗殴的故意的，那么致人重伤、死亡就是"意料之外"的结果，显然是过失；反之，若犯意已转向故意伤害、杀害，那么致人重伤、死亡就在"意料之中"。对于前种情况，就不能以转化犯认定，而应认定为想象竞合犯，择一重罪处断。③

我们认为，本案中窦甲、李某实施了纠集行为，窦丙实施了授意行为，应认定为首要分子，且主观上具有致人重伤的故意；窦乙及张某、"刘老四"等多人为直接实行者，上述犯罪分子应以故意伤害（致人死亡）罪认定。④ 对于其他积极参与者则应认定为聚众斗殴罪。

（作者：张新亚）

---

① 曹漫之主编：《唐律疏议译注》，吉林人民出版社1989年版，第727页。
② 参见王作富主编：《刑法分则实务研究（第三版）》，中国方正出版社2007年版，第1276页。
③ 参见苏雄华：《试析刑法第292条第二款的理解与适用》，载《沧桑》2007年第4期。
④ 不认定为故意杀人罪，是因为综合当时的情况分析，双方矛盾的起因是琐事，先前并没有仇恨等，因此不存在杀人的故意而只存在伤害的故意。

案例 107. 瞿某传授犯罪方法案*

——传授犯罪方法罪和教唆犯罪的区别

案情介绍

1994年6月下旬,瞿某由贵州省铜仁市窜至贵阳市贵州铝厂中学刘某之父处,将麻醉药的配方及用麻醉药注入饮料将他人麻醉后抢劫的方法传授给刘某。7月某日,刘某在兴义至贵阳的客车上,用注入麻醉药的饮料将一乘客麻醉后,抢走其现金90元、单卡收录机1台。同月14日,刘某在贵州铝厂塔山液化气站值班室,用注入麻醉药的饮料将王某某麻醉后,抢走其现金90元、上海牌手表1块。

此后,刘某伙同他人用此种麻醉药注入饮料将他人麻醉后抢劫的方法分别结伙抢劫作案9次,共计抢走他人现金3000余元、金戒指4枚、金耳环4副、照相机1台、单卡收录机1台、上海牌手表1块等财物。破案后,追回赃款4114.40元(其中返还失主2300元)、金戒指1枚、手表1块。

贵州省贵阳市中级人民法院以传授犯罪方法罪判处被告人瞿某无期徒刑,剥夺政治权利终身。

理论争议

对于本案中瞿某构成何罪,一种观点认为,瞿某构成抢劫罪的共犯,理由是瞿某教会了刘某用麻药麻醉他人然后抢劫的做法,其目的就是为了让刘某去抢劫,是一种教唆的行为。根据我国教唆犯处罚原则,应当根据刘某所犯的罪来定罪处罚,因此瞿某构成抢劫罪的共犯。另外一种观点认为,瞿某构成传授犯罪方法罪,理由是瞿某只是将犯罪的技艺和技巧传授他人,并没有直接教唆刘某去进行抢劫这一犯罪行为,因此只是构成传授犯罪方法罪。

---

* 案例来源:(1996)黔刑终字第573号。

法理分析

传授犯罪方法罪,是指以语言、文字、动作或者其他方法,将实施犯罪的具体方法、技能传授给他人的行为。《刑法》第295条规定:"传授犯罪方法的,处五年以下有期徒刑、拘役或者管制;情节严重的,处五年以上十年以下有期徒刑;情节特别严重的,处十年以上有期徒刑或者无期徒刑。"

本案中的瞿某究竟是以传授犯罪方法罪定罪处罚还是以抢劫罪的共犯论处,关键在于明晰传授犯罪方法罪与共同犯罪中的教唆犯的区别与联系。在全国人大常委会1983年9月2日公布的《关于严惩严重危害社会治安的犯罪分子的决定》设立传授犯罪方法罪之前,司法实践对传授犯罪方法的行为构成犯罪时,是按教唆犯罪处理的,原因即在于两者具有很多共同之处。但是在1997年《刑法》将传授犯罪方法的行为规定为独立的罪名之后,就应当明确地把传授犯罪方法与共同犯罪中的教唆犯区分开来。

(一)传授犯罪方法罪的犯罪构成

1. 客体

关于传授犯罪方法罪所侵犯的客体,刑法学界一般有以下几种不同的意见:第一种认为侵犯了公共安全;第二种认为侵犯了公私财产关系;第三种认为侵犯了不特定的客体,具体要依照被传授人所为的犯罪来确定;第四种观点认为侵犯了社会管理秩序;第五种观点认为侵犯了复杂客体。

我们认为,本罪的客体应当是社会治安管理秩序。传授犯罪方法罪给社会带来的危害主要体现在两个方面:第一,被传授者通过学习犯罪方法,思想受到影响,有可能将这种方法付诸实践,增加了社会上潜在的犯罪率;第二,掌握了犯罪方法的犯罪者,将更有利于实施犯罪或者逃避侦查,或者危害更多的人和财产,从而对社会治安构成威胁。因此,本罪侵犯的直接客体应当是社会治安管理秩序。[①]

2. 客观方面

本罪在客观方面表现为行为人实行了向他人传授犯罪方法的行为。所谓"传授犯罪方法",需要分别理解"传授"和"犯罪方法"两个含义。

传授,是指教导的一个过程。从方式上来说,既可以是公开的,也可以是秘密的。文字、图画、言语、身体动作等都可以在传授的过程中被使用。现在科技

---

① 参见杜志娅:《试论传授犯罪方法罪》,载《北京人民警察学院学报》2001年第6期。

发达，犯罪方法不仅仅可以面对面，还可以通过第三人转述，甚至通过电视、网络、多媒体等进行传授。传授的对象不仅可以是完全刑事责任能力人，也可以是未达到刑事责任年龄的人，只要具有一定的接受能力。如果是对完全失去接受能力的精神病人传授，则因其不具有接受能力，只能是成立传授犯罪方法罪中的对象不能犯的未遂。传授的人数不影响定罪，传授犯罪方法的时间也没有要求，既可以是在犯罪分子产生犯意之前，也可以是在犯罪分子产生犯意之后。① 传授的程度上，我们认为，并不要求被传授人实际上真正学会所传授的方法，无论被传授人学到了怎样的程度，都不影响传授人本身行为的性质。否则就会出现要以被传授人接受能力来确定传授人是否构成犯罪，也即是以他人的接受能力来确定本人行为性质的奇怪现象了。

犯罪方法指的是实现犯罪目的的手段、途径、步骤以及技术等。既包括实施犯罪的方法，如盗窃、抢劫等，也包括为实现犯罪所做的准备活动，比如制造工具，还包括犯罪后如何逃避打击的方法，如逃匿的方法等。有学者认为，犯罪方法仅限于直接故意犯罪的方法，不包括间接故意和过失犯罪的方法。② 因为间接故意和过失不存在犯罪目的，所以不存在方法的选择。一旦犯罪人去选择方法，必然存在犯罪目的，而目的只存在于直接故意之中。因此，既然有方法，必然有目的，有目的，则必然是直接故意犯罪，不然在逻辑上就说不通。

一般认为，传授犯罪方法罪是行为犯，只要行为人着手实施了传授行为即为既遂，"传授犯罪方法罪的传授人只要实行了传授犯罪方法的行为即构成了犯罪既遂，不要求被传授人接受、学会了被传授的犯罪方法以及利用该方法去实施某种犯罪。"③

3. 主体

本罪的犯罪主体是一般主体，即任何年满 16 周岁，具有刑事责任能力的自然人。

4. 主观方面

主观方面是故意，并且只能是直接故意，即行为人明知是用于违法犯罪的方法而故意向他人传授，并希望他人学会该犯罪方法。从"传授"二字上讲，传授既是手段，也是目的，希望他人学会才是传授的目的所在，而间接故意之中，是不存

---

① 参见刘志伟、左坚卫:《传授犯罪方法罪中若干问题探究》，载《河南省政法管理干部学院学报》2003 年第 2 期。
② 参见王作富主编:《刑法分则实务研究》，中国方正出版社 2001 年版，第 1317 页。
③ 左信:《传授犯罪方法罪法定刑中的弊端及原因初探》，载《承德民族师专学报》2004 年第 3 期。

在目的一说的,因为间接故意是一种放任的,听之任之,发生与否都不违背本意的态度。有的情况下,行为人在向他人讲述犯罪方法时,并不追求让他人接受这样一个结果,主观上也并未意识到自己是在进行教导的行为,比如甲为了炫耀,向他人详细介绍了自己盗窃的方法,后来他人果然用此方法实施了盗窃的行为。这样的情况就不能一概认为是构成传授犯罪方法罪。认为只要有犯罪方法的内容出现,不顾行为人主观上是否有传授的目的就一概定为传授犯罪方法罪是不妥的。①

（二）共同犯罪中的教唆犯

共同犯罪中的教唆犯罪,是指以授意、怂恿、劝说、引诱或者其他方法故意唆使他人实施犯罪的行为,或者说是唆使原本没有犯罪意图的人产生犯罪意图,从而实施犯罪。其基本特征是行为人本人不直接实行犯罪,而是通过教唆他人按照自己的意图去实施危害社会的行为,从而达到教唆者自己的目的。我国《刑法》第29条规定:"教唆他人犯罪的,应当按照他在共同犯罪中所起的作用处罚。教唆不满十八周岁的人犯罪的,应当从重处罚。如果被教唆的人没有犯被教唆的罪,对于教唆犯,可以从轻或者减轻处罚。"关于教唆犯成立的条件,一般认为必须达到法定的责任年龄,具备相应的刑事责任能力,有教唆他人去实施犯罪的故意,以及客观方面实施了教唆他人犯罪的行为。一般根据被教唆人所犯之罪来确定教唆人的具体罪名以及既遂未遂。

（三）传授犯罪方法罪和共同犯罪中的教唆犯的区分

传授犯罪方法罪与教唆犯两者具有共同点,两者都有"教"的行为,即主观方面都是出于故意,客观方面都是实施了某种传授或者教唆犯罪的行为。前者教给他人犯罪方法,后者用言语教育、鼓励等方法促使他人犯罪,都不是自己直接进行犯罪,而是借助他人的犯罪行为满足自己危害社会的目的。两者的区别主要在于:

（1）主观方面不同。前者是行为人意图把实施犯罪的方法、手段传授给他人,教会他人,而他人学会之后是否实施犯罪,究竟将此方法用来实施什么犯罪,则与传授人无关,一般也不会与传授人产生共同故意。例如甲传授乙盗窃的方法,一年以后乙开始盗窃,乙的行为显示其与甲没有共同合意。但是甲一年前的传授行为已然构成犯罪。教唆犯中,行为人目的是使他人产生犯罪意图,而不是

---

① 参见刘志伟、左坚卫:《传授犯罪方法罪中若干问题探究》,载《河南省政法管理干部学院学报》2003年第2期。

教人具体如何犯罪,是"造意犯"。他人犯意的实现,才是行为人所追求的,行为人如何去实现这一犯罪行为,则不是教唆者主观方面内容所及。而除了教唆未遂外,教唆犯与被教唆人之间都存在着共同合意,构成共同犯罪。①

(2)侵犯的客体不同。前者侵犯的是固定的客体,即社会治安秩序。教唆犯则侵犯不特定的客体,按照所教唆的罪确定其所侵犯的客体。

(3)客观方面表现不同。前者传授的是犯罪的技能和经验,传授的内容之中必须有明确的犯罪方法,而他人原来是否有犯罪意图则不在传授人考虑的范围之内,无论有或没有都不影响传授人的定罪,因为其主观上并没有考虑这一点,并没有引起他人犯罪的意图。也有观点认为,传授犯罪方法罪中被传授人必须是已有了犯罪意图,也即传授行为必须是发生在被传授人产生犯意之后,我们认为这一观点值得探讨。②而后者主要是引起他人的犯罪意图,内容可能千变万化,但目的始终是要让他人犯罪,通过他人的犯罪行为来达到自己的目的。

(4)主体不同。前者是16周岁以上自然人方可构成,而后者则需要根据所教唆的罪来确定犯罪主体的年龄。对于《刑法》第17条第2款的八项罪,可以由14周岁以上16周岁以下的人构成教唆犯。教唆其他犯罪则必须是年满16周岁才能成立犯罪。

(5)既遂的标准不同。前者是行为犯,只要实施完传授的行为即为既遂,被教唆人是否接受该犯罪方法不影响既遂。而后者需要根据被教唆人是否实施所教唆之罪来认定犯罪的停止形态。

(6)前者是一个独立的罪名,有独立的法定刑。而后者是共同犯罪,按照教唆之罪来定罪处罚。如果被教唆者没有犯被教唆的罪,此时不能成立共同犯罪,对教唆犯单独按照所教唆的罪定罪处罚。而传授犯罪方法罪不以共同犯罪为前提,无论被传授者是否实行犯罪,传授者都单独构成本罪。

(7)前者中行为人向同一对象传授了数个不同的犯罪方法,通常也只能构成一罪。而后者中行为人向同一对象教唆了数个不同的犯罪,行为人因为实施了数个不同的犯罪行为,则分别构成数个犯罪,应当数罪并罚。③

如果出于一个犯罪目的,既教唆他人犯罪又传授犯罪方法的,也就是为了保证被教唆人顺利实施犯罪,又传授了所教唆罪的犯罪方法,或者边教唆边传授,

---

① 参见叶高峰:《论传授犯罪方法罪》,载《郑州大学学报(哲学社会科学版)》1986年第2期。
② 参见冯殿美:《略论传授犯罪方法罪与教唆犯》,载《法学论坛》1986年第2期。
③ 参见刘志伟、左坚卫:《传授犯罪方法罪中若干问题探究》,载《河南省政法管理干部学院学报》2003年第2期。

或者通过传授的方式来教唆的,即传授犯罪方法是为了实现教唆他人犯罪的目的,方法行为又触犯他罪,对此应当以牵连犯论,从一重处断。如果以不同犯罪内容分别传授犯罪方法与教唆的,则应当数罪并罚。

明确了传授犯罪方法罪与教唆犯的区别之后再来看案例中的瞿某,其只是传授了抢劫的方法,并没有直接教唆刘某去犯罪,从瞿某的主观上讲,也没有教唆其去抢劫的故意,只是传授犯罪技巧而已,之后刘某的抢劫行为并没有与瞿某商量,只是使用了其传授的方法。因此,对瞿某应以传授犯罪方法罪定罪处罚,法院的判决是正确的。

(作者:余家恺)

案例108. 赖某某医疗事故案*

——医疗事故罪的正确定性

案情介绍

赖容某因患风湿性心脏病,每月需注射一瓶长效西林(即青霉素)针剂治疗。1997年8月19日下午3时许,赖容某自带一瓶长效西林针剂到街口医院蓝田门诊部要求不做皮试直接注射。赖某某经请示值班医生,当班医生谢某表示不做皮试不能注射。下午4时许,赖容某再次恳求赖某某为其注射。赖某某碍于情面,不顾规章约束,不做皮试直接为赖容某注射一瓶西班牙产120万单位的长效西林。在注射过程中,赖容某当即出现过敏反应,赖某某及当班医生马上采取抢救措施,并迅速将赖容某送往从化市人民医院抢救。但因抢救无效,赖容某于次日上午死亡。8月27日从化市医疗事故技术鉴定委员会对赖容某作出死亡鉴定,并于9月6日组织死者亲属及从化市街口镇医院蓝田门诊部等单位协商补偿死亡有关费用。经协商,由从化市街口镇医院蓝田门诊部补偿赖容某亲属42000元。

从化市人民法院以医疗事故罪,判处被告人赖某某有期徒刑1年,缓刑3年。

---

* 案例来源:广东省从化市人民法院。

> 理论争议

本案中行为人构成何罪？第一种观点认为赖某某构成过失致人死亡罪，理由在于其主观方面是过失，客观上实行了一定的伤害行为，导致了死亡后果的发生。第二种观点认为，赖某某构成故意杀人罪，理由在于其明知注射可能发生的后果，而放任这一后果的发生，属于间接故意，因此构成故意杀人罪。第三种观点认为，赖某某构成医疗事故罪。

> 法理分析

（一）医疗事故罪的犯罪构成

医疗事故罪，是指医务人员由于严重不负责任，造成就诊人死亡或者严重损害就诊人身体健康的行为。

1. 客体

本罪侵犯的客体在于国家对医疗工作的管理活动和就诊人的生命权和健康权。

2. 客观方面

客观方面，本罪表现为医务人员严重不负责任，造成就诊人死亡或者严重损害就诊人身体健康的行为。具体而言，包括以下几个方面：

（1）医务人员在就诊、护理工作中有严重不负责任的行为。理论上一般认为，医疗事故按照事故发生的原因分为责任事故和技术事故。在医务工作中发生的医疗技术事故的，不构成本罪。所以，这里的严重不负责任，指的是违反规章制度和诊疗护理常规。这里的规章制度，是指与保障就诊人生命健康等有关的处方、麻醉、手术、输血等方面的具体细节规定。一般这些都由国家予以明文规定，比如《中华人民共和国药品管理法》《全国医院工作条例》《医院工作制度》《医院工作人员职责》《全国中医医院工作条例》等等。认定行为人是否违反了规章制度和诊疗护理常规，就是以上述规定为标准。至于行为人的行为方式，则既可以是作为，比如开错刀、打错针、发错药等，也可以是不作为，比如本应履行义务却不予履行、本应检查病人护理情况却未检查等。①

（2）违反规章制度的行为，必须造成了就诊人死亡或者严重损害就诊人身体健康的后果。本罪是结果犯，如果没有这样的结果发生，就不构成医疗事故

---

① 参见赵秉志主编：《中国刑法案例与学理研究（第五卷）》，法律出版社2004年版，第183—184页。

罪。对于什么是"严重损害就诊人健康"的标准,刑法学界有不同的理解。国务院《医疗事故处理办法》第 6 条将医疗事故按照病人的损害程度,分为三级。"事故"包括哪几级事故,就成为各种学说的分界点。我们认为,从立法原意、预防犯罪、保障公民的人身权利等方面考虑,应当把三级医疗事故都包括进去。①

(3) 医务人员严重不负责任的行为与就诊人死亡或者身体健康严重受损的结果之间具有刑法上的因果关系。刑法上的因果关系是指犯罪与对定罪量刑有价值的危害结果之间引起与被引起的合乎规律的联系。一个人只能对自己的危害行为所造成的危害结果承担刑事责任。在医疗过程中,医务人员是否应当对自己的行为承担刑事责任,取决于所造成的危害结果是否由于医务人员的危害行为所致。对于医疗事故罪来说,危害行为与危害结果之间引起与被引起的关系一般表现为一因一果,也就是一个医务人员的危害行为造成了严重后果的发生,或者是多因一果,也即是两个或者两个以上的医务人员共同过失,造成了一定的危害结果,比如医生开出药方但未给出医嘱,护士在没有医嘱的情况下误将不能服用的药给病人服用,造成了病人死亡的结果等。②

同时,上述的医疗事故,必须都是发生在医务人员合法、正常的医务活动中。因此,医务人员如果超出医疗机构授权或者委托,擅自从事的医疗行为就不属于这里所说的"正常工作中"。

3. 主体

医疗事故罪的主体根据《刑法》第 335 条的规定来看,是特殊主体,指的是医务人员。对于医务人员的范围,学界的分歧很大,基本可以分为以下三种观点:

第一种观点认为医务人员指的是医疗机构的所有工作人员。理由是医疗机构中的职业分工虽然不同,但都是为了救死扶伤,部门之间需要紧密配合,无论哪一个环节失误都会造成医疗事故的发生。

第二种观点认为医务人员指的仅仅是卫生技术人员。理由在于国家对医疗事故罪的规定是出于医务人员工作的特殊性、危险性,因此在刑罚的设置上也体现了对于医务人员工作危险性的考虑。如果把其他后勤人等都包括在内,则有放纵这类人的犯罪之嫌。因此,医务人员应当仅仅指的是卫生技术人员。也即是指经过考核和卫生行政机关批准或者承认取得相应资格的各级各类卫生技术人员。按照业务性质来分类的话,我国的医务人员一共分为四类:医疗防疫人员、药剂人员、护理人员、其他技术人员(包括从事检验、理疗、口腔技术工人等)。

---

① 参见叶高峰:《略论医疗事故罪》,载《郑州大学学报(社会科学版)》2000 年第 2 期。
② 参见江晓燕:《医疗事故罪立法完善初探》,西南政法大学 2007 年硕士学位论文。

第三种观点认为,一般情况下,只有卫生技术人员可以成为医疗事故罪的主体,但是在特殊情况下,医疗管理、后勤人员等也可以被视为医务人员。关键在于看这个时候他们有没有负有保障公民生命、健康权利而必须履行的某种义务。①

我们认为,对于医务人员的界定,不应当从工作人员的职称或者地位出发,而在于职责范围。卫生技术人员的职责,就是救死扶伤。而其他的后勤管理人员,他们的职责一般是行政管理等,因此,一般情况下不会直接危害到病患的身体健康,所以不应当成为医疗事故罪的主体。但是在特殊的情况下,直接负有保障人民生命安全和身体健康的特定医务的人员的严重不负责任的行为,往往会直接导致就诊人死亡或者身体健康严重受损。这样的情况下,这些人员的职责和卫生技术人员并无不同,危害行为造成的后果的严重程度也大致相似。因此,对这部分人在这种情况下的严重不负责任,造成就诊人死亡或者严重损害就诊人身体健康的,应该以医疗事故罪追究刑事责任。②

4. 主观方面

医疗事故罪的主观方面是过失,包括轻信过失和疏忽大意的过失。但我国有学者一方面在肯定医疗事故罪的主观罪过只能是过失的同时,又认为,"从合情的角度上讲,并参照世界其他一些国家和地区的立法例,医疗事故罪在主观方面应当可以包含间接故意的部分内容,而不能包含间接故意的全部内容。"③理由在于,刑法理论中认为间接故意与过于自信的过失区分主要在:间接故意中,行为人对危害结果的发生持放任的态度;轻信过失中,行为人对危害结果的发生是不希望的,但这种不希望是凭借一定的主客观条件认为的,只是对于这些条件不适当的估计才导致了危害结果的发生。如果毫无根据地认为危害结果不发生,那就只能是放任的态度,属于间接故意,而不是过失了。实践中,确实存在着医疗者既不希望危害结果发生,又只是侥幸地认为危害结果不会发生,这种情况本就属于间接故意的表现。④ 我们认为,医疗事故罪中的主观方面应当严格限定为过失,而不能包括间接故意。虽然在实践中,确实存在着间接故意和过失很难区分的情况,但是并不意味着在理论上就无法区分二者,实践中的取证难问题不能否定理论上二者的区别。一般通说认为,过失与间接故意的区分主要在于

---

① 参见江晓燕:《医疗事故罪立法完善初探》,西南政法大学 2007 年硕士学位论文。
② 参见赵秉志主编:《中国刑法案例与学理研究(第五卷)》,法律出版社 2004 年版,第 165 页。
③ 曹子丹、侯国云主编:《中华人民共和国刑法精解》,中国政法大学出版社 1997 年版。
④ 参见张维:《论医疗事故罪的认定》,吉林大学 2007 年硕士学位论文。

认识因素和对于危害结果的态度方面,这一点已经形成了共识。

(二) 医疗事故罪与他罪的区分

明确了医疗事故罪的犯罪构成之后,就可以来探讨医疗事故罪与故意伤害罪、故意杀人罪之间的区分了。两者在客体上,故意杀人罪和故意伤害罪主要是对于他人生命、健康权利的侵犯,而医疗事故罪是对于医疗机构的管理秩序的侵犯。客观方面,医疗事故罪表现为在诊疗护理的过程中,严重不负责任,违反规章制度,造成就诊人死亡或者严重损害就诊人身体健康的行为。① 主体上面,从以上的分析可以知道,医疗事故罪的主体主要是医务人员,一般情况下是指经过国家考核与批准承认的卫生技术人员,而后两罪的主体则是一般主体。主观方面来看,医疗事故罪表现为过失,而故意伤害与杀人则是故意。刑法中的故意与过失都是针对危害结果而言的,而不是针对行为。医疗事故中,可能对于规章制度的违反,行为人是出于故意,而对于造成的结果,则只能是过失;而后两罪,对于伤害与死亡的后果,行为人的主观方面是出于故意。

过失致人重伤、死亡罪,是指由于普通过失而致人重伤、死亡的行为。其与医疗事故罪都属于过失型犯罪,只不过医疗事故罪是一种业务型过失,而过失致人重伤、死亡则是一般过失犯罪。两者的结果都造成了被害人的重伤或者死亡。在客体上,前者主要是侵犯公民的生命、健康的权利。客观方面,后者主要是在医疗活动中,违反医疗法规规定和诊疗护理规范,严重不负责任,造成就诊人死亡或者严重损害就诊人身体健康的行为;前者则不是发生在医疗活动中,违反的也不是医疗卫生管理法规、行政法规等,而是一般的日常生活的习惯、准则。主体上,医疗事故罪是特殊主体,而过失致人重伤、死亡罪则是一般主体。② 医疗事故罪与过失致人重伤、死亡罪是法条竞合的关系,如果是由于医疗事故而致人重伤、死亡的,应当按照法条竞合的原理,特别法优于普通法,按照医疗事故罪定罪处罚。

本案中,赖某某不顾规章约束,不做皮试而给被害人注射,主观方面应当是明知这样的行为有可能危害到病人,只是轻信发生的可能性小,轻信可以避免危害结果的发生。主观上也是不希望发生危害结果的,从结果发生后,赖某某立刻送被害人急救这一行为即可以看出。因此,排除其主观上故意的可能,只能定为过失,而这一过失行为发生在诊疗护理的过程中,符合医疗事故罪的犯罪构成,虽然也是由于过失而致人死亡,但其是业务过失,违反了规章制度和诊疗护理常

---

① 参见王干举:《医疗事故罪研究》,郑州大学 2003 年硕士学位论文。
② 参见郑源:《论医疗事故罪》,四川大学 2005 年硕士学位论文。

规。根据以上的分析,赖某某应当以医疗事故罪定罪处罚,法院的判决是正确的。

(作者:余家恺)

案例 109. 孟某医疗事故案*

——具有执业资格的医生根据民间验方、偏方制成药物诊疗,造成就诊人死亡的行为如何定性

案情介绍

孟某系个体医生,具有行医资格和执业许可证。他在某医专学习期间,某教授曾传授其一则治疗腰、腿疼等风湿病的民间验方,用于临床具有一定疗效。他在此后的行医过程中,未经国家卫生行政部门批准,即将该验方配制成胶囊给患者服用,未见不良反应。2004年5月上午,王某等两个村民因腰疼和周身疼到孟某处治疗,孟某给二人开具了自己按上述验方配制的胶囊,二人服后称有效,孟某遂加大剂量让二人服用,后二人均出现中毒症状,孟某闻讯后,采取了相应的抢救措施,王某经抢救脱险,另一个村民经抢救无效而死亡。经鉴定,该人生前患有高血压、冠心病,因服用了孟某配制的含有超标准有毒物质"乌头碱"的胶囊中毒,未能及时抢救而死亡。孟某案发后投案自首,并赔偿被害人一方1500元。

检察院以孟某犯生产、销售假药罪提起公诉,一审法院判定孟某行为构成医疗事故罪。检察机关提出抗诉,二审法院认为,原判认定的事实清楚,定罪准确,罪刑适当,裁定驳回抗诉,维持原判。

理论争议

具有执业资格的医生根据民间验方、偏方制成药物诊疗,造成就诊人死亡的行为如何定性?一种观点认为,在这种情况下,该药品即为假药,且足以危害人

---

* 案例来源:中华人民共和国最高人民法院刑事审判第一庭、第二庭编:《刑事审判参考(总第54辑)》,法律出版社2007年版,第52页。

体健康,并且其明知可能危害患者的健康,而采取放任态度,造成患者中毒、死亡的严重后果,其行为已构成了生产、销售假药罪。另一种观点则认为此种行为构成医疗事故罪。

法理分析

具有执业资格的医生根据民间验方、偏方制成药物诊疗这一行为,在行为的很多方面都符合生产销售假药罪的规定,但结合本案来看,此种行为真的构成生产销售假药罪吗?答案是否定的。

(一)客观方面

1. 如何理解"假药"与"生产、销售行为"

所谓"假药"是指依照《中华人民共和国药品管理法》的规定属于假药和按假药处理的药品与非药品。该法第 98 条规定,有下情形之一的,为假药:第一,药品所含成分与国家药品标准规定的成分不符;第二,以非药品冒充药品或者以他种药品冒充此种药品。需要特别说明的是,作为本罪犯罪对象的假药专指人用药,不包括兽用药或其他动植物用药。

针对个体诊所的药品经销权和处方权,国家也有专门的规定。《中华人民共和国药品管理法实施条例》第 62 条规定:"个人设置的门诊部、诊所等医疗机构向患者提供的药品超出规定的范围和品种的,依照《药品管理法》第七十三条的规定处罚。"

由上述规定可以看出,孟某所制造的胶囊未经国家药品监督管理部门检验,其药方也根本达不到国家的标准,认定为假药是没有问题的。

2. 如何认定"生产、销售"的行为

生产假药,是指违反药品管理法规,非法加工、制造假药的行为;销售假药,是指将自己或他人生产的假药非法出售的行为。从表面上看,具有执业资格的行为人制造药品,然后出售给患者,貌似已经构成了生产和销售这种行为。但究其实质,生产、销售假药罪侵犯的是社会主义市场秩序,该罪的实质是以低廉的成本获取高额的利润,危害消费者的权益。结合本案被告人制造药品只是想给患者治疗病情,是简单的交易,而非生产、销售假药罪中的"生产、销售"。所以,本案不符合生产、销售假药罪的客观方面。

(二)主观方面的罪过

生产、销售假药罪的主观方面表现为故意,即明知是假药而生产、销售的心理状态。如果行为人不知道或主观上没有意识到自己生产、销售的药品是假药,则阻却犯罪故意。

有的观点认为,被告人明知可能危害患者的健康,而采取放任的态度,造成患者中毒、死亡的严重后果。但结合本案,孟某这一偏方的取得是来自于医专的一位教授,使得他对该偏方有一种内心的确认,并且在他以后的行医过程中,未出现不良反应,故对该药方深信不疑。虽然说从法律认定的角度来看,该药品是假药的认定是没有问题的,但从被告人的角度来说,他主观上并不认为该药品是假药。所以说,孟某虽然是在未按有关规定获得批准的情况下生产、销售自制药品致病人死亡,但其主观上只是出于对于偏方的信任和依赖心理,而非放任的故意心态,因此不能认为其有生产销售假药的故意。

由此可以得出第一个结论:此种行为只是在某些细微的表象上类似于生产、销售假药罪,但实质上客观方面和主观方面都不符合生产、销售假药罪的犯罪构成。

(三) 此行为与医疗事故罪的关系

医疗事故罪在主观方面表现为过失,即行为人应当预见到自己严重不负责任的行为会造成就诊人死亡或者严重损害就诊人身体健康,因为疏忽大意而没有预见或者经预见但轻信可以避免的主观心理态度。虽然本罪的行为人在违反规章操作的过程中是明知的或故意的,但对造成就诊人死亡或者严重损害就诊人身体健康之后果是持否定态度的。[①] 过失犯罪分为两种:疏忽大意的过失和过于自信的过失。在本案中,孟某是一名具有执业资格的医生,他对自己的药物有一个内心的确认,而且不是一开始就给被害人开了大量的药品,而是在有效果后才加大剂量的,他也不希望被害人因药品而中毒,所以其心态属于过于自信的过失。

医疗事故罪的犯罪主体是特殊主体,即医务人员。所谓医务人员,是指经过卫生行政机关批准、承认,或者经过医药院校教育、经过各级卫生机构培养训练后经考核合格,取得相应资格并从事医疗实践工作的各级各类卫生技术人员。在本案中,孟某即为医务人员,是具有执业资格的医生。

医疗事故罪在客观方面的行为表现是医务人员在诊疗护理工作中严重不负责任,违反卫生法规或诊疗护理常规,从而造成了就诊人员死亡或者严重损害了就诊人员身体健康。一方面,行为人在医疗护理工作中实施了严重不负责任的行为。违反规章制度和常规是造成医疗事故的原因,也是行为人应负刑事责任

---

① 参见王作富主编:《刑法分则实务研究(第三版)》,中国方正出版社 2007 年版,第 1539 页。

的前提条件。另一方面,行为人的行为必须造成了就诊人死亡或者严重损害就诊人身体健康的危害后果。本案中,孟某违反规定自制药品,未达国家卫生标准,而运用于临床治疗患者过程中,造成了被害人死亡的后果,这一行为是符合上述两个方面的。

由此可以得出第二个结论:此种行为是符合医疗事故罪的犯罪构成的,应以医疗事故罪认定。

(作者:韩玉)

案例 110. 黄某非法行医案*

——非法行医罪的认定

案情介绍

2003 年 3 月 17 日 21 时许,蓝某之夫邹某去其老乡黄某家中,请黄为蓝某接生。黄在邹的再三恳求下,答应帮忙。3 月 18 日凌晨 1 时左右,在黄的帮助下婴儿出生,但全身发紫、无声,后发现婴儿已死亡。随后蓝某连喊肚子痛,要求黄某给其打针和用消炎药,但仍未见好转。凌晨 3 时许,邹某将蓝某送某区人民医院,蓝某经抢救无效死亡。后经某大学法医鉴定中心鉴定,蓝某是因宫缩乏力导致大出血休克死亡,婴儿属死产。黄某对指控事实供认不讳,表示认罪服法,且赔偿被害人一家丧葬及安家费用共计 143000 元。法院经审理,认定黄某不应对被害人死亡承担全部责任,但黄某在接生过程中存在操作不当及处理不当等问题,应对严重损害就诊人身体健康承担刑事责任。鉴于黄某认罪态度较好,且积极赔偿经济损失,应酌情从轻处罚。法院判决被告人黄某犯非法行医罪,判处有期徒刑 4 年,并处罚金 3000 元。

理论争议

对于本案的认定,存在如下不同意见:第一种观点认为,黄某的行为不应以非法行医罪加以认定,因为不论是在行为侵犯的客体、行为的客观方面,以及行

---

* 案例来源:杨易主编:《刑事案例分析与判案技巧》,人民法院出版社 2006 年版,第 474 页。

为人的主观方面等构成要件上,都与非法行医罪不符;第二种观点认为,黄某的行为构成非法行医罪。问题的关键在于对非法行医罪各构成要件要有正确的理解。

> 法理分析

我国《刑法》第 336 条第 1 款规定,"未取得医生执业资格的人非法行医,情节严重的,处三年以下有期徒刑、拘役或者管制,并处或者单处罚金;严重损害就诊人身体健康的,处三年以上十年以下有期徒刑,并处罚金;造成就诊人死亡的,处十年以上有期徒刑,并处罚金。"(1) 本罪的犯罪构成中,客体方面,本罪侵犯的是复杂客体,即国家医务管理制度以及公共卫生安全,有的学者认为还包括就诊人的生命安全和健康权利。① (2) 客观方面,表现为非法从事诊断、治疗、医务护理等医疗行为。这里存在着几个问题。首先,如何解释"医疗行为"?按照目前我国刑法学界的通说以及非法行医的现状,宜将医疗行为解释为"诊断"和"治疗",诊断就是我们俗称的"望闻问切",治疗包括手术、注射、投药、处置、接生、理学疗法等;② 其次,非法行医是职业犯,其行为必须是反复实施的,因此偶尔进行非法行医的,不宜以非法行医罪认定;③ 最后,如何认定"情节严重",法律没有给出明确的规定,目前也没有相关的司法解释。一些学者以列举的方式给出了一些评判标准,如非法行医时间较长,非法获利较多,被医疗卫生行政主管部门多次制止或处罚仍屡教不改的,等等。(3) 主体方面,一般认为,"未取得医生执业资格"是指要么未取得执业医师资格,要么未取得执业证书,或者两者都未取得。也就是说,只要符合其中一种情形,就满足了非法行医罪的主体要求。至于超出证书限定的范围进行诊治活动,宜认定为行政法意义上的"非法行医"。(4) 主观方面,由于刑法条文和司法解释都没有作出规定,因此学者们也是众说纷纭。首先,对于非法行医行为本身,主观方面是直接故意无疑,即明知自己没有从医资格而实施行医行为;而对于非法行医造成的危害后果,争议的焦点在于间接故意是否也可以成为其心理态度之一。其次,有的学者认为要构成非法行医罪,主观上必须以牟利为目的,④ 但大多数学者持反对意见。下面我们结合案例逐一

---

① 参见高铭暄、马克昌主编:《刑法学(第三版)》,北京大学出版社、高等教育出版社 2007 年版,第 648 页。
② 参见张明楷:《刑法学(第三版)》,法律出版社 2007 年版,第 814 页。
③ 参见陈兴良主编:《刑法学关键问题》,高等教育出版社 2007 年版,第 432 页。
④ 参见高铭暄、马克昌主编:《刑法学(第三版)》,北京大学出版社、高等教育出版社 2007 年版,第 649 页。

分析非法行医罪的犯罪构成。

(一) 非法行医罪侵犯的客体

本罪属于《刑法》分则第六章"妨害社会管理秩序罪"中的第五节"危害公共卫生罪"。刑法中犯罪的分类主要是根据所侵害的客体不同,由此可见,将非法行医罪作如此归类主要是考虑到本罪对国家医疗管理制度的冲击以及公共卫生安全的危害。那么,是否可将就诊人的生命健康权利作为客体之一呢?从实质上来说,公共卫生安全是由每一个个体的生命健康权利组成的,非法行医罪既然侵犯了公共卫生安全,当然对个体的生命健康权利造成侵害,因此可以将就诊人的生命健康权利作为客体之一。但是,根据目前的通说,偶尔从事非法行医行为并不构成非法行医罪,理由在于:首先,行为人并未反复、继续从事医疗行为;其次,行为没有危及公共卫生安全;最后,行为人主观上没有反复实施非法行医行为的意思表示。① 如果将就诊人的生命健康权利作为客体之一,那么偶尔实施非法行医行为也可以构成非法行医罪,这显然与上述观点相悖。

我们认为,将就诊人的生命健康权利作为客体之一并不影响通说的正确性。刑法理论中有所谓的"复杂客体"概念,是指一种犯罪行为同时危害了两个以上直接客体的情况。但是几个客体之间有着主次之分,立法时是根据犯罪所侵害的主要客体进行划分的。例如,抢劫罪既侵犯了公民的财产权,也危害到公民的人身权,但是我们在本罪中将公民的财产权作为重点保护对象,因此将抢劫罪纳入到侵犯财产罪中。同理,非法行医罪侵犯的也是复杂客体,但是我们注重其对国家医疗卫生管理制度的冲击以及对公共卫生安全的侵害,因此将其归入危害公共卫生罪中。况且,偶尔进行非法行医行为,造成严重后果的,完全可以以其他罪名定罪量刑,如过失致人重伤、死亡罪等。

(二) 非法行医罪的客观方面

对于本罪的客观方面,目前较为突出的问题就是如何理解"情节严重"。前文已经提及,许多学者以列举的方式给出了一些解释,都具有一定的合理性。但是,社会是不断变化发展的,以列举法毕竟不能穷尽一切可以认定为"情节严重"的非法行医行为。因此,建议立法或司法解释对"情节严重"作出解释时,增加一个兜底条款,以保证法条的严谨性。另外,非法行医罪是典型的情节犯,不同的情节是定罪量刑的重要依据,因此不能把严重损害就诊人身体健康和造成就诊

---

① 参见顾加栋、姜柏生:《非法行医罪客观方面若干问题探讨》,载《南京医科大学学报(社会科学版)》2007年第1期。

人死亡作为"情节严重"的判断依据,因为这两种情形分别属于非法行医罪的加重处罚事由和特别加重处罚事由。① 此外,对于如何解释"医疗行为",我们认为解释为"诊断"和"治疗"是比较合理的。

(三)非法行医罪的主体

对于这个问题,我们首先要明确刑法意义上的非法行医主体不同于行政法意义上的非法行医主体。最关键的区别就在于行政法意义上的非法行医主体不仅包括未取得执业医师资格或执业证书的人,还包括未取得医疗机构执业许可证以及超出各项证照规定范围从事医疗活动的人。显然,行政法意义上的非法行医主体范围要比刑法宽。其次,至于刑法意义上的非法行医的主体,是否未取得执业证书的人也可以构成?持肯定观点的学者认为,为了规范医疗行为,最大限度地保护公共卫生安全,宜将未取得执业证书的人也作为非法行医罪的主体。持否定观点的学者认为,目前我国存在大量未取得执业证书,但是已有执业医师资格的人从事医疗活动,这些人实际上具备了进行医疗活动所必需的专业知识和技术,只是囿于形式意义上的资格审查,或者由于种种原因(如未及时注册等)而没有取得证书,且在实际医疗过程中严格按照操作规范行事,若造成某些严重的危害后果,不宜以非法行医罪加以认定,而应以行政法律法规加以规制。我们认为这种观点是正确的。

(四)非法行医罪的主观方面

前文已经提及,对于非法行医造成的危害后果是否可持间接故意的心理态度是主观方面的争议焦点。我们认为,虽然大多数情况下非法行医者不放任危害结果的发生,但是不排除某些利欲熏心的人为了牟取更多的利益,而不顾后果地给就诊者使用某些被明令禁止,或有很大副作用以及不适合就诊者体质的药物或医疗方法。在这种情况下,行为人明知其行为会造成什么样的危害后果,但是仍为了牟利或其他原因而放任危害结果发生,这显然是间接故意。因此,我们认为行为人对非法行医造成的危害后果可持间接故意的心理态度。

此外,我们认为没有必要将牟利作为非法行医罪主观方面要件的一部分。首先,刑法并没有明文规定构成本罪要以牟利为目的;其次,从司法实践来看,还存在着许多不以牟利为目的而从事非法行医的行为。因此,牟利不是本罪主观方面的必备要件。

通过以上对非法行医罪构成要件的分析,我们来看本案:黄某在主体、主观

---

① 参见陈兴良主编:《刑法学关键问题》,高等教育出版社 2007 年版,第 426 页。

方面、行为的客观方面均符合非法行医罪的构成要件,但是黄某是"偶尔"从事非法行医行为,并非反复从事,其行为并未对公共卫生安全造成侵害,而只是对被害人蓝某造成危害。因此我们认为,对黄某的行为应定过失致人死亡罪,而不应以非法行医罪认定,法院的判决是不正确的。

(作者:张新亚)

案例 111. 周某等侮辱尸体案[*]

——非法买卖尸体行为如何定性

案情介绍

周某得知其所在甲市有些乡镇未能完成上级下达的火化尸体指标,认为运尸体回当地出卖给各乡镇有利可图,遂与华某商议计划到外地买尸体。2004年3月,周某找到乙市殡葬管理所所长钟某,要求钟某将该市殡仪馆待火化的无名尸体等交由其运回甲市火化,以完成火化指标任务,并承诺每提供一具尸体,给乙市殡仪馆350元的"利是"钱。钟某将此事汇报给了时任乙市民政局福利和社会事务科科长的张某和副局长陈某(张某与陈某另案处理,已判刑),在征得张某和陈某的同意后,钟某便回到殡仪馆召集有关人员安排好向周某等人提供尸体的工作。自2004年3月31日起至2005年1月28日案发时止,周某等人共付60200元的"利是"钱给乙市殡仪馆,乙市殡仪馆共向周某等人提供无名尸体和不要骨灰的尸体共173具,除案发当晚有8具尸体被截回外,已有165具尸体被周某等人运回甲市,分别出卖给甲市不能完成火化尸体指标任务的乡镇牟利。

检察院以侮辱尸体罪对周某、华某、钟某等人提起公诉,一审法院以侮辱尸体罪对各被告人分别判处若干年有期徒刑。被告人提起上诉后,二审法院裁定驳回上诉,维持原判。

理论争议

在本案的审理过程中,主要存在着以下两个争议:

---

[*] 案例来源:国家法官学院、中国人民大学法学院编:《中国审判案例要览(2006年刑事审判案例卷)》,人民法院出版社、中国人民大学出版社2007年版,第310—317页。

其一，对于周某、华某购买并出卖无名尸体的行为应当如何定性。第一种观点认为，由于现行刑法典没有规定"买卖尸体"的罪名，根据罪刑法定原则，"法无明文规定不为罪"，周某等人买卖尸体的行为不构成犯罪，不宜对其定罪处罚。第二种观点认为，应当以盗窃尸体罪定罪处罚，盗窃是相对于国家或死者的亲人而言的，行为人采用不正当的手段，使尸体脱离国家或死者亲人的控制，因此构成盗窃尸体罪。第三种观点认为，将尸体当作货物进行买卖，是对尸体的侮辱，应当以侮辱尸体罪定罪论处。

其二，对于殡葬管理所所长钟某出卖殡仪馆的尸体的行为如何定性。第一种观点认为，钟某的行为是在征得上级领导同意的前提下进行的，带有执行上级命令的性质，阻却其行为的违法性，不构成犯罪。第二种观点认为，同样构成侮辱尸体罪，理由也是因为他将尸体作为货物买卖，构成对尸体的侮辱。第三种观点认为，钟某的行为符合滥用职权罪的犯罪构成，应当以滥用职权罪定罪处罚。

法理分析

我国《刑法》第302条新增了盗窃、侮辱尸体罪，该条规定："盗窃、侮辱尸体的，处3年以下有期徒刑、拘役或者管制。"这在一定程度上弥补了1979年《刑法》在死者尸体保护问题上的空白。但是，这个罪状规定得过于简单，导致在现实操作中问题重重。对于盗窃尸体的定义，理论界基本没有异议，一般是指"以非法占有为目的，秘密窃取尸体的行为，即采取为他人所不知晓的方法将尸体置于行为人自己实际控制支配之下，从而使他人丧失对尸体的占有"[1]。主要的争议集中在侮辱尸体的概念之上。有观点认为侮辱尸体"是指直接对尸体实施凌辱行为，如损毁尸体、分割尸体、奸污女尸、抠摸尸体阴部、使尸体裸露、将尸体扔至公共场所等"[2]。有观点认为侮辱尸体，"是指以某种方式贬损尸体的行为，如暴露、践踏、涂画、毁损，等等"[3]。还有观点认为侮辱尸体，"一般表现为言词辱骂、毁谤、贬损、秽物玷污尸体，对尸体加以猥亵、毁损、破坏，或者出卖尸体包括尸体部分、抛弃尸体，或者挖开棺木使尸体敞露、鞭尸等等"[4]。我们认为，第一种观点将侮辱尸体的行为局限于直接作用于尸体之上的强制力，未免过于狭隘，

---

[1] 孟庆华:《妨害社会管理秩序罪重点疑点难点问题判解研究》，人民法院出版社2005年版，第226页。
[2] 张明楷:《刑法学(第二版)》，法律出版社2003年版，第822页。
[3] 刘宪权主编:《刑法学》，上海人民出版社2005年版，第690页。
[4] 孟庆华:《妨害社会管理秩序罪重点疑点难点问题判解研究》，人民法院出版社2005年版，第227页。

第二种观点又较为笼统,缺乏可操作性,而第三种观点比较全面地揭示了侮辱尸体的行为特征,对于实践具有较好的指导作用,因此我们倾向于该种观点。根据这一观点,再结合本案情况,我们认为,周某、华某买卖尸体的行为应当构成侮辱尸体罪。原因如下:

首先,虽然《刑法》第302条未直接规定买卖尸体的行为,根据罪刑法定原则,"法无明文规定不为罪",但是我们不能将"法无明文规定"曲解为"法无明确规定"①,法律天生具有不周延性,立法者不可能事先预见到今后社会中出现的种种状况,所以在司法中需要对刑法进行解释。根据刑法解释原理,对刑法用语,应当适应社会发展,结合现实语境,作出符合同时代一般社会观念和刑法精神的解释。这并不违背罪刑法定原则,相反是贯彻罪刑法定原则的当然要求。②因此,买卖尸体是否构成对尸体的侮辱,要结合一般社会观念和刑法精神来看。行为人将理应受到死者家人或国家妥善安置的尸体当作货物来进行买卖,这种行为显然与社会道德伦理观念和善良风俗相悖,比起直接对尸体加以损毁、猥亵等侮辱行为,其社会危害性以及对死者亲人感情上的伤害是有过之而无不及的,应当构成对尸体的侮辱。

其次,对于有观点认为本案中周某、华某的行为构成盗窃尸体罪,我们认为是值得商榷的,因为众所周知,所谓盗窃必须是以非法占有为目的,采用秘密窃取的手段,使公私财物脱离所有人或保管人的控制的行为,那么同理,盗窃尸体,也应当是以非法占有为目的,秘密窃取他人尸体,使尸体脱离死者亲人或尸体管理人的控制的范围,以达到其不可告人之目的。但是本案中,周某、华某并没有采取秘密窃取的手段将无名尸体从殡仪馆内偷走,而是经过殡葬管理所所长的同意,"光明正大"地与殡仪馆进行交易,对殡仪馆内的无名尸体进行买卖,不存在盗窃这一行为,所以不可能构成盗窃尸体罪。

因此,我们认为,法院对周某、华某以侮辱尸体罪论处是正确的。

至于本案的另一个争议,即对殡葬管理所所长钟某出卖尸体的行为如何定性,在此对前述观点一一进行分析。

首先,对于将钟某的行为视为执行命令的行为而阻却其违法性这一观点,我们认为是不能成立的。所谓执行命令的行为,是指行为人依照上级组织或上级主管人员的命令而实施的行为。下级服从上级,完成管理国家和社会的各项使命,这是每个国家工作人员应尽的职责,因此,虽然执行命令的行为有时会涉

---

① 刘宪权、杨兴培:《刑法学专论》,北京大学出版社2007年版,第35页。
② 同上书,第34页。

某些社会成员的利益,但总体上是有利于社会的,因此法律阻却其犯罪的成立。但是,要构成执行命令的行为,必须同时符合以下几个条件:所执行的命令必须是合法有效的,行为人主观上必须具有有益于社会的正当目的,以及所执行的行为必须是在命令的规定范围内。① 本案中,钟某只是将他意欲进行的不法行为汇报给了个别上级,并取得了个别上级的同意,谈不上是在执行上级的命令,再退一步讲,就算是在执行命令,擅自买卖尸体这一"命令"也明显具有违法性,不能阻却行为的犯罪性。

其次,无论是认为钟某的行为构成侮辱尸体罪还是认为构成滥用职权罪的观点,我们认为都是失之偏颇的。作为整个买卖尸体行为中的一个组成部分,钟某出卖殡仪馆无名尸体的行为同样构成侮辱尸体罪无疑,但是,他的行为同时符合滥用职权罪的构成要件,属于想象竞合的情况。滥用职权罪是指国家机关工作人员滥用职权,致使公共财产、国家和人民利益遭受重大损失的行为。这里先要讨论钟某是否属于国家机关工作人员。国务院《殡葬管理条例》第 3 条规定:"国务院民政部门负责全国的殡葬管理工作。县级以上地方人民政府民政部门负责本行政区域内的殡葬管理工作。"而钟某所属的殡葬管理所正是民政部门具体负责殡仪馆、火葬场、骨灰堂、公墓、殡仪服务站等殡葬工作的机关,属于国家行政机关,因此,钟某符合国家机关工作人员的主体要件。再看滥用职权的客观方面,必须有国家机关工作人员滥用职权的行为,即无权擅用或有权滥用。虽然钟某将此事汇报给了个别上级,但该上级领导本身不具有决定权,其同意不具有法律效力,钟某利用自己殡葬管理所所长的特殊身份,将其管辖范围内的殡仪馆内的无名尸体非法出卖给个人,以牟取私利,显然属于超越职权,擅自决定或处理没有具体决定、处理权限的事项,符合客观方面的要求,主观上又是故意的,完全符合滥用职权的构成要件。钟某的一个行为同时触犯了侮辱尸体罪和滥用职权罪两个罪名,属于想象竞合犯,应当按照想象竞合犯的处理原则,从一重罪论处。那么这两个罪究竟哪个罪处罚较重呢?我们来比较下两罪的法定刑。《刑法》第 302 条规定:"盗窃、侮辱尸体的,处 3 年以下有期徒刑、拘役或者管制。"第 399 条第 1 款规定:"国家机关工作人员滥用职权或者玩忽职守,致使公共财产、国家和人民利益遭受重大损失的,处 3 年以下有期徒刑或拘役;情节特别严重的,处 3 年以上 7 年以下有期徒刑。本法另有规定的,依照规定。"可以看出,即使只是构成一般情节的滥用职权罪,由于其最低挡法定刑为拘役,也要比侮辱尸体罪的最低挡法定刑——管制高,更何况本案中钟某共出卖了 173 具尸体,极有

---

① 参见刘宪权、杨兴培:《刑法学专论》,北京大学出版社 2007 年版,第 210 页。

可能属于"情节特别严重"的情况,所以按照想象竞合犯从一重罪论处的原则,钟某的行为构成滥用职权罪更为妥当。

(作者:朱燕佳)

案例112. 周某、羊某帮助毁灭、伪造证据案*

——包庇罪与帮助毁灭、伪造证据罪的区别

案情介绍

2004年11月7日时许,羊某、覃某与林某一起在林某家的前楼客厅玩。其间,林某去后楼客厅时,发现其弟林乙某在打骂母亲。林某劝母亲上楼后,开始指责林乙某。林乙某恼怒,追打林某,并拿出弹簧刀指向林某,后刀被林某抢下,缠斗中,林某持该刀朝林乙某身上乱刺,致其当场死亡。事后,林某借用覃某的小灵通叫周某开车过来,并借故支走了覃某。林某还将其杀死其弟的情况告诉了羊某。之后,林某包裹好林乙某的尸体。不久,周某驾车到了林某家后门口。林某叫羊某帮忙,将林乙某的尸体从后门抬出,并放上了周某的车,还放了锄头、铁铲,后周某驾车载着林某、羊某离开。途中,林某把其杀死林乙某和准备往别处掩埋尸体的实情告诉了周某。后三人在一水库码头附近掩埋了尸体。

一审人民法院审理认为,周某、羊某主观上出于故意,客观上明知林某杀人,而帮助其转移尸体,毁灭罪证,其行为构成包庇罪。二审人民法院审理后认定其构成帮助毁灭证据罪。

理论争议

本案中周某、羊某的行为如何认定?一种意见认为,周某、羊某的行为构成包庇罪。帮助毁灭证据罪应当是指发生在诉讼活动过程中的帮助当事人毁灭、伪造罪证的犯罪行为。本案中,周某、羊某的行为却是发生在提起诉讼之前,而包庇罪的客观表现方式包括帮助犯罪嫌疑人毁灭、隐匿、伪造罪证,因此,周某、

---

* 案例来源:《帮助毁灭证据的行为不限于诉讼中》,http://rmfyb.chinacourt.org/public/detail.php?id=114544,2008年2月27日访问。

羊某的行为构成包庇罪。另一种意见则认为,帮助毁灭证据罪不应仅仅限于发生在诉讼活动过程中,而且包庇罪中"作假证明"并不包括帮助犯罪嫌疑人抛尸灭迹、毁灭罪证的行为,因此周某、羊某的行为应构成帮助毁灭、伪造证据罪。

法理争议

包庇罪是指明知是犯罪的人而作假证明包庇的行为。帮助毁灭、伪造证据罪是指帮助当事人毁灭、伪造证据,情节严重的行为。这两种罪在现行刑法中有很多类似之处,如行为人主观上都要求明知,在客观上都有伪证行为。两罪的区别主要在于:一是犯罪对象不同,前者仅指"犯罪的人",后者指"当事人",范围更宽。二是客观方面的表现形式不完全相同。前者表现为行为人作假证明的行为;后者表现为帮助当事人毁灭证据或者伪造证据,情节严重的行为。如果行为人同样是采取帮助当事人毁灭证据,在这种情况下,区分两罪的关键,就在于行为人是否向司法机关作假证明。

帮助毁灭、伪造证据罪是1997年《刑法》修订时设立的新罪名,在1979年《刑法》中没有规定此罪,对于帮助刑事案件的当事人毁灭、伪造证据的行为,过去的司法实践一直是以包庇罪处理的。现行刑法增加了帮助毁灭、伪造证据罪之后,对于帮助民事、行政案件的当事人毁灭、伪造证据,情节严重的行为以帮助毁灭、伪造证据罪处罚,没有异议,但对于帮助刑事案件的当事人毁灭、伪造证据的行为,在司法实践中如何认定就出现了争议。如本案中,两种观点争议的焦点主要表现在:其一,如何界定"帮助"与"作假证包庇";其二,帮助毁灭证据罪是否必须发生在诉讼中?

何为"帮助"行为?有学者将帮助限定于为当事人毁灭、伪造证据创造便利条件的行为。[①] 也有学者认为帮助当事人毁灭、伪造证据,是指为当事人毁灭、伪造证据提供帮助,至于帮助的方式则是多种多样的。[②] 因此,我们认为,在本质上"帮助"是指当事人以外的其他人所实施的一切为当事人毁灭、伪造证据的行为。

司法实践中,"帮助"表现为下列三类情形:(1)帮助者有为当事人毁灭、伪造证据出谋划策、提供便利条件的行为,即帮助者为"帮助犯"的。如帮助者主动

[①] 参见最高人民检察院办公厅编:《刑法释义与司法适用》,中国人民公安大学出版社1997年版,第597页。

[②] 参见高铭暄主编:《新编中国刑法学》,中国人民大学出版社1998年版,第856页。

教唆,指使当事人自己或者其他人为当事人毁灭、伪造证据的,或者为当事人毁灭、伪造证据提供其他各种便利条件的;帮助者受当事人的教唆、指使、引诱等,而为当事人毁灭、伪造证据出谋划策、提供便利条件的。(2)帮助者伙同当事人共同实施了毁灭、伪造证据的实行行为,即帮助者与当事人勾结,共同、直接地实施毁灭、伪造证据的实行行为,也就是说帮助者与当事人都是毁灭、伪造证据的"实行犯"。如帮助者与当事人勾结,共同将物证、书证等证据资料烧毁。(3)帮助者独自为当事人实施了毁灭、伪造证据的实行行为。本案中,周某、羊某与林某一起直接地实施了毁尸灭迹的行为,属于毁灭证据的行为,即"实行犯"的"帮助",且情节严重,已构成帮助毁灭证据罪。

何为"作假证包庇"?有的学者认为,《刑法》第310条规定的包庇行为,不限于提供虚假证明的包庇行为,还包括隐匿证据、毁灭证据、制造虚假的证人证言、伪造犯罪现场等。有的学者认为,《刑法》第310条规定的包庇行为只能是限于作假证明包庇的行为,而不包括帮助犯罪人毁灭或者伪造证据的行为。我们同意第二种观点,认为应当对包庇作狭义理解。"作假证明包庇"包括:(1)隐瞒、毁灭物证、书证;(2)制造虚伪的证人证言,如使证人不予作证或者使其作虚伪的证言,或假冒证人作虚伪的证言,或指使假冒证人作虚伪证言;(3)制造虚伪的被害人陈述,如收买、威胁被害人不告发犯罪或者推翻控告,假冒被害人作虚伪陈述,指使他人假冒被害人作虚伪陈述;(4)制造虚伪的被告人供述,如使犯罪人作虚伪供述,假冒犯罪人作虚伪供述,指使他人假冒犯罪人作虚伪供述;(5)指使、收买威胁鉴定人作虚伪的鉴定结论;(6)伪造犯罪现场;等等。[①]

因此,根据刑法的规定,包庇罪的行为方式只能是"作假证明包庇",即应局限于为犯罪分子掩盖罪行或开脱、减轻罪责而向司法机关提供虚假证明材料的行为。并且,既然《刑法》已经将帮助毁灭、伪造证据的行为规定为独立的犯罪,就不能将这种行为解释为包庇罪的表现形式。所以,对于帮助犯罪人湮灭罪迹和毁灭罪证的行为,应该按照帮助毁灭、伪造证据罪定罪处罚,不应以包庇罪论处,否则,是违背罪刑法定原则的。

帮助毁灭证据罪是否必须发生在诉讼中?有观点认为,我国刑法在帮助毁灭证据罪的罪状中使用当事人的称谓,说明必须在诉讼中实施行为才能构成帮助毁灭证据罪。我们认为这种观点失之偏颇。帮助毁灭证据罪不应当仅仅发生于诉讼过程之中,也可以发生在提起诉讼之前。与伪证罪和辩护人、诉讼代理人

[①] 参见周道鸾、张军主编:《刑法罪名精释(第二版)》,人民法院出版社2003年版,第530页。

毁灭证据、伪造证据、妨害作证罪不同,刑法相关条款并无明文规定帮助毁灭证据罪是发生在诉讼活动过程中。既然刑法未作此限制,就不能理解为只有在诉讼过程中实施帮助犯罪的人毁灭证据的行为,才能构成帮助毁灭证据罪。根据《刑事诉讼法》第 82 条的规定,"当事人"不仅包括被告人,而且包括犯罪嫌疑人。如果对在立案前实施帮助犯罪的人毁灭罪证的行为定包庇罪,对在立案后实施同样的行为定帮助毁灭证据罪,将会出现两罪在主观恶性大小和侵犯司法活动严重程度等方面的定罪倒置现象,有悖罪刑法定和罪刑期相适应原则。帮助毁灭证据罪不仅包括在诉讼活动中的帮助当事人毁灭证据的犯罪行为,也应当包括在提起诉讼之前的帮助犯罪嫌疑人毁灭证据的犯罪行为。因此,无论是诉讼前还是诉讼中实施帮助犯罪人毁灭证据的行为,都不影响帮助毁灭证据罪的成立。①

结合本案,我们同意第二种观点,理由如下:(1) 帮助毁灭证据罪不应当仅仅发生于诉讼过程之中,也可以发生在提起诉讼之前。(2) 帮助毁灭证据不只是为当事人毁灭、伪造证据提供工具和创造条件,还包括协助当事人一同毁灭、伪造证据;而包庇罪则不应包括帮助犯罪的人毁灭、伪造证据的行为。所以,周某、羊某帮助林某抛尸灭迹的行为构成帮助毁灭证据罪而非包庇罪。

(作者:韩玉)

案例 113. 周某等脱逃案*

——脱逃罪的认定

案情介绍

周某、陈某、吴某、邹某、王某因犯诈骗罪、盗窃罪,分别于 1997 年 11 月底被拘留审查,关押于某县拘留所。周某、陈某、吴某关在 1 号房,邹某、王某关在 2 号房。12 月 2 日,周某对陈某、王某说,他是受人诬告的,要逃走。陈某、王某即心动,议定当晚一起出逃,后因某些原因未成功。次日,周某因违反监规被调到

---

① 康玉海:《认定帮助毁灭证据罪应注意的几个问题》,载 http://www.chinacourt.org/article/detail/2004/12/id/145280.shtml,2023 年 5 月 12 日访问。

* 案例来源:陈兴良主编:《刑法疑难案例评释》,中国人民公安大学出版社 1998 年版,第 459 页。

2号房,邹某则被调到1号房。邹某得知陈某等三人欲逃,自己也想加入,便积极参与策划。邹某等计划以肚子痛为由,将武警和看守员骗至监房中打昏,后抢夺枪支并打开2号门,放出周某、王某一起逃走。几人还进行了现场模拟试验,并商定了逃跑路线以及制订了"攻守同盟"。后因看守人员未进监房,阴谋未能得逞。次日,公安机关提审王某。王某主动交代了他们企图逃跑的计划。周某等五人遂被戴上手铐。当晚,陈某用铁丝拨开手铐,随后其余几人也用同样方法拨开,并企图撬锁出逃,被看守人员发觉而未得逞。

理论争议

对于周某等人行为的定性,存在以下不同意见:第一种观点认为,周某等人在拘留期间无视国法,企图逃出拘留所,逃避刑事制裁,应定脱逃罪(未遂);第二种观点认为,周某等人在刑事拘留期间有组织、有准备地预谋越狱,企图攻击武警、夺取枪支,共同出逃,应以组织越狱罪(未遂)认定;第三种观点认为,周某等人在刑事拘留期间,为了逃避刑事制裁,共同谋划越狱,并企图对武警、看守人员实施殴打、捆绑等暴力行为,夺取枪支,共同逃跑。鉴于《刑法》第317条第2款把暴动越狱的行为从组织越狱罪中分立出来,单独成罪,故对周某等应以暴动越狱罪(未遂)处断。

法理分析

脱逃罪,是指依法被关押的罪犯、被告人、犯罪嫌疑人逃离羁押场所,以及其他摆脱司法机关监管的行为。组织越狱罪,是指在押人员有组织、有计划地结伙从羁押场所逃跑的行为。暴动越狱罪,是指被关押人员采用暴力手段,集体从羁押场所逃跑的行为。[①] 从犯罪构成要件上来说,三罪名侵犯的客体都是公安、司法机关依法进行的强制剥夺公民人身自由的活动及状态。主体均为自然人特殊主体,限于被羁押的犯罪嫌疑人、被告人或者罪犯。主观方面均为故意。三罪的主要区别在于客观方面的表现不同。脱逃罪在客观方面没有太多的要求,在脱逃的方式中没有明确的约束。组织越狱罪要求有组织、有计划地从羁押场所逃跑,即在首要分子的组织、策划下,一定数量的在押人员依照周密的计划、分工,以非暴力的方式逃脱羁押场所。暴动越狱罪不仅要求在首要分子的组织、策划

---

① 参见陈忠林主编:《刑法分论》,高等教育出版社2007年版,第264—266页。

下,一定数量的在押人员依照周密的计划、分工逃脱羁押场所,还要求以暴力手段实现这一目的。

若要对本案中周某等人的行为正确认定,就必须厘清如下问题:首先,周某等人的行为是否属于在首要分子的策动、领导下,有组织、有计划地进行逃跑活动?其次,周某等人的行为是否属于暴力行为,如何理解暴动越狱罪中"暴动"的定义以及程度标准?下面让我们逐一进行分析。

(一)周某等人的行为是否属于在首要分子的策动、领导下,有组织、有计划地进行逃跑活动

《刑法》第97条规定:"本法所称的首要分子,是指在犯罪集团或者聚众犯罪中起组织、策划、指挥作用的犯罪分子。"由此可见,首要分子存在于犯罪集团或者聚众犯罪中。根据《刑法》第26条第2款的规定,所谓犯罪集团,是指三人以上为共同实施犯罪而组成的较为固定的犯罪组织。其特征是经常纠集在一起进行一种或数种严重的刑事犯罪活动,且目的较为明确;其形成是为了反复多次实施一种或数种犯罪行为;集团的犯罪活动通常有预谋、有计划地进行,即便是突发性的作案,往往也是在集团的总的犯罪故意支配下进行的。犯罪集团成员较多,形成一个集体的思想力量和行动力量。这种力量使得犯罪集团可能实施单个人或者一般共同犯罪人难以实施的重大犯罪,使得犯罪集团的活动计划周密,易于得逞,给法益造成重大损害,犯罪后也易于转移赃物、消灭罪迹、逃避侦查。① 本案中周某等人只是临时起意决定共同实施越狱行为,先前并没有"经常纠集在一起"进行一种或数种严重的刑事犯罪,且并没有"反复多次实施一种或数种犯罪行为"的故意,因此不能认定为是犯罪集团,也就没有"犯罪集团中的首要分子"存在之可能。

那么是否属于聚众犯罪呢?若是聚众犯罪,首要分子是谁?聚众犯罪是指多人(一般指三人或三人以上)聚集在一起进行犯罪行为。现行刑法典中,聚众犯罪包括两种情况:一是不属于共同犯罪的聚众犯罪,如聚众扰乱公共场所秩序、交通秩序罪,这些犯罪以首要分子为构成犯罪的必要条件;二是属于共同犯罪的聚众犯罪,如组织越狱罪。从本案来看,虽然周某等人的行为符合"聚众犯罪"的某些特征,但是,聚众犯罪中一定要有首要分子的存在,首要分子必须是犯罪的组织、领导、策划或者起其他重要作用的人,其他犯罪分子在首要分子的影

---

① 参见张明楷:《刑法学(第三版)》,法律出版社2007年版,第314页。

响下分工进行犯罪活动。而周某等人实施的企图脱逃的行为,从客观方面的表现来看并没有具体的组织、领导、策划者。周某只是提出了企图脱逃的犯意;邹某计划以肚子痛骗取看管人员;陈某用铁丝拨开手铐,并将其余几人以同样的方式解开。周某等人分别实施了策划、实施的行为,而缺乏明确的"领导"。因此,周某等人只是普通的共同犯罪,不能将其中任何人看作首要分子,"聚众犯罪"的假设也就不成立。

(二)如何理解暴动越狱罪中"暴动"的定义以及程度标准

暴动越狱行为原来是包含在组织越狱罪之中的。据我国著名的刑法学家、直接参与起草新中国第一部刑法典的高铭暄教授讲,组织越狱罪在1951年的《惩治反革命条例》上称为暴动越狱罪,在起草1979年《刑法》的过程中将其改为"组织越狱罪"。① 我国现行《刑法》将暴动越狱的行为从组织越狱罪中分立出来,单独成罪,是鉴于其极强的社会危害性和极恶劣的社会影响,须处以更为严厉的处罚、科以更重的法定刑之立法意图而进行的。关于"暴动",《现代汉语词典》的解释是"阶级或集团为了破坏当时的政治制度、社会秩序而采取的集体武装行为"。因此,对于"暴动"可理解为"暴力"和"动乱"。所谓"暴力",是指使用武器或其他方式,伤害他人、破坏公私财物,情节严重的行为;所谓"动乱",是指为实现某种目的(如推翻政府、逃避某种监管等)而进行的大规模、聚众式的反抗、反击、暴乱的行为。因此,暴动越狱罪中的"暴动"必须是大规模的、有组织的、有武装(或徒手对监管羁押或警卫人员施加暴力集体越狱等情况)的集体行为。具体说来,就是指殴打、杀害监管人员或者警卫人员,捣毁监门、围墙,破坏监管设施,抢夺枪支弹药,劫持监管人员作为人质,等等。② 本案中,周某等人计划将武警以及监管人员骗至牢房中打昏,并夺取枪支出逃,后来虽然拨开手铐,但却未造成任何人员伤亡及财产损失,从程度上来看未造成看守人员和武警的伤亡或监管场所财产的损失;从规模上看不属于大规模的集体行为,因此显然不属于"暴动"的范畴,暴动越狱罪也就无从谈起了。

所以我们认为,对于周某等人策划、实施越狱的行为,应当以脱逃罪(未遂)加以认定,而不应认定为组织越狱罪或暴动越狱罪。

(作者:朱燕佳)

---

① 参见高铭暄编著:《中华人民共和国刑法的孕育和诞生》,法律出版社1981年版,第141页。
② 参见吴占英:《暴动越狱罪研究》,载《广西政法管理干部学院学报》2005年第2期。

案例114. 张某骗取出境证件案*

——行为人本案中的身份以及指使"他人"控告之犯罪事实的认定

案情介绍

2002年3月,张某与某外资企业行政助理赵某共同策划,由张某负责拉客户,赵某负责制作虚假的证明材料,为"他人"骗取赴澳大利亚的签证。张某在收取他人办理签证的费用20万元后,将其中10万元分给赵某。嗣后张某因与赵某发生矛盾,便指使"他人"向公安机关控告赵某实施骗取出境证件犯罪。在公安机关立案侦查后,为避免自己受到牵连,张某还指使"他人"向公安机关作虚假证词,证明为"他人"骗取出境证件的行为系赵某一人所为。

理论争议

本案中,张某、赵某构成骗取出境证件罪的共犯是没有异议的。但对于张某指使"他人"向公安机关作虚假控告以及作虚假证词的行为,存在着一些不同意见。第一种观点认为,张某构成诬告陷害罪;第二种观点认为,张某构成妨害作证罪;第三种观点认为,张某构成伪证罪;第四种观点认为,张某的行为不构成独立犯罪,而应构成骗取出境证件罪的情节加重犯。

法理分析

对照本文中的案例,我们肯定,"他人"是在张某的教唆行为下作虚假控告和虚假证词的。因此,按照"对教唆犯应依照其所教唆之罪定罪"的原则,认定张某的行为构成何种犯罪,就必须对"他人"的行为有着清晰的认识。此外,"他人"既实施了虚假控告的行为,又实施了作虚假证词的行为,应分情况讨论构成何种犯罪。在这两个大前提下,我们来逐条对上述四种观点进行分析:

---

* 案例来源:刘佑生主编:《疑案精解(总第2辑)》,中国检察出版社2004年版,第250页。

(一)"他人"是否构成诬告陷害罪

诬告陷害罪,是指捏造事实诬告陷害他人,意图使他人受刑事追究,情节严重的行为。本罪的主体为一般主体,主观方面为故意,并具有使他人受到刑事追究的目的,侵犯的客体为公民的人身权利和司法机关的正常办案秩序。在客观方面,本罪表现为向公安、司法机关或有关国家机关告发捏造的(虚构的)犯罪事实,足以引起司法机关的追究活动。① 这里有两个问题需要进行讨论。首先,作虚假证词的行为显然不属于诬告陷害罪的客观方面的内容,因为诬告陷害者的目的是"引起司法机关的追究活动,从而使他人受到刑事追究"。由此可见,诬告陷害的行为发生在刑事诉讼之前,是引起刑事诉讼活动的原因,所以作虚假证词的行为不属于诬告陷害罪的客观表现,至于此行为是否构成伪证罪,将在下文进行讨论。其次,"他人"向公安机关提供的事实是否属于"捏造(虚构)犯罪事实"?对于这个问题,学界有观点认为,捏造犯罪事实既包括凭空捏造犯罪事实,也包括在发生了犯罪事实的情况下捏造"犯罪人",还包括将不构成犯罪的事实夸大为犯罪事实,其共同点是违背了客观真实捏造虚假犯罪事实。② 也有观点认为,在已有犯罪事实的基础上予以扩大,并不影响刑事责任的有无,只是影响刑事责任的轻重,所以此种行为不符合诬告陷害罪的主客观要件。③ 因此有人就提出疑问:"在发生了犯罪事实的情况下捏造'犯罪人'"的行为是否包括"在已有犯罪事实的基础上予以扩大"?我们认为,关键在于对"捏造"的理解。所谓捏造,是指无中生有、捕风捉影。由此可见,捏造并不包括在已有犯罪基础上的扩大,对于"在发生了犯罪事实的情况下捏造'犯罪人'",应该理解为已有犯罪事实,但是没有查明任何犯罪人的情况下,向公安、司法或其他有权机关告发某人,意图使原本清白的某人遭受刑事处罚。况且,"他人"向公安机关虚假控告之内容是否真实,不影响对被控告人的定罪。所以,我们认为,"他人"的"虚假控告"行为不构成诬告陷害罪。因此,张某也就不是诬告陷害罪的教唆犯。

(二)张某的行为是否构成妨害作证罪

这里需要说明,妨害作证罪本身就是通过暴力、威胁、贿买等方式阻止证人作证或指使他人作伪证,因此张某是直接的实行犯,不存在教唆的问题。本案

---

① 参见张明楷:《刑法学(第三版)》,法律出版社2007年版,第674页。
② 同上。
③ 参见黄京平主编:《刑法案例教程》,复旦大学出版社2007年版,第464页。

中,张某指使"他人"作伪证,意图使同案人承担更重的刑事责任而减轻自己的刑事责任,在主观上符合妨害作证罪意图达到的目的,即希望阻止证人作证或者他人作伪证这样的危害结果发生。在本罪的客观方面,至于是否要求用特定手段达到这一目的,法条未列举出实施的方法,认为阻止证人作证的暴力、威胁、贿买等方法,也是指使他人作伪证的方法,既于法无据,而且其中有的方法也不可能是"指使"行为所用的方法。① 因此,对于"指使"可以任何方式进行,有些学者以行为方式不符为理由认定本案中张某的行为不构成妨害作证罪,是站不住脚的。问题在于,首先,这里的"他人"是否可以成为证人?根据案例中提供的信息,我们认为"他人"也是本案的当事人,亦即犯罪嫌疑人、被告人。根据《刑事诉讼法》第62条第1款的规定,凡是知道案件情况的人,都有作证的义务。有的学者据此认为,当事人应当可以成为证人。②③ 可是《刑事诉讼法》的相关规定非常原则性,在理论界和实践部门都有人认为不能仅仅根据这一原则性的规定而硬性地将当事人也认定为证人。理由在于:第一,从人权保护角度说,如果犯罪嫌疑人、被告人也可被认定为证人,那么则违背刑事诉讼中的拒绝强迫自证原则,不符合现代法治民主性和文明性的发展要求。第二,从刑法理论上说,当事人缺乏刑法上的期待可能性,亦即如果不能期待行为人实施适法行为,就不能对行为人的行为进行非难,因而就不存在刑法上的责任。④ 我们对上述反对意见持赞同态度。其次,这里"他人"所作的,在原有犯罪事实基础上夸大同案人刑事责任之供述,是否应当被认为是"伪证"?⑤ 对于妨害作证罪中"作伪证"的含义,刑法理论中存在客观说和主观说。客观说认为,所谓作伪证,是指证人作出与客观事实不相符合的证明,亦即不论证人的主观意图如何,只要作出虚假证明,就可认定作了伪证。主观说则正好相反,只要违反了证人的记忆,即使碰巧与客观事实相符合,也成立伪证罪。可见,不论是客观说还是主观说,都认为在原有犯罪事实基础上夸大刑事责任之供述,也属于作伪证的行为。但是,正如前文所述,由于"他人"不能作为证人,因此还是不能认定张某的行为构成妨害作证罪。

---

① 参见吴占英:《妨害司法罪理论与实践》,中国检察出版社2005年版,第60页。
② 参见杨斐:《浅析伪证罪》,载《法律科学》1999年第3期。
③ 这里的解释是对伪证罪中"证人"的解释,但是我们认为,伪证罪中的"证人"应与妨害作证罪中暗含的"证人"概念相同。
④ 参见黄京平主编:《妨害证据犯罪新论》,中国人民大学出版社2007年版,第20页。
⑤ 注意妨害作证与伪证罪在"伪证"行为情节要求上的不同:伪证罪中要求的伪证行为是"对与案件有重要关系的情节,故意作虚假证明……"而妨害作证罪中的伪证行为却没有此要求。

(三) 张某的行为是否构成伪证罪的共犯

我们认为张某的行为不构成伪证罪的共犯,理由有三点。首先,如前文所述,"他人"也是犯罪嫌疑人(被告人),出于保护人权以及缺乏期待可能性的考虑,"他人"不能成为本案的证人,主体不符。其次,伪证罪客观方面的要求是"在刑事诉讼中,证人对'与案件有重要关系的情节',故意作虚假证明……"而本案中"他人"所作的供述,只是会在量刑上对赵某产生影响,而不影响对赵某的定罪,因此我们认为,其供述并不是"与案件有重要关系的情节"。客观方面的表现不符。最后,假设张某与"他人"构成伪证罪的共犯,由于张某是"指使他人"进行虚假作证行为,那么无疑张某是教唆犯。对于教唆犯,《刑法》第 29 条规定,教唆他人犯罪的,应当按照他在共同犯罪中所起的作用处罚,但是没有说明教唆行为在已有明确的罪名可以定罪量刑的情况下的处理方式。对此,我们认为,可以参照《刑法》第 104 条第 2 款的相关规定,其第 1 款是对武装叛乱、暴乱罪的规定,第二款则指出:策动、胁迫、勾引、收买国家机关工作人员、武装部队人员、人民警察、民兵进行武装叛乱或者武装暴乱的,依照前款的规定从重处罚。由此可见,对于本罪的教唆犯是有特殊处罚原则的。因此我们认为,对于教唆作伪证的行为,应该以妨害作证罪认定。

(四) 张某的行为是否构成骗取出境证件罪的情节加重犯

对于骗取出境证件罪中的"情节严重",最高人民法院《关于审理组织、运送他人偷越国(边)境等刑事案件适用法律若干问题的解释》[①]第 3 条规定:"为组织他人偷越国(边)境使用、骗取出境证件五份以上,或者非法收取办证费三十万元以上的,属于刑法第三百一十九条第一款规定的骗取出境证件罪'情节严重'。"此解释所罗列的情形较少,并没有包含本案中张某指使"他人"作虚假控告和虚假供述的行为。《公安部关于妨害国(边)境管理犯罪案件立案标准及有关问题的通知》中则规定,"骗取出境证件,具有下列情形之一的,应当立为重大案件:(1)骗取出境证件 5—19 本(份、个)的;(2)为违法犯罪分子骗取出境证件的;(3)违法所得 10—20 万元的;(4)有其他严重情节的。骗取出境证件,具有下列情形之一的,应当立为特别重大案件:(1)骗取出境证件 20 本(份、个)以上的;(2)违法所得 20 万元以上的;(3)有其他特别严重情节的。"由此可见,在据前文所述罪名均无法对张某的行为定罪量刑的情况下,可以考虑参照公安部的

---

① 该司法解释现已失效。

该通知,认定张某的行为属于"其他严重情节"或"其他特别严重行为",进而认定其为骗取出境证件罪的情节加重犯。当然,行政法规毕竟不能代替刑法规范,要真正使此类行为得到有效防范和惩治,就必须对相关法条及司法解释进行完善,否则就有违背罪刑法定原则之嫌。

(作者:张新亚)

案例 115. 王某非法收购、出售鹦鹉案*
——非法收购、出售珍贵、濒危野生动物罪的刑事违法性判断

案情介绍

王某以每只 500 元价格向他人出售自己驯养繁殖的 2 只小太阳鹦鹉和 4 只玄凤鹦鹉,其家中另外存有 35 只小太阳鹦鹉,9 只和尚鹦鹉和 1 只非洲灰鹦鹉[除玄凤鹦鹉外均属于《濒危野生动植物种国际贸易公约》(以下简称《CITES 公约》)附录二所列物种]。一审法院以被告人王某贩卖 2 只小太阳鹦鹉既遂、有 45 只保护鹦鹉待售属未遂,判决被告人王某构成非法出售珍贵、濒危野生动物罪,判处有期徒刑 5 年,并处罚金 3000 元。二审深圳市中级人民法院采纳请求从宽的上诉理由,改在法定刑以下判处有期徒刑 2 年,并处罚金 3000 元,该判决由最高人民法院核准。

理论争议

本案应如何处理,存在如下三种不同的观点:

第一种观点认为,王某的行为应当认定为非法收购、出售珍贵、濒危野生动物罪。主要理由是,我国是《CITES 公约》缔约国,该公约附录二将鹦鹉列为二级保护野生动物;最高人民法院《关于审理破坏野生动物资源刑事案件具体应用法律若干问题的解释》①(以下简称《解释》),对于野生动物和人工驯养的珍贵濒

---

* 案例来源:(2017)粤 0306 刑初 323 号、(2017)粤 03 刑终 1098 号、(2018)最高法刑核 50241561 号。
① 该司法解释现已失效。

危物种并未加以区别对待。因此,王某非法收购、出售人工驯养繁殖的鹦鹉,符合我国《刑法》第 341 条第 1 款的规定,应按照非法收购、出售珍贵、濒危野生动物罪,依法予以定罪处刑。

第二种观点认为,本案应作无罪处理。主要理由是,王某驯养繁殖野生鹦鹉,使野生鹦鹉通过人工繁育增加了数量,从而使该物种得到保护,非但不具有社会危害性,反而有利于野生动物保护。涉案鹦鹉不应被认定为属于"珍贵、濒危野生动物",《中华人民共和国野生动物保护法》(以下简称《野生动物保护法》)和《CITES 公约》对纯野生动物和人工驯养繁殖物种均予以区别对待,而《解释》将两者予以同等对待,是超出刑法文义范围的扩大解释,违反罪刑法定原则。

第三种观点认为,王某的行为应认定为非法收购、出售珍贵、濒危野生动物罪,但在量刑时应从宽处罚,包括在法定刑以下量刑。主要理由是,出售人工驯养繁殖的珍贵、濒危野生动物,对生物安全和生态安全所造成的侵害程度显然较轻,在运用刑罚手段进行惩治的时候,须具体情况具体分析;对于情节显著轻微危害不大的,不应认定为犯罪。

法理分析

上述争议焦点在于:《解释》将人工驯养繁殖的动物归入"野生动物"之列是否违反了我国《刑法》和《CITES 公约》的规定,野生动物和人工驯养的珍贵濒危物种是否应当区别保护?换言之,认定王某是否构成非法收购、出售珍贵、濒危野生动物罪的关键在于,如何正确理解和把握《刑法》第 341 条所规定犯罪构成要件中的"非法性"。近年来社会舆论广泛关注的大学生闫某某"掏鸟"获刑十年半的案件等,①在被告人是否成立犯罪、主客观方面的认定及处刑轻重方面,都存在不少争议。从根本上说,刑法及司法解释存在的空白漏洞和模糊化规定,是困扰司法机关定罪量刑的根本原因。

目前我国有关野生动物保护的法律法规主要有《刑法》《野生动物保护法》《中华人民共和国渔业法》《中华人民共和国动物防疫法》《中华人民共和国进出境动植物检疫法》《中华人民共和国野生动物保护法》(以下简称《野生动物保护

---

① 本案的基本案情:2014 年 7 月,河南某高校大学生闫某某和同乡朋友王某某,在河南省辉县市高庄乡土楼村先后掏了两窝小鸟共 16 只,分别卖给郑州、洛阳、辉县的买鸟人。经鉴定,16 只小鸟均为国家二级保护动物燕隼。2015 年 5 月 29 日,辉县市人民法院作出一审判决,闫某某犯非法猎捕珍贵、濒危野生动物罪,判处有期徒刑 10 年,犯非法收购珍贵、濒危野生动物罪,判处有期徒刑 1 年,两罪并罚决定执行有期徒刑 10 年 6 个月,并处罚金。被告人不服提出上诉,新乡市中级人民法院作出终审裁定,维持原判。参见柯锐:《大学生掏鸟案:法治建设的一个样本》,载《中国青年报》2019 年 7 月 11 日第 2 版。

法》)等法律法规,以及部门规章、地方性规章。我国于1981年加入《CITES公约》,需要履行该公约义务。① 从保护对象范围来看,《野生动物保护法》第2条规定,野生动物是指珍贵、濒危的陆生、水生野生动物和有重要生态、科学、社会价值的陆生野生动物。比较而言,国外立法对"野生动物"的界定更为宽泛。②

从刑事立法及司法解释来看,根据《解释》第1条,③野生动物既包括野外生存的野生动物,也包括人工驯养繁殖的野生动物,刑法对两者进行同等保护。相较于《野生动物保护法》而言,其保护对象范围更广。由于野生动物保护对象范围不断拓宽,侵害野生动物的行为方式的刑事制裁面也逐渐扩大。④ 全国人民代表大会常务委员会《关于全面禁止非法野生动物交易、革除滥食野生动物陋习、切实保障人民群众生命健康安全的决定》(以下简称《决定》)明确禁止猎捕、交易、运输、食用陆生野生动物。⑤ 在此基础上,《刑法修正案(十一)》第25条将以食用为目的"非法猎捕、收购、运输、出售"除珍贵、濒危野生动物以外的陆生野生动物,情节严重的行为增加规定为犯罪。该条款仅适用于在珍贵、濒危野生动物以外的"陆生野生动物",且不包括水生野生动物,这一点与《野生动物保护法》规定的保护对象范围存在差异,后者也包括珍贵、濒危的水生野生动物。

在学界,对于"野生动物"的界定也存在不同认识。有的学者强调野生动物

---

① 《CITES公约》管制国际贸易的物种可归类成三项附录:附录一的物种为若再进行国际贸易会导致灭绝的动植物,明确规定禁止其国际性的交易;附录二的物种则为无灭绝危机,管制其国际贸易的物种,若仍面临贸易压力,族群量继续降低,则将其升级入附录一;附录三是各国视其国内需要,区域性管制国际贸易的物种。同时,该公约的精神在于管制而非完全禁止野生物种的国际贸易,其用物种分级与许可证的方式,以达成野生物种市场的永续利用性。

② 例如,法国《自然和风景保育法》将"野生动物"定义为"被捕捉的无主的野生品种的动物,或者在笼子等囚禁设备中饲养的无主的野生品种的动物";奥地利《联邦动物保护法》将"野生动物"界定为"家养动物和宠物动物以外的动物";美国《濒危物种法》对"野生动物"的界定更为广泛,包含了全部野生动物。参见于文轩、兰婕:《公共卫生安全视角下野生动物保护法制之完善》,载《环境保护》2020年第6期。

③ 《解释》第1条规定,刑法第341条第一款规定的"珍贵、濒危野生动物",包括列入国家重点保护野生动物名录的国家一、二级保护野生动物,列入《濒危野生动植物种国际贸易公约》附录一、附录二的野生动物以及驯养繁殖的上述物种。

④ 参见蒋兰香:《我国野生动物资源保护的刑法向度》,载《佛山科学技术学院学报(社会科学版)》2019年第1期。

⑤ 《决定》第2条第1、2款规定,全面禁止食用国家保护的有重要生态、科学、社会价值的陆生野生动物以及其他陆生野生动物,包括人工繁育、人工饲养的陆生野生动物;全面禁止以食用为目的猎捕、交易、运输在野外环境自然生长繁殖的陆生野生动物。

未驯化的自然状态,认为凡生存于野外自由生存状态或虽经人工饲养但还未驯化的动物均可界定为野生动物。此种观点将野生动物与驯养动物区别开来,与法律规定的以物种为标准是不同的。我们认为,驯化动物与野生动物是两个对立概念,不能混淆,经过长期驯养,已经驯化了的动物就不能称为野生动物。《解释》中规定的"驯养繁殖的上述物种",只能被限制解释为"人工繁育、短期驯养但未驯化的野生动物",否则就会导致购买、出售驯养的"野生动物"这类社会危害性很小但数量很大的行为,被认定为犯罪且处刑很重的情况。

应当说,国家立法机关通过《决定》全面禁止食用陆生野生动物,革除滥食野生动物陋习,旨在从源头上防范和控制公共卫生安全风险,促进人与自然和谐共生。《刑法修正案(十一)》第25条对此予以积极回应,将以食用为目的非法猎捕、收购、运输、出售一般陆生野生动物的行为入罪,是值得肯定的。但与此同时,一味地扩大犯罪圈,对一般行政违法行为过多地予以刑法干涉,不利于实现保障权利自由的价值功能。在很多情况下,野生动物通过人工繁育反而增加了数量,从而使物种得到保护,不具有严重的社会危害性。另外,《野生动物保护法》第25条、第28条规定了国家重点保护野生动物人工繁育许可制度。如果行为人获得了许可并人工繁育国家重点保护野生动物名录中的野生动物,以供他人食用为目的将自己养殖的野生动物出售,就不应当认定为犯罪。因此,对《刑法修正案(十一)》第25条的修改规定有必要进行限制性实质解释,将社会危害性不大的一般违法行为排除在定罪范围之外。

上述王某非法收购、出售鹦鹉案的争议焦点即在于,《解释》将人工驯养繁殖的鹦鹉归入"野生动物"之列是否违反了我国《刑法》和《CITES公约》的规定,野生动物和人工驯养的珍贵濒危物种是否应当区别保护。对野生动物保护来说,对于违反《野生动物保护法》及附件、附表所列等级保护的标准规定的行政违法行为,是否一律纳入刑法评价,是需要考虑的。从法秩序统一性原理出发,《刑法修正案(十一)》与《野生动物保护法》应当是衔接的,须保持规制对象和规范内容上的协调性。然而,刑行关系的衔接协调并不意味着完全等同,不是所有违反行政法规及标准的行为都有必要予以刑法评价,不是所有(广义上的)野生动物都有必要作为刑法的保护对象。《野生动物保护法》规制的对象范围较窄,《解释》试图加以扩大解释至驯养动物,但又矫枉过正、弄巧成拙了,导致行政违法行为过度犯罪化问题。

有学者认为,目前我国的法律对野生动物是按物种管理而不是来源管理,这就给野生动物管理带来了困难,建议把"人工繁育野生动物"改称为"特种养殖经济动物"或者"人工繁育动物",而不再将其纳入"野生动物"范围。同时,关于"禁食野生动物"的含义也需进一步明确,哪些行为是食用野生动物,哪些行为不是食用野生动物必须在修法中予以明确。① 从我国立法修改的精神来看,野生动物的概念整体上没有发生变化。然而,对于人工繁育的野生动物,与同类野外种群进行区分保护,这在《野生动物保护法》当中也有体现。② 因此,刑法应采取与《野生动物保护法》相同的态度,重点对野外种群予以保护,对人工种群则不作为重点保护的野生动物加以刑法规制,即不将其作为非法收购、出售濒危、珍贵野生动物罪的保护对象。即使国家重点保护野生动物名录没有移除,刑法上也可以作出这样的实质判断和认定。最高人民法院研究室的有关批复也表达了同样的态度。③ 我们建议:首先,应进一步通过司法解释途径,删除《解释》第 1 条中"驯养的上述物种"的规定。对人工繁育或短期驯养但未退化的野生动物,仍认定为野生动物,避免概念混淆。其次,明确该罪名的基本犯的定罪量刑标准,虽然刑法将"情节严重"作为加重犯,但基本犯也应当考虑数量情节要素,尽量避免将其作为行为犯,与行政处罚产生竞合冲突。最后,对列入重点保护名录的野生动物,确实属于濒危珍贵之类的或虽经人工驯养但未完全退化,整个物种仍处于濒危状态或具有珍贵属性的,纳入刑法保护范围。

(作者:张勇)

---

① 参见周洪宇:《把"人工繁育野生动物"改称为"特种养殖经济动物"》,http://news.jcrb.com/jsxw/2020/202005/t20200524_2160703.html,2020 年 5 月 24 日访问。

② 《野生动物保护法(修订草案二次审议稿)》第 2 条第 2 款规定:"本法规定保护的野生动物,是指珍贵、濒危的陆生、水生野生动物和有重要生态、科学、社会价值的陆生野生动物。"同时,有些常务委员和地方、部门、专家提出,对人工繁育技术成熟稳定的一些人工种群,应与同类野外种群的保护和管理加以区分,采取不同的保护和管理措施。这样既符合有关国际公约,也与多数国家通行做法一致。

③ 最高人民法院研究室《关于收购、运输、出售部分人工驯养繁殖技术成熟的野生动物适用法律问题的复函》认为,由于驯养繁殖技术的成熟,对有的珍贵、濒危野生动物的驯养繁殖、商业利用在某些地区已成规模,有关野生动物的数量极大增加,收购、运输、出售这些人工驯养繁殖的野生动物实际已无社会危害性。应尽快启动国家重点保护野生动物名录的修订工作,将一些实际已不再处于濒危状态的动物从名录中及时调整出去,同时将有的已处于濒危状态的动物增列进来;或者在修订后司法解释中明确,对某些经人工驯养繁殖、数量已大大增多的野生动物,《解释》附表所列的定罪量刑数量标准,仅适用于真正意义上的野生动物,而不包括驯养繁殖的。

案例 116. 李某贩卖、运输毒品案*

——因毒品犯罪被判处的刑罚尚未执行完毕又犯贩卖、运输毒品罪的,是否适用刑法第三百五十六条的规定从重处罚

案情介绍

1988年12月27日李某因犯盗窃罪被判处有期徒刑14年;1989年3月因病监外执行;1991年11月9日因犯贩卖毒品罪被判处有期徒刑15年,与前罪尚未执行完毕的刑罚并罚,决定执行有期徒刑20年;1995年6月因病监外执行。自2004年6月以来,李某多次从某省某市购买海洛因,运输回某市进行贩卖。2005年3月2日凌晨4时许,当李某再次携带海洛因从某市返回某市某区时,被公安人员抓获。当场从其身上查获海洛因175.5克。

一审法院认为,被告人李某系毒品再犯,应依法从重处罚;李某又系前罪刑罚执行完毕之前重新犯罪,应当数罪并罚,判处死刑。李某不服提起上诉,二审法院维持原判,决定执行死刑,并报最高人民法院核准。最高人民法院认定李某非毒品再犯,改判为死刑缓期二年执行。

理论争议

本案争议的焦点是:犯贩卖毒品罪被判刑,前罪刑罚尚未执行完毕又犯贩卖、运输毒品罪,数罪并罚后是否需要适用《刑法》第356条的规定从重处罚?一种观点持肯定态度,认为李某在刑罚执行期间重新犯罪,在数罪并罚的基础上,仍应适用《刑法》第356条的再犯条款;另一种观点则持否定态度,认为李某依法数罪并罚且不应适用再犯条款。

---

* 案例来源:中华人民共和国最高人民法院刑事审判第一庭、第二庭编:《刑事审判参考(总第49集)》,法律出版社2006年版,第392页。

> **法理分析**

《刑法》第 65 条规定:"被判处有期徒刑以上刑罚的犯罪分子,刑罚执行完毕或者赦免以后,在五年以内再犯应当判处有期徒刑以上刑罚之罪的,是累犯,应当从重处罚,但是过失犯罪和不满十八周岁的人犯罪的除外。"这是累犯的刑法规定。

《刑法》第 356 条规定:"因走私、贩卖、运输、制造、非法持有毒品罪被判过刑,又犯本节规定之罪的,从重处罚。"这就是所谓的毒品再犯。毒品再犯有几个注意点:第一,前罪与后罪均为法律所明确规定。毒品再犯的前罪与普通累犯不同,不是可以适用《刑法》分则条文所确定的所有犯罪类型,而是被法条明确限定为两个罪名:走私、贩卖、运输、制造毒品罪和非法持有毒品罪。除此以外,犯罪人所犯之罪即使在性质上同样是毒品犯罪,均不能适用毒品再犯条款。毒品再犯的后罪只能限定为《刑法》分则所规定的 12 种毒品犯罪,而不能是其他犯罪。具体而言,可以成为毒品再犯后罪的 12 种毒品犯罪为:走私、贩卖、运输、制造毒品罪,非法持有毒品罪,包庇毒品犯罪分子罪,窝藏、转移、隐瞒毒品、毒赃罪,走私制毒物品罪,非法买卖制毒物品罪,非法种植毒品原植物罪,非法买卖、运输、携带、持有毒品原植物种子、幼苗罪,引诱、教唆、欺骗他人吸毒罪,强迫他人吸毒罪,容留他人吸毒罪,以及非法提供麻醉药品、精神药品罪。第二,前后罪之间的时间不受限制。普通累犯前后罪之间的时间距离被《刑法》第 65 条限定为 5 年,而毒品再犯由于法条没有规定,回避了前后罪之间的时间问题,因而通常被视为不存在时间限制。[①] 第三,曾因前罪被判过刑。值得研究的是,法条所称的"被判过刑"的应有之义是什么呢?这涉及两个大的方面的问题:其一,被判过刑之"刑"包括哪些刑罚? 其二,毒品再犯受不受累犯关于"刑罚执行完毕或赦免以后"的要求?

1. 何谓被判过刑之"刑"

争议的焦点为:是否包括缓刑?是否包括单独适用的附加刑?是否包括构成犯罪但免予刑事处罚?有的学者认为,被判过刑之"刑"可以是任何刑,包括缓刑和实刑。如果犯前述两种罪,但由于具有免除处罚的情节而被免予起诉或者免予刑事处分的,不能适用这一规定。[②] 也有观点认为,被告人不管在 5 年以内

[①] 参见郦毓贝主编:《毒品犯罪司法适用》,法律出版社 2005 年版,第 217 页。
[②] 参见薛淑兰:《毒品犯罪的定罪与量刑》,中国人民大学 1992 年硕士学位论文。

还是5年以后,只要再犯应当判处有期徒刑以上刑罚的毒品犯罪,就构成毒品再犯。① 我们认为,前一种观点比较合理一些。毒品犯罪的前罪条件中的"被判过刑",在具体的刑种和刑度上没有限制,无论犯罪人是被判处与普通罪犯前罪相同的有期徒刑以上之刑罚,还是更轻的刑罚,无论是实刑还是缓刑,均可以构成再犯,但是不包括免予起诉和免予刑事处罚的情形。

2. 毒品再犯受不受累犯关于"刑罚执行完毕或赦免以后"的要求

一种观点认为,毒品再犯不受累犯关于"刑罚执行完毕或赦免以后"的要求,李某的行为构成毒品再犯。

首先,将"判过刑"理解为包括刑罚未执行或者未执行完毕的情形,符合毒品再犯的立法目的。李某的行为系毒品再犯,再犯是累犯的特殊形式,不受前罪刑罚必须执行完毕的时间限制,其犯罪主观恶性深,社会危害性大,应从重处罚。其次,认定为毒品再犯并实行数罪并罚,不必然导致对再犯情节作双重评价和对被告人双重从重处罚。② 刑罚执行完毕之后5年以内所犯新罪所确定的"从重处罚"规则所体现出的否定性评价的价值取向,与数罪并罚制度的"先减后并"原则所给予的否定性评价之价值取向,在出发点上是不同的。前者所强调的是犯罪人在经过刑罚打击和改造之后,先前所给予和测定的刑罚在量上不足以起到特殊预防作用,未起到预期的警戒作用,因而有必要对于新罪给予相对较重的刑罚惩治,在量上补足所缺的刑罚力度,其"从重评价"的出发点在于预防性。而数罪并罚之"先减后加"原则的出发点则与此不同,主要在于打击犯罪人过于藐视监规和改造秩序,拒不接受改造以及对抗改造的客观现实,因而有必要对刑罚的实际执行时间加以延长,以迫使犯罪人接受改造,弃恶从善,其"从重评价"的出发点在于报应性。

另一种观点认为,从刑法关于毒品再犯的规定看,前罪刑罚尚未执行完毕以前重新犯罪,不能认定为毒品再犯。我们也赞同此种观点,理由如下:

首先,从形式上看,李某因贩卖毒品罪被判过刑,又犯贩卖、运输毒品罪,似乎符合毒品再犯的构成要求。但是,这种理解忽略了毒品再犯是累犯的特殊情形这一本质特点。毒品再犯,就其实质而言,是累犯的一种特殊情形。因此,对毒品再犯的认定和处理,既要遵循毒品再犯的特殊规则,也要遵循累犯认定的一

---

① 参见:中华人民共和国最高人民法院刑事审判第一庭、第二庭编:《刑事审判参考(总第49集)》,法律出版社2006年版,第50页。

② 参见高贵君、方文军:《数罪并罚情形中毒品再犯的认定问题》,载《人民法院报》2007年9月26日第6版。

般规则。毒品再犯条款中的"被判过刑",虽然没有明确说明是"刑罚执行完毕或赦免以后又重新犯罪",也没有说在刑罚执行过程中又犯毒品犯罪的情形是否属于被判过刑的范畴,但构成累犯,除了被判过刑外,还必须具备刑罚执行完毕或者赦免以后,在 5 年以内再犯应当判处有期徒刑以上刑罚之罪的条件。刑法关于毒品再犯的规定,除其自身的特别规定外,其他要件必须受刑法关于累犯规定的制约。对于前罪与后罪的相隔期限,毒品再犯有自身的特别规定,不受累犯关于"五年以内"这一普遍规定的制约。虽然对再犯的"被判过刑",法律没有明确的特别规定,但作为累犯的特殊情形,应当受"刑罚执行完毕或者赦免以后"规定的制约。如果被告人在原判刑罚尚未执行完毕以前重新犯罪的,因其不属于"刑罚执行完毕或者赦免以后"的情形,不能认定为毒品再犯,而只能依法实行数罪并罚。①

其次,对于服刑中的再次犯罪,依照现有的打击再次犯罪的固有逻辑体系,应当以数罪并罚论,而不应当设置不和谐的"从重型"评价。数罪并罚制度下,《刑法》第 71 条所规定的"先减后并"的刑罚执行方式,已经实际延长了犯罪人前后两罪之宣告刑罚的实际执行期限,因而也已经对于犯罪人的不遵守监规的再犯新罪行为作出了额外的否定性评价。如果此时先对犯罪人在刑罚执行期间所犯的新罪作出"从重处罚"之评价,然后再依照数罪并罚的"先减后并"原则实际延长犯罪人刑罚的实际执行时间,则显然是对同一犯罪行为进行两次否定性评价,而且是进行两次过重的否定性评价,这显然是极不合理的,也是极不可取的,是对犯罪人权益的漠视和过度损害。

综上所述,如果再对李某进行毒品再犯的刑法评价的话,是对其同一个行为的双重评价,而且是双重从重处罚,违背了罪刑相适应原则。结合本案而言,应根据《刑法》第 71 条、第 69 条的规定,对李某依法实行"先减后并"的数罪并罚。因此,对本案的行为人不应以毒品再犯认定。

(作者:韩玉)

---

① 参见中华人民共和国最高人民法院刑事审判第一庭、第二庭编:《刑事审判参考(总第 49 集)》,法律出版社 2006 年版,第 50 页。

案例 117. 唐某非法持有毒品案*

——居间介绍毒品买卖行为如何定性

案情介绍

2002年3月,唐某向范某(已判刑)表示能从某市买到毒品海洛因,两人商定由范某驾车一同至该市购买毒品海洛因。3月16日傍晚,范某驾车抵达该市后,因不识路,即将车停在某饭店处,两人改乘出租车。后唐某打电话给许某(另案处理)联系购买15克海洛因,许某与唐某约定在该市某处见面。21时30分许,唐某、范某两人至约定地点,范拿出5000元交唐某给许某,许某外出购得毒品海洛因6包,交与唐某,唐某即将这些毒品海洛因转交给范某。当唐某、范某两人准备离开时,被公安人员抓获。公安人员从范某身上缴获其刚通过唐某介绍,从毒贩许某处购得的6包毒品海洛因(共计约15克)及范某吸剩的2小包毒品海洛因。

某某检察院以贩卖毒品罪的从犯对唐某提起公诉,一审法院认为公诉机关指控的罪名成立,以贩卖毒品罪判处唐某有期徒刑1年3个月,并处罚金1000元。上诉后,二审法院认为原审判决定性不当,依法撤销原审判决,以非法持有毒品罪判处唐某拘役6个月,并处罚金1000元。

理论争议

对于唐某这种居间介绍毒品买卖的行为如何定性,理论界主要存在着以下争议:第一种观点认为,唐某主观上明知他人在进行贩毒活动而仍然进行居间介绍,客观上积极促成了贩毒者的贩毒活动,应当以贩卖毒品罪的共犯论处。第二种观点认为,唐某主观上没有贩卖毒品的故意,只是意图帮助吸毒者购买毒品,客观上对他人非法持有毒品提供了帮助行为,构成非法持有毒品罪的共犯。第三种观点认为,唐某没有贩卖毒品的故意,不构成贩卖毒品罪,同时对涉案毒品

---

* 案例来源:国家法官学院、中国人民大学法学院编:《中国审判案例要览(2004年刑事审判案例卷)》,人民法院出版社、中国人民大学出版社2005年版,第361—364页。

也没有任何法律上或事实上的控制力,不构成非法持有毒品罪,因此对唐某的行为不能以犯罪论处,只能对其进行治安处罚。

法理分析

对于在毒品买卖中进行居间活动的行为,现行刑法典并没有像介绍卖淫罪或介绍贿赂罪那样单独规定成罪,这导致了实践中对于这类行为定性不一。我们认为,应当区别情况,将居间介绍毒品买卖行为大致分成以下几种类型并分别作出处理。

第一,为贩毒者介绍买主的行为。如果行为人主观上明知他人是贩毒者而仍然希望这种贩毒活动能够完成,客观上有积极帮助贩毒者寻找买主的行为,那么根据主客观相统一原则,这种居间行为就构成贩卖毒品罪的共犯。至于行为人主观上是否有牟利的目的,在所不问。

第二,为购毒者介绍卖主的行为。这里要根据购毒者的主观目的分为两种情况:(1)如果购毒者购买毒品是为了供自己吸食的,居间人受其委托或者未受委托主动代其寻找卖主、提供毒源信息的,不能以贩卖毒品罪的共犯论处。因为居间人主观上并没有帮助贩毒者贩卖毒品的故意,只是希望吸毒者能够购买到毒品,虽然客观上存在着一定的社会危害性,但是根据主客观相统一原则,不能以贩卖毒品罪论处。而且根据现行刑法典的规定,单纯的购买毒品吸食的行为不构成犯罪(除非所持毒品数量较大构成非法持有毒品罪),那么依附于其上的介绍行为更不可能构成犯罪了。(2)如果购毒者购买毒品是为了再进行贩卖,居间人明知或者应当知道这一情况而仍为其介绍毒源信息、为购毒者提供帮助的,那么居间人的行为构成贩卖毒品罪。因为根据一般理论,贩卖毒品行为,既包括卖出毒品行为,还包括为了卖出而买入毒品的行为,此时的购毒者的行为即属为了卖出而买入毒品,构成贩卖毒品罪。而居间人的居间行为客观上成为贩毒分子实施贩毒活动中的一个环节和必要组成部分,并且居间人主观上也有故意,故应当以贩卖毒品罪的共犯论处。

第三,居间代为出售毒品的行为。只要居间人明知或者应知出售的是毒品而仍然代他人出售,无论是否从中收取任何费用,其行为均构成贩卖毒品罪的共犯。

第四,居间代为购买毒品的行为。一般认为,同上述第二种情况类似,如果是为吸毒者代为购买,数量较小的不以犯罪论处,只能给予治安处罚,数量较大的,则构成非法持有毒品罪。对此,最高人民法院《全国法院审理毒品犯罪案件工作座谈会纪要》①也加以肯定:"有证据证明行为人不是以营利为目的,为他人代买仅用于吸食的毒品,毒品数量超过刑法第 348 条规定数量最低标准,构成犯罪的,托购者、代购者均构成非法持有毒品罪。"虽然该纪要并非权威的司法解释,不具有法律效力,但是在实践中仍然具有一定的指导意义,其在定性上也是准确的。如果居间人明知或应知是为贩毒分子代为购买毒品的,则以贩卖毒品罪的共犯论处。①

通过上述分析,结合本案情况,我们赞同前述第二种观点,唐某的行为构成非法持有毒品罪的共犯。

非法持有毒品罪,是指违反毒品管理法规,持有一定数量的毒品,破坏国家对毒品实行管制的行为。② 作为毒品犯罪中的兜底条款,现行刑法典规定该罪是基于毒品犯罪具有一定的隐秘性,调查取证也比较困难,实践中往往难以证明某些人非法持有毒品究竟是为了走私、贩卖还是自己吸食,为了不放纵这些违法的行为,才将非法持有一定数量的毒品规定为非法持有毒品罪,以严密法网。对于购买毒品供自己吸食的行为,一般来说由于数量较少,达不到定罪的标准,往往给予治安处罚即可,只有数量达到了《刑法》第 348 条规定的最低标准即鸦片 200 克以上、海洛因或者甲基苯丙胺 10 克以上或者其他毒品数量较大的,才能够以非法持有毒品罪定罪论处。本案中,公安人员从范某处缴获了非法所得的毒品海洛因约 15 克,没有证据能够证明他有出卖的意图,因此符合非法持有毒品罪的犯罪构成,而唐某为范某代为购买毒品,为其非法持有毒品提供了至关重要的帮助行为,因此构成非法持有毒品罪的共犯。

虽然唐某在整个毒品交易中起到了不可或缺的关键作用,但是从其向范某表示能从某处购买到毒品、陪同范某一起去购买、联系贩毒者许某、转交赃款和毒品等一系列行为来看,其主观目的是帮助范某寻找卖主,而不是为贩毒者许某介绍买主,因此不能构成许某贩卖毒品罪的共犯。同时,也没有证据证明范某购买毒品是为了再行转卖,从范某有吸食毒品的习惯和涉案毒品的数量来看,我们只能推定范某购买毒品是为了供自己吸食之用,既然范某的行为不是贩卖毒品,那么唐某也不可能构成贩卖毒品罪的共犯。因此,第一种认为唐某构成贩卖毒品罪的共犯的观点是不正确的。

另外,第三种观点认为唐某不构成非法持有毒品罪的主要原因是:根据相关

---

① 该文件现已失效。
① 参见赵秉志主编:《中国刑法案例与学理研究(第五卷)》,法律出版社 2004 年版,第 335—337 页。
② 参见彭凤莲编著:《毒品犯罪专题整理》,中国人民公安大学出版社 2007 年版,第 168 页。

理论,持有行为的本质特征在于持有人对毒品的实际支配和控制,即使毒品处于自己的支配范围之内。在案发时,唐某对涉案的毒品没有任何事实上的控制力,这些毒品事实上为范某所拥有,唐某只是"经手"而已,并不符合"持有"的条件。我们认为,该观点的错误在于没有将唐某与范某的行为看作一个整体,而是将唐某的行为单独抽离出来,只看到了案发时唐某手中没有毒品就认为他不持有毒品,这种理解是片面的。共同犯罪是一个整体,每个共同犯罪人的行为都是共同犯罪中不可分割的一部分,在共同犯罪中起着不同的作用。在本案中,范某正是通过唐某的帮助才能购得数量较大的毒品,两个人共同完成了购买毒品的行为,因此构成非法持有毒品罪的共犯,不能因为案发时毒品由其中某一人控制就认为另一个人不构成犯罪,这种并非以行为而是纯粹以结果来定罪的观点有悖于共同犯罪的基本原理。

(作者:朱燕佳)

案例 118. 李某组织卖淫案[*]

——从组织同性卖淫案谈刑法扩张解释的适用

案情介绍

李某以营利为目的,先后伙同刘某、冷某等人预谋,采取贴广告、登报的方式招聘"公关先生",规定应聘者交押金,并且每月前交纳管理费。"公关先生"专为同性提供服务。李某还指使他人对"公关先生"进行管理,在其经营的酒吧内将"公关先生"介绍给同性嫖客,从事同性卖淫活动。2004 年某市人民检察院以李某犯组织卖淫罪提起公诉。法院经审理以组织卖淫罪判处李某有期徒刑 8 年,罚金 6 万元。一审判决后,李某不服,以"组织同性卖淫不构成犯罪及量刑过重"为由提起上诉。二审法院经审理认为,原审法院认定李某的犯罪事实清楚,证据确实、充分,适用法律正确,故驳回李某上诉,维持原判。

---

[*] 案例来源:国家法官学院、中国人民大学法学院编:《中国审判案例要览(2005 年刑事审判案件卷)》,人民法院出版社、中国人民大学出版社 2006 年版,第 333 页。

> **理论争议**

此案经媒体报道后,在社会上和理论界引起一定的反响和争论,争论的焦点就是"同性之间提供性服务是否构成卖淫"?如果认为构成卖淫,是刑法扩张解释的运用,则法院的判决并无不当;如果认为不构成卖淫,则法院的判决就值得推敲和商榷,因为它有违反罪刑法定原则之嫌。

> **法理分析**

罪刑法定原则是刑法三大原则之一,它的立足点是人权保护。我国现行刑法已经取消类推,明确规定了罪刑法定原则。《刑法》第 3 条规定:"法律明文规定为犯罪行为的,依照法律定罪处刑;法律没有明文规定为犯罪行为的,不得定罪处刑。"1764 年意大利刑法学家贝卡利亚在《论犯罪与刑罚》一书中率先提出了罪刑法定的思想主张,其目的就是反对司法专制和司法擅断,防止国家刑事司法权的滥用,以保障公民的权利不受国家刑事司法权的非法侵犯,保障公民在能有效预见自己的行为的法律后果的前提下充分行使自己的自由权利。[①] 但是,大量事实证明,如果死板机械地从字面意思理解法律条文,表面上似乎维护了法律的权威性,实际上却陷入更大的深渊。

扩张解释,是根据立法精神,结合社会的现实需要,将刑法条文的含义作扩大范围的解释。它不同于类推解释。罪刑法定原则实施后,对是否允许扩张解释存在有两种相反的观点:一种观点认为,既然刑法中已明文规定了罪刑法定原则,那么就应严格按照法无明文规定不为罪,法无明文规定不处罚的原则办事,禁止扩张解释;另一种观点认为扩张解释是正确实现罪刑法定原则的应有之义,应允许扩张解释的存在。我们认为第二种观点更为合理。因为在我国司法实践中,扩张解释是实实在在存在的,并且发挥着很大作用。首先,在刑事立法中,常常由于立法技术力求条文简练和法律用语自身的局限性,不能涵盖现实中与其本质同类的事物,从而不得不通过扩张解释来使规定能够适用于本质同类的事物。文字的含义一般并不是一个具体的点,而是一个意义域。文字边缘的模糊性这一特征决定了,在符合可预测性原则下对刑法条文在可能文义的范围内进行极尽词义的解释,只要内容具有合理性,其形式的合法性就应当被肯定。其次,扩张解释是弥补刑法缺陷,实现刑法功能的重要途径。犯罪现象是极其纷繁

[①] 参见公安部人事训练局编:《刑法教程》,群众出版社 2001 年版,第 22 页。

复杂的社会现象,而法律条文只是一种概括性阐释,它具有指导性和抽象性,只能明确原则,但仍然无法通过有限的法律条文涵盖无限的社会关系。随着社会的发展,同性恋、同性卖淫等一系列新的社会关系出现,早前的法律无法明示应该如何调整这种新的社会关系,这时,法律就出现了漏洞,对同性卖淫的认定在刑法中也成了一片空白。此时,如果死抠"法无明文规定不为罪",那么许多危害社会的行为都得不到惩治。过分的教条主义不但有违立法初衷,而且刑法的功能也难以实现。因此,在罪刑法定原则允许的范围内,以刑法立法的原始意愿为出发点,合理地对法律条文作出扩张解释,将模糊有争议的犯罪行为清晰化,可弥补法律的不足,从实质上贯彻罪刑法定的要求,这也是实现刑法功能的重要途径。

扩张解释归根到底只是一种解释方法,它从法条自身出发,对法条进行明确且更为具体细化的阐释,其本质并未发生变化。这就像一棵大树,树叶再繁茂,始终是依附于主干的。因此,扩张解释与罪刑法定原则并不矛盾,扩张解释可以在罪刑法定原则的范围内存在。两者的界点就在于扩张解释是否超越了刑法条文的真实含义。因为刑法较之于其他法律具有更严重的法律后果,所以刑法解释应当更为严谨。扩张解释作为刑法的一种解释方法,必须严格遵循立法精神,忠实于法条本身。①

不支持判罪的一方认为有罪判决是"复活"了类推制度,类推解释是超出刑法条文原来普通语言意思的界限,运用类推的方法作出的解释。它是把刑法条文本身不具有的含义强加于该条文,使它能适用于刑法没有规定的犯罪的行为,从根本上违背了罪刑法定的原则,理应禁止。有学者认为,虽然扩张解释和类推解释是相对的,但两者不是只有量的区别,而是具有质的区别:扩张解释是法的解释,类推解释是法的创造。② 我们认为,扩张解释和类推解释在理论上比较容易区分,但在具体的刑法司法解释实践中有时确实难以区分。但需要注意的是,不是两者之间根本无法区分,也不是任何时候都难以区分,这就要求刑法司法解释机关在进行具体的解释时根据社会相当性标准去具体把握。

结合本案,根据《刑法》第358条,组织、强迫他人卖淫的,处5年以上10年以下有期徒刑,并处罚金。对这里的"他人""卖淫"我们应如何解释?

首先,对于"他人",主要有两种理解:一种认为,组织他人卖淫活动中的"他

---

① 参见刘菲:《从"组织同性卖淫案"看我国刑法扩张解释方法的运用》,载《湖北警官学院学报》2007年第3期。

② 参见李海东主编:《日本刑事法学者(上)》,中国法律出版社、日本成文堂1995年版,第179页。

人"仅指妇女,或者包括妇女和幼女在内的所有女性,但不包括男性,这是少数人的观点;另一种观点认为,"他人"既包括女性,也包括男性,这是多数人的观点。① 根据公安部《关于对同性之间以钱财为媒介的性行为定性处理问题的批复》的规定,不特定的异性之间或同性之间以金钱、财物为媒介发生不正当性关系的行为,包括口淫、手淫、鸡奸等行为,都属于卖淫嫖娼行为,对行为人应当依法处理。这表明,卖淫的性别在扩大,不仅女人可以卖淫,男人也可以卖淫,这个解释符合立法原意和社会实际情况。

其次,同性卖淫是否构成刑法意义上的"卖淫",这是判定本案的核心点。(1)"卖淫"在《现代汉语词典》中的词源意义指"妇女出卖肉体",即妇女为了获得一定报酬与不特定的男子性交。性与金钱的交易是卖淫的本质特征,这就不能把卖淫限于女子与男子之间的性与金钱的交易。(2)随着时代的发展,人们对卖淫的认识也在发生变化,《牛津现代高级英汉双解词典》认为卖淫是女性或男性为取酬而与他人性交的行为。男性"卖淫"并非现代社会的现象,古时就有"面首"之称。② 在我国司法实践中,早有男子卖淫的现象发生,如果只把组织女性卖淫的行为作为犯罪处罚,而把组织男性卖淫的行为排斥在犯罪之外不处罚,显然有放纵犯罪之弊,这也与立法原意相悖。(3)从国外的刑事立法例看,有些国家刑法规定了男性应对某些特殊的性行为负刑事责任,这里主要是指男性同性恋者的卖淫行为及有关性变态行为。例如,阿根廷、奥地利、哥斯达黎加、美国纽约州等国家和地区所规定的卖淫罪中,涉及男性的犯罪都是指同性恋者卖淫,《美国模范刑法典》所规定的卖淫行为也包括同性恋和其他性变态。

综上所述,根据刑法的扩张解释,我们认为,"卖淫"是指性与金钱的交易,性与金钱的交易是卖淫的本质特征,同性间的卖淫与异性间的卖淫虽然存在主体性别上的差异,但对社会的危害、对客体的侵害没有实质上的区别,在本质上同性卖淫也是性与金钱的交易。所以,《刑法》第358条规定的组织卖淫罪包括组织同性卖淫行为逻辑上是周延的,这是刑事立法的应然。将卖淫扩张解释为同性间的性交易行为是合法的刑法扩张解释,而非类推解释。因此,以组织卖淫罪追究本案中李某的刑事责任,是符合罪刑法定原则的。

(作者:韩玉)

---

① 参见鲍遂献主编:《妨害风化犯罪》,中国人民公安大学出版社2003年版,第54页。
② 参见周道鸾:《论〈关于严禁卖淫嫖娼的决定〉的法律适用》,载《法学研究》1993年第3期。

案例119. 张某协助组织卖淫案*
——不作为形式的协助行为如何认定

案情介绍

张某临街有一幢大房子,想将之租出去。李某得知后即找到张某,说他想在这儿开家酒吧,要租张某的房子。张某觉得开酒吧比较干净,不会损害房子,就答应李某租给他。两人遂以每月 2000 元房租成交,租期暂定两年。李某将该房子改造为一个酒吧,其真实意思除了经营酒吧外,还打算利用此处为其组织卖淫提供固定场所。张某对此全不知情。李某按月付给张某房租,张某对李某的经营活动一无所知。后来有人告诉他,他的房子是个"地下妓院"并以此来讥讽他。于是张某亲自暗访酒吧,发现果如人言,心里十分害怕。后来他想既然李某按月无误地交房租,自己睁一只眼闭一只眼算了,于是不再过问。

理论争议

对于本案中张某的行为如何定性,理论上存在着以下争议:一种观点认为,张某明知他人利用自己的房屋进行组织卖淫活动,仍继续实施出租房屋的行为并且未作揭发,客观上为他人组织卖淫提供了帮助,构成不作为形式的协助组织卖淫,应当以协助组织卖淫罪论处;另一种观点则认为,虽然张某知晓他人在自己出租的房屋内组织卖淫,但是张某在主观上并没有协助组织卖淫的故意,客观上也没有报警、揭发等作为义务,其行为虽然应当受到社会的谴责,但是并不构成犯罪,不能以协助组织卖淫罪论处。

法理分析

关于协助组织卖淫罪,1979 年《刑法》并未作单独规定,本罪的立法化最早见于 1991 年 9 月 4 日公布的全国人大常委会《关于严禁卖淫嫖娼的决定》,现行刑法典继续保留了这个罪名,并适当调整了法定刑。协助组织卖淫罪,是指帮

---

* 案例来源:赵秉志主编:《中国刑法案例与学理研究(第五卷)》,法律出版社 2004 年版,第 454 页。

助、辅助组织他人卖淫的行为。① 本罪的特殊之处即在于协助组织卖淫属于典型的共同犯罪中的帮助行为,依附于组织卖淫行为而存在,但是现行刑法典将其单独规定成罪,这在分则众多条文中显得比较特别。为何要将帮助行为独立规定成罪?有观点认为,这既是立法者的立法意图问题,又是一个立法技术问题,其根本原因还是为了区分组织他人卖淫犯罪分子的不同成分,根据其不同的主观恶性和危害程度,给予不同的法律评价,适用不同的法定刑。②

协助组织卖淫罪在客观方面表现为帮助或辅助他人进行组织他人卖淫的行为;主观方面则表现为故意,即行为人明知自己正在进行的协助组织他人卖淫行为会造成危害社会的结果,并且希望或者放任这种结果发生的心理态度;主体为一般主体,即凡年满16周岁,具有刑事责任能力的人都可以构成本罪。③ 一般来说,本罪在认定方面不存在太大疑问,但是对于司法实践中出现的以不作为方式实施本罪的行为,在认定上存在着一定的争议,例如本案,就给我们带来了以下一些问题:协助组织卖淫罪能否由不作为构成?如果可以,本案中张某的行为是否属于不作为形式的犯罪?他的作为义务来源为何?下面我们一一进行分析。

(一)协助组织卖淫罪可否由不作为构成

协助组织卖淫罪的客观方面表现为帮助或者辅助他人进行组织卖淫的行为。所谓协助,即帮助或者辅助之意,也就是为组织卖淫者提供物质上或者精神上的帮助和支持。那么,这种帮助或者辅助行为是否必须要以作为的形式进行呢?我们认为,并非以作为形式的协助为限,不作为形式的协助同样可以构成协助组织卖淫罪。

刑法上的危害行为包括作为和不作为这两种基本形式,前者是指行为人在意思的支配下,积极地去实施法律所禁止的行为,后者则是指行为人在意思的支配下,消极地不去履行应当履行的特定义务。无论是作为还是不作为,只要在犯罪中发生作用,与危害结果的出现具有刑法上的因果关系,就具有行为性,可以被刑法所评价。虽然除了刑法明文规定的少数真正不作为犯如遗弃罪之外,在实践中绝大多数犯罪都是以作为的形式实施的,但是我们不能因此而否认以不作为的形式实施的通常由作为构成的犯罪,即不真正不作为犯的存在。我们认为,协助组织卖淫罪一般由作为形式来构成,但在某些特殊情况下也可能由不作

---

① 参见鲍遂献主编:《妨害风化犯罪》,中国人民公安大学出版社2003年版,第107页。
② 参见李希慧主编:《妨害社会管理秩序罪新论》,武汉大学出版社2001年版,第691页。
③ 参见汪明亮:《妨害社会风化犯罪司法适用》,法律出版社2005年版,第51—53页。

为构成。协助的形式是多种多样的,如有的行为人以招工为名,协助组织他人卖淫的犯罪分子招募卖淫人员;有的为组织他人卖淫者充当"皮条客";有的充任保镖,把门放风,站岗放哨;有的为组织他人卖淫者充当打手。① 协助也可以由不作为构成,如警察明知他人组织卖淫而故意包庇不予取缔,使组织卖淫行为得以顺利进行;父母明知组织卖淫者引诱自己未成年的女儿去卖淫,为贪图钱财而未予阻止听之任之。

可见,本罪既可以由作为构成,又可由不作为构成。但是,以不作为形式实施协助组织卖淫的,必须以行为人具有特定的作为义务为前提。所谓作为义务,是指当法益受到现实紧迫的危险时,义务人依据刑事法律应当履行特定的法律义务或积极实施特定行为以防止危害发生、保护法益的一种约束或限制。② 正是因为行为人负有防止危害发生、保护法益的义务而未履行该特定的义务以致法益受到损害,才能对该行为人的不作为予以否定评价。例如警察明知他人组织卖淫而故意包庇不予取缔的情形中,警察负有依法执行职务、制止违法犯罪行为的义务,而父母明知组织卖淫者引诱自己未成年的女儿去卖淫,因贪图钱财而未予阻止的情形中,父母依法负有保护未成年子女的义务,他们未能履行该特定的作为义务,客观上为组织卖淫者提供了帮助行为,因此均构成协助组织卖淫罪。那么如何判定是否有作为义务呢?

根据我国刑法学界的通说,作为义务的来源有以下几种:

1. 法律明文规定的作为义务

法律明文规定的作为义务,主要是指真正不作为犯罪的作为义务,这种作为义务是由其他法律规定而被刑法所认可的,因此这里的法律规定,既指其他法律的规定,又指刑法的规定,具有法律规定的双重性。比如宪法规定的公民服兵役的义务、婚姻法规定的夫妻之间的相互扶助的义务等。

2. 职务或业务所要求的作为义务

也就是承担某种职务或从事某种业务的人,在其职务或者业务的范围内要求其应当履行的义务。这些特定义务的内容,通常是由相应的规章制度和操作规程加以规定的。比如国家机关工作人员有履行相应职责的义务,上市公司的董事、监事和高级管理人员负有对公司忠实的义务等。

3. 先行行为引起的作为义务

是指由于行为人先前实施的某种行为使刑法所保护的某种法益处于危险状

---

① 参见李希慧主编:《妨害社会管理秩序罪新论》,武汉大学出版社 2001 年版,第 693 页。
② 参见栾莉:《刑法作为义务论》,中国人民公安大学出版社 2007 年版,第 52 页。

态,该行为人就负有采取积极的行为以排除危险或者防止损害结果出现的义务。比如成年人带未成年儿童去游泳的场合,一旦儿童发生溺水的危险,该行为人就负有救助儿童的义务。先行行为可以是合法行为,也可以是违法行为,只要足以产生某种危险,就可以成为不作为的义务来源。①

(二) 对本案的具体认定

本案中我们可以将张某的行为分解为两个阶段,第一个阶段为将房子出租起至其发现李某使用该房作为组织卖淫的场所时止。在这一阶段中,张某客观上虽然提供了出租房屋这一帮助行为,但是由于其主观上对李某组织卖淫的行为并不知情,缺乏"明知"要素而不具有犯罪故意,因此,肯定不能以犯罪论处。争议点在于第二阶段,即张某已经确定了李某将房屋作为组织卖淫的场所而置之不理,不将房子收回或者向有关机关反映,是否构成不作为的协助组织卖淫罪?

我们认为,张某的行为不构成协助组织卖淫罪。虽然在张某明知李某行为的性质后没有予以制止,其最初的出租房屋行为在客观上仍然发挥着帮助作用,但是,要判断张某的行为是否构成不作为的协助组织卖淫罪,归根结底是要看其有没有特定的作为义务。结合上述作为义务的来源,我们可以看到,首先,张某并没有法律上的义务,我国并没有规定所谓"知情不举"的法律责任,既然法律没有设置这一强制性义务,张某就不需要为其不予制止或举报的行为承担法律上的责任。② 其次,张某也没有职务或业务所要求的作为义务,张某只是一个普通市民、普通的出租人,不是具有特定职责要求的国家机关工作人员,出租房屋行为也谈不上什么业务活动,因此他也不负有这一作为义务。最后,张某也没有先行行为引起的义务。所谓先行行为引起的义务,是指由于行为人先前实施的某种行为使刑法所保护的某种法益处于危险状态,该行为人就负有采取积极的行为以排除危险或者防止损害结果出现的义务。在本案中,虽然张某在先前有将房屋出租给李某的行为,但是这不属于先行行为,他只是实施了一个正常的民事法律行为,并非这一出租房屋的行为使刑法所保护的法益——社会治安管理秩序和良好的道德风尚处于危险状态之中,而是由李某的组织他人卖淫的行为直接造成的,所以对张某同样不适用先行行为的作为义务理论。此外,也有学者引入了期待可能性理论,认为就张某应当阻止李某的组织卖淫行为而言,对张某也是缺少期待可能性的,因为一方面法律没有明示这一义务,另一方面行为人为

---

① 参见黎宏:《不作为犯研究》,武汉大学出版社1997年版,第140—144页。
② 参见赵秉志主编:《中国刑法案例与学理研究(第五卷)》,法律出版社2004年版,第454页。

"贪图"房租(而租金本身是合法正当的)而不作出这一行为也是情有可原的,而且张某未作出阻止行为并未使组织卖淫行为的危害性得以扩大,因此对张某的行为定性为无罪是恰当的。①

我们认为,张某确实承担着一定的义务,但这种义务只是道德上的义务,道德义务是没有法律上的拘束力的,不能以道德义务来要求张某承担刑事责任。试想,如果对所有违反道德义务的人都追究刑事责任,比如将那些见死不救者治罪,那么这样的刑法将过于严苛,只能沦为一部恶法。

综上所述,我们认为,本案中张某并不负有阻止李某组织卖淫行为的义务,因此,其不作为不属于协助组织卖淫罪,对张某不能以犯罪论处。

(作者:朱燕佳)

---

① 参见赵秉志主编:《中国刑法案例与学理研究(第五卷)》,法律出版社 2004 年版,第 454 页。

第二十六章　危害国防利益罪

案例120. 范某聚众冲击军事禁区案*
——聚众冲击军事禁区罪的认定

案情介绍

某天,范某家的三头猪从某演习部队指挥所架的铁丝网下钻入院内吃部队种的蔬菜。炊事班班长发现后,将猪轰了出去。第二天早晨,范某发现自己家的猪没回窝,就四处寻找。当听邻居说猪被指挥所的人轰过后,遂喊了本家的七个人,于7时到指挥所要猪。指挥所的领导询问炊事班班长后,向范某说明了情况,并告诉他这里是演习部队的指挥所,不会骗他。范某不信,大吵大闹,让指挥所赔他4500元。当部队管理部门的领导告诉范某不是部队的责任不能赔时,范某同其弟等八人强行闯进指挥所院内,坐在路中间,要求赔偿,致使住在该院的一个团的摩托化部队晚到集结地1小时,影响了军事演习的顺利进行。同日11时,范某的妻子从村边的玉米地里找到了三头猪。

理论争议

对于本案中范某行为的定性,主要存在着以下争议:一种观点认为,范某伙同多人强行闯入指挥所,影响军事演习的进行,构成聚众冲击军事禁区罪;另一种观点则刚好相反,认为范某冲击的对象并非"军事禁区",因此其行为不能构成聚众冲击军事禁区罪。

---

* 案例来源:赵秉志主编:《中国刑法案例与学理研究(第二卷)》,法律出版社2004年版,第267页。

> **法理分析**

聚众冲击军事禁区罪,是指聚众冲击军事禁区,严重扰乱军事禁区秩序的行为。① 《刑法》第371条第1款规定:"聚众冲击军事禁区,严重扰乱军事禁区秩序的,对首要分子,处五年以上十年以下有期徒刑;对其他积极参加的,处五年以下有期徒刑、拘役、管制或者剥夺政治权利。"本罪在1979年《刑法》中并未出现,仅在第158条规定了扰乱社会秩序罪。在1990年2月23日第七届全国人民代表大会常务委员会第十二次会议通过的《中华人民共和国军事设施保护法》(以下简称《军事设施保护法》)第33条规定:"扰乱军事禁区、军事管理区的管理秩序,情节严重的,对首要分子和直接责任人员比照刑法第一百五十八条的规定追究刑事责任;情节轻微、尚不够刑事处罚的,比照治安管理处罚条例第十九条的规定处罚。"这种采用比照其他犯罪或一般违法行为进行处罚的方式显然不够科学,所以1997年修订《刑法》时,在危害国防利益罪这一章中新增设了聚众冲击军事禁区罪这一罪名,弥补了这一不足。② 对于本案中范某的行为是否构成聚众冲击军事禁区罪,我们结合该罪的构成特征来一一进行分析。

(一)犯罪客体方面的特征

聚众冲击军事禁区罪侵犯的客体是军事禁区的管理秩序,即军事禁区内的作战、训练、生产、教学、生活、科研等各方面的活动和秩序。③ 为了维护军事禁区的正常秩序,《军事设施保护法》第17条第1、2款规定:"禁止陆地、水域军事禁区管理单位以外的人员、车辆、船舶等进入军事禁区……禁止航空器进入空中军事禁区,但依照国家有关规定取得批准的除外。"第20条第1款规定:"在陆地、水域军事禁区外围安全控制范围内……不得进行爆破、射击以及其他危害军事设施安全和使用效能的活动。"聚众冲击军事禁区,严重扰乱军事禁区秩序的行为,违反了《中华人民共和国国防法》(以下简称《国防法》)和《军事设施保护法》规定的公民国防义务,直接危害军事设施的安全和使用效能,威胁军事秘密的安全,危害国防利益。④

本罪直接针对的犯罪对象是军事禁区,如果行为人聚众冲击的对象并非军事禁区,而是其他场所,则不能构成本罪。本案的最大争议即在于范某聚众冲击

---

① 参见黄林异主编:《危害国防利益罪》,中国人民公安大学出版社2003年版,第91页。
② 同上书,第91—92页。
③ 参见叶希善主编:《危害国防利益罪办案一本通》,中国长安出版社2007年版,第75页。
④ 参见黄林异主编:《危害国防利益罪》,中国人民公安大学出版社2003年版,第92页。

的场所是否为军事禁区,因此"军事禁区"的认定对于本案的决断具有至关重要的影响。所谓军事禁区,是指国家根据军事设施的性质、特点、作用、安全、保密的需要和使用效能的特殊要求,在依法划定的一定范围的陆域、水域和空域采取特殊措施重点保护的区域。军事禁区由国务院和中央军事委员会确定,或者由军区根据国务院和中央军事委员会的规定确定。陆域和水域的军事禁区的范围,由军区和省、自治区、直辖市人民政府共同划定,或者由军区和省、自治区、直辖市人民政府、国务院有关部门共同划定。空中军事禁区和特别重要的陆域、水域军事禁区的范围,由国务院和中央军事委员会划定。划定军事禁区,是保证军事设施的安全、保密和使用效能的需要,也是保证军事禁区内部队战备、训练、科研等军事活动正常进行的需要。① 本案中范某针对的某演习部队的指挥所是部队为了进行军事演习而设的指挥所。国家进行军事演习,是为了检验和提高部队战斗力,同时也为了展示国家军事实力,对于国家而言具有极为重大的战略意义,因此,该部队及其指挥所所在地属于国家采取措施予以特殊保护的军事禁区,非部队人员不能擅自闯入指挥所内部,范某强行闯入指挥所内部,确实侵犯了军事禁区的管理秩序,符合本罪的客观方面的要求。

(二)犯罪客观方面的特征

聚众冲击军事禁区罪的客观方面表现为聚众冲击军事禁区,严重扰乱军事禁区秩序的行为,其客观方面的特征主要包括以下几个层面:

第一,聚众冲击军事禁区必须以聚众的方式实施,也就是指纠集多人(一般需三人以上)有组织、有计划、有分工地共同冲击军事禁区,其中有起组织、策划、指挥作用的首要分子,也有除首要分子以外的积极参加者和一般参加者。《刑法》第371条第1款规定,只处罚其中的首要分子和积极参加者,对于那些对犯罪的实施不起主要作用的一般参加者则不予处罚。

第二,必须要有聚众冲击军事禁区的行为。所谓冲击军事禁区,就是采取一定的暴力或者非暴力手段对军事禁区内的管理秩序进行破坏的行为。行为针对的对象可以是军事禁区内的军事设施、各种建筑、自然环境、周围设置的障碍物等。行为手段可以是多种多样的,比如,强行冲闯军事禁区门禁;包围军事禁区;用石块、杂物投掷、袭击;切断电源、水源、电话线等;阻塞通道,阻止军事禁区内人员出入;强占办公室、会议室,辱骂、追打军事禁区内人员;毁坏财物、毁弃文件、材料等。由于《刑法》第371条第1款对本罪的具体行为手段未作规定,因此只要行为人聚众冲击军事禁区的行为严重扰乱军事禁区秩序的,就构成聚众冲

---

① 参见黄林异主编:《危害国防利益罪》,中国人民公安大学出版社2003年版,第92页。

击军事禁区罪。①

第三，必须严重扰乱军事禁区秩序。要构成本罪，除了要有聚众冲击的行为要求，还有对军事禁区秩序造成严重破坏的情节要求。所谓严重扰乱军事禁区秩序，是指聚众冲击军事禁区的行为使军事禁区出现指挥失控，军事人员、车辆、舰船无法通过，航空器无法起飞或降落，作战、训练、戒严、抗险救灾、教学、科研等工作任务无法正常进行等严重后果。② 如果行为人的聚众冲击行为情节比较轻微，并未对军事禁区内的秩序造成较大冲击的，则不构成本罪。

本案中范某因为与部队发生一定摩擦，纠结七人强行闯入军事禁区，在军事禁区内无理取闹、无事生非，致使一个团的摩托化部队晚到集结地1小时，影响了军事演习的顺利进行，严重扰乱了军事禁区秩序、造成严重后果，符合聚众冲击军事禁区罪的客观方面的要求。

（二）犯罪主体方面的特征

聚众冲击军事禁区罪的犯罪主体是一般主体，只要年满16周岁、具备刑事责任能力的自然人即可构成本罪，单位不能成为本罪的主体。根据《刑法》第371条第1款的规定，本罪只能由首要分子和其他积极参加者构成，其他参与人员诸如一般参与者、一旁起哄者、围观者不能构成本罪。本案中范某在此次聚众冲击军事禁区事件中起组织、策划、指挥的作用，显然属于首要分子，并且具备刑事责任能力，符合本罪的主体方面的要求。

（四）犯罪主观方面的特征

本罪的主观方面表现为故意，包括直接故意和间接故意，即行为人明知聚集多人冲击军事禁区的行为将严重扰乱军事禁区秩序、危害国防利益，仍然希望或者放任这种结果发生。虽然范某的主观目的只是为了向部队索要三只猪的钱，而不是为了危害国防利益，但是他明知部队指挥所为一般人禁止出入之禁地，带领多人强行闯入并大吵大闹会造成该禁区内秩序的紊乱，仍然希望这种结果能够发生，就已经符合犯罪故意的成立了，主观目的为何在所不问。

综上所述，范某纠结多人强行闯入演习部队指挥所内大吵大闹，耽误军事演习的行为已经构成聚众冲击军事禁区罪，应当以聚众冲击军事禁区罪定罪处罚。

（作者：朱燕佳）

---

① 参见赵秉志主编：《中国刑法案例与学理研究（第二卷）》，法律出版社2004年版，第269页。
② 参见叶希善主编：《危害国防利益罪办案一本通》，中国长安出版社2007年版，第77页。

案例121. 杨某冒充军人招摇撞骗案*

——冒充军人招摇撞骗罪的司法认定

案情介绍

杨某原系公司职员,因严重违纪被开除。杨某看到解放军在社会上信誉较好,遂伪造了某部队的公文、证件和印章,并购置了军服,自称是某部"中校"军官,来到某市。杨某以"军办企业"招工为名同该市劳动局取得了联系,经劳动局批准后向全市发布公告,拟招收男工50名,并要求报名者每人交体检费100元。公告发出后一周内,有20多人踊跃报名,杨某在收到体检费后携款逃走。

理论争议

对杨某的行为如何定性,存在着不同的意见:第一种意见认为,杨某冒充军队工作人员,伪造虚假的证件和材料,制造虚假的招工公告,骗取他人钱财的行为应当构成诈骗罪。第二种意见认为,杨某冒充军人,骗取他人钱财的行为,侵犯了军队的声誉与正常活动,应当构成冒充军人招摇撞骗罪。第三种意见认为,杨某的行为在构成冒充军人招摇撞骗罪的同时,其伪造武装部队公文、证件、印章和非法购买军服的行为,还构成伪造武装部队公文、证件、印章罪和非法买卖军用标志罪,对杨某应当予以数罪并罚。

法理分析

冒充军人招摇撞骗罪,是指以谋取非法利益为目的,冒充军人招摇撞骗的行为。此罪的主要特征是:

(1) 本罪侵犯的客体是武装部队和军人的声誉。我国《国防法》第29条规定:"国家禁止任何组织或者个人非法建立武装组织,禁止非法武装活动,禁止冒充军人或者武装力量组织。"尽管行为人的撞骗行为也可能骗取财物,但由于行为采用的是冒充军人的手段,致使人民群众以为这些不法行为是军人所为,因而

---

* 案例来源:陈兴良主编:《刑法案例教程》,中国法制出版社2003年版,第438页。

直接破坏了国家机关的威信及其正常的活动。这也是本罪特殊的、实质的危害所在。

（2）本罪的主体为一般主体。凡年满16周岁、具有刑事责任能力的自然人均可构成本罪。对军人冒充不属于自身身份的军人，如士兵冒充军官、级别较低的军官冒充级别较高的军官等，能否构成本罪有不同看法。有观点认为军人不能构成本罪，也有观点认为军人同样可以构成本罪。我们认为，这里的冒充军人关键在于以不属于自己的军人身份出现，因此，军人冒充其他身份的军人的，对构成本罪并无影响。

（3）在客观方面，本罪表现为行为人假冒军人的身份或职称，进行招摇撞骗的行为。因此，行为人首先必须有冒充军人的身份或者职称的行为，既可以是冒充士兵，也可以是冒充军官。其次，行为人必须具有招摇撞骗的行为。即行为人要以假冒军人身份或职称，招摇炫耀，利用他人对军人的信任，实施骗取非法利益的行为。其具体表现形式多种多样，如公然穿戴解放军的制式服装骗取他人钱财或爱情，冒充军人骗取军人待遇等。上述两个条件必须同时具备并存在有机的联系，才符合招摇撞骗的客观要求。行为人出于虚荣心仅仅冒充军人的身份或职称，但并未借此实施骗取非法利益的行为不构成本罪；行为人既有冒充军人的行为，又有骗取非法利益的行为，但骗取非法利益的行为未以冒充军人为手段的，即两种行为之间不存在有机联系的，也不构成冒充军人招摇撞骗罪。

假冒军人身份主要包括三种情况：一是非军人冒充军人；二是级别较低的军人假冒级别较高的军人；三是一般部门的军人假冒要害部门的军人。招摇撞骗，是指假借军人身份进行炫耀、蒙骗，但不包括骗取数额巨大的财物的行为；对冒充军人骗取数额巨大财物的，应认定为诈骗罪。冒充军人使用伪造、变造、盗窃的武装部队车辆号牌，造成恶劣影响的，也应以本罪论处。

（4）本罪在客观方面表现为故意，其犯罪目的是谋取非法利益。所谓非法利益，既包括物质上利益，也包括如社会地位、荣誉待遇、异性爱慕等非物质利益。这是本罪与诈骗罪的一个显著区别。如果不具有谋取非法利益的目的而冒充军人的，不应以本罪论处。

《刑法》第266条规定了诈骗罪，对以非法占有为目的，用虚构事实或者隐瞒真相的方法，骗取数额较大的公私财物的行为予以刑事制裁。冒充军人招摇撞骗罪与诈骗罪的犯罪手段都带有一个"骗"字，即编造谎言，隐瞒真相骗取他人信任。而且，冒充军人招摇撞骗罪的犯罪目的也可能是谋取一定的财产利益，这与诈骗罪中行为人的犯罪目的是一致的。但是，这两种犯罪之间有严格的区分，其区别主要表现在犯罪的构成特征上：(1)侵犯的客体不同。前者侵犯的客体是武装部队和军人的声誉;后者侵犯的客体是公私财物所有权。(2)客观方面表现不同。前者的客观方面表现为冒充军人招摇撞骗;后者的客观方面表现为除冒充军人以外的其他虚构事实、隐瞒真相的方式,其表现形式多样化,可以表现为不特定的任何欺骗形式。(3)犯罪主观方面不同。前者的主观方面表现为以谋取非法利益为目的,包括骗取公私财物、骗取某种待遇、玩弄女性等;后者的主观方面仅表现为非法占有公私财物的目的。(4)二者构成犯罪有无数额限制不同。前罪的构成对所骗取的财物数额没有什么要求,因为此种犯罪未必一定表现为诈骗财物,而有可能是骗取其他非法利益,其危害性主要表现为对军队的声誉和正常活动的影响和破坏;后罪的构成则要求只有诈骗数额较大的,才以诈骗罪论处。

行为人冒充军人的身份或职务去骗取财物,一行为同时触犯了冒充军人招摇撞骗罪和诈骗罪两个罪名的,属于想象竞合犯。处理想象竞合犯,应当按照从一重处断的原则。① 结合冒充军人招摇撞骗罪和诈骗罪这两个罪的法定刑及犯罪的实际情况,可分为三种情形贯彻从一重处断原则:(1)骗取财物数额较大的,诈骗罪的法定刑为3年以下有期徒刑、拘役或者管制,并处或单处罚金,而冒充军人招摇撞骗罪在构成上无数额的限制,其最高法定刑为10年,此种情形应以冒充军人招摇撞骗罪论处,因为冒充军人招摇撞骗罪的处罚重于数额较大的诈骗罪。(2)骗取财物数额巨大的,诈骗罪的法定刑为3年以上10年以下有期徒刑,并处罚金,而冒充军人招摇撞骗罪无判处罚金的规定,因而此种情形下,诈骗罪的处罚重于冒充军人招摇撞骗罪,应以诈骗罪论处。(3)骗取财物数额特别巨大的,诈骗罪的法定刑为10年以上有期徒刑或者无期徒刑,并处罚金或者没收财产,这显然高于冒充军人招摇撞骗罪的法定刑,因而此种情形下,诈骗罪的处罚重于冒充军人招摇撞骗罪,应以诈骗罪论处。② 当然,如果骗取的财物数额不大,尚未达到诈骗罪立案标准则无所谓想象竞合犯,可直接以冒充军人招摇撞骗罪论处。

根据最高人民法院《关于审理诈骗案件具体应用法律的若干问题的解释》③,个人诈骗公私财物2000元以上的,属于"数额较大";个人诈骗公私财物3万元以上的,属于"数额巨大";个人诈骗公私财物20万元以上的,属于诈骗数额特别巨大。

---

① 参见马克昌等主编:《刑法学全书》,上海科学技术文献出版社1993年版,第377页。
② 参见赵秉志主编:《中国刑法案例与学理研究(第二卷)》,法律出版社2004年版,第274页。
③ 该司法解释现已失效。

本案中,杨某冒充军人骗取财物的行为,侵害了军队的声誉和威信,完全符合冒充军人招摇撞骗罪的构成要件,其构成冒充军人招摇撞骗罪;但同时杨某获得财物2000多元,已经达到了诈骗罪的数额较大的要求,其也构成诈骗罪。所以,杨某的行为构成了冒充军人招摇撞骗罪和诈骗罪的竞合,应适用上述分析中第一种情况下的从一重处断原则,即对杨某以冒充军人招摇撞骗罪论处。

需要指出的是,杨某伪造武装部队公文、证件、印章和非法购买军服的行为也符合了伪造武装部队公文、证件、印章罪和非法买卖军用标志罪的构成要件。这也是本案中涉及的另外一个问题:行为人实施冒充军人招摇撞骗罪而牵连其他犯罪时,冒充军人招摇撞骗可以以目的行为出现,其目的行为就是招摇撞骗,而手段行为是伪造武装部队的公文、证件、印章和非法买卖军用标志,这便牵连了《刑法》第375条的伪造武装部队公文、证件、印章罪和非法买卖军用标志罪。其与招摇撞骗的行为属于牵连犯关系,适用从一重罪处断的原则。就本案而言,由于杨某伪造武装部队公文、证件、印章和非法买卖军用标志的行为适用基本量刑幅度即可,因此本案就可以冒充军人招摇撞骗罪对杨某定罪处罚。

(作者:韩玉)

第二十七章 贪污贿赂罪

案例122. 徐某贪污案
——侵吞国有单位未认可的外欠货款可否构成贪污罪

案情介绍

徐某原系厦门市集美区物资总公司(以下简称"物资公司")综合科业务员,物资公司系国有公司。1995年物资公司与承德钢铁股份有限公司共同出资,成立了联营企业厦门承鹭钢铁工贸有限公司(以下简称"承鹭公司"),物资公司占30%的股份。承鹭公司的主要业务是经销承德钢铁集团的钢铁产品。根据约定,物资公司可以从承鹭公司先行拉货销售后再付款。1996年12月,徐某代表物资公司从承鹭公司提取螺纹钢(型号14)16.335吨,以每吨2980元的价格卖给铁道部第十七局厦门工程处第三工程公司(以下简称"铁十七局三分公司"),铁十七局三分公司按照徐某的要求,将货款48678.3元转账到徐某以"集物总"名义私设在建设银行厦门杏林支行的活期储蓄存折上。后来徐某先后8次提取该笔款项用于个人。1997年6月,徐某代表物资公司从承鹭公司提取螺纹钢(型号14)9.081吨,以每吨2500元的价格卖给厦门市的周某,收取货款24992.55元。在物资公司的催促下,徐某于1997年10月将27450元上交给物资公司。同年7月15日,徐某以物资公司的名义与厦门禾远泰实业有限公司(委托代理人为高某)签订工矿产品购销合同,约定由物资公司向厦门禾远泰实业有限公司(以下简称"禾远泰公司")供销螺纹钢和高速线材150吨,每吨2805元。7月23日,徐某在物资公司不知情的情形下,又以物资公司综合科的名义与承鹭公司签订购销合同,约定物资公司综合科向承鹭公司购买螺纹钢和高速线材计130吨,每吨2780元。随后,徐某从承鹭公司开具三张总数量为151.17吨(总金额418718.85元)的钢材提货单交给高某提货,徐某只收高某20万元的货款,其余货款作为出资与高某合伙做生意。徐某将收取的20万元中的7万元付给承鹭公司,7.5万元用来归还个人欠款,余下的5.5万元后来在其于1998年4月出逃时带走。后来,承鹭公司的负责人要求物资公司认同徐某于1997年7月拉走的151吨钢材货款。物资公司的负责人则说徐某与禾远泰公司订立工矿产品购销合同以及徐某与承鹭公司签订购销合同时,公司均不知情,并且合同上均没有公司盖章确认,两份合同完全是徐某个人的行为。同时,还明确表示151吨钢材货款不是物资公司的,物资公司不承担这笔货款。2001年6月,徐某化名李富在潜逃地被当地派出所清查外口时,主动向派出所交代了其真实姓名以及在物资公司工作期间的犯罪事实。

理论争议

对于本案应当如何处理,主要存在两种意见。一种意见认为,对于本案徐某的行为应以贪污罪定罪量刑,其贪污数额共计439947.15元(即第一批货款的48678.3元与第三批欠承鹭公司的货款418718.85元之和扣除徐某上交第二批货款时多交的27450元后的总余额)。另一种意见认为,徐某将物资公司应收的铁十七局三分公司的货款48678.3元转到其私设的账户上占为己有的行为构成贪污罪毫无疑问,但是对于徐某侵吞的第三笔货款(即151吨钢材货款),由于该笔欠款完全是徐某的个人行为所致,物资公司并未予以承认,因而徐某对此笔欠款的侵吞行为不能以贪污罪论处。

法理分析

《刑法》第382条第1、2款规定:"国家工作人员利用职务上的便利,侵吞、窃取、骗取或者以其他手段非法占有公共财物的,是贪污罪。受国家机关、国有公司、企业、事业单位、人民团体委托管理、经营国有财产的人员,利用职务上的便利,侵吞、窃取、骗取或者以其他手段非法占有国有财物的,以贪污论。"第183条第2款规定,国有保险公司工作人员和国有保险公司委派到非国有保险公司从事公务的人员有前款行为的,依照贪污罪的规定定罪处罚。第271条第2款规定,国有公司、企业或者其他国有单位中从事公务的人员和国有公司、企业或者其他国有单位委派到非国有公司、企业以及其他单位从事公务的人员有前款行为的,依照贪污罪的规定定罪处罚。第394条规定,国家工作人员在国内公务活动或者对外交往中接受礼物,依照国家规定应当交公而不交公,数额较大的,依照贪污罪的规定定罪处罚。

从上述几个法条的规定中我们可以看出,贪污罪的犯罪对象概括起来主要包括以下三种情况:(1) 公共财物;(2) 国内外公务活动中接受的应当交公的礼物;(3) 含有公共财产成分的混合制经济组织的财物。

(一) 公共财物

根据《刑法》第 91 条关于"公共财产"的规定,作为贪污罪犯罪对象的"公共财物"应当包括:国有财物、劳动群众集体所有的财物、用于扶贫和其他公益事业的社会捐助或者专项基金的财物以及以公共财物论的私人财物。

(1) 国有财物。所谓"国有财物"是指国家享有所有权的财物,通常是指国家机关、国有公司、企业、事业单位、人民团体所拥有的财物,以及股份制企业、中外合资企业中的属于国家所有的财产。"国有财物"不同于"国有财产",根据宪法和有关法律的规定,"国有财产"是指国家作为权利主体的一切物质财富和民事权利的总和。其不仅包括产权明确的国家所有的财物,而且包括依照法律归国家所有但产权尚不明确的财产。而"国有财物"则是国有财产中的物质财富部分,因此无论从外延还是内涵上而言,"国有财物"的范围都小于"国有财产"。此外,"国有财物"也不同于"国有资产"。依据最高人民检察院相关的司法解释,"国有资产"是指国家依法取得和认可,或者国家以各种形式对企业的投资和投资收益以及向行政事业单位拨款等形式的资产。一般而言,"国有资产"有广义和狭义之分。广义的"国有资产",是指国家以各种形式投资以及收益、拨款、接受馈赠、凭借国家权力取得,或者依照法律认定的各种类型的财产和财产权利。狭义的"国有资产"就是指经营性的国有资产,是指国家作为出资者在企业依法拥有的资本及其权益。可见,"国有资产"反映的是"国有财产"的动态性特征,只有"国有财产"作为生产要素进入商品生产经营活动中,具有增值要求且成为能以货币计量的经济资源时,"国有财产"才成为"国有资产"。① 显然,作为"国有财产"物质财富部分的"国有财物"无论在内容上还是特征上均与"国有资产"存在较大差别。

(2) 劳动群众集体所有的财物。根据宪法和刑法的相关规定,劳动群众集体所有的财物是指劳动群众集体所有制组织的财物,其所有权主体是特定的劳动群众集体。这里的劳动群众集体包括集体经济组织、村民自治组织、街道居民委员会等特定的集体。集体经济组织入股、参股、参加的股份、合作、合资企业,不属于此处所指的集体经济组织。

---

① 参见董邦俊:《贪污罪新论》,中国方正出版社 2004 年版,第 75 页。

（3）用于扶贫和其他公益事业的社会捐助或者专项基金的财物。首先，这类财物使用的目的在于支持"社会公益事业"。所谓"社会公益事业"主要是指教育、科学、文化、卫生、体育事业，环境保护、社会公共设施建设，救助灾害、救济贫困、捐助残疾人活动，以及其他促进社会发展和进步的社会公共福利事业。其次，这类公共财产包括社会捐助和专项基金两类。社会捐助就是指单位或者个人向有关的社会公益事业机构或者相关部门捐赠或者赞助款项。社会捐助款项的来源一般是社会的募捐，包括个人的捐赠、企业的捐赠，也包括经过国家有关部门批准向社会发行彩票募集的资金。所谓专项基金，是指专用于扶贫、救济、救灾或者其他公益事业目的的各种基金，这些基金具有人民群众自助的性质，并且财产的数额和种类也在不断增加。① 最后，社会捐助或者专项基金的财产是公共财产。

（4）在国家机关、国有公司、企业、集体企业和人民团体管理、使用或者运输中的私人财物。首先，管理、使用或者运输公民私人财物的单位必须是国有性质或者集体性质的单位。对于"国家机关"和"集体企业"的认定，在理论上基本不存在争议，但是对于何谓"国有公司、企业"，在理论界却是众说纷纭。我们认为，"国有公司、企业"必须是国有资产达到100%的公司、企业，除此之外，其他任何控股形式的公司、企业都不能以"国有公司、企业"论。其次，这些以公共财物论的财物在本质上仍是私人财物，即权利的归属仍是公民个人所有。如果这些财物在交由国家机关、国有公司、企业、集体企业和人民团体管理、使用或者运输后，所有权进而转移为国家所有的话，那么其就不属于这里所指的"以公共财物论"的情况，而应直接属于公共财产。最后，公民私人财物交由国家机关、国有公司、企业、集体企业和人民团体管理、使用或者运输后，财物的损毁、灭失风险完全转移给这些单位。因为只有风险发生转移，公民才能在风险变为现实后取得要求民事赔偿的权利，否则，风险所带来的不利后果只能由公民自己承担。

（二）国内外公务活动中接受的应当交公的礼物

《刑法》第394条规定，国家工作人员在国内公务活动或者对外交往中接受礼物，依照国家规定应当交公而不交公，数额较大的，以贪污罪论处。可见，上述规定中所指的"应当交公的礼物"也属于贪污罪犯罪对象。所谓"国内公务活

---

① 董邦俊：《贪污罪新论》，中国方正出版社2004年版，第82页。

动",是指在本国范围内,公职人员所从事的本职工作活动或者与本职工作相关的活动。所谓"对外交往"①,主要是指由于公务需要或者带有公务性质的外事活动,其特点是活动性质必须具有公务性,如果纯属私人交往活动,那么不能理解为刑法规定的"对外交往";此外,这里的活动在内容或者结果上也应具有涉外性质。

(三) 含有公共财产成分的混合制经济组织的财物

所谓"含有公共财产成分的混合制经济组织的财物"②,即国有、集体所有或者其他公共财产与其他所有制或者个人财产或者其他经济组织形态融合而形成的一种财产形态。具体包括《刑法》第 183 条第 2 款中的非国有保险公司的保险金和第 271 条第 2 款中的非国有单位的财物。

在本案中,物资公司系国有公司,徐某作为该公司综合科的业务员所从事的代表行为理应属于国家工作人员从事公务的行为,而从上述关于贪污罪犯罪对象的论述中我们可以发现,国有单位中从事公务的人员构成贪污罪时,犯罪对象应为"公共财物",即国有单位的财物。因此,本案徐某将物资公司应收的铁十七局三分公司的货款 48678.3 元转到其私设的账户上占为己有的行为完全符合贪污罪的犯罪构成要件,成立贪污罪毫无疑问。但是,对于徐某侵吞的物资公司未予承认的第三批货款(即 151 吨钢材货款)是否应以贪污罪论处呢?换句话说,公司未予承认的外欠货款是否仍属于公司的财产呢?

对此我们认为,回答是肯定的,即公司未予承认的外欠货款仍属于公司的财产。首先,从单位财产的组成来看,债权、债务都是单位财产的组成部分。因为从企业的资产评估过程中,我们可以看出,资产评估实际上是对企业资金、实物、知识产权、债权、债务等进行整体评估作价,而不是仅仅把单位的资金、实物作为单位的财产进行评价,所以企业所欠债务当然属于企业财产权的一个重要组成部分。其次,债权关系的存在也并不以债务人的承认为前提。债的发生原因主要包括两种情况:一是合同约定,二是法律规定。本案中,由于 151 吨钢材货款问题是基于徐某以物资公司综合科名义与承鹭公司签订的购销合同而产生,因此判断 151 吨钢材货款是否属于物资公司所应承担的债务的关键便在于徐某签订购销合同的行为是否属于表见代理行为,即徐某依法代表公司而为的经营活动。如果徐某签订购销合同的行为是合法的代表公

---

① 唐世月:《贪污罪研究》,人民法院出版社 2002 年版,第 88 页。
② 唐世月:《贪污罪犯罪对象研究》,载《中国法学》2000 年第 1 期。

司而为的经营行为的话,那么由此产生的债权债务关系理应由物资公司承担。对此,我们试分析如下:

首先,徐某的行为不属于表见代理。《民法典》第172条规定,"行为人没有代理权、超越代理权或者代理权终止后,仍然实施代理行为,相对人有理由相信行为人有代理权的,代理行为有效。"在本案中,物资公司和承鹭公司约定,物资公司可以从承鹭公司先行拉货销售后再付款,而徐某作为物资公司综合科业务员,基于业务上的要求在公司的合法授权下曾先后两次享有从承鹭公司提取螺纹钢的权利,因此承鹭公司有理由相信徐某1997年7月23日提取螺纹钢的行为也是在物资公司合法授权下的职务行为,其行为在表面上似乎完全符合表见代理的行为特征。但是,值得注意的是,徐某此次提货是以物资公司综合科的名义而非物资公司的名义与承鹭公司签订购销合同的,其并没有以被代理人本人的名义订立合同,因而其行为在本质上并不符合表见代理的行为特征,故不能以表见代理论处。

其次,徐某的行为属于代表公司而为的经营活动。根据约定,物资公司享有从承鹭公司先行拉货后再付款的权利。徐某作为物资公司综合科的业务员,在职务上享有代表物资公司先行提货后付款的权利,因此在徐某提取151吨钢材之前,其就已经享有从承鹭公司先行提货后付款的权利,其后实施的行为实际上是该项行为的延续,并没有超越自己的代理权限,仍属于代表公司而为的经营活动。此外,我们认为,在没有充分证据证明徐某是以个人名义与承鹭公司签订合同的情况下,徐某不签合同提货与以综合科的名义签订合同提货在本质上并没有任何差别,都可认定为代表物资公司而为的经营活动。

综上所述,本案中物资公司未予承认的151吨钢材的外欠货款仍属于物资公司的财产,所以徐某作为国家工作人员,非法侵吞该项货款的行为完全符合贪污罪的构成要件,因而应以贪污罪定罪量刑。

(作者:李舸稹)

案例123. 良某等挪用公款案*
——对跨法挪用公款行为如何适用法律

> **案情介绍**

良某、张某、徐某、道某在受国有公司上海友谊(集团)有限公司(以下简称"友谊集团")委派,分别担任上海联华超市股份有限公司(以下简称"联华超市")总经理、董事、财务总监、人事总监等职务期间,于2001年至2006年间,未经联华超市董事会及经营管理班子讨论、授权,也未报友谊集团批准,与联华超市董事长王某共同商议,利用职务便利,先后十余次共同挪用联华超市及其下属公司公款共计19549万余元用于上海立鼎有限公司(以下简称"立鼎公司")注册、增资、受让股权、充实资本金、房地产投资以及用于上海泉润有限公司(以下简称"泉润公司")注册、受让股权等。此外,良某、张某、徐某、道某还利用职务便利多次共同挪用联华超市及其下属公司公款共计1318万余元归立鼎公司使用。

一审法院认定:良某、张某、徐某、道某在分别担任联华超市总经理、董事、财务总监、人事总监等职务期间,利用职务便利,伙同他人或四人结伙挪用联华超市及其下属公司公款共计2亿余元,其行为均已构成挪用公款罪,且情节严重。根据刑法及相关立法解释,以挪用公款罪分别判处四名被告人有期徒刑12年至8年间不等刑罚。

> **理论争议**

良某等人于2001年至2006年间的十余次挪用行为,因为涉及不同的司法解释、立法解释,应当如何适用法律?

> **法理分析**

挪用公款罪最早出现于1988年1月21日全国人大常委会公布的《关于惩治贪污罪贿赂罪的补充规定》之中,挪用公款罪属于非常典型的法定犯,而非自

---

* 案例来源:(2014)沪二中刑初字第123号。

然犯。挪用公款罪犯罪构成要件复杂,司法解释、立法解释多变。本案所涉时间是 2001 年 7 月至 2006 年,相关的司法解释与立法解释有三个:第一个是 1998 年 4 月 29 日最高人民法院公布的《关于审理挪用公款案件具体应用法律若干问题的解释》,该司法解释规定:"挪用公款给私有公司、私有企业使用的,属于归个人使用。"第二个是 2001 年 10 月 17 日最高人民法院公布的《关于如何认定挪用公款归个人使用有关问题的解释》①,该司法解释规定:"以个人名义将公款借给其他自然人或者不具有法人资格的私营独资企业、私营合伙企业等使用的,属于挪用公款归个人使用。""为谋取个人利益,以个人名义将公款借给其他单位使用的,属于挪用公款归个人使用。""本解释施行后,我院此前发布的司法解释的有关内容与本解释不一致的,不再适用。"第三个是 2002 年 4 月 28 日全国人大常委会公布的《关于〈中华人民共和国刑法〉第 384 条第 1 款的解释》,该立法解释规定:"有下列情形之一的,属于挪用公款归个人使用:将公款供本人、亲友或其他自然人使用;以个人名义将公款供其他单位使用;个人决定以单位名义将公款供其他单位使用,谋取个人利益的。"

本案所涉时间是从 2001 年 7 月到 2006 年,因此挪用行为可以被分割为三个阶段:第一阶段为 2001 年 7 月至 2001 年 9 月 17 日,第二阶段为 2001 年 9 月 18 日至 2002 年 4 月 27 日,第三阶段为 2002 年 4 月 28 日至 2006 年。

对于第一阶段的挪用行为是否适用 1998 年司法解释?即"挪用公款给私有公司、私有企业使用的,属于归个人使用。"由于立鼎公司、泉润公司属于私有公司,如果适用 1998 年司法解释,那么第一阶段的挪用行为很有可能构成犯罪。我们认为,第一阶段的行为并不能适用 1998 年司法解释,原因有二。第一,2001 年司法解释明确规定,"本解释施行后,我院此前发布的司法解释的有关内容与本解释不一致的,不再适用。"也就是说,随着 2001 年司法解释的出台,1998 年司法解释已经失去了效力。第二,司法解释同样要遵循从旧兼从轻原则。2001 年 12 月 16 日最高人民法院、最高人民检察院公布的《关于适用刑事司法解释时间效力问题的规定》第 3 条明确指出:"对于新的司法解释实施前发生的行为,行为时已有相关司法解释,依照行为时的司法解释办理,但适用新的司法解释对犯罪嫌疑人、被告人有利的,适用新的司法解释。"2001 年司法解释规定:"以个人名义将公款借给其他自然人或者不具有法人资格的私营独资企业、私营合伙企业等使用的,属于挪用公款归个人使用。""为谋取个人利益,以个人名义将公款借给其他单位使用的,属于挪用公款归个人使用。"即 2001 年司法解释强调挪用

---

① 该司法解释现已失效。

公款给其他单位的,必须要以个人名义才可以构成犯罪,而本案的挪用公款行为没有一次是以个人名义进行的,按照 2001 年司法解释不构成挪用公款罪,也就是说,根据从旧兼从轻原则,第一阶段的挪用行为不构成犯罪。

根据上述分析,随着 2001 年司法解释的出台,以及根据司法解释应当遵循从旧兼从轻原则,本案所涉的第一阶段的挪用行为不适用 1998 年司法解释。既然 1998 年司法解释不适用,那么对于 2002 年立法解释之前的数次挪用行为,应该适用 2001 年司法解释。既然那些挪用行为都没有"以个人名义"进行,那么 2002 年 4 月 28 日之前的挪用行为,都不应当被认为犯罪行为。

当然,对于连续实施的挪用行为,是否要根据司法解释与立法解释的变迁而被分割评价也是值得讨论的。刑法对于跨法犯的概念以及如何适用法律并没有明确规定。所谓跨法犯,是指行为人的行为开始于新刑法(包括刑法修正案)生效之前而结束于新刑法生效之后,跨越新旧刑法的一种犯罪形态。跨法犯往往是继续犯或者连续犯,前者是指行为从着手实行到由于某种原因终止处于持续状态的犯罪,如非法拘禁罪。① 后者是指基于同一的或者概括的故意,连续实施数个性质相同且独立的犯罪行为,触犯同一罪名的犯罪形态。② 当继续犯的持续行为或者连续犯的连续行为跨越了新旧刑法时,便涉及如何适用法律的问题。

尽管刑法没有明确规定跨法犯的概念以及法律适用原则,但是在有关法条以及司法解释中蕴含着一些基本理念。《刑法》第 89 条第 1 款规定:"追诉期限从犯罪之日起计算;犯罪行为有连续或者继续状态的,从犯罪行为终了之日起计算。"此条关于追诉期限的规定,确认了继续犯和连续犯属于一罪的范畴,继续犯和连续犯的追诉期限从犯罪行为终了之日起计算。另外,1998 年 12 月 2 日最高人民检察院公布的《关于对跨越修订刑法施行日期的继续犯罪、连续犯罪以及其他同种数罪应如何具体适用刑法问题的批复》规定:"一、对于开始于 1997 年 9 月 30 日以前,继续到 1997 年 10 月 1 日以后终了的继续犯罪,应当适用修订刑法一并进行追诉。二、对于开始于 1997 年 9 月 30 日以前,连续到 1997 年 10 月 1 日以后的连续犯罪,或者在 1997 年 10 月 1 日前后分别实施同种类数罪,其中罪名、构成要件、情节以及法定刑均没有变化的,应当适用修订刑法,一并进行追诉;罪名、构成要件、情节以及法定刑已经变化的,也应当适用修订刑法,一并进行追诉,但是修订刑法比原刑法所规定的构成要件和情节较为严格,或者法定刑

---

① 参见刘宪权主编:《刑法学(第五版)》,上海人民出版社 2020 年版,第 248 页。
② 同上书,第 255 页。

较重的,在提起公诉时应当提出酌情从轻处理意见。"该批复对于跨法犯的法律适用明确了以行为终了时的法律定罪量刑。由于刑法在溯及力问题上采用有利于被告人的从旧兼从轻原则,该批复也明确规定了修订刑法比原刑法更为严厉的,应当酌情从轻处理。

那么,对于本案涉及的十多次连续挪用行为,是否应当一并追诉,全部适用2002年立法解释,而不再考虑之前的司法解释呢?我们认为值得商榷。

首先,跨法犯是关乎新旧刑法交替时如何适用法律的问题,本案挪用公款的行为并没有涉及新旧刑法的交替,而是司法解释和立法解释的变迁,因而不能直接适用1998年最高检的司法解释规定。

其次,关于连续实施的行为,是否不能剔除一些明显不构成犯罪的行为而一概以行为终了时的法律一并追诉是要分情形区别对待的。例如行为人15周岁时盗窃2000元,16周岁时也盗窃2000元,17周岁时再次盗窃2000元,在计算行为人盗窃犯罪数额时显然应当剔除15周岁时盗窃的2000元,将行为人的盗窃犯罪数额计算为4000元,因为已满14周岁不满16周岁的人不对盗窃犯罪承担刑事责任,但是对于已满16周岁后的所有盗窃行为应当累计,以行为终了时的法律定罪量刑。同理,对于多次挪用行为,如果有些挪用行为不构成犯罪的话,也不能因为其连续作案而一并计算所有的挪用数额,并以行为终了时的法律定罪处刑。

再次,关于立法解释和司法解释的效力问题,也不能简单地以立法解释的效力高于司法解释为由,将2002年立法解释覆盖2001年司法解释,排除其适用。如果在同一时期司法解释与立法解释并存,立法解释的效力高于司法解释的结论是可以接受的,但是在不同时期分别存在着司法解释与立法解释的情形下,还是应当根据有利于被告人的从旧兼从轻的原则适用法律,这是尊重刑法基本原则罪刑法定主义的应然结果。这一结论与2001年12月16日最高人民法院、最高人民检察院公布的《关于适用刑事司法解释时间效力问题的规定》第3条的规定相契合。该条指出:"对于新的司法解释实施前发生的行为,行为时已有相关司法解释,依照行为时的司法解释办理,但适用新的司法解释对犯罪嫌疑人、被告人有利的,适用新的司法解释。"在不同时期存在不同的司法解释的情况下,应当遵循从旧兼从轻原则。那么在不同时期存在着不同的司法解释和立法解释的情况下,同样要遵循从旧兼从轻原则。无论是立法解释还是司法解释,都是对法律条文含义的阐明,而这种对法律条文含义的阐释涉及对于犯罪构成要件的理解,关系到罪与非罪的界限,只有根据从旧兼从轻原则选择适用有利于被告人的司法解释或者立法解释才是真正坚持了罪刑法定原则,才是限制了国家公权力的不当行使,以及充分保障被告人的应有权益。

(作者:何萍)

案例124. 窦某、冼某等贪污案*
——将期货交易风险转嫁给单位的行为如何定性

案情介绍

窦某是A公司期货部经理,冼某是B公司期货部交易员,冼某通过窦某在A公司期货部开设了私人账户。

1995年11月1日,冼某电话委托窦某在其私人账户上买入胶合板300手(每手200张,买入价为每张43.7元)。成交后胶合板行情下跌,冼某为避免个人损失,利用其报单员的职务便利,通知窦某将这300手合约转入B公司的自营账户上。冼某的转嫁行为使B公司当天持仓亏损3.84万元,平仓后共亏损26.9万元。

1995年11月17日,冼某电话委托窦某在其私人账户上买入红小豆400手(每手2吨,每吨买入价为2380元)。成交后,红小豆价格上涨,冼某要平仓。而窦某认为行情看涨,劝冼某再看一看,冼某同意。但当日收盘前,红小豆价格下跌,窦某表示如冼某后悔,这400手可算在A公司的自营账户上,冼某听后默认。窦某随后将原本应入冼某私人账户上的合约转入A公司的自营账户上。当日红小豆的收盘价为每吨2345元,400手红小豆合约使A公司当天持仓亏损2.8万元,窦某平仓使A公司亏损24.4万元。

案发后,窦某退缴44万元,冼某退缴9万元。本案历经一审、二审、再审,法院最终判决二被告人构成贪污罪。

理论争议

窦某、冼某均为国有企业的工作人员,他们利用职务便利,先后将私人账户

---

* 案例来源:《中华人民共和国最高人民法院公报》2003年第2期。

上行情下跌的期货合约分别转入国有企业的账户,造成国有企业持仓亏损。本案争论的焦点在于二人的上述行为是否属于贪污罪中的"非法占有公共财物"。有观点认为窦某、冼某将价格下跌时的期货合约转入国有企业账户,转嫁的只是期货交易风险,不是实际损失,且二人并没有直接地控制国有财物,不能认为是非法占有公共财物。也有观点认为,二人行为的实质是以让国有企业亏损来弥补个人损失的手段占有国有财物,是非法占有的一种行为。

法理分析

根据《刑法》第382条第1款的规定,贪污罪是指国家工作人员利用职务上的便利,侵吞、窃取、骗取或者以其他手段非法占有公共财物的行为。

"非法占有"是指行为人主观上具有将他人财产占为己有的直接故意,客观上实施了非法地实际控制他人财产的行为。本案从表面上看,主观上二被告人对其行为可能导致国有企业财产损失持放任的态度,而不是积极地追求和希望,因而不满足"非法占有"主观方面直接故意的要求。客观上二被告人的行为转移的只是期货交易风险,换句话说,只是将国有企业的财产置于原本应由个人财产所处的可能损失的境地,并未造成国有企业财产既定的直接损失,而国有企业的财产最终是否会损失是不确定的,也是行为人无法左右的,因而行为人并没有实际控制公共财物,也就不满足"非法占有"的客观行为要求。

然而,上述分析没有对每日持仓盈亏和整个持仓过程的盈亏进行区别。期货市场不同于股票市场,为避免资金信用风险,期货交易采取逐日盯市,即每日无负债的结算制度。该制度是指在每个交易日结束之后,交易所结算部门先计算出当日各期货合约结算价格,核算出每个会员每笔交易的盈亏数额,以此调整会员的保证金账户,将盈利记入账户的贷方,将亏损记入账户的借方。若保证金账户上贷方金额低于保证金要求,交易所会通知该会员在限期内缴纳追加保证金以达到初始保证金水平,否则不能参加下一交易日的交易。按照这种制度的要求,在任何一个时点每个期货账户都有一笔净利润或净损失,期货合约每天都有现金的流入和流出,当日持仓亏损即为实际的损失,而整个持仓过程的盈亏则由最终平仓时的结算价决定。

因此,窦某、冼某违反期货交易的有关规定,在为单位炒作期货的同时,私自开设个人账户,并且明知私人账户上的胶合板和红小豆两笔期货合约价格下跌,当日结算的持仓亏损已成定局,仍然利用职务便利,故意将其转入国有企业的账户,实际上就是将当日应当由个人承担的两笔分别为3.84万元和2.8万元的亏损转给国有企业承担,可见,二人转嫁的是实际发生的损失,而不单纯是期货交易风险。与此同时,二人对其行为会造成国有企业财产的损失持积极追求和希望的态度。他们对这种危害结果的发生是明知的,目的就是要非法转嫁个人损失,其主观罪过形式应属直接故意。

非法占有公共财物的手段具有多样性,具体可概括为以下几种:

(1) 侵吞。即行为人因职务关系合法持有公共财物,应当上交而不上交,或者应当下发而不下发,非法转归己有或者第三者所有。① 它有两个基本特征:其一,行为人原本对公共财物的占有是合法的,而非以其他非法手段占有;其二,行为人将其合法占有的公共财物据为己有或转归他人所有。

(2) 窃取。即行为人将自己合法经手、管理的公共财物秘密地据为己有。窃取与侵吞究竟区别何在,学者们有各自不同的观点。观点一认为"窃取"所采取的手段是秘密的,这种秘密性集中体现在行为人窃取的是与他人共同管理的财物,而非单独管理的财物。② 观点二认为两者区别在于主体。"窃取"仅指担负保管公共财物职务的工作人员利用职务之便,将公共财物非法据为己有;而"侵吞"则指一切因职务关系合法持有公共财物的人应上交不上交,应下发不下发,而将该财物非法据为己有。③ 我们认为,"窃取"不同于"侵吞"的最主要之处在于手段的秘密性。即用秘密窃取的方法将自己合法管理、使用的公共财物非法占有。④ 例如,常见的侵吞行为包括将自己管理的公共财物予以扣留,不予上交,虽然也是秘密进行的,但行为人没有采用"偷窃"的手段,因而不是窃取。观点一似乎想说明"单独窃取"就是"侵吞"时其他共同管理人不知情,那么也就是说全体共同管理人"共同窃取"就可以等同于"侵吞",这显然在逻辑上是有问题的。观点二则混淆了两种不同的分类标准。在这里,"窃取"与"侵吞"本身是实施贪污行为的两种手段,是根据行为特点不同而进行的两种区分,实施这些行为的主体就是贪污罪的犯罪主体,如果再从行为人所担任的职务的角度去区别它们,那是没有意义的。

(3) 骗取。即行为人利用职务上的便利,采取虚构事实或隐瞒真相的方法,非法占有公共财物的行为,骗取的行为对象是处于他人合法管理下而行为人又有权经手的公共财物。

---

① 参见高铭暄主编:《刑法专论(第二版)》,高等教育出版社 2006 年版,第 756 页。
② 参见赵秉志主编:《中国刑法案例与学理研究(第六卷)》,法律出版社 2004 年版,第 19 页。
③ 参见高铭暄主编:《刑法专论(第二版)》,高等教育出版社 2006 年版,第 757 页。
④ 参见肖扬主编:《中国新刑法学》,中国人民公安大学出版社 1997 年版,第 650 页。

（4）其他。贪污罪的犯罪手段表现形式多种多样，刑法在列举规定了侵吞、窃取、骗取方法外，还概括规定了其他手段。

采用侵吞、窃取、骗取等方法非法占有公共财物后，结果均是个人财产积极地增加，据此推之，有学者认为，刑法中所规定的"其他手段"也应当使行为人取得公共财物的实际控制权和所有权，从而实现主观预期的希望。然而，从经济学角度讲，损失减少等同于财产的增加，行为人为消灭债务或减少损失，利用职务便利，使公共财产不当减少，同样侵犯了公共财产的所有权。本案中二被告人故意将应由个人承担的期货账户损失转嫁给国有企业，其行为应包括在"非法占有公共财物"的含义之中。

依据罪刑法定原则的要求，窦某、冼某二人均为国有企业的工作人员，利用职务便利，故意将私人账户上行情下跌的期货合约分别转入国有企业的账户，造成国有企业当日持仓亏损共计 6.64 万元，其行为已构成贪污罪。本案所涉被告人的行为，发生在 1995 年 11 月。根据从旧兼从轻原则，新刑法处刑较轻，法院依照新刑法以贪污罪定罪量刑是适当的。

（作者：梁燕宏）

案例125. 王某挪用公款案[*]

——如何认定挪用公款"归个人使用"

案情介绍

王某原系湖南省某市环保局局长。2001 年 2 月，李某因自己所办的新华油脂化工厂资金短缺找到王某，要求向市环保局借款。王某违反金融法规，在李某递交的报告上签字批准从本局借款 15 万元给该厂，并安排财务人员办理。此后，李某分三次返还了借款，并交给王某 1000 元，王某安排财务人员以福利的名义将该笔款分发给全局职工。

理论争议

关于本案中王某的行为之认定，第一种意见认为，王某的行为构成了挪用公

---

[*] 案例来源：姜伟主编：《刑事司法指南（总第 19 集）》，法律出版社 2004 年版，第 183 页。

款罪。其理由是：第一，使用人名义上是新华油脂化工厂，但该厂归李某个人所有，而且这笔款项不是按合法渠道借贷而来，如何使用完全由李某个人决定，这与供给李某个人实质上毫无区别。第二，王某是以个人名义借款给他人。王某没有经过集体研究即擅自在李某递交的借款报告上签字同意，属于个人行为，应视为以个人的名义借款，而且动用环保局的专项资金违反了国务院《污染源治理专项基金有偿使用暂行办法》①的规定，超越了王某的权限。第三，王某谋取了个人利益。一方面他以福利的名义从中获取了好处，另一方面他冒着极大的风险帮助了李某，毫无疑问将来在需要的时候随时可以从李某身上获取好处，这是一种可期待的利益，应当推定王某谋取了个人利益。

第二种意见认为，王某的行为不构成犯罪。其理由是：第一，公款的使用人新华油脂化工厂虽然是私营企业，但毕竟不是自然人，不能视为挪用公款罪中的"个人"。第二，王某是以单位的名义借款给他人，实施的是单位行为。第三，不能对同一利益重复评价。贷款获得的利益已经归单位，不能再次认定王某谋取了个人利益。谋取个人利益只能是指向人索要、使用人许诺或者已经给予个人的利益，"可以期待的利益"可能会发生，也可能永远不会发生，对可能发生的行为或者将来要发生的行为实行事先处罚明显违背法理。

法理分析

本案产生争议的原因主要是对挪用公款罪当中"归个人使用"的理解不同所造成的，我们认为王某的行为不能构成挪用公款罪。其理由如下：

根据《刑法》第384条的规定，挪用公款罪，是指国家工作人员利用职务上的便利，挪用公款归个人使用，进行非法活动的，或者挪用公款数额较大，进行营利活动的，或者挪用公款数额较大，超过3个月未还的行为。由此可见，挪用公款归个人使用是本罪客观方面的一个重要组成部分，是构成挪用公款罪的必备要件，也是罪与非罪的主要界限。对于挪用公款归个人使用，构成犯罪的，应当追究刑事责任；对于其他擅自改变公款用途的行为，如单位之间的拆借行为等，则应按违反财经纪律处理。

2002年4月28日全国人大常委会通过了《关于刑法第三百八十四条第一款的解释》（以下简称"2002年立法解释"）。该解释规定，以下三种情况属于挪用公款"归个人使用"：(1) 将公款供本人、亲友或者其他自然人使用的；(2) 以个

---

① 该文件已失效。

人名义将公款供其他单位使用的;(3)个人决定以单位名义将公款供其他单位使用,谋取个人利益的。根据该立法解释,王某只有具备将公款供其他自然人使用,或以个人名义将公款供给李某的私营企业使用的情节,或者具备"个人决定""谋取个人利益"两个条件的,才能构成挪用公款罪。

(一)王某没有将公款供其他自然人使用

有意见认为,前述立法解释"以个人名义将公款供其他单位使用的","其他单位"仅指具有法人资格的单位,将公款挪用给不具备法人资格的私营企业使用应当认定为将公款供自然人使用。其理由是:非法人型企业以个人财产对企业的债务承担无限责任,其单位利益与个人利益、单位行为与个人行为融为一体,自然人人格就是企业人格,从民事归责的角度看,也是由开办者个人承担无限责任的,符合挪用公款"归个人使用"的实质。最高人民法院曾经在1998年和2001年作出的两个关于挪用公款罪的司法解释中也都强调"以个人名义将公款借给其他自然人或者不具有法人资格的私营独资企业、私营合伙企业等使用的,属于挪用公款归个人使用"。这两个司法解释对私有公司、企业事业单位的歧视是显而易见的,因此,也招致了学术界的强烈抨击。1999年3月15日通过的《中华人民共和国宪法修正案》,将宪法第11条修改为:"在法律规定范围内的个体经济、私营经济等非公有制经济,是社会主义市场经济的重要组成部分。国家保护个体经济、私营经济的合法权利和利益。……"如果在实践中还将私营独资企业、私营合伙企业与其他企业加以区分,则背离了宪法的精神,将私有企业和其他单位区别对待,则有违市场经济主体地位平等的原则。私营、国营还是股份制经营只是经营方式的不同,其性质仍然是"企业",不是"个人",即使是不具有法人资格的私营企业也是如此,它是多个自然人与资金、场地、设备、无形资产等的集合体,与自然人有本质的区别。从司法实践情况看,挪用公款真正归自然人使用的情况非常少,大量的则是归各种单位使用,既有私有性质的公司企业,也有公有性质、混合性质的公司企业。鉴于此,2002年立法解释摒弃了前述司法解释把挪用公款"借给不具有法人资格的私营企业、私营合伙企业使用的,属于归个人使用"的表述和立场,对于公有制和私有制企事业单位采取了平等平待的态度,立法解释将挪用公款归个人使用解释为供自然人使用和供单位使用两种情形,对于单位则没有进一步区分为公有制单位和私有制单位。言下之意,无论公有制还是私有制企事业单位,只要符合刑法要求的单位主体资格,都可以被视为单位,行为人将公款供私有制企业法人使用,或是供公有制企业法人使用,都属于将公款供单位使用。这也是国家立法机关首次明确肯定私有制企事业单位与公有制企事业单位在刑法上享有平等地位。因此在本案中,资金用于李某所办的新华油脂化工厂使用和用于李某个人使用有着质的差别,不能认定为归个人使用。

(二)王某不具备"以个人名义"将公款供给李某的私营企业使用的情节

如何理解"以个人名义"?我们认为,关键是看行为人违反财经纪律挪用公款给其他单位使用时,是否在法律上建立了本单位与使用单位之间债权、债务关系。行为人在与对方联系过程中,以及在立借贷合同时,无论其是否说明是公款,都是以个人行为与对方单位发生关系,而没有明确建立两个单位之间的债权、债务关系的,就是以个人名义。反之,行为人虽然是个人滥用职权,将公款挪用给其他单位使用,但是,其以单位名义与对方建立债权、债务关系,如在借贷合同上加盖双方单位公章,表示双方单位之间的借贷关系正式成立的,就不能认为是以个人名义挪用公款给其他单位使用。①

本案中,王某虽然未经集体研究而自行在李某提交的报告上签字,批准从本局借款给李某所办的厂,但余下的事都是交给单位财务人员办理的,也就是说王某虽然越权签字批准了借款,但该笔款项还是以单位名义借出的,并不是王某将公款挪用后借给李某所办工厂使用,同时李某也清楚自己所借的是环保局的钱而非王某自己的钱,借款合同的双方当事人为环保局和新华油脂化工厂,所以王某的行为不符合"以个人名义"将公款供给李某的私营企业使用的情形。

(三)王某虽然是"个人决定",但并未"谋取个人利益"

所谓"个人决定",是指挪用人自己决定将经手或管理的公款以单位的名义供给其他单位使用,其中,既包括行为人在职权范围内将公款借与其他单位,也包括行为人超越职权,擅自将公款借与其他单位。所谓"谋取个人利益",是指挪用人自己从中谋取利益的行为,既包括物质利益,也包括非物质利益,既包括合法利益,也包括非法利益。

我们认为王某具备以"个人决定以单位名义"的要件,王某身为环保局局长,是应当知道将专项资金借给其他单位使用是违反相关规定的,即使不是专项资金,对外出借也应当经单位集体研究才能决定,而不是其自己就能随意决定的,王某超越职权,擅自将公款借与其他单位的行为很明显地反映了"个人决定"的性质,但是仅凭王某"个人决定以单位名义"借款给其他单位并不能说明王某构成了挪用公款罪,因为王某并没有"谋取个人利益"。2002年立法解释关于挪用

---

① 参见高铭暄主编:《刑法专论(第二版)》,高等教育出版社2006年版,第823页。

公款"归个人使用"的三种情形中,未包括行为人个人决定以单位名义将公款供其他单位使用,未谋取个人利益的情形。依照罪刑法定原则,此种行为当不属于**挪用公款"归个人使用"**,进而不构成挪用公款罪。在借款前,王某与李某并没有借款后相关报酬的约定,虽然后来在还款时,李某一并交给王某 1000 元,但王某并未将该笔钱款据为己有,而是安排财务人员以福利的名义将该笔款分发给全局职工,这也说明其主观并无谋取个人利益的目的。综上所述,王某的行为不构成犯罪。

(作者:朱攀峰)

案例 126. 王某某挪用公款案*

——以使用变价款为目的的挪用公物行为是否构成挪用公款罪

案情介绍

王某某原系上海机械进出口集团实业公司(以下简称"实业公司")出口材料部经理。1997 年 11 月,经单位领导同意,王某某将实业公司 99.235 吨电解铜出借给上海市有色金属铜带分公司(以下简称"铜带分公司")使用。1999 年 4 月借铜合同履行完毕,但这批铜仍置放在铜带分公司。1998 年年初,王某某经人介绍认识了南京市金属材料总公司(以下简称"南京总公司")兰州公司个人承包经营者邱某,至同年 8 月,由王某某经手实业公司与兰州公司两次发生购销业务。在履约过程中,兰州公司违约,欠实业公司货款 180 万元。实业公司领导于1999 年责成王某某向邱某追讨,经多次催讨未果。不久,邱某去向不明。同年年底,王某某到南京总公司,要求确认兰州公司的债务。负责接待的人员告知兰州公司名义上挂靠在南京总公司,实际上是邱某个人承包经营,债权债务应由兰州公司自行负责。1999 年 5 月,王某某通过邱某的朋友与邱某取得联系,邱某请求王某某想办法替其先向实业公司归还 100 万元的货款,并答应在同年 7、8

---

* 案例来源:最高人民法院刑事审判第一庭、第二庭编:《刑事审判案例》,法律出版社 2002 年版,第 593 页。

月间归还王某某垫付的钱款。为了减轻未追回货款的压力,王某某产生了将铜带分公司归还本单位的近100吨电解铜变价后替邱还债的意图。同月12日,王某某在南京擅自以实业公司出口材料部的名义与另一公司签订了出借电解铜100吨的协议。月底,王某某将电解铜分四次予以变卖,得款226.975309万元,用于替邱某归还所欠实业公司的部分货款及另一公司的经营活动。至案发时止,王某某归还了124万元,尚有102万元多未予归还。

一审法院经审理认为,被告人王某某系国家工作人员,利用职务上的便利,擅自挪用公款,归个人用于营利活动,情节严重,且未予归还的数额巨大,严重侵犯了国有企业的资金使用权,损害了国家工作人员职务的廉洁性,其行为已构成挪用公款罪。一审宣判后,王某某不服上诉。二审法院经审理认为,一审法院认定上诉人王某某犯挪用公款罪的事实清楚,证据确实充分,定罪准确,量刑适当,审判程序合法,故驳回上诉,维持原判。

理论争议

对于本案究竟应当如何定性,主要存在两种观点。一种观点认为,王某某的行为不能以犯罪论处。因为就挪用公款罪而言,行为人实施挪用行为时其犯罪对象直指公款,最后使用的也是被挪用的公款,其行为是一个从公款到公款的过程。而王某某虽然最终使用的是电解铜的变价款,即公款,但是其行为从一开始,犯罪对象的指向是特定物电解铜,即公物。这是一个从公物到公款的过程。此外,从查明的事实和证据来看,被害单位的账上损失是近100吨电解铜的库存,是物,而不是近100吨电解铜的价款。因此,被害人挪用的是公物而非公款,其行为不构成挪用公款罪。

另一种观点认为,王某某的行为成立挪用公款罪。因为被挪用的电解铜不是被害单位的物品,而是商品,可以在流通领域变价,并且王某某的行为从挪用行为一开始,就明白无误地指向电解铜的变价款。事实上,王某某最终也使用了电解铜的变价款,而不是电解铜。因此王某某的行为符合挪用公款罪的特征。

法理分析

所谓挪用公款罪,是指国家工作人员利用职务上的便利,挪用公款归个人使用,进行非法活动,或者挪用公款数额较大,进行营利活动,或者挪用公款数额较大,超过三个月未还的行为。本罪侵犯的客体是公共财物的占有权、使用权、收益权以及国家工作人员职务行为的廉洁性。本罪在客观方面表现为,行为人利用职务上的便利,挪用公款归个人使用,进行非法活动,或者挪用公款数额较大,进行营利活动,或者进行营利活动、非法活动以外的活动,数额较大,挪用时间超过三个月的。本罪在主观上表现为故意的主观心态,即明知自己的行为侵犯了公款的占有权、使用权与收益权以及职务行为的廉洁性,并希望或者放任这种结果的发生。行为人主观上具有归还公款的意图而非将公款不法据为己有的目的。本罪的主体必须是国家工作人员,其范围依据《刑法》第 93 条的规定予以确定。①

从上述挪用公款罪的概念及构成特征可以看出,挪用公款罪所侵犯的对象是公款。根据《刑法》第 91 条关于公共财产的规定,这里的公款应该包括以下几个方面的内容:(1)国有财产中的公款。即属于国家所有财产的公款,这是公款中的主要部分。(2)劳动群众集体所有财产中的公款。包括城市街道企业和农村乡镇企业的收支的公款以及其他形式的集体企业、机构所有的公款,此外还包括城市街道办事处、居民委员会,农村乡、镇、村属于集体所有的公积金、公益金,以及收取的合理摊派款等集体所有的公款。(3)用于扶贫或者其他公益事业的社会捐助或者专项基金。(4)在国家机关、国有公司、企业、集体企业和人民团体管理、运输、使用中的私人财产中的货币。② 可见,作为公共财产的一个重要的组成部分,公款所涵盖的内容极其广泛,一切以货币形式表现的公共财产都属于公款的范围。

那么,对于与公款一样属于公共财产重要组成部分的公物是否也可以成为挪用公款罪的对象呢?挪用公物行为是否也应由挪用公款罪所涵盖呢?对此问题,理论界主要存在两种观点。第一种观点认为,挪用公款罪的对象"公款"应当包括公物在内。持此种观点的学者认为,作为公共财产的重要组成部分,公款和公物虽然在表现形式上有所不同,但是在本质上并没有任何差异,对于同样的挪用行为,如果只因其具体对象不同,而将有的行为规定为犯罪,有的行为不规定为犯罪,则有失刑法的公正性。此外,从司法实践来看,社会上存在相当多的挪用公物现象,其社会危害性并不亚于挪用公款行为,挪"钱"的入狱,挪"物"的无事,这显然不利于合理有效地打击经济犯罪。③ 第二种观点认为,挪用公款罪的对象"公款"不应当包括公物在内。持此种观点的学者认为,除了《刑法》第 384 条第 2 款规定的特定款物包括公物外,《刑法》第 384 条第 1 款规定的"公款"不

---

① 参见张明楷:《刑法学(第二版)》,法律出版社 2003 年版,第 913—914 页。
② 参见刘生荣等:《贪污贿赂罪》,中国人民公安大学出版社 1999 年版,第 95 页。
③ 参见孟庆华:《贪污贿赂罪重点疑点难点问题判解研究》,人民法院出版社 2005 年版,第 89 页。

应包括公物在内。首先,挪用非特定公物不具有犯罪的本质属性,即相当程度的社会危害性。现实中,挪用非特定公物的情况确实存在,有的现象如公车私用还比较普遍,但其中长期挪用的并不多见。由于物的流通性差,被挪用的物往往价值又大,所有者单位的有关部门和人员对其底细清楚,因而对其进行挪用的隐秘性不高,容易被发现而得以纠正。因此这种挪用的现实社会危害性并不大。而且无论从理论还是实践的意义上都可预料,随着经济和社会的发展,挪用非特定公物的现象定会越来越少。因此,总体而言,挪用非特定公物的社会危害性是十分有限的,达不到非要以追究刑事责任相制的程度,因此完全没有必要将其与挪用公款一样按照挪用公款罪定罪量刑。[①] 其次,从司法实践的角度来看,对挪用公物行为进行定罪往往面临执行难的危险。由于挪用的对象常常价值不菲,而其社会危害性却不甚明显,因此司法机关在实际操作中经常陷入"定罪也难,不定罪也难"的尴尬境地,容易导致执法不衡、司法不公的局面,从而有损法律和司法的严肃性、权威性。

对于上述两种观点,我们认为,第二种观点具有一定程度的合理性但同时也存在其固有的不周延性。在我们看来,对此问题应当具体问题具体分析,不应全盘肯定,也不应一概加以否定。首先,我国现行《刑法》第384条第2款规定:"挪用用于救灾、抢险、防汛、优抚、扶贫、移民、救济款物归个人使用的,从重处罚。"从法条的规定可以看出,立法者将挪用救灾、抢险等七种特定公物的行为明确规定为挪用公款罪,因此按照罪刑法定的刑法基本原则,对于这七种特定公物而言,显然可以成为挪用公款罪的对象。其次,对于上述七种特定公物以外的非特定公物而言,应当依据其具体性质的不同而在定性上有所区别。按照马克思主义政治经济学的基本观点,商品具有使用价值和价值两个基本属性。所谓使用价值是指商品能够满足人们某种需要的属性,它是商品的自然属性,体现了人与自然的关系;所谓价值是指凝结在商品中的无差别的人类劳动,体现了商品生产者相互交换劳动的关系,反映了人与人之间的关系,是商品的本质属性。价值是商品交换的基础,决定了商品交换的比例。从使用价值和价值的含义可知,在流通领域,人们主要是利用商品的价值这一属性进行交换并进而获利,因而行为人对于商品价款的追求就是行为人追求商品价值的物质表现,两者在本质上并无差别。对于挪用公物行为而言,如果行为人挪用公物以追求公物的商品价值为目的的话,那么行为人此时所挪用的公物就不是使用价值意义上的物,而是公物价值的载体即公款,其行为完全符合挪用公款罪的主客观要件。对于此种行为

[①] 参见孟庆华:《贪污贿款罪重点疑点难点问题判解研究》,人民法院出版社2005年版,第90页。

理应按照挪用公款罪定罪量刑,切不可被挪用公物的表面现象掩盖了其挪用公款的实质,否则不仅有失刑法的公正,也与立法原意相背。但是,如果行为人挪用公物以追求公物的使用价值为目的的话,由于该物并不作为商品进入流通领域,因此此时的挪用公物行为与挪用公款行为无论是在主观目的还是客观行为上都存在重大差别,那么对于这种行为就不能按照挪用公款罪定罪量刑。

概言之,我们认为,对于挪用公物的行为,在一般情况下不宜追究刑事责任,但这并非意味着与一般公物相关的挪用案件一概不能构成挪用公款罪,如果行为人的目的是利用公物本身的商品价值,使其进入流通领域,将公物转换成货币,则由于该项价款的所有权归属单位,应当视为挪用公款的一种特殊形式,认定为挪用公款罪。具体而言,主要存在以下几种形式:(1)以物挪款。即行为人在经销本单位产品或者保管公物的过程中,擅自从业务往来单位收取本单位的货款或将其经管的公物予以出卖而挪归个人使用的行为。[①] 在此种情况下,行为人虽然并未直接从本单位挪用公款,但是其最终目的仍是获取本单位的钱款,本单位的货物仅是挪款行为的一个媒介,实质上仍是侵占了本单位应收货款的使用权和收益权。对于此类行为,只要达到挪用公款罪的立案标准,均应按照挪用公款罪定罪量刑。(2)以物挪物。即行为人在销售本单位产品的过程中,擅自从对方业务单位挪取等价额的产品供自己使用或者进行营利活动的行为。[②] 由于产品一旦进入流通领域便转换为商品并具有流通价值,因此此种情形下的物便不再是一般意义上的物,而是具有交换价值的物。只要行为人实施了以本单位货物换取对方单位等价额的物归自己使用或进行销售营利的行为,其行为在本质上便与挪用公款行为无异,换取物品仅仅只是一种形式,其根本目的还是挪用本单位的货款。因此对于这种情况,理应按照挪用公款罪定罪量刑。

在本案中,王某某作为国家工作人员,虽然并未直接挪用本单位的公款,但是其所挪用的本单位所有的电解铜已不是单纯意义上的被害单位的物品,而是可以在流通领域中变价的商品;此外,王某某的行为从挪用行为一开始,就明白无误地指向电解铜的变价款,并且在事实上,其最终也使用了电解铜的变价款,而不是电解铜。因此,王某某的行为完全符合挪用公款罪的主客观特征,成立挪用公款罪。

(作者:李舸稹)

---

① 参见戚锦洲:《浅析挪用公物犯罪的认定》,载《法学天地》1995年第2期。
② 同上。

案例 127. 白某等挪用公款案

——挪用公款罪中的共同犯罪问题

案情介绍

白某是某农行信贷科科长,属于国家工作人员,冯某是个体户,二人系中学同学,曾有过恋爱关系。黄某是某农行出纳员,非国家工作人员。1998年1月12日,冯某因欠下赌债,对方逼债甚急,遂找到白某,假称其经营的小商店急需一笔资金周转,要白某通过农贷形式帮其贷款5000元。因冯不具备申请农业贷款的条件,白无法帮其办理。但白又碍于旧情,不忍让冯失望,遂从自己保管的农贷款中拿出5000元借给冯,并告诉冯,此款是向别人借的,必须在十日内归还。冯拿到这笔钱后,又去赌博,赢得20000元,还去赌债后,尚余15000元,便于借款后的第三天如数归还了白5000元。

2月16日,冯某因缺少赌资,又去欺骗白某说,他联系好了一批货转手倒卖便可赚万元以上,但尚欠8000元货款未能凑足,要求白某再借8000元,并表示半月后一定归还。白某见前次借款冯某很讲信用,便准备再次给冯某解一时之困。这次,白某明确告诉冯某:"事实上,上次的5000元钱,就是我从公款中取出的。这次,我信任你,再从公款中借8000元给你,但你一定要在半月内归还。否则,我将被连累。"冯某说:"你尽管放心,我一定及时归还。"后白某从公款中又取出8000元给冯某,冯某将此款用于赌博全部输掉,无法归还。白某连连催冯某还款,冯某均编造借口搪塞。后来,冯某起了赖账不还的歹念,并决定"干脆害人就害到底"。于是,在3月15日白某再次向其催款时,冯某又编造借口,要求白某再挪用10000元公款给他周转,并信誓旦旦地保证到3月25日一定连旧债一起还清。此时,白某认为自己已没有太多的选择余地,只得希望冯某到时能守信。白某于3月18日再次从公款中挪用10000元借给冯某。冯某骗得这笔公款后,于3月20日携款潜逃。

3月底,黄某知悉了白某挪用公款的事实,便以此为要挟,要求白某也帮他挪用12000元公款归还其所欠赌债,否则即向有关部门告发其犯罪事实。白某出于无奈,只得答应。黄某遂化名王某某,以农贷的形式挪用了12000元公款,白某在贷款合同上签了字。4月初,某农行核账时,白某、冯某、黄某案发。

> **理论争议**

从上述案情介绍中我们可以看出,白某、冯某、黄某共挪用了四次公款。对这四笔公款,能否追究有关被告人共同挪用公款的罪责,在理论界存在很大争议。

(1) 第一笔5000元公款。有人认为,冯某编造口实,非法取得公款并用于赌博,白某利用其职务便利,擅自将公款借给冯某使用,二人已构成共同的挪用公款罪。有人则认为,对冯某而言,其虽然在客观上非法使用了公款,但他在主观上不知该款系白某利用职务便利挪用的公款,缺乏挪用公款的故意,更不存在与白某共同挪用公款的故意,因而不能与白某构成共同的挪用公款罪,也不存在构成其他犯罪的可能;对白某来说,她的确利用职务便利挪用了这笔公款,且这笔公款被冯某用于赌博之非法活动,但由于她受冯某欺骗,并不知道这笔公款的用途,而以为冯某是将之用于合法的经营活动,因而白某的这一次挪用公款行为应属于"营利活动型"挪用公款行为,但因所挪用的数额尚未达到法定之"数额较大"的标准,所以其行为既不能构成单独的挪用公款罪,也不能与冯某一起构成共同的挪用公款罪。

(2) 第二笔8000元公款。有人认为,白某、冯某虽然都有挪用公款的故意,但他们挪用公款的各自用意不同,因而不存在挪用公款的共同故意,不构成共同的挪用公款罪。有人则认为,白某、冯某对挪用的公款的用途虽然认识不一致,但在挪用公款上,他们仍存在无可否认的共同认识和意志,换言之,他们仍存在挪用公款的共同故意,只是白某的行为从客观方面看尚不具备挪用公款罪的构成条件(其挪用公款用于营利活动的数额尚未达到10000元之法定标准),因而,冯某不能与白某构成共同的挪用公款罪。而对冯某能否单独构成挪用公款罪也有不一致的认识。有人认为,冯某的行为不能单独构成挪用公款罪,理由是他不具备挪用公款罪的主体要件;有人则认为,冯某的行为可以构成挪用公款罪,他成立的是挪用公款罪的间接正犯。

(3) 第三笔10000元公款。有人认为,对这笔挪用款,应当由白某、冯某共同以挪用公款罪承担刑事责任;有人则认为,应当依白、冯二人的行为各自的主客观特征的不同分别以挪用公款罪、诈骗罪追究他们的刑事责任。

(4) 第四笔12000元公款。对这笔公款,应当由白某、黄某共同承担刑事责任,对此不存在异议。但是,应当以何种罪名追究他们的刑事责任呢?有人认为,对白某、黄某都应定挪用公款罪;有人认为,对二人都应定挪用资金罪;还有人则认为,对二人应当分别定挪用公款罪和挪用资金罪。

> **法理分析**

我国《刑法》第 384 条第 1 款规定,"国家工作人员利用职务上的便利,挪用公款归个人使用,进行非法活动的,或者挪用公款数额较大、进行营利活动的,或者挪用公款数额较大、超过三个月未还的,是挪用公款罪"。从上述法条的规定中可以看出,挪用公款罪在客观方面表现为利用职务上的便利,挪用公款归个人使用的行为。具体而言,主要包括三种情况:(1) 挪用公款进行非法活动;(2) 挪用公款数额较大,进行营利活动;(3) 挪用公款进行营利活动、非法活动以外的活动,数额较大,挪用时间超过三个月。

所谓挪用公款罪的共犯是指两个以上的挪用人共同故意实施了挪用公款的行为。具体而言,须具备以下几个条件:

(一) 主体至少包括一名国家工作人员

从《刑法》第 384 条的规定中可以看出,作为一个只有特殊主体才能构成的犯罪,挪用公款罪要求行为人必须具有国家工作人员的身份。当两个以上的国家工作人员相互勾结,利用职务上的便利,共同实施挪用公款的行为时,当然成立挪用公款罪的共犯。但是实践中常常出现这样的情况,即国家工作人员与非国家工作人员相互勾结,共同实施了挪用本单位资金的行为。对于这种情况应当如何处理呢?我们认为,根据刑法学界的通说,有身份者和无身份者是可以共同构成只有有身份者才能成立的犯罪的共犯的。因此上述情况,成立共犯毫无疑问。但是在具体的操作中,又根据具体情况的不同,可以分为两种情形:(1) 非国家工作人员组织、教唆或者帮助国家工作人员,由后者利用职务上的便利,挪用本单位的资金;(2) 国家工作人员与非国家工作人员相互勾结,分别利用各自的职务便利,共同挪用本单位资金。

对于上述第一种情况,在认定过程中主要存在两种观点。[①] (1) 主犯决定说。该说主张根据主犯犯罪行为的基本特征来确定共同犯罪的性质。如果主犯是有身份者,按身份犯罪来定罪;如果主犯是无身份者,则以无身份者所犯之罪定罪。(2) 职务犯罪说。该说主张,对于无身份者与有身份者共同实施职务犯

---

① 参见莫洪宪、李成:《职务犯罪共犯与身份问题研究——以职务犯罪为角度》,载《犯罪研究》2005年第 6 期。

罪的情况,应以该职务犯罪对各共同犯罪人定罪处罚。我们认为,上述第二种观点较为合理。首先,刑法理论按照行为人在共同犯罪中的作用将共同犯罪人划分为主犯和从犯,是为了解决共同犯罪的量刑问题。因此,如果将主犯的行为性质作为确定共同犯罪性质的定罪依据的话,那么就等于先确定量刑情节然后再认定犯罪性质,这无异于本末倒置。其次,主犯决定论无法解决在具有两个以上的主犯,其中既有有身份者又有无身份者时的定罪问题。再次,在无身份者和有身份者实施共同犯罪的情况下,从客观方面看,行为人利用了有身份者的身份和便利,从主观方面看,行为人亦具有利用有身份者的身份和便利实施特定身份犯罪的故意。其行为在构成特征上完全符合职务犯罪的犯罪构成要件,因此理当按照职务犯罪进行定罪量刑。最后,现行的许多法律规定也都肯定了应以职务犯罪作为认定无身份者和有身份者共同犯罪的依据,如《刑法》第382条第3款、最高人民法院《关于审理贪污、职务侵占案件如何认定共同犯罪几个问题的解释》第1条[①]。这些规定从性质上说均属于刑法中的注意规定,表明一般主体参与以特定公职身份为要件的犯罪时,不仅构成共犯,而且应以特定公职身份来确定共同犯罪的性质。

对于上述第二种情况,最高人民法院《关于审理贪污、职务侵占案件如何认定共同犯罪几个问题的解释》第3条规定:"公司、企业或者其他单位中,不具有国家工作人员身份的人与国家工作人员勾结,分别利用各自的职务便利,共同将本单位财物非法占为己有的,按照主犯的犯罪性质定罪。"根据刑法罪刑法定的基本原则,法律的明文规定是定罪量刑的基本依据,因此既然法律已经明确规定了此种情况的定罪依据,那么我们理当在实际操作中按照法律的规定定罪量刑。

(二) 行为人具有共同挪用公款的故意

首先,就共同挪用故意产生的时间来看,我们认为行为人共同挪用的故意必须产生于挪用行为之前,即事前的通谋。根据刑法学界的通说,行为人在实施挪用公款行为之后即构成挪用公款罪,即只要行为人具备了"挪"的行为,即使"挪而未用"也成立挪用公款罪的既遂。因此,使用人如果在事中即在挪用之后的使用过程中明知是公款而使用的,就不应视为共犯,而仅仅是赃款的流向问题。其次,就共同挪用故意的内容来看,如果使用人不知道其所使用的款项是挪用人挪占的公款,那么在此种情形下行为人当然不具有共同挪用公款的故意;如果使用人在使用时知道其所使用的是挪用人挪占的公款,但是在事先他与挪用人之间

[①] 该条规定:"行为人与国家工作人员勾结,利用国家工作人员的职务便利,共同侵吞、窃取、骗取或者以其他手段非法占有公共财物的,以贪污罪共犯论处。"

并没有共同挪用公款的故意,那么这种情况也不能认为行为人具有共同挪用公款的故意;如果使用人与挪用人之间虽然存在共同故意,但是二者对公款将来的用途却存在不同的认识,那么对于此种情况应当认定为具有共同挪用公款的故意。因为在挪用公款罪中,犯罪故意的内容是行为人明知是公款而仍然予以挪用,至于公款的使用,则属于犯罪目的的范畴,不应包括在故意的内容之中。即使使用人和挪用人对挪用公款的预期用途有不一样的认识和意图,仍然不能影响其共同挪用公款故意的成立。

(三) 行为人实施了共同挪用公款的行为

挪用公款罪作为一个典型的身份犯,只有具有特定身份的国家工作人员实施挪用公款的行为,才能满足本罪客观构成要件的要求。而对于不具有该身份的共犯来说,由于其不能亲自实施挪用公款的行为,因此只要有策划、指使、共谋如何挪用公款的行为即可。所以,对于本罪来说,共同的行为仅仅限于挪用人和使用人共谋如何挪用公款这一行为。只要有共谋的行为,且挪用人尔后的挪用行为达到既遂,使用人和挪用人的行为就符合挪用公款罪共犯客观要件的要求。

在本案中,白某先后三次将公款挪用给冯某使用,并帮助黄某挪用了一次公款。对于上述行为,我们试分析如下:

第一,对于白某第一次挪用 5000 元公款的行为而言,白某和冯某不成立挪用公款罪的共犯。在此种情况下,冯某对于白某挪用公款的行为并不知情,其在主观上并没有与白某挪用公款的共谋,不符合挪用公款罪共犯的主观构成要件,不能按照挪用公款罪共犯定罪量刑,而应区别对待。对于冯某而言,由于其在主观上仅仅具有向白某借款的故意,且在借款后及时归还了所借钱财,因此冯某的行为并不构成犯罪。对于白某而言,作为国家工作人员,由于其在主观上明知冯某会将此笔钱款用于资金周转的情况下,仍然利用职务上的便利条件,挪用公款借贷给冯某,其行为完全符合挪用公款罪中挪用公款进行营利活动的情况。但是根据最高人民法院《关于审理挪用公款案件具体应用法律若干问题的解释》第 3 条的规定,挪用公款归个人使用,"数额较大、进行营利活动的",以挪用公款 1 万元至 3 万元为"数额较大"的起点,由于白某第一次挪用的公款数额仅有 5000 元,并没有达到数额较大的标准,故白某并不构成挪用公款罪。

第二,对于白某第二次挪用 8000 元公款的行为而言,由于白某、冯某在明知该笔钱款为公款的情况下,仍然实施了挪用的行为,因此虽然二人在挪用公款后的用途和目的上存在差别,但这并不影响其挪用公款共同故意的成立。由于白某在挪用公款时主观上是为了帮助冯某从事营利活动,因此其行为在性质上属于营利型的挪用公款行为。而根据法条的相关规定，成立营利型的挪用公款行为在数额上须达到 1 万元的最低标准，由于白某挪用的数额仅有 8000 元，因此白某不成立挪用公款罪。对于冯某而言，由于其在主观上具有挪用公款进行赌博行为的目的，因此其行为在性质上属于挪用公款进行非法活动。值得注意的是，根据共同犯罪的基本原理，共同犯罪的成立必须以存在共同的犯罪行为和共同的犯罪人为前提，而本案白某并不成立挪用公款罪，因而白、冯二人并不构成挪用公款罪的共犯。那么对于冯某究竟应当如何定罪呢？我们认为，对于冯某仍应按照挪用公款罪定罪量刑。在本案中虽然冯某并不具备国家工作人员的身份，但其行为完全符合间接正犯的基本特征。所谓间接正犯，是指把一定的人作为中介实施其犯罪行为，其所利用的中介由于具有某些情节而不负刑事责任或不发生共同犯罪关系，而由间接正犯对其所通过的中介所实施的行为完全承担责任。间接正犯通常表现为以下几种形式：(1) 利用不具有刑事责任能力的人实施犯罪；(2) 利用他人的无罪过行为实施犯罪；(3) 利用他人的合法行为实施犯罪；(4) 利用他人的过失行为实施犯罪；(5) 利用有故意的工具(即被利用者具有刑事责任能力并且故意实施某一犯罪行为，但缺乏目的犯中的必要目的，或者缺乏身份犯中的特定身份)实施犯罪。[①] 本案中，冯某正是利用了白某这一中介进而实施了挪用公款的行为，其行为完全符合间接正犯的构成要件，因而对其仍应以挪用公款罪定罪量刑。

第三，对于白某第三次挪用 10000 元公款的行为而言，由于冯某并不具有暂借公款后予以归还的主观目的，因此白、冯二人在主观上并不具有挪用公款的共同故意，故两人并不成立挪用公款罪的共犯。对于白某而言，其在主观上具有挪用公款借贷给他人进行营利活动的主观目的，客观上也实施了挪用的行为，且挪用数额达到了较大的标准，因而对于白某应当按照挪用公款罪定罪量刑。对于冯某而言，由于其在主观上具有非法占有公款的目的，客观上也实施了使用诈骗方法非法占有公共财物的行为，其行为完全符合诈骗罪的构成要件，因此应当按照诈骗罪定罪量刑。

第四，对于白某第四次挪用 12000 元公款的行为而言，由于白某、黄某在主观上均明知该笔公款将用于非法活动，仍实施了挪用的行为，因此两人在主观上具有共同犯罪的故意，在客观上也实施了共同犯罪的行为。又由于本案中黄某虽不具有国家工作人员的身份，但是正如我们在前文关于挪用公款罪共犯的主体要件的论述中所述，国家工作人员与非国家工作人员相互勾结，分别利用各自

---

① 参见陈兴良：《共同犯罪论》，中国社会科学出版社 1992 年版，第 497 页。

的职务便利,共同挪用本单位资金的,在法律已对此行为进行明确界定的情况下,应当按照法律的规定以主犯的行为作为定罪的依据。在本案中,由于黄某在整个犯罪的过程中起着主要的作用,因此对于黄、白二人应以挪用资金罪的共同犯罪定罪量刑。

综上所述,在本案中,白某共实施了三次挪用公款、一次挪用资金的行为,根据最高人民法院《关于审理挪用公款案件具体应用法律若干问题的解释》第4条"多次挪用公款不还,挪用公款数额累计计算"的规定,对于白某应当按照挪用公款23000元(5000+8000+10000=23000)及挪用资金12000元数罪并罚;对于冯某而言,其行为完全符合挪用公款罪和诈骗罪的构成要件,应以挪用公款罪和诈骗罪数罪并罚;对于黄某而言,其行为仅构成挪用资金罪一罪,应当按照挪用资金罪定罪量刑。

(作者:李舸稹)

案例128. 蒋某收受贿赂案[*]

——国有企业改制后,被委派的国家
工作人员的身份是否改变

案情介绍

2001年10月,蒋某被任命为杭州神龙铁路工程公司(国有公司,以下简称"神龙公司")下属莫干山分公司助理工程师,担任技术管理工作。2003年8月,神龙公司改制为浙江铁道工程有限公司(企业性质为有限责任公司,以下简称"铁道工程公司")。该公司共有股东6家,其中杭州铁路经营总公司系神龙公司的上级单位,占60%的股份。就资本结构而言,铁道工程公司中的国有成分约占98.4%,非国有成分约占1.6%。该公司下设杭州线桥、莫干山线桥等七家分公司。2003年10月,包括蒋某在内的原神龙公司的职工与铁道工程公司签订劳动合同变更书,变更书明确蒋某与神龙公司所签劳动合同中的权利义务在铁道工程公司继续履行,原工作年限计入铁道工程公司。2004年8月,经铁道工

---

[*] 案例来源:《改制后,国家工作人员的身份是否变了》,载《检察日报》2007年12月2日第3版。

程公司党政联席会议研究决定,任命蒋某为杭州线桥分公司副经理(主持工作),2005年2月,又被任命为该分公司经理,直至2007年3月案发。经查证,蒋某在担任铁道工程公司杭州线桥分公司副经理、经理期间,利用负责铁路工程发包、工程款结算的职务便利,于2004年12月至2005年12月,先后四次收受包工头宣某、应某、陶某所送的贿赂,共计6.8万元,非法占为己有,并为他人谋取利益。

理论争议

对以上案件的定性存在两种截然不同的观点。一种观点认为,蒋某属于国有公司委派到非国有公司中从事公务的人员,因而属于国家工作人员的范畴,即使在原国有公司改制后,蒋某的身份仍没有改变,故其收受贿赂的行为应认定为受贿罪。另一种观点认为,原国有企业改制后,蒋某国家工作人员的身份即丧失,因而其行为应认定为非国家工作人员受贿罪。

法理分析

受贿罪,是指国家工作人员利用职务上的便利,索取他人财物,或者非法收受他人财物,为他人谋取利益的行为。非国家工作人员受贿罪,是指公司、企业或者其他单位的工作人员,利用职务上的便利,索取他人财物或者非法收受他人财物,为他人谋取利益,数额较大的行为。从上述定义可以看出,受贿罪与非国家工作人员受贿罪最大的区别在于两罪在行为主体上存在重大差异,受贿罪的主体为国家工作人员,而非国家工作人员受贿罪的主体则为公司、企业或者其他单位的工作人员,也即非国家工作人员。因此,如何对国家工作人员的范围进行准确的界定,便成为区分两罪的关键所在。我国《刑法》第93条规定:"本法所称国家工作人员,是指国家机关中从事公务的人员。国有公司、企业、事业单位、人民团体中从事公务的人员和国家机关、国有公司、企业、事业单位委派到非国有公司、企业、事业单位、社会团体从事公务的人员,以及其他依照法律从事公务的人员,以国家工作人员论。"

在本案中,对于蒋某是否具有国家工作人员的身份,我们认为,应当分为三个阶段进行讨论。

第一个阶段,即2003年8月之前。2003年8月之前,蒋某作为神龙公司下属莫干山分公司助理工程师,担任技术管理工作。既然神龙公司属于国有公司,那么判断蒋某是否具有国家工作人员身份的关键便在于蒋某的工作性质是否属于从事公务。何谓"从事公务"？理论界有不同的认识：一种观点认为，公务包括国家性质的公务和集体性质的公务；另一种观点认为公务泛指一切公共事务。①我们认为，所谓的"从事公务"，仅指国家性质和集体性质的公务。最高人民法院《全国法院审理经济犯罪案件工作座谈会纪要》规定，从事公务，是指代表国家机关、国有公司、企业、事业单位、人民团体等履行组织、领导、监督、管理等职责。公务主要表现为与职权相联系的公共事务以及监督、管理国有财产的职务活动。那些不具备职权内容的劳务活动、技术服务工作，如售货员、售票员等所从事的工作，一般不认为是公务。从上述规定中我们不难发现，"从事公务"就其范围而言仅限于代表国家机关、国有公司、企业、事业单位、人民团体从事公务，因而其性质仅限于国家和集体性质。此外，所谓的公务也不同于劳务和职务。这里所指的"公务"，是与职权相联系的公共事务，具有国家权力的性质。行为人从事的公务活动，一般带有行政管理的性质，而并不仅仅只是执行性的活动。从事公务，也并非必须获得特定的身份或者担任一定的领导职位才可行使，即使行为人不具备任何领导职位，只要其拥有某一方面或某一事项的管理权力，其行为便具有从事公务的性质。本案中，蒋某作为神龙公司下属分公司的助理工程师并担任技术管理工作，其行为具有行政管理的性质，因而符合在国有公司中从事公务的人员的条件，故对蒋某应以国家工作人员论。

第二个阶段，即 2003 年 8 月至 2004 年 8 月，国有神龙公司改制为国有绝对控股公司——铁道工程公司。对于这一阶段蒋某身份的认定，首先取决于对于铁道工程公司性质的认定。对此，学者们主要有两种观点。一种观点认为，只要公司中国有控股或者国有资产达到 50% 以上或者绝对控股，就可以称为国有公司，因而铁道工程公司属于国有公司。另一种观点则认为，只有国有资产达到 100% 的，才能称为国有公司、企业，故铁道工程公司并不属于一般意义上的国有公司。② 我们认为，第二种观点较为合理，这是由国有公司的性质以及我国现行的立法规定和司法实践所决定的。

首先，从国有公司的性质来看，我们所谓的国有公司是指由中央或地方政府全额投资，并对其拥有所有者权益的公司。③ 从上述定义中不难发现，国有公司的财产全部归国家所有，其所有权的归属全部属于国家，公司只在法律规定的范

---

① 参见杨兴国：《贪污贿赂罪法律与司法解释应用问题解疑》，中国检察出版社 2002 年版，第 48 页。
② 参见《改制后，国家工作人员的身份是否变了》，http://www.criminallawbnu.cn/criminal/Info/index.asp? channelid=090，2007 年 12 月 5 日访问。
③ 参见顾功耘等：《国有经济法论》，北京大学出版社 2006 年版，第 262 页。

围内享有经营自主权。而对于拥有部分国有资产的有限责任公司来说,股东将资产投入公司后,其对该财产所拥有的所有权便转换为股权,从而与所有权分离。股权不同于所有权,其具有社员权的性质,因此国有资产参股甚至国有资产处于绝对控股地位的有限责任公司在性质上与国有公司是截然不同的。

其次,从《中华人民共和国公司法》(以下简称《公司法》)的规定来看,第二章"有限责任公司的设立和组织机构"中用专节单独规定了"国有独资公司",从而将国有资产参股的有限责任公司与国有独资公司作了严格区分,因此从立法现行的规定上也可以看出含有国有成分的有限责任公司与国有公司是性质不同的两个概念。

再次,最高人民法院《关于在国有资本控股、参股的股份有限公司中从事管理工作的人员利用职务便利非法占有本公司财物如何定罪问题的批复》中明确规定,"在国有资本控股、参股的有限责任公司中从事管理工作的人员,除受国家机关、国有公司、企业、事业单位委派从事公务的以外,不属于国家工作人员。"而且《刑法》第93条第2款规定,"国家机关、国有公司、企业、事业单位委派到非国有公司、企业、事业单位、社会团体从事公务的人员,以及其他依照法律从事公务的人员,以国家工作人员论。"综合上述两个条文的规定我们可以看出,只有将国有资本控股、参股的有限责任公司认定为非国有公司,才符合两个条文的立法原意。

最后,如果将国有资产达到50%以上或者绝对控股的公司认定为国有公司,在实践中也很难操作。因为国家所持股份不同,国有资产所占的比例不同,其对公司的控制力和影响力自然也就不同,到底是国家绝对控股的有限责任公司才可以认定为国有公司,还是国家相对控股的有限责任公司也可以认定为国有公司,在实践中缺乏统一的标准。即使有统一的标准予以规定,那么绝对控股和相对控股这个标准的标准又是什么呢?"在理性的立法者深思熟虑后仍有可能进退失据的情况下,缺乏统一标准的'国有公司'司法上的具体认定,必然免不了司法人员的自由裁断,从而导致任意司法,出现严重违背现代法治精神的危险。"①综上所述,我们认为,只有国有资产达到100%的,才可将某一公司认定为国有公司。而在本案中,由于铁道工程公司中的国有成分占98.4%,因此不能将其认定为国有公司,而应以非国有公司论。

在准确界定铁道工程公司的性质之后,判断蒋某是否属于国家工作人员的关键便在于,蒋某在铁道工程公司从事技术管理活动是否具有"被委派从事公

---

① 贾宇、舒洪水:《论刑法中"国有公司"及"受委派从事公务的人员"之认定》,载《法学评论》2002年第3期。

务"的性质。对此,有学者认为,事实上,新组建的铁道工程公司所有管理人员均由杭州铁路经营总公司任命。蒋某虽然没有国有企业下达的委派其到新组建的铁道工程公司任职的人事命令,但对蒋某的委派,实际上已经包含在企业转制的实施方案中。① 因此,蒋某在神龙公司改制为铁道工程公司后,仍属于国有企业委派到非国有企业中从事公务的人员的范畴。对于该种观点,我们认为是欠妥的。

首先,国有企业改制后,企业原来的所有制结构即发生了重大变化,从原来的国有企业转变为非国有企业,原来的国有企业已不复存在,因而原来委派到该国有企业的人员与该国有公司的劳动人事关系即终止。改制后公司与原委派人员签订的劳动合同变更书实际上是对双方劳动关系的重新确认,不论其是否沿用原班人马,均不能等同于原先国家工作人员身份的延续。被委派人员要取得国家工作人员的身份,就必须由原委派单位重新委派,否则其国家工作人员的身份是不能得以延续的,更不能理所当然地认为委派实质上已经包含在企业转制的实施方案中。

其次,就"委派"本身的含义来看,蒋某也不具有国家工作人员的身份。"委派"从一般意义上而言,主要具有以下特征:(1) 委派不问来源。不论行为人在受委派前是否具有国家工作人员的身份,也不论行为人是委派单位或接受委派单位的原有职工,还是为了委派而临时从社会上招聘的人员,都可以成为国有单位委派的人员。(2) 委派的形式多种多样,既可以是事前、事中提名、推荐、指派、任命,也可以是事后的认可、同意,但单纯的事后备案行为不属于委派。(3) 受委派者必须代表国有单位在非国有单位中从事组织、领导、监督、管理等职责。② 从"委派"的上述特征中我们可以看出,"委派"必须具有国家代表性和从事公务性,而在本案中,蒋某在公司改制后,仍然保留原权利义务担任技术管理工作,其行为已缺乏国家代表性和从事公务性的基本特征,因而是不能认定为国家工作人员的。《公司法》第 4 条规定:"公司股东依法享有资产收益、参与重大决策和选择管理者等权利。"股东行使"选择管理者"的权利只能通过股东大会,而股东大会只选举、更换董事、监事。公司经理由董事会聘任并对董事会负责;公司副经理、财务负责人等其他管理人员由经理提名、董事会聘任。就本案而言,杭州铁路经营总公司相对于改制后的铁道工程公司而言是最大的股东,因

---

① 参见《改制后,国家工作人员的身份是否变了》,http://www.criminallawbnu.cn/criminal/Info/index.asp? channelid=090,2007 年 12 月 5 日访问。

② 参见中华人民共和国最高人民法院刑事审判第一庭、第二庭编:《刑事审判参考(总第 39 集)》,法律出版社 2005 年版。

此其向铁道工程公司委派人员的范围应仅限于董事、监事人员。如果把来自原国有单位在改制后的公司中担任经理或其他管理工作的人员均视为代表国有单位从事公务的话,就等于作为股东的国有单位可以直接委派从高层到低层的各级公司管理人员。这样做严重违背了《公司法》的相关规定,侵犯了公司董事会的法定职权,也会引起刑事法律与民商事法律的冲突。① 因此,蒋某在公司改制后继续担任技术管理工作并不能视为原国有企业的委派,故而不能将其认定为国家工作人员。

第三个阶段,即 2004 年 8 月以后,蒋某经铁道工程公司党政联席会议决定先后被任命为杭州线桥分公司副经理、经理。对于这一阶段蒋某身份的定性,有学者认为,在铁路单位目前政企尚未完全分离的客观情况下,铁道工程公司实际的经营决策权不在董事会,而是在党政联席会议。党政联席会议按照干部管理权限,讨论任命某些干部,这是一种授权任命,属于委派的一种形式,因而蒋某具有国家工作人员的身份。② 对于此种观点,我们不敢苟同。因为党政联席会议从性质上来说,属于党的组织,而依照我国《公司法》的规定,公司董事会的成员只能由股东大会选举产生、公司的总经理则只能是由董事会进行聘任。根据《中华人民共和国宪法》的基本原则,"一切国家机关和武装力量、各政党和各社会团体、各企事业组织都必须遵守宪法和法律",因此党的组织没有权力,也不应该任命公司的董事、经理。此外,所谓的授权任命必须具有明确的授权,而在本案中并没有任何形式的明确授权,因此我们不能仅凭主观臆断便认为党政联席会议的任命具有授权任命的性质。所以,我们认为,党政联席会议对蒋某的任命并不具有委派的性质,故蒋某不具有国家工作人员的身份。

综上所述,神龙公司在改制为铁道工程公司后,蒋某国家工作人员的身份即丧失,铁道工程公司随后对其一系列的任命也并不具有"委派"的性质,因此蒋某于 2004 年 12 月至 2005 年 12 月间数次收受贿赂的行为并不符合受贿罪的构成要件,故对蒋某应以《刑法》第 163 条非国家工作人员受贿罪定罪量刑。

(作者:李舸稹)

---

① 参见李小文:《国企改制过程中国家工作人员的界定》,载《人民检察》2005 年第 9 期。
② 参见《改制后,国家工作人员的身份是否变了》,http://www.criminallawbnu.cn/criminal/Info/index.asp? channelid=090,2007 年 12 月 5 日访问。

案例129. 陆某受贿案

——如何理解斡旋受贿罪中"利用本人职权或者地位形成的便利条件"

案情介绍

陆某原为上海市公安局卢湾分局刑侦支队民警。1999年2月19日,涉嫌金融票据诈骗的案犯孙某(后被判无期徒刑)被上海市公安局普陀分局经侦支队刑事拘留后,孙的朋友黄某、卞某(均另行处理)找到陆某,要求陆某帮忙释放孙某和发还孙某被拘留时扣押的轿车。陆某即打电话向普陀分局经侦支队副队长姚某(陆儿时的邻居和同学)请托,并邀请姚某至A饭店接受了卞某等人的吃请。孙某被普陀分局经侦支队批准取保候审时,姚某事先将消息告诉陆某,陆某转告卞某后,孙某于2月25日被取保候审,孙某被扣押的轿车随后亦被发还。3月,陆某又邀请姚某在B宾馆接受了孙某的宴请,席毕,陆某在C宾馆收受了孙某通过丁某转送的5万元现金。案发时,上述款项已被陆某挥霍花光。

上海市第二中级人民法院经审理认为,被告人陆某身为国家工作人员,利用本人的公安人员身份,通过其他国家工作人员职务上的便利,为请托人谋取不正当利益,收受贿赂5万元,其行为已构成受贿罪,公诉机关指控的罪名成立。鉴于陆某有自首情节,根据本案的具体情况,对其所犯受贿罪减轻处罚。法院认定被告人陆某构成受贿罪,判处有期徒刑3年6个月。陆某不服一审判决,向上海市高级人民法院提出上诉。二审法院经审理认为,上诉人陆某及其辩护人以陆某的职权与地位对姚某没有制约关系为由认为陆某不构成受贿罪的意见,无法律依据,裁定驳回陆某的上诉,维持原判。

理论争议

对于本案主要存在两种争议。一种观点认为,由于本案中陆某的职权和地位不能对姚某产生任何制约或影响作用,因此陆某利用自己与姚某儿时邻居和同学的关系,向姚某请托以谋取不正当利益,并从中收受财物的行为不符合《刑法》第388条斡旋受贿罪的构成特征,因而不构成受贿罪。另一种观点认为,在本案中,陆某虽然在职权或地位上不能对姚某施加制约或者影响作用,但是陆某利用了自己与姚某系从事同一公安工作、具有工作上的联系这一便利条件向姚某请托,并通过姚某职务上的行为为他人谋取不正当的利益,自己从中收受财物,陆某的行为完全具备斡旋受贿罪的构成要件,因而应以受贿罪论处。

法理分析

我国《刑法》第 385 条第 1 款规定:"国家工作人员利用职务上的便利,索取他人财物的,或者非法收受他人财物,为他人谋取利益的,是受贿罪。"与此同时,我国《刑法》第 388 条明确规定:"国家工作人员利用本人职权或者地位形成的便利条件,通过其他国家工作人员职务上的行为,为请托人谋取不正当利益,索取请托人财物或者收受请托人财物的,以受贿论处。"作为受贿罪的两种表现形式,前者一般被称为"一般受贿罪",后者则被称为"斡旋受贿罪"。由于一般受贿罪与斡旋受贿罪在许多方面均存在着相似之处,如主体都为国家工作人员、都具有索取他人财物或者非法收受他人财物的行为等等,因此实践中两者常常会产生混淆。如何清晰准确地将两者区别开来,便成为理论研究的重点。纵观近年来理论界对此问题的研究,争议的焦点主要集中在对于斡旋受贿罪中"利用本人职权或者地位形成的便利条件"的理解上。对此问题,主要有以下几种观点:

(1)制约关系说。持此种观点的学者认为,行为人"利用本人职权或者地位形成的便利条件",表现为行为人利用自己的职权或者地位形成的对其他国家工作人员的制约关系,从而通过其他国家工作人员职务上的行为,为请托人谋取不正当利益。这种制约关系表现为上下级之间的领导与被领导关系即纵向的制约关系,或者表现为不同部门或者单位的国家工作人员之间在执行职务过程中所形成的横向的制约关系。

(2)横向制约关系说。此种观点认为斡旋受贿中国家工作人员职务之间的制约关系只能是横向制约关系。纵向的制约关系属于一般受贿行为。所谓横向的制约关系是指在不同的部门、单位的国家工作人员存在着的职务上的制约关系,一方可以凭借自己的职权或地位影响另一方,使其利用职权为他人办事。

(3)制约关系否定说。此种观点认为斡旋受贿中行为人职务与被斡旋人职务之间不存在制约关系,若存在制约关系则构成一般受贿。

(4)影响关系说。所谓影响关系主要表现为要求方与被要求方不处于同一职能部门,两者的职责范围不具有直接上下级关系,其他国家工作人员若不依该国家工作人员要求执行职务行为,对其以后的工作、协作等可能会带来一些不利影响。但这些不利影响还只是潜在的，不利后果与不依要求实施职务行为之间缺乏必然性。①

（5）身份、面子说。此种观点认为，不能将利用本人职权和地位形成的便利条件理解为利用制约关系，也不能将其理解为利用影响关系，否则，刑法就没有必要增加第388条了。刑法正是针对那些不具有制约、影响关系，但是利用了自己的身份、面子，通过第三人为请托人谋利，具有严重的社会危害性，但是《刑法》第385条又不能涵盖的行为，才增加了第388条。同时为了避免扩大打击面，又增加了"谋取不正当利益的要件"。因此，即使双方没有职务上的隶属或者制约关系，只要行为人利用了自己的身份、面子通过第三者为请托人谋取不正当利益的，也构成斡旋受贿罪。②

在对上述几种观点进行辨析之前，首先要解决的问题便是一般受贿罪与斡旋受贿罪的关系问题。对此问题，我们认为，一般受贿罪与斡旋受贿罪两者在关系上体现为并列关系而非重合关系。因为从刑法条文的设置上我们可以看出，立法者在制定刑法条文时主要将条文分为三种类型，一种是基本规定、一种是注意规定，还有一种是法律拟制。所谓注意规定，是在刑法已经作出基本规定的前提下，提示司法工作人员注意，以免司法工作人员忽略的规定。它有两个基本特征：③（1）注意规定的设置，并不改变基本规定的内容，只是对相关规定内容的重申；即使不设置注意规定，也存在相应的法律适用根据。（2）注意规定只具有提示性，其表述的内容与基本规定的内容完全相同，因而不会导致将原本不符合相关基本规定的行为也按基本规定论处。法律拟制不同于注意规定，其特点是导致将原本不同的行为按照相同的行为处理。法律拟制仅适用于刑法所限定的情形，而不具有普遍的意义。对于类似的情形，如果没有法律拟制规定，就不得比照拟制规定处理。④ 而相对于《刑法》第385条"一般受贿罪"而言，第388条所规定的"斡旋受贿罪"显然属于法律拟制的规定。首先，从上述条文的语义上看，斡旋受贿罪的行为人实施斡旋受贿行为后为他人谋取的是不正当利益，而一般受贿罪的行为人实施受贿行为后，为他人谋取的利益不仅包括不正当利益而且包括正当利益。其次，斡旋受贿罪的行为人是利用本人职权或者地位形成的便利条件，通过其他国家工作人员职务上的行为，为请托人谋取不正当利益，其在行

---

① 参见孟伟：《斡旋受贿之职务关系刍议》，载《黑龙江省政法管理干部学院学报》2004年第5期。
② 参见赵秉志主编：《中国刑法实用》，河南人民出版社2001年版，第1470页。
③ 参见张明楷：《刑法分则的解释原理》，中国人民大学出版社2004年版，第247页。
④ 同上书，第254页。

为方式上只能通过其他国家工作人员的行为才能完成受贿罪所要求的行为。而一般受贿罪的行为人一般则是利用自己职务上的便利,为他人谋取利益。从以上分析可知,"本人职权或者地位形成的便利条件"并不能为"职务上的便利"所包容,两者实际上是一种并列的关系。因此如果没有《刑法》第 388 条的规定,对于斡旋受贿行为是不能依照一般受贿罪追究刑事责任的,《刑法》第 388 条即是对第 385 条这一基本规定的拟制规定。

在明确了一般受贿罪与斡旋受贿罪的关系以后,我们认为,相比上文所述的学者们对于"利用本人职权或者地位形成的便利条件"的几种不同的观点,"影响关系说"更为合理。

首先,就"制约关系说"而言,此说与立法原意相悖。根据最高人民检察院《关于人民检察院直接受理立案侦查案件立案标准的规定(试行)》,"利用职务上的便利"是指利用本人职务范围内的权力,即自己职务上主管、负责或者承办某项公共事务的职权及其所形成的便利条件。其主要包括两种情况:一是行为人利用职务直接为行贿人谋取利益;二是行为人要求与自己职务有制约关系的其他国家工作人员利用职务为行贿人谋取利益。又由于斡旋受贿罪与一般受贿罪两者在关系上属于并列关系,而非交叉或者种属关系,因此斡旋受贿罪中"利用职权或者地位形成的便利条件"不包括利用与自己职务存在制约关系的其他国家工作人员的职务行为,为行贿人谋取利益的情况。此外,从制约关系的实质来看,在行为人的职务与第三人的职务存在制约关系的情况下,第三人之所以利用职务之便为请托人谋取利益,其根源在于行为人的职务对其存在威慑,如果不按照行为人的要求行事,则很有可能会承担因此而造成的不利后果。在这种情况下,第三人仅是行为人实施受贿行为的工具,第三人的职务行为是行为人的职务行为使然,归根到底仍是行为人在利用其职务行事。综上所述,我们认为,斡旋受贿罪中"利用本人职权或者地位形成的便利条件"不包括行为人对第三人存在职务制约关系的情况。

其次,就"身份、面子说"而言,此说不仅与刑法理论不符而且在实践中也难以操作。我国《刑法》设置受贿罪的本质是为了惩罚国家工作人员利用职务便利为他人谋私利的这种渎职行为,由于该种行为严重侵犯了国家工作人员职务行为的廉洁性,因而有必要将其作为一种犯罪在刑法中予以规制。然而如果行为人单纯是基于身份或者面子而实施了收受贿赂的行为的话,由于在此种情况下,行为人利用的主要是血缘或感情上的联系,与本人的职务毫无关系,因此不符合《刑法》惩治受贿罪的初衷,不能按照受贿罪论处。不仅如此,就"身份、面子"的含义本身来说,由于其语义上的含糊与抽象,人们对于其具体含义的理解各执己见，因此在实际操作中并没有一个明确的标准作为判定的依据。因此，我们认为，也不能将斡旋受贿罪中"利用本人职权或者地位形成的便利条件"解释为利用行为人自己的身份、面子形成的便利条件。

最后，将"利用本人职权或者地位形成的便利条件"理解为具有影响关系更具有合理性和可行性。第一，将这种便利条件理解为具有影响关系能够把斡旋受贿与职务上有制约关系的一般受贿明确区别开来。第二，将这种便利条件理解为具有影响关系符合《刑法》法条设置的初衷。作为一个法律拟制条款，斡旋受贿设置的初衷是将这种与一般受贿行为不完全相同但又具有一定程度的相似性的行为按照相同的行为处理。将这种便利条件理解为具有影响关系不仅使斡旋受贿行为与一般受贿行为在行为方式上具有相似性，而且使两者又始终保持着并列的关系，因此完全符合拟制条款设置的初衷。第三，将这种便利条件理解为具有影响关系在实践中也易于操作。

综上所述，我们认为，斡旋受贿罪中"利用本人职权或者地位形成的便利条件"主要具有以下几个特点：(1) 职务的非制约性。即行为人与第三人不存在职务上的制约关系，既包括横向的制约关系也包括纵向的制约关系。(2) 职务行为的依赖性。即行为人利用自己的职务无法为请托人谋取不正当利益，而必须依赖第三人的职务行为。(3) 权力的可交换性。即行为人与第三人可利用职务互为对方谋求利益。[①] (4) 第三人意志自由的不完全性。对于斡旋受贿中的第三人而言，其在是否按行为人要求为请托人谋取不正当利益的问题上，还是具有一定程度的意志自由的。但是由于两者在职务上存在影响关系，如果第三人不按照行为人的要求行事，则可能面临不利的后果，所以基于这种考量，第三人在实施行为时往往不得不受到行为人要求的影响，其并不具有完全的意志自由。

在本案中，陆某虽然具有国家工作人员的身份，但是其并没有利用自己的职务便利，而是利用与姚某系儿时邻居和同学的朋友关系，通过姚某的行为为请托人谋取不正当的利益。此外，虽然陆某和姚某同为公安工作人员，但是两者在工作关系上并不存在相互影响的关系，所以我们认为，陆某收受贿赂的行为并不符合《刑法》第 388 条斡旋受贿罪的构成要件，因而不能按照受贿罪定罪量刑。

（作者：李舸稹）

[①] 朱孝清：《斡旋受贿的几个问题》，载《法学研究》2005 年第 3 期。

案例 130. 周某利用影响力受贿案[*]

——"关系密切人"与"利用影响力"范围界定问题

案情介绍

周某 2007 年 10 月考取新闻采编资格证,2007 年 8 月 2 日被聘请为某电视台法制频道《经济与法》栏目的编导,2009 年 3 月因栏目整编被辞退。2010 年 1 月至 9 月,周某利用自己曾经为 G107 皇帝庙超限超载检测站解决负面报道而建立起来的密切关系,通过该皇帝庙超限站副站长吴某、张某等查处超限超载车辆的行为,为超限货车车主郑某、刘某、李某等人谋取对其超限超载货车予以免检的不正当利益,周某领车 249 次,收受货车车主的贿赂共计 24900 元。

临颍县人民法院一审以利用影响力受贿罪判处被告人周某有期徒刑 10 个月,并处罚金 3000 元。被告人及其辩护人认为该判决没有查明周某的身份且量刑过重,于 2012 年 12 月提起上诉。二审维持对周某的定罪部分,改判有期徒刑 10 个月,宣告缓刑 1 年,并处罚金 3000 元。

理论争议

对于本案主要存在两种争议。一种观点认为,周某的职权、地位并不能对皇帝庙超限站副站长吴某、张某产生任何制约或影响作用,其本人与吴某、张某也不存在密切的亲属关系,周某在离职后,利用此前建立的为监测站解决负面报道的私人关系而谋取不正当利益并从中收受财物的行为,不符合利用影响力受贿罪的构成特征,因而不构成受贿罪。另一种观点认为,在本案中,周某虽然已被原单位辞退,在职权或地位上不能对吴某、张某施加制约或影响作用,但是其利用了自己过去与吴某、张某有私交人情往来联系这一便利条件而向二人请托,并通过吴某、张某职务上的行为为他人谋取不正当利益并收受财物,完全具备利用影响力受贿罪的构成要件。

---

[*] 案例来源:(2012)漯刑一终字第 4 号。

法理分析

2009年通过的《刑法修正案(七)》在《刑法》第388条后增加一条作为第388条之一:"国家工作人员的近亲属或者其他与该国家工作人员关系密切的人,通过该国家工作人员职务上的行为,或者利用该国家工作人员职权或者地位形成的便利条件,通过其他国家工作人员职务上的行为,为请托人谋取不正当利益,索取请托人财物或者收受请托人财物,数额较大或者有其他较重情节的,处三年以下有期徒刑或者拘役,并处罚金;数额巨大或者有其他严重情节的,处三年以上七年以下有期徒刑,并处罚金;数额特别巨大或者有其他特别严重情节的,处七年以上有期徒刑,并处罚金或者没收财产。离职的国家工作人员或者其近亲属以及其他与其关系密切的人,利用该离职的国家工作人员原职权或者地位形成的便利条件实施前款行为的,依照前款的规定定罪处罚。"作为履行《联合国反腐败公约》,进一步加大对我国贪污腐败犯罪惩治力度的对接条款,这一新增条文规定的犯罪被司法解释命名为"利用影响力受贿罪"。然而在具体适用该罪名过程中,对于如何利用影响力,以及本罪犯罪主体范围等问题尚有较多分歧。其中,明晰"关系密切人"与"利用影响力"这两个概念的具体含义对于本案的争议点的解决至关重要。

(一)"关系密切人"范围界定

"关系密切人"的概念是《刑法修正案(七)》提出的一个新名词,由于其本身的模糊性特征而颇受争议。从语义上看,关系密切与否属于价值判断与主观认定,缺乏客观标准,控方认为密切的,辩方则完全可以认为不密切,这就增加了司法实践中法官裁量的难度。对于何种关系可以被认定为"密切关系",理论界有多种不同看法。有学者认为"密切关系"主要包括日常生活中存在的几种常见的关系,如亲戚关系(非近亲属)、情人关系、情感关系、经济利益关系、朋友关系、同事关系、同学关系、老乡关系等等。还有学者认为,根据关系产生的途径不同,"密切关系"可以包括以下几类:基于血缘产生的关系,即除了"近亲属"之外的其他亲属;基于学习、工作产生的关系,如同学、师生、校友、同事关系;基于地缘产生的关系,如同乡;基于感情产生的关系,如朋友、恋人、情人关系;基于利益产生的关系,如客户、共同投资人、合同、债权债务关系;在任何情况下相识并产生互相信任、互相借助的其他关系。①

我们认为,要正确理解"关系密切人",可以结合与这一新名词相类似的概念"特定关系人"来进行理解。中纪委《关于严格禁止利用职务上的便利谋取不正当利益的若干规定》中首次提出"特定关系人"的概念,随后最高人民法院、最高人民检察院联合发布的《关于办理受贿刑事案件适用法律若干问题的意见》中对于"特定关系人"的定义作出了界定:"本意见所称'特定关系人',是指与国家工作人员有近亲属、情妇(夫)以及其他共同利益关系的人。"结合这一定义可以看到,"特定关系人"包含了两类情况:一类是特定身份关系人,如近亲属;另一类是共同利益关系人,它强调的是与国家工作人员的共同利益关系,包括经济上的利益分享关系和人身上的荣辱与共关系。"关系密切的人"强调的则是其与国家工作人员的密切关系。这种密切关系既可以是经济上的交往密切,也可以是因血缘、地缘、姻亲等原因而关系密切。"关系密切人"的范围应当是大于"特定关系人"的,只要具体案例中行为人达到足以对被利用的国家工作人员具有影响力程度上的"密切"标准,都可认定为"关系密切人"。当然这一程度是一个无法量化的标准,在司法实践中,必须针对个案中当事人与国家工作人员交往的具体表现来综合分析,包括相互联系的情况、信任程度、利益关联等等。

本案中周某曾担任《经济与法》栏目的编导,虽在案发前已被原单位辞退,但在他担任这一栏目编导时曾为监测站解决了负面报道,与该监测站副站长吴某、张某都建立了较为密切的私人联系和人情往来,才能利用吴某、张某的职务便利为超限超载货车谋得予以免检的不正当利益,且所打通的关系多次奏效,持续时间较长,才最终获得了高达 24900 元的不正当利益。可见周某与吴某、张某交往较深,联系较为紧密,其对国家工作人员吴某、张某职务的职务行使所产生的影响力达到了"密切"程度,应当可以认定为"关系密切人"。

(二)"利用影响力"的界定

在以国家工作人员为主体的贿赂犯罪的规制方面,《刑法》第 385 条、第 388 条、第 389 条将这一犯罪细化为三个类型,分别为一般公务贿赂、经济来往中的贿赂和斡旋贿赂。前两种类型中,行为人为请托人谋取不正当利益从而索取或收受贿赂的行为是直接通过与自己关系密切的国家工作人员职务上的行为而进行的;后一种情况中,行为人则是通过其他国家工作人员职务上的行为,或者与

---

① 参见高铭暄、陈冉:《利用影响力受贿罪司法认定实例探讨》,载《刑法论丛》2011 年第 4 期。

自己关系密切的国家工作人员(包括离职的国家工作人员)职权或地位形成的便利条件,或者利用自身原有的职权或地位所形成的便利条件,从而为请托人谋取不正当利益,并索取或收受贿赂的行为。上述三种情形中,行为人都体现了对"影响力"的利用。所谓"影响力",从广义来说,就是指一个人影响他人行为的能力。日常生活中,一个人可以通过言语、行为、事情或自己拥有的权力、人格魅力对他人行为发生影响。[1] 有的影响力是基于行为人的职务或职权所获得的,是受到职权因素的紧密介入的,因而此种影响力的拥有主体只能是国家工作人员,具有公权力的属性,此时可称为"权力性的影响";有的影响力则是与特定的个人联系在一起的,它不是仰仗社会所赋予的职务、地位和权力而获得的,而是行为人本身通过在社会关系、人脉资源方面的努力由自主行为所造就的。这种影响力并非以强制为特征,但它又能自然而然地起到影响那些被社会所赋予职务、地位和权力的人的思想与行为的作用。[2] 由于我国《刑法》将国家工作人员和非国家工作人员利用影响力受贿分别在第385条和第388条中作了具体规定,以"受贿罪"论处,因此,利用影响力受贿罪作为受贿罪的特殊形态,其"影响力"只包括非权力性影响力而不包括权力性影响力。利用权力性影响力受贿的,构成刑法中的受贿罪而非本罪。从本罪"利用影响力"的具体表述来看,又可将其进行拆分细化为:(1)国家工作人员的近亲属或者其他与该国家工作人员有密切关系的人利用该国家工作人员职务的行为;(2)国家工作人员的近亲属,其他与该国家工作人员有密切关系的人,利用该国家工作人员职权或地位形成的便利条件,影响其他国家工作人员职务的行为;(3)离职的国家工作人员及近亲属,或者其他与离职国家工作人员有密切关系的人,利用该离职的国家工作人员原有职权或者原职权地位形成的便利条件实施前款谋利行为的。[3]

在本案中,周某与国家工作人员吴某、张某具有密切关系,利用吴某、张某任皇帝庙超限站副站长的职权便利,通过私人关系产生的影响力向二人请托,从而为超限超载货车的领车顺利通过超限站检查,谋取了高达24900元的不正当利益,属于"与国家工作人员关系密切的人通过该国家工作人员职务上的行为谋取不正当利益"的行为,应当认定为利用影响力受贿罪。

(作者:李颖)

---

[1] 参见孙国祥:《利用影响力受贿罪比较研究》,载《政治与法律》2010年第12期。
[2] 参见袁彬:《论影响力交易罪》,载《中国刑事法杂志》2004年第3期。
[3] 参见李翔:《论影响力受贿犯罪的司法认定》,载《刑法论丛》2009年第4期。

案例131. 刘某行贿案*
——采取违规手段谋取不确定利益是否构成行贿罪

案情介绍

2002年,某国家机关拟招收公务员两名,刘某通过统一笔试后,顺利进入面试。通过打听刘某得知共有10名考生进入面试,其中有两名特别优秀,为了能够被录取,刘某通过关系向该单位主持考试的工作人员疏通,送给该工作人员1.5万元,请求其在面试过程中给予照顾,把面试分数打高一些,该工作人员应允。果然,刘某在面试考试中分数很高,通过综合考虑,刘某被该单位录用。后被人检举揭发案发。

理论争议

对于本案刘某的行为的处理,存在两种不同的意见。第一种意见认为,刘某采取不正当手段获取了利益,应属不正当利益,构成行贿罪。第二种意见认为,刘某有资格参加考试,符合招考条件,只是在竞争中违规,属于使用不正当手段谋取正当利益,只能是一般违法违纪行为,不构成行贿罪。

法理分析

所谓"行贿罪",是指为谋取不正当利益,给予国家工作人员以财物的行为。本罪侵犯的客体是国家机关、国有公司、企业、事业单位的正常管理秩序和国家工作人员的廉洁性。在客观方面,本罪表现为给予国家工作人员财物以进行收买的行为。本罪在主观上表现为故意的主观心态,并具有谋取不正当利益的目的。[①] 从上述行贿罪的犯罪构成要件可知,行为人在主观上必须具备谋取不正当利益的主观目的,因此如何准确合理地界定"不正当利益"便成为研究行贿类犯罪的关键所在。

---

* 案例来源:赵慧、张忠国:《贪污贿赂犯罪司法适用》,法律出版社2006年版,第230页。
① 参见刘宪权主编:《刑法学》,上海人民出版社2005年版,第848页。

关于"不正当利益"的理解，在理论界众说纷纭。概括起来，主要有以下几种观点：第一种观点即"手段不正当说"。该说主张只要采取了行贿手段谋取利益，那么无论是合法利益还是非法利益，都可以认定为不正当利益。第二种观点即"非法利益说"。该说把不正当利益仅仅理解为国家明令禁止获取的利益即非法利益。第三种观点即"不应当得到的利益说"。该说认为，通过行贿得到的、根据法律和有关规定不应当得到的利益，都属于不正当利益。第四种观点即"违背职务说"。该说认为，不正当利益应从受贿人谋取利益是否违背职务的要求进行认定。①

对于上述四种观点，我们认为均有失当之处。对于"手段不正当说"而言，该说过分夸大了"不正当利益"的范围。利益的正当性应当由利益本身的性质而非实现利益的手段来决定，利益是正当的，但实现利益的手段可能是不正当的；反之，利益是不正当的，实现利益的手段却可能是正当的。此外，如果按照"手段不正当说"，那么只要行为人采取了行贿的手段，不论其谋取的是合法利益还是非法利益均成立行贿罪，其司法实践的必然后果不仅让人难以接受，而且不符合我国刑法谦抑的基本精神。不仅如此，按照此种观点，立法者完全没有必要多此一举地在法条中将"谋取不正当利益"作为行贿罪的犯罪构成要件，其立法意图就是要区分合法利益、应得利益和不正当利益，因此不能将行贿手段作为判断"不正当利益"的标准。对于"非法利益说"而言，该说过分缩小了"不正当利益"的范围。因为不正当利益应当属于非法利益的上位概念，其范围应当涵盖非法利益本身但又不仅仅限于非法利益，不确定利益应当同样属于不正当利益的范畴。对于"不应当得到的利益说"而言，该说由于缺乏可操作性，也不能成为判断"不正当利益"的依据。"不应当得到"这一用语本身就缺乏可供判断的标准，什么是应当，什么是不应当，对此立法者没有规定一个具体化的标准，以这样一个抽象、笼统的概念解释另一个同样含糊不清的概念，无异于"化繁为缛"。对于"违背职务说"而言，该说在一定程度上也缺乏科学性和严谨性。从广义上来说，国家工作人员收受行贿人的任何财物，都违背职务廉洁性的要求，因而只要行贿人行贿，无论其谋取的是什么利益，合法还是非法，均成立行贿罪，这种情况又可能回到"手段不正当说"的逻辑悖论之中。所以，"违背职务说"同样不能解决"不正当利益"的标准问题。

可见，上述几种观点均在一定程度上存在着不周延性，因此不能成为确定"不正当利益"的依据。那么究竟应当如何理解"不正当利益"呢？我们认为，确

---

① 参见黎志慧：《论行贿罪中"不正当利益"之认定》，载《无锡职业技术学院学报》2007年第1期。

定"不正当利益"的含义,应当在现行法条规定的基础上结合相关的司法解释综合地作出判断,而不能仅仅单纯地从学理上进行判断。最高人民法院、最高人民检察院《关于在办理受贿犯罪大要案的同时要严肃查处严重行贿犯罪分子的通知》第 2 条规定,"谋取不正当利益",是指谋取违反法律、法规、国家政策和国务院各部门规章规定的利益,以及要求国家工作人员或者有关单位提供违反法律、法规、国家政策和国务院各部门规章规定的帮助或者便利条件。根据这一规定,"谋取不正当利益"中的"不正当利益"主要包括以下两项内容:(1)违反法律、法规、国家政策和国务院各部门规章规定的利益,即我们通常所说的"非法利益",这一层面上的不正当利益主要是指实体意义上的不正当利益。(2)要求国家工作人员或有关单位提供违反法律、法规、国家政策和国务院各部门规章规定的帮助和便利条件,即"非法过程利益",这一层面上的不正当利益主要是指程序意义上的不正当利益。对于上述两项内容的理解,基本上不存在大的分歧,难点问题是对"法规"和"国家政策"的理解与把握。我们认为,这里的"法规"的含义应当依照《中华人民共和国立法法》(以下简称《立法法》)的相关规定进行界定。《立法法》作为国家根本大法宪法的组成部分,拥有最高的法律效力,任何部门法的规定都不能与其相抵触。而根据《立法法》的规定,这里的"法规"主要包括三个部分的内容:(1)国务院制定的行政法规;(2)各省、自治区、直辖市地方人大及其常委会制定的地方性法规;(3)较大的市的人民代表大会及其常委会根据本市的具体情况和实际需要,在不同宪法、法律、行政法规和本省、自治区的地方性法规相抵触的前提下制定的地方性法规。关于"国家政策"的具体含义,应当理解为党中央、全国人大或国务院所制定的政策。首先,中国共产党的领导是宪法确立的基本原则之一,党通过制定有关政策实现对国家的领导,国家政策也体现了党的政策,二者是一致的。党内有关规定是党的有关活动的准则和约束党员行为的规范,违反这些规定,从广义上讲当然也就违反了国家政策和法律规定。其次,从上述"两高"通知的表述上看,"国家政策"是与"法律""法规""国务院各部门规章"相提并论的,而且国家政策无论在可操作性上还是稳定性上都不如后三者,[①]因此如果将国家政策的范围理解为大于后三者,那么将不可避免地造成执法中的混乱。

尽管最高人民法院、最高人民检察院通过司法解释的形式对"不正当利益"的具体含义作出了相应的规定,但是从该规定的内容上我们不难发现,违法的"帮助或者方便条件"本身就是一种无形的、间接的"非法利益",司法解释实际上

---

① 参见许海波:《贪污贿赂罪若干问题研究》,知识产权出版社 2005 年版,第 167 页。

并没有超越"非法利益说"的局限。我们认为,"不正当利益"除了具备上述司法解释所界定的含义外,还应当包括不确定利益在内。利益按其合法性程度可分为三种:一为"应得利益",即按照法律、政策等规定应当得到的利益,应得利益是当然的正当利益;二为"非法利益",即违反法律、政策等规定的利益,非法利益是当然的不正当利益;三为介于上述两者之间的所谓"不确定利益",又称"可得利益",是指根据有关法律、政策等规定,任何人采取合法正当的手段都可能取得的利益,只是因为该利益的取得具有竞争性,或因为国家工作人员对其拥有合法的裁量权,因而成为不确定的利益。[①] 把"不确定利益"作为非法利益,主要是基于下述几点理由:首先,从现行法条的设置上看,《刑法》第 389 条第 3 款对行贿罪作了除外规定,即"因被勒索给予国家工作人员以财物,没有获得不正当利益的,不是行贿"。可见,行为人只有在被勒索给予国家工作人员财物,并没有获得不正当利益时才能免除承担行贿罪的责任。这里的"勒索"不同于一般意义上的"索取",根据《现代汉语词典》的解释,"勒索"是指"以威胁手段向他人索要财物",而"索取"仅指索要财物这一行为,并不包括威胁的手段。而在行为人实施谋取不确定利益的行为时,双方行为人均是在意志自由的情况下实施了行贿或者受贿的行为,并不存在被勒索的情况,因此不属于这里的除外情形。所以对于为谋取不确定利益,给予国家工作人员以财物的行为,应当适用行贿罪正条的规定,否则便会造成既不能适用行贿罪的正条规定,也不能适用除外规定的尴尬境地,从而造成无法解决的矛盾和冲突。由此可见,在立法者看来,采取行贿手段谋取的不确定利益无疑就是不正当利益。其次,《刑法》第 389 条第 2 款规定:"在经济往来中,违反国家规定,给予国家工作人员以财物,数额较大的,或者违反国家规定,给予国家工作人员以各种名义的回扣、手续费的,以行贿论处。"本款规定在字面上并没有将"谋取不正当利益"作为其成立要件,但是仔细分析便可发现,由于发生在经济往来中的行贿行为在社会危害性上与发生在国家管理活动中的一般行贿行为相比要轻很多,因此在一般行贿罪将"谋取不正当利益"作为犯罪构成要件的情况下,经济活动中的行贿行为理应包括这一要件。又由于从经济行贿活动本身的特点来看,经济行贿所要谋取的利益,除少部分如推销假冒伪劣产品属于非法利益外,其他绝大多数都属于需要依靠竞争才能取得的"不确定利益",[②]因此从立法原意分析,不确定利益也当然属于"不正当利益"的

[①] 参见牟立涛:《"不确定利益"不能认定为合法利益》,载《人民检察》2005 年第 2 期。
[②] 参见邹志宏:《以行贿手段谋取的"不确定利益"属于不正当利益》,载《国家检察官学院学报》2001 年第 3 期。

范畴。

综上所述,我们认为,行贿罪中的"不正当利益"不仅包括非法利益,而且包括可得利益。在本案中,刘某虽然有资格参加考试,但是对于其是否能够录取仍旧处于不确定的状态。刘某正是为了谋取"录取"这一不确定的利益实施了给予国家工作人员以财物的行贿行为,其行为完全符合行贿罪的构成要件,因而成立行贿罪。

(作者:李舸稹)

案例132. 樊某介绍贿赂案*
——替他人"行贿"的行为如何定性

案情介绍

2000年5月,个体煤矿主王某在申请某法院执行某公司欠款时,听说其亲戚樊某和该法院执行庭庭长张某关系比较好,就让樊某找张某说情,尽快执行。过了一段时间,执行款并未划到王某账户上。王某遂提出借樊某的钱给张某送礼,等某公司欠他的钱执行回来后,再归还樊某,樊某没有同意给张某送礼。后来,执行款仍不能划拨到王某的账户上,樊某没有和王某商量,便分两次给张某送礼40万元。没过几天,该法院便将某公司欠王某的款项划拨到王某的账户上。后王某因涉嫌向其他人行贿被采取刑事强制措施。2000年11月,樊某将王某的这一情况告诉张某,张某退还给樊某30万元。2002年10月,王某被释放后,樊某将上述情况告诉了王某,王某还给樊某10万元。

理论争议

本案主要存在以下理论争议:第一种观点认为,应当对樊某以介绍贿赂罪定罪量刑。本案中,虽然樊某在王某提出给张某送礼时并未予以同意,但樊某随后的送礼行为是在相信王某随时愿意给张某送礼,并会将钱还给自己的基础上实

---

* 案例来源:米永杰、李俊克:《替他人"行贿"如何定性——关键看行为人是否受他人之托、是否为谋取不正当利益》,载《检察日报》2007年12月16日第3版。

施的。樊某在王某与张某之间起到了沟通关系、撮合条件的作用,因此应当认定为介绍贿赂罪。第二种观点则认为,樊某的行为不构成犯罪。因为樊某在王某提出给张某送礼时已明确拒绝王某,所以樊某之后的送礼行为只能认定为樊某自己的行贿行为,而樊某主观上又不具有谋取不正当利益的目的,因此樊某的行为不构成犯罪。

法理分析

《刑法》第 392 条第 1 款规定:"向国家工作人员介绍贿赂,情节严重的,处三年以下有期徒刑或者拘役,并处罚金。"这里所谓的"介绍贿赂",根据《关于人民检察院直接受理立案侦查案件立案标准的规定(试行)》的相关解释,是指在行贿人与受贿人之间沟通关系、撮合条件,使贿赂行为得以实现的行为。依据上述解释,介绍贿赂行为通常具有以下三种形式:一是介绍行贿,即为行贿人联络行贿对象——国家工作人员;二是介绍受贿,即为国家工作人员物色行贿人;三是既介绍受贿又介绍行贿,即既为国家工作人员物色行贿人又为行贿人联络相应的国家工作人员。

作为一种居间行为,介绍贿赂行为常常对行贿行为或者受贿行为起到了一定程度的帮助作用,因此介绍贿赂罪与受贿、行贿两罪是否存在共犯关系这一问题一直成为理论界研究介绍贿赂罪的重点所在。对此,学界主要存在以下两种观点:

(1) 肯定说,即介绍贿赂罪与受贿、行贿两罪存在共犯关系。持此种观点的学者认为,介绍贿赂的行为人与行贿、受贿的行为人主观上有共同犯罪的故意,客观上有共同犯罪的行为,三方行为的总和都是侵害国家机关正常活动这个犯罪结果的原因,都与这个危害结果存在着因果关系,因此介绍贿赂罪与受贿罪、行贿罪均属于共同犯罪。[1]

(2) 否定说,即介绍贿赂罪与受贿、行贿两罪不存在共犯关系。持此种观点的学者认为,首先,贿赂行为的帮助行为是刑法总则规定的非实行行为,而介绍贿赂行为则是刑法分则规定的实行行为。因此,在主观故意的内容上,贿赂罪的帮助犯仅有单纯的帮助贿赂实行犯的意思,而介绍贿赂行为人并不仅有帮助贿赂实行犯的意思,而且具有介绍贿赂的故意。[2] 两者在主观故意的内容上存在重大差别。其次,从主体上来看,受贿、行贿罪的共犯,无论是帮助犯还是教唆

---

[1] 参见孟庆华:《受贿罪研究新动向》,中国方正出版社 2005 年版,第 405 页。
[2] 参见马宏涛、黄大新:《介绍贿赂罪法律问题探析》,载《检察实践》2003 年第 4 期。

犯,都是依附于受贿、行贿罪而存在的,其并不能独立存在,而介绍贿赂罪的主体是不依赖于受贿和行贿方的第三者。① 再次,如果认为介绍贿赂罪与受贿、行贿两罪存在共犯关系,在实践中则难以操作。实践中往往会出现这样的情况,介绍贿赂者既介绍行贿,又介绍受贿,对这种介绍贿赂者如果作贿赂罪共犯处理的话,是定受贿罪共犯、行贿罪共犯还是进行数罪并罚? 此外,介绍贿赂者要么是受行贿者或者受贿者委托,要么是主动提出贿赂请求。如果按照贿赂共犯处理,前者的介绍贿赂行为是单纯的实行犯,后者的介绍贿赂行为既是实行犯又是造意犯,也就是说,介绍贿赂者在行贿或者受贿中既可能是主犯,又可能是从犯,但如果将介绍贿赂者定为主犯,在量刑上则显失公平。②

纵观上述两种观点,我们认为第一种观点较为合理。首先,如果按照否定说的观点,即行贿、受贿罪的帮助犯只是对行贿或者受贿一方起帮助作用,而介绍贿赂罪的行为人则是处于第三者的地位促成行贿、受贿双方的行为得以实现的话,那么从行为所造成的社会危害性上看,介绍贿赂罪的社会危害性显然比行贿、受贿罪共犯所造成的社会危害性大得多,但是从现行法条的相关规定可以看出,对于介绍贿赂罪,《刑法》仅规定"处以三年以下有期徒刑或者拘役",而对于行贿、受贿罪的帮助犯而言,其具体适用的刑罚则应当比照行贿、受贿罪从宽处罚。社会危害性大的行为反而比社会危害性相对较小的行为处罚要轻,这无疑与我国刑法一贯坚持的罪刑均衡原则相违背。其次,按照否定说的观点,"贿赂罪的帮助犯仅有单纯的帮助贿赂实行犯的意思,而介绍贿赂行为人并不仅有帮助贿赂实行犯的意思,而且具有介绍贿赂的故意"。这种观点看似很有说服力,实则回避了问题的实质。上述观点提出的目的主要是用来证明介绍贿赂罪与行贿、受贿罪在主观上存在差别,但在证明的过程中,论者却用介绍贿赂的故意来证明介绍贿赂罪的主观内容,这无疑等于同义反复,并没有准确揭示介绍贿赂罪的主观内容,不仅使介绍贿赂罪的主观内容越来越模糊,而且也无法起到明确区分介绍贿赂罪与行贿、受贿罪的共犯的作用。最后,在实践中,介绍贿赂人往往并非处于中立的第三者的地位。在现实中,常常是行贿人急于行贿以谋取不正当利益,却无法直接与握有权力者联系,于是间接地找到介绍贿赂人,通过介绍贿赂人牵线搭桥,与受贿人联系上,并最终完成了行贿过程。在此过程中,介绍贿赂人并不是完全中立的,其必然是基于行贿人所托,并主要是为行贿人服务

---

① 参见朱孝清:《略论介绍贿赂罪》,载《法学》1990年第2期。
② 参见何显兵:《论介绍贿赂罪的本质》,载《山西省政法管理干部学院学报》2007年第1期。

的。因而归根到底就是行贿的帮助行为。相反,如果介绍贿赂人是受受贿人所托为其寻找行贿的对象,哪怕未经过任何努力,立即找到了合适的人选,其也必然意识到这是在帮助受贿人进行活动。① 其行为在本质上还是受贿罪的帮助行为。因此,实践中介绍贿赂人完全中立的情况几乎不存在,大量存在的仍是起帮助或者教唆作用的行贿、受贿罪的共犯。因此,将介绍贿赂罪与行贿、受贿罪的共犯完全区分开来是非常困难的。综上所述,我们认为,介绍贿赂行为与行贿、受贿行为在本质上是存在共犯关系的,而根据现行《刑法》的法条设置可以看出,立法者已将介绍贿赂罪单独作为一个独立的罪名在《刑法》中予以规定,因此根据罪刑法定的刑法基本原则,对于行贿、受贿罪的共犯行为理应按照介绍贿赂罪一罪定罪量刑。

  本案中,樊某作为居间人,曾分两次对张某实施送礼行为,以期使法院尽快将某公司亏欠王某的款项划拨至王某的账户。那么对于樊某的行为,是否应当按照介绍贿赂罪定罪处罚呢？首先,就王某而言,其在主观上具有向张某送礼的故意,客观上对于樊某替自己送礼的行为在事后也予以追认,因此王某的行为成立行贿行为,又由于王某实施送礼行为是为了尽早追回欠款,此目的并不属于牟取不正当利益的范畴,所以王某的行为不构成行贿罪。其次,就樊某而言,从樊某主观故意的内容上可以看出,樊某实施送礼行为时主观上并没有为自己牟取不正当利益的目的,其实施行为的出发点在于帮助王某尽快收回欠款,而并非为了自己的利益向张某实施贿赂行为。因此排除了樊某单独构成行贿罪的可能。最后,从樊某行为的性质上看,樊某向张某实施行贿行为时,其主观上意识到自己是在替王某向张某行贿,客观上也实施了行贿的行为,但是由于王某在樊某行为当时对于樊某的所作所为并不知情,而樊某的行为在客观上确实对王某起到了一定程度的帮助作用,所以樊某在形式上成立王某行贿行为的"片面共犯"。又由于樊某在对王某的行贿行为进行帮助的过程中,直接替王某实施了"行贿"的行为,而并非其他的一些辅助行为,因此樊某的行为实际上是王某"行贿"行为的片面实行犯。但是,值得注意的是,根据我国刑法学界的通说,实行犯是不存在片面共犯的情况的。"在共同实行犯罪的情况下,各共同犯罪人必须具有全面与互相的主观联系,才能成立共同实行犯。如果主观上没有犯意的互相联系,虽然此实行犯对彼实行犯具有片面的共同犯罪故意,也没有必要承认其为片面的

---

① 参见赖早兴、张杰:《介绍贿赂罪取消论》,载《湖南社会科学》2004 年第 5 期。

实行犯,只要径直依照刑法分则的有关条文定罪量刑就可以了"[①]。所以,对于樊某的行为不成立王某"行贿"行为的共犯,即不成立介绍贿赂罪,而只能按照行贿行为进行定性。又由于樊某在主观上不具有谋取不正当利益的非法目的,因此樊某的行为不构成犯罪。

(作者:李舸稹)

案例 133. 吴某巨额财产来源不明案

——财产来源不明,定罪后又查清来源该如何处理

案情介绍

吴某是一名国家工作人员,因持有与其收入不符的巨额来源不明财产,且不说明来源,被法院依法以巨额财产来源不明罪定罪判刑。在吴某服刑期间,侦查机关因办理其他案件发现新的线索,查清了吴某的巨额财产来源均系其受贿所得。

理论争议

对于本案主要存在两种处理意见:一种意见认为,对于吴某应当根据《刑法》第 70 条的规定,对原罪(巨额财产来源不明罪)和新查出的罪(受贿罪)数罪并罚;另一种意见认为,对于吴某应当依照审判监督程序予以改判,单独以受贿罪定罪量刑。

法理分析

我国《刑法》第 395 条第 1 款规定:"国家工作人员的财产、支出明显超过合法收入,差额巨大的,可以责令该国家工作人员说明来源,不能说明来源的,差额部分以非法所得论,处五年以下有期徒刑或者拘役;差额特别巨大的,处五年以上十年以下有期徒刑。财产的差额部分予以追缴。"从法条的规定中可以看出,所谓巨额财产来源不明罪,是指国家工作人员的财产或者支出明显超过合法收

[①] 陈兴良:《共同犯罪论》,中国人民大学出版社 2006 年版,第 104 页。

入,且差额巨大,经责令说明来源,本人不能说明其来源的行为。

作为一种超常规的犯罪行为,巨额财产来源不明罪一反以往司法机关顺向的逻辑思维,将举证责任倒置,即由被告人承担举证责任,司法机关只负责证明行为人拥有来源不明的巨额财产即可。其制度设计的初衷是避免以非法手段获取财物的国家工作人员由于证据不足而逃脱法律的制裁,并以此维护国家工作人员职务行为的廉洁性。但是司法实践中,常常会出现这样的问题,即以巨额财产来源不明罪对被告人定罪判刑后,司法机关又查清或者本人又讲出了巨额财产的真实来源,那么对于这种情况,究竟应当如何处理呢?对此学界主要存在两种观点。

第一种观点认为,对于这种情况,应当依照审判监督程序予以改判。具体理由如下:首先,巨额财产来源不明罪这一罪名在现行刑法典中的位置(从属于第八章"贪污贿赂罪"),决定了该罪的性质。贪贿类犯罪主要是针对破坏公务行为廉洁性的犯罪行为而设立的,巨额财产来源不明罪是该章的兜底条款,意在指向国家工作人员持有与收入不符的巨额来源不明财产的不廉洁性,而非其"不说明来源"的不作为行为。其次,如果在查明巨额财产的真实来源后,不依照审判监督程序予以改判的话,那么实际上就等于是对一个犯罪行为进行了重复评价,违背了刑法中的"一事不二罚"原则。最后,从司法实践来看,在数额巨大的贪污、贿赂案件之中,也存在犯罪嫌疑人不与司法机关配合、拒不交代犯罪行为的"零口供"的现象,对这种犯罪后拒不交代等行为,通常并没有单独评价,而仅以能够认定的"贪污"或"贿赂"行为进行认定,并未数罪并罚。① 如果对以巨额财产来源不明罪对被告人定罪判刑后,司法机关又查清或者本人又讲出了巨额财产的真实来源的情况实行数罪并罚的话,那么实际上就有违法律面前人人平等的刑法基本原则。

第二种观点认为,对于这种情况,应当对原罪和新查出的罪实行数罪并罚。具体理由如下:首先,《刑法》第 395 条第 1 款赋予了行为人一定的作为义务,即说明义务,因此可以认为不履行说明义务是构成该罪的要件之一。其次,法院在已经作出一个判决且该判决没有错误的情况下,随意改变该判决将可能影响司法的权威,从而使法律缺乏应有的严肃性。②

对于上述两种观点,我们认为,相比之下第二种观点较为合理,但还应根据

---

① 参见袁正巧:《财产来源不明,定罪后又查清来源该如何处理》,载《检察日报》2006 年 9 月 14 日第 3 版。

② 同上。

具体情况进行具体的分析。我们试分析如下：

（一）原判认定的不明财产，经查或者行为人说明了全部系合法所得的

对于此种情况，应当依据审判监督程序予以改判。因为审判监督程序的适用对象是在判决或者裁定存在错误或者其他严重影响案件公正的情况下，对于发生法律效力的判决、裁定的一种补救措施。因此，如果判决或者裁定存在错误或者发生了其他严重影响案件公正的情况，那么就应当启动审判监督程序，对案件进行改判。对于原判认定的不明财产，经查或者行为人说明了全部系合法所得的，由于行为人的行为在本质上并不构成任何犯罪，且此种情况实际上属于有新的证据证明原判决、裁定认定的事实确有错误的情形，因此理应启动审判监督程序对案件进行处理。这样不仅符合刑事诉讼法的基本要求，而且也有利于更好地保护人权。

（二）原判认定的不明财产，经查属于违法所得的

对于此种情况，应当维持原判，即仍然认定为巨额财产来源不明罪。巨额财产来源不明罪设置的目的就是规制国家工作人员的财产或者支出明显超过合法收入，且本人不能说明其来源是合法的情况，即使在后来的调查过程中查出行为人的财产系违法所得，原判决认定的事实本身也不存在任何错误，因此应当维持原判而非依照审判监督程序予以改判。

（三）原判认定的不明财产，经查属于其他犯罪所得

对于此种情况，应当将新罪和巨额财产来源不明罪数罪并罚。首先，巨额财产来源不明罪的构成就在于行为人持有超过自己合法收入的财产，并且不能说明合法来源。只要行为人的行为属于上述要件，就应该肯定本罪的成立，即使以后由于侦查机关的原因或者本人自动供出该财产来源于其他犯罪所得，也不能因此否定巨额财产来源不明罪的合法性成立。① 其次，巨额财产来源不明罪所评价的对象是行为人的持有行为和不能说明财产合法来源的行为，其在内容上与其他犯罪行为所评价的内容截然不同，因此取得财产的其他犯罪行为并不能被巨额财产来源不明罪所涵盖，其在性质上并不违背刑法中的"一事不二罚"原则。

综上所述，我们认为，巨额财产来源不明罪作为贪污贿赂型犯罪的一个组成部分为行为人规定了一定的作为义务，即说明义务，而在行为人"不能说明"或"拒绝说明"的情况下，即构成了犯罪的纯正不作为犯。可见，巨额财产来源不明

---

① 赵慧、张忠国：《贪污贿赂犯罪司法适用》，法律出版社 2006 年版，第 306 页。

罪的实施行为不是非法取得行为,行为人不是因为巨额财产而遭刑罚处罚,其惩罚的对象是拒不说明巨额财产事实来源这一行为,行为人是因为实施了这一不作为行为而遭受刑罚处罚进而定罪判刑的,因此即使在定罪后查清其来源属于其他犯罪所得的也并不能因此而改判,原判决仍然有效。但是如果原判决已经执行完毕,就只需对新罪定罪量刑即可。

在本案中,吴某作为国家工作人员,持有与其收入不符的巨额来源不明财产,且不说明来源,其行为完全符合巨额财产来源不明罪的构成特征,成立巨额财产来源不明罪毫无疑问,又由于司法机关在随后的调查过程中查明该笔钱款系吴某受贿所得,且吴某的受贿行为并不能被巨额财产来源不明罪所涵盖,因此应当对吴某按照受贿罪和巨额财产来源不明罪数罪并罚。

(作者:李舸稹)

案例 134. 张某等私分国有资产案

——单位派出机构以自己的名义私分公司财产能否构成私分国有资产罪

案情介绍

张某、王某与李某系某大型国有公司驻某市办事处的处长、副处长与会计。2001 年 5 月,张某、王某与李某在与某公司签订补偿费协议书时,采用欺骗手段将补偿费 620 万元改为 460 万元,将其中的公款 160 万元隐瞒,随后在本单位正常账目中平账,然后又利用股份合作制试点的名义,将该款汇入某市某证券营业部以张某私人名义开立的股东账户内。2001 年 12 月间,由三人提议,由某大型国有公司驻某市办事处办公会议决定将国有资产 160 万元私分给单位职工作为奖金。

2002 年 1 月,经人举报,张某、王某与李某被检察机关查获归案。2003 年 2 月,某市某区一审法院以私分国有资产罪分别判处被告人张某、王某与李某有期徒刑 3 年 6 个月、3 年与 2 年,罚金 5 万元、4 万元与 2 万元。张某不服一审判决,提出上诉,某市二审法院 2004 年 3 月作出终审判决:驳回上诉,维持原判。

> 理论争议

上述案件,在定性上主要存在两种不同的意见。第一种意见认为,张某、王某与李某三人的行为不能构成犯罪,因为国有公司对于已上缴国家税金后所获利润有自主支配的权利,三人将这些利润以奖金的形式发放,只是违反了单位内部专款专用的财经制度,其行为性质应当属于一般的违法违纪行为,不能构成犯罪。第二种意见认为,张某、王某与李某三人将国有公司的资产以奖金形式分给本单位职工,且数额较大,其行为具有严重的社会危害性,因此应当构成犯罪。

在具体构成何种犯罪上,又有三种不同意见。第一种意见认为,张某、王某与李某利用股份合作制试点的名义,将国有公司的资产私分给单位职工,且数额较大,其行为构成私分国有资产罪。第二种意见认为,张某、王某与李某利用职务之便利,将国有资产以转股的形式挪用给私人使用,其行为符合挪用公款罪的特征。第三种意见认为,张某、王某与李某利用职务之便利,将国有资产以转股的形式私分,其行为表面上似乎属于私分国有资产罪,可实质上却符合利用职务之便侵吞国有财产的贪污罪,应当以贪污罪定罪。

> 法理分析

所谓私分国有资产罪,是指国家机关、国有公司、企业、事业单位、人民团体,违反国家规定,以单位名义将国有资产集体私分给个人,数额较大的行为。由于私分国有资产罪的行为人在实施本罪的客观行为时主要采取的是分配的行为方式,且常常以发放奖金、津贴、福利补贴的形式进行,因此在实践中私分国有资产罪常常与正当发放奖金、津贴的行为相混淆。如何准确清晰地界定正当发放奖金、津贴的行为,便成为判断行为人分配行为罪与非罪的关键所在。

对于上述问题,我们认为,主要应从以下几点进行把握:首先,正当发放奖金、津贴行为中资金的来源应当是预算外资金收入之外的收入。所谓预算外资金收入,是指国家机关、事业单位、社会团体在履行政府职能或者代行政府职能时所收取的费用、基金。具体包括:(1)根据国家法律、法规和具有法律效力的规章收取、提取的各种行政事业性收费、基金和凭借政府职权筹集的资金等;(2)按照国务院或者省级人民政府及其财政、物价部门审批的项目和标准,收取和提取的各种行政事业性收费收入;(3)按照国务院以及财政部审批的项目和标准向企事业单位和个人征收、募集或以政府信誉建立的具有特定用途的各种基金;(4)主管部门依据国家有关规定,从所属单位集中上缴的资金;(5)用于乡镇政府开支的乡自筹和乡统筹资金；(6)其他未纳入预算管理的财政性资金。① 预算外资金收入的所有权归国家享有，如果行为人所发放的奖金、津贴属于预算外资金收入的范围，那么行为人的发放行为便侵犯了国家的财产所有权，从而不属于正当行为的范畴。其次，正当发放奖金、津贴行为中发放的资金必须是税后资金。根据国家国有资产管理局《国有资产产权界定和产权纠纷处理暂行办法》第12条的规定，可分配利润及从税后利润中提取各项资金后，已提取用于职工奖励、福利等分配给个人消费的基金，不属于国有资产。以此发放的奖金、福利应当是国有单位有权支配的奖金。上缴税金后的利润留成或事业单位、人民团体通过市场取得的不体现政府职能的经营、服务性收入，按照规定缴纳税金、管理费用后，不属于应当上缴国家的国有资产，单位有权作出分配。最后，国家机关、事业单位、人民团体发放奖金、津贴必须按照财政部门规定的项目、标准与范围进行。如果有关单位超过国家规定的标准和限度发放奖金、福利，那么此种行为应当认定为违反财经纪律的行为，而不属于正当发放奖金、津贴的范围。

在本案中，该办事处将160万元补偿费分配给本单位职工的行为，并不属于合法发放奖金、津贴的行为。首先按照前述分析，补偿费在性质上应当属于预算外资金收入的范围，其所有权应归国家享有，在性质上应当属于国有资产。因而该160万元的补偿费收入应当由该国有公司占有，而不能由办事处截流后予以私分给单位职工所有。其次，在正当发放奖金、津贴行为中，资产的发放渠道必须是正常的财务渠道，资产发放人必须按照财政部门规定的项目、标准和范围严格执行发放行为。而本案中，张某等三人所采用的则是以欺骗的手段将160万元公款隐匿，并进而在正常账目中平账，以此达到隐瞒不报的目的。该行为不仅不符合财政部门的相关规定，而且侵犯了国家财产的所有权，具有严重的社会危害性，因而不属于正当发放奖金、津贴的行为，而应按照相关犯罪定罪处罚。

在将行为人的行为性质明确界定为犯罪行为后，对于该种行为究竟应当以何罪进行定罪便成为认定此案的关键所在。

我们认为，首先，该行为不构成挪用公款罪。根据现行《刑法》第384条的规定，挪用公款罪，是指国家工作人员利用职务上的便利，挪用公款归个人使用，进行非法活动，或者挪用公款数额较大，进行营利活动，或者挪用公款数额较大，超过3个月未还的行为。从上述关于挪用公款罪的定义中我们可以看出，挪用公款罪与私分国有资产罪主要存在以下区别：(1)犯罪对象不同。挪用公款罪的对象仅包括公款，不包括公物；而私分国有资产罪的对象则包括公款和公物在内

---

① 许海波：《贪污贿赂罪若干问题研究》，知识产权出版社2005年版，第260页。

的所有国有资产。(2)犯罪主体不同。挪用公款罪的主体是特殊主体,即只能由国家工作人员构成;而私分国有资产罪作为一种典型的单位犯罪,成立本罪的主体只能是单位,自然人是不能成为本罪的犯罪主体的。(3)犯罪的客观方面不同。挪用公款罪在客观方面表现为将公款挪为自己或者他人使用的行为;而私分国有资产罪在客观方面则表现为以集体名义,将国有资产私分的行为。(4)犯罪客体不同。挪用公款罪所侵犯的客体是国家工作人员职务的廉洁性和公共财产的占有权、使用权和收益权;而私分国有资产行为所侵犯的客体则是国有资产的所有权。上述两罪在犯罪构成要件的各个方面都存在重大区别,因而是不能混为一谈的。然而,尽管如此,实践中却常常出现这样的情况,即行为人个人决定以单位名义将公款供其他单位使用,以谋取个人利益。按照相关司法解释的规定,对于此种情况,应当按照挪用公款罪定罪处罚。但是,在实践中,这种情况却常常与私分国有资产罪造成混淆。我们认为,对于此种情况,关键是看行为人行为的性质究竟是个人行为还是单位行为。上述成立挪用公款罪的行为从本质上说仍是个人行为,而成立私分国有资产罪的行为则只能是一种单位行为。此外,从所有权的归属上看,上述挪用公款行为中公款的所有权并没有发生转移,而在私分国有资产行为中,国有资产的所有权却已经移转为私人所有。在本案中,张某等三人虽然利用职务之便,将国有资产以转股的形式存入以张某名义开立的股东账户内,其行为在表面上看似乎是为了谋取个人利益,但实质上此种行为只是为尔后的私分行为提供便利,以有利于公款的暂时保管,其最终目的还是将160万元公款私分给单位职工作为奖金。因此本案并不符合挪用公款罪的构成要件,不能以挪用公款罪定罪量刑。

其次,该行为也不构成贪污罪。所谓贪污罪,是指国家工作人员利用职务上的便利,侵吞、窃取、骗取或者以其他手段非法占有公共财物的行为。典型的贪污罪与私分国有资产罪是比较容易区分的,但是在司法实践中,私分国有资产罪与某些共同贪污行为却常常发生混淆。我们认为,私分国有资产罪与共同贪污行为虽然都侵犯了公共财产的所有权,行为人在主观上也都存在着将国有资产变为私有的故意,但两者还是存在以下区别:(1)犯罪主体不同。私分国有资产罪是典型的单位犯罪,其行为的实施一般是在本单位领导集体研究决定或者单位全体成员共同商定后,由单位统一组织进行私分;而贪污罪的共犯则是自然人犯罪,并且每个成员都具有贪污的故意,都参与了共同贪污的行为。(2)行为方式不同。私分国有资产行为一般是在本单位内部公开进行的,具有一定程度和一定范围的公开性;而共同贪污行为则是行为人利用职务上的便利,以侵吞、窃取、骗取或者其他手段秘密进行的,具有一定的秘密性和隐蔽性。(3)处罚方法不同。私分国有资产罪只追究直接负责的主管人员和其他直接责任人员的刑事责任;而贪污罪的共犯则追究所有贪污行为人的刑事责任。① 本案中,由于国有资产的私分决定是在该国有公司驻某市办事处办公会议上作出的,且该行为的受众包括本单位的全体职工,因而该行为在一定程度上和一定范围内便具有公开性和公知性;此外,作为办公会议的研究决定,该行为在性质上主要体现为单位的集体意志,而并非个别成员的私人意志。因此本案并不符合共同贪污行为的构成要件,不能以贪污罪论处。

最后,本案成立私分国有资产罪。这里涉及一个问题,即:国有单位的派出机构以自己的名义私分公司财产的行为,能否构成私分国有资产罪?换言之,单位之下的二级单位是否具有刑事责任能力,能否成为单位犯罪的主体呢?我们认为,答案是肯定的。首先,《全国法院审理金融犯罪案件工作座谈会纪要》规定,"以单位的分支机构或者内设机构、部门的名义实施犯罪,违法所得亦归分支机构或者内设机构、部门所有的,应认定为单位犯罪。不能因为单位的分支机构或者内设机构、部门没有可供执行罚金的财产,就不将其认定为单位犯罪,而按照个人犯罪处理"。从司法解释中我们可以看出,单位的分支机构或者内设机构、部门以自己的名义实施犯罪并且违法所得归分支机构或者内设机构、部门所有的,都应当认定为单位犯罪。单位的分支机构或者内设机构、部门有无独立的财产或者经费,对单位分支机构或者内设机构能否成为单位犯罪的主体没有任何影响。② 其次,从我国《刑法》第 30 条关于单位犯罪的规定上看,这里所指的单位是广义上的单位,单位是否具有法人资格对于单位犯罪的成立并没有影响。最后,单位之下的二级单位同单位本身所体现的意志与追求的利益也并不完全相同。单位之下的二级单位基于自身利益的考虑实施犯罪行为后,一方面从犯罪意志产生的角度来看,犯罪意志仅仅只是该二级单位的意志,而并非单位的整体意志的体现;另一方面,从犯罪所获得的收益来看,该二级单位实施犯罪行为后利益的归属并不属于单位,而是由该二级单位独自享有。因此,在这种情况下,如果将单位之下的二级单位犯罪的法律后果归咎于单位本身,则不免株连无辜,有违罪责自负的刑法基本原则。综上所述,我们认为,单位之下的二级单位完全具有承担刑事责任的能力,因而可以成为单位犯罪的主体。

具体到本案中,该单位作为某国有企业驻某市的办事处,不仅具有完全的单位犯罪的刑事责任能力,而且同时具有国有公司的性质,因此完全符合私分国有

---

① 参见李希慧主编:《贪污贿赂罪研究》,知识产权出版社 2004 年版,第 103 页。
② 参见陈鹏展:《单位犯罪司法实务问题释疑》,中国法制出版社 2007 年版,第 112 页。

资产罪犯罪主体的要求。此外,该单位在客观上也实施了违反国家规定,以单位名义将国有资产集体私分给个人的违法行为,且数额较大。本案完全符合私分国有资产罪犯罪构成要件的全部要求,故被告人张某等三人构成私分国有资产罪。

(作者:李舸稹)

案例 135. 周某私分国有资产案
——国有资产应当如何界定

案情介绍

周某系某县审计局投资股负责人。1999 年至 2004 年,周某兼任挂靠在县审计局的下属审计师事务所主任一职。该审计师事务所由县审计局于 1999 年设立并由 6 名审计局在编职工和 7 名注册审计师组成。经查,2004 年,按国家政策规定,要求审计师事务所脱钩改制。于是周某与另 5 名审计局在编人员商议,在另 7 人对具体分配情况并不知情的情况下,决定将该审计师事务所现有资金 50 万元分配给 13 名单位成员,其中 6 名审计局在编职工每人分得 6 万元,其余 7 人每人分得 2 万元。后经人举报案发。

理论争议

对于本案应当如何处理,主要存在两种意见。一种意见认为,周某等人违反国家规定,以单位名义将国有资产集体私分给个人,且数额较大,其行为完全符合私分国有资产罪的构成特征,因而成立私分国有资产罪。第二种意见认为,由于该审计师事务所的 6 名审计局在编人员具有国家工作人员的身份,因此其利用职务上的便利将本单位财物非法据为己有的行为符合贪污罪共犯的构成要件,成立贪污罪;对于该所另 7 名职工而言,由于其并不属于国家工作人员,因此其利用职务上的便利条件,将本单位财物非法占为己有的行为,符合职务侵占罪的构成特征,成立职务侵占罪。

法理分析

私分国有资产罪,是指国家机关、国有公司、企业、事业单位、人民团体,违反国家规定,以单位名义将数额较大的国有资产集体私分给个人的行为。本罪侵犯的客体是国有资产的所有权和国有资产的管理制度。在客观上表现为违反国家规定,以单位名义将数额较大的国有资产集体私分给个人的行为。本罪是典型的单位犯罪,即只有国家机关、国有企业、事业单位、人民团体才能成为本罪的主体。本罪在主观方面表现为故意的主观心态,即单位的决策人员和直接责任人员明知国有资产不能集体私分而仍然故意集体私分。因过失而集体分配不应分配的国有资产的,不能构成本罪。①

(一)国有资产的界定

从上述私分国有资产罪的构成特征可以看出,要成立私分国有资产罪,行为人所私分的财产必须为国有资产。那么何谓国有资产?国有资产究竟应当如何界定呢?根据《中华人民共和国企业国有资产法》中的规定,国有资产是指国家对企业各种形式的出资所形成的权益;《国有资产产权界定和产权纠纷处理暂行办法》也明确指出,国有资产,系指国家依法取得和认定的,或者国家以各种形式对企业投资和投资收益、国家向行政事业单位拨款等形成的资产。从上述法律、法规的规定中,可以发现,所谓的国有资产是指国家依据法律取得或者由于资金投入、资产收益、接受馈赠而形成的一切资产及无主财产。它是社会主义全民所有制的全部财产、债权以及其他权益的统称,由全国人民共同占有、共同使用、共同收益、共同支配,属于全民共有并由国家代表全国人民掌握、管理,主要包括经营性国有资产、行政事业性国有资产和资源性国有资产。② 具体而言,其又有广义、狭义之分。广义的国有资产是指归国家所有的一切资产,既包括经营性国有资产,也包括非经营性国有资产;狭义的国有资产仅指经营性国有资产。国有资产不同于国有财产。在经济学中,资产是指作为生产要素投入生产经营、具有增值功能的财产,因此资产是动态的。而财产则是物质财富的总称,包括具有增值功能的动态财产和不具有增值功能的静态财物。国有财产就是国家享有所有权的物质财富。③ 可见,国有财产的范围要比国有资产大得多,不仅包括国有资产的内容而且包括不具有增值功能的那部分静态财产。此外,国有资产也不同于国有资本。马克思认为,所谓资本是指能够带来剩余价值的价值。就其本质而言,资本就是投资者所享有的所有者权益,即公司、企业的投资人对公司、企业的

---

① 参见刘宪权主编:《刑法学》,上海人民出版社 2005 年版,第 832 页。
② 参见李丽峰、王颖:《国有资产的界定及其法律保护》,载《沈阳建筑大学学报(社会科学版)》2007年第 3 期。
③ 同上。

净资产所享有的所有权。可见,资本的范围远比资产小很多,资产不仅包括资本,而且包括负债,资本只是资产的一部分。

在本案中,该审计师事务所是由审计局直接投资设立并挂靠在审计局之下,根据财政部《关于会计师事务所改制中产权界定与资产处置问题的通知》①第2条的规定,"由全民单位开办或者挂靠全民单位并注册为全民性质的事务所,开办资本金由全民单位投资或以全民名义借款投资的,其所有者权益界定为国家所有。"审计局作为国家机关,对于其投资设立的审计师事务所的资产理应享有所有权,因此审计局最初向该审计师事务所投资的那部分资产应当属于国有资产的范围。那么对于该部分国有资产在审计师事务所经营过程中增值的那部分资产应当如何处理呢?我们认为,国有资产的增值部分也应属于国有资产。国有资产的增值部分在本质上实际相当于国有资产在经营过程中所产生的孳息,而根据民法中关于孳息的相关规定可知,孳息的所有权应当归属于原物的所有者。因此国有资产在经营过程中所产生的增值部分理应由国家而非国有资产的经营者享有所有权,在本案中即应为审计局享有,对于这部分资产而言当然也应属于国有资产。

在对国有资产进行准确界定之后,就涉及一个问题,即对于现实生活中常常发生的挂靠单位脱钩改制过程中出现的一系列问题,究竟应当如何处理呢?脱钩改制前后原单位的人员和资产在性质上是否发生改变呢?对此,我们认为,答案是肯定的。根据财政部《会计师(审计)事务所脱钩改制实施意见》的规定,人员脱钩,是指事务所与挂靠单位不再具有隶属关系,事务所从业人员不再列入行政或事业编制,其人事档案转由人才交流中心或经政府人事管理部门认可的有关机构管理。财务脱钩,是指挂靠单位不再是事务所的投资者,不再享有所有者权益。因此,对于脱钩前的事务所而言,其中部分或者全部人员属于国家行政编制或者事业编制之内,即应当属于国家工作人员的范围,其资产的所有权也应为挂靠单位所有。而对于脱钩后的事务所而言,其中全部工作人员都不再具备国家工作人员的身份,其资产也由国家所有转为事务所所有。在本案中,由于周某等人实施分配资金的行为发生在事务所脱钩之前,因此周某等6人国家工作人员的身份并没有发生任何改变,其中原属于国有资产的50万元财产的性质也不发生改变,仍以国有资产论处。

(二)私分国有资产罪与共同贪污行为的区别

作为一个典型的单位犯罪,私分国有资产罪的一个重要特征就是以单位名

---

① 该文件现已失效。

义将国有资产集体私分给个人。由于该种行为在特征上与共同贪污行为存在许多相似之处,因而实践中极易与共同贪污行为发生混淆。对此,我们认为,私分国有资产罪与共同贪污行为虽然都侵犯了公共财产的所有权,行为人在主观上也都存在将国有资产变为私有的故意,但两者还是存在以下区别:(1)犯罪主体不同。私分国有资产罪是典型的单位犯罪,其行为的实施一般是在本单位领导集体研究决定或者单位全体成员共同商定后,由单位统一组织进行私分;而贪污罪的共犯则是自然人犯罪,并且每个成员都具有贪污的故意,都参与了共同贪污的行为。(2)行为方式不同。私分国有资产行为一般是在本单位内部公开进行的,具有一定程度和一定范围的公开性;而共同贪污行为则是行为人利用职务上的便利,以侵吞、窃取、骗取或者其他手段秘密进行的,具有一定的秘密性和隐蔽性。(3)处罚方法不同。私分国有资产罪只追究直接负责的主管人员和其他直接责任人员的刑事责任;而贪污罪则追究所有贪污行为人的刑事责任。① 在本案中,虽然该事务所的另7人对于具体的分配内容并不知情,但是其对该资产系国有资产却是明知的,即其在明知是国有资产的情况下仍参与了分配的行为。也就是说,对于这一分配行为而言,在单位内部具有一定程度和一定范围的公开性,所以此行为不符合共同贪污行为秘密性和隐蔽性的特征,不应按照贪污罪的共犯论处。

综上所述,在本案中,由于该事务所属于挂靠在审计局之下的下属单位,因此其在性质上属于国有事业单位的范畴,又由于周某等人在明知该笔财产为国有资产的情况下,仍然以单位名义实施了集体私分的行为,其行为完全符合私分国有资产罪的构成特征,因而成立私分国有资产罪。

(作者:李舸稹)

案例136. 王某等私分国有资产案*

——非单位人员私分国有资产的行为如何认定

案情介绍

王某曾任某镇党委副书记,分管土地工作。2003年5月至2004年7月间,

---

① 参见李希慧主编:《贪污贿赂罪研究》,知识产权出版社2004年版,第103页。

* 案例来源:王明、王运声主编:《经济职务犯罪案例》,人民法院出版社2006年版,第622页。

该镇土地管理所私自设立"小金库",以虚假餐费发票等名义套取或直接截留资金 60 万元。王某授意土地管理所所长陈某将钱分掉。在王某的主持下,土地管理所领导班子研究决定以发年终奖金、加班费等名义将钱分给全所职工,并由所长陈某制作分款清单,王某在清单上签字同意将"小金库"资金 50 万元发放给全所职工,王某个人分得 3 万元。

理论争议

本案中陈某的行为构成私分国有资产罪是没有争议的。争议焦点主要在于王某的行为如何认定。对此,有以下四种不同意见:

第一种意见认为,本案中,某镇土地管理所构成私分国有资产罪,由于私分国有资产罪是典型的单位犯罪,只能处罚单位的人员,而王某并非土地管理所的法人代表,不属于土地管理所的人员,因此不应追究其刑事责任。

第二种意见认为,根据我国《刑法》第 396 条的规定,私分国有资产数额较大的,对其直接负责的主管人员和其他直接责任人员,处 3 年以下有期徒刑或者拘役,并处或者单处罚金;数额巨大的,处 3 年以上 7 年以下有期徒刑,并处罚金。从该规定的处罚主体可以看出,私分国有资产罪的犯罪主体只能是自然人,所以应当以私分国有资产罪追究王某的刑事责任。

第三种意见认为,私分国有资产罪的犯罪主体只能是单位,只不过在处罚时采取的是一种"代罚制"的方法。本案中王某虽不属于土地管理所的人员,但其授意陈某制作分款清单,并签字同意分款,其在土地管理所的私分行为中起决定性作用,属于该条规定的"直接负责的主管人员",应当按私分国有资产罪与陈某一同追究刑事责任。

第四种意见认为,本案中,王某作为国家工作人员,其采用侵吞等方式非法占有公共财物,其行为构成贪污罪。

法理分析

根据我国《刑法》第 396 条的规定,私分国有资产罪是指国家机关、国有公司、企业、事业单位、人民团体,违反国家规定,以单位名义将国有资产集体私分给个人,数额较大的行为。要正确理解本罪的立法原则和精神,首先要把握本罪的犯罪构成。

（一）本罪是纯正的单位犯罪，主体限于国家机关、国有公司、企业、事业单位、人民团体，集体所有制企业、外资企业、私营企业不是本罪主体

首先，从私分国有资产罪的行为所体现的意志来看，私分国有资产罪具有犯罪意志整体性的特点，即私分国有资产的故意犯罪的意思表示是通过其直接负责的主管人员或其他直接责任人员集体研究、决策，从而形成单位的意志实现。主要负责的主管人员和其他直接责任人员在集体研究、决策和私分国有资产过程中，都是明确知道其研究决策、将国有资产私分给个人的事实是违反国家规定的，由此体现的单位的集体意志具有单位整体罪过的特征。同时，私分国有资产罪的受益主体往往是一个单位的全体人员而并不局限于行为的实施者，因此，从主客观相统一的角度来看，私分国有资产罪的犯罪主体不应认为是自然人，而应是单位。

其次，从行为实施的具体过程来看，私分国有资产是一种单位整体运作的行为，而并不只是某几个人的行为，更不可能是某一个人能全部实施的。因此在分析私分国有资产行为的过程中，我们要将私分国有资产行为的各个分立行为有机地联系起来作为一个整体来看待，而不应孤立分析。

由此可见，不论从犯罪意志还是从客观行为与受益对象来看，私分国有资产罪都应认定为单位犯罪比较合适。刑法之所以没有对单位进行处罚，主要是考虑到单位在实施这种犯罪时，实际上受益的是单位中的自然人，作为虚拟人格存在的单位恰恰处于被害者的地位。因此，刑法在立法上就不再对单位判处罚金，而对单位的主管人员或直接责任人员采取"代罚制"进行处罚。

（二）本罪侵犯的客体是国家的廉政制度和国有资产的所有权

关于私分国有资产罪的客体，学界有不同观点。第一种观点认为：本罪客体是职责的廉洁性和国有资产的所有权。[①] 第二种观点认为，本罪的客体是国有资产的管理制度和国家公务人员的廉洁性。[②] 第三种观点认为，本罪的客体是国有资产的所有权和国家机关、国有公司、企业、事业单位、人民团体的正常活动。[③] 私分国有资产侵害的对象是国有资产，因此，私分国有资产罪必然要侵犯国有资产所有权，进而侵犯国有资产的管理制度，其本质是侵犯国家的廉政制度。至于国家机关、国有公司、企业、事业单位、人民团体的正常活动针对性不

---

① 参见赵秉志主编：《刑法修改研究综述》，中国人民公安大学出版社1990年版，第490页。
② 参见肖扬主编：《中国新刑法学》，中国人民公安大学出版社1997年版，第656页。
③ 参见王季君主编：《贪污贿赂罪·渎职罪》，法律出版社1999年版，第122页。

强,不宜作为犯罪的直接客体。

(三)本罪的客观方面表现为违反国家规定,以单位名义将国有资产集体私分给个人的行为

违反国家规定,是指违反国家有关管理、使用、保护国有资产方面的法律、法规、规章等。

以单位名义将国有资产集体私分给个人,是指以单位决策机构决定的形式,将通过以账上骗、私下截留等手段获得的钱财分给单位所有或者大多数成员。对于集体私分,从主观上看,是在单位负责人员及其他人员的参与下,经集体研究和商量,共同作出决定而实施的;从客观上看,是单位所有人员或大多数成员以集体分配形式非法占有国有资产。

国有资产是指国家依法取得和认定的,或者国家拨款、国家对企业投资及其收益等形成的资产。应当把国有资产与国有财产、公款及公共财产区分开。首先,国有财产的外延大于国有资产。国有财产包括国有资产和国有的非资本性质的财产。其次,国有资产不等同于公款。这两个概念相互交叉。公款既包含国有资产,也包含集体所有的财产;而国有资产既包含由货币表示的公款,又包含由实物表示的公物,甚至还有无形资产。

最后,公共财产包括国有资产、集体单位所有财产、公益财产以及国有单位、集体单位管理、使用和运输中的私人财产。司法实践中,被私分的国有资产一般为应缴利税、生产发展基金、职工集体福利基金等国家禁止发放的资金部分和变卖固定资产等应由单位进行保值增值的部分。

本案中土地管理所私设"小金库",以虚假餐费发票等名义套取的资金和直接截留应上缴国家的财产,应当认定为国有资产。

(四)本罪在主观方面的表现是故意。从认识因素看,尽管行为人对私分国有资产会侵犯廉政制度是明知的,但从意志上看,行为人对侵犯廉政制度是放任的,而不可能是希望的。因此,本罪在主观方面包括直接故意和间接故意

私分国有资产罪与贪污罪在主观方面、客观方面都有相似之处,但也有许多不同。

第一,从主体上看,私分国有资产罪的主体是国家机关、国有公司、企业、事业单位,追究责任时实行代罚制,只追究主管人员或直接责任人员的刑事责任而不对单位处罚;而贪污罪的犯罪主体是个人,且对行为人直接追究刑事责任。

第二、从主观方面看,在私分国有资产罪案件中,有些客观上参与私分国有

资产的人员,主观上并不明知自己取得的财物是依法不应取得的,他们只是认为单位发放的财物是合法的;而在贪污犯罪案件中,所有的犯罪行为人对他们采取贪污手段将公共财物占为己有都是明知的。

第三,从客观方面看,私分国有资产罪是一个单位共同意志的相对公开行为,受益主体具有群体性、整体性;而贪污罪则表现为以侵吞、骗取、窃取等方式非法占有公共财物,是相对少数人员的秘密行为。

本案中,王某虽非单位人员,但作为分管土地工作的镇党委副书记,其在某镇土地管理所私分国有资产行为的过程中,从犯意的提起、主持会议研究到签字同意分款,自始至终参与,对私分行为起着决定性的作用,应属《刑法》第396条中规定的"直接负责的主管人员"。因此,在具体处理此类案件时不应局限于对"单位人员"的字面理解,否则不利于国有资产的保护。就本案来说,应当按私分国有资产罪对王某与陈某一同追究刑事责任。

(作者:梁燕宏)

第二十八章 渎 职 罪

案例137. 刘某滥用职权案*
——玩忽职守和滥用职权的区别

案情介绍

刘某受某地方政府委派到某国有大型企业A公司担任董事、总经理。公司章程规定：公司实行董事会领导下的总经理负责制，公司一切重大事项必须报董事会批准后方可执行。1998年年初，某市B石化公司（名为集体，实为个体公司）个体户柯某向刘某提出从该公司借款500万元，并许诺可给公司丰厚利益。刘某说要回公司研究一下再说。后召集公司副总经理、会计、出纳（公司人员一共六名，除业务部长外，公司管理人员均参加）等人开会，提出以联合经营油品生意的名义借款500万元给B公司柯某使用两个月，并每月可获利25万元。会中有人提出疑问，但没有人反对。刘某在没有通过公司董事会批准，也不报告董事长及其他董事成员的情况下，即通知柯某前来公司具体商量和办理有关手续。双方为规避企业单位之间不能借贷的有关规定和便于公司财务做账，由柯某起草一份由A公司与B公司联合经营油品的协议书。协议书规定由A公司出资500万元，由B公司负责经营等事项，确保A公司两个月到期收回550万元。双方以公司法人代表名义签订该合作协议，后A公司将款打入了B公司的账户。柯某将该笔款用于偿还其他债务，至案发时尚未归还A公司。刘某个人是否从中获益无法查实。

---

* 案例来源：最高人民检察院法律政策研究室编：《典型疑难案例评析（总第6辑）》，中国检察出版社2002年版，第128页。

> 理论争议

对刘某行为如何定性，存在四种不同的意见：

第一种意见认为，刘某的行为符合国家工作人员利用职务便利擅自将公款挪归给个人使用的挪用公款罪的特征及构成要件，构成挪用公款罪。

第二种意见认为，刘某的行为构成玩忽职守罪。理由是：刘某身为A公司总经理，在急于为公司谋取高利，没有任何保证的情况下，将公司的巨款轻易借给他人使用，至今尚未归还，致使公司的财产遭受重大损失。

第三种意见认为，刘某的行为构成了滥用职权罪。

第四种意见认为，刘某的行为不构成犯罪。理由是：刘某虽然事前未经董事会同意，但曾召集本公司领导班子有关人员专门开会研究过，会议中没有人提出反对意见，会后所汇给B公司的500万元借款，也是按公司财务管理方面的正常程序支付及办理有关手续，该行为应认定为A公司集体行为而非刘某个人行为。因挪用公款没有单位犯罪，单位借款给个人的行为一般不按挪用公款罪来认定，而刘某的行为是代表公司实施单位集体行为，故不构成挪用公款罪。

> 法理分析

我们同意第三种意见，即刘某的行为构成滥用职权罪。

（一）刘某的行为不构成挪用公款罪

挪用公款罪是指，国家工作人员利用职务上的便利，挪用公款归个人使用，进行非法活动的，或者挪用公款数额较大，进行营利活动的，或者挪用公款数额较大，超过3个月未还的行为。由此可见，挪用公款归个人使用是本罪的客观方面的一个必备要件。根据相关立法解释的规定，以下三种情况属于挪用公款"归个人使用"：（1）将公款供本人、亲友或者其他自然人使用的；（2）以个人名义将公款供其他单位使用的；（3）个人决定以单位名义将公款供其他单位使用，谋取个人利益的。在本案中，第一，刘某违规将公款借与柯某的B公司，虽然B公司名为集体，实为个体公司，但无论其所有制为公有还是个体所有，终究还是具备法人资格的公司，和自然人有着本质的区别，刘某的行为也不能认定为将公款供其他自然人使用。第二，虽然刘某个人擅自决定将公款借与B公司，但无论是从虚构的合同看，还是借款的程序看，借款的双方当事人为A公司与B公司，而不是刘某与B公司，B公司也知道自己所借的是A公司的钱而不是刘某的钱。以个人名义将公款供其他单位使用的，一般是指国家工作人员先将公款挪用后，再以个人名义借给其他单位。而在本案中,刘某指使公司财会人员直接将款项打入了 B 公司的账户,汇款时也是以公司的名义,而非刘某个人的名义,同时现有的证据无法证明刘某谋取了个人利益,因而只能推定刘某未谋取个人利益。因此,刘某的行为不构成挪用公款罪。

(二)要正确认定刘某的行为,必须分清滥用职权罪和玩忽职守罪的界限

虽然在刑法中玩忽职守罪和滥用职权罪是两个独立的罪名,但由于采用了简单罪状规定的方式,并且将两罪规定在了一个条款中,加之在过去长期的司法实践当中滥用职权都是被当作玩忽职守罪的一种表现形式,因此,如何正确界定两罪不仅成为实务部门的难点,也是学术界长期研究的重点。

玩忽职守罪与滥用职权罪的确有很多相同点,主要表现在:(1)侵犯的客体相同。两罪侵犯的客体都是国家机关正常行使国家权力、管理国家事务的活动。(2)主体相同。两罪的主体都是国家机关工作人员。(3)两罪客观方面都要求行为"致使公共财产、国家和人民利益遭受重大损失"。但两罪还是有重大区别的。(1)侵犯的直接客体不同。任何一个国家机关工作人员,都应当在职务活动中正确地履行职责,依法贯彻执行国家的方针、政策,一切滥用职权活动,都是对国家机关工作人员职务活动正当性的侵犯,从而危害到国家机关的正常管理活动。因此,滥用职权罪的直接客体是国家机关工作人员职务活动的正当性。任何一个国家机关工作人员,都应当恪尽职守,完成国家机关赋予的任务,一切擅离职守的行为或马虎草率的不认真履行职责的行为,都是对国家机关工作人员职务活动勤政性的侵犯,从而危害现国家机关的正常管理活动。因此,玩忽职守罪的直接客体是国家机关工作人员职务活动的勤政性。(2)客观方面不同。两罪的犯罪行为的性质和具体表现不同。滥用职权罪在客观方面的本质属性是对职权的"滥用"。这种"滥用"主要表现为两种情形:一是超越职权的滥用,即行为人超越法定权力范围,违法决定无权决定的事项,擅自处理无权处理的事项;二是在其职权范围内违法行使职权的滥用,即行为人在其职权范围内违反法定办事程序,胡作非为、滥施淫威、随心所欲地违法处理公务。玩忽职守在客观方面的本质属性是对职守的"玩忽"。这种"玩忽"行为,主要表现为两种情形:一是不履行职责,即行为人严重不负责任,对法定职责义务,该为而不为,放弃职守、撤离岗位;二是不认真履行职责,即行为人严重不负责任,对法定职责义务马虎草率,敷衍塞责。① 在相当多的情况下,行为人主观上是一种监督过失,主要表

---

① 参见缪树权:《渎职、侵权案件重点、难点问题的司法适用》,中国法制出版社 2006 年版,第 158 页。

现为应当监督直接责任者却没有实施监督行为,导致了结果发生;或者应当确立完全的安全体制、管理体制,却没有确立这种体制,导致了结果发生。①（3）主观方面不同。滥用职权罪的主观方面表现为故意,包括直接故意和间接故意,即国家机关工作人员明知自己滥用职权的行为会产生公共财产、国家和人民利益遭受重大损失的结果,而希望或者放任该结果的发生。玩忽职守的主观方面表现为过失,即行为人作为国家机关工作人员理应恪尽职守,尽心尽力,在履行公职中时刻保持必要注意,但行为人却持一种疏忽大意或者过于自信的心态,对自己玩忽职守的行为可能导致的公共财产、国家和人民利益的重大损失应当预见而没有预见,或者已经预见而轻信能够避免。行为人主观上的过失是针对造成重大损失的结果而言的,但并不排斥行为人对违反工作纪律和规章制度或对自己的作为和不作为则可能是故意的情形。②

在本案中,刘某受国家机关委派到国有企业担任领导职务。刘某明知公司章程规定公司一切重大事项必须报董事会批准后方可执行,但在 B 公司向其提出借款 500 万元的要求时,他只是召集了公司的管理人员经过简单的讨论,在没有报公司董事会批准的情况下就指使公司财会人员将 500 万元打入了 B 公司的账户,这是典型的擅自决定无权决定、擅自处理无权处理事项的滥用职权行为。作为公司经理是应该预见到将巨款借与一个私营公司存在很大的风险,但为了追求 B 公司承诺的高额回报,刘某放任了有可能给公司造成重大损失这一结果的发生,其主观上是一种间接故意,符合滥用职权罪的主观特征。主张刘某不构成犯罪的观点认为,刘某召集本公司领导班子有关人员专门开会研究过,会议中没有人提出反对意见,会后汇给 B 公司 500 万元借款,并且也是按公司财务管理方面的正常程序支付及有关手续办理的,该行为应认定 A 公司集体行为而不是刘某个人行为。我们认为即使财务管理方面是按照正常程序支付办理相关手续,但刘某作为直接负责的领导,在没有经过董事会批准同意的情况下,超越自己的权限私自作了借款决定,其行为不但违反了公司规章,而且造成了重大损失,已经构成了滥用职权罪。还有观点主张刘某的行为构成玩忽职守罪,其身为 A 公司总经理,在急于为公司谋取高利,没有任何保证的情况下,过于轻信柯某的偿还能力,将公司的巨款轻易借给他人使用,是一种不正确履行自己的职责、工作严重不负责任的行为。玩忽职守的行为主要表现为两种情形:一是不履行职责,即行为人严重不负责任,对法定职责义务该为而不为,放弃职守,撤离岗

---

① 参见张明楷:《刑法学(第二版)》,法律出版社 2003 年版,第 943 页。
② 参见贾济东:《渎职罪构成研究(修订版)》,知识产权出版社 2007 年版,第 98 页。

位;二是不认真履行职责,即行为人严重不负责任,对法定职责义务马虎草率,敷衍塞责。不管是哪一种情形,都要求行为人本来应该履行某种职责,但行为人不履行或不认真履行。而在本案中,首先A公司根本就不能贷款给B公司,因为法律明文规定企业间是不能进行相互拆借的,刘某也没有审查对方的偿还能力、监督对方的借款用途的职责,更谈不上不履行、不认真履行职责的问题了。同时刘某也没有监督责任,不存在监督过失。因而,不论刘某的主观动机是为了帮助B公司还是为A公司获取高额回报或其他,这都不影响刘某违反法律规定、公司章程擅自借款给B公司的事实。由于柯某将这笔款用于其他用途而无法偿还借款,给国家利益造成了重大损失,刘某的行为已经构成滥用职权罪。

(作者:朱攀峰)

案例138. 江某玩忽职守案[*]
——警察目睹他人行凶而不制止的行为定性

案情介绍

江某系某市某区公安巡警大队巡警。1998年1月19日晚,江某与其友吴某、贾某、何某等人酒后到某酒店卡拉OK大厅娱乐。21时许,吴某、何某在洗手间与赵某发生纠纷,吴某立即返回卡拉OK大厅,叫贾某等人前去帮忙,江某也尾随其后从人群中挤进赵某所在的KTV包间观看,吴某冲入包房持刀向赵某连刺四刀(赵某后经抢救无效死亡),同时口中吼道:"全部跪下,不准动!"赵被刺后说:"他们有刀,都跪下。"何某对跪在地上的人拳脚相加并大声吼:"给我整,往死里整。"吴某、贾某二人持刀将顾某、叶某、何某、庞某四人捅伤,然后逃离现场。江某目睹他人持刀行凶未予制止,案发后既未阻止凶犯逃走,也不向公安机关报案,而是继续到卡拉OK厅玩乐后又到一迪吧玩耍,见到作案后逃到该处的吴某等,既不抓捕,也不报告。案发次日凌晨4时许,刑警大队向江某了解案情时,江某隐瞒了自己在案发现场所见到的真实情况,又向刑警为扩大侦查线索而要找的知情人杨某通风报信说:"刑警队今晚要来找你,你自己注意点。"从而使

---

[*] 案例来源:最高人民检察院法律政策研究室编:《典型疑难案例评析(总第1辑)》,中国检察出版社1999年版,第88页。

吴某等人有机会外逃。后公安机关历时四个月，耗资9万元，行程四省，才将吴某抓获，至今仍有二人在逃。

理论争议

本案在侦办过程中，对江某是否构成犯罪以及构成何罪存在以下五种意见：

第一种意见认为江某构成包庇罪。江某明知犯罪嫌疑人是何人，却向刑警隐瞒了真实情况，使该案人员有机会外逃，客观上起到了帮助犯罪分子掩盖罪行逃避法律制裁的作用，故应定包庇罪。

第二种意见认为江某构成伪证罪。江某是目击证人，具有作证的义务，但在接受刑警调查时否认自己在发案现场，隐瞒了在现场的重要嫌疑人，严重妨碍了司法，故应定伪证罪。

第三种意见认为江某构成帮助犯罪分子逃避处罚罪。江某在得知刑警要向案件中的知情人了解情况时，即向其通风报信，故应定帮助犯罪分子逃避处罚罪。

第四种意见认为江某构成玩忽职守罪。江某身为公安巡警，具有保护公民人身权利不受侵犯，制止、惩罚违法犯罪活动的职责，而其对持刀行凶的行为袖手旁观，不阻止和抓获罪犯，造成严重后果，构成玩忽职守罪。

第五种意见认为江某的行为属于一般玩忽职守行为，不构成犯罪。江某身为公安巡警虽目击人持刀行凶，而未予制止且隐情不举属失职。但其危害结果尚未达到"使国家和人民利益遭受重大损失"的程度，所以江某属玩忽职守行为，不构成玩忽职守罪。

法理分析

（一）江某的行为不构成包庇罪

包庇罪，指明知是犯罪的人而作假证明包庇的行为。包庇，是指向公安、司法机关提供虚假证明掩盖犯罪的人。本罪主观上为故意，即明知是犯罪的人而实施包庇行为。

在认定本罪时，要注意本罪与知情不举的界限。知情不举，一般是指知晓犯罪事实或者犯罪人的情况而不主动或不自觉向司法机关举报的行为。知情不举与包庇犯罪行为有相同点，如主观心态上不乏包庇犯罪所期望的使被包庇者免受法律追究的原始动因，客观上都可能给司法机关追诉犯罪的正常活动带来一定困难，事实上都会产生有利于犯罪分子逃避刑事追诉和刑罚执行的效果。但两种行为还是有明显区别:知情不举是消极的不作为行为,包庇则是积极的作为行为,即行为人明知是犯罪人还积极为其提供条件、作虚假证明,帮助犯罪分子隐藏、毁灭、伪造罪证或者为其提供隐藏处所、财物,通风报信或提供其他便利帮助其逃匿,以便使犯罪分子逃避法律制裁。① 由于我国刑法没有关于知悉一般犯罪事实和犯罪人情况的人必须举报的强制性规定,因此,对于任何刑事犯罪人的简单知情不举,只要不发展为主动提供帮助的包庇行为的,即不构成犯罪,不能追究刑事责任。知道犯罪事实,在公安、司法机关调查取证时,单纯不提供证言的,也不构成包庇罪。

在本案中,江某虽向刑警作虚假陈述,隐瞒了自己在案发现场看到的情况,客观上给司法机关侦破犯罪的正常活动带来一定困难,事实上也有利于犯罪分子逃避刑事制裁,但并不是以积极的方式去证明吴某、贾某不在作案现场和没有杀人,其隐瞒真相的行为只是一种消极不作为的知情不举行为。主观上,包庇罪的直接目的是帮助犯罪分子逃避处罚或陷害他人。而江某则是怕自己受到牵连,为了解脱自己才作了未到现场,不知是谁持刀杀人的虚假证言,因而不具有包庇的主观故意。

(二)江某的行为不构成伪证罪

伪证罪,是指在刑事诉讼中,证人、鉴定人、记录人、翻译人对与案件有重要关系的情节,故意作虚假证明、鉴定、记录、翻译,意图陷害他人或者隐匿罪证的行为。伪证罪的主体必须是证人、鉴定人、记录人、翻译人。客观上必须是在刑事诉讼中作虚假的证明、鉴定、记录、翻译。刑事诉讼中,一般是指立案侦查后,审判终结前的过程。本案中,刑警队向江某了解案情时,案件尚未进入刑事诉讼程序,故江某不构成伪证罪。

(三)江某的行为不构成帮助分子逃避处罚罪

帮助犯罪分子逃避处罚罪,是指有查禁犯罪活动职责的国家机关工作人员,向犯罪分子通风报信、提供便利,帮助犯罪分子逃避处罚的行为。查禁职责不是指国家机关工作人员抽象的职权,而是指查处"当前"案件,具体执行特定职务的行为。负有查禁职责的人员,不是指一般的、抽象的具备查禁职责的人员,而是指就具体犯罪具有查禁职责,但又不是对该犯罪具有刑事追诉权限的人员。例如,甲在有查禁犯罪活动职责的国家机关从事公务,但并未负责对 A 犯罪案件的查处,因而不属于特定的有查禁犯罪活动职责的国家机关工作人员,其向涉及

---

① 参见刘杰:《典型包庇犯罪研究》,中国人民公安大学出版社 2004 年版,第 87 页。

A案的犯罪分子乙通风报信,帮助其逃匿的行为也只能构成泄露国家秘密罪或窝藏罪。① 帮助犯罪分子逃避处罚罪是利用查禁犯罪活动职责或职务之便利,了解、掌握了有关查禁犯罪活动的信息、情报而以通风报信或提供便利的方式实施的。本案中,首先,江某虽然身为公安巡警,具有查禁犯罪的职责,但这种职责只是一种一般的、抽象意义上的职责,其对吴某等人的犯罪行为并不具有查禁的具体职责,因而江某不符合本罪的主体要求;其次,江某也不是利用了查禁犯罪活动的职责便利,将了解的查禁犯罪活动的信息通报给犯罪分子,其通风报信的对象只是本案的知情人,不符合本罪的客观要件。所以,江某不能构成帮助犯罪分子逃避处罚罪。

(四)江某的行为构成玩忽职守罪

玩忽职守罪,是指国家机关工作人员玩忽职守,致使公共财产、国家和人民利益遭受重大损失的行为。本罪的主要特征有:(1)犯罪主体是国家机关工作人员。(2)客观上必须有玩忽职守的行为。玩忽职守,是指严重不负责任,不履行职责或者不正确履行职责的行为。不履行,是指行为人应当履行且有条件、有能力履行职责,但违背职责没有履行。(3)玩忽职守的行为致使公共财产、国家和人民利益遭受重大损失。

构成玩忽职守罪首先要求行为人具有一定的职权(职守),在没有"职守"可以"玩忽"的场合,不可能成立玩忽职守罪。职权(职守),是指行为人享有的一般职务权限或者承担的相应职责。违反职守是玩忽职守的本质特征。"需要注意,作为一种渎职犯罪,玩忽职守行为无论是作为还是不作为,都与国家机关工作人员的职责义务相联系。国家机关工作人员的职责和义务,一般都在国家的法律法规、机关单位的组织纪律和规章制度中有明确规定。这些规定是判定国家机关工作人员的行为是否具有玩忽职守性质的基本依据。"②

本案中,首先,江某是公安机关的人民警察,属于国家机关工作人员中的司法人员,其主体身份符合玩忽职守的要件。其次,根据《中华人民共和国人民警察法》第21条的规定,人民警察遇到公民人身、财产安全受到侵犯或者处于危难情形,应当立即救助,是人民警察的法定义务。该法第19条还规定:"人民警察在非工作时间,遇到其职责范围内的紧急情况,应当履行职责。"但江某目睹他人持刀行凶,严重危及人身安全,却无动于衷,袖手旁观,既不劝阻也不制止,以致造成严重后果。案发后,他既不报告也不抓捕,使犯罪分子逃走,对受伤群众也

---

① 参见张明楷等:《刑法新问题探究》,清华大学出版社2003年版,第387页。
② 同上书,第393页。

不救助，而是继续回到卡拉 OK 厅玩乐。江某的这些行为表明，其在能够和应当履行职责的情况下而不予履行，具备玩忽职守罪的客观要件。最后，江某的玩忽职守的行为致使公共财产、国家和人民利益遭受重大损失。江某在凶案现场目睹吴某先杀伤 1 人，对吴某与贾某继续持刀行凶不予制止，以致又造成 4 人受伤。案发后对犯罪嫌疑人不抓捕、不报告、不提供真实情况，使得本案未能及时侦破，凶手外逃，致使公安机关花费大量警力，历经 4 省，耗时 4 个月，耗资 9 万元，才将 1 名主犯抓获，仍有 2 人在逃，并且造成恶劣的影响。上述事实表明，江某玩忽职守的行为已使国家和人民的利益遭受了重大损失。

综上所述，江某身为公安机关巡警，不履行法定职责，造成严重后果，符合玩忽职守罪的特征，对其应以玩忽职守罪追究刑事责任。

（作者：朱攀峰）

第二十九章　军人违反职责罪

案例 139. 胡某逃离部队案[*]

——现役军人携带枪支、弹药逃离部队偷越国(边)境的行为如何定性

案情介绍

某日凌晨 5 时,某边防战士胡某因欠钱太多,无颜面对即将来队看望他的父母,便趁站岗之机携带执勤用的 81 式半自动步枪一支和私藏的 21 发子弹逃离连队,进入他国境内,后来在企图越境回国时被邻国边防人员抓获。经过交涉,他国将其本人及枪、弹一并交还我方。

理论争议

对于胡某行为性质的认定,有四种不同观点:一是认为构成逃离部队罪,持枪逃跑可作为量刑的从重情节;二是认为构成军人叛逃罪,并将其盗窃(监守自盗)武器装备的行为作为军人叛逃罪的一个从重处罚情节认定;三是构成逃离部队罪和非法持有、私藏枪支罪;四是构成盗窃武器装备罪;五是构成偷越国(边)境罪和盗窃武器装备罪两罪。

法理分析

军人叛逃罪,是指军职人员在履行公务期间,擅离岗位,叛逃境外或者在境

---

[*] 案例来源:张建田:《某边防战士胡某军人携枪潜逃境外的定罪案例分析》,载《检察日报》2004 年 3 月 18 日。

外叛逃,危害国家军事利益的行为。叛逃境外,是指行为人以背叛祖国为目的,从境内叛逃至境外的行为,既包括通过合法手续出境而叛逃的,也包括采取非法手段出境而叛逃的情形。叛逃至外国驻华使馆、领馆的,应以叛逃境外论。在境外叛逃,是指行为人以背叛祖国为目的,因履行公务出境后擅自离队或者与派出单位和有关部门脱离关系,并滞留境外不归而叛逃。叛逃行为必须发生在履行公务期间,并且必须危害了国家军事利益才构成本罪。主观上,必须具有背叛祖国的目的。行为人出逃后公开发表叛国言论的,投靠境外的反动机构、组织的,参与危害国家安全活动的,申请政治避难的等,通常可以认定具有叛逃的目的。而本案中胡某因为欠钱太多,无颜面对即将来队看望他的父母,显然不具有叛逃的目的。因此不能以军人叛逃罪认定。

盗窃、抢夺武器装备、军事物资罪,是指采取盗窃或者抢夺的方法,非法占有武器装备或者军事物资的行为。本罪的犯罪对象为枪支、弹药、爆炸物以外的武器装备、军用物资,如果盗窃了枪支、弹药、爆炸物,则应当以《刑法》第127条定罪处罚。胡某的行为不构成盗窃武器装备罪。此外要看行为人携带枪支逃离部队的行为是否刑法中规定的"秘密窃取"。我们认为,所谓"秘密窃取",是指行为人采取其主观上认为不会被财物的所有人、保管人或者经手人发觉的方法,暗中窃取,将处于财物所有人或保管人控制之下的财物据为己有。本案中行为人先行占有该枪支的情况,应当不能认定为秘密窃取。

逃离部队罪,是指违反兵役法规,逃离部队,情节严重的行为。逃离部队是指为逃避服役而脱离部队。逃离部队的行为有两种基本方式:一种是作为的方式,即行为人原在部队,未经批准就擅自离开部队;另一种是不作为的方式,即行为人经批准已离开部队,但逾期拒不归队,如有的行为人请假探亲期满后不归队,有的生病住院痊愈出院后不归队,有的工作调动或者学员分配离开原单位后拒不到新单位报到等。本案中行为人符合该罪的构成要件。

此外,行为人逃离部队以后又在另外一个犯罪故意的支配下实施了偷越国(边)境的行为,所以行为人的行为又构成偷越国(边)境罪。偷越国(边)境罪,是指违反出入国(边)境管理法规,偷越国(边)境,情节严重的行为。本罪是情节犯,即行为必须达到情节严重才能构成此罪,根据最高人民法院《关于严厉打击偷渡犯罪活动的通知》①第4条的规定,具有下列情节之一的,即为"情节严重":(1)在境外实施损害国家利益行为的;(2)为逃避法律制裁偷越国(边)境的;(3)偷渡时对边防、公安人员等使用暴力相威胁的;(4)介绍、引诱多人一起偷

---

① 该文件现已失效。

渡的;(5)在偷越国(边)境过程中有其他违法行为造成严重后果的;(6)有其他严重行为的。本案中行为人是现役军人,并携带军用枪支和相当数量的弹药,可以认定为情节严重。需要说明的是,行为人是在两个犯罪故意下实施的两个行为,即逃离部队的行为和偷越国(边)境的行为,因此不应当认为是想象竞合犯。

最后,对于行为人携带枪支弹药的行为的定性,当行为人离开部队(严格来讲应该是离开站岗位置)后,就不具备持有枪支的主体资格,而本案中胡某逃离部队以后,明知是枪支弹药还非法持有,因此还应当构成非法持有枪支弹药罪。

综上所述,我们认为,对胡某应当以逃离部队罪、偷越国(边)境罪和非法持有枪支弹药罪实行数罪并罚。

(作者:李翔)

案例 140. 凌某为境外机构、组织、人员窃取、刺探、收买、非法提供军事秘密案

——为境外机构、组织、人员窃取、刺探、收买、非法提供军事秘密罪的认定

案情介绍

凌某系某军校图书馆资料员。凌某在境外特务组织成员李某的拉拢下,利用职务上的便利,将我军的战斗条令、军队标号等 4 本机密书籍和 3 本秘密级军事资料交给李某。李某在将上述军事机密企图密报给境外敌特机关时被我公安机关查获。凌某还按李某的要求,将 35 份军内报纸偷窃回家,准备给李某,后被查获。

法理争议

本案关注的重点是为境外机构、组织、人员窃取、刺探、收买、非法提供军事秘密罪的构成及其与间谍罪的区别。

理论分析

军事秘密关系到国家的国防安全和军事利益,军人必须保守国家军事秘密,

无关人员不得以非法手段获取军事秘密。《中华人民共和国惩治军人违反职责罪暂行条例》①第4条第3款对于为敌人或者外国人窃取、刺探、提供军事秘密的犯罪作了处罚规定,但对于不是为境外敌人或者外国人窃取、刺探、提供军事秘密的和以收买或者其他方法非法获取军事秘密的行为,没有作出规定。为了保守国家军事秘密,打击非法获取军事秘密和非法提供军事秘密的犯罪,《刑法》对上述规定作了修改。

本罪的主体是特殊主体,即军人。本罪在主观方面,行为人只能出于直接故意。本罪在客观方面表现为行为人窃取、刺探、收买、非法提供军事秘密的行为。所谓军事秘密,是指在一定时间内只限于一定范围的人员知悉的有关国防安全和军事利益的事项。对于军事秘密的范围和等级,有关法律、法规、条例中有具体的规定。窃取军事秘密,是指行为人采取自认为不会被人发觉的秘密方法,暗中盗窃军事秘密的行为;刺探军事秘密,是指行为人在境外机构、组织、人员的诱使、指派下,为其搜集、侦查、探听军事秘密的行为;提供军事秘密,是指行为人通过口头、文字等各种方式,将自己所掌握的军事秘密传递给境外机构、组织、人员的行为。本罪所称的境外机构、组织、人员,是指一切搜集我国情报的外国机构、组织或具有外国国籍的人。无论该外国人职业、地位、身份如何,只要行为人实施了为其窃取、刺探、收买、非法提供军事秘密的行为,即构成本罪。收买是指军职人员以金钱或财物为交换形式,从他人那里获取军事秘密的行为。非法提供,是指在对外交往与活动中,违反《中华人民共和国保守国家秘密法》(以下简称《保守国家秘密法》)第21条的规定,未经事先批准,而向境外机构、组织、人员提供军事秘密事项。根据规定,行为人只要具有上述四种行为中的一种,即构成本罪。

在认定本罪时候,应当注意其与为境外机构、组织、人员窃取、刺探、收买、非法提供国家秘密、情报罪相区别。根据最高人民法院《关于审理为境外窃取、刺探、收买、非法提供国家秘密、情报案件具体应用法律若干问题的解释》的规定,国家秘密,"是指《中华人民共和国保守国家秘密法》第二条、第八条以及《中华人民共和国保守国家秘密法实施办法》第四条确定的事项";情报,"是指关系国家安全和利益、尚未公开或者依照有关规定不应公开的事项"。本罪与为境外机构、组织、人员窃取、刺探、收买、非法提供国家秘密、情报罪有相似之处,例如它们都是为境外机构、组织、人员非法获取或提供国家秘密;行为都表现为窃取、刺探、收买和非法提供。但是二者之间的区别也非常明显,前者的犯罪对象为国家

---

① 该条例现已失效。

军事秘密,而后者的对象是国家秘密或者情报;前者的犯罪主体为军职人员,而后者则为一般主体。因此,军职人员为境外机构、组织、人员窃取、刺探、收买、非法提供军事秘密以外的国家秘密、情报的,以及一般公民为境外机构、组织、人员窃取、刺探、收买、非法提供国家军事秘密的,应当以为境外窃取、刺探、收买、非法提供国家秘密、情报罪论处。

此外,在认定本罪的时候,还应注意与危害国家安全罪中的间谍罪相区别。根据刑法的规定,间谍罪,是指参加间谍组织、接受间谍组织及其代理人的任务,或者为敌人指示轰击目标,危害国家安全的行为。间谍罪的行为表现形式有三种,一是参加间谍组织,二是接受间谍组织及其代理人的任务,三是为敌人指示轰击目标。而间谍罪的客体,就第一、二种情形而言,由于间谍组织是指外国政府或者境外的敌对势力建立的旨在收集我国情报或者国家秘密,进行颠覆破坏活动等,危害我国国家安全和利益的组织,其行为侵犯的应当是国家秘密和情报方面的安全以及国内政治、经济和社会的安定;而就第三种情况而言,为敌人指示轰击目标,通过轰击国内设施而破坏国内的政治、经济和社会的安定,并进而使国家的安全和利益受到侵犯,使敌人进行破坏和颠覆活动。所以,间谍罪所侵犯的直接客体是国家秘密和情报方面的安全以及国内政治、经济和社会的安定。因此,为境外窃取、刺探、收买、非法提供军事秘密罪与间谍罪在犯罪主体、客体和具体的行为方式上都有所不同。

本案中,凌某作为军职人员,明知李某是境外特务组织成员,而故意将军事机密资料提供给李某,其行为应当构成为境外窃取、刺探、收买、非法提供军事秘密罪。

(作者:李翔)